Dieser Band der FISCHER WELTGESCHICHTE *behandelt den historischen Werdegang Europas zwischen 1648 und 1779 – das Zeitalter des Absolutismus und der Aufklärung. Der Verfasser, Günter Barudio, konzentrierte sich dabei vor allem auf das Verhältnis von Recht und Macht, Eigentum und Verfassung. Der Leser wird anhand von sechs repräsentativen Fällen, denen noch ein Exkurs beigegeben ist, in die Mechanismen einer Machtstruktur eingeführt, aus deren Wirkungen das entstanden sein soll, was noch immer häufig der »moderne Staat« genannt wird. Dieser aber verdankt als »Verfassungsstaat« und Garant der »Menschenrechte« seine vertraglichen Grundlagen einem Zustand, den die absolutistisch gesinnten Fürsten während und nach dem Dreißigjährigen Krieg zugunsten ihrer Dynastien radikal und oft unter dramatischen Umständen verändern, bis sich die ständischen Kräfte unter dem Einfluß der Aufklärung wieder an eine besitzgebundene Freiheit erinnern, deren Sicherung gegen die »absoluten Herren« oft auf revolutionäre Weise erzwungen werden muß.*

Der Band ist in sich abgeschlossen und mit Abbildungen, Kartenskizzen und einem ergänzenden Literaturverzeichnis ausgestattet. Ein Personen- und Sachregister erleichtert dem Leser die rasche Orientierung.

DER VERFASSER DIESES BANDES

Günter Barudio,
geb. 1942 in Dahn/Pfalz; humanistisches Gymnasium, Ausbildung und Tätigkeit als Erdöl-Techniker; 1965 Externes Abitur; studierte an der Universität Frankfurt am Main die Rechte, Philosophie, Skandinavistik und Osteuropäische Geschichte; 1969 Forschungsaufenthalt an der Universität Uppsala/Schweden; 1973 promoviert; Assistententätigkeit; 1976 erschien die Monographie *Absolutismus – Zerstörung der ›libertären Verfassung‹;* eine Monographie zur ›libertären Verfassung‹ Alteuropas wird zum Druck vorbereitet; arbeitet an einem Quellenbuch zum Ständewesen in Osteuropa und an einer Biographie über Gustav II. Adolf und Axel Oxenstierna; Mitarbeiter am *Handbuch der Geschichte Rußlands* (Bd. II) und am *Schülerduden Geschichte.*

Fischer Weltgeschichte

Band 25

Das Zeitalter des Absolutismus
und der Aufklärung
1648–1779

Herausgegeben
und verfaßt von
Günter Barudio

Fischer Taschenbuch Verlag

Fachredaktion: Walter H. Pehle
Umschlagentwurf: Wolf D. Zimmermann
unter Verwendung eines Bildausschnittes über die Eigenkrönung
des Kurfürsten Friedrichs III. von Brandenburg am 18. Januar 1701
in Königsberg zum König in Preußen
(Foto: Bildstelle des Preußischen Geheimen Staatsarchivs, Berlin-Dahlem)
Harald und Ruth Bukor zeichneten die Abbildungen 2, 7a und 7b

Illustrierte Originalausgabe
des Fischer Taschenbuch Verlages
mit 11 Abbildungen
April 1981

Wissenschaftliche Leitung: Jean Bollack, Paris
Fischer Taschenbuch Verlag GmbH, Frankfurt am Main
© Fischer Taschenbuch Verlag GmbH, Frankfurt am Main 1981
Gesamtherstellung: Hanseatische Druckanstalt GmbH, Hamburg
Printed in Germany
1480-ISBN-3-596-60025-1

INHALTSVERZEICHNIS

Vorwort 11

Einleitung 13

1. *Schweden-Finnland* 23

   a) Vom Wahlreich (1442) zum Erbreich (1544). Eine »Regierung des Rechts«. Die »Regierungsform« (1634). Gustav II. Adolf und der Kampf gegen das »absolute Dominat« Habsburgs. Adel und Aufklärung. 24

   b) Der Klerus und das Königtum. Die Abwehr eines »absoluten Dominats« 1660. Krieg und der Weg in die »Envälde«. Die »Erklärungen« der Stände von 1680 bis 1693. Karl XII. als »Gott auf Erden«. Der Große Nordische Krieg. 39

   c) Die »libertäre Verfassung« von 1718 bis 1772. Aufklärung im Zeichen des Utilitarismus. Die Politik der »Hüte« und »Mützen«. Gustav III. – ein »aufgeklärter Despot«? Kepplerus. 67

2. *Frankreich unter dem Hause Bourbon* 87

   a) Bodin und die »Souveränität«. Die »Fundamentalgesetze« Frankreichs. Richelieu, die Krone und die Staatsraison. Mazarin und die »Fronde«. Pascal. 88

   b) Descartes. Das »Grand siècle«: Ludwig XIV. und die »Alleinregierung«. »Die Diktatur der Arbeit«: Colbert. Reunionen – Erbpolitik. »Anonymer Despotismus« und Reformideen. 108

   c) Der Kampf des Parlement de Paris. Das Law-System. Ludwig XV. und die »souveräne Gewalt«. Arkanpolitik nach außen. Feudalsystem und Physiokratie. Von Turgot zu Necker. 127

   d) Aufklärung als Individualismus. Voltaire. Montesquieu. Rousseau. Diderot. »Der Mensch als König.« . . . 147

3. *Dänemark-Norwegen*   159

   a) Der Königswechsel 1648 und die libertäre »Handfeste«. Krieg mit Schweden. Der Weg zur »Enevaelde«. Die »Lex Regia« von 1665. Das »Danske Lov« von 1683. Molesworth. Die »Land-Miliz«.   160

   b) Die Stellung im Nordischen Krieg. Holberg und die Aufklärung. Reformen. Hans Egede. Der »Zivilismus«. Das Struensee-Regime. Suhm und die »Regierungsregeln«.   176

4. *Brandenburg-Preußen und das Haus Hohenzollern* . .   190

   a) Der Abbau des »Condominats« in Cleve-Mark. Der Erwerb des »absoluten Dominats« in Preußen. Die Ideologie vom »souveränen Haus«: Leibniz.   191

   b) »Das mit Cron und Szepter prangende Preußen.« Aufklärung. »Depeupliertes« Preußen. Reformen. Der patrimoniale Haus-Staat. Ende des Lehnswesens. Der »Soldatenkönig«. Das Kanton-System. »Staatsräson.«   209

   c) Friedrich II. – »Sa Majesté très Voltairienne.« Die »Berlinische Freiheit«: Lessing. »Staatskunst« als Besitzpolitik. Der »erste Diener des Staates«?   238

5. *Die Herrschaften des »Hauses Österreich«*   263

   a) Traditionen des Erblehens. »Princeps absolutus« in Siebenbürgen und Böhmen. Wallenstein.   264

   b) Hof und Stände. »Absolutezza« des Kaisers? Der Palatin in Ungarn. Der »kleine Krieg«. Die »patrimoniale Entartung«. Theorien zur Ökonomie.   272

   c) Erbfolgekriege. Die »Pragmatische Sanktion«. Die Stände als Gegenpartner. Kaiser-Wahl.   285

   d) Die »Staatsreformen« unter Maria Theresia. Abdrängen des politischen Ständewesens. Die Kaunitz-Reform. Joseph II. als »Mitregent«. »Judicium Palatinum« und Erb-Souveränität.   293

   e) Haus-Politik und Kirchen-Gut. Der »arbiträre Despotismus« Josephs II. Ein Verfassungsprojekt für die Toskana.   304

6. *England-Irland-Schottland-Amerika*   314

   a) Die nationale Emanzipation von Rom. Jakob I. und das Gottesgnadentum. Coke, Hale und das »Common Law«. »The king can do no wrong« – das Verhältnis von Kirchen und Staat. Strafford-Prozeß und Revolution von 1640 an.   315

   b) Cromwell, die »Neue Armee« und das »Instrument of Government«. »Mare liberum« oder »Mare clausum«? Hobbes – »Vater des Absolutismus«? Locke und die Aufklärung als Selbstbestimmung durch Eigentum. Filmers Adam-Absolutismus.   326

   c) Karl II. und die Restauration seit 1660. Das Szenarium um Wilhelm von Oranien. Tories und Whigs. Drohender Papismus – beginnender Absolutismus. Die »Glorreiche Revolution« von 1688. »Bill of rights.«   345

   d) Die Politik einer »Balance of Power«. Defoe, Newton und Hume. Der Vorwurf des »absoluten Despotismus« an Georg III. Die »Unabhängigkeits-Erklärung« der Kolonien in Nordamerika von 1776.   357

7. *Exkurs zur »orientalischen Despotie« und zur »russischen Selbstherrschaft«.*   373

Schlußbemerkung   383

Zeittafel   389

Anmerkungen   397

Verzeichnis und Nachweis der Abbildungen   456

Ergänzende Literatur   457

Personen- und Sachregister   469

Den Frankfurter Freunden

»Ich ziehe die gefährliche Freiheit
der ruhigen Dienstbarkeit vor.«
RAPHAEL LESZCZYŃSKI

»Das Recht muß nie der Politik,
wohl aber die Politik jederzeit
dem Recht angepaßt werden.«
IMMANUEL KANT

Vorwort

Die Entscheidung, anhand der Geschichte von sechs großen Mächten die Phänomene *Absolutismus* und *Aufklärung* zu erörtern, hat es nötig erscheinen lassen, sich auf Schwerpunkte zu beschränken, aus deren Analyse die dichten Beziehungen von Personen, Ereignissen und Strukturen dort kenntlich werden, wo die historischen Entscheidungen wirklich gefallen sind. Das Anrufen kollektiver und damit auch anonymer Kräfte in der Geschichte, wie Feudalismus und Kapitalismus, hat im Zuge der rein strukturell ausgerichteten Methode oft dazu geführt, den Wert handelnder Personen zu verkennen. Darüber hinaus hat die verstärkte Ausrichtung auf die Sozialgeschichte und die Ökonometrie das Interesse von der Rechtsbezogenheit politischer Macht und wirtschaftlichen Gebarens in einer Weise abgelenkt, die dem Wesen und Wirken der beiden ambivalenten Phänomene widerspricht. Wer sich der Geschichte nähert, stellt gleichzeitig die Frage nach dem Menschen und damit auch nach der Moral der Macht. Dafür in der Vielgestaltigkeit des historischen Lebens die politischen Sinne zu schärfen, ist ein Anliegen dieses Bandes, der nicht nur handbuchartig informieren will, sondern auch zu einer neuen Diskussion über die historischen Grundlagen der Staatlichkeit in Europa auffordert.

Der Herausgeber

Einleitung

In dem Bemühen, die Geschichte der Zeit zwischen der Reformation mit dem anschließenden »Zeitalter der Glaubenskämpfe« und dem »Zeitalter der europäischen Revolution« auf einen Begriff zu bringen, und damit das Wesen des vorrevolutionären Ancien Régime erkennbar werden zu lassen, sind immer wieder im Namen des linearen Fortschrittsdenkens Vorschläge gemacht worden, die fast alle auf eine einzige Erklärformel hindeuten: »Der absolute Staat in Europa – eine *notwendige* Durchgangsstufe zwischen der Zeit des Feudalismus und der Moderne: Dies ist die allgemein übliche, ein wenig simple, aber überall und stets ohne viel Nachdenken anwendbare Rubrizierung dieser drei Jahrhunderte.«[1] In ihrem Verlauf soll sich im 16. Jhd. der »konfessionelle Absolutismus« unter Philipp II. in Spanien beispielgebend ausgebildet haben, um im 17. Jhd. in den »höfischen Absolutismus« Ludwigs XIV. von Frankreich überzugehen. Der »aufgeklärte Absolutismus« des 18. Jahrhunderts, personifiziert in Friedrich II. von Preußen, hat diese Entwicklung dann abgeschlossen und den Weg vom »absoluten« zum »modernen Staat« dergestalt bereitet, daß dieser sich zu einem »Rechtsstaat« ausbilden konnte, in dem ein stehendes Heer und ein loyales Beamtentum die Errungenschaften der Aufklärung nach innen und außen sicherten[2].

Im Zeichen solcher Zuordnungen war man vor allem im deutschen Umkreis nur selten bereit, das politische Ständewesen vor der Zeit des Absolutismus als *staatsfähig* zu akzeptieren, glaubte man doch, in der Überwindung dieses geschichtswirksamen Faktors den Beginn all dessen sehen zu müssen, »was wir Staat nennen«. Es sei also die historische Leistung der »absoluten Herren« und des Absolutismus, den Fortschritt der Geschichte in einem Staat vollendet zu haben[3], dem es gelungen ist, die »Unteilbarkeit der öffentlichen Macht« zu erringen, eine »allumfassende Zentralisation« zu betreiben, die »systematische Zerstörung allen individuellen, korporativen und regionalen Denkens« zu einem materiellen Erfolg zu führen und mit einer »inquisitorischen Polizei« dieses Machtsystem gegen alle revolutionären Veränderungen zu behaupten[4].

Die Kritik Proudhons an diesen Erscheinungsformen des europäischen Absolutismus trifft sich mit der Ansicht Goethes. Er hat im Rahmen einer Kritik am Pietismus eben diesen Absolutismus eine »politische Tendenz« genannt, deren Ziel vornehmlich im »Niederschlagen aller freieren Geistesregungen« besteht[5]. Das bedeutet gleichzeitig, daß sich dieses Machtsystem in einem langen Konzentrations- und Unterdrückungsprozeß von der ursprünglichen Basis des »inneren Staatsrechts« (Hegel) entfernen mußte, das sich nicht »dualistisch« aufgebaut hat, wie die borussische Historiographie und Absolutismus-Forschung annahm, sondern in einer dreiteiligen Zuordnung zwischen dem Fürsten, dem Rat und den Ständen. Denn ein »ordentliches Regiment« besteht immer dann, wenn »dem König die *Majestät*, dem Rat die *Autorität* und den Ständen Recht und Freiheit« oder die *Libertät* schriftlich garantiert sind, d. h. es vermittelt sich in der Existenz der »Trois Prérogatives«[6].

Dieses trichotomische Verfassungs- und Staatsmodell beruht in erster Linie auf den institutionellen Drittwirkungen fundamentaler Verträge, die auch Kant eingehend behandelte, ohne daß sie gebührend beachtet worden wären[7]. Noch immer gilt in der deutschen Absolutismus-Forschung, die allerdings selten über das Aufsatz-Stadium hinausgelangte[8], die alte These vom Dualismus, der in der »Person des Fürsten« historisch überwunden wurde, um in einem dynastischen Monismus den »modernen Staat« zu begründen, dessen alleiniges Rückgrat die »Kriegsverfassung« ist[9].

Es versteht sich fast von selbst, daß dieses Erklärmodell das politische Ständewesen als Ausdruck des Eigennutzes, des Sondergeistes und der Behinderung im Streben nach dem Status einer europäischen Großmacht abwerten mußte, um gleichzeitig die Fürsten als Träger des Fortschritts, des Gemeinnutzes und einer Großmachtpolitik erscheinen zu lassen[10]. Das bewußte Ausblenden der wesentlichen Fragen nach dem Verhältnis von Recht und Macht, Gesetz und Gewalt, Eigentum und Verfassung ließ diese borussische Position, die über Generationen hin die Fachdiskussion dominierte, in eine mitunter lähmende Behördenkunde münden. Sie gab sich als Verfassungshistoriographie aus und huldigte dabei einer »Andacht zum Staate« (O. Hintze), die vornehmlich Legitimationen für das »monarchische Prinzip« zu liefern verstand[11]. Es verwundert daher nicht, daß diese Richtung auch zum Parteienwesen des liberalen Parlamentarismus ein gespanntes und oft ablehnendes Verhältnis entwickelte[12], so daß strukturelle Beziehungen zwischen den »Trois Pouvoirs« des Gewaltenteilungs-Modells im liberalen Verfassungssystem und den erwähnten »Trois Prérogatives« der ständischen oder *libertären* Verfassung, wie wir sie quellenbezogen nennen[13], nicht erkannt werden konnten. Dasselbe gilt auch weitgehend für den Umstand, daß die absolutistischen Regimes über ein hohes Potential diktatorischer Energien verfügten, deren destruktive Wirkungen aus einer vorgegebenen Geschichtsnotwendigkeit heraus legitimiert wurden. Dieses häufig zu beobachtende Vorgehen erklärt sich vor allem aus dem Einfluß der Ideologie des *Rechtspositivismus*, der strukturbildende Vertragslagen im Bereich des Staatsrechtes ablehnt und daher genötigt ist, von der »normativen Kraft des Faktischen« (G. Jellinek) auszugehen. Damit aber wird jedes Machtsystem akzeptabel.

Mit derartigen Vorgaben, die noch mit Hilfe anderer Ideologien in Gestalt des Teutonismus[14], des Organizismus[15] und des Dezisionismus[16] aufgeladen werden, kann man das Wesen des europäischen Absolutismus nur bedingt fassen. Auch die Postulate des Marxismus führen in dieser Frage nicht weiter. Denn wenn »für das Entstehen des Absolutismus ... das Aufkommen bürgerlicher Verhältnisse, der Warenproduktion und der Geldwirtschaft« geradezu als Gesetzmäßigkeit notwendig ist[17], dann muß man sich sogleich fragen, warum es in England nur sehr kurzfristig zu quasi-absolutistischen Experimenten gekommen ist, nicht anders als in den Niederlanden oder auch in den Städten der Hanse. Darüber hinaus vermag ein ökonomistisches Modell keine Erklärung für den oft übersehenen, aber fundamentalen Umstand zu liefern, daß die Etablierung absolutistischer Regimes nicht selten mit dem Abschluß von Friedensverträgen zusammenfällt. Außerdem blockiert die klassenspezifische Verengung des Absolutismus auf »die Diktatur der Klasse des Adels, genauer gesagt, die Diktatur im Interesse dieser Klasse«[18] die Einsicht in die soziale, possessive und politische Differenzierung des Adels, vernachlässigt das Phänomen des »Neu-Adels« und läßt in Übereinstimmung mit der nicht-marxistischen Forschung die Tatsache außer acht, daß besonders der Klerus bei der Etablierung und Legitimierung von Absolutismus eine entscheidende Rolle gespielt hat. Mehr noch, der ideologische Zwang, im Namen des Fortschritts und postulierter Geschichtsgesetze dauernd die Periodisierung des Übergangs vom Feudalismus zum Kapitalismus, in welcher der Absolutismus als Zwischenstufe gilt[19], diskutieren zu müssen, hat von jenem Thema abgelenkt, das Marxisten als »historische Materialisten« am meisten am Absolutismus interessieren müßte, nämlich das Wesen und Wirken des patrimonialen Eigentumsbegriffs.

Ohne die Einbeziehung dieser Kategorie kann das Thema Absolutismus nur unter erheblichen Verkürzungen ernsthaft diskutiert werden. Der weitgehende Verzicht darauf, gerade die sog. »patrimoniale Entartung« (O. Hintze) ins Zentrum der Analysen und Bewertungen zu rücken, hat u. a. dazu beigetragen, den »Grobianismus« (Hubatsch) vieler Potentaten herunterzuspielen und gezielten Terror als besondere Staatskraft aufzuwerten. Wittram hat noch unter dem Eindruck der Hitler-Diktatur der Forschung und Historiographie den Auftrag mitgegeben, der »Geschichte des europäischen Absolutismus ... immer von neuem denkend nachzugehen«[20]. Will man seinen Rat befolgen, dann darf diese Seite nicht ausgeklammert werden. Denn sonst erliegt die Behandlung dieses wichtigen Themas dem Sog einer »Erbweisheit«, die jedes »konstitutionelle Verhältnis zwischen ... Fürst und Volk« ablehnt[21] und im zugehörigen Machtapparat eine Entelechie des Staates an sich begreift[22], d.h. Vertragslagen und Staatlichkeit nicht in Übereinstimmung zu bringen vermag.

Es ist schon erstaunlich, wie sich die Vertreter des Positivismus als Anhänger einer ›notwendigen‹ Entwicklung der Geschichte zum »modernen Staat« hin in der positiven Einschätzung des Absolutismus mit den Marxisten treffen, die auf die ›gesetzmäßige‹ Ausbildung der »klassenlosen Gesellschaft« hoffen. Der Fetisch Fortschritt steuert in beiden Forschungsrichtungen die Bewertung dieses Phänomens aber auch der sog. *Aufklärung*, der als geistiger Bewegung eine Menge »Voraussetzungen« zugeordnet werden. Dazu gehörten »in europäischer Dimension« vor allem »die Formierung einer kapitalistischen Marktordnung«, »der beginnende Aufstieg bürgerlicher Schichten, die Ausbildung der Naturwissenschaften«, »die Anfänge der historischen Textkritik, die Philosophie des Rationalismus« und auch »die rationale Politik der souveränen Staaten«[23]. Hier beherrscht die Vorstellung von der Dominanz des Rationalen – das nicht näher definiert und in der Praxis nachgewiesen wird – das Urteil wie die nationale Zuordnung. So wie man annimmt, daß sich der Absolutismus »klassisch« in Frankreich ausgebildet habe[24], so weiß man sich auch gegenüber der Aufklärung, deren Hauptvertreter in erster Linie aus Frankreich und England stammen sollen. Dabei fragt man nicht näher danach, was Alteuropa unter einem »aufgeklärten Verstande« außer Cartesianischer Rationalität noch verstehen konnte. Kants berühmte Definition der Aufklärung als einer Herausführung des Menschen aus seiner »selbstverschuldeten Unmündigkeit« ist nichts anderes als der erweiterte Kommentar des aristotelischen Auftrages vom »Sapere aude!«. Dieses »Wage es, weise zu sein« ist der Aufruf an das Individuum, sich selbständig seines eigenen Verstandes zu bedienen[25].

Das Erbe des Aristotelismus in seiner mathematisierten Rationalität der »Nikomachischen Ethik« mit ihrer Proportionalitätslehre, ohne die der heutige Verfassungsstaat in seinem Bemühen um Gerechtigkeit so wenig existieren könnte wie die libertären Gemeinwesen und selbst die absolutistischen Regimes[26], hat vor allem die politische Aufklärung geprägt, und zwar über ganz Europa bis nach Skandinavien hin. Dessen Reiche werden in gängigen Gesamtdarstellungen dieses *Zeitalters des Absolutismus und der Aufklärung* immer nur am Rande erwähnt, obgleich sie im europäischen Mächtesystem eine wesentliche Rolle gespielt haben[27]. In diesem Band der FISCHER WELTGESCHICHTE werden sie gleichwertig behandelt, auch um endlich die übliche Fixierung der Forschung auf Frankreich und England zu überwinden. Denn hier geht es um die Geschichte Europas, auch wenn wichtige Länder wie die Adelsrepublik Polen, die Niederlande, die Städte und Regionen Italiens oder des Heiligen Römischen Reiches Deutscher Nation neben Spanien und Portugal nur gestreift werden können. Der Autor dieses Bandes ist sich dessen bewußt, wie überaus notwendig es ist, diese Länder in Zukunft zu berücksichtigen, wenn die Geschichte Europas geschrieben wird. Auch Rußland gehört dazu. Diesem Lande wurde nur ein Exkurs gewidmet, weil es in dieser Reihe einen eigenen Band erhalten hat, ebenso wie die Vereinigten Staaten von Amerika. Im übrigen hat der gedrängte Raum Beschränkungen auf das Wesentliche erzwungen. Das gilt vor allem für den Bereich der Außenpolitik, deren Geschichte noch eine ganze Reihe ungelöster Probleme aufzuweisen hat, zudem durch die Rankesche Ideologie vom »Primat der Außenpolitik« belastet ist und gerade für den hier zu behandelnden Zeitraum neu in ihren historischen Bindungen und Bedingungen überdacht werden muß. Das kann aber an dieser Stelle nur in Schwerpunkten und als Anregung geschehen.

Wieviel Analyse und Denkarbeit an diesem scheinbar so eindeutigen Doppelthema dieses Bandes gegen etablierte Schemata mit ihren Vorurteilen noch erbracht werden muß, vermittelt auch die ursprüngliche Zeitmarkierung dieses Bandes. Sie wurde in der Grundkonzeption an den Jahren 1648 und 1770 festgemacht, wobei man den Folgeband erst mit 1780 beginnen ließ. Zehn wirklich entscheidende Jahre der Geschichte Europas wurden in dieser zeitlichen Zuordnung einfach gestrichen. Dieses Vorgehen allein verdeutlicht nachdrücklich die Krise einer Historiographie, die sich beim Abfassen von Handbüchern in einer Scheinsicherheit wiegt und sich dabei zunehmend von den Quellen entfernt, die behandelte Zeit demnach nicht mehr unmittelbar zum Leser sprechen läßt.

Für die systematische Erfassung und die Darbietung einer riesigen Stoffmasse sind gewisse Epochengrenzen unabdingbar, aber sie dürfen nicht verabsolutiert und damit ideologisiert werden, sondern müssen stets als Hilfsmittel zur Orientierung ausgewiesen sein. Wo diese Einschränkung fehlt, ergeben sich sogleich inhaltliche und qualitative Probleme. So erscheint die Wahl von 1648 weniger vom Aufkommen des Absolutismus her begründet als vielmehr aus einer Geschichtsphilosophie abgeleitet, die mit dem Ende des 30jährigen Krieges und seinem Abschluß im Westfälischen Frieden den Beginn des Aufstiegs von Brandenburg-Preußen sieht. Dieser führte vermeintlich in die Reichs-Einheit von 1871, die allerdings auf der Teilung Polens und auf derjenigen des Heiligen Reiches beruhte. Das den Ständen in diesem »ewigen« und »universellen Frieden« zuerkannte »Jus foederum et armorum« (Bündnis- und Verteidigungsrecht) wurde demnach als Bedingung des »Territorial-« oder »Zwergabsolutismus« deutscher Reichsfürsten empfunden. Die Intention aber mit diesem Recht bestand zunächst darin, gegen einen versuchten »absoluten Dominat« des Kaisers ein aktives Widerstandsrecht wahrzunehmen, wenn die Reichsverfassung und die Fundamentalrechte der Stände bedroht wurden. Dieser Friede selbst galt deshalb auch als »Fundamentalgesetz des Reiches«[28] und stellt einen Triumph der vertraglichen Libertät über die »absolute Potestät« (A. Oxenstierna) oder das »Dominium absolutum« dar. Nimmt man die libertär angelegten Beschränkungen der Wahlkönige von Polen und Dänemark 1648 hinzu und berücksichtigt die fast gleichzeitig beginnende Verfassungsbewegung der »Fronde« in Frankreich, sowie den Sieg des Parlaments in England über einen absolutistisch gesonnenen König, der 1649 wegen angeblicher Verfassungsbrüche hingerichtet wurde, dann empfiehlt sich 1648 als Höhepunkt europäischer Libertät!

Diese Grundbedingung muß man sich bewußt machen, um zu verstehen, warum sich in der Folgezeit, besonders von 1660 an, die Verhältnisse in einzelnen Ländern so radikal zum Absolutismus hin ändern konnten oder aber die Libertät noch steigerten, bis diese ihrerseits allmählich in den »Sultanismus« mündete, in die »Willkürherrschaft aller erbärmlichen Despoten, welche Deutschland bedrücken«[29]. Der Reformer vom Stein fand zu dieser Formulierung nach dem Wiener Kongreß von 1814. Auf diesem verständigte sich ein neues Mächtesystem im Geiste des Neo-Absolutismus, nachdem das Heilige Reich 1806 zu seinem Ende gekommen und der Hegemonieversuch Napoleons gescheitert war. Mit dem Frieden von 1648 war dem Hegemonieversuch des Hauses Habsburg nach einem langen Krieg eine Grenze gesetzt worden. Schweden und Frankreich garantierten diese Verfassung. Sie verhinderten damit nicht nur den Absolutismus im Heiligen Reich, sondern wiesen dieser »Constitution de l'Empire« (Leibniz) die Funktion zu, die tragende Masse des Gleichgewichtes in Europa zu bilden. Damit erhielt die Außen- und Sicherheitspolitik eine oft übersehene Dimension. Sie wurde nämlich zur Verfassungspolitik, die sich in ihrer Eigentums- und Erbbezogenheit noch dadurch steigerte, daß nach 1648 verstärkt deutsche Fürstenhäuser auf auswärtige Throne gelangten, ohne ihre Besitz- und damit Rechtsansprüche im Heiligen Reich aufzugeben.

Von dieser Seite aus gesehen bildet 1648 eine entscheidende Epochengrenze, deren Bedeutung sich dadurch erhöht, daß der geschlossene Friede ohne unmittelbare Beteiligung des Heiligen Stuhls ausgehandelt wurde[30] und damit die Säkularisierung des Völkerrechts manifestiert. Diese zeigt sich auch darin, daß man zum ersten Male auf europäischer Ebene den »Magnus Dux Moscoviae« als Vertragspartner akzeptierte. Er wurde nach diesem Frieden Zug um Zug in die europäischen Dinge hineingezogen, bis er nach der epochalen Auseinandersetzung mit Schweden und im Kampf um das »Dominium Maris Baltici« dessen Position als Garantiemacht des Westfälischen Friedens eingenommen hatte. Das geschah 1779 mit dem Frieden von Teschen, der den Bayerischen Erbfolgekrieg abschloß und die Zarin Katharina II. aus dem deutschen Hause Anhalt-Zerbst als »Arbiter Germaniae« (Schiedsrichter Deutschlands) erscheinen ließ. Dieser Mächtetausch von Schweden zu Rußland, das von nun an in den deutschen und europäischen Belangen stets präsent blieb, gibt dem Zeitraum von 1648 bis 1779 eine gewisse innere Bestimmung, die den Verfasser nicht zuletzt dazu veranlaßt hat, die vorgegebene Zeitmarke von 1770 fallen zu lassen.

Mit dieser politisch-rechtlichen Verknüpfung wird auch der Versuch unternommen, den »Bann der Epochenschwelle von 1789«[31] zu brechen. Denn sicherheitspolitisch bedeutet Teschen nicht nur die Garantie für die Verträge von 1648, sondern es deutet schon auf die sog. Pentarchie (Frankreich, England, Rußland, Hohenzollern-Preußen und Habsburg-Österreich) von 1814 hin. Außerdem ist die erneut gesicherte »Ruhe des Reiches« auch eine gewisse Voraussetzung für die »Ruhe des Nordens«, die mit der epochalen *Neutralitätsallianz* von 1780 zwischen Dänemark, Schweden und Rußland, an der auch Preußen ein Interesse hatte[32], in ein neues Stadium trat.

Aber nicht nur das Thema »Hegemonie oder Gleichgewicht« (Dehio) empfiehlt 1779 als Zeitaltergrenze, obgleich man wegen der Revolution in Frankreich 1789 erwarten könnte[33], sondern auch andere Umstände, die selten genug beachtet werden. Vom Ableben Humes 1776 und der gleichzeitigen Revolution in Amerika bis zum Tode Voltaires, Rousseaus, Linnés und William Pitts 1778, denen 1780 Maria Theresia und 1781 Lessing folgten, vom Tode Sulzers und dem ersten Erscheinen der Neuen Zürcher Zeitung 1779 bis zu den Verfassungsplänen Leopolds von Toskana oder Schillers Arbeit an den »Räubern« (Wider die Tyrannen) aus dem gleichen Jahr wird zusammen mit dem Beginn der Revolution in den Niederlanden von 1780 an[34] deutlich, welch ein Umbruch sich im Umkreis dieses Jahres bereits ankündigte. Die Erfindung der Dampfmaschine durch James Watt im Jahre 1775, die als symbolischer Auftakt der Industriellen Revolution gilt, die erste Auflage von Adam Smiths Epochenwerk »Der Wohlstand der Nationen«[35] und Gibbons »Geschichte von Aufstieg und Fall des Römischen Reiches« sichern die gewählte Zeitgrenze auf ihre Weise ebenso ab wie der Abschluß der »Enzyklopädie« und Lessings »Erziehung des Menschengeschlechts« im Jahre 1780.

Rückgriffe hinter 1648 und Weiterführungen über 1779 hinaus sind allerdings unabdingbar, wenn die Phänomene Absolutismus und Aufklärung historisch ermittelt und an Schwerpunkten vermittelt werden sollen. Dabei erschien uns als Leitbegriff dieses Zeitalters der Kampf um das bereits erwähnte Erbwesen brauchbar. Ob es sich um die »Erb-Heiligkeit« der Päpste oder um die »Erbsünde« dreht, deren Wirkungen Ivan »der Schreckliche« zur Begründung seiner Selbstherrschaft ebenso bemüht, wie sie Rousseau für seine Freiheitslehre verwirft, ob wegen »Erbfolgen« gegen »Erbfeinde« Kriege geführt werden oder die possessive und politische Entmündigung Stände als »Erbsklaven« zur Waffe der Aufklärung greifen läßt, um auch den Besitz des eigenen Körpers zu sichern, während sich Fürsten die »Erb-Souveränität und Absolutesse« (Rålamb) mit List und Gewalt erwerben, stets begegnet man diesem dominanten Erbdenken. Seinen Einfluß konnte Tocqueville nicht hoch genug veranschlagen; auf ein größeres Interesse bei Juristen, Historikern, Politologen oder Soziologen ist er allerdings nicht gestoßen[36]. Mit den Formeln vom »monarchischen Prinzip« oder der »Legitimität« hat man die Frage Fichtes an den Fürsten, »mit welchem Recht ... er herrsche«, aus dem Bewußtsein gedrängt. Der Philosoph antwortete selbst: »Durch *Erbrecht* sagen wohl einige Söldner des *Despotismus* ...«[37].

In diesem Rahmen des Erwerbens durch Ererben, das nicht nur die Fürsten und deren »souveräne Häuser« beschäftigte, sondern auch den Adel, das Bürgertum und die selbsteignenden Bauern, demnach einen oft verschwindend kleinen Prozentsatz der Gesamtbevölkerung, rang man gleichzeitig um eine Anthropologie, um ein Menschenbild, das sich in erster Linie am Wert eines Mannes orientierte. Vom »Vir bonus« über den »Uomo universale« zum »Homme honnête« oder »Gentleman« durchzieht die Geschichte Europas in diesem Zeitalter ein aristokratischer Grundzug[38], an dem das aufstrebende Bürgertum seinen Anteil haben wollte, was durch Nobilitierung nicht selten auch materiell gelang. Wo dieser Aufstieg durch Privilegiensicherung blockiert wurde, fanden Revolutionen statt, die nicht nur in die Freiheit, sondern auch in den Despotismus eines einzelnen münden konnten. Damit ist die Geschichte dieses Zeitraums vornehmlich an die Kategorien des Eigentums an Person und Sache, des Rechts und der zugehörigen Verfassungen verwiesen, eingedenk auch jener Vorstellung von Revolution, die sich als Rückgriff auf das »gute alte Recht« versteht und sich im Auftrag der Aufklärung »Lux gentium lex« (Das Gesetz das Licht der Völker) selbst in der dauernden Spannung von Moral und Macht in ihrem Wesen zu erkennen gibt.

1. Schweden – Finnland

In der Kritik an der »Nachahmungsbegierde« und »kindischen Neuerungssucht«, die das Katharinäische Rußland vermeintlich prägten, verwies *Herder* auf den Eigenwert des Landes, die Möglichkeiten des Despotismus und auch darauf, »daß andere Länder und selbst Schweden nicht immer Vorbilder seyn können«[1]. Will man aber die Phänomene Absolutismus und Aufklärung aus der Gestaltung des »inneren Staatsrechts« heraus erkennbar machen, um auf diese Weise eine gemeineuropäische Struktur freizulegen, dann bietet sich die Geschichte Schwedens vorzüglich an. *Hegel* hat das in seiner Kritik an der »Reform-Bill« in England nicht ohne Grund versucht, indem er sich auf das Wesen der »schwedischen Verfassung« bezog und dabei auf die fundamentalen Funktionen des »großen Rathes« verwies – auf ein Verfassungsorgan demnach, das zwischen König und Volk einen besonderen Platz einnahm und damit auf das vertragliche Wesen der alteuropäischen Verfassungen aufmerksam machte[2].

Beschränkt man die Geschichte Schwedens allerdings auf die »germanischen Wurzeln«, aus denen alles erwachsen sei[3], dann verschließt man sich dem Reichtum einer politischen Kultur, die ihr Selbstverständnis als »Israel des Nordens« aus dem Eigentumsdenken des Alten Testamentes herleiten konnte. Dem stand das unter König Christopher (er stammte aus dem Hause Wittelsbach) kodifizierte »Landslag« (Reichsrecht) aus dem Jahre 1442 nicht entgegen, emanierte es doch aus einem fundamentalen Vertrag und überdauerte in seiner Substanz die Reformation und die Wandlung vom Wahl- zum Erbreich im Jahre 1544. Ja noch im Jahre 1770 bemühte man dieses Recht wie eine Magna Charta der Freiheit Schwedens. Von »germanischem Rechtsbrauch« war dabei allerdings nicht die Rede.[4] Wohl aber schöpfte der Geist der politischen Aufklärung in diesem Land aus den Empfehlungen der aristotelischen Ethik und aus einer römisch-republikanischen Gesinnung. Die Rezeption von rationalen Regeln in der Staats- und Kriegskunst aus dem antiken und kirchlichen Erbe behinderten den aufkommenden Nationalismus in Gestalt des »Goticismus« nicht, baute man doch auch auf die universale

Geltung und Wirkung des Göttlichen, Natürlichen und des Völker-Rechts.
Die libertären Leistungen vor 1680 und nach 1718 übertreffen Frankreichs politische Errungenschaften bei weitem, auch wenn Schweden keinen Philosophen von Rang vorzeigen kann. Im Absolutismus wiederum verfügten Karl XI., Karl XII. oder Gustav III. nach 1772 über eine »absolute Potestät« nach Maßgabe eines patrimonialen Erbrechts, die Ludwig XIV. in dieser Form nicht gestattet war. Nimmt man die welthistorische Intervention Schwedens in den Deutschen Krieg hinzu, dann erscheint es nicht unbegründet, Schweden die Leitfunktion für diesen Band und sein Doppelthema zu überlassen und nicht Frankreich, wie es gemeinhin üblich ist. Die Tatsache, daß Descartes 1650 in Stockholm sein Leben beendete, ist in diesem Sinne auch mehr als nur ein äußeres Symbol für diese Entscheidung.

a) *Vom Wahlreich (1442) zum Erbreich (1544). Eine »Regierung des Rechts«. Die »Regierungsform« (1634). Gustav II. Adolf und der Kampf gegen das »absolute Dominat« Habsburgs. Adel und Aufklärung.*

In der berühmten Rede des geeinten Adels vor Sigismund III., der gleichzeitig Wahlkönig von Polen und Erbkönig von Schweden war, wurde 1593 jede patrimoniale und absolutistische Deutung des Erbkönigtums energisch abgelehnt. Denn »was den Worten zukommt, daß Erbkönige *absolute* regieren sollen, darüber ist in Schweden zuvor nicht viel gehört worden«. Niemand, fügte man hinzu, würde dem König das Recht bestreiten, »mit all der Macht und Mündigkeit zu regieren, die christlichen und gesetzesberufenen Königen eignet ... ., aber für die Art, wie das Wort *absolute* lautet, das ist ganz und gar *frei* und ... *keinem Gesetz oder Bedingung verbunden*«, gäbe es in der gesamten Christenheit kein Beispiel, daß es »gutgeheißen oder angenommen« worden sei. Schon gar nicht habe es »im geringsten in irgendeiner gesetzlichen Erbvereinigung des Reiches angewendet« werden dürfen[1].
Mit dieser Stellungnahme, von Erik *Sparre* entworfen, einem der besten Juristen, die Schweden je hatte, wurde eine Position bezogen, die hundert Jahre später verteufelt werden sollte, fünfzig Jahre früher aber die Lösung eines fundamentalen Problems war. Mit der Annahme des »Hauses Vasa« im Jahre 1523 sicherte man 1527 nicht nur die Reformation und die umfassende Enteignung der Kirche Schwedens, sondern auch die Vermehrung von »Erbe

und Eigen« Gustavs I. (Vasa), der sich darum mühte, vor allem seine Söhne nach seinem Tod territorial versorgt zu sehen. In den Beratungen zur Veränderung des Wahlkönigtums aus dem LANDSLAG von 1442 fand man ein Modell, das dem in Europa üblichen *Erblehen* entsprach, wie es auch die Loi Salique in Frankreich für das Königtum vorsah.

Ein derartiges Lehen sicherte der Dynastie zwar die Nachfolge in Gut und Amt, aber nur nach einen voraufgehenden Vertragsakt. Das Reich in Gestalt der vier Besitzstände – Adel, Klerus, Stadt-Bürger und Kron-Bauern – behielt sich demnach ein Wahlelement beim Königswechsel vor, und daraus emaniert dann der jeweilige Herrschaftsvertrag mit zugehörigen Eiden, den jeder nachfolgende König zu garantieren hatte. Juristisch ausgedrückt: das Reich behielt sich als eine »ewige« Institution (Respublica est aetherna) das DOMINIUM DIRECTUM vor, die absolute Verfügungsgewalt über das Reich, seine Provinzen und Krongüter, wenn ein neuer König eingesetzt werden sollte. Diesem wurde dabei nur ein DOMINIUM UTILE gewährt, ein Nutz- und Nießrecht, d. h. er durfte ohne Zustimmung der Stände im Regelfall keine allgemeinen Steuern erheben, keinen Krieg beginnen oder Frieden schließen. Selbst bei der Besetzung der Reichsämter hatte er auf die Vorrechte des Adels Rücksicht zu nehmen. Wollte er ins Ausland reisen oder heiraten, war er in gleicher Weise durch Verfassungsartikel eingeschränkt und an die Rechtsorgane des Reiches verwiesen.

Dabei war der *Reichstag* (Herrentag) selbst nur ein temporär tagendes Organ, der *Reichsrat* (Senat) hingegen wurde als permanentes Organ aufgefaßt, dessen Hauptaufgabe darin bestand, den König dauernd an »das Recht des Reiches zu erinnern«. Darüber hinaus standen die Senatoren dem König als Administratoren und Diplomaten, Richter und Feldherren zur Verfügung. Diese Trichotomie war nur über einen Vertrag möglich, der 1544 in der sog. »Erbvereinigung« (Unio haereditaria) geschlossen wurde. Sie löste das reine Wahlrecht von 1442 ab und ersetzte es durch ein Erbwahlrecht. Dessen Hauptmerkmale sicherten dem Hause Vasa »immerwährend und gegenseitig« das alleinige Recht zur Krone, dem Reich aber in gleicher Weise das Recht auf die Garantie seiner Privilegien. Hierbei wurde konkret die sog. Majestas-duplex-Theorie verwirklicht, auf die sich nach der Bartholomäus-Nacht 1572 die Monarchomachen berufen sollten: Dem König gehörte nach Abschluß des Herrschaftsvertrages die *Majestas personalis* im Bereich der Administration und dem Reich steht die *Majestas realis* zu in bezug auf die Konstitution, die sich aus »Fundamentalgesetzen« zusammensetzte. Dazu gehörten vor allem die erwähnte Erbvereinigung und die Religionsvereinigung (Unio religionis)

von 1593, welche die Augsburgische Konfession als Bekenntnis der Staatskirche annahm und deshalb auch mit dem auf Gegenreformation eingestimmten Sigismund III. in Konflikt geraten mußte[2].
Mit der Einführung des Erbkönigtums auf Vertragsbasis – man kann es nach der Emphyteuse (Erblehen) als emphyteutisch bezeichnen – kam nicht eine »neue absolutistische Ideologie« zum Durchbruch[3], sondern die Festigung eines Lehnssystems. Das zeigte sich nicht nur bei der Einrichtung der neuen Herzogtümer für die Vasa-Söhne, sondern auch bei der Stiftung von Graf- und Freiherrenschaften beim Thronantritt Erik XIV. 1561. Gewiß, seine patrimoniale Deutung des Erbrechts[4] und sein diktatorisches Verhalten, das sich allmählich unter dem Einfluß einer schleichenden Geisteskrankheit in eine blutige Tyrannis steigerte, hat die eingegangenen Verträge oft mißachtet[5], aber sein Sturz durch den Halbbruder Johan III. 1568 stellte die alte Vertragslage wieder her. Aber sie blieb weiterhin gefährdet. Denn auch Johan III. wollte gelegentlich »absolute regieren«, experimentierte[6] mit einem frühen Regalismus und Monopoldenken u. a. im Bereich des Bergbaus und demütigte[7] Senatoren wie Erik Sparre und dessen Kreis durch willkürliche Verhaftungen, aber die libertären Widerstände waren vor allem im Adel stark genug, die Angriffe auf das Vertragssystem der kumulativen Verfassung abzuwehren. Auch Karl IX., der ehemalige Herzog von Södermanland, Vater Gustavs II. Adolf und Vertreiber des »Tyrannen« Sigismund, sah sich nach dem Bürgerkrieg und dem Blutbad von Linköping 1600, bei dem Sparre neben anderen geköpft wurde, genötigt, sein »nezessitäres« Regime der oft unadligen *Sekretäre* ab 1602 in eine libertäre Regierung mit adligen *Senatoren* übergehen zu lassen. Die erneuerte »Erbvereinigung« von Norrköping 1604 bestätigte diesen Trend hin zur Verrechtlichung der Politik, die sich auch in seinem Titel »auserkorener König« äußerte, sowie in der Neufassung des alten Stadtrechtes oder in der ersten Drucklegung des LANDSLAG von 1442. Diesem wurde im Strafrechtsteil hinzugefügt, der ganz im Geiste des Mosaischen Rechts abgefaßt war und recht lange angewendet wurde[8].
Man muß diese Bedingungen stets berücksichtigen, damit in der Einschätzung eines »*absoluten Königs*« (Rex absolutus) keine Mißverständnisse aufkommen. Sparre benutzte diese Formel in zweierlei Hinsicht. Nach innen bedeutete sie, daß der König im Rahmen des Rechts »auf Rente und Nutzen« und damit auf das DOMINIUM UTILE an einem verlehnten Gut verzichten konnte, aber als Treuhänder des Reiches »das hohe Recht« in Gestalt des DOMINIUM DIRECTUM behielt. Er war also in diesem besonderen

Fall, dem Feudal-Nexus, in einer rechtlich fixierten Weise souverän, weil kein anderer dieses Recht in seiner Regierungszeit wahrnehmen durfte[9]. Nach außen aber wurde mit diesem Anspruch vor allem die Unabhängigkeit von König und Reich angemeldet. Ein »absoluter König« war demnach keiner auswärtigen Jurisdiktion unterworfen und in der Art souverän, daß er über sich »keinen Höheren anerkennt«. Sparre hat in diesen essentiellen Bereichen, die das gesamte Ordo-Denken der Neuzeit bestimmten, nicht Bodin bemüht, sondern Baldus de Ubaldus und mit seiner Forderung »Für das Gesetz, den König und das Volk« (Pro lege, rege et grege) nicht nur auf die Widerstandslosung der Stände in den Niederlanden verwiesen, sondern auch auf den König Alfons von Aragonien, der in Alteuropa als Inbegriff eines gerechten und libertären Königs galt[10].

Bedenkt man, daß Rom bis zur Reformation von Schweden den »Peterspfennig« verlangte und erhielt, der Kanzler des Reiches stets der Erzbischof von Uppsala war und das Tridentinum vermittels der erneuerten Abendmahlsbulle direkt in die Finanz- und Steuerhoheit sowie die Gesetzgebung eingreifen wollte, dann wird diese Abschottung mit der Reformation nach außen verständlich. Diese Absolutesse aber hatte nicht zur Folge, daß der auserkorene Erbkönig auch nach innen so absolut sein durfte, daß er »nach Gutdünken« schalten und walten konnte. Vielmehr galt der unabdingbare Grundsatz, wie ihn das Lehnswesen als Vertragssystem ausgebildet hat: »Treu Herr – Treu Knecht. Obligatio reciproca«[11].

Nach diesem Auftrag richtete Gustav II. Adolf (1594–1632) sein Erbkönigtum aus, das er von 1611 an ausüben mußte, nachdem er eine sog. »Versicherung« der bestehenden Verfassung geleistet hatte. Sie wurde in der Hauptsache von Axel *Oxenstierna* (1583–1654) nach Maßgabe des LANDSLAG von 1442, der Erbvereinigungen von 1544 und 1604, der Religionsvereinigung und der Vorrechte der Einzelstände im Namen des Rechts und Reichs erarbeitet und vom König angenommen. Er wurde darin vornehmlich dazu verpflichtet, »mit dem Rat des Rates« und »mit der Zustimmung der Stände« zu regieren. In einer äußerst schwierigen Lage des weitläufigen Reiches, das mit Rußland, Polen-Litauen und Dänemark-Norwegen gleichzeitig im Krieg stand, bewährte sich der konsequente Rückgriff auf das Recht und die Sicherung der ›kumulativen Konstitution‹[12].

Gerade dieser Vorgang, der in den aufständischen Niederlanden eine Entsprechung hat und auch in Polen auszumachen ist, widerspricht der Ideologie des »Primats der Außenpolitik«, die sich in nationalen Notlagen den »Luxus freiheitlicher Institutionen« (O. Hintze) nicht vorstellen will. Er widerspricht auch der Vorstellung, eine Großmacht könne erst dann entstehen, wenn Freiheit unterbunden und einem einzigen die »absolute Macht« zugestanden wird[13].

Was sich in Schweden unter vielen Krisen – bis hin zur Gefahr der Spaltung des Reiches im Kampf Johans III. gegen Herzog Karl von Södermanland und unter Sigismund III. – entwickelt hat, wurde von der Zeit selbst als System der *Enrådighet* empfunden, als eine *Einherrschaft* »nach Gesetz«. Damit hatte man eine treffende Eigenformel für die Monarchie gefunden und die Beziehung König–Reich in ihrem Treuhandverhältnis durchaus im Sinne Ciceros und des Althusius als Tutor-Pupill-Relation begriffen[14]. Als Negation dieses Herrschaftssystems libertärer und ständischer Natur sollte sich später in einer weit geringeren Notlage die *Envälde* entwickeln als eine *Eingewalt* »nach Gutdünken«, bei der sich der Erbkönig nicht mehr als Treuhänder verstand, sondern als Eigenherr und Inhaber einer Monokratie[15].

Mit der Einbeziehung des Stände-Volkes in die Politik gelang es, sich allmählich der Kriegslasten zu entledigen, ohne mit großen inneren Aufständen rechnen zu müssen. Allein die Bezahlung der Ablösung von Älvsborg, dem einzigen Zugang Schwedens zur Nordsee, trieb das Land an die Grenzen seiner materiellen Möglichkeiten.

Dänemark-Norwegen unter Christian IV. demütigte den jungen König im Frieden von Knäröd 1613, der den Kalmar-Krieg beendete, nicht nur mit dieser Geldforderung, sondern garantierte auch seinem Nachbarn auf der skandinavischen Halbinsel dessen Besitzstand[16]. Nach den Klärungen im Süden und Westen des Reiches wandte man sich verstärkt dem Norden und Osten zu. Die Eroberung von Archangelsk stellte man aber zurück und suchte mit dem neuen Moskauer Zaren aus dem Hause Romanov trotz gelegentlicher Kriegshandlungen einen Ausgleich, nachdem sich die Wahl Karl Filips zum Zaren als Fehlschlag erwiesen hatte. Neben dem katholischen Vasa-Polen und dem protestantischen Vasa-Schweden auch noch ein orthodoxes Vasa-Rußland anzustreben, erschien auf Dauer als unrealistisch. Dem Drängen Axel Oxenstiernas, der 1612 Kanzler des Königs und des Reiches geworden war und es bis 1654 bleiben sollte, nach Verständigung mit dem Moskauer Zartum gab man schließlich nach und erreichte unter niederländischer und englischer Vermittlung im Frieden von *Stolbovo* 1617 ein Abkommen, das die Ostgrenze sicherte. Für den kommenden Krieg mit Polen-Litauen und das Eingreifen in den 1618 beginnenden Bürgerkrieg in Böhmen, der sich zum »Deutschen Krieg« ausweiten sollte, war das sicher ein unschätzbarer Vorteil[17], aber das vollkommene Abdrängen des östlichen Nachbarn von der Ostsee barg für die Zukunft auch Gefahren[18]. Gustav II. Adolf hielt sich trotz Verwandtschaft mit dem gewählten »Winterkönig« Friedrich V. aus dem Pfälzischen Haus zurück, den Böhmen zu Hilfe zu kommen. Der Krieg mit Polen, wo Sigismund III. mit seinem Streben nach einem DOMINIUM ABSOLUTUM den Aufstand des Zebrzydowski in den Jahren 1606 bis 1609 ausgelöst hatte[19], erforderte alle Kräfte und Mittel, zu deren Verstärkung Schweden trotz der europaweiten Gefahr einer »*universellen Monarchie*« durch Spanien gerade mit dieser Macht einen schwunghaften Handel trieb. Seit 1599 stieg besonders die Ausfuhr von Kupfer nach Spanien, wo die Cortes allerdings 1626 beschlossen, den Kupferfuß der eigenen Münze auf Silberfuß umzustellen. Damit verlor Schweden einen wichtigen Abnehmer seines neben Holz und Eisen wichtigsten Rohstoffes. Das war ein Grund mehr, den Krieg gegen Polen von dem eroberten Preußen aus verstärkt gegen das Haus Habsburg und seine Macht zu führen[20]. Dieses fühlte sich nach dem Kampf gegen die Stände Böhmens mit der Errichtung des Erbkönigtums 1627 ebenso gestärkt wie durch den Siegeszug des böhmischen Generals Wallenstein (1583–1634) bis ins dänische Jütland oder durch die Erzwingung des Restitutionsediktes von 1629[21].

Im gleichen Jahr schloß Schweden unter französischer Vermittlung den Waffenstillstand von Altmark. Er brachte vor allem die Kontrolle über die preußischen Städte, darunter das reiche Danzig, und die damit verbundenen Zölle ein. Deren Ertrag sicherte bis zum Abkommen von Stuhmsdorf 1635 einen großen Teil der ordentlichen Einnahmen im Reichshaushalt und für den anstehenden Krieg mit dem Kaiser. Darüber beriet sich Gustav II. Adolf intensiv mit dem Reichsrat, der für ihn stets die Funktion eines *Mediators* besaß, eines Gesetzeswächters, wie er in Vertragsverfassungen vorkommen muß, wenn sich die *Majestät* des Königs als Amtsgewalt in der *Libertät* oder Freiheit der Stände vermitteln will. Während der wochenlangen Beratungen hinsichtlich der Frage nach der Begründung des »gerechten Krieges« (bellum justum) fand er bei der Erörterung des Planes, in Dänemark einen Umsturz zu betreiben, um das Kriegsunternehmen auf deutschem Reichsboden auch von Nordwesten her besser zu sichern, die klassischen Worte: »Eine Monarchie besteht nicht aus Personen, sondern aus Gesetzen.«[22]

Wie ernst der »Adelskönig«, als den ihn Axel Oxenstierna bezeichnete, diese Einsicht nahm, zeigt sich in verschiedenen Bereichen, so bei der Errichtung des *Svea Hofgerichtes* 1614, bei der *Reichstagsordnung* von 1617, auf die sich noch Gustav III. 1778

Abb. 1: *Reichskanzler Axel Oxenstierna, 1583–1654*

berief, der Sicherung der Vorrechte des Adels, der Förderung der anderen Stände oder beim Rechtsschutz für Amtsträger des Reiches – darunter vor allem die Senatoren, deren Stand in der Vergangenheit für Gesetzestreue einen hohen Blutzoll entrichtet hatte –, aber auch bei der Einrichtung einer »*perpetuellen Armee*«. Auf der Basis des Mühlenzolls, der temporär vom Reichstag genehmigt wurde, festigte Gustav II. Adolf damit seine Militärmacht im eigenen Reich, die im libertären Geist der Oranischen Heeresreform konsequent reformiert worden war[23]. Damit trat er den Beweis an, daß ein stehendes Heer nicht notwendigerweise zu »Erbsouveränität und Absolutesse« führen mußte, solange der *Primat des Rechts* auch in Kriegszeiten und unter »nezessitären« Bedingungen galt. Sein Bemühen, den Reichstag 1627 dazu zu bringen, Christine als seine legitime Erbin und mögliche Nachfolgerin zu bestimmen, bezeugt zusätzlich die Kraft seines nomistischen Erbkönigtums, das die Macht an sich nur dann als gerecht und effektiv empfand und entsprechend handhabe, wenn sie im vertraglichen Recht organisiert war und damit die Stände in die Verantwortung für die eigenen Maßnahmen stellte. Das Prinzip der Gegenseitigkeit von Rechten und Pflichten war nicht nur ein wesentlicher Grund zum Aufstieg der römischen Republik, Venedigs, der Adelsrepublik Polen, Hollands oder des Heiligen Reiches, sondern auch des Reiches Schweden. Allerdings erfordert es eine permanente »Erziehung zur Verfassung«, wie sie Aristoteles in der Kenntnis menschlicher Schwächen für die pure Macht gefordert hat[24].

In diesem Sinne war nicht nur die Generation Erik Sparres auf die Schwierigkeit mit der Freiheit vorbereitet worden, sondern auch diejenige Axel Oxenstiernas. Die »Oeconomia oder Haushaltsbuch für junges Adelsvolk« des Senators Per Brahe d. Ä. aus den 1580er Jahren, die in ihrem humanistischen Geist und praktischen Sinn für die effektive Bewirtschaftung eines Adelsgutes der Schrift des Lucius Columella »De re rustica« in nichts nachsteht, hat den jungen Adligen Schwedens nicht nur ein »gutes und reines Latein« empfohlen, das man von Cicero, Sallust und Erasmus von Rotterdam lernen könne. Neben den praktischen Fertigkeiten, zu denen auch die Arithmetik und die Geometrie gehörten als Basis der Gerechtigkeit, wurde ihnen in diesem wichtigen Erziehungswerk auch gesagt: »Wie ein gutes und ordentliches Regiment beschaffen sein soll, das findet man bei Aristoteles, Cicero, Johannem Bodin(um) und im Regentenbuch Jörg Lauterbachs.«[25]

Alle diese und viele andere Autoren kannte Axel Oxenstierna, der zusammen mit seinen beiden Brüdern Krister und Gustav in Rostock, Wittenberg und Jena Theologie, Jurisprudenz und Philologie studiert hatte, 1604 als Kammerherr in die Dienste Karl IX. trat und 1609 Reichsrat oder Senator geworden war. Ihm verdankt Gustav II. Adolf nicht nur die schwierige Regierungsübernahme, sondern auch die Initiativen und die Organisation zahlreicher Reformen, in deren Mittelpunkt immer wieder der Plan auftauchte, die bestehenden Fundamentalgesetze (Religions- und Erbvereinigung) als Grundlagen der *Konstitution* und des *Staates* mit den Gesetzen zur *Administration* und *Regierung* des Reiches in einem einzigen Dokument zusammenzufassen: Das gelang mit der sog. »Regierungsform«.

Im Auftrag des Königs hatte der Reichskanzler schon während des Feldzuges in Preußen mit der Ausarbeitung begonnen, sie aber vor dem Tode Gustav II. Adolfs nicht abschließen können, so daß dieses einzigartige Dokument der schwedischen und europäischen Verfassungsgeschichte nicht die Unterschrift dieses Königs trägt, der am 6. November 1632 bei Lützen im Kampf gegen das kaiserliche Heer unter Wallenstein gefallen war[26]. Man hat aus dieser Tatsache den Schluß gezogen, daß der Kanzler, von oligarchischen Machtgelüsten getrieben, den König betrügen wollte. Tatsächlich beruht diese Annahme auf einem Mißverständnis, und zwar dem nomistischen Wesen der Monarchie gegenüber, das der König 1629 selbst definiert hatte. Oxenstierna hielt sich strikt an diese Auffassung, die er mustergültig im Geist des LANDSLAG und der bestehenden Fundamentalgesetze des Reiches umzusetzen verstand. Alle verfügbaren Quellen sprechen dafür, daß Gustav II. Adolf das *Quinquevirat*, die Vormundschaftsregierung der »fünf hohen Ämter« (Drost-Justiz, Marschall-Heer, Admiral-Flotte, Kanzler-Innen- und Außenpolitik, Schatzmeister-Finanzen) im Rahmen ihrer Kollegien und in Verbindung mit dem Reichsrat und dem Reichstag in der vom Kanzler verfaßten Form gewollt hat. »Antimonarchische Tendenzen« sind in der »Regierungsform«, die 1634 vom Reichstag in Stockholm angenommen wurde, nicht zu erkennen[27], wohl aber anti-absolutistische Gesinnung und ein Programm, das zum Inbegriff der libertären Geschichte Schwedens seit 1442 geworden ist und bei der Einführung des Absolutismus in Gestalt der *Envälde* von 1680 an bekämpft wurde.

Es heißt in der Präfation zu diesem Verfassungsdokument, daß Schweden durch Gustav I. von der »papistischen Finsternis« befreit worden sei und seine nationale Unabhängigkeit im Geist der Freiheit erkämpft habe, das alte Wahlrecht mit der Erbfolge zu ersetzen vermochte und »Frieden und innere Ruhe« zu garantieren verstand. Nun aber bedürfe das Reich nach der Intention des gefallenen Königs der erneuten Bestätigung und Kräftigung »eines ordentlichen Regimentes, wo dem König seine *Hoheit* (Majestät), dem Rat seine *Mündigkeit* (Autorität) und den Ständen deren begründetes Recht und *Freiheit* (Libertät) gehörig erhalten und einigermaßen beschrieben bleibe«[28].

Wie die Geschichtswissenschaft aus dieser trichotomischen und vertraglich vermittelten Zuordnung von König, Senat und Reichstag ein »dualistisches« Verfassungsdenken bisher herauslesen

konnte, ist schwer verständlich, zumal die gesamte übrige Politik und das Selbstverständnis dieses Königs darauf gerichtet waren, Sigismund III., seinen Kontrahenten in Polen, immer wieder des Vertragsbruchs anzuklagen.
Verfassungsbruch warf man auch dem Kaiser vor, um auf diese Weise eine juridisch-politische Rechtfertigung für die Intervention in den »Deutschen Krieg« von 1630 an zu haben. Hatte der Kaiser doch angeblich seine Wahl-Kapitulation – die Entsprechung zur Königs-Versicherung in Schweden – mit den Rechtsgarantien für die protestantischen Stände nicht gehalten[29]. Eine ähnliche Begründung für die Intervention Oraniens in den Bürgerkrieg in England sollte auch 1688 mit dem Ziel erfolgen, ein absolutistisches Regime zu verhindern. Genau das war das erklärte Kriegsziel Schwedens auch nach dem Tode Gustavs II. Adolf. Mit Nachdruck – von Axel Oxenstierna gedrängt – bestand die Reichsregierung darauf, »daß der Stände *Freiheit* in Deutschland nicht in eine *Knechtschaft* und in des Hauses Österreich *absolutes Dominat* verwandelt werde«[30].
Man wußte genau, wohin das patrimoniale Erbstreben führen mußte, das Habsburg 1627 in Böhmen zum Erfolg gebracht hatte – in den Erb-Absolutismus dieses Hauses. In der Bekämpfung dieser Politik gesellte sich nach dem Prager Frieden von 1635 und dem Waffenstillstand von Stuhmsdorf, der Schweden zwar den endgültigen Erwerb Livlands einbrachte, aber gleichzeitig auch den Verlust der preußischen Zölle bedeutete, Frankreich zu. Auf dem Höhepunkt der Dauerkrise nach der schweren Niederlage der Schweden bei Nördlingen 1634 traf sich der Kanzler Oxenstierna in Compiègne mit Kardinal Richelieu und handelte dort unter der Beteiligung von Hugo Grotius, der schwedischer Gesandter in Paris war, die Allianz mit Frankreich aus, das an der Erhaltung der »Libertät« im Heiligen Reich vital interessiert war[31]. Denn die Garantie der Reichsverfassung bedeutete eine innere, vertragliche Machtbalance zwischen dem *Kaiser*, den *Kurfürsten* und dem *Kurien-Reichstag* und damit einen Schutz vor den Wirkungen einer habsburgischen Expansion und universeller Machtansprüche. Nicht umsonst schwor Oxenstierna die Reichsräte 1646 im Senat auf seinen sekurativen Imperativ ein: »Nun ist Securitas, daß Deutschland nicht *absolut* wird, sonst gehen die Schweden, Dänemark und die anderen unter«[32].
Absolutismus bedeutete für ihn Unfreiheit und Knechtschaft der Stände nach innen und Hegemoniestreben nach außen. Nur eine Politik der vertraglichen Balance mit ihren zugehörigen institutionellen Behinderungen konnte eine derartige Entwicklung bremsen in dem Bewußtsein, daß von Deutschland keine Gefahr für die

Sicherheit Europas ausgeht, wenn es geteilt ist. Die ideologische Teilung in Papisten (»katholische Nation«) und Protestanten (»evangelische Nation«) hatte ihre Entsprechung in der auswärtigen Garantie der Reichsverfassung, in welche der Westfälische Friede als »Fundamentalgesetz« einging, und zwar gleichwertig neben dem Augsburger Religionsfrieden von 1555 und der Goldenen Bulle (Kaiser-Wahlgesetz) von 1356. Materiell bedeutete diese Regelung die Übernahme des »Reichslehens« Pommern, das bis 1815 von Schweden verwaltet wurde, der Erwerb der Bistümer Bremen und Verden, sowie neben einer Geld-Satisfaktion die Kontrolle über die Oder-, Elbe- und Wesermündung. Damit hatte sich Schweden über den Niedersächsischen Kreis im Heiligen Reich auch konstitutional festgesetzt und war in der Lage, sowohl Dänemark als auch Polen unter Kontrolle zu halten – zur eigenen Sicherheit. Weiter gingen die Pläne nicht. Die Heirat zwischen dem Kurfürsten Friedrich Wilhelm von Brandenburg und Christine im Jahre 1641 kam aus verfassungsrechtlichen Hindernissen (der Kurfürst war Kalvinist und kein richtiger Souverän) nicht zustande, aber auch aus der historischen Einsicht, daß Doppelreiche erhöhten Belastungen ausgesetzt werden, wie man sie am Beispiel Sigismunds III. zur Genüge erlebt hatte[33].

So erfolgreich Axel Oxenstierna, nicht nur von Grotius, dem »Vater des Völkerrechts«, oder dem polnischen Großkanzler Lubomirski und selbst Kardinal Mazarin als größter Staatsmann seiner Zeit bewertet, in seiner Sicherheitspolitik während der Vormundschaft für Christine und nach ihrem Regierungsantritt 1644 auch war, die Regierungsform von 1634 wurde von dieser Königin nicht mit ihrer Unterschrift zu einem Fundamentalgesetz erhoben. Das war auch nicht unbedingt notwendig, solange das LANDSLAG, die Erbvereinigung und die Religionsvereinigung samt »Versicherungen« ihrer Vorgänger im Amt die Rechtsbasis des Königtums bildeten. Alle diese Gesetze und Verträge formten die *kumulative Konstitution* Schwedens, die durch die Regierungsform nicht ersetzt werden konnte. Dennoch regierte die Königin gemäß dieser »Ordnung«, nachdem sie selbst die von Oxenstierna ausgearbeitete »Versicherung« akzeptiert und mit einem Eid bekräftigt hatte[34].

Dieser Rechtsmangel der Regierungsform, die in 65 Artikeln vor allem das Kollegiensystem, das Gerichtswesen, die Administration in den einzelnen *Län* (Regierungsbezirke) und Städten regelte, sollte 1680 Anlaß sein, das gesamte libertäre System radikal zu verändern, zumal unter Christines Regierungszeit vor allem die »Symmetrie des Besitzes« mehr und mehr gestört wurde. Schon während des Deutschen Krieges sah sich die Reichsregierung nach dem Tode Gustavs II. Adolf gezwungen, immer häufiger Krongüter zu vergeben, um die dauernd steigenden Kosten wenigstens teilweise aus eigenen Kräften decken zu können. Die anderen Anteile kamen aus den Subsidienzahlungen Frankreichs (ein Mittel der sog. »verdeckten« Kriegführung) und aus Erlösen des Verkaufs von Getreide, das man aus dem Moskauer Staat bezogen hatte[35]. Diese Güterpolitik im Zeichen des Krieges gefährdete in erster Linie das freie Bauerntum. Denn mit der Veräußerung von Krongütern an Adlige drohte die Mediatisierung der Kronbauern, d. h. sie waren nicht mehr auf dem Reichstag vertreten. Kein Wunder, daß sich Unmut breitmachte und die Forderung nach einer »Revocatio bonorum coronae« aufkam. Die Rechtfertigung für die Reduktion von Krongütern aus Adelshand in die Verfügung der Krone lieferte neben der Berufung auf das LANDSLAG die Anlehnung an Senecas Besitzdoktrin.

In der berühmten Verteidigungsschrift »Oförgripeliga bevis« von 1649, in der sich der Bauernstand gegen die Güterpolitik und Steuerschraube der Regierung wehrte, wurde unmißverständlich erklärt, daß das Reich Schweden 1544 zwar »haereditarium (erblich)« wurde«, aber das bedeutete nicht, daß es »haereditarium *patrimoniale* wurde, wo der König Macht haben soll, zu tun und zu lassen nach seinem Gutdünken«. Denn die Erbvereinigung sei »mit gewissen Bedingungen limitiert« worden, d. h. das Reich Schweden »hat *Lehnsnatur* und Lehnsrecht und ist einem *Erblehen* gleich und kein Allodial-Erbe, was die Succession anbelangt«. Diese aber beruht auf einem Vertrag, der bei jedem neuen König bestätigt werden muß auf der Basis der Gegenseitigkeit und der Verhältnismäßigkeit oder Proportionalität. Dazu heißt es in einer anderen Schrift, »Proportion und Gleichheit zwischen den Ständen« sei zugunsten des Adels verschoben und hier müsse Remedur geschaffen werden. »Schweden«, erklärt man mit Nachdruck, »ist ein freies Reich gewesen und die Freiheit bestand darin, . . . daß hier kein *Dominatio* gewesen ist, in welchem die Güter aller Untertanen der Krone gehören, so wie in *Rußland* und in der *Türkei*, sondern daß die Güter, wie Seneca sagt, in einer gewissen königlichen Gewalt, aber im Vollbesitz der einzelnen sind«[36].

Die Könige haben demnach nur ein *Imperium* (vertragliche Amtsgewalt) über Land und Leute, Gut und Geld oder Haus und Hof, nicht aber ein *Dominium* (absolute Verfügungsgewalt). An dieser Stelle zeigte sich wieder der possessive Charakter des vorhandenen Verfassungs- und Rechtssystems mit dem deutlichen Hinweis, daß die Könige ihr Erbrecht nur aufgrund von Verträgen wahrnehmen durften und bei ihrer Regierung die

Organe des Reiches konsultieren mußten. In ihrer Verlehnungspolitik ging die Königin allerdings bisweilen recht eigenwillig vor und schuf vor allem durch eine Reihe von Nobilitierungen einen sog. Neu-Adel (Nyfrälse), der oft im scharfen Gegensatz zum Alt-Adel (Gammalfrälse) stand und sich zunehmend für eine Reduktion von Krongütern aussprach, die vornehmlich die älteren Adelsgeschlechter treffen sollte.

Mit dieser Konstellation eines inneradligen Konfliktes wurden nach 1648 in einem gewissen Maße Weichen gestellt, die in der Zukunft für die Libertät der Stände und die Autorität des Senates schwere Folgen zeitigen sollten. Christine ist es mit geschicktem Taktieren gelungen, die Forderung nach Reduktion abzuwehren, und zwar im Rahmen ihrer Weigerung, den Herzog Karl aus dem *Hause Pfalz-Zweibrücken* zu heiraten. Statt dessen erreichte sie die Wahl dieses Vetters zum »Erbprinzen« und damit zu ihrem Nachfolger, trug sie sich doch nach dem Abschluß des Westfälischen Friedens mit Abdikations-Absichten. Sie wurden 1654 Wirklichkeit mit dem Ergebnis, daß Axel Oxenstierna nun dem dritten König die Bedingungen der »Versicherung« im Namen des Rechts und des Reiches vorschreiben durfte, die von Karl X. Gustav, wie sich der Herzog nun nannte, auch akzeptiert und nach dem Abdikationsakt beschworen wurden[37].

Als bald darauf Axel Oxenstierna starb, ging für Schweden ein Zeitalter zu Ende, das ganz im Zeichen einer politischen Aufklärung gestanden hatte. Sie emanierte aus Verfassungstraditionen, die mit »germanischem Staatsdenken« gar nichts, aber viel mit der aristotelischen Systematik, dem Alten Testament und römischem Rechtsdenken zu tun hatten. In ihrem »aufgeklärten Verstand« waren Erik Sparre oder Hogenskild Bielke, Axel Oxenstierna, Johan Skytte oder die Brahes hervorragende Beispiele eines Individualismus, der etwas von der geistigen Autonomie des Menschen wußte bei gleichzeitiger Verantwortung für das politische Gemeinwesen und den materiellen Eigenbesitz, um dessen Sicherung und Vermehrung das Denken in der Hauptsache kreiste eingedenk einer soziativen Bindung allen Eigentums. Es ist sicher der Großzügigkeit Gustavs II. Adolf zuzuschreiben, daß die Universität Uppsala, 1477 nach den Statuten der Universität Bologna gegründet und seit der Reformation geschlossen, 1626 wiedereröffnet werden konnte, nachdem er ihr aus dem alten, konfiszierten Kirchengut eine stattliche Donation vermacht hatte. Aber den wichtigen Lehrstuhl für Politik richtete sein Lehrer Johan Skytte ein, ein unadliger Aufsteiger und einer der besten Lateiner Europas. Diese Einrichtung existiert noch heute, nicht

anders als die Universität im baltischen Dorpat, die Skytte viel zu verdanken hat. Wie sehr Axel Oxenstierna die Universität Uppsala, deren Kanzler er über lange Jahre hin war, gefördert hat, ist ebenso bekannt wie der Einsatz Per Brahes d. J. bei der Errichtung der Universität im finnischen Åbo (Turku) oder derjenige des Reichskanzlers Magnus Gabriel de la Gardie bei der Gründung der Universität in Lund/Schonen im Jahre 1668, an der kein Geringerer als Samuel *Pufendorf* über viele Jahre hin wirken durfte[38].
Der schwedische Adel, seit 1561 mit Grafschaften und Freiherrenschaften versehen und seit 1626 im Ritterhaus in drei Klassen geteilt, verstand sich in seinen herausragenden Gestalten als Träger von Aufklärung, der nicht nur die eigene Hauswirtschaft rational zu organisieren verstand, sondern auch aktiv am politischen Leben des Reiches teilnahm. Dabei wurde den Königen trotz der konstitutionalen Schranken ein hohes Maß an Möglichkeiten belassen, ihre Amtsgewalt nach innen und außen zu gebrauchen, im Gegensatz zu den Königen in der polnischen Adelsrepublik, deren libertäres Verfassungssystem im vertraglichen Wesen mit demjenigen Schwedens allerdings übereinstimmte. Denn auch dort gehörte dem König die *Majestät* und dem Senat die *Autorität*, die *Libertät* jedoch als Inbegriff possessiver Freiheit und des Rechtes zur Repräsentation auf dem Reichstag, dem Sejm, stand nur dem Adel zu[39]. Das ist der entscheidende Unterschied in der sozialen Trägerschaft der TROIS PREROGATIVES eines »ordentlichen Regimentes«, wie es in der schwedischen Regierungsform von 1634 auch in Anlehnung an das römische Vorbild beschrieben wurde, gehörten doch in Schweden zu diesem System auch der Klerus mit einem Sonderstatus, die Bürger der Städte und die Kronbauern. Dieses Gefüge einer gewissen »Monarchia mixta« gestaltete in sich ein politisches Leben, das in manchen Stücken Vorstellungen verwirklichte, die Montesquieu 1748 in seiner Schrift vom »Geist der Gesetze« fordern sollte. Es barg aber auch Gefahren in sich. Ein König konnte nämlich in nationalen Krisen- oder Kriegslagen die drei unadligen Stände benutzen, um über ökonomische Forderungen an den Adel das gesamte libertäre System aus den Angeln zu heben, wenn es gelang, die Aristokratie selbst zu spalten und sie materiell und moralisch unter massiven Druck zu setzen.
1653 lobte der englische Gesandte *Whitelocke* »the wisdom of government« in Schweden und damit auch die »proportionale Partizipation« der Stände und ihrer Organe an der Politik, deren libertärer Geist den Böhmen Comenius ebenso beschäftigt hatte, wie er den Aufenthalt eines Freinshemius, Hermann Conring oder Descartes am Hof zu Stockholm ermöglichen half[40]. Obgleich

Schweden keinen Philosophen von Rang hervorgebracht hat, erscheint es doch als der Ort einer Aufklärung, die das »Sapere aude!« des Aristoteles so ernst nahm, wie die neue Pädagogik des Ramus oder die Wiederentdeckung des JUS SVECANUM durch Stiernhök, die Reinigung der eigenen Sprache durch Stjernhjelm oder die »Atlantica« Rudbecks, der im Sinne des »Goticismus« von den Schweden als dem ältesten Volk der Welt kündete und Leibniz veranlaßte, eine Gegenschrift mit dem Titel »De origine Germanorum« zu verfassen[41].

Das Hineinwachsen in die Rolle einer großen europäischen Macht spannte alle Kräfte des dünn besiedelten Reiches an, das bei aller Gebundenheit an die protestantische Staatskirche und an die Vorrechte des eigenen Adels bei der Ämterbesetzung zahlreichen Ausländern nicht nur im Militärwesen Betätigungsfelder bot, sondern auch im Bildungswesen und in der Ökonomie. *Louis de Geer*, der »Kanonenkönig« des 17. Jahrhunderts, ist nur ein Beispiel dafür, wie offen diese Macht Personen gegenüber sein konnte, die ihren Interessen dienten. Der Weg Bengt Skyttes, der den großartigen Plan einer Europa-Universität leider nicht verwirklichen konnte, ist neben anderen Fällen aber ein Zeichen dafür, daß die Toleranz auch ihre Grenzen hatte und das libertäre System in seiner juridischen Dichte hermetisch werden konnte, wenn es sich über Gebühr herausgefordert wähnte[42]. Dennoch verfügte es im Vergleich zu anderen europäischen Gemeinwesen über ein hohes Maß an Rechts- und Besitzsicherheit, über eine moderne Armee, deren Schlagkraft gefürchtet war und der libertären Verfassung nicht im Wege stand, sowie über ein Bildungswesen, das mittels der seit den 1620er Jahren entstandenen Gymnasien immer mehr Unadligen die Möglichkeit eröffnete, zumindest in die unteren Ämter der sich ausdehnenden Administration im zivilen wie militärischen Bereich zu gelangen. Aufsteiger, wie Johan Skytte oder Adler Salvius, einer der Chefunterhändler in Osnabrück, signalisierten die Möglichkeit, mit Hilfe individueller Leistung die Schranken des Geburtsrechts zu durchbrechen und damit die »Ständezirkulation« zu fördern[43].

Konnte am Ende der Ära Oxenstierna 1654 mit der Annahme des Pfälzischen Hauses als Herrschaftsdynastie das libertäre System als gefestigt gelten, hatte es bisher auch durch seine materiellen Erfolge überzeugt, so hinterließ sie doch ein schwieriges Erbe. Denn seine Weiterführung erforderte ein Höchstmaß an Intelligenz, Kraft und Disziplin, kurz an »Virtus politica«[44], zu der die Nachfolgenden nicht immer fähig und bereit waren, ohne die aber Majestät, Autorität und Libertät auf die Dauer nicht bestehen konnten.

b) *Der Klerus und das Königtum. Die Abwehr eines »absoluten Dominats« 1660. Krieg und der Weg in die »Envälde«. Die »Erklärungen« der Stände von 1680 bis 1693. Karl XII. als »Gott auf Erden«. Der Große Nordische Krieg.*

Das unmittelbare Nachwirken des LANDSLAG und auch der thomistischen Philosophie hatte in wesentlichen Bereichen die Einstellung des reformatorischen Klerus in Schweden in bezug auf das Königtum geprägt. Besonders der Reformator *Olaus Petri*, den Machtlaunen Gustavs I. (Vasa) ebenso ausgesetzt wie später Erik Sparre denjenigen Johans III., hat im Gegensatz zu Luthers Regimentslehre immer wieder den reziproken Amtscharakter des Königtums im Ciceronischen Sinne verfochten. In der Verteidigung einer elementaren Gegenseitigkeit (obligatio mutua) erneuert er ein Vertrags- und Verfassungsdenken aus vorreformatorischer Zeit: »Für die Steuern, die der Bauer dem König gibt, will er in Gesetz und Recht gehalten werden, und aus dem gleichen Grunde, aus dem der König vom Bauern seine Steuern fordert, mag auch der Bauer Gesetz und Recht vom König verlangen«[1]. In der Erfüllung dieses Vertragsgrundsatzes wird im Königtum erst die Statthalterschaft Gottes auf Erden erkennbar, und gleichzeitig bezieht das »Gemeine Beste« sein Wesen daraus, daß alle Politik als Vertragsvollzug erscheint. Die »Richterregeln« des Reformators verweisen dabei eindeutig auf das *mediante homine* eines Gottesgnadentums, auf die menschliche Vermittlung im Herrschaftsvertrag zwischen König und Reich oder zwischen Gott im Bund mit seinem »Volk«. Durch seine Vertreter wählt dieses den König, läßt ihn von einem Bischof salben und erlaubt, daß er unter der Beteiligung der »hohen Reichsämter« gekrönt wird.

Unter diesen Bedingungen bildete sich ein Krönungszeremoniell aus, bei dem die »fünf hohen Ämter« (Drost, Marschall, Admiral, Kanzler, Schatzmeister), als Symbole der »fünf Sinne« des Menschen, dem König die Regalien des Reiches (Krone, Schwert, Szepter, Apfel, Schlüssel) in den Dom zu Uppsala vorantrugen als äußere Zeichen der inneren Prädominanz des Reiches mit seinem »ewigen« DOMINIUM DIRECTUM und der zugehörigen MAJESTAS REALIS. Aus diesem zeremonialen Bestand erklärt sich auch die zeitliche Diskrepanz zwischen Regierungsantritt und Krönung. So wurden Gustav II. Adolf erst 1617, Christine 1650 und Karl XI. 1675 gekrönt, nachdem sie alle Landschaftsrechte anerkannt und die Verfassung erneut vor der Krönung beschworen hatten. Man wollte mit dieser Regelung den Amtsgebrauch des neuen Königs prüfen und den Machtmißbrauch verhindern.

Der Klerus Schwedens hat zur Festigung dieses libertären Gottes-

gnadentums viel beigetragen. Kirchenmänner wie Johannes Rudbeckius, Jonas Magni, Erzbischof Lenaeus oder Bischof Laurentius Paulinus Gothus haben die Monarchie als *Enrådighet* verstanden und verteidigt und in der »Regierung mit Rat« die Notwendigkeit von *Ephoren* anerkannt, von Mediatoren zwischen König und Reichstag. Damit waren in erster Linie die Reichsräte (Senatoren) und die Inhaber der »hohen Ämter« gemeint, zu denen der Klerus seit der Reformation keinen Zutritt mehr hatte[2]. In der Anmahnung dieses Verlustes, zu dem auch die Depossedierung des Klerus gehörte, definiert J. *Rudbeckius* 1615 in einer Predigt das nomistische Erbkönigtum. Es wäre nach dem Sinn des Buchs Samuel ein großes Unrecht, wenn der König »das verlehnt und ewiglich verschenkt, was zum Erhalt des Regimentes dient und sich dann gleichsam das an sich reißt, was eines anderen ERBE und EIGEN ist, bis alle den Sklaven gleich werden«. Denn »es ist ein Unterschied zwischen einem Untertan (subditum) und einem Sklaven (servum)«! Wo diese Grenze zerbricht, dort »ist die Obrigkeit ein Tyrann und kein König«[3].
Damit ist das Grundthema einer Zeit benannt, das 1680 dramatische Züge bekommen sollte – die Garantie von Grund und Boden. Und diese erwartete man in erster Linie von den Königen. Selbst Gustav II. Adolf mußte es sich gefallen lassen, daß man ihm von hochadliger Seite Eingriffe und Übergriffe auf possessive Privilegien vorwarf, allerdings erst nach seinem Tod.

Karl X. Gustav, schon bald nach seinem Regierungsantritt mit der Krise in Osteuropa konfrontiert und in den Krieg mit Polen und Dänemark verwickelt, schaffte es nach zähen Verhandlungen auf dem Reichstag von 1655, daß der Adel auf ein *Viertel* seiner Güter zugunsten der Krone verzichtete, um damit die Kriegskasse aufzufüllen, deren Bedarf ansonsten aus einem erhöhten Steueraufkommen, Kontributionen oder Güterreduktionen gedeckt werden mußte[4]. Es zeigte sich bei dieser wichtigen Entscheidung des Reichstages, daß Reduktionen durchgeführt werden konnten, ohne deshalb das trichotomische System der Enrådighet mit ihren Verfassungsorganen aufheben zu müssen! Gleichzeitig wurde aber auch die Frontstellung in dieser Ständesozietät deutlich. Die drei unadligen Stände unter dem Einfluß des Klerus pochten auf Reduktion und Milderung ihrer Belastungen und fanden in der Tertia classis des Ritterhauses, in der ein Teil der Neu-Adel-Vertreter ein Sammelbecken der Unzufriedenen bildete, einen zeitweiligen Verbündeten gegen die Vorrechte und Vormacht des Hochadels, der vor allem die Ämter der Regierung und des Reichsrates innehatte.

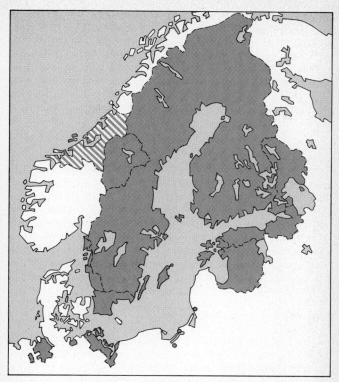

Abb. 2: *Das Reich Schweden in seiner größten territorialen Ausdehnung, 1658*

Wohin diese Koalition Schweden bringen konnte, wenn sich die libertären Kräfte nicht dagegenstemmten, zeigte der Doppelreichstag von 1660. Der schwerkranke Karl X. Gustav, der zur Zeit des Friedens von Roskilde 1658 Schweden die größte territoriale Ausdehnung seiner Geschichte kurzfristig mit seinen Feldzügen in Polen und Dänemark gesichert hatte, wollte in Göteborg beim Frühjahrs-Reichstag mit seinem *Testament* über die Nachfolge seines Sohnes Karl XI. ebenso selbstherrlich verfügen, wie über die Regelung der Vormundschaft. Dabei verstieß er nicht nur bei einer Rangveränderung – das Marschall-Amt sollte das Drosten-Amt, das Per Brahe innehatte, vom ersten Platz verdrängen – »gegen Schwedens Fundamentalgesetz«, sondern auch mit dem Versuch, als Erbkönig gleichsam patrimonial zu verfahren.

Er und der Unadel, aber auch Teile des Reichsrats und selbst der provisorischen Regierung, die nach seinem Tode eingesetzt wurde und an dem Testament in gewissen Stücken festhalten wollte, wurden vom Adel im Ritterhaus eines anderen belehrt. Wortführer bei der Ablehnung des Testamentes waren *Johan Gyllenstierna* und *Claes Rålamb*. Beide Adlige sind geradezu Symbolfiguren dafür, wie sich der eine durchgehend für das System der Enrådighet (Government by constitution) trotz Verlustes großer Teile seines Vermögens einsetzen konnte, der andere aber zwanzig Jahre später die Envälde (Government by will) bevorzugte. Nun aber stritten sie gemeinsam gegen ein Testament, das Merkmale eines patrimonialen Absolutismus aufwies. Man bezog sich in den zahlreichen Diskussionen und schriftlichen Eingaben im Namen des Adels vor allem darauf, daß die »Natur des Testamentes hier ... zum Privatrecht gehört«, was in diesem Fall keine Anwendung finden darf: Denn »*das Recht des Reiches ... hat sein Fundament im Natur- und Völkerrecht*«. Aus diesem Grunde könne auch »das Testament uns nicht binden. König als König macht in öffentlichen Dingen kein Testament.« Im übrigen müsse jedes Gesetz von dieser Art »dem Rat des Reiches und den Ständen kommuniziert werden«, was nicht in aller Form geschehen sei, und außerdem sei dieses Dokument in »großer Schwäche und in Todesqualen« unterzeichnet worden, wo doch »das Testament mit vollen Kräften gemacht werden soll«[5].

Es bedurfte aller juristischen Künste, um vor allem die unadligen Stände davon zu überzeugen, daß hier die Erbqualität des Königs besonderen vertraglichen Bedingungen unterliege, und alle Dispositionen für die Nachfolge im Amt an Rat und Zustimmung des Senats und des Reichstages gebunden seien. »Nach aller Nationen *Zivilgesetz*«, führt Rålamb, ein glänzender Jurist und von Leibniz als »homme incorruptible« bezeichnet, im Votum der Tertia classis des Ritterhauses aus, dürfe zwar ein Testator ein Testament darüber machen, was er »DIRECTO DOMINIO besitzt«, aber »gleichwohl nicht ohne ALLE LIMITATION«. Ihm, Gyllenstierna und den anderen Adligen dieser Klasse ist vollkommen klar, daß ein Nachgeben in diesem fundamentalen Fall, an dem sich der Wert des libertären und vertraglichen Staatsrechtes erweisen mußte, nichts anderes bedeuten konnte als das Abgleiten in ein *Dominat*, in dem nicht mehr »nach Schwedens Gesetz«, sondern »nach dem absoluten Gutfinden« der Könige regiert werde[6].

Nach zähem Ringen gelang es dann, das Testament dieses Erbkönigs als »ungesetzlich« abzulehnen und ein sog. *Additament* zur Regierungsform von 1634 zu verfassen, in dem die alte Rangfolge der »fünf hohen Ämter« festgeschrieben und die Einzelbestimmungen für die nun anbrechende Vormundschaft vertraglich geregelt wurden[7]. Dieser Sieg des Rechts über die Macht sollte sich aber eines Tages als Niederlage herausstellen, als nämlich Karl XI. von 1680 an daranging, diesen Reichstagsbeschluß aufzuheben und das Erbkönigtum patrimonial umzudeuten. Noch war es aber nicht soweit. Während in Preußen *Esaias Pufendorf* im Auftrag der schwedischen Reichsregierung unter der praktischen Leitung des neuen Kanzlers *Magnus Gabriel de la Gardie* Erkundigungen bei den dortigen Ständen einholte, wie der brandenburgische Kurfürst »mit Gewalt den ABSOLUTEN DOMINAT stabilisieren« wolle, der mit Karls X. Gustav Hilfe ermöglicht worden ist[8], und in Dänemark die Lichter der Libertät erloschen, kam Schweden mit seinem gefestigten Verfassungssystem erstaunlich gut zurecht. Aber trotz erheblicher Erfolge auf dem Finanzsektor und bei der Inkorporation der reichen Landschaft Schonen, die konsequent einer energisch betriebenen ›Verschwedung‹ unterworfen wurde, blieb die Frage der Reduktion weiterhin ungelöst, war doch der Reichstagsbeschluß von 1655 immer noch nicht befriedigend durchgeführt worden.

Die Gründung der Universität Lund 1668 und im gleichen Jahr die Einrichtung einer »Bank der Reichsstände«[9], die erste ihrer Art in Europa, demonstrieren neben anderen Leistungen die politische Vitalität dieses Gemeinwesens, die zweifellos aus dem Geist der Libertät kam. Auf der anderen Seite aber waren gewisse Gefahrenzeichen unverkennbar. Mit der Abschaffung der Landtage 1660 wurde zwar die Position des Reichstages gestärkt, aber gleichzeitig auch ein libertäres Instrument auf unterer Ebene lahmgelegt und der Zentralisierungsprozeß gefördert. Die hitzigen Auseinandersetzungen an den Universitäten im beginnenden »Cartesianischen Streit«, der vor allem die eingesessenen Aristoteliker beschäftigte[10] und die wachsenden Gegensätze im Adel einerseits, sowie im Unadel andererseits, ließen manch eine böse Ahnung für die Zukunft aufkommen. Darunter auch die Warnung: »Haben wir ein verderbtes Reich, dann haben wir auch einen verderbten König«[11].

Die Umkehrung dieses Satzes wäre aber auch möglich gewesen, zumal der noch unmündige Karl XI., von seiner Mutter *Hedwig Eleonora* (sie hatte in der Vormundschaftsregierung zwei Stimmen) eher verhätschelt als konsequent auf sein schweres Amt vorbereitet, wenig Neigung verspürte, den von den Ständen verfügten Unterricht ernsthaft zu betreiben. Wahrscheinlich war er wie Friedrich II. von Preußen Legastheniker. Noch als erwachsener Mann und mündiger König vermochte er es kaum, auch nur einfache Texte ohne fremde Hilfe zu lesen. Karl XI. war mit

Sicherheit der ungebildetste König, den Schweden je gehabt hat. Eine »Erziehung zur Verfassung«, wie sie Johan Skytte bei Gustav II. Adolf und Axel Oxenstierna bei Christine betrieben hatten, war bei ihm nur bedingt möglich. Kein Wunder, daß er mit diesem persönlichen Handikap wesentlich abhängiger von Ratgebern war als alle seine Vorgänger. Und ihm sollte das gelingen, was weder Erik XIV. noch Sigismund III. oder sein Vater zu erreichen vermochten – die Zuerkennung von »Erb-Souveränität und Absolutesse«.

Als Karl XI. 1671 zum ersten Male den Reichsrat offiziell besuchen durfte, entwickelte ihm der Reichskanzler de la Gardie die Vorgänge in Dänemark und sprach dabei ausführlich vom Erwerb der »absoluten Regierung« und der Sicherung dieser Position durch »die Waffen« samt der Aufrichtung eines »Ständigen Heeres« (Miles perpetuus). Christian V. war demnach in der Lage, »noch leichter als zuvor seine Resolutionen zu fassen und zu exequieren, seit dort die *Souveränität* eingerichtet ist«[12].

Karl XI. mußten diese Ausführungen wie ein Programm vorgekommen sein, nämlich in eine gleiche Position zu gelangen, wenn dies nötig schien. Damit er aber nicht vorzeitig auf diesen verführerischen Gedanken kam, schärfte ihm sein Religionslehrer, Bischof Svebilius, während dieser Einführung in den Senat die Vorteile der *Enrådighet* ein unter Bezugnahme auf das Salomon-Königtum, das demjenigen des Samuel in vielen Stücken direkt entgegengesetzt war. »Diejenige POLITICA«, predigte der Kleriker dem jungen König, die etwas anderes als eine Regierung mit Rat, »Gottesfurcht und Gerechtigkeit« lehre, »ist nicht von Gott, sondern hat einen anderen Autor, welcher sagt..., TREUE, FRÖMMIGKEIT und GÜTE sind für das gemeine Volk; aber große Herren und Staatsmänner sind nicht daran gebunden, sie dürfen tun, was sie für nützlich halten..., loben die RATIONEM STATUS, es mag mit Gottes Wort übereinkommen oder nicht... Fort mit einem solchen Idolo... Der vortreffliche Politicus und Gesetzgeber Moses lehrt nicht so«[13].

Wie das Königtum nach Salomon und Moses gehandhabt werden sollte, wurde ihm demnach ebenso eindringlich empfohlen, wie das Machtdenken eines Samuel und Machiavelli abgelehnt wurde. Es blieb Karl XI. vorerst gar nichts anderes übrig, als sich für das System der Enrådighet zu entscheiden, das bei seiner vorzeitigen Mündigkeitserklärung 1672 gut funktionierte. Allerdings kam es auf dem Reichstag zu manch einer Äußerung, die zeigte, daß das Gesetz in Schweden nicht nur aus Geldgründen »verdreht« werden konnte, wie Olaus Petri anmahnte[14], sondern auch aus

Machtgründen, indem man Bestimmungen aus dem Privatrecht heranzog, um damit Vorschriften des Staatsrechtes zu unterlaufen. Ein Vorgang, der ein bezeichnendes Licht auf eine Denkart warf, die noch 1660 beim Testament Karls X. Gustav verworfen worden war, jetzt aber teilweise zum Zuge kam. Denn nach den Bestimmungen der Erbvereinigung von 1604 sollte ein König mit 18 Jahren nur die »halbe Regierung« erhalten und mit 24 Jahren die volle Amtsgewalt. Unter Hinweisen auf Gustavs II. Adolf und Christines vorzeitige Regierungsübernahme kam nun Karl XI. in den Besitz der gesamten Regierungsgewalt, wobei er die »Versicherung« der »Konstitution oder Fundamentalgesetzverfassung« zu akzeptieren und zu beschwören hatte. Er wurde also nicht »maistre absolu des affaires«, wie Leibniz 1673 meinte[15], sondern ein konstitutional gebundener Erbkönig, der die Regierungsgeschäfte bis zu seiner Krönung im Jahre 1675 weitgehend den Kollegien und dem Reichsrat überließ. Es waren ihm auch nicht »das AERARIUM und MILES anhängig, ... dadurch er PERPETUUS DICTATOR oder ein ABSOLUTER MONARCH werden würde«[16].

Was Leibniz fast gleichzeitig für das Heilige Reich im Inneren forderte, war Karl XI. noch versagt. Aber es gab bereits entsprechende Befürchtungen und gleichzeitige Bemühungen im Hochadel, diesem König einen »Horror vor dem DÄNISCHEN UNWESEN« einzugeben. Denn er sollte nicht auf die Idee kommen, eine »andere SOUVERÄNITÄT anzustreben, als sie seine Vorväter gehabt hätten«[17]. Gemeint war der Umschlag von einer Regierung »nach Gesetz« in ein Regime, das »nach Gutdünken« verfahren konnte und damit die *Envälde* begründete. Der Krieg gegen Brandenburg mit dem verlorenen Scharmützel bei Fehrbellin im Jahre 1675 und die verlustreiche Schlacht bei Lund 1676, die nur unter großen Mühen von Karl XI. gegen das Invasionsheer Christians V. gewonnen wurde, ließen diesen König die Vorteile des Dezisionismus erkennen, der sofortigen Entscheidung ohne Rückfragen und Einreden der Senatoren oder des Reichstages. Was der Reichskanzler 1671 am dänischen Beispiel erwähnte, hatte er jetzt selbst erfahren können. Hinzu kam seine persönliche Tapferkeit im Kriegszug gegen das Dänenheer, die ihm ein gewisses Charisma sicherte, aber all jene beunruhigte, die dem Zwanzigjährigen zutrauten, er könne aus diesem neuen Selbstbewußtsein heraus einen Staatsstreich bewerkstelligen. Karl XI. und seine Ratgeber, unter denen *Johan Gyllenstierna* eine immer größere Rolle spielte und der unadlige Aufsteiger *Erik Lindschöld* an Einfluß gewann, sahen aber den Zeitpunkt noch nicht gekommen.

Vielmehr bemühte sich der König um eine Anwendung der Verfassung. In den sog. »Räfster«, besonderen Untersuchungen zum Finanzgebaren und der Güterpolitik der Vormundschaftsregierung zwischen 1660 und 1672, ließ er Rechenschaft fordern. Der Kreis um den Reichskanzler de la Gardie, der zudem persönlich in einen Hochverratsprozeß verwickelt war, geriet dabei in die Defensive. Diese brisanten Affären machten die ersten Repräsentanten der Enrådighet oder *Ephorie*, wie dieses Verfassungssystem von dem Professor Norcopensis, dem späteren Lehrer Karls XII., genannt wurde, in vielen Augen unglaubwürdig. Es schien, als erlebte die Ständesozietät ein gewisses Nachlassen der libertären Disziplin in diesem Jahrzehnt. Die Härte der intellektuellen Kämpfe an den Universitäten und Schulen nahm ebenso zu wie die der Auseinandersetzungen auf den Reichstagen, wo vor allem der Bauernstand, vom Klerus und dem Bürgertum unterstützt, zunehmend mehr Gerechtigkeit in den Lasten und öffentlichen Pflichten gegenüber dem Adel forderte. Das bedeutete in erster Linie eine Gleichstellung in der Besteuerung. Verständlicherweise wurde diese Tendenz vom Adel bekämpft, der gerade in der Steuerfreiheit seine aristokratische Identität sah[18]. Daneben wurde die Forderung nach einer umfassenden *Reduktion* der Krongüter immer lauter und die Befürchtungen wuchsen, daß der König nach dem Abschluß des Friedens von Nymwegen 1679 auf grundlegende Änderungen dringen könnte. Bereits während des Krieges hatte ein Brief Ludwigs XIV. an seinen Gesandten Feuquières in Senatskreisen für erhebliche Unruhe gesorgt. Darin vermutete der Sonnenkönig, daß »das Regierungssystem von Schweden an einem Punkt angelangt ist, eine *andere Form* anzunehmen«, indem Karl XI. »sein hauptsächliches Vertrauen bei den *Sekretären*« in dem Bestreben suche, »mit einer *absoluten Autorität* und unabhängig vom Senat zu regieren«. Das Ziel konnte also nur sein, ein »Maistre absolu« zu werden[19].

Gegen diese Unterstellung verwahrte sich Karl XI. und beruhigte den aufgeschreckten Senat mit der Auskunft, daß die »sicherste Souveränität in Treue und Gehorsam bestehe . . ., und daß Gesetz und Recht gehandhabt werden müßten und dabei ein jeder samt seinen Privilegien . . . beschützt würde«. Vermochte er damit Bedenken zu zerstreuen, so mußte er die kritischen Geister mit der Formel hellhörig machen, daß er »*einzig und allein vom höchsten Gott dependiere*«. Bei dem bibelfesten König bedeutete diese Feststellung nicht wenig und verwies auf ein Jure-divino-Königtum, in dem alle Macht angeblich »immediate Deo« den Königen verliehen worden sei, also eine direkte Abkehr vom Gottesgnadentum der libertären Verfassung[20]. Bald zeigten sich auch besondere Folgen dieser Einstellung. Bei seiner Heirat mit der Schwester Christians V. – Gyllenstierna hatte dafür die Brautwerbung betrieben – überging Karl XI. fast demonstrativ den Senat, der in dieser fundamentalen Sache, die das Reich anging, nicht gehört wurde. Diesem Verfassungsbruch sollten von 1679 an noch eine ganze Reihe anderer folgen, die den Weg zur *Envälde* und damit zu einem patrimonialen Absolutismus Stück für Stück ebneten.

Es ist von schwedischer Seite immer wieder die Ansicht geäußert worden, daß Frankreich als Vorbild für die Envälde und ihr Monokratentum gedient hätte[21]. Tatsächlich aber kannten fast alle Politiker schon seit Generationen den fundamentalen Mechanismus beim Umpolen von Lehnsverhältnissen auf Patrimoninalordnungen, aus denen erst der Absolutismus entstehen konnte. Wie genau man in Stockholm darüber informiert war, demonstriert die Politik gegenüber dem Kurfürsten Friedrich Wilhelm von Brandenburg: Für seine Waffenhilfe im Krieg gegen Polen wollte ihm Karl X. Gustav »zu *souveränem Recht* und ganz *illimitierter Regierung* verhelfen«. Dabei sollte der Feudal-Nexus so eingerichtet werden, daß dieser Kurfürst nicht »als Vasall« und »nicht als Reichsstand des Königreiches Schweden« gelte, der »an die dortigen jura und statuta nicht gebunden (sei) und auch nicht zu den Reichstagen zu erscheinen« brauche. Seine Position in Preußen solle nur »im ruhigen Besitz und Dominium der höchsten Macht und der Souveränität« bestehen. Denn der Kurfürst »wisse doch, daß selbst Könige *Lehnsträger* des Kaisers werden, ohne daß ihre Würde darunter leidet«[22].

In den Verträgen von Wehlau und Labiau sowie im Frieden von Oliva 1660 wurde diese Position weitgehend zugestanden, und zwar von zwei libertären Mächten – Schweden und Polen! Sicherheitspolitik wurde jetzt nicht mehr wie noch zu Axel Oxenstiernas Zeiten im wesentlichen als Verfassungspolitik betrieben, sondern als Machtpolitik, die nicht mehr primär an den Ständen als Garant des Friedens interessiert war, sondern an den Fürsten und ihren Häusern. Bei den Verhandlungen Schwedens mit dem Kurfürsten stemmte sich *Erik Oxenstierna*, der seinem Vater im Amt des Reichskanzlers gefolgt war, gegen eine derartige Entwicklung, aber nach seinem frühen Tod 1656 wurde das Kanzleramt von Karl X. Gustav nicht mehr besetzt. Zwei junge Adlige, die ab 1660 eine wachsende Rolle spielen sollten, waren von nun an dem König in seiner neuen Politik zu Willen: *Magnus Gabriel de la Gardie* und *Bengt Oxenstierna*.

De la Gardie besaß lange nicht das Format Axel Oxenstiernas. Dazu fehlte ihm die eiserne Disziplin und ein libertäres Amtsethos, das bei allem Eigeninteresse dem »Gemeinen Besten« den Vorrang gab. Er scheiterte in seinem Amt nicht nur wegen seiner an Frankreich orientierten Bündnispolitik, die im Krieg von 1675 an Schiffbruch erlitten hatte, sondern auch aufgrund dieser Unzulänglichkeiten. Das libertäre Verfassungs- und Vertragssystem erfordert in einem hohen Maße *Vertrauen*. Das aber war zwischen dem König und dem Kanzler gestört. 1680 mußte letzterer seinen Platz Bengt Oxenstierna räumen. Dieser hatte Schweden bei den Friedensverhandlungen in Nymwegen repräsentiert und die Vorstöße erlebt, die der brandenburgische Kurfürst, gestützt von einem Sondergutachten Leibniz' zum JUS SUPREMATUS, dort unternahm, um über das DOMINIUM SUPREMUM in Preußen gleichrangig mit den gekrönten Häuptern auftreten zu dürfen[23]. Hatte Oxenstierna an diesem komplizierten Fall, in dem ein *Untertan* des Kaisers als *Souverän* behandelt werden wollte, die Sinne für die fundamentale Bedeutung von Besitztiteln geschärft, so erlebten die anderen Senatoren, sowie die Adligen im Ritterhaus, daß man keine französischen Vorbilder brauchte, um aus dem libertären Erbreich einen patrimonialen Hausstaat zu machen. Denn auf dem Reichstag von 1680 zu Stockholm wurde die erste Bastion der libertären Verfassung fast im Handstreich genommen und zerstört – der Reichsrat.

Auch wenn es keinen schriftlichen Plan zur Umpolung der Enrådighet auf die Envälde gibt, so muß man doch die im einzelnen betriebene Politik als zielgerichtet ansehen. Gyllenstierna war vor der Eröffnung des Reichstages gestorben, aber in Bengt Oxenstierna besaß der König einen für seine Vorstellungen willigen und fähigen Mann, um den »neuen und in unserem Vaterlande ungebräuchlichen Titel ERB-SOUVERÄNITÄT und ABSOLUTESSE« einzuführen, und zwar mit allen Konsequenzen.

In seiner berühmten »*Deduktion*« geißelte Rålamb, der vor dem Reichstag in einer Mission nach Pommern geschickt worden war, diese Besitz- und Machttitel als das Ende der »würdigen Principia«, wie sie das ordentliche Regiment von 1634 und 1660 in Gestalt der TROIS PREROGATIVES und nach Schwedens Gesetz festgeschrieben hatte. Es war ihm dabei klar, daß mit diesen Titeln, die gewisse »Politici dem jungen Herrn (Karl XI.) eingebildet« hatten, »Schwedens Reich und dessen Konstitution« radikal verändert wurden und zu »nichts anderem dienlicher waren, als des Königs Interessen im Reich über den Haufen zu werfen und das Reich selbst zu verderben«[24].

Prophetische Worte, aber als sie geschrieben wurden, war es schon zu spät. Die »Freunde des Königs«, eifernde Royalisten, erhofften sich selbst manch einen Vorteil aus der begonnenen »großen Metamorphose«, wie sie Leibniz bereits 1673 vorhergesagt hatte[25], und waren subjektiv davon überzeugt, daß der Zweck – Ordnung der Staatsfinanzen und Sicherung des Heerwesens (Aerarium und Miles) durch Reduktionen – die Mittel heilige. Kaum einem unter ihnen war noch bewußt, daß Schweden 1611 weit größere Probleme im Krieg mit drei Mächten zu lösen gehabt hatte und dennoch den Weg der Enrådighet oder Ephorie gegangen war. Vom Landmarschall Claes *Flemming* (dieses Amt wurde seit der Ritterhausordnung [RHO] von 1626 nur während eines Reichstages besetzt und hatte die Funktion der Rechtskommunikation zwischen dem Ritterhaus, dem Senat, der Regierung, dem König und den unadligen Ständen) bis zum Erzbischof *Baazius* und dem Bürgermeister von Stockholm *Thegner* war man sich einig, daß in der Ökonomie des Reiches einiges geändert werden müsse. Deren schlechten Zustand lastete man dem Wirtschaften der Reichsregierung und dem Senat zwischen 1660 und 1672 an. Als Heilmittel kam nur die Reduktion der Krongüter in Frage, und damit wurde unmittelbar die vertragliche Substanz der libertären Verfassung berührt. Denn Verlehnungen für Verdienste um König und Reich hatten ebenso Vertragscharakter wie Verpfändungen und ordentliche Käufe. Dieses System der Güterverteilung hatte einen kumulierenden Effekt, und zwar nach den Bedingungen der »geometrischen Proportion«, welche die Justitia distributiva, die zuteilende Gerechtigkeit, regulierte. Sie brachte einigen wenigen Adelsfamilien zum Teil so große Ländereien und damit Einkünfte ein, daß die »Symmetrie des Besitzes« wirklich gefährdet war. Fast drei Viertel von Grund und Boden gehörten dem dreiklassigen Adel, wobei der Hochadel und die Senatsfamilien einen bedeutenden Anteil besaßen. Nach Meinung des Bauernstandes auf dem Reichstag war von dieser possessiven Kumulation »zu befürchten«, daß »weder des Königs *Autorität,* des Vaterlandes *Wohlfahrt* und der Untertanen *Freiheit* lange währen könnten, wenn der Krone Güter und Höfe mit all ihren Einkommen, die fest und stetig sind, ... zu des Privatmannes Nutzen angelegt werden«, zumal die »guten Herren« vornehmlich im Senat »gegen alles natürliche Recht und Billigkeit der Krone Güter besitzen« und darauf in Wirklichkeit »keine Ersitzung (häffdh) oder gesetzlichen Titel auf ihre Possession haben, weil des Reiches Stände dagegen immer Einspruch erhoben haben«.

Von des Senats *Autorität* ist in dieser Eingabe nicht mehr die Rede. Damit aber war der Weg vorgezeichnet, den Hüter der Verfassung zu beseitigen, dessen fundamentales Recht, nämlich den König dauernd »an das Recht des Reiches zu erinnern« in den Augen der unadligen Stände verwirkt schien, weil durch ihn angeblich die einseitige Güterpolitik sanktioniert worden war. Nach Maßgabe des LANDSLAG, der ERBVEREINIGUNG von 1544 und selbst nach den

Artikeln 59 und 60 der REGIERUNGSFORM von 1634, sowie »nach Gottes Wort« und nach Maßgabe des »Gemeinen Besten« seien die Besitzansprüche des Adels hinsichtlich der Krongüter unbillig, zumal nach dem vergangenen Krieg »die Not höchstes Gesetz ist«. Gegen diese Argumentation wehrte sich der Adel verzweifelt, indem er die Legitimität des Lehnswesens verteidigte. Allein schon aus der uralten Verfassungsformel »att läna län« (Lehen zu verlehnen) gehe diese Legitimität hervor, die durch zahlreiche Reichstagsbeschlüsse gedeckt sei, sowie durch die »Versicherungen« aller bisherigen Könige. Man glaubte auf der Seite des Ritterhauses, daß die Garantien »salvo jure contractus« auch vom König beachtet würden, dessen DOMINIUM DIRECTUM aus der Erbvereinigung von 1544 beim Verlehnungsakt libertär und nicht patrimonial aufgefaßt worden war. Denn in den Reservatrechten des Königs gegenüber den Krongütern »soll in keiner Weise des Königs UNBESCHRÄNKTE MACHT verstanden werden«[26].

Zwei unterschiedliche Verfassungsauslegungen standen hier gegeneinander, und beide Kontrahenten – Adel wie Unadel – suchten den Schutz des Königs. Dieser aber hatte mit der Einsetzung der »Großen Kommission«, einem außerordentlichen Gerichtshof der Stände zur Untersuchung von Haushaltsgebaren und Güterpolitik, angezeigt, wohin seine Neigungen tendierten – zur Reduktion der Güter in seine Hand und zur Destruktion der libertären Verfassung.

Bei seiner Anfrage an die Stände, in welcher Beziehung die Regierungsform von 1634 Rechtskraft für ihn als »mündigen König« hätte, und wie die Verfassungsformel zu verstehen sei, daß eine Regierung »mit dem Rat des Rates« operieren müsse, wurde das gesamte Verfassungssystem Schwedens, wie es sich seit 1442 in vielen Krisen, aber kontinuierlich im Geiste vertraglicher Gesetze entwickelt hatte, auf den Prüfstand gehoben. Dabei kam sofort eine wesentliche Schwäche zum Vorschein: Die Regierungsform von 1634 hatte nie die Sanktionierung als *Fundamentalgesetz* erhalten und wurde nur für den Fall der Vormundschaft, der schweren Krankheit oder der Abwesenheit des Königs als gültig erachtet ohne genügende Berücksichtigung der Tatsache, daß dieses Verfassungsgesetz das LANDSLAG weder ersetzen konnte noch wollte. Aber die Royalisten, selbst unter dem Adel, der um seine materielle Existenz kämpfte, ließen diesen Bezug nicht gelten und schmetterten auch auch alle Einwände derjenigen ab, welche in der Ratsformel des Senats den Garant des Rechtsstaates sahen und dieses Organ als einen *Mediator* zwischen König und Ständen betrachteten, der gar als ein »besonderer Stand« angesehen werden konnte. Die Wortführer des auf Absolutesse einge-

stellten Karls XI., vornehmlich der Admiral *Hans Wachtmeister* und der Landmarschall, drückten im Plenum des Ritterhauses die gewünschte Meinung durch, daß trotz des Hinweises auf den Artikel 8 des LANDSLAG und des Beweises der politisch-rechtlichen Praxis seit 1442 »des Reiches Rats Gedanken nicht solche gewesen sein werden, daß sie ein besonderer Stand im Reich oder *Mediatoren* zwischen dem König und den Ständen sein würden...«[27].
So kam der Reichstag trotz einiger Gegenwehr zu dem Ergebnis, daß die *Autorität* des Senates in der bisherigen Form nicht mehr bestehen dürfe und der König selbst nicht an die Regierungsform gebunden sei. In der »Erklärung« der Stände vom 9. Dezember 1680 bekam Karl XI. die erhoffte Absicherung für die Steigerung seiner Macht durch eine absolutistische Interpretation der bestehenden Verfassungsgesetze. Denn die Ratsformel könne »nicht anders ausgedeutet werden, als daß *alle Dezision* in den Angelegenheiten, welche E.K.M:t behagen« mit dem Senat »kommuniziert«, dann aber nach »eigener guter und gerechter Dijudikation und hochvernünftigem Verordnen dependieren müsse«. Überdies sei Karl XI. als »mündiger König, welcher nach Gesetz... sein Reich als sein *eigenes von Gott verlehntes Erbreich* steuert, einzig und allein vor Gott für seine Aktionen responsabel...«[28].
Damit war das Ende des ephoralen Reichsrates gekommen, der in Schweden seit 1285 belegt ist. Denn seine Mitglieder durften nicht mehr »oåtspordt«, d. h. »ungefragt« den König bei seinen Aktionen kontrollieren. Sie mußten erleben, daß bereits 1681 ihr Titel in KÖNIGLICHER RAT verändert wurde. Sie sollten nicht mehr das Recht des Reiches (Jus regni) repräsentieren, sondern nur noch exekutives Organ eines Erbkönigs sein, den allein schon libertäre Titel und Bezeichnungen in Raserei versetzen konnten. Was Kritiker, wie den kaltgestellten Rålamb dabei besonders verbitterte, war die Tatsache, daß dieser im doppelten Sinne wortblinde Erbkönig mit der Berufung auf das Gesetz dieses selbst in seinen vertraglichen Funktionen und Institutionen abschaffen ließ, und zwar durch Reichstagsbeschlüsse, die trotz der Mehrheiten nichts anderes als scheinlegale Manöver waren. Auch eine noch so scharfe Reduktion wäre im Rahmen der kumulativen Konstitution Schwedens möglich gewesen, ohne den Reichsrat in seiner ephoralen Mediatorfunktion zu zerstören, war er doch für die Güterpolitik von 1660 an nur mittelbar verantwortlich. Außerdem hatten die Krongüter auch die Funktion, die Belastungen des Reiches zu tragen und »meritierte Männer« für ihre Leistungen zu belohnen, d. h. zu entgelten. Es war daher für Rålamb keine Frage, daß nicht die Regierungsform von 1634 versagt hatte, nach der ja gerade Reduktionen im Sinne des königlichen »jus retractus« durchge-

führt werden konnten, sondern daß die Repräsentanten des libertären Systems nicht mehr dessen Ansprüchen genügen wollten. Sie lieferten sich lieber einem eigenmächtigen König aus, der nun daranging, auch den Reichstag auszuschalten[29], als sich auf einen Verfassungskampf einzulassen.
Die »Cassierung des Senats«, wobei der »Haß der Noblesse gegen die Geistlichkeit ... unbeschreiblich« gewesen sei[30], hatte das Selbstbewußtsein des Königs gestärkt. Sie hatte aber gleichzeitig einen Tiefstand der »Virtus politica« freigelegt, die besonders beim Alt-Adel in Zynismus und bei vielen anderen Ständevertretern in Opportunismus umgeschlagen war. Die Klagen Magnus Gabriel de la Gardies, der nach dem Wechsel ins Drostenamt Kanzler der Universität Uppsala geblieben war, vermitteln etwas von der polarisierten Grundstimmung im »mitternächtigen Reich«. Des »Reiches Jugend« führe einen »unschicklichen Lebenswandel« und habe »für Verbot und Abstrafen« nur Verachtung übrig, auch »sind nun zu Jahr und Tag verschiedene Morde verübt worden«. Außerdem, teilt er dem König 1681 mit, sei »bei einem großen Teil der Jugend alle reverentia magistratus verlöscht«, und es wäre ein schlimmes Zeichen, »wenn so schlecht erzogene Personen, welche ... Unverschämtheiten eingesogen und sich Untugenden angewöhnt haben, in allen Ständen zu einem oder anderen Amt im Reiche kommen«[31].
Ob er dabei auch daran gedacht hat, daß er selbst als Reichskanzler lieber wochenlang auf seinen Gütern verweilte, anstatt täglich sein Amt in harter Arbeit zu verwalten? Jede Verfassung der Freiheit, auch die der ständischen, lebt vom guten Beispiel, von der gezielten Belehrung und der aktiven Beteiligung am politischen Prozeß: »Auch die nützlichsten und von allen Staatsmännern einstimmig angenommenen Gesetze sind nutzlos, wenn die Staatsbürger nicht gewöhnt und auferzogen sind im Sinne der Verfassung ... Denn wenn der einzelne zügellos ist, so ist es auch der ganze Staat.«[32] Diese Worte des Aristoteles waren in Schweden gut bekannt, und doch fruchteten sie nichts außer bei einigen Aufrechten, die bald mundtot gemacht wurden[33]. Das wurde auf dem kommenden Reichstag sehr deutlich, als wiederum über die Reduktion verhandelt wurde und die Errichtung des »*ständigen Heeres*« anstand.
Die 1682 wieder in Stockholm versammelten Stände erhielten von Karl XI. die Anweisung, über die sog. »Liquidationsregeln« zur Reduktion zu befinden. Dabei gingen gewisse Initiativen von den Unadligen aus, denen die bisher geübte Deliberation über die königlichen Propositionen nicht mehr genehm war und die am liebsten jede Entscheidung allein in das Ermessen des Erbkönigs

gestellt sehen wollten. Dagegen verwahrte sich der glänzende und verdiente Diplomat *Anders Lilliehök* und erklärte im Ritterhaus zum Ansinnen, die Liquidationsregeln ohne die bisherige Rechtskommunikation zu genehmigen: »Gott bewahre uns vor diesem Präjudiz. Soll es ein Gesetz sein, so soll es mit der Zustimmung der Stände entgegengenommen werden, sonst ist es kein Gesetz.«[34] Diese Haltung wurde in der Umgebung Karls XI. als »Frechheit« aufgenommen. Dagegen verwahrte er sich mit den Worten: »Habe ich nach dem Gesetz geredet, so habe ich nicht Unrecht geredet, wo das Gesetz sagt, daß irgendeinem nicht ohne Gesetz und ohne gesetzliche Urteile (irgend etwas) genommen werden soll. Es soll auch nach dem Gesetz geschehen und das Gesetz, wonach einer verurteilt werden soll, muß von den Ständen entgegengenommen werden und mit ihrer Zustimmung geschehen. Und wie können sie bewilligt haben, was sie nicht gesehen haben?«[35]
Seine dramatische Rede im Plenum des Ritterhauses, ähnlich dem Votum Rålambs von 1660 ein Höhepunkt des libertären Parlamentarismus, blieb unbeachtet. Mit einer verbissenen Kaltschnäuzigkeit ohnegleichen distanzierte sich das Ritterhaus von diesem legalistischen Standpunkt, als durchsickerte, Lilliehök habe beim König das Leben für seine Rede verwirkt. Opportunismus und Gesinnungsterror beherrschten einen Reichstag, der nun zu beschließen hatte, daß es in Zukunft nichts mehr in der einfachen Gesetzgebung beschließen durfte.
Einer der schärfsten Einpeitscher der königlichen Wünsche war dabei Erik Lindschöld. Er war 1678 wegen Korruption des Hofes verwiesen worden und jammerte damals »Vertraue auf kein Fürstenwort«, jetzt aber war er neben dem Landmarschall Sparre auch in der Funktion als Kanzleirat unter Bengt Oxenstierna eine treibende Kraft, die sich der erneuten Gnade des Königs würdig erweisen wollte. Er war es, der mit dem »Unterschied zwischen *Gesetz* und *Verordnungen*« das Konsensrecht der Stände untergrub und die Ausführungsbestimmungen zur Reduktion den Verordnungen zurechnete, bei denen der König »nach Behagen« verfahren durfte. Die Protokollnotiz dazu – »alle waren einig mit dem, was Lindschöld sagte«[36] –, ist symptomatisch für diesen Reichstag, der von den absolutistisch gesonnenen »Royalisten« umfunktioniert wurde, denen wiederum die »Patrioten« (die Verfechter der libertären Verfassung) nur ihren persönlichen Mut, Integrität und Gesetzestreue entgegenhalten konnten.
Diese Tugenden waren jetzt aber im libertären Sinne nicht mehr gefragt. Dem Adel ging es zu einem großen Teil nur noch darum, dem König die »Erb-Souveränität und Absolutesse« zu gewähren,

wenn dadurch der eigene Stand erhalten werden konnte und nicht auf den Status der Bauern gedrückt wurde, die wiederholt »Gleichheit« gefordert hatten und das zeitgemäße Wort prägten: »Neue Ordnung fordert neues Gesetz.«

Das galt auch für das Heerwesen, das weitgehend vom bisherigen Lehnswesen abhängig gewesen war und nun in einer umfassenden Modifizierung des »Einteilungswerkes« Gustavs II. Adolf in eine »ständige Soldatenhaltung« verwandelt werden sollte. Dabei konzentrierte man sich zunächst auf den Modus der Aushebungen und meinte, daß man es »in K.M:ts *eigenes Behagen* stellen« müsse, »Aushebungen ohne Zusammenrufen der Stände zu halten«. Diese Initiative des Landmarschalls Per Sparre traf die Vertragsfunktion des Reichstages tödlich. Denn, wenn der König in einer so wichtigen Sache ohne den Reichstag agieren durfte, mußte dieser sich als überflüssig betrachten, zumal ihm auch das Beratungs- und Zustimmungsrecht bei der einfachen Legislation bestritten wurde. Der Widerstand dagegen wurde schnell gebrochen, was nicht zuletzt dadurch möglich war, daß die von den Bauern geforderte »Gleichheit« mit dem Adel nicht hergestellt wurde. Dafür schloß Karl XI. am 5. Dezember 1682 mit den Kronbauern der Landschaften Uppland, Östergötland, Södermanland, Närike und Västmanland einen sog. »Kontrakt« über den »Miles perpetuus«. Dabei behielt sich der Erbkönig aber die »eigene Ratifikation« vor und verkehrte auch damit die Verfahrens- und Vertragsverhältnisse in ihr direktes Gegenteil. Denn in libertären Zeiten galt der Grundsatz »Quod omnes tangit, ab omnibus debet approbari« (Was alle berührt, muß von allen angenommen werden). Mit der Separateinigung zwischen König und Bauern wurde dieser Grundsatz aber ebenso unterlaufen wie die alte Regel, daß die Stände nach der königlichen Proposition die Approbation erteilen sollten[37].

Karl XI. konnte mit diesem Ergebnis vorerst zufrieden sein. Der Reichstag genehmigte ihm nicht nur die verschärfte Reduktion von Krongütern bis zum Stichtag des 6. November 1632, dem Todestag Gustavs II. Adolf (was den Alt-Adel doch wieder begünstigte trotz aller möglichen Verluste), sondern auch die Erbfolge ehelicher Töchter in Anlehnung an die Erbvereinigung von 1604. Mit der Geburt Karls XII. im Jahre dieses ›Reichstages‹ erfüllte sich für ihn sein Erbrecht als »Gabe Gottes« ebenso, wie ihn die eingeschüchterten Stände bei der allgemeinen Gesetzgebung ermächtigten, ihn nach »eigenem gnädigen Behagen« gewähren zu lassen. Dabei wollte er »unseren Ständen davon Part geben . . ., wann und wie wir es gutfänden . . . ohne den geringsten Einbruch in unser Recht und Hoheit«, wie es im ›Reichstagsbeschluß‹ heißt,

der vom libertären Gesetzesbegriff aus keiner mehr war, weil »alles durch Gewalt und Furcht eingewilligt« ist.
Das schrieb der dänische Gesandte Mejer und fügte hinzu, daß diese Zugeständnisse »in der ganzen Stadt einen bruit verursacht« hätten mit dem Bescheid, »der König wäre nun an keine Gesetze mehr gebunden, sondern *souverän* geworden, weil er der Untertanen Konsens in den wichtigsten Dingen nicht mehr nötig hat«. Ganz soweit war es allerdings noch nicht. Mejer erkennt in seiner Analyse genau die besondere Situation in Schweden, wo Johan Skytte 1636 im Senat den Vertretern des Klerus erklärt hatte: »Der *Staat* ist eine Sache, die *Administration* des Staates aber eine andere«[38]. Denn Karl XI. war zwar in »seiner Administration *absolut* genug« und in den Besitz »aller jura majestatis« gekommen, »aber so lange die Reichstage nicht ganz annulliert werden, dürfte bei gewissen Fällen – in Abwesenheit des Königs, Minorennität etc. – ein versammelter Reichstag alles ändern und die Stände ihre alten Rechte wieder zu maintenieren suchen«[39].
Das sollte aber erst 1718 wirklich gelingen. Vorerst richtete sich die neue Macht ein, indem das libertäre Ämterwesen in einen absolutistischen Behördenapparat verwandelt wurde. In diesem gab es immer weniger Rechte, dafür aber viele Pflichten in einer Atmosphäre der Entmündigung und der Besitzunsicherheit, deren Rückwirkungen in der um sich greifenden Rechtsunsicherheit spürbar wurden. Karl XI. mußte sogar 1681 einen übereifrigen Gouverneur in Ingermanland zur Mäßigung bringen. Dabei zeigte er mit seltener Deutlichkeit, wie das *libertäre* System durch *nezessitäre* Bedingungen storniert werden konnte. Stehe nämlich eine »evidente Billigkeit« an, deren Inhalt er letztlich selbst bestimmen konnte, oder fordere es eine »unumgängliche Notdurft«, dann könne in gewisser Weise gesagt werden, daß er »*über dem Gesetz*« stehe[40].

Hatte Karl XI. für sich und sein »souveränes Haus« mittels der scheinlegalen »Erklärungen« das DOMINIUM ABSOLUTUM über die Krongüter erhalten und diese Macht durch den gezielten Abbau der ephoralen Funktionen des Reichsrates und der legislativen Beteiligungen des Reichstages im absolutistischen Sinne gestärkt, so fuhr er nun fort, alles zu tilgen, was noch an die libertäre Vergangenheit erinnern konnte.
In der Staatskirche, die sich seit Olaus Petri immer wieder als ein Hort der Libertät erwiesen und in ihren Bischöfen große Reformer und politische Persönlichkeiten herangebildet hatte, machte er seinen Religionslehrer Svebilius zum Erzbischof und sich selbst zum »summus episcopus«. Den Rahmen gab eine neue Kirchen-

ordnung, die 1686 mit den vertraglichen Bedingungen der Religionsvereinigung von 1593 brach. Was Svebilius 1671 als Greuel vorkam, wurde jetzt Methode, nämlich »alle königlichen Eide und Versprechen aufzuheben, und besonders FIDEM PUBLICAM aus dem Reich zu jagen, obwohl sie gleichwohl das einzige Band ist, das die SOCIETATEM CIVILEM zusammenhält«[41]. Rålambs Kritik verfing aber nicht mehr. Die destruktive Energie der »großen Metamorphose« Schwedens hatte eine Eigendynamik entwickelt, die nur mit Mühe kontrolliert werden konnte. Vor allem stellte Karl XI. immer neue Forderungen im Rahmen seiner »grausamen Reduktion« (Achenwall). Sie ging an die Substanz, d. h. sie stellte Treu und Glauben im allgemeinen Geschäftsverkehr und damit auch die Garantie des Eigentums in Frage, das z. B. durch Kauf oder Pfandleihe legal erworben worden war. Zur Aufhebung der privatrechtlichen Schranken bemühte Lindschöld auf dem ›Reichstag‹ von 1686 als Landmarschall wiederholt das »Gemeine Beste« und die Formel vom »Salus populi lex suprema esto«. Das Prinzip der Nezessität wurde in dieser Güterpolitik, die sich bald als ökonomischer Rückschlag und Fehlentwicklung herausstellen sollte, voll angewandt. Die Begründung dafür lieferte die Annahme einer »bevorstehenden Gefahr« und der Möglichkeit »eines unausweichlichen Verderbs«, genauer das Recht, bei *Feuersbrunst* oder *Seenot* in das Recht eines anderen und damit in sein Eigentum ungehindert eingreifen zu dürfen, um das Ganze zu retten. »Denn in demselben Recht, welches alle und jeder über sein Eigentum besitzt, hat sich immer das Gemeine Beste ein Recht vorbehalten, wenn NECESSITAS PUBLICA vorhanden ist«. In solchen Fällen könne die Besitzgarantie »nicht SUB RIGOREM LEGUM CIVILIUM gezogen« oder gar die »OBSERVANTIAM LEGUM CIVILIUM« gepflegt werden. Wichtig sei nur die Handhabe einer übergesetzlichen Macht, die »EX JURE SUPEREMINENTIS DOMINII« fließe demnach aus einem Notstandsrecht, über dessen Notwendigkeit nicht das imaginär angeführte Gemeine Beste entscheidet, sondern Karl XI. höchstpersönlich und nicht selten nach eigenem Gutdünken[42].

Lindschöld spekulierte wohl mit den anderen Mitgliedern des »Geheimen Ausschusses« des ›Reichstages‹ darauf, daß »nicht alle den terminum DOMINII richtig verstehen«, wie Rålamb in seiner Kritik an der sich etablierenden Envälde bemerkte. Denn zur Begründung des DOMINIUM EMINENS, wie es besonders Hugo Grotius im Rahmen des Völkerrechts kommentiert hat, müssen zwei Bedingungen erfüllt sein, und zwar »höchste Not« und die Aussicht auf »Schadensersatz« für denjenigen, »welcher sein EIGEN verliert«[43]. Das aber wollten Lindschöld, Svebilius und der Bürgermeister Cameen als Hauptakteure nur für den Fall zugestehen, daß die öffentliche Hand dereinst wieder »zu Kräften kommt«. Im übrigen wurden »Kontrakte über unmögliche Dinge von allen als null und nichtig aufgefaßt«; also war auf Schadensersatz kaum zu hoffen. Die anvisierten Pfandgüter und Kaufgüter sollten demnach im Rahmen der Reduktion eingezogen werden. Ein Vorgehen, das selbst »Royalisten« von 1680 und 1682 empörte, aber durchgesetzt wurde[44]. Karl XI. hatte von nun an nichts mehr zu fürchten außer den Vorwurf, das Recht immer wieder gebeugt und unter der Berufung auf die Nezessität gebrochen zu haben, obgleich die Kriegsgefahr für Schweden trotz Türkenabwehr und Reunionsstreben Ludwigs XIV., das auch das Herzogtum Zweibrücken erreichte, Karls XI. pfälzische Stammlande, nur indirekt gegeben war. Das galt auch für die Expansionszüge Christians V. von Holstein bis Hamburg[45].

Dabei sahen die »neuen Staatsmänner«, wie die Umgebung von Karl XI. verächtlich von Rålamb betitelt wurde, nicht, daß sie mit dem fortlaufenden Abbau des libertären und vertraglichen Rechtsstaates das Reich im Inneren tatsächlich schwächten, weil die Stände mehr und mehr aus ihrer öffentlichen Verantwortung gedrängt wurden. Wie groß die Unsicherheit geworden war, zeigt die *Affäre Öman*. Der Student hatte unter Norcopensis, der neben Lindschöld Lehrer Karls XII. wurde, 1685 an der Universität Uppsala eine Disputation mit dem Titel »*De Ephoris*« vorgelegt. Sie war u. a. Magnus Gabriel de la Gardie gewidmet und behauptete angeblich, daß bei »welchem Fürsten auch immer Ephoren nötig« seien. Die »Royalisten« reagierten sofort. Öman wurde sogar ein Prozeß wegen Majestätsvergehen angedroht, denn seine »Wortformen« seien »anstößlich« und würden gegen die Konstitutionen der Universität verstoßen. Das stimmte insofern, als Althusius aus der alten Autorenliste von 1626 im Zuge der Universitätsreform unter de la Gardie 1655 gestrichen wurde und hier vom Vertragsdenken her bemüht worden war. Besonders dem Professor Carolus Lundius, einem Kenner des römischen und schwedischen Rechts und glühenden Verehrer Karls XI., waren die unterstellten Anspielungen auf Schwedens einstige libertäre und ephorale Verfassung ein Greuel. Norcopensis verteidigte aber seinen Schüler geschickt und mutig: »Daß die *Ephorie* in unserem Vaterland jetzt keinen Gewinn hat . . ., sollte mich nicht daran hindern können, jetzt eine Disputation über die Ephorie bei anderen Völkern zu schreiben, wo sie zu dieser Zeit ist, so auch wohl auf deren *Fundamentalgesetz* in ihren Regimenten gegründet ist.«

Im Laufe dieser Affäre trumpfte Lundius auf und »belehrte« seinen Kollegen: »Ein Princeps und ein König soll keinen Inspector der Menschen haben«, also keinen Ephor. Denn er stehe »IMMEDIATE SUB DEO«, und niemand dürfe ihn fragen: »Was machst du?«[46]

Dieser Fall vermittelt nicht nur den seit 1680 eingerissenen Jargon an der Hauptakademie des Reiches, sondern auch die fortlaufende »Korrumpierung des Wortes« und damit die »willkürliche, das heißt dem Dialog sich verweigernde Terminologie«[47]. Die von Karl XI. 1686 eingesetzte »Gesetzeskommission«, deren Vorsitzender Lindschöld und Mitarbeiter Lundius war, sollte denn auch alle »Wortformen« aus den schwedischen Rechtstexten entfernen, die ausländischen Ursprungs waren und sich auf das Vertragsdenken bezogen, damit auf die Gegenseitigkeit und den Dialog. So wurde vor allem der Begriff »Reich« gestrichen, und auch der Begriff »Krone« fiel bei diesen ›Reformern‹ in Ungnade mit dem Erfolg, daß Karl XI. 1689 eine »Kassationsakte« vom ›Reichstag‹ annehmen ließ, die jedem deutlich machte, welche Macht bestimmte Wörter haben können, wenn die Gewalthaber die Usurpation der Macht in fortgesetzte Unruhe treibt.

War es vor 1680 in einer uralten Einübung des Vertragsdenkens eine vornehme Pflicht der Senatoren in der Funktion als Ephoren, den König an »das Recht des Reiches zu erinnern«, so störte Karl XI. jetzt der »eingebildete Stolz« unter den verbliebenen Räten und die Furcht, daß libertäre Ansprüche seine immer absoluter werdende Macht stören könnten. Er wollte die Libertät vergessen machen und befahl das *Töten* »anstößiger Reden« in den Protokollen des alten Reichsrates. Als »des Reiches Schweden rechter Erbkönig« wollte er nichts mehr von der Ratsformel wissen oder hören, noch von einer Regierungsform oder davon, daß »die Königlichen Räte *Mediatoren* zwischen dem König und den Ständen genannt« werden[48].

Es gehört zur Unsicherheit und Psychologie usurpierter Macht, daß sie Mißtrauen gegen Vertrauen setzt und dabei keinem Wort eine Chance geben will, das an die begangenen Rechtsbrüche erinnert. Der Einsatz von »Buchzensoren« drückt diese Angst des Diktators im Königsmantel ebenso aus wie seine Anordnung von 1689, den Professoren und Lehrern an den Akademien zur Pflicht zu machen, »alle eingerissenen irrigen Meinungen« über die »*erbliche* königliche Macht« abzustellen, wenn sie »die Jugend unterweisen«[49]. Im gleichen Sinne wurden auch Lindschöld und Norcopensis angewiesen, den heranwachsenden Karl XII. im Geiste des patrimonialen Erbkönigtums zu erziehen[50]. Dessen Verfechter leugneten rundweg den Vertragscharakter des Erblehens im Staatsrecht und ließen sich dabei geradezu abenteuerliche Ausdeutungen von Bestimmungen des LANDSLAG und auch des

alten Strafrechtes mit seiner Prozeßordnung einfallen, um die patrimoniale Erbmacht zu begründen. Dabei spielte nicht das von den Teutonisten immer wieder verteufelte Römische Recht die entscheidende Rolle, sondern das, was z. B. ein Lundius als JUS SUECANUM verstand und Lindschöld mit seinem »aufgeklärten Verstand«, den Karl XI. einmal rühmte, als Inbegriff der Erb-Souveränität ansah – die absolute Dominialgewalt[51].
Diese sollte nun 1693, im Jubeljahr der Religionsvereinigung von 1593, endgültig auch in den zugehörigen Wortformen »auf ewiglich« befestigt werden. Bei der Promotion von Theologie-Doktoren gab B. Oxenstierna, der Kanzlei-Präsident und Universitäts-Kanzler, im Dom zu Uppsala in einer bemerkenswerten Rede die Richtung an: »Wir haben einen König, sage ich, welcher so hoch und weit *erhöht* werden soll, wie ein königlicher Name und Gloire irgendwann mit der *Vernunft* stehen möge ...«[52].
Ergebnis dieser »Erhöhung« Karls XI. war dann die sog. »Souveränitäts«-Erklärung. Der ›Reichstag‹, zu den Trauerfeierlichkeiten anläßlich des Ablebens der Königin nach Stockholm beordert, nahm *schweigend* eine vorformulierte Begründung des »hohen Erbrechtes« Karls XI. entgegen. Demnach war er »zu einem EINGEWALTS-, allen gebietenden und beherrschenden SOUVERÄNEN KÖNIG gesetzt, der keinem auf Erden für seine Aktionen responsabel ist, sondern Macht und Gewalt hat, NACH SEINEM BEHAGEN sein Reich wie ein christlicher König zu steuern und zu regieren ...«[53].
Mit dieser Entscheidung war der 1680 eingeleitete Destruktionsprozeß abgeschlossen und Karl XI. mit seinen männlichen und weiblichen Erben in eine Position gebracht worden, wie sie auch im »dänischen Unwesen« sein Schwager Christian V. innehatte. Der Unterschied zu Dänemark bestand nur darin, daß in Schweden der Erb- und Haus-Absolutismus aus dem bestehenden Erbrecht abgeleitet wurde, obgleich das gesamte Verfassungssystem eine derartige »Ausdeutung« nicht zuließ. Die Einführung der *Envälde* über die stufenweise Ablösung der *Enrådighet* ist in mancher Hinsicht wirklich ein politisch-moralisches Lehrstück dafür, wie freie Untertanen zu Erbsklaven werden können, wenn Errungenschaften des Rechts und der zugehörigen Verfassung in ihren fundamentalen Ansprüchen nicht mehr akzeptiert und verteidigt werden. In diesem Prozeß spielte der Klerus neben den adligen »Royalisten« eine bedeutende Rolle. Er war es, der die Lehre von der *Gottunmittelbarkeit* (immediate Deo) der Erbkönige predigte und an Akademien und Schulen lehrte. Nicht umsonst verkündete er zu diesem ›Reichstag‹ von allen Kanzeln Stockholms das Samuel-Wort: *»Ihr sollt seine Knechte sein«*[54].

Von »Treu Herr – Treu Knecht« und dem Prinzip der Gegenseitigkeit wie unter dem Königtum Gustavs II. Adolf war nicht mehr die Rede, und was das nationale Konzil von 1593 an libertärer und gar demokratischer Substanz für das politische Leben Schwedens in schwerer Zeit aufgebaut und bis 1680 entwickelt hatte, war nun der totalen Konformität, dem Opportunismus und der Anpasserei gewichen, dem Kriechertum und der entwürdigenden Selbstverleugnung. Allerdings erhob manch weiter eine Stimme gegen dieses neue System unter Berufung auf Gustav II. Adolf; ob dies nun Gyllencreutz war[55] oder Gustav Adolf de la Gardie, dem die Ideologie von der absoluten Immediation der Erbkönige 1691 bereits fragwürdig erschien: »Ich weiß nicht«, meinte er dazu, »ob diejenigen die Sicherheit der Majestas mehr befestigen, welche sagen, sie sei *immediate* von Gott gekommen, oder diejenigen, welche sie *mediate* auffassen, das bedeutet durch Verträge (pacta), Erbvereinigungen und solches mehr. Denn diese immediate Vokation dürfte den *Usurpatoren* die Pforten öffnen . . .«
Sein Hinweis auf Luther[56] zeigt dabei nur, daß die schwedische Staatskirche trotz aller orthodoxen Abschirmung mit Annahme der Augsburgischen Konfession als autonome Kirche bestand, die nicht nur in zeremonialen Teil viele katholische Elemente (bis heute) bewahrte, sondern auch in ihrem realen Selbstverständnis den Korporationsgedanken pflegte, die vertragliche Kollegialität – das unabdingbare Kennzeichen eines Rechtsstaates. Luthers Regimentslehre mit der Ablehnung der Aristotelischen Ethik, dem Leitstern des libertären Lebens in Schweden bis 1680, und der Empfehlung, daß es »besser ist, daß die Tyrannen hundert Ungerechtigkeiten gegen das Volk verüben, als daß das Volk eine Ungerechtigkeit gegen die Tyrannen verübt«[57], fanden in Schweden bis zur Envälde keinen nennenswerten Anhang, dafür aber das libertäre Gottesgnadentum des »mediante homine« und einer trichotomischen Verfassung, die seit 1680 als »getötet« zu gelten hatte, deren Geist aber im stillen weiterlebte.
Die Befestigung der Envälde durch diese erneute »Erklärung« des völlig entmachteten ›Reichstages‹, der auch das Eintreiben von Kontributionen in Friedenszeiten ›zugestehen‹ mußte und damit endgültig seine »Power of the purse« aufgegeben hatte, »blinden Gehorsam« gegenüber Anordnungen des Erb-Monokraten leistete und immer noch mit der Reduktion geplagt wurde, legte ein Axiom dafür frei, wie sich Absolutismus etablieren kann: Zunächst wird das DOMINIUM UTILE der *libertären* Verfassung in allen Formen und Institutionen vom Fürsten unter Eid akzeptiert. Dann wird die *nezessitäre* Lage in einem Krieg ausgenützt, indem das DOMINIUM EMINENS nicht nur zur Behebung eingetretener

Notstände im Krieg Anwendung findet, sondern auch zur Stornierung konstitutioneller Schranken und zu massiven Eingriffen in die vertraglich gesicherte Eigentumsordnung. Boldt hat sicher recht, wenn er die »Durchsetzung des neuzeitlichen Staates« an die Handhabe und Wirkungen des »Ausnahmezustandes« bindet, mit dessen »Hilfe sich der Staat gleichsam aus der Verfangenheit im mittelalterlichen Rechtszustand . . . löste«. Aber sein Schluß, daß damit »überhaupt erst eine Rechtsfriedensordnung« geschaffen worden sei[58], übersieht, daß eine derartige schon vorher bestanden hat, und zwar unter libertären Vorzeichen! Sie wird im Zuge der exzessiven Anwendung des »Casus necessitatis« (Ausnahmezustand) unter Berufung auf Luthers Notwendigkeits- und Machiavellis Necessità-Lehre ausgehöhlt, bis der Boden dafür bereitet ist, daß der Monokrat mit seinem »souveränen Haus« über ein DOMINIUM DIRECTUM oder ABSOLUTUM verfügen darf – im Bewußtsein, daß das Erbrecht eine »Gabe von Gott« ist und eine *arbiträre* Macht erlaubt.

Karl XI. bemühte sich nach 1693, die »große Metamorphose« in Schwedens Staatsrecht auch dadurch zu sichern, daß neben seinem Testament, das die Nachfolgeprozedur für Karl XII. regelte, ein neues KÖNIGSRECHT (konungabalk) ausgearbeitet wurde. Es sollte dasjenige aus dem LANDSLAG endgültig ersetzen. Im Entwurf dazu ist noch von einem »Königlichen Rat« die Rede, aber nicht mehr vom JUS COMITIORUM, dem Recht, Reichstage einzuberufen. Denn sie wurden nur noch zur zeremonialen Staffage gebraucht und nicht mehr zur Eingabe von »Gravamina« über Mängel und Ungerechtigkeiten in der Reichsadministration, zur Bewilligung von Steuern und anderen Abgaben oder zur Herstellung einer juridischen Öffentlichkeit, in der sich die Herrschaft des Rechts hätte versichern können. Karl XI. hat »in seinem Reich über alles *weltliche* und *kirchliche Wesen* höchstes Recht und eine unbeschränkte Steuerung«, und jeder, der sich dagegen in Wort oder Tat vergehen will, soll »nach Bewandtniss der Sachen geschleift und mit glühenden Zangen gerissen und darauf gerädert oder geviertheilet, vom Leben zum Tod gebracht werden«[59].
Dieser wortblinde, wortkarge und worttötende Monokrat war zu seines »Erbreichs Leben« geworden und damit dessen »höchstes und unveränderliches Grundgewaltsgesetz«[60]. Die Enrådighet mit ihrer »Regierung des Rechts« war folglich tot. Es lebte die Envälde mit dem ›Gesetz der Gewalt‹ und in der von Luther verkündeten Ansicht: »Die Fürsten der Welt sind die *Götter;* das gemeine Volk ist Satan«[61].

Abb. 3: *Eigenkrönung und Salbung Karls XII. von Schweden, 1697*

Als Karl XI. 1697 starb, ging die absolute Macht nach einer kurzen Vormundschaftszeit, in der es noch einmal Spannungen zwischen der königlichen Familie, den Royalisten um B. Oxenstierna, Wallenstedt und Tessin, sowie den Ständen gegeben hatte, an Karl XII. über. Entgegen den Wünschen seines Vaters wurde er mit 15 Jahren (dem schwedischen Privatrecht gemäß) als volljährig angesehen und ließ neben den Beisetzungsfeierlichkeiten die patrimonial angelegte Machtübernahme zelebrieren. In bitterer Winterkälte nahm er dabei im Hof des Wrangel-Palastes die Einzelhuldigung der Stände und deren Eid auf ihn entgegen, ohne selbst einen Gegeneid zu leisten! Dieser radikale Bruch mit allen Traditionen Schwedens überraschte diejenigen nicht, welche das »dänische Unwesen« kannten und wußten, daß ein patrimonialer, souveräner und absoluter Erbherr keine Verträge mit dem Reich zu schließen braucht. Karl XII. war das geworden, was Luther gelehrt und der Adelsstand in seiner Verzweiflung und Hoffnung auf Linderung der Reduktion bei diesem Trauer-›Reichstag‹ verkündet hatte – »ein Gott auf Erden«[62].

Zur Manifestion der Gottunmittelbarkeit des Jure-divino-Königtums setzte er sich zum Entsetzen der Stände die Krone selber aufs

Haupt, ehe er sich statt im Dom zu Uppsala nun in der Storkyrka Stockholms salben ließ. Karl XII. hat damit jedem, der sehen konnte, unmißverständlich klargemacht, daß er nun wirklich ein *Selbstherrscher* war, an dessen absolute Qualität Ludwig XIV. in all seiner Machtfülle nicht heranreichte. Nur Christian V. von Dänemark war ihm in dieser fundamentalen Beziehung gleich und 1701 auch Friedrich I. in Preußen – aber erst 1716 sein russischer Nachbar und späterer Bezwinger Peter I. Dieser mußte sich trotz der patrimonialen Selbstherrschaft (samoderžavie) im weltlichen Bereich noch der Krönung durch die Kirche unterziehen, was eine nicht unbedeutende Schranke war, die in Schweden von nun an wegfiel[63].

Man hat die Envälde bis zu diesem Zeitpunkt in der schwedischen Historiographie aus dem Geist der ideologischen »Aristokratieverdammung« seit Erik G. Geijer und im Sinne der nationalistischen »Karolinischen Renaissance« seit Fahlbeck meist mit der Annahme verteidigt, daß das alte libertäre System einer exzessiven Adelsherrschaft abgewirtschaftet gehabt hätte. Im übrigen sei ein Organ wie der Reichsrat ein »Anachronismus« gewesen, der in dem sich nun bildenden »modernen Staat« keinen Platz haben konnte. Ja, die Ermächtigungsgesetze zur Envälde in Gestalt der Stände-»Erklärungen« seien gar eine »konstitutionalistische Erscheinung« gewesen[64], nicht aber der scheinlegale Beginn einer Diktatur, die mit allen Mitteln darum kämpfte, aus dem Erbanspruch die absolute Macht abzuleiten und anerkannt zu bekommen. Das selbst bei liberal eingestellten Historikern häufig angeführte Argument, die Ordnung der Staatsfinanzen habe die Reduktion und in ihrem Gefolge die Envälde als notwendig erscheinen lassen, übergeht dabei nicht nur die Rechts- und Vertragsverhältnisse, sondern auch die ökonomischen und sozialen Schattenseiten dieses Regimes.

Es ist richtig, daß Karl XI. die Staatsfinanzen leidlich in Ordnung gebracht hat und sein Haushaltsplan, der fast hundert Jahre lang Bestand hatte, Einnahmen und Ausgaben balancierte[65]. Was aber war davon geblieben, als für Karl XII. der Krieg mit Dänemark, Polen und Rußland anstand, der das europäische Gleichgewicht und Mächtesystem grundlegend verändern sollte? Von dem angehäuften Staatsschatz war um 1700 fast alles verbraucht! Für das Land und das Volk? Die Kosten der Beisetzungsfeierlichkeiten 1693 und 1697, der Rückkauf von Juwelen aus dem Nachlaß der 1689 verstorbenen Königin Christine und die Krönung Karls XII. hatten fast alles zur Selbstdarstellung der Selbstherrschaft aufgezehrt[66]. Und den Bauern, die sich 1680 so große Hoffnungen gemacht hatten, ging es nicht wesentlich besser; auch den Städten nicht, die ihre Selbstverwaltung verloren[67], und ebensowenig dem Klerus, der nun wirklich zum Handlanger der Königs-Diktatur herabgewürdigt wurde[68] und zusehen mußte, wie Karl XI. geradezu versessen darauf war, Nobilitierungen ihm genehmer und ergebener Leute zu verordnen. Darunter waren zahlreiche Helfer bei der Reduktion, die sich in der Gunst des patrimonialen Erbkönigs halten konnten und sich Ländereien erdienten, deren Umfang oft den Besitzstand des Alt-Adels vor 1680 übertraf.

Die kurzfristige Sanierung der Staatsfinanzen wurde erkauft durch eine fortlaufende Rechts- und Besitzunsicherheit und vor allem mit der Lähmung der Eigeninitiativen. Es steht fest, daß sich die Enteignungspolitik als ökonomischer Rückschlag erwiesen hat und von Karl XII. Schritt für Schritt rückgängig gemacht werden mußte, um seine Kriegszüge finanzieren zu können. Das libertäre System wurde damit allerdings nicht restituiert. Das sollte erst nach 1718 gelingen, nachdem der »Heldenkönig«, der nicht nur von Voltaire bewundert wurde, während des Feldzuges in Norwegen durch eine Kugel getötet worden war. Bis zu diesem Zeitpunkt aber mußte Schweden den Gott-König und seine Kriege erleben und durchstehen, die das Land an den Rand des Staatsruins und zum Verlust seiner europäischen Machtstellung brachten, die im Zeichen von Majestät, Autorität und Libertät erkämpft worden war.

Es war Teil der weitsichtigen Staatskunst Gustavs II. Adolf und Axel Oxenstiernas, Dänemark und Polen durch vertragliche Rückversicherungen »beim Russen« dergestalt zu kontrollieren, daß eine Einkreisung vermieden werden konnte. Mit Hilfe dieses Systems bestand man nicht nur den 30jährigen Krieg, sondern auch den Krieg gegen Dänemark, der 1645 Schweden im Frieden zu Brömsebro große Landgewinne eingebracht hatte. Sie wurden 1660 im Frieden von Kopenhagen bestätigt und 1679 im Frieden von Nymwegen endgültig garantiert. In der Folgezeit aber hat es die Diplomatie Bengt Oxenstiernas nicht verstanden, die Gefahr der Einkreisung zu bannen. Auch der triumphale Friede von Traventhal im Jahre 1700, bei dem Dänemark die Hoheitsrechte des mit Schweden verbundenen Herzogs von Holstein-Gottorp anerkennen und frühere Verträge mit Schweden bestätigen mußte, setzte durch den sog. »Amnestieparagraphen« die Offensiv-Allianz zwischen Friedrich IV., Zar Peter I. und dem polnischen Wahlkönig August aus dem »Wettiner Haus« (Sachsen) nur vorübergehend außer Kraft. B. Oxenstierna wußte, daß »der Russe auf jede Weise versucht, die verlorenen Provinzen wiederzugewinnen« und sich bemüht, »irgendeinen Ort an der Ostsee« zu erhalten, deren Küstenbereich fast ganz von Schweden kontrolliert wurde[69].

Der glänzende Sieg bei *Narwa* über das noch im Aufbau befindliche russische Heer unter Peter I. bestätigte zu Beginn des Großen Nordischen Krieges den jungen Karl XII. im Bewußtsein, daß die Kriegskunst Inbegriff des Politischen sein mußte. Er bedachte jedoch nicht genügend, daß Sicherheitspolitik immer noch Verfassungspolitik war. Auf dieses geradezu lebenswichtige Zusammenspiel von Rechtsansprüchen und Militärmacht war seine *Feldkanzlei*, welche die Hauptlast der Diplomatie zu tragen hatte und die in Stockholm verbliebenen Räte und Behörden zu Statisten degradierte, unzureichend eingestellt. Dennoch zwangen ihn die politischen Umstände, diesen Zusammenhängen, die sein Vorbild Gustav II. Adolf vorzüglich beherrschte, nachzugeben. Die Politik der Absetzung Augusts II. in Polen und die Wahl Stanisław Leszczyńskis 1704 zum König zeigt dieses Einschwenken ebenso[70] wie die Verhandlungen, die zum Frieden von Altranstädt im Jahre 1707 führten und in denen Karl XII. für Schlesien Religionsfreiheit der Protestanten auf der Basis des Westfälischen Friedens gefordert hatte und auch durchsetzen konnte.

Trotz dieser Ausnahmen führte das enge militärische Denken Karl XII. allmählich in eine Isolierung. Die Bemühungen um die Unterstützung des Kosaken-Hetmans *Mazepa*, des Osmanischen Reiches und die Hilfe der Seemächte (England und Holland) brachten nicht die erhofften Erfolge. Die schwere Niederlage bei *Poltava* im Jahre 1709 war daher nur der militärische Ausdruck einer politischen Nichtwahrnehmung der Realitäten in einem Europa, das im Südwesten gleichzeitig den Spanischen Erbfolgekrieg erlebte, in dem auch die Grenzen für die Politik Ludwigs XIV. aufgezeigt wurden[71].

Karl XII. war nach Poltava zum Sultan geflohen und glaubte, dessen Macht als Mittel seiner Kriegspolitik einsetzen zu können. Das war aber ein Trugschluß. Denn 1711 kam es zwischen dem Sultan und dem Zaren zum Frieden am *Prut* und damit auch zu der paradoxen Situation, daß Schweden von Bender aus regiert wurde, während gleichzeitig der Königliche Rat in Stockholm auf Entwicklungen reagieren mußte, die Schwedens Besitzungen auf deutschem Reichsboden bedrohten und seine »baltische Vormauer« bedrängten. In dieser schwierigen Lage wuchs *Arvid Horn* nach dem Sturz und Tod B. Oxenstiernas, von Teilen des Rates und der Stände gedeckt, die 1710 konsultiert worden waren, in eine staatsmännische Rolle hinein. Er konnte zwar wenig retten – der Kriegszug Stenbocks zur Entsetzung Pommerns und Holstein-

Gottorps führte zwar 1712 bei Gadebusch zu einem Sieg über ein dänisches Heer, aber 1713 mußte er in der Festung Tönningen kapitulieren –, jedoch zeigte sich schon jetzt, wem die Zukunft gehörte[72].
Nach seinem tollkühnen Ritt von Bender nach Stralsund und von dort nach Schweden zurückgekehrt – dem Aufbruch Napoleons von Elba ähnlich –, ließ Karl XII. 1714 alle Zugeständnisse des Kanzleipräsidenten Horn und des Rates bezüglich des *Haager Neutralitätsakts* von 1710 revidieren. Er schloß diesen Aristokraten, der das Format eines Erik Sparre, Axel Oxenstierna oder Claes Rålamb besaß, von der Außenpolitik gänzlich aus und vertraute sich dem Holsteiner Georg Heinrich von *Görtz* an, der die Interessen Holstein-Gottorps vertrat und danach strebte, den noch unmündigen Herzog Karl Friedrich zum Nachfolger Karls XII. zu machen. Dieser war unverheiratet geblieben, und als der unumschränkteste Erbkönig, den Schweden je besaß, hatte er gerade das nicht hinterlassen, von dem die Envälde lebte – einen Erben. Gegen die Ansprüche des Holsteiners organisierte Karls jüngere Schwester *Ulrika Eleonora*, seit 1715 mit dem Erbprinzen *Friedrich von Hessen* verheiratet, im Vertrauen mit Horn und Teilen des Rates eine Gegenfront. Damit entstanden in einer gefährlichen innen- und außenpolitischen Lage die Ansätze zur »holsteinischen« und »hessischen Partei«, die nach 1718 Schwedens politisches Leben so entscheidend prägen sollten.
Görtz verstand es, eine Politik nach dem sog. »Äquivalentprinzip« zu betreiben, d. h. im Ausspielen von Rußland, Polen und Dänemark durch Preisgabe von Besitzungen außerhalb des eigentlichen Reichsgebietes entsprechende Entschädigungen zu erhalten. Der russische Zar stimmte dabei einem Vorschlag zu, der ihm Kexholm, Viborg und die baltischen Provinzen einbringen sollte, während er seinerseits zuließ, daß Schweden das benachbarte Norwegen eroberte. Aber der Eingewaltskönig wollte letztlich doch nicht darauf eingehen, so daß die Åland-Verhandlungen von Görtz nur eine aufschiebende Wirkung in den militärischen Angriffsplänen Peters I. gegen Schweden hatten. Dessen Versuch, unter Deckung und Beteiligung Englands von Mecklenburg aus eine dänisch-russische Invasion in Schweden zu unternehmen, scheiterte aber 1716 ebenso wie Karls XII. letzter, verzweifelter Versuch, Norwegen zu erobern.
Am 30. November 1718 traf ihn vor der Festung Fredriksten bei Fredrikshald eine Kugel. Sie beendete nicht nur das Leben eines Monokraten, der mit seinen Kriegstaten, wie später Friedrich II. von Preußen, Europa in Staunen und Klagen setzte[73], sondern auch das Machtsystem der Envälde. Sie hatte das »mitternächtige

Reich« nach innen und außen derart geschwächt, daß als Alternative nur die libertäre Ephorie in Frage kommen konnte.

c) *Die »libertäre Verfassung« von 1718 bis 1772. Aufklärung im Zeichen des Utilitarismus. Die Politik der »Hüte« und »Mützen«. Gustav III. – ein »aufgeklärter Despot«? Kepplerus.*

Mit dem Ableben Karls XII. setzte auf der politischen Szene Schwedens eine dramatische Entwicklung ein, die mitunter sogar als »Revolution« bezeichnet worden ist[1]. Tatsächlich hatten die eintretenden Veränderungen insofern einen revolutionären Charakter, als der *Revolutio* damals im wesentlichen die Bedeutung der *Rückwälzung* zum guten alten Recht zukam. Es verwundert daher nicht, daß der Reichsrat unter der praktischen Führung des Hocharistokraten Arvid Horn die Nachfolge Ulrika Eleonoras nur unter der Bedingung bewilligte, daß sie »auf die alte Art mit dem Rat ihres Rates« regiere. Das bedeutete nichts anderes als die Rückkehr zu einer Fundamentalformel des LANDSLAG und der »Regierungsform« von 1634. Darauf bezog man sich, um sich der strukturellen Alternative zur »Souveränitätszeit« von 1680 bis 1718 zu vergewissern.

Ulrika Eleonora, die zusammen mit dem Erbprinzen Friedrich aus dem Hessischen Haus die Thronansprüche des Holstein-Gottorpers Karl Friedrich abwehren mußte, sah sich von adliger Seite dann auch genötigt, die Regierung nur »unter den Bedingungen« zu erhalten, wenn sie »uns Ihre Versicherung gibt und die REGIERUNGSFORM unterschreibt, welche die Stände aufzusetzen beabsichtigen.« Dadurch »gedächten sie, die *schädliche Souveränität* abzuschaffen«, um »dem Königlichen Thron dessen *Majestät*, dem Reichsrat dessen *Autorität* und den Ständen ihre *Libertät* konservieren zu können«[2].

Der 1719 einberufene Reichstag drückte dieses Programm mit Hilfe Horns und des Reichsrates durch, und zwar in der Ablehnung des patrimonialen Erbrechts! Zur Königin am 23. Januar 1719 gewählt, mußte sie erleben, wie die Stände eine absolutistische Position nach der anderen abbauten und im Prinzip zum vertraglich organisierten Verfassungsstaat zurückkehrten, wie er unter Gustav II. Adolf seit 1611 ausgebaut worden war, allerdings mit völlig anderen Gewichtungen.

Mit der Aufhebung der Klassen-Einteilung im Ritterhaus, die seit 1626 gegolten hatte, demokratisierte sich der Adel zusehends innerhalb des eigenen Standes[3]. Er versuchte, einen starken

Einfluß auf die Besetzung der Reichsämter auszuüben, bei der sich Ulrika Eleonora recht ungeschickt und selbstherrlich benommen hatte. So wuchsen die Spannungen zwischen dem Hof, dem Reichsrat, dem Ritterhaus und den drei unadligen Ständen, zumal der Druck von Rußland zugunsten der »holsteinischen Partei« zunahm, während Ulrika Eleonora ihren hessischen Ehemann als Mitregenten nach dem Beispiel Wilhelms III. in England anerkannt haben wollte. Sie drang damit nicht durch, gab aber den Weg zur Wahl ihres Gemahls frei, der dann von 1720 an bis 1751 als Fredrik I. »der Schweden, Goten und Wenden König« war, jedoch die geringsten Machtbefugnisse besaß, die je zuvor einem schwedischen König zugestanden worden waren.

Der Grund für diese Regelung lag in der Furcht vor einem neuen Machtmißbrauch. So mußte Fredrik I. in seiner »Versicherung« geloben, die Besetzung der hohen Reichsämter im Reichsrat vorzunehmen und auch keine Ausländer damit zu betrauen. Denn »eine uneingeschränkte Macht beim Vergeben der Dienste dürfte von vielen als ein Mittel angesehen werden zur künftigen Einführung der *Souveränität*«[4] und damit einer neuen Envälde mit all ihren Unterdrückungen nach innen und Kriegsabenteuern nach außen. Aber mit dieser Position des Ratsadels ergab sich für den Großteil des Ritterhausadels die Gefahr, daß sich wieder eine Oligarchie bilden könnte und er von den oft lebenswichtigen Ämtern ausgeschlossen werde, von den unadligen Wünschen, besonders unter den royalistischen Bauern, nicht zu reden. Statt den verhaßten Despotismus der Könige wollte man nun nicht den Nepotismus des Ratsadels, der nicht nur durch die Neu-Nobilitierungen Karls XI. im Ämterzugang bedroht worden war, sondern auch durch den seit 1700 zunehmenden Ämterkauf. Es gab in dieser fundamentalen Frage sogar die warnende Stimme, daß das Reich und die Stände mit dem starken Einfluß des Reichsrates durch sein 3-Mann-Vorschlagsrecht für eine Amtsbesetzung und gar durch die »pluralitas votorum« der Senatoren wenig Nutzen hätten, wenn »anstelle einer *souveränen Monarchie*, der man vorzukommen versucht, eine *souveräne Aristokratie*« eingerichtet würde. Außerdem solle man vor allem verhindern, daß der »Kriegsbefehl«, eine Art Zwischenstand im alten, dreiklassigen Adel, allzusehr unter den Einfluß des Königs gerate und von diesem ausgenützt werde, um sich zu »einem souveränen Herrn« zu machen[5].

Die Angst vor dem Verlust der Freiheit beherrschte alle politischen Bewegungen in dieser Ständesozietät. Sie schuf nach der Regierungsform von 1719, einer Zwischenlösung, mit derjenigen von 1720 und der Reichstagsordnung (RTO) von 1723 ein kumulatives

»Grundgesetz«, in dem »*des Reiches machtbesitzende Stände*« auf dem jeweils alle drei (3) Jahre abzuhaltenden Reichstag dem Königtum und selbst dem Reichsrat klarmachten, wer von nun an Herr in Schweden war. Das Recht der Steuerbewilligung und die Kontrolle der Staatsfinanzen sowie der gesamten Staats-Administration lag in den Händen der Stände, wobei die drei unadligen Stände in dem Maße an Einfluß gewannen, je stärker ihr Steueraufkommen war und je durchlässiger das gesamte Staatsleben für die individuelle Leistung wurde. Das sich ausbildende Wahlsystem für die Deputierten der Stände zum Reichstag entwickelte eine demokratische Qualität des libertären Parlamentarismus, wie sie zu dieser Zeit nur England zu bieten hatte. Natürlich erfolgte dieser Ausbau der Freiheit nur auf der Basis repräsentationsfähigen Besitzes bis hin zur Frage des *Prinzipalats*. Damit meinte man seit dem Reichstag von 1742 eine Art ›imperatives Mandat‹ derjenigen Standesmitglieder, die zu Hause geblieben waren, und zwar gegenüber den auf den Reichstag entsandten Repräsentanten des eigenen Standes. Diese Machtverschiebung setzte sich aber nicht durch[6]. Dafür erklärte sich der Reichstag 1751 in Sachen der »Fundamental-« oder »Grundgesetze« für »*unfehlbar*«. Die Entwicklung zu diesem Anspruch einer »Volkssouveränität« im Gegensatz zur »Fürstensouveränität« emanierte aus dem Wesen des DOMINIUM DIRECTUM, das die Stände ganz für sich beanspruchten und im Rahmen des Natur- und Völkerrechts handhaben wollten. Deshalb wird auch der neue Erbwahlkönig »nutznießender König und Verwalter des Reiches« (Rex usufructuarius et administrator regni) genannt[7], was nichts anderes als das DOMINIUM UTILE ausdrückt. Dem Einwand, daß sich auch die Stände bei der Auslegung der Verfasssung irren können, wurde mit dem bezeichnenden Satz begegnet: »Der Papst kann nicht irren«[8]. Und dies in Schweden, das nun auch 1752 den Gregorianischen Kalender annahm! Er drückt aus, daß »die Souveränität Gott allein zukommt«, wie es 1719 zur Abrechnung mit der Envälde hieß und die Stände alle Politik im Rahmen des Rechts kontrollieren müssen, das als Emanation göttlicher Ordnung und Vernunft betrachtet wurde[9].

Die libertäre Neuordnung von 1718 an stand außenpolitisch im Zeichen des Verlustes territorialer Sicherheitspositionen. An England wurden 1719 Bremen und Verden abgetreten, Dänemark 1720 finanziell und sekurativ in der Gottorp-Frage abgegolten, während 1721 im epochalen Frieden von *Nystad* alle baltischen Provinzen mit Ingermanland und Karelien an das Rußland Peters I. gingen. Dabei sah der Artikel 7 dieses Friedens eine russische

Garantie der inneren Staats- und Regierungsverfassung vor. Schweden erlebte nun genau jenen möglichen Mechanismus der Intervention zur Erhaltung seiner Verfassungslage, den es 1648 gegenüber dem Heiligen Reich zusammen mit Frankreich durchgesetzt hatte: Von außen darf eingegriffen werden, um im Inneren Absolutismus zu verhindern.[10]

Mit manch einem Blick auf Polen und England übte man sich aber zunächst in der inneren Friedenskunst. Dazu gehörte die Lösung der alten Frage der Zeit vor 1680 »Amt vor Stand?« oder »Stand vor Amt?« in der Rangordnung des Adels ebenso, wie die Revision der Reduktion während der Envälde und die Sicherung der Adelsprivilegien 1723. Der Kauf von Adelsgütern (frälsegods) wurde dem städtischen Bürgertum und den Bauern erschwert, die in der allgemeinen Verbesserung der Privilegien auch für den Klerus kaum berücksichtigt wurden. Vor allem gelang es dem Bauernstand nicht, Sitz und Stimme im »Geheimen Ausschuß« des Reichstages zu erhalten[11].

Der heutige Begriff der ›Besitzstandswahrung‹ trifft genau Wesen und Ziel dieser Politik auch nach außen. Mit dem schwedisch-russischen Defensivbündnis von 1724 folgte man der Forderung der »holsteinischen Partei«, den Festungsgürtel gegenüber Dänemark von Gottorp aus zu verstärken und die Grenzen gegen Rußland zu vernachlässigen. Mit dem Beitritt zur *Hannoverschen Allianz,* von Arvid Horn 1727 erreicht, garantierten England und Frankreich den Besitzstand Schwedens auch auf deutschem Reichsboden und sagten für den Defensivfall Subsidien zu[12].

Eine protektionistische Handelspolitik und Förderung der eigenen Handelsschiffahrt, die ähnlich der dänischen besonders im Mittelmeer aktiv wurde, das Einziehen der »Notmünze« aus der Souveränitätszeit, der gezielte Verkauf von Krongütern, das Erheben von Sonder-Kontributionen und schließlich die partielle Verpachtung des Seezolles ließen die Staatsfinanzen allmählich wieder gesunden, zumal gleichzeitig auch der Verteidigungsetat um etwa 30% gesenkt wurde, wobei dennoch mehr als die Hälfte aller Staatsausgaben für das Kriegswesen Verwendung fand[13].

Mit dem *Produktplakat* von 1724 sicherte sich Schweden gegen die englische und vornehmlich holländische Frachtpolitik für eigene Waren und deutete mit der Gründung der Ostindischen Kompagnie 1731, der Sicherung des Zunftwesens 1734 und mit der Stützung der eigenen Manufakturen oder »Bruks«, in denen man die Wiege der schwedischen Industrialisierung gesehen hat, massiv an, daß man die Lehre von der *Handelsbalance* in der Bekämpfung des Importüberschusses sehr ernst nahm. Gerade diese merkantilistische Politik als Kombination aus Marktwirt-

schaft und staatlichem Protektionismus im Rahmen einer sich dauernd auffächernden Ständesozietät, in welcher die Berufsstände, z. B. Manufakturisten oder Bruks-Patrone, auch politisch an Einfluß gewannen, zeigt, daß das Gleichheitszeichen zwischen Absolutismus und Merkantilismus recht konstruiert anmutet.
Mit Hilfe eines Fonds, der sog. »Landhilfe« (landshjälp) bewiesen die Stände, daß sie nicht nur im politischen Sinne *staatsfähig* waren, sondern auch im ökonomischen Bereich zu einer staatsfördernden Solidarität bereit sein konnten – trotz aller Eigeninteressen, die Antrieb und Hemmnis zugleich des materiellen Fortschritts dieser Zeit waren[14].
Mit der Kodifikation von SVERIGES RIKES LAG im Jahre 1734 erhielt Schweden außerdem ein neues Privatrecht. Von Karl XI. 1686 im Geiste der Envälde begonnen, wurde es im Geiste der Freiheit vollendet, allerdings auf der Basis der altschwedischen Rechtssprache und der Rechtstümer des ausgehenden Mittelalters. In der Reinigung der Rechtssprache von auswärtigen Begriffen war diese Kodifikation schon ein Produkt der Aufklärung, nicht jedoch in der Strafauffassung als »Sünde« und in der Strafzumessung, die weiterhin Muster aus der LEX MOSAICA übernahm, wie sie Karl IX. 1608 vorgeschrieben hatte. Das heißt, es galt im wesentlichen das *Vergeltungsprinzip* (jus talionis) und nicht das Prinzip der Verhältnismäßigkeit im Strafrecht, wie man es eigentlich von Aristotelikern erwarten konnte. Der Klerus hatte hier seinen strengen Einfluß geltend gemacht, der erst nach 1772 unter Gustav III. teilweise zurückgedrängt wurde und Strafmilderungen im Geiste Beccaras weichen mußte[15].
Die relativ schnelle Gesundung nach dem verheerenden Nordischen Krieg hatte Schweden im wesentlichen der Politik Arvid Horns zu verdanken, der seinen Zeitgenossen Kardinal Fleury und Walpole in nichts nachstand. Das Ideal der konstitutionalen und der ökonomischen Balance in einem Gemeinwesen fand seine Entsprechung in der Gleichgewichtspolitik gegenüber Rußland und England, Frankreich und Habsburg in der Hoffnung, den Besitzstand des Reiches Schweden halten zu können. Die Veränderungen im europäischen Allianzsystem, Englands Hinwendung zu Habsburg 1731 und der 1733 beginnende Kampf um die polnische Krone, brachten sein Sicherheitssystem ins Wanken, zumal die englischen Subsidien nicht mehr flossen. Eine Annäherung an Frankreich schien daher unvermeidbar. Mit dem Abschluß eines schwedisch-französischen *Freundschaftspaktes* 1738, und zwar auf zehn (10) Jahre, Subsidien für drei Jahre eingeschlossen, war Horns Außenpolitik am Ende und der Grundstein für neue, kriegerische Abenteuer gelegt, vor denen er nach seiner Verab-

schiedung aus dem Amt des Kanzleipräsidenten im Reichsrat vergeblich warnte. Man hatte ihm in den schweren Jahren vor 1734 sogar vorgeworfen, er hätte nach dem Königsamt gestrebt oder doch nach einer »diktatorischen Gewalt«. Aber ähnliche Vorwürfe hatte man auch Axel Oxenstierna nach 1634 gemacht, mit dem Horn nicht zu Unrecht gelegentlich verglichen wurde[16]. Tatsächlich hätte es für derartige Manöver keine Chance gegeben. Denn die Stände waren viel zu wachsam und die auswärtigen Gesandten zu vorsichtig, ein schwedisches Cromwell-Experiment zu stützen. Die Bestechungsgelder des französischen Gesandten zeitigten aber bald einige Wirkungen. Sie halfen nämlich, die schwedischen Reichstagsstände allmählich in zwei Parteien zu spalten, und zwar mit den Namen »Schlafmützen« (nattmössor), kurz »Mützen« genannt und ihren Gegnern, den »Hüten« (hattar) – in einem gewissen Sinne den »Tories« und »Whigs« in England vergleichbar[17].

Diese Parteinamen wurden seit dem stürmischen Reichstag von 1738/39 geläufig. Dabei wurden die Anhänger Arvid Horns auch deshalb »Mützen« genannt, weil sie die gegen Rußland gerichteten Revanchepläne der »Hüte« um den jungen Aristokraten *Carl Gyllenborg*, der Horns Nachfolger wurde, nicht unterstützen wollten[18]. Daneben forcierten die »Hüte« die merkantilistische Politik. Von einem starken Nationalismus unterlegt, erstrebten sie eine gewisse ökonomische Autarkie Schwedens und förderten unter diesen Gesichtspunkten vor allem die Natur- und Ingenieurwissenschaften, während die sog. »unnützen Fächer« im Umkreis der Humaniora und vornehmlich die orientalischen Sprachen am meisten von Kürzungen und Streichungen betroffen wurden.
Allerdings besaß die Universität Uppsala nach der Souveränitätszeit wieder ihre volle ökonomische Autonomie, auch wenn von seiten des Staates dauernd Eingriffe vorgenommen wurden hinsichtlich der Ausbildung von Beamten, die dringend für die neue und expandierende Administration gebraucht wurden. Gerade aus diesem Umkreis der Staats-Beamten kamen die meisten »Hüte«, gehörten sie doch weniger dem immer noch sehr begüterten Alt-Adel um Horn an als vielmehr dem Neu-Adel, der auf die Gehälter der öffentlichen Ämter angewiesen war und deshalb auf die Steigerung der ökonomischen Potenz des Landes sah, die ihm letztlich selbst zugute kam.
Trotz der Spannungen zwischen Universität und Reichstag, der über die akademischen Ämter und Lehrmeinungen laufende Kontrollen betrieb, vermochte es ein Anders *Berch*, ab 1741 das Fach *Nationalökonomie*, eingebunden in die Jurisprudenz und

ergänzt durch die Naturgeschichte und Mechanik, auf einen Stand zu bringen, der einen europaweiten Ruf genoß. Die Einrichtung des THEATRUM OECONOMICO-MECHANICUM 1754, wo an neuen Modellen Verbesserungen für die Landwirtschaft demonstriert wurden und mit Experimenten aller Art die Ertragssteigerung im Bergbau und auf anderen Gebieten erprobt wurde, war Ausdruck eines Nützlichkeits- und Autarkiedenkens, das immer größere Teile der Stände erfaßte und damit auch die Reichstage. Diese allerdings überließen es trotz des steigenden Interesses der Universität selbst, ihre Professoren zu besolden. So kam es, daß Samuel *Klingenstierna* bis 1750 warten mußte, ehe ihm eine Professur für Physik und Chemie auf Kosten der Poesie und der orientalischen Sprachen bewilligt werden konnte, in denen ein *Aurivillius* Großartiges geleistet und damit nicht wenig zum Ruhm der Universität beigetragen hatte. Dabei bewies gerade der Mathematiker Klingenstierna mit seinem glänzenden Latein, daß sich Humaniora und Naturwissenschaften nicht ausschließen mußten. Den mathematischen Beweis zur »chromatischen Aberration«, mit dem er keinen Geringeren als Newton widerlegte, schrieb er in Latein, das ab 1740 an den schwedischen Universitäten immer weniger in der Lehre vorkam, dafür aber weiterhin in der Forschung und in der damit verbundenen Literatur. Nicht umsonst benutzte Carl von *Linné* die alte Humanistensprache zur Bezeichnung und Beschreibung aller Objekte nicht nur im Bereich der Botanik. Mit seinem SYSTEMA NATURAE von 1735 erarbeitete er diesem Feld der Naturwissenschaften eine grundlegende Systematik, die noch heute im Prinzip gültig ist. Mit dem Ausbau eines Botanischen Gartens, dessen Anfänge auf O. Rudbeckius im Jahrhundert davor zurückgehen, ergab sich für ihn außerdem zum ersten Male die Möglichkeit einer gründlichen Erforschung von Fauna und Flora nicht nur Europas.

Der Ruf der Uppsalienser Gelehrtenrepublik in dieser dynamischen Phase der »Freiheitszeit« wurde aber auch durch Anders *Celsius* entscheidend mitbegründet. Als Astronom europaweit geachtet, unternahm er zusammen mit Maupertuis, dem späteren Akademiepräsidenten in Berlin, die berühmte Lapplandreise und baute ein leistungsfähiges Observatorium, dessen Ausrüstung allerdings hauptsächlich aus England geliefert wurde. Seine 1742 errechnete Thermometerskala, die vom Gefrier- und Kochpunkt des Wassers ausging und fast für ganz Europa die Bezeichnung »Grad Celsius« bei Temperaturmessungen erbrachte, zeugt von einem ähnlichen Genie wie die Entdeckungen eines Torbern *Bergman*, dem die Chemie nicht nur die Analyse der Eigenschaften der Kohlensäure zu verdanken hat, sondern auch eine brauchbare Nomenklatur, erarbeitet im Rahmen einer ausgedehnten Experimental-Wissenschaft. Man verstand es, die Ergebnisse der Forschung in die Lehre einzubringen. Auch darin erwarb die Universität einen glänzenden Ruf und schaffte es, daß sie mehr und mehr von ausländischen Studenten besucht wurde[18a].

Auch wenn die Parteipolitik recht massiv das öffentliche Leben Schwedens bestimmte und stark in die Gelehrtenrepubliken hineinwirkte, wird man sagen müssen, daß der Geist der Freiheit im Rahmen des bestehenden Rechts für die Wissenschaften förderlich war. Deren Siegeszug wurde erst dadurch gehemmt, als Gustav III., den Klingenstierna vergeblich für die »nützlichen Fächer« zu gewinnen suchte, am liebsten die »schönen Künste« pflegte und nach seiner »Revolution« von 1772 noch mehr das Interesse an Gelehrten und deren Werk verlor, stand doch auch deren intellektuelle Autonomie seinem Despotismus im Wege. Der Verkauf des Großteils der Sammlung Carl von Linnés an einen englischen Privatsammler im Jahre 1784 z. B. zeigt nicht nur die schwache ökonomische Basis der Universität Uppsala, sondern auch die Ignoranz des »Theaterkönigs«. Er wäre gerne ein zweiter Gustav II. Adolf gewesen, aber im Gegensatz zu diesem erkannte er nicht recht, wie wichtig und nützlich die Hauptuniversität für das Reich sein konnte[19].

Für die Privatförderung der Naturwissenschaften war gerade England ein Musterbeispiel, das aus Schweden (und Rußland) in zunehmendem Maße nicht nur *Eisenerz* bezog und wissenschaftliche Ausrüstungen ins mitternächtige Reich lieferte, sondern in diesem Land auch ein wichtiges Glied des europäischen Gleichgewichtes sah und von 1740 an feststellen mußte, daß sich das Konzept der Hüte-Partei Frankreich und der Türkei zuneigte. Das schwedisch-osmanische *Handelsabkommen* von 1737, das auch die Schulden Karls XII. teilweise regulierte und in Folgeverträgen mit Algerien, Tunis, Tripolis und Frankreich die Position im Mittelmeer stärkte, wurde 1739 durch die schwedisch-osmanische *Verteidigungsallianz* ergänzt. Eine Tat, die in Europa Aufsehen erregte, schloß doch der Sultan zum ersten Male in der Geschichte mit einem christlichen Staat ein derartiges Bündnis! Die Stoßrichtung war klar. Man glaubte in der Hüte-Partei, vermeintliche Unruhen in Rußland ausnützen zu können, um die verlorenen Ostsee-Provinzen zurückzugewinnen. Aber der Krieg gegen »den Russen« führte von 1741 an in eine Niederlage mit großen Verlusten an Mannschaften, Geld und geringen Gebieten an der finnischen Ostgrenze[20].

In diesem Kriegsabenteuer spielte auch der Tod Ulrika Eleonoras und damit die Frage der Thronfolge eine Rolle. Sofort wurden gleich drei Anwärter in Betracht gezogen: *Karl Peter Ulrich*, der einzige Sohn des Herzogs Karl Friedrich von Holstein-Gottorp, war der Kandidat der Zarin Elisabeth, die aber bald zusammen mit den »Mützen« den Fürstbischof *Adolf Friedrich* von Lübeck favorisierte, während der dänische Kronprinz Friedrich von Kopenhagen ins Spiel gebracht wurde, das auf eine dänisch-schwedische Union zielte. Diese Kräfte konnten auf eine gewisse Hilfe der freien Bauern in der Landschaft *Dalarna* rechnen, die 1743 einen Aufruhr gegen »die Herren« organisierten, nach Stockholm zogen und den »großen Daltanz« aufführten, aber die Wahl Adolf Friedrichs vermochten sie nicht zu verhindern. Dieser erhielt Sitz und Stimme im Reichsrat und heiratete 1744 Luise Ulrike, die Schwester Friedrichs II. von Preußen. Bei diesen politischen Staatsaktionen, in die auch der dramatische Übergang zu *Papier-Banknoten* fiel[21] und die Diskussion zum *Prinzipalat* einsetzte, die bis zur Frage der »Druckfreiheit« in den Jahren von 1760 bis 1766 die Gemüter beherrschte, wurde deutlich, daß Schweden jetzt das selbst erlebte, was seine Staatsmänner seit 1630 dem Heiligen Reich gegenüber als Sicherheitspolitik betrieben hatten: Interventionen zur Erhaltung seiner libertären Verfassung!

Die Machtkämpfe der Parteien in Gestalt der »Hüte« und »Mützen«, zu denen sich bald die »Hofpartei« um Luise Ulrike gesellte, sind in ihrer oft komplizierten Interessenlage kaum denkbar ohne das Sicherheitsinteresse der Anrainerstaaten. Vor allem Rußland intervenierte immer wieder, war es doch an der inneren Schwächung Schwedens interessiert; ebenso das absolutistische Dänemark, das für die Konservation des libertären Systems eintrat. England und Frankreich taten durch ihre Gesandten in Stockholm ein übriges, um durch Bestechungen und andere Mittel Mitglieder dieser Parteien für ihre Politik geneigt zu machen, in der Schweden als Gegengewicht zu Dänemark und Rußland eine wichtige Rolle spielte[22]. Außen- und Sicherheitspolitik wurde wieder als Verfassungspolitik betrieben, die immer noch mit persönlichen Risiken verbunden war und manch einem den Kopf kostete, der sich über die »Friedenskunst« nach innen und außen hinwegsetzte. So wurde der Oberbefehlshaber Lewenhaupt nach dem Debakel gegen Rußland 1743 öffentlich enthauptet. Ein *Ständegericht* hatte ihn und andere zum Tode verurteilt, und als Erik *Brahe* 1756 einen Staatsstreich organisierte, wahrscheinlich mit dem Ziel, dem Königspaar und dem Hof größere Machtbefugnisse auf militärische Weise vom Senat und den Ständen zu erzwingen oder sogar die »Souveränität« einzuführen, war das Todesurteil über ihn und jene gefällt, die vor allem aus dem Bauernstand geholfen hatten,

die bestehenden Machtgewichte der Verfassung von 1720 entscheidend zu verschieben[23].
Es war kein Geheimnis, daß dieses libertäre Verfassungssystem mit seinen zahlreichen Garantien des possessiven und sozialen Besitzstandes, mit seinem polarisierten Parteiengeist, der alle Stände umfaßte und oft in unversöhnliche Lager spaltete, und mit der Möglichkeit auswärtiger Einflußnahme in vielen Dingen als Ausbund an »Lahmheit« aufgefaßt wurde. Schon 1743 konnte man die Klage hören: »Ich weiß fast nicht, wie beschaffen unsere Regierungsart jetzt ist, ob es nun Monarchie, Aristokratie oder Anarchie ist. Hier gibt es eher eine Mischung aller Arten, eine Mischung aus Regierenden und Gehorchenden, wodurch es kam, daß bei den ersteren keine Autorität und bei den letzteren aller Gesetzesgehorsam verschwunden ist.«[24]
Die politische Mobilität des Ständewesens engte sich durch Gesetzesvorschriften immer weiter ein, und es verwundert nicht, daß bald Stimmen laut wurden, die »von neuem die Perspektive der *absoluten Gewalt*« für »unser politisches System« ausmalten mit dem alten Mittel, »den Senat beim Volk verhaßt zu machen« und »das Schisma zwischen dem Senat und dem König« auszunützen[25].
Gewiß, Adolf Friedrich, der 1751 den Thron besteigen durfte, nachdem er die bestehende Verfassung mit den zugehörigen Fundamentalgesetzen anerkannt und gelobt hatte, »mit dem Rat des Rates« in Gestalt der Stimmenmehrheit im Senat zu regieren[26], hatte sich wenig Chancen für eine »Absolutesse« ausgerechnet. Auch die Argumentation Jakob Wildes, Schwedens erstem Verfassungshistoriker, daß Karls XI. »Envälde« trotz der Machtfülle »nicht gesetzeslos« gewesen sei[27], konnte wenig überzeugen, zumal C. F. *Scheffer* dem König 1752 klarmachte, daß auch »die absoluteste Autorität« stets auf die Erfüllung des »Gemeinwohls« gerichtet sein müsse. Und das war auch in einer »beschränkten Monarchie« die höchste Aufgabe des Königtums. Es sei deshalb völlig unverständlich, wenn »die Könige eine *absolute Autorität* als einen Vorteil betrachten«[28]. Im übrigen müsse man auch bedenken, führt er 1756 aus, daß es einen »Unterschied gibt zwischen einer *absoluten* oder *uneingeschränkten* Macht und einer *arbiträren* oder *gesetzlosen* Macht«, die er mit dem »Despotismus« gleichsetzt. Als Beispiel führt er Frankreich an. Dort »findet sich die absolute, die höchste, die uneingeschränkte Macht ... in des Königs Person«, aber er muß sie im Rahmen gewisser Regeln handhaben und dafür sorgte in erster Linie das Parlement von Paris. Sollte diesem »die Registrierung der Gesetze genommen werden«, dann würde der König eine arbiträre Macht ausüben, »einen Despotismus, der nicht ohne Gewalt bestehen

kann, und der alle Sicherheit sowohl für den König selbst und für dessen Volk aufhebt«[29].

Diese Argumentation, die in manchen Stücken an Erik Sparre und Claes Rålamb erinnert, sollte später für Gustav III. im Kampf gegen den Senat und die Stände auf dem Reichstag eine wesentliche Rolle spielen, dessen Stellung mittlerweile so stark geworden war, daß der Senat selbst nur noch als Ausschuß des Reichstages aufgefaßt wurde. Nicht umsonst meint denn auch C. F. Scheffer: »In Schweden ist die absolute, die höchste, die uneingeschränkte Macht bei des Reiches versammelten Ständen.« Sie wird ausgeübt im Rahmen vertraglicher Gesetze, und zwar »ohne Zwang und ohne Gewalt« zu eines jeden Untertanen »zureichender Sicherheit«, wie sie die RF von 1720 und die RTO von 1723 verbürgen. Die Gefahr bestehe aber nun, daß nicht nur Könige die »absolute Macht« mißbrauchen, sondern auch die Stände »und in Schweden ein *Despotismus* aufkomme«, der die Freiheit und Sicherheit gefährdet. Denn das kann kaum »einer verneinen, daß ja auch eine populare Regierung so gut in Despotismus degenerieren kann wie eine monarchische . . .«[30].

Das Gespenst eines *Stände-Despotismus* mit dem Abgleiten in einen Unrechts-Staat, der die possessive Ordnung bedrohte, wurde in dieser Zeit so stark beschworen wie »Gustav Adolfs Regierungsform«, in der man das Heilmittel erkannte, die in Bewegung geratene Stände-Sozietät wieder in eine innere »Balance« zu bringen, und zwar dergestalt, daß die Macht des »königlichen Prärogativs« erheblich erhöht wurde. Der versuchte Staatsstreich Brahes ließ daher das Mißtrauen gegen das Königspaar und den Hof weiter wachsen. Gleichzeitig verschärften sich die Konflikte während des »Pommern-Krieges« im Rahmen des Siebenjährigen Krieges, in den sich Schweden vor allem durch Subsidienzahlungen Frankreichs hatte ziehen lassen und der 1762 mit dem *Frieden in Hamburg* endete. Zu dessen Zustandekommen hatte Königin Luise Ulrike durch Vermittlungen bei Friedrich II. nicht wenig beigetragen. Sie hatte es verstanden, das Ansehen des Hofes wieder zu heben, der gespannt beobachtete, wie heftige Inflation Unruhe in die Stände brachte und sich die sozialen Konflikte zwischen Adel und Unadel verschärften. Der Ruf nach Beteiligung von Unadligen an der obersten Reichsadministration war unüberhörbar geworden, seit man 1762 das Ritterhaus für weitere Immatrikulationen Neugeadelter geschlossen hatte und mit der steigenden Universitätsbildung den Guts- und Geldaristokraten die Geistesaristokraten entgegentraten etwa vom Typ eines Anders *Chydenius*. In dieser Umbruchstimmung setzten sich die

»Mützen« auf dem Reichstag 1765/66 durch und damit eine Politik, die sich mit der eingeschlichenen Tendenz der »Hüte«-Administration, alles und jeden zu bevormunden, nicht mehr abfinden wollte. Sparsamkeit war nun im Militärwesen und im zivilen Bereich oberstes Gebot. Die »Hüte«, vornehmlich der amtsabhängige Adel, mußten manchen Verzicht auf Gehälter und Pensionen hinnehmen, und die Unternehmer, großzügig mit Krediten und Subventionen unterstützt, erlebten teilweise empfindliche Kürzungen ihrer Privilegien, die noch durch die Bankenpolitik und das Bemühen um Gewerbefreiheit zusätzlich gefährdet wurden[31].

Die Reformpolitik der »Mützen« mit ihrem Höhepunkt in der Abschaffung des Zensorenamtes, das 1686 eingerichtet worden war, und der Garantie der »Druckfreiheit« 1766[32], unterschied sich im ökonomischen Bereich zwar von derjenigen der »Hüte«. Aber im Hinblick auf die Stellung des Königtums gaben sie nicht dem Verlangen nach, dessen Macht zu erhöhen. Das Ansinnen in dieser Richtung, wie es auch von Zarin Katharina II. zeitweise gefördert wurde, hatte zu diesem Zeitpunkt keine Chance der Verwirklichung. Ja, in der schweren Krise von 1768 versuchten die »Mützen« gar, nur mit dem *königlichen Namensstempel* zu regieren, was die Drohung Adolf Friedrichs mit der Abdikation zur Folge hatte. Mehr noch, der junge Kronprinz Gustav nährte in sich nach und nach die Absicht, nicht nur das »Mützen«-Regiment zu beseitigen, sondern die Majestät des Königsamtes zumindest im Bereich der *Exekutiven* und des Dezisionsrechtes erheblich zu steigern.

Seinen Bestrebungen kam die erhitzte Stimmung zwischen den Ständen und ihren Parteien zugute, die sich gegenseitig vorwarfen, in Schweden eine »*Aristokratie*« einrichten zu wollen. Das zusätzliche Abschotten der »Hüte«, die 1769 wieder die Macht übernommen hatten, gegen die Ämteransprüche der Unadligen, die steigende Spannung um Polen und die Abwehr der Einflüsse Dänemarks, Preußens und auch Englands[33] oder auch die Not in den Staatsfinanzen erhöhten die Chancen für einen starken Mann. Wie die Dinge lagen, gab es für eine ›republikanische Revolution‹ trotz des herrschenden Republikanismus wenig Aussicht. Aber für eine Monokratie Gustavs III. war manch einer zu haben, der sich von der absoluten Macht in der Hand eines Einzigen die Lösung vieler, wenn nicht aller Probleme versprach.

Es hat sich eingebürgert, Gustav III. neben seinem Onkel Friedrich II., Joseph II. und Katharina II. zu den Vertretern des »aufgeklärten Absolutismus« zu zählen[34]. Aber gerade an seinem Fall erweist sich, wie zwiespältig und irreführend es ist, Aufklärung und Absolutismus in eine Formel zu zwingen. Gewiß, dieser Monokrat konnte sich »aufgeklärt« geben, um sein neues Machtsystem auch im Namen des »Fortschritts« zu legitimieren, in Wirklichkeit aber deckte er nur seinen Machiavellismus. Daß Diktaturen das Niederreißen von Rechts- und Besitzschranken als ›soziale Siege‹ zur Sicherung der eigenen Macht feiern lassen, ist bekannt. Nicht viel anders verhielt sich Gustav III. beim Zerstören der libertären Verfassung Schwedens und beim Aufbau seiner Envälde.

Folgt man dem Bericht Klingenstiernas vor dem stürmischen Reichstag von 1756, auf dem Pechlin (»Der erste Republikaner im Reich«) vorgeschlagen haben soll, »den König abzusetzen und die Königin zu vergiften«[35], dann hatte ihr Sohn Gustav einen starken Hang zu »Superiorität und Independance«. Er bildete sich ein, es gehöre zum »Privileg seiner Hoheit, allen ... Leidenschaften *ohne Hindernis* zu folgen, und wo sie sich wie im Unterricht aufbauten, versuchte er, ihnen zu entgehen«[36]. Dieses Urteil bestätigte 1764 der dänische Gesandte, der die Hochzeit Gustavs mit einer Dänen-Prinzessin einzufädeln hatte: »Er hat keine Ahnung von irgendeiner Wissenschaft, von irgendeiner Kunst, nicht einmal von der Kriegskunst.« Das Dilettieren mit Musik, Theater oder Malerei, sowie seine Abneigung gegen das libertäre Parteienwesen, gaben zu manch einer Befürchtung Anlaß. »Verständige und urteilsfähige Schweden« meinten gar, Gustav werde es dahin bringen, »daß er eines Tages Erik XIV. gleichen wird«[37].

Das war ein prophetisches Wort, das sich auf eine sonderbare Weise erfüllen sollte. Dabei nannte er Gustav II. Adolf »meinen Helden« und versuchte, diesem tatsächlich nachzueifern. In seiner berühmten Rede am 25. Juni 1771 vor dem versammelten Reichstag bezeichnete er sich als »der erste Mitbürger inmitten eines freien Volkes«, dessen ständische Repräsentanten über seine »Versicherung« berieten und dabei all das vorexerzierten, was Parteien, nach Wallenberg »das Leben freier Staaten«, sich gegenseitig vorzuwerfen und voneinander abzuhandeln hatten, zumal noch die alten Standesinteressen und Gegensätze einer Lösung harrten. Besonders die drei unadligen Stände wollten endlich *Gleichheit* in der Besetzung der hohen Reichsämter und Abschaffung des Geburtsprinzips, das immer noch den Adel bevorzugte. In diesem Streit, der zeitweise eine »Mützen«-Majorität erbrachte, die »Hüte« isolierte und die Hofpartei an Gewicht und Prestige gewinnen ließ, erzwangen die unadligen Stände eine Deklaration gegen den *Reichsrat*, der sich in der Besetzungsfrage der Vizepräsidenten in den Kollegien seit 1770 gegen die Forderungen der

Unadligen gestemmt hatte. Wieder stand der »Hüter der Verfassung« im Wege, wie 1680 auch. Diesmal war es nicht eine Reduktion von Krongütern, sondern der Erwerb von Ämtern und Adelsgütern (frälseköpen), um den sich der Unadel bemühte. Und diese Situation nützte Gustav III. aus, der im März 1772 feierlich seine »Versicherung« und die Verfassung des Reiches beschworen und damit versichert hatte, daß er nach Maßgabe der RF von 1720 und der folgenden Fundamentalgesetze regieren werde[38].

Die bedrohliche Lage in Polen, wo sich Friedrich II., Maria Theresia mit Joseph II. und Katharina II. anschickten, die erste Teilung in Form von Gebietsabtretungen der Adelsrepublik abzusprechen, von denen Gustav III. wußte, sowie der Sturz Struensees in Kopenhagen, die Wirkungen der Mißernten im Lande selbst, sowie die Einmischung der auswärtigen Gesandten in die Stände- und Parteienkämpfe, brachten Gustav III. royalistische Zustimmung ein. Leidlich abgesichert durch französische Gelder plante er seinen Staatsstreich und führte ihn am 19. August 1772 in einer Weise durch, die mit Aufklärung wahrlich nichts zu tun hatte. Er ließ dabei den *Reichsrat* ganz einfach in dessen Räume einsperren und vereidigte die Leibgarde auf sich persönlich, nachdem der Putschversuch von Finnland aus, den *Sprengtporten* in Borgå gestartet hatte, sich derart verzögerte, daß er sich von Schonen aus veranlaßt sah, nach Stockholm zu eilen und schnell zu handeln[39].

Er ließ die mit C. F. Scheffer ausgearbeitete »Regierungsform« von einem Reichstag annehmen, der im Schatten geladener Kanonen erleben mußte, daß alle libertären Errungenschaften seit 1718 zugunsten des königlichen Prärogatives umgedeutet und umgeschrieben wurden. Mit dem Argument, die »Selbstherrschaft der aristokratischen Macht« zu brechen und »die uralte schwedische Freiheit aufzurichten samt Schwedens alte Gesetze..., wie sie vor 1680 bestanden haben«, begründete er diesen dramatischen Umsturz mit dem gleichzeitigen Hinweis, »der verhaßten königlichen *Eingewalt* oder der sogenannten *Souveränität*« vollkommen zu entraten. Denn es gehe ihm nur darum, »der erste Mitbürger in einem freien Volk der Rechtschaffenheit« zu sein[40].

Wie konnte er aber Freiheit und Rechtschaffenheit fordern, nachdem er selber »eidvergessen« und unterm Bruch der Verfassung den Boden genau dafür bereitete, was ihm seine Gegner mit Recht vorwarfen – abgrundtiefe Heuchelei um der absoluten Macht willen? Die »menschliche Schwäche«, von der damals zuweilen die Rede war, erklärt trotz aller ökonomischen und sozialen Gründe für diese »wunderbare Revolution« die Stimmung für das energische Eingreifen eines ›starken Mannes‹, der sich über die Parteiverhältnisse in den Ständen hinweg als »Retter« Schwedens begriff und mit seiner neuen »Regierungsform« ein Machtsystem etablierte, das trotz aller Gegenbeteuerungen die Voraussetzungen in sich trug, eine Envälde zu schaffen. Denn die ephoralen Befugnisse des Reichsrates wurden in ebenso windigen wie mehrdeutigen Wendungen beschnitten, nicht anders als die konstitutionalen Rechte der Stände auf ihren Reichstagen. Der *Ausdeutung* besonders im Konfliktfall war nun wieder, wie von 1680 an, Tür und Tor geöffnet. Und dennoch fand dieses Revolutionsexperiment vor allem in klerikalen Kreisen ein überaus positives Echo[41], obgleich es auf einer Reihe von Betrugsmanövern aufgebaut war. So wurden die Erwartungen des Unadels auf eine Gleichstellung mit dem Adel nicht im erhofften Umfange erfüllt, der 1773 sogar wieder in der Gunst des »Theaterkönigs« gestiegen war. Er untersagte nämlich dem Unadel und darin vor allem reichen Bauern, Adelsgüter aufzukaufen, um daraus Steuergüter zu machen. Und bei der Besetzung der wichtigsten öffentlichen Ämter bevorzugte er in der Praxis doch wieder die Angehörigen der Aristokratie. Über diesen Befund kann auch nicht hinwegtäuschen, daß er sich mit *Wallquist* und *Håkansson* in der Spätphase seiner Monokratie zwei unadlige Ratgeber zulegte, gleichsam Sekretäre, mit denen er die Ansprüche der alten Senatoren unterlaufen oder abweisen konnte[42].

Er träumte wohl davon, wie Gustav II. Adolf ein »Adelskönig« zu sein, aber die in diesem Sinne getroffenen Maßnahmen einer Restauration waren ein Anachronismus, der am politischen Realitätssinn Gustavs III. erhebliche Zweifel aufkommen läßt. Denn die Wiederbelebung der Reichstagsordnung von 1617 und der Ritterhausordnung von 1626 führte zu einem Zustand des Neides und Hasses innerhalb der Aristokratie, aber auch des Unadels, der sich äußerst lähmend auswirkte. Dazu trug die Tatsache bei, daß das alte Immatrikulationsverbot aufgehoben, die tradierte Klasseneinteilung befürwortet wurden und eine sich steigernde Unruhe in der Sozietät einkehrte, die sich auch in der Unzufriedenheit der Bauern ausdrückte[43]. Die zahlreichen Neu-Nobilitierungen, auch darin Karl XI. ähnlich, erhöhten den psychischen Druck im Adel, der immer noch der wichtigste Stand war. Ein ausgeklügeltes Spitzelsystem[44], gekoppelt mit einer Arkanpolitik nach außen, das Schmeichlerwesen und die sich ständig ausweitende Staatsverschuldung bis in die Höhe von 20 Millionen Reichstalern erzeugten ein Klima des Mißtrauens und der Angst um Leib und Leben, Gut und Geld.

Getrieben von einem krankhaften Ehrgeiz, wie man ihn auch bei Friedrich II. und Joseph II. beobachten kann, berühmt zu werden, wollte er den Vertrauensverlust nach innen durch militärische Siege nach außen kompensieren. Aggressionspläne gegen Dänemark und Norwegen zerschlugen sich aber, als ihm Katharina II. beim Treffen von 1777 die Rückendeckung versagte. Er fand sich danach sogar bereit, mit Rußland und Dänemark 1780 den *Neutralitätsbund* zu schließen: ein epochemachendes Abkommen aus dem Geiste A. P. Bernstorffs und Panins, aber auch U. Scheffers, der rechten Hand Gustavs III., und ein für Europa wichtiges Dokument, das aus den Forderungen des Völkerrechts und den Machtinteressen Rußlands kam, der neutralen Seefahrt nämlich in Kriegszeiten Schutz im Sinne humaner Prinzipien zu gewähren.

Diese Leistung, zum Schutz des nordischen Handels während des Seekrieges zwischen England und Frankreich zustande gekommen, hatte eine europaweite Signalwirkung und wirft die Frage auf, die sich durchgehend stellen wird: Wie wirkten Errungenschaften der Aufklärung nach *außen* auf die diktatorische Substanz der Monokratien nach *innen*? Man muß dabei feststellen, daß derartige Manifestationen die monokratische Energie nicht entscheidend hindern konnten. Gustav III. jedenfalls, in wachsende Geldnöte verstrickt und bei den Ständen verhaßter denn je trotz des kulturellen Schubs in Gestalt der neuen Theater oder der *Schwedischen Akademie,* die heute die Nobelpreise verleiht[45], hinderte die »bewaffnete Neutralität« nicht, sich mehr und mehr in Machtlaunen zu steigern. Er fühlte sich zu etwas ganz Besonderem ausersehen. So schreibt er an seine Schwester 1788: »Ich kann euch nicht verhehlen, wie lebhaft ich von dem Gedanken an eine glänzende Bahn angefeuert werde, die sich für mich eröffnet . . ., daß ich es bin, der über das Schicksal Asiens bestimmen wird, und daß das Osmanische Kaisertum sein Dasein nur Schweden zu verdanken hat, samt daß ich *alleine* unter so vielen Monarchen bin, welche alle entweder zu schlapp oder auch vom Staunen über die Erfolge der Kaiserin geschlagen sind, *alleine,* sage ich, werde ich ihr Widerstand bieten.«[46]

Gemeint war Katharina II., die sich 1779 nicht nur als Beschützerin der »teutschen Libertät« auffaßte, sondern auch als Garantin der »schwedischen Freiheit« nach der Verfassung von 1720 und Gustavs III. scheinlegale Regierungsform nicht anerkennen wollte. Gegen sie führte er nun ab 1788 Krieg – unterm Bruch der eigenen RF und des Völkerrechts. Er blieb erfolglos, und dies steigerte die Verbitterung unter den Ständen[47].

Allein – das war das Zauberwort, das ihn faszinierte. Und da ihm die Stände auf dem 1786 nach Gävle einberufenen Reichstag mit ihren Eingaben, Forderungen und Positionen zeigten, daß es noch gewisse Schranken seiner Macht gab, die er ab 1783 nach preußischem Vorbild über den ›reformierten‹ Behördenapparat effektiver zu gestalten meinte, griff er zu Maßnahmen, die jedem deutlich machten, wozu absolute Machtansprüche fähig sind. Durch eine »Reihe von Gesetzesbrüchen« (Hennings), Verhaftungen, Bestechungen gewisser Adelspolitiker, Wortverdrehungen, Drohungen aller Art, darunter loyale Truppen in Stockholm und Lockungen gegenüber dem Unadel, endlich Gleichheit mit dem Adel zu erhalten, gelang es Gustav III. im April 1789, den »*Vereinigungs- und Sicherheitsakt*« durchzupeitschen, der ihn »enväldig« machte, zu einem absoluten Monokraten, der »nach Gutfinden« Ämter besetzen und Steuern erheben, Gesetze erlassen und Krieg führen durfte[48].

Während in Frankreich der Dritte Stand Forderungen erhob, die der schwedische Adel und auch der Unadel im libertären System der TROIS PREROGATIVES schon über Generationen hin erprobt hatten, forcierte Gustav III. durch seinen zweiten Staatsstreich eine Entwicklung, die in die absolute Entmündigung des Reichsrates und des Reichstages münden mußte, weil sich vertragliche Freiheit und patrimoniale Absolutesse ausschließen. Die »schädliche« und »verhaßte Souveränität« als Inbegriff des DOMINIUM ABSOLUTUM war 1789 wieder erreicht worden, allerdings ohne spezielle Erklärung wie 1693 geschehen.

Der Mechanismus, sich nämlich aus einer libertären Lage vermittels vorgegebener nezessitärer Belange in einen arbiträren Zustand zu bringen, hatte sich erneut bestätigt. Gewiß, die Usurpation von 1772 mit all ihren Zwischenstufen bis zur vollen Envälde hin hat u. a. dazu geführt, daß zwar der Unadel bedingt Adelsgüter kaufen konnte mit Ausnahme der obersten Kategorie (ypperste frälse) und einen leichteren Zugang zu den Posten der neuen Bürokratie erhielt, aber der politische Preis für diese possessiven Zugeständnisse war hoch. Die Erb-Souveränität und Absolutesse, durch Rivières Buch »*L'ordre naturel et essentiel des sociétés politiques*« in Gustavs III. Machtdenken besonders gefördert, zerschlug wieder in letzter Konsequenz individuelle und korporativ-ständische Eigenbestimmung. Das Eintreten dieses »Theaterkönigs« für die Freimaurerei[49] und die formalen Anleihen bei der libertären Verfassung unter Gustav II. Adolf zeigen nur die Perversion eines Begriffs von Politik, der den »freien Mann« (homo liber) im Erzwingen »blinden Gehorsams« erneut zum Befehlsempfänger degradieren mußte.

Seine politische Aufklärung bestand vornehmlich darin, über die »kosmopolitischen Philosophen« zu lästern, im »Eigennutz« der Stände-Vertreter die alleinige Ursache aller Übel in Schweden zu sehen und im Kampf der »Demokratie gegen die erschlaffende Aristokratie« die Chance zu ergreifen, sich die »absolute Macht« zu erschleichen[50].

In den Briefen an die Gräfin *Boufflers*, einer der geistreichsten Frauen von Paris, wird dieser Standpunkt überdeutlich. Ihre Warnungen vor den »Aposteln der absoluten Gewalt« nahm er nicht ernst und damit auch nicht eine Lehre aus der eigenen nationalen Geschichte. »Es ist unbestreitbar«, führte sie dazu aus, »daß die absolute Gewalt eine tödliche Krankheit ist, welche, indem sie die moralischen Qualitäten plump beschädigt, durch das Zerstören der Staaten endet«. Das habe »die Erfahrung aller Zeiten bestärkt«. Der Verlust der Freiheit, »die Quelle aller erhabenen Gedanken und des wahrhaftigen Ruhms«, kann sie nicht zu dem Glauben bringen, »daß der Despotismus, selbst unter einem guten Fürsten, eine gute Regierung sein könnte«[51]. Sie erkennt zwar an, daß Gustav III. Schweden »von einem fremden Joch« befreit habe, nämlich vom Einfluß Katharinas II., aber sein neues Machtsystem einer »Autorität ohne Grenzen« diene letztlich weder seinen noch Schwedens Interessen, weil es mit Gewalt und Terror im Inneren erhalten werden muß und nicht auf der freiwilligen Zustimmung aller Stände beruht. Ihr frommer Wunsch, daß Gustav III., wenn er zu wählen hätte, »der erste der Menschen oder der absoluteste der Könige zu sein«, sich für den ersten Titel entscheiden würde[52], hat sich nicht erfüllt. Dafür aber das Ziel einer Verschwörung unter dem starken Einfluß des greisen Generals C. F. Pechlin. Er sammelte um sich die ›Freunde der Freiheit‹, die sich bereits 1788 im Anjala-Bund gegen Gustavs III. eklatante Rechtsbrüche und abenteuerliche Kriegspolitik gestemmt hatten, und erreichte, daß ein Attentat auf den »Tyrannen« verübt wurde. Am 16. März 1792 verwundete ein Schuß aus der Pistole des Adligen *Anckarström* den Monokraten während eines Maskenballs so schwer, daß er am 29. März seinen Verletzungen erlag[53].

Bei allen Innovationen, die Gustav III. in der instrumentellen Verwendung seiner absoluten Macht für Schweden erbrachte, hatte er jene Kräfte nicht nur im Adel unterschätzt, für die aus dem »Eigentumsrecht alle subordinierten Rechte des Volkes geflossen« sind, und zwar in Zeiten der Freiheit.

Dazu gehörte seit den »heidnischen Zeiten« und König Christophers LANDSLAG von 1442 das Recht, den »König zu wählen, selber Steuern und Abgaben zu bewilligen, Krieg zu erklären und Frieden zu schließen, selber Gesetze zu geben ... etc«. Alle diese »uralten Rechte des Schwedischen Volkes als Besitzer (ägare) und Possessionaten« waren auf Selbstbestimmung ausgerichtet. Sie gestatteten dem König nur die »Obereinsicht«, demnach ein DOMINIUM UTILE oder ein IMPERIUM als delegierte Obergewalt, die vor allem den »Hausfrieden« und den »Handelsfrieden« zu schützen hatte, letztlich im Rahmen des Rechts ein freies Spiel der Kräfte. Der »ehrsame Charakter und die natürliche Redlichkeit« der Schweden komme aus diesem uralten Grundbestand und aus der »Freiheits-Constitution der Nation« mit ihrer »gesetzesgebundenen Freiheit«. Die »Eingewalts-Staaten« (Enwålds-Stater) aber haben aus ihrem Wesen heraus das Bedürfnis, sich in alle Bewegungen der »Mitbürger« einzumischen: »Der Eingewalts-Herr kann ... alles NACH SEINEM BEHAGEN verkaufen lassen.« Durch »Handels-Taxen«, auf deren Höhe kaum noch jemand Einfluß hat, schädigt ein solcher Monokrat aber vor allem den »Bürger und Bauern«, ja selbst den Kleriker, d. h. vor allem die »Odals-Stände« Schwedens[54].

Dieses Programm entwickelte 1770 der Bürgermeister von Lovisa/Finnland auf dem Reichstag in Stockholm. Es nimmt die Erfahrungen aus der eigenen Geschichte auf und demonstriert, daß Vertragsdenken, Eigentumssicherung und politische Freiheit unmittelbar zusammengehören: »Der Grund zu eines Volkes Frei- und Sicherheit beruht auf dessen Eigentumsrecht.« Von dieser Maxime aus läßt er den König in 30 Artikeln die Freiheiten des Unadels (Bauern, Bürger, Klerus) ebenso sichern wie diejenigen des Adels[55]. Diese Manifestation allein, die sich ohne Mühe aus dem politischen und possessiven Leben Schweden-Finnlands ergänzen ließe, zeigt, daß das Denken in Vertragsverfassungen nicht nur eine auf den Adel bezogene »feudale« Art war, sich gewisse Vorrechte zu sichern. Das berühmte »Noblesse oblige« des Duc de Levis hatte seine Hauptfunktion in der Aufforderung des »Eigentum verpflichtet«, jedoch nur dann, wenn auch das Recht dazu gesichert war. Daraus gestaltete sich die libertäre Verfassungsordnung Alteuropas ebenso wie diejenige des liberalen und »konstitutionellen Zeitalters« nach 1789.

Nicht umsonst steht in der Menschenrechtserklärung von 1789, die Kepplerus in seinem historischen Rückgriff auf 1442 im Prinzip ähnlich vorweggenommen hat wie der Däne Suhms im Jahre 1774 mit seinen »Regierungsregeln«, die universale Forderung: »Das Ziel jedes Vertragsbundes (association) ist die Bewahrung der natürlichen Rechte des Menschen. Diese Rechte sind die Freiheit, das Eigentum, die Sicherheit und der Widerstand gegen Unterdrückung«[56]. Die Verkünder und Verfechter dieser fundamentalen Position in Frankreich wurden von Gustav III. als die »Orang-Utans Europas« bezeichnet. Er stellte sich dabei so verständnislos den Forderungen nach Freiheit gegenüber wie Joseph II. während der Revolution in den Niederlanden. Ob ihm das Lob Voltaires für den Staatsstreich von 1772 gefiel oder Thorilds Ausfälle gegen Montesquieu 1788 befriedigten[57], die Verschwörer interessierte das wenig. Wie kein zweiter Potentat vor ihm hatte er Schwedens kulturelle Gestaltung nach französischem »Geschmack« ausgerichtet[58] und mit den Geldern Ludwigs XV. und Ludwigs XVI. seine »wunderbare Revolution« von der libertären Monarchie zur arbiträren Monokratie als »Roi absolu« (Boufflers) geführt. Das Ausspielen der Stände und ihrer Parteien hat ihm dabei von Situation zu Situation geholfen, mit Bestechung und Betrug, Vertragsbrüchen und Machtsprüchen ein System zu erhalten, das ihm materielle Mittel verschaffte, nach innen und außen persönliche Eitelkeiten zu zelebrieren.

Mit der Wahrnehmung des Widerstandsrechtes aber knüpften die Verschwörer um Pechlin an eine libertäre Tradition an, deren Wesen und Wirken Gustav III. in der Nachäffung des Königtums von Gustav II. Adolf so mißverstanden hatte, daß daraus eine Karikatur werden mußte.

ZUSAMMENFASSUNG:

Schweden ist in den Rang einer großen Macht aufgestiegen, als es im Inneren libertär organisiert war, die individuellen und korporativen Energien des possessiv ausgerichteten Stände-Volkes im Reichsrat und Reichstag aktivierte und nach außen Schwächezustände der Nachbarn konsequent zu nutzen verstand. Es verlor seine Position, als ein Monokrat wie »ein Gott auf Erden« patrimonial und absolut eine Macht ausüben durfte, die kurzfristig zwar zu einer Kraftsteigerung führte, aber auf die Dauer sich dadurch lähmte, daß »blinder Gehorsam« erzwungen wurde. Beachtet man nicht diese beiden unterschiedlichen Qualitäten des Königtums und ignoriert die Natur des Wahl-, Erbwahl- und Erbprinzips als strukturbildende Kraft, dann müssen Ersatzideologien wie die »Aristokratieverdammung«, der Teutonismus, der vertragsverneinende Rechtspositivismus, der Organizismus, das lineare Fortschrittsdenken oder die reine Ökonometrie bemüht werden[1]. Damit aber wird die zentrale Frage nach dem Verhältnis von Recht und Macht nicht mehr formulierbar, und es wird angesichts einiger materieller Erfolge von Monokraten verschleiert, zu welchen Leistungen auch die Freiheit fähig war.

2. Frankreich unter dem Hause Bourbon

Es gilt als allgemein akzeptiert, daß Ravaillac mit der Ermordung Heinrichs IV. im Jahre 1610 »dem Absolutismus in Frankreich zum Durchbruch verholfen und es auf diese Weise vor dem Untergang bewahrt hat«[1]. Dem Absolutismus wird hier nicht nur die Funktion eines ›nationalen Retters‹ zugesprochen, sondern er gilt auch als unabdingbare Voraussetzung für die Revolution von 1789, und zwar so eindeutig, daß selbst Marxisten meinen, Frankreich sei das »klassische« Land des Absolutismus im 17. und 18. Jhd.[2]. Dabei geht man u.a. von der Überlegung aus, daß die »absolute Monarchie« über Jahrhunderte hin die Tendenz hatte, »alle Macht auf einen einzigen Punkt zu konzentrieren«, nämlich auf die Person des Königs[3], wodurch vor allem Einheitsdenken und Zentralismus gefördert worden seien, Qualitäten demnach, die man gern dem Wesen des »modernen Staates« zurechnet.
Unter diesen Prämissen des älteren Etatismus überging man oft bewußt die ausgeprägte regionale Gliederung Frankreichs, seine Zerstückelung in zahlreiche Rechtsbereiche und den dauernden Kampf der Könige samt ihrer gelegentlichen Kardinal-Premiers gegen die *Usurpationen* königlicher Kompetenzen durch Organe und Vertreter des vorhandenen Feudal-Systems, in das neben dem Adel und dem Klerus auch der Dritte Stand einging. Dieses Ringen zwischen den Königen und den feudal-konstitutionalen Kräften prägte das Zeitalter zwischen 1610 und 1789 ebenso wie der Versuch der Könige, sich selbst und Frankreich die Reputation einer europäischen Macht ersten Ranges nach außen zu sichern. Diese Politik im Zeichen einer possessiv orientierten Staatsräson ließ das territorial relativ kleine Frankreich besonders nach 1648 kräftig expandieren, und zwar vor allem nach Osten hin, in den deutschen Bereich hinein, den es seit dem »universellen Frieden« zusammen mit Schweden politisch kontrollieren konnte.

a) *Bodin und die »Souveränität«. Die »Fundamentalgesetze« Frankreichs. Richelieu, die Krone und die Staatsraison. Mazarin und die »Fronde«. Pascal.*

Unter dem Eindruck der blutigen Bartholomäusnacht, als vom 23. auf den 24. August 1572 anläßlich der Hochzeit Heinrichs von Navarra mit Margareta von Valois die Pariser Hugenotten niedergemacht wurden[1], verfaßte der Jurist *Jean Bodin* (1530–1596) sein Hauptwerk »*Six livres de la République*«. Es erschien seit 1576 in mehreren Auflagen, fand in ganz Europa Verbreitung und löste bis auf den heutigen Tag lebhafte Diskussionen aus. Denn seine Definition der Souveränität wurde oft als Inbegriff des Absolutismus ausgegeben, versteht er doch darunter »die höchste Macht, von den Gesetzen gelöst« (legibus solutus), die einen unabhängigen Staat kennzeichnet.

Die oft übersehene Grundbedingung für diese Definition liegt aber in der fundamentalen Unterscheidung von JUS und LEX, Staat (état) und Regierungssystem (gouvernement). Die Formel ›juribus solutus‹ wird man bei Bodin vergeblich suchen, und mit Nachdruck wehrt er sich gegen die Vertreter einer »absoluten Gewalt«, die den Fürsten über die Zivilgesetze hinaus Befugnisse zugestehen wollen und dabei sofort die Eigentumsordnung gefährden: »Wenn doch der souveräne Fürst keine Macht hat, die Grenzen der Natur- wie Gottesgesetze zu überschreiten..., kann er auch nicht von einem anderen das Gut ohne Grund wegnehmen, es sei denn, dieser ist gerecht und vernünftig«, wie z. B. der Kauf. Dabei steht für ihn fest, daß das »Öffentliche dem Privaten vorzuziehen sei« und die Untertanen verpflichtet sind, die Erhaltung des eigenen Staates mit eigenen Gütern abzusichern. Aber zu sagen, »daß die Fürsten die Herren von allem sind«, setzt doch voraus, daß einem »jeden der Besitz und das Eigentum seiner Güter gehört«. So sagte es Seneca: Bei den Königen liegt die Gewalt über alle, bei den Einzelbürgern aber das Eigentum und wenig später: Der König besitzt an allem Amtsgewalt (imperium), die Einzelbürger haben die volle Verfügungsgewalt (dominium).«

Mit Cicero faßt Bodin den Staat folgerichtig als »Mündel« auf und begreift daher den König als »Tutor«. Dabei wird die LOI SALIQUE als Emphyteuse empfunden: Der König folgt in der Regel nämlich nicht »aufgrund einer väterlichen Sukzession«, also in patrimonialer Weise, sondern »in Kraft seines Reichsgesetzes« und damit in Anerkennung bestimmter Bedingungen. Dazu gehörten neben der Garantie von JUS DIVINUM, JUS NATURALE und JUS GENTIUM die Fundamentalgesetze und die Verträge seines Vorgängers, zumal sie mit dem »Konsens der Stände« abgeschlossen worden

sind: Der König ist demnach *souverän* und *absolut* im Rahmen des Rechts und hat die zugehörigen Institutionen zu respektieren wie den »Senat von Frankreich« oder die hohen Reichsämter. Nicht umsonst nannte sich noch *Petrus Séguier*, der Kanzler Frankreichs unter Ludwig XIII. und Ludwig XIV. »Nomophylax«, Gesetzeswächter!
Trotz dieser Einschränkungen neigte Bodin dazu, die Stellung des Königtums zu stärken, weshalb er auch im Kampf mit seinen Widersachern die Abhängigkeit des Königs vom Erbfolgegesetz nicht weiter herausstellen wollte. Unter der Berufung auf Ausführungen anderer zur Frage der Primogenitur und der »legitimen Söhne« heißt es denn auch, »daß der König von Frankreich nichts Größeres nach Gott als sich selber anerkennt. Das ist es, warum man in diesem Königreich sagt, daß der König niemals stirbt« und daß es »kein Wahlreich gewesen ist«. Der König erhält sein »Szepter weder vom *Papst*, noch vom *Erzbischof*« von Reims und auch nicht vom *Volk*, sondern nur von Gott allein. Als Abwehr von universalen Ansprüchen der Kirche – sie erkannte dem französischen König allerdings den Titel »Allerchristlichster König« ebenso zu wie dem ungarischen König den Titel »Apostolische Majestät« – ist diese Stellungnahme Bodins verständlich. Doch sagt er auch, daß »das Gewohnheitsrecht (coustume) wollte, daß der Erstgeborene (aisné) das Szepter und das Diadem durch das Sukzessionsrecht erhalte«. Aber er spricht diesem Gewohnheitsrecht, das ja vor allem in den Nordregionen Frankreichs galt, nicht die Kraft zu, die andere ihm zubilligten, die da meinten: »Wenn der souveräne Fürst Meister des Gesetzes ist, sind die Privatleute die Meister der Gewohnheitsrechte.«
Über diese Brücke konnte man die Beteiligung der Untertanen, der Stände, der Prinzen des Königlichen Hauses und auch der Parlamente samt den Pairs am Vertrags- und Gesetzesleben Frankreichs sichern und dennoch den König gegenüber *äußeren* Mächten als souverän erscheinen lassen. Aber gegenüber den *inneren* Kräften war er nur in der Weise souverän, daß er als König nicht angeklagt werden konnte. Absolut hingegen war er nur bei der Gesetzgebung nach Maßgabe des Göttlichen und Natürlichen Rechts, sofern er sich *gerecht* verhielt, jedes Gesetz beim Parlement de Paris registrieren ließ und in fundamentalen Fragen die Generalstände bemühte. Bodin weicht an einigen Stellen seiner Staatsschrift diesem Problem realer Bedingungen und Bindungen des französischen Königtums aus, was bei einer Systematik dieses Ausmaßes wenig verwunderlich ist, zumal er die Monarchie stützen wollte. Im Grunde verweist er alle institutionellen und zeremoniellen Beschränkungen der Könige in den Akzidenz-

Bereich und läßt nur der Gottunmittelbarkeit im Rahmen des Rechts Substanzqualität. Er gibt jedoch den Königen den Auftrag, das Ziel des Gesetzes, von dem sie gelöst oder absolut sein können, an die Gerechtigkeit zu binden.
Und diese teilt er im oft übersehenen Kapitel VI des Buches VI nach dem Proportionsschema des Aristoteles in der Nikomachischen Ethik ein, wie es schon an anderer Stelle angedeutet wurde und ergänzt es mit einer »proportion harmonique«. Überzeugt davon, daß der »estat Royal« einer Monarchie nur dann wirklich der beste ist, wenn man ihn »temperiert«, schlägt er vor, diese Mäßigung »durch das aristokratische und populare Regiment, das ist durch die harmonische Proportion« zu erreichen. Diese setzt sich aus »der zuteilenden oder geometrischen Gerechtigkeit und aus der ausgleichenden oder arithmetischen Gerechtigkeit zusammen«. Beide Bereiche umfassen die *Praemia* und Ämterzuweisungen, sowie die *Poenae* als Strafzumessung und die Belastungen mit Steuern oder Abgaben aller Art.
Mit der Trennung von ETAT und GOUVERNEMENT gelingt es ihm, das Modell einer Misch-Monarchie abzulehnen, indem er wiederum das aristokratisch-geometrische und das demokratisch-arithmetische Regieren als Instrumente zur gerechten Haltung erklärt und damit in den Akzidenzbereich verlegt, um so die Reinheit der Monarchie zu erhalten.
Auch in Anbetracht dieser Eingrenzung des Königtums, nämlich die Absolutesse vom zivilen Gesetz an die rationalen Bedingungen der Kategorie des Gerechten zu binden, fällt es schwer, Bodin uneingeschränkt zu *dem* Theoretiker des Absolutismus zu erklären. Aus seiner Systematik kann neben der Fürsten-Souveränität auch die Stände-Souveränität (la maiesté des estats) abgeleitet werden, und gar die Zuordnung der TROIS PREROGATIVES in der römischen Republik »Imperium in magistratibus, auctoritatem in Senatu . . ., majestatem in populo«, ist ihm geläufig. Sie wird von ihm in gewisser Hinsicht auch anerkannt, so z. B. im Venetianischen Gemeinwesen oder im Heiligen Reich und in den nordischen Reichen, von denen er glaubt, daß der Adel allein die innere Souveränität der Könige verhindere. Bodin selbst wußte als Ratgeber des Herzogs von Alençon und als Kronanwalt in Laon, daß bei den Königen Frankreichs von einer Absolutesse wie etwa bei den Osmanen oder im Sinne eines Patrimoniums keine Rede sein konnte, zumal der »Unterschied zwischen dem König und einem Tyrannen« vor allem darin bestand, daß sich der »gerechte König« (iuste Roy) »an die Gesetze der Natur« hielt[2]. Doch nicht nur diese begrenzten seine Machtfülle, sondern auch die LOIS FONDAMENTALES.

Zum Wesen der Fundamentalgesetze Frankreichs im Ancien Régime meinte Mousnier, es handele sich dabei nur um »Statuten«. Ihre Rechtsnatur sei »nicht (die) eines Kontraktes«. Diese Ansicht erscheint ebenso konstruiert wie Mousniers Urteil über den Charakter der Konstitution Frankreichs vor 1789, die als »Organismus« beschrieben wird[3]. Damit deutet er auf die rechtspositivistische Tradition etwa seit G. Jellinek hin, der den vorrevolutionären Verfassungen ebensowenig den Status von Verträgen zubilligen wollte, obgleich die einschlägigen Quellen die »Leges fundamentales« als »Pacta« ausweisen[4].

Allein der Umstand, daß die Könige Frankreichs einen Eid (serment) bei der Machtübergabe leisten mußten, den Mousnier selbst nach Godefroy unter die Fundamentalgesetze rechnet, deutet in Richtung auf einen Vertrag. Nicht umsonst beruft sich Bodin bei der Behandlung der königlichen Eidformel auf den Schwur Heinrichs V., König von England und Frankreich, im Jahre 1420, nämlich »das Parlement in seinen Freiheiten und Souveränitäten zu halten, die Justiz im Königreich gemäß der Gewohnheiten und dessen Rechten zu administrieren«. Ausdrücklich verwendet Bodin dabei die Formel »übereingekommener Vertrag« (traité convenu). Nicht anders verhielt es sich bei Heinrich III., der 1572 zum König von Polen gewählt worden war. Der Valois mußte die »pacta conventa« anerkennen und die »Articuli Henriciani« dazu, nach denen er keine »privata oder absoluta potestas« besaß[5], und auch als König von Frankreich gestand ihm die LOI SALIQUE eine solche nicht zu.

Dieses Erbfolgegesetz nun, »eingegraben in das Herz der Franzosen«, wie Bignon 1610 im Todesjahr Heinrichs IV. emphatisch verkündete, schloß die Frauen gänzlich von der Thronfolge aus. Am 28. Juni 1593 vom Parlement de Paris erneut angenommen, trägt es alle Kennzeichen einer *Emphyteuse*. Denn es ist perpetuell und mutuell angelegt in der Weise, daß »der König nicht der Eigentümer des Königreiches ist« und beim Thronfolgerecht gewisse Bedingungen des Reiches akzeptieren muß. Selbst Mousnier gibt zu, daß dieses Fundamentalgesetz »den Staat über den König setzte«[6], was logisch erscheint, weil beim Reich das DOMINIUM DIRECTUM blieb. Das mußte später auch Ludwig XIV. erkennen, als er seinen Bastarden zum Nachteil der Prinzen von Geblüt den Weg zum Thron eröffnen wollte.

Der *Eid* nun, den die Könige zu leisten hatten, gilt als zweites Fundamentalgesetz der kumulativen Konstitution Frankreichs. Er gilt einmal den Bischöfen des Landes und dann dem christlichen Volk von Frankreich. Darin verspricht der König ausdrücklich, ihre Privilegien und sonstigen Rechte zu erhalten, Frieden zu stiften, die Justiz gerecht zu handhaben, Billigkeit gegenüber allen Ständen zu üben und vor allem auch die durch die Kirche benannten Ketzer und Häretiker zu vernichten. Dieses Programm unterscheidet sich also im Wesen nicht von den »Versicherungen«, »Kapitulationen« oder »Handfesten« der anderen europäischen Könige oder des Kaisers – wenn man davon absieht, daß die Ausrottung der Ketzer deutlicher als anderswo an die *Abendmahlsbulle* erinnert und seit dem *Edikt von Nantes* im Jahre 1598 die Gefahr immer vorhanden war, daß die französischen Könige einen Verfassungsbruch als verbindliches Recht zuließen und damit in Konflikt mit ihrem eigenen Eid und mit Rom geraten mußten.

Die Spannungen aus diesem Widerspruch – Duldung der Ketzer (Hugenotten) trotz Eid auf die Konservation der römischen Kirche – haben Frankreich bis zur Revolution 1789 immer wieder erschüttert und bis hin zu zahlreichen Bürgerkriegen mit Grausamkeit gezeichnet[7].

Nicht weniger Kämpfe löste das dritte Fundamentalgesetz aus, die Bestimmung nämlich, daß die Könige das *13. Lebensjahr* vollendet haben mußten, wenn sie in die Fülle der Regierungsmacht eintreten wollten. Erfüllten sie diese Bedingung nicht, wurden sie von einer Regentschaft vertreten, deren Träger das Land häufig an den Rand des Bürgerkrieges und der Teilung des Reiches trieben. So geschah es in der Vormundschaftszeit Ludwigs XIII. Sie dauerte bis 1614 und wurde von seiner Mutter Maria von Medici ebenso ausgenützt wie von Concini, der einen Staat im Staat aufzubauen suchte und auf Befehl des Königs 1617 ermordet wurde. Nicht wesentlich anders verhielt es sich während der Minorennitätszeit Ludwigs XIV., an deren Ende die Fronde gegen den scheinbar allmächtigen Kardinal-Premier Mazarin und die Mutter des Königs, Anna von Österreich, Frankreich einer harten Probe seiner Einheit aussetzte. Und als der »Sonnenkönig« 1715 starb, war der erbberechtigte Urenkel Ludwig XV. erst fünf Jahre alt. Die Regentschaft für ihn übernahm Philipp von Orléans, und zwar mit einem politischen Paukenschlag. Er ließ das Testament Ludwigs XIV. in einem feierlichen Akt vom *Parlement de Paris* auf seine Rechtskraft hin prüfen und markierte damit die Grenze der königlichen Gewalt. Ähnliches hatte auch Heinrich IV. erlebt, als er 1595 seinen natürlichen Sohn Cesar de Vendômes hinter den Prinzen von Geblüt, aber vor den Pairs in die Thronfolge bringen wollte. Zwar gelang ihm die Registrierung am 30. April 1610 im Parlement, aber nur zwei Wochen später wurde er ermordet, weil Ravaillac in ihm einen Tyrannen sah[8].

Wie hart um die Rechte in der Thronfolge gerungen wurde,

verdeutlicht auch der Prozeß, den die Herzöge (Ducs) und Pairs seit dieser Zeit bis 1694 führten. Dabei ging es auch um den Schutz der »Konstitution der französischen Monarchie«. Nicht umsonst nannte deshalb der Herzog und Pair Louis de Saint-Simon die Pairs »Tutoren der Könige und der Krone, Großrichter des Königreiches und des SALISCHEN GESETZES, Stützen des Staates, Teile des Königtums, . . . Säulen des Staates, Administratoren, Moderatoren des Staates und Hüter der Krone«[9]. In dieses mitunter komplizierte Erbsystem mit seinen genealogischen Verwicklungen, die ja ein politischer Faktor ersten Ranges werden konnten, paßt auch ein »Lit de justice«. Damit war eine feierliche Sitzung des Parlement de Paris gemeint, in der in Anwesenheit des minderjährigen Königs die Vormünder für ihn bestellt wurden und sich der König mit den anwesenden Repräsentanten der hohen Ämter und Stände wie in einem CORPUS MYSTICUM vereinigte. Dieser Akt war mehr als nur eine zeremonielle Staffage, drückte er doch vornehmlich aus, daß der König dem Reich gehöre und nicht so sehr das Reich dem König; denn es war *ewig*, der König aber als Person nur *endlich*.

Diese Auffassung bestätigt sich auch bei der Einlösung des vierten Fundamentalgesetzes, der *Salbung* (sacre). Entsprechende Bestimmungen für diesen wichtigen Vorgang gab es seit 1403. Dabei übernahm der Großmeister Frankreichs die Verkündigung der Kontinuität der Könige und des Reiches, das er repräsentierte. Mit der Salbung und der Übergabe des Banners, des Schwertes und der Gerechtigkeitshand (main de justice) war der König rechtlich in sein Amt eingeführt worden, wobei gleichzeitig die Privilegien und Verträge als garantiert betrachtet wurden.

In diesen Zusammenhang der königlichen Garantien für die Vorrechte und die damit verbundenen Besitzverhältnisse gehört auch das fünfte Fundamentalgesetz, das über die *Unveräußerlichkeit der Krondomänen*. Es gehört zur Rechtsnatur einer Emphyteuse, die den Charakter eines Fideikommisses annehmen kann, daß die ihr zugehörigen Güter nur vertraglich vererbt, aber nicht veräußert werden dürfen. Beschlüsse in dieser Hinsicht wurden 1566 gefaßt und 1579 bestätigt, auch mit dem Ziel, einmal die Ausgaben des königlichen Hofes zu bestreiten, Erfordernisse des Staats-Haushaltes wenigstens teilweise zu decken und dann auch die Liegenschaften der Krone nicht zum Gegenstand der Privatpolitik des königlichen Hauses zu machen. Die Überlegungen der Folgezeit, in die auch die Vereinigung des Patrimoniums des »Hauses Bourbon« 1607 mit den Kron-Domänen fiel, richteten sich darauf, den emphyteutischen und ephoralen Charakter des Königtums zu bewahren und damit einen Patrimonial-Absolutismus zu verhindern. So ist noch in einem »Mémoire des princes du sang« vom 15. November 1716 eine Berufung auf Eduard III. von England zu lesen, der meinte, daß »die Krone von Frankreich kein Patrimonialgut (bien de patrimonie) ist«. Überdies sei dabei zu bedenken, daß »das französische Volk ohne Zweifel älter ist als seine Könige« und seine Macht und Autorität nur den Königen »unter diesen Konditionen anvertraut« hat, daß sie sich vor einer Teilung der Kron-Domänen hüten und dabei nicht vergessen, was sie Frankreich schuldig sind. Denn es gibt einen »ursprünglichen und originären Vertrag, welcher den König mit der Nation verbindet« und ihn mittels der Domänen in die Lage versetzen soll, als König seine rechtlichen Pflichten zu erfüllen[10].

Auch dieses Fundamentalgesetz spricht dagegen, in Frankreich ohne Einschränkung eine absolute Monarchie zu sehen. Nach *außen* ist der König, wie alle anderen Potentaten Europas auch, souverän und absolut, d. h. keiner auswärtigen Jurisdiktion unterworfen, auch der des Papstes nicht. Aber nach *innen* ist er wie der schwedische Erbkönig trotz seiner Unanklagbarkeit als König in einer Weise beschränkt, die ihn von den wirklich absolutistischen Monokraten dieses Zeitalters deutlich unterscheidet.

Könnte die Aufhebung des Ediktes von Nantes durch Ludwig XIV. im Jahre 1685, welche die Massenemigration der Hugenotten auslöste, wie ein absolutistischer Willkürakt erscheinen, als Übergriff eines Despoten auf das Toleranzwerk Heinrichs IV., so zeigt aber das sechste Fundamentalgesetz Frankreichs, daß dem nicht so ist. Denn dieses Gesetz verlangte in einer absoluten Form die *Katholizität* Frankreichs und seiner Könige! Mit der Gründung der Heiligen Liga 1576 in Blois durch die Generalstände, wo Bodin für die Toleranz eintrat, um sich später der Liga anzuschließen, und der Verkündigung der unabdingbaren Katholizität wiederum in Blois 1588 waren Voraussetzungen geschaffen worden, denen sich Heinrich IV. 1593 und 1594 beugen mußte, wenngleich es ihm gelang, den Hugenotten dann 1598 das Verbleiben zu sichern. Sein Edikt war unter den Bedingungen der kumulativen Konstitution Frankreichs, die er beschworen hatte, ein Verfassungsbruch – Ludwig XIV. machte ihn rückgängig. Damit verhielt er sich tatsächlich rechtskonform nach Maßgabe seines eigenen Eides, der ihm auch den Kampf gegen den *Jansenismus* im Inneren fast zwingend auferlegte, wollte er dem Prinzip eines katholischen Königtums entsprechen.

Selbst Mousnier – wie andere französische Historiker auch vom Absolutismus in einer Weise eingenommen, als sei er wie die Große Revolution eine besondere nationale und zivilisatorische Qualität – gesteht, daß die Macht des Königs »durch die Fundamentalgesetze begrenzt ist«[11]. Und diese wurden von den Juristen und politischen Traktatautoren durchweg von ihrer Substanz und Bedeutung her dem Natur- und Völkerrecht zugeordnet, von dem kein »gerechter König« gelöst sein konnte. Andernfalls erschien er als Tyrann, gegen den man nur dann das Widerstandsrecht aktiv anwenden durfte, wenn man eine Vertragslage voraussetzte, aus der sich die entsprechenden Institutionen ergaben. Man überschätze daher nicht die »absolute Autorität« der französischen Könige. Gerade Kardinal Richelieu (1585–1642) wußte, wie eng begrenzt die »höchste Macht« des Königs war, wenn er nach den konstitutionalen Normen regieren wollte.

Richelieu – seit 1606 Bischof von Luçon und nach einem kurzen Zwischenspiel im Zentrum der Macht und bei der letzten Versammlung der Generalstände vor der Revolution im Jahre 1614 seit 1624 Kardinal-Premier unter Ludwig XIII., und zwar durchgehend bis zu seinem Tod – hat erlebt, wie sich der Adel und der Klerus (beiden Ständen gehörte er durch Geburt und Amt an) mit Erfolg gegen die Absichten der Städte-Bürger, des dritten Standes also, wehrten, Ludwig XIII. eine »absolute Souveränität« zuzuerkennen. Sie war unvereinbar mit allen Fundamentalgesetzen und hätte dem König die Gottunmittelbarkeit seines Amtes nach Maßgabe des »immediate Deo« eingebracht. Bekanntlich wurde dieser Versuch abgewehrt, allerdings auch die Promulgation der Tridentinischen Konzils-Beschlüsse mit ihren Eingriffen in die Befugnisse der Könige[12]. Allein diese Abwehr des Vorstoßes der Städte-Bürger schon, dessen Erfolg mit einem Schlag das Ende der possessiven und politischen Feudal-Ordnung bedeutet hätte, widerspricht der Annahme, Richelieu sei der Gestalter des »absoluten Machtstaates« gewesen.

Was er nach 1624 tun konnte, war nichts anderes, als die Befugnisse des Königs wieder zur Geltung zu bringen. Dabei zeigte sich aber, daß gerade der dritte Stand einen wesentlichen Bereich königlicher Macht blockiert hielt – die Besetzung gewisser Ämter, besonders in den Parlements. Die Ämterbesetzung im zivilen und militärischen Bereich war Ausdruck der JUSTITIA DISTRIBUTIVA gemäß der geometrischen Proportionalität und der individuellen Eignung eines Bewerbers nach Geburt und Können. Durch die *Paulette* aber, eine jährliche Abgabe für gekaufte Ämter, erhielt der Dritte Stand eine außerordentliche Position gegenüber Adel und Klerus und beschränkte dadurch den König in einem fundamentalen Souveränitätsrecht. Eine Regelung, die in Europa fast einzigartig war und gegen deren Auswüchse selbst Richelieu relativ wenig ausrichten konnte. Was ihm allerdings unter großen Mühen gelang, war die Begrenzung der Kompetenzen der *Großoffiziere*, die im Dienste der Krone und des Königs stehen sollten, aber sich mit diesen Ämtern in ihren hohen Einkünften zu recht selbständigen Feudalherren gemacht hatten. Sie gedachten dem Königtum ein Schattendasein zu und vertraten die Interessen der Krone als Staat und europäische Macht in den Augen des Kardinals nur unzulänglich. Mit der Einziehung des Connetable-Amtes, das dem schwedischen Drostenamt entsprach und eine Vice-Rex-Funktion ausüben konnte, wurde die königliche Autorität ebenso gestärkt wie mit der Übernahme des Admiral-Amtes durch Richelieu selbst. Dieser verstand es, durch eine mitunter rücksichtslose und von der »Staatsräson« geprägte Politik, Frankreich eine wirklich schlagfertige Flotte zu verschaffen, die notwendig war, um die spanische, englische und holländische Macht in Europa einzudämmen und auf andere Kontinente ausgreifen zu können. Aber bei allem Eifer für die Stärkung des Königtums, zu der auch der verlustreiche und gefährliche Feldzug gegen die Hugenotten gehörte, der mit der Eroberung von La Rochelle 1628 und der Vernichtung Rouens mit seinem berühmten Parlement siegreich endete, erkennt Richelieu dennoch in der Krone den übergeordneten Wert. Nicht ohne Grund ließ er 1638 das Flaggschiff der neuen Flotte »La Couronne« taufen. Er löste damit auch das ein, was er 1629 in einer berühmten Rede vor Ludwig XIII. und Anna von Österreich entwickelt hatte. Darin empfiehlt er dem König u. a.: »Er muß die Bienenkönigin nachahmen, die keinen Stachel trägt.«

Das, was Erik Sparre eine Generation zuvor Sigismund III. nach der Schrift des Seneca »De Clementia« in Erinnerung ruft, benutzt nun auch Richelieu in der Überlegung, daß ein König von der Armee der Krone (Stachel) verteidigt werden muß, er aber gleichzeitig gehalten ist, dieses Instrument und andere Mittel auch konsequent anzuwenden. Dazu gehörten nicht nur die Erlasse gegen das *Duellieren*, das Frankreichs Gesellschaft auf beinahe allen Ebenen in dauernder Spannung hielt, sondern auch alle anderen Gesetze: »Es ist dem Staate gefährlich, wenn man in bezug auf die Anwendung der Gesetze sich gleichgültig zeigt.« Im übrigen ist der König wie alle anderen Monarchen gehalten, »niemals seine Macht (zu) mißbrauchen«[13].

Bei allen Machtsprüchen und Übergriffen, die bis zum politischen Mord reichen konnten, wird man Richelieus und Pater Josephs innere Politik nicht durchgehend als »seelenlos« (Zeeden) bezeichnen dürfen, bemühten sie sich doch im Rahmen der Möglichkeiten, die Einheit des Reiches mit der Einheit der Religion zu wahren und die Politik mit ihrer Ethik zu verbinden. »Das erste Fundament eines Staates ist die Errichtung der Herrschaft Gottes«, der sich der Premier als Kardinal verpflichtet fühlt. Die Katholizität hindert ihn freilich nicht, mit dem protestantischen Schweden 1635 nach dem Prager Frieden eine Allianz einzugehen. Hugo Grotius, dessen Buch DE JURE BELLI AC PACIS er genau kannte, hatte dieses Bündnis vorbereitet und das historische Treffen zwischen Kardinal Richelieu und Kanzler Oxenstierna in Compiègne, dem Sommersitz der Könige, arrangieren helfen. Der »verdeckte Krieg«, d. h. das Zahlen von Subsidien ohne direkte Kampfbeteiligung, war zu diesem Zeitpunkt zu Ende, und Spanien mit seinen katholischen Königen erfuhr mit der Kriegserklärung Frankreichs im gleichen Jahr, daß der Nachbar im Norden militärisch, ökonomisch und politisch erstarkt war. Das aktive Eingreifen Frankreichs in die europäische Kriegspolitik war aber auch auf den Schlachtfeldern des Deutschen Krieges zu spüren, auf denen Turenne neben dem Schweden Torstensson sein Geschick zum Ruhme Frankreichs erprobte.

Es ist die Staatsräson als Ideologie des Erhaltens und Erweiterns von Staatsbesitz, und in ihrem Gefolge die *Nezessität*, die zu solch ›unnatürlichen‹ und ›unmoralischen‹ Koalitionen mit dem Glaubensgegner zwingt. Richelieu hat diesen Zwiespalt genau gesehen, aber er war Realpolitiker genug, um wie Rohan, der Hugenottenführer, das »Interesse der Fürsten« und das ihres Reiches gegen innere und äußere Feinde notfalls mit Gewalt zu verfechten, und zwar mit einer Bündnispolitik, die ihre Perspektive mehr und mehr nach Norden und Osten ausrichtete.

Der Allianz mit Schweden, die im Prinzip bis 1648 hielt und bis 1779 mit Unterbrechungen immer wieder aktiviert wurde, ging eine ganze Reihe anderer Aktivitäten voraus. Sie zeigten, wie zum ersten Male wirklich eine europaweite Diplomatie auf- und ausgebaut wurde. Der Versuch, Gaston d'Orlèans zum König Polens zu machen, scheiterte zwar, aber das Abkommen zwischen Polen und Schweden in Altmark kam 1629 durch französische Mediation zustande. Und im gleichen Jahr schickte Richelieu mitten im harten Kampf gegen die Hugenotten *Courmenin* mit einer großen Gesandtschaft nach Moskau, das immer stärker in die europäischen Händel gezogen wurde. War für Heinrich IV. der Großfürst von Moskau nur ein »wilder Skythenfürst«, so bezeichnete ihn schon Ludwig XIII. als »Empereur des Russes« und Beschützer der östlichen Christenheit, der im Westen nur den französischen König als nahezu Gleichwertigen betrachten müsse. Die Kontakte, die auch zur Osmanischen Pforte hin geknüpft wurden, verdeutlichen zusätzlich die Weiterführung einer Tradition, mit der Franz I. begonnen hatte und die in Zukunft im Rahmen der Allianzsysteme gegen Habsburg ausgebaut werden sollte, um Frankreichs Macht zu stärken und Europas Gleichgewicht zu erhalten.

Gewiß, die Spannungen aus dem »cauchemar des rebellions« im Inneren, von Adelsfronden, Hugenotten und Hof- oder Hausintrigen angezettelt und von Bauernaufständen samt Parlements-Opposition immer wieder verschärft, und der Druck aus dem »cauchemar des coalitions« gegen Frankreich, das Richelieu stets eingekreist sah[14], ließen das Land gerade nach 1635 nicht zur Ruhe kommen. Sein König mußte die Exekutivmacht weitgehend dem Kardinal-Premier überlassen. Dessen Schläge gegen die Feudalgewalten und den Regionalismus stärkten zwar das Ansehen des Königs, schwächten jedoch das Land und die zahlreichen Einzelinteressen, aus denen das Königtum auch lebte. Die Hugenotten waren keine schlechteren Untertanen des Königs als die anderen, nur weil sie kämpferische Kalvinisten waren. Es galt aber, ein staatspolitisches Ziel zu verwirklichen, in dem man gern eine nationale Besonderheit Frankreichs sehen will, obgleich es auch auf England oder Schweden zutrifft und in Wirklichkeit aus Epheser 4 mit der »Mahnung zur Einheit« abgeleitet wird: »Ein Gott, ein Glaube, ein Gesetz, ein König.« Solange es die Hugenotten gab und damit einen potentiellen Staat im Staat, die »Länder der Gesetze« in den Südprovinzen und die »Länder der Gewohnheiten« im Norden Frankreichs, die korporative Autonomie der reichen Kirche, die Erblehen des Adels und Ämterkäuflichkeit für das Bürgertum, solange Regionen, Provinzen und Städte sich dem königlichen Zentralismus entzogen und die Intellektuellen trotz der Gründung der *Académie Française* im Jahre 1634 in einem Dauerstreit lagen, wofür der Kampf Gassendis gegen Descartes nur ein Beispiel unter vielen ist, war dieses Reich schwer zu einen. Es ist daher verständlich, daß sich im Umkreis dieses Wunsches die Ideologie der ›Göttlichkeit‹ des Königs verstärkte – als Symbol der Einheit und Größe Frankreichs.

Vor allem Le Brêt machte sich 1632 in seiner berühmten Schrift »*De la Souveraineté du Roy*« zum Fürsprecher der Überhöhung des Königs. Ausgehend von Römer 13 (»Omnis potestas a Deo est«) verklärte er – in der gleichzeitigen Abwertung der Könige Polens, Englands und Dänemarks – die angebliche Einzigartigkeit des französischen Königs, der so souverän und absolut sei wie eigentlich kein zweiter Potentat im christlichen Europa, zu dem der *Moskauer Staat* oder die *Osmanische Pforte* nicht gezählt wurden. Er betont dabei vornehmlich die vollkommene Unabhängigkeit des Königs von Rom und weist auch die These zurück, »daß Frankreich vom (Heiligen) Reich dependiere«. Die Souveränität bezieht sich also in erster Linie auf die Unabhängigkeit von den

beiden universalen Mächten, Papst und Kaiser! Nach innen bekennt er sich aber rückhaltlos zu den »Fundamentalgesetzen der souveränen Krone von Frankreich« und dabei besonders auf das Salische Gesetz. Dessen Wesen interpretiert er aber nicht als Patrimonium, aus dem Absolutesse und Erb-Souveränität fließen könnten. Es heißt vielmehr, »die Krone von Frankreich ist ein männliches und kein weibliches Lehen (fief)«.
Le Brêt stimmt hier mit Bodin überein, wenn er die Krone letztlich über den König stellt und diesen nur zum Administrator ihrer Souveränität macht. Er ist der »Custor legum« und in dieser Eigenschaft »der einzige Souverän in seinem Reich«, wobei »die Souveränität so wenig teilbar ist wie der Punkt in der Geometrie« – Teilhaben können nicht substantiell für sich existieren, sondern nur im und über den König für die Krone. Deshalb sind auch die »Güter der Kirche der Souveränität des Königs unterworfen« und damit vor dem Zugriff des Papstes völlig gesichert. Ebenso vor der Eigenmächtigkeit der Kirche, die durch Eigenrecht und Immunität die Souveränität des Königs schmälern wollte, sich aber sagen lassen mußte, daß sie »ihre Konservation vom Staat erhält« und nicht umgekehrt[15]. Das »Ecclesia in republica non respublica in ecclesia« der protestantischen Mächte sollte also auch im katholischen Frankreich gelten, ohne daß seine Könige je in die absolutistische Position eines »Summus episcopus« gekommen wären.
Einen Patrimonial-Absolutismus der Könige unter der Ausschaltung aller Rechtsorgane des Reiches und seiner Kirche hat es in Frankreich mithin nicht gegeben, wohl aber den fortlaufenden Versuch gewisser Feudalherren und Großoffiziere der Krone, diese in ihrer Lehnsnatur zu belassen, während sie selbst danach trachteten, bestimmte Patrimonial-Positionen zu erlangen. Nicht umsonst sprach Richelieu von den »*Patrimonialadmiralen*«, welche die Kompetenzen des Königs als Schatten erscheinen ließen und damit die Einheit Frankreichs gefährdeten. Ihnen galt im wesentlichen der erbitterte Kampf, in dem die Revolution von 1789 in vielen Stücken nur das wiederholte, was Richelieu fast pausenlos durchsetzen wollte – die originäre Form der Monarchie!
In seinem »Politischen Testament« greift er dafür zu einem besonderen Vergleich, der an Bodin und Aristoteles zugleich erinnert: »Die Logik verlangt das Vorhandensein einer *geometrischen Proportion* zwischen dem, was stützt, und dem, was gestützt werden muß. Es ist gewiß, daß nicht mittlere Kräfte einen so gewaltigen Körper wie dieses Königreich aufrechterhalten können«[16]. Er schloß damit jene Zwischenmächte als Eigengewalten aus, die sich der Souveränitätsrechte des Königs zum eigenen

Vorteil bedienten, in der Hoffnung, sie dem Staat auf Dauer botmäßig zu machen. Das ist ihm nur zum Teil gelungen, und als er 1642 starb, atmeten die Anhänger des Regionalismus ebenso auf wie die Befürworter eines Royalismus, der sich immer mehr ins Zeremonielle steigerte und mit dem die Gegensätze in dieser Besitzgesellschaft überspielt werden sollten. Gegensätze, die fast proportional nach oben hin zunahmen, je stärker das Haus- und Regionalinteresse der Großen war, die Schutz und Hilfe auch bei auswärtigen Gegnern des Königs suchen konnten.
»Frankreich ist nie angegriffen worden, ohne daß seine Feinde französische Parteigänger gefunden hätten, Vipern, welche die Eingeweide ihrer eigenen Mutter fressen«[17]. Diese bittere Einsicht in das Bewußtsein und Verhalten vieler Landsleute besonders innerhalb der Elite Frankreichs hatte Richelieu mit anderen Staatsmännern gemeinsam. Der Großkanzler Jan Zamoyski von Polen hat in ähnlichen Formen über den Parteiengeist der Gegner geklagt und diese im Namen der CONCORDIA als »Catilinarier« verächtlich gemacht. Auch Axel Oxenstierna warnte immer wieder vor dem Egoismus der Schweden, wenn sie die Kriegslasten nicht mehr tragen wollten oder sich dem finanziellen Zugriff des Staates widersetzten. Und gerade diesen hatte Richelieu dadurch forciert, daß er die *Intendanten* einsetzte.
Diese Steuereintreiber im Namen des Königs bedrohten unmittelbar die relative Steuerhoheit der Großen, auch der Kirche, der Städte und der einzelnen Provinzen. Konflikte waren unausweichlich. Sie steigerten sich nach dem Tode Richelieus – des »großen Zerstörers« libertärer Machtformen im Inneren und Erhalters der »deutschen Libertät« aus Balancegründen – in eine gewaltsame Welle der Verweigerungen und Proteste gegen eine Finanz- und Besitzpolitik seines Amtsnachfolgers Giulio Mazarin, die als absolutistischer Übergriff gewertet wurde. Die Maßnahmen gegen die Haus- und Grundbesitzer in den Armenvierteln von Paris oder die Reichtumssteuer von 1644 sowie die Kürzung der Zinsen 1646 und die Erhöhung der städtischen Abgaben 1647 schufen eine explosive Stimmung, nicht nur in Paris. Sie ließ Frankreich am Vorabend des Westfälischen Friedens im Inneren an den Rand des Bürgerkriegs treiben, als es gleichzeitig nach außen dabei war, neben Schweden zur Garantiemacht einer europäischen Friedensordnung zu werden: Die FRONDE war im Entstehen gegen Mazarin und sein Bestreben, »seine Tyrannei« einzurichten, sich zum »absoluten Meister« zu machen und sich damit »gegen die Gesetze dieser Monarchie und die königliche Autorität« zu vergehen[18].
In seiner berühmten *Polysynodie* zu Beginn des 18. Jahrhunderts verglich der Abbé de Saint-Pierre das Verhältnis zwischen Ludwig

XIII. und dem Kardinal Richelieu, dem er »unter dem Namen Premier-Minister« die Exekution seiner Macht anvertraut hatte, mit der Beziehung des Groß-Wesirs zum osmanischen Sultan und nannte diese Form des Regierens das *Visirat*. Gemeint ist damit der Versuch eines Königs, »nur auf einen Mann in all seinen Geschäften« zu hören und ihm die eigene Machtfülle weitgehend zu überlassen, solange er Erfolg hat.

Richelieu hat diese Chance zwischen 1624 und 1642 auf seine Weise genutzt und es dahin gebracht, daß die Autorität des Königs gestärkt wurde. Das gelang durch den konsequenten Aufbau nicht nur der Flotte, sondern auch des Heeres. In dessen Organisation erprobte er das Instrument der Intendantur, die in manchen Stücken den Kommissaren entsprechen, wie sie später in der Hohenzollern-Armee vorkommen und Funktionen eines Zahlmeisters, Richters und selbst Militärberaters wahrnehmen. Die Konzentration von soviel Kompetenzen in einer Hand, kontrolliert nur durch die Staatssekretäre im Kriegsministerium, deutet in Richtung Absolutismus und einseitig angelegtem Behördenwesen.

Es ist aber dem Kardinal-Premier nicht gelungen, den Widerstand der Großen und der Regionalisten ganz zu brechen, und von einer patrimonialen Umgestaltung der vorhandenen Erbmonarchie konnte erst recht keine Rede sein. Man wird bei allen Leistungen, die ihm die Etatisten beim Ausbau des Staates zuerkennen, sagen müssen, daß ihm die Errichtung des absoluten Machtstaates auch deshalb nicht gelungen ist, weil er ihn in seiner letzten Konsequenz nicht wollte, sondern der Krone und dem König verpflichtet war – auf der Basis der Fundamentalgesetze und in der Hoffnung, mit einer starken Regierung (Gouvernement) dem königlichen Staat (Etat) gegen die Zwischenglieder zu seinem Recht zu verhelfen.

Mazarin (1602–1661), italienischer Herkunft, Jesuitenzögling, Jurist und Hauptmann der päpstlichen Wache, wurde auf Betreiben Richelieus 1634 Nuntius in Paris und erhielt 1641 die Kardinalswürde, ohne die Priesterweihe zu besitzen. Er trat nun in die Dienste Frankreichs und verstand es, nicht nur das Vertrauen Richelieus zu erhalten, sondern auch das der Anna von Österreich zu erwerben. Dies zahlte sich in der Minderjährigkeit Ludwigs XIV. nach 1643 für ihn aus, als er in die Position des Kardinal-Premiers rückte und Frankreichs Engagement vor allem im Deutschen Krieg im Sinne Richelieus fortsetzte. Von diesem Ringen sagte er einmal: »Der Krieg in Deutschland ist kein Religionskrieg, sondern nur ein Krieg, um die großen Ansprüche des Hauses

Österreich abzuwehren.« Sie bestanden für die Staatsmänner Europas im wesentlichen in der Annahme, dieses Erzhaus wolle eine »universale Monarchie« errichten, ein Dominat und eine Hegemonie, unter der es keine nationale Souveränität geben konnte. Dagegen setzte man den »universellen Frieden« als ein fundamentales Verfassungsgesetz, mit welchem dem Hl. Reich eine Erb-Monokratie erspart blieb. Dafür mußte es die Möglichkeit der Intervention der Garantiemächte Frankreich und Schweden dulden, die für ihre Einsätze zugunsten der »teutschen Libertät« außerdem territoriale Satisfaktionen bekamen und politisch-rechtlich dem Reich über gewisse Territorien verbunden blieben. Mazarins Diplomatie schaffte es, im Zusammenwirken mit der Diplomatie Oxenstiernas, den er als ›Steuermann Europas‹ schätzte, für Frankreich endlich den Besitz der Bistümer Toul, Metz und Verdun zu sichern und über die einst habsburgischen Besitzungen im Elsaß mit einem Bein im Reich zu stehen. Dieser Zugewinn im Osten war die Basis für die Eroberungen Ludwigs XIV. von 1672, den kriegerischen Erwerb von Straßburg 1681 und das Aufkommen der *Erbfeindschaft* zwischen Frankreich und dem deutschen Bereich, die erst mit dem letzten Weltkrieg und dem endgültigen Erwerb des Elsaß enden sollte.

Trotz dieses äußeren Erfolges im Friedensschluß von Münster ist es übertrieben, ohne Beachtung der anderen Mächte und ihrer Staatsmänner, unter denen der kaiserliche Gesandte Trautmannsdorf oder der Schwede Adler Salvius eine wichtige Rolle gespielt haben, zu sagen: »Der Westfälische Friede stellt in Europa den Triumph eines einzigen Gottes dar, in den drei Wesenheiten des Juristen, Diplomaten und Soldaten: Mazarin«[19].

Diese angeblich nicht mehr zu überbietenden Wesenheiten nutzten ihm aber in der inneren Politik recht wenig. Denn die Veranlassung des berüchtigten »Édit du rachat«, des Versuches, einen Teil der Ämter an den Gerichtshöfen (cours souveraines) zurückzubekommen, und zwar unter die Verfügung des Königs, das heißt eine Reform der *Paulette*, führte im April 1648 zu einer Kraftprobe zwischen Mazarin und dem Parlement de Paris.

Zusammengesetzt aus drei Kammern und besetzt von der »Noblesse de robe«, dem Amtsadel oft bürgerlicher Herkunft, solidarisierte es sich mit denjenigen Gerichtshöfen, denen aufgrund des Ediktes auf vier Jahre hinaus die Gehälter gestrichen werden sollten. Das Parlement, dessen Mitglieder sich als Richter »Souveräns« nennen dürfen, lehnt die erforderliche Registrierung ab. Dies war eine Machtdemonstration ähnlich der von ihm getätigten Aufhebung des Testamentes Ludwigs XIII. Man ist sich der königlichen Macht bewußt, in deren Namen man zu Gericht sitzt, aber gleichzeitig erinnert man sich auch an die Rechtsaufträge der Fundamentalgesetze Frankreichs.

Talon, der Generaladvokat des Parlement, erkennt zwar die Stellung des Königs an, verweist diesen aber auf die Achtung der Gesetze, »das Fundament der Monarchien«. Und von einem Despotismus oder Patrimonial-Absolutismus will er nichts wissen. Das seien Erscheinungen, die »in die Wüsten« paßten oder »zu den Lappen«, Frankreich aber sei von seinem gemäßigten Klima her für eine gemäßigte Monarchie bestimmt! Zur metaphorischen Unterstreichung seiner Gedanken zum Wesen der Monarchie in Frankreich beschwört er die Sonne. Sie sei der »Erzeuger der Wolkengebilde, stellt sie in die mittlere Region und verleiht ihnen das Wesen ihrer Gegenwart durch den Meteor, den wir *Nebensonne* nennen, beschuldigt sie aber nicht des Widerstands, auch nicht der Rebellion, obwohl sie die Kraft ihrer Strahlen hemmen«[20].

Das ist das politische Programm der »zweiten Macht« und des Anspruchs, den König durch die Organe der Krone zu vertreten, bei gleichzeitiger Wahrung aller korporativen Sonderrechte, welche die Parlements und ihre Mitglieder wie ein Schutzwall umgaben. Der Auffassung des noch minderjährigen Ludwig, die souveränen Gerichtshöfe seien nur Instrumente der königlichen Souveränität und damit im Grunde nur Akzidentien, steht die Position des Parlement de Paris gegenüber, als Hüter der Verfassung substantiell zur Krone zu gehören.

Hier wird in einem brisanten Konflikt die Klimalehre Bodins teilweise nachvollzogen und diejenige Montesquieus vorweggenommen. Ja, in vielen Stücken erinnern die Forderungen und Ereignisse von 1648 – über den friedlichen Vergleich von *Rueil* 1649 hinaus – an die Lage von 1788. Denn es wurden doch auch Stimmen laut, welche die Einberufung der Generalstände forderten, der ›dritten Macht‹, die aber nicht zum Zuge kam.

Das Parlement de Paris, unterstützt von den anderen Parlements, vor allem demjenigen in Bordeaux, an dem später Montesquieu wirken sollte, demonstrierte politische Resistenz und pochte auf Rechtspositionen. In der berühmten *Deklaration der siebenundzwanzig Artikel* vom 15. Juni 1648 forderte es die Entlassung der Intendanten und das Recht der Genehmigung jeder neuen Steuer. Anna von Österreich sieht sich gezwungen, teilweise nachzugeben. Erst mit dem Sieg des Condé bei Lens verbessert sich die Situation, und Marazin läßt den Rat Broussel, einen der Führer der Fronde, verhaften. Doch am *Tag der Barrikaden*, am 26. August 1648, widersetzen sich die Aufständischen in Paris und betreiben die Befreiung Broussels. Der Hof aber muß sich nach Saint-Germain

zurückziehen, eine Erfahrung, die bei Ludwig XIV. die Idee aufkommen ließ, den Hof von Paris nach Versailles zu verlegen.
Das Ergebnis dieser ersten Phase der Fronde war die Unterwerfung der Aufständischen, an ihrer Spitze Conti und Beaufort, aber auch Paul de Gondi als Führer des Pariser Klerus. Doch kurze Zeit danach wandelte sich die Parlements-Fronde in die sog. *Prinzen-Fronde*. In dieser Oppositionsbewegung der Großen des Reiches, namentlich in der Verbindung Condés mit dem Feldherrn Turenne, drohte Frankreich zu einem ähnlichen Schauplatz von Sonder- und Regionalinteressen zu werden wie das Heilige Reich. Denn der Kaiser verweigerte im Elsaß die Erfüllung des Westfälischen Friedens, die Spanier mischten sich in den Pyrenäenprovinzen ein, und der aufgekommene Gegensatz zwischen Condé und Turenne drängte zu einer Entscheidung, ehe sich die Südprovinzen Frankreichs in republikanischen Formen verselbständigten – dem Beispiel der Generalstaaten folgend.
Der Prinz Condé, mit der libertär-radikalen Gruppe ORMÉE in Bordeaux verbunden und von den Spaniern gedeckt, schlägt Turenne bei Bleneau im April 1652, erleidet aber bei Faubourg Saint-Antoine im Juli eine Niederlage. Sein Rückzug nach Paris, nur durch die Hilfe der Grande Mademoiselle, der Tochter Gaston d'Orléans möglich, löste die Jagd auf die »Mazarins« aus, auf die echten und unechten Anhänger des Kardinal-Premiers. Laut Chéruel ist er der Bezwinger der FRONDE, aber nach Kossmann erscheint er mehr als Zauderer, der nicht selten die Lage für die königliche Familie verschlimmerte und mit Emery z. B. in der waghalsigen Steuerpolitik – einmal gegen die Armen und dann gegen die Reichen – den Konflikt verschärfte, dessen er nur mit Mühe Herr werden konnte[21].
Mit dem Ausweichen des Condé nach Spanien und nach dem Zwang des Parlement de Paris, seine Remonstranzen aufzuheben und die Intendanten wieder zuzulassen, gelang es Mazarin im April 1653 doch noch, die Krise zu überwinden, während der er zweimal ins Exil gehen mußte und erleben durfte, wie seine Reichtümer geplündert wurden. Darunter die große Bibliothek, aus deren Beständen die Königin Christine von Schweden zahlreiche Bände erwarb und deshalb von Guth als »Gangster« bezeichnet wurde. Ihr Ansehen war aber zu der Zeit selbst so groß, daß es sich Blaise Pascal nicht nehmen ließ, die von ihm entwickelte Rechenmaschine gerade ihr anzubieten.

Pascal (1623–1662), eine der großen Gestalten der Aufklärung, die den Kampf zwischen RATIO und EMOTIO in sich selbst voll auszutragen verstand, erlebte in jungen Jahren die Verwüstung der Hugenotten-Region um Rouen in der Normandie. Sein Vater war dort als Steuer-Intendant tätig, ebenso wie Corneille, und half dem Kanzler Séguier, 1640 einen Aufstand blutig niederzuschlagen. Die Erlebnisse dieses Ringens um Religion und Region haben Pascal später auch unter dem Eindruck der FRONDE und der Jansenisten-Krise zu Reflexionen über das Verhältnis von Recht und Macht veranlaßt, die etwas von dem zeitlosen Bemühen der Menschen aussagen, sich im Recht selbst zu sichern und zu verwirklichen.

»Recht ohne Macht ist ohnmächtig«, stellt er fest. Aber »Macht ohne Recht ist tyrannisch. Einem ohnmächtigen Recht wird widersprochen, denn Bösewichte gibt es immer. So muß man denn Recht und Macht in Übereinstimmung bringen und, um dieses zu erreichen, darauf bedacht sein, daß das, was Recht ist, mächtig oder das, was mächtig ist, *gerecht* sei.« Die universale Idee des Gerechten leitet ihn dabei ebenso wie die Rückbesinnung auf die Gewohnheit oder den Brauch, von dem er meint, daß er »das ganze Recht macht« und damit auch »das mystische Fundament seiner Autorität«. Diese aber war durch das neue Intendantenwesen in dem Bestreben untergraben worden, die Rechtsansprüche der Träger des Feudalsystems und der Parlements im Namen königlicher Zentralmacht zu brechen.

»Die Kunst, gegen den Staat zu wühlen, ihn umzustürzen, besteht darin, die überkommenen Bräuche (Gewohnheiten) dadurch zu erschüttern, daß man sie bis zu ihrem Ursprung zurückverfolgt, um ihren Mangel an Berechtigung und Gerechtigkeit aufzudecken ... Das ist das sicherste Mittel, um alles zu verlieren.«

Dieses traditionalistische Denkschema verweist einerseits auf ähnliche Überlegungen in England, wo sich fast zur gleichen Zeit die Anhänger der ANCIENT CONSTITUTION gegen die Befürworter einer an der Vernunft (reason) orientierten Verfassung wehren, zum anderen aber auch auf die Wirkungen des »Visirats« von Richelieu und Mazarin. Sie versuchten, gegen die korporative und libertäre Struktur des überkommenen Staates die feudalen Zwischenmächte durch königliche Instrumente zu ersetzen und erzwangen gegen die vorhandenen Organe, Stände und Städte zeitweise eine nezessitäre Diktatur. Und deren Wirken heißt Pascal bei aller Leidenschaft für das Recht und das Gerechte dann gut, wenn sie gegen das herrschende Chaos eine Ordnung herstellt, die im inneren Frieden ein oberstes Gut erkennt. Diese Gedankengänge, aus der Erfahrung mit regionalen Aufständen und der FRONDE erwachsen, erinnern an Hobbes und kulminieren in der Forderung, daß ein Volk getäuscht werden müsse, um es zu seinem eigenen Besten zu führen: »Es darf den wahren Grund einer Macht-Usurpation nicht erfahren: als sie zustande kam, entbehrte sie der Vernunft; sie ist aber inzwischen vernünftig geworden; man muß sie als etwas Rechtsgültiges und Ewiges ausgeben und ihre Entstehung verhüllen, wenn man nicht will, daß sie bald ende.«

Mehr als hundert Jahre später wird Friedrich II. von Preußen die Berliner Akademie fragen, ob es erlaubt sei, ein Volk zu täuschen. Hegels Kommentar dazu verläuft hier diametral zu Pascals Position, dessen Diktum »Recht ist, was besteht« aber – »da man dem Recht nicht zur Macht verhelfen kann, hat man die Macht Rechtens erklärt, damit Recht und Macht verbunden seien« –, liest sich wie ein vorweggenommener Hegel und wie ein Programm des Rechtspositivismus. Mehr noch, Pascal plädiert für das Machtspiel einer Elite und erlaubt ihr die »Umkehr von Für und Wider« (renversement du pour au contre), selbst die gezielte Fälschung, und zwar aus der Überzeugung heraus, »daß der Mensch kein richtiges Prinzip der Wahrheit und mehrere vorzügliche Prinzipien des Irrtums hat«.

Er, der Erfinder der »machine arithmétique«, Verfasser der *Pensées* und des *L'ésprit géometrique* und zeitweilige Verächter der »reinen Wissenschaften«, bezeichnete mit diesen Positionen die schwere Krise der Aufklärung in der Weise, daß sich die Welt der Wissenschaften in ihrer Emanzipation vom kirchlichen Dogma so zu verselbständigen drohte, daß sie von der Welt der Moral und Politik vollständig gelöst werden konnte. Bei Descartes, mit dem sich Pascal, der Freund Gassendis, nicht sonderlich verstand, deutete sich diese Kluft schon an, aus der auch die Verfügbarkeit der Wissenschaft für jeden Machthaber resultierte. Für eine »soziale Mathematik«, wie sie Condorcet am Ende des 18. Jahrhunderts forderte, war Pascal schon nicht mehr zu haben. Er wandte sich in einem »nahezu unerträglichen Ekel vor allen Menschen« vom Getriebe einer verwirrten Zeit ab, über den »Unterschied zwischen dem Geist der Geometrie und dem Geist des Feinsinns« nachdenkend, der in Frankreich vor allem die Gemüter beherrsche und »das Elend eines entthronten Königs« verdecke. Gemeint ist der Mensch, dessen Größe Pascal trotz seines Elends im Denken erkennt, sowie in der Fähigkeit zur Liebe und zum Glück. Dabei unterscheidet er drei Arten von Menschen: »Die einen, die Gott dienen, weil sie ihn gefunden haben; die anderen, die bemüht sind, ihn zu suchen, weil sie ihn nicht gefunden haben; die dritten, die leben, ohne ihn zu suchen und ohne ihn gefunden zu haben. Die ersten sind vernünftig und glücklich, die letzteren sind töricht und unglücklich, die dazwischen sind unglücklich und vernünftig«[22].

Wie viele Menschen dieser drei Kategorien wird es bei den Feierlichkeiten gegeben haben, die das feudale Frankreich am 7. Juni 1654 bei der Krönung Ludwigs XIV. arrangieren ließ? In der »Verheiratung« des Königs mit der Krone und dem Staat, symbolisiert durch den besonderen Ring als erhabenes Zeichen der Ehe, wird er auf den Dienst an Gott und den Fundamentalgesetzen des Reiches verpflichtet, umringt von den zwölf Pairs Frankreichs, den zeremoniellen Hütern der Krone, ehe ihm der Erzbischof von Reims die Krone Karls des Großen aufs Haupt setzt. Danach leisten die Pairs ihren Huldigungseid auf der Basis der Gegenseitigkeit, dann wird die Kathedrale für das ständische »Volk« geöffnet und damit die vertragliche Trichotomie des CORPUS MYSTICUM FRANCIAE substantiell ergänzt[23].

Das Königtum Ludwigs XIV. begann demnach mit einem fundamentalen Verfassungsakt und mit der Bestätigung des Feudal-Systems, in das ja auch der Dritte Stand (Tiers état) einging. Die Reaktivierung des Connetable-Amtes unterstreicht nur, wie stark bei aller Machtfülle des Königs noch der libertäre Unterbau seiner Herrschaft war. Die soziative Kraft der zugehörigen Organe hatte nicht nur Mazarin in der FRONDE zu spüren bekommen, gestört vom Kardinal Retz, den Parlements und vom aufkommenden *Jansenismus*. Zwar ist es ihm gelungen, das Königtum dem Hause Bourbon zu erhalten. Aber trotz dessen gefestigter Stellung wurde das nicht erreicht, was sich in anderen Ländern anbahnte – die patrimoniale Umpolung des libertären Königtums.

Die angespannte Kriegslage mit Spanien erhöhte nur die nezessitären Kompetenzen, die nach dem *Pyrenäen-Frieden* 1659 zurückgenommen wurden. Dieser Friede brachte Frankreich das Roussillon ein, dann Artois und Teile Luxemburgs und führte den Habsburgern energisch vor Augen, daß mit Frankreich künftig verstärkt gerechnet werden mußte. Mit der Unterstützung des *Rheinbundes* 1658, den der »deutsche Salomo« Johann Philipp von Mainz zur Erhaltung der Reichsverfassung initiiert hatte[24], und der erfolgreichen Mediation im *Frieden von Oliva* 1660 zwischen Schweden und Polen sicherte Mazarin die Position Frankreichs zusätzlich.

Was dann Ludwig XIV. aber nach dem Tode des Kardinalpremiers im Laufe seiner Allein-Regierung daraus machte, hat die Reputation des »Hauses Bourbon« und die Stellung Frankreichs in Europa nicht immer gestärkt.

b) *Descartes. Das »Grand siècle«: Ludwig XIV. und die »Alleinregierung«. »Die Diktatur der Arbeit«: Colbert. Reunionen – Erbpolitik. »Anonymer Despotismus« und Reformideen.*

Der Tod René *Descartes'* 1650 in Stockholm fiel mit den Wirren der Fronde zusammen und blieb weitgehend unbeachtet. Aber das Werk des »Vaters der neueren Philosophie« beschäftigte bald intensiv die Eliten Europas. Seine vier Grundregeln des richtigen Vernunftgebrauchs in Gestalt des Zweifelns, des Zerteilens eines Problems in benötigte Einheiten, der Ordnung der Dinge nach dem induktiven Verfahren sowie der größtmöglichen Vollständigkeit schufen die Basis einer neuen Erkenntniskritik in der Verbindung mit einer mathematisierten Naturerklärung. In der Abkehr von der Scholastik entwickelt er einen Subjektivismus, in dessen Mittelpunkt der Mensch steht und das zugehörige »erste Prinzip«: »Ich denke, also bin ich«[1].
Zur Verdeutlichung der Subjekt-Objekt-Beziehung, in die auch die Substanz-Akzidenz-Relation eingeht, wählt er die Sonne als Erklärsymbol und bezieht sie auf den Menschen in dessen Eigenbestimmung und der Fähigkeit, die Vernunft zu gebrauchen. Er widersetzt sich aber in den *Meditationes* von 1641 der totalen Eigensetzung des Menschen, weil sich ein »ebenso Vollkommenes wie Gott sich weder denken noch erdichten läßt«. Denn »wäre ich nun aber aus mir selbst, so würde ich nicht zweifeln und nichts begehren . . ., so wäre ich selbst Gott«.
Was später Diderot annehmen wird, weist Descartes ab, während er gleichzeitig die scharfe Trennung von Geist und Körper formuliert und damit sowohl Hobbes als auch Berkeley, Spinoza und Leibniz vorgreift, gleichsam eine »philosophia rationalis sine fide« vorbereitet, die sich wertfrei verstehen kann und den politischen Bereich nur zu berühren braucht, ohne in ihm aufzugehen, obgleich auch die rationalistische Methode Instrumente zur Verfügung stellt, mit denen das Politische bewältigt werden kann. Dazu gehört vor allem die Proportionalität im Steuer- und Abgabenwesen, zu deren Natur Descartes ähnlich Bodin und Rousseau im Grunde nichts Neues beigesteuert hat[2].
Seine Egologie läßt unwillkürlich an das berühmte »l'état c'est moi« denken, das Ludwig XIV. zugeschrieben wird und als Inbegriff des »höfischen Absolutismus« gilt[3]. Bedenkt man jedoch Descartes' Substanz-Vorstellung im Bewußtsein des Mangels, aus dem »Lug und Trug entspringen«, dann erscheint diese Beziehung als eine späte Konstruktion, die sowohl Descartes als auch Ludwig XIV. mißversteht. Denn sowenig das Individuum an sich durch sich selbst als »Unendliches« sein konnte, so wenig gelang es selbst

dem »Sonnenkönig«, bedurfte er doch einer substantiellen Einsetzung. Damit waren aber einer Total-Identifikation mit dem Staat gewisse Grenzen gesetzt – die erwähnten Fundamentalgesetze.
Es gehört zu den Standardurteilen über das »*Grand siècle*«, daß das Verhältnis von König, Staat und Nation in der ersten Zeit Ludwigs XIV. eine »unlösliche Einheit« bildete⁴, die sich erst allmählich lockerte und in eine Krise hineintrieb. Nicht umsonst setzt auch Hazard um 1680 die Wende im europäischen Bewußtsein an, in einem Jahr, das nach dem Frieden von Nimwegen 1679 für Frankreich und Ludwig XIV. noch manch eine Prüfung der Einheit bereithielt.
Sicher, nach den Wirren der Fronde und dem Abschluß des Pyrenäen-Friedens 1659, in dem man allgemein das Ende der spanischen Vormachtstellung sieht, erholt sich das Land und steigert seine *Reputation*. Besonders auf künstlerischem Gebiet verzeichneten die Stücke Corneilles, Molières und Racines einen Höhepunkt der Theaterkunst, die besonders gefördert wurde. Mazarin, Kardinal-Premier bis zu seinem Tode 1661, tat sich dabei als Mäzen hervor. Aber auch der König selbst erkannte hier ein Mittel zur Förderung der eigenen Reputation. Sie war ihm besonders angelegen, erkannte er in ihr doch die eigentliche Qualität seines Königtums. Folgt man seinen sog. *Memoiren*, Anweisungen und Belehrungen für den Thronfolger aus den Jahren nach Mazarins Ableben und aus den Anfängen seiner Alleinregierung, dann maß er dem umfassenden Ansehen eines Königs den höchsten Wert zu in der Erkenntnis, daß »man es nicht mit Armeen schafft und würde vergeblich seine Schatzkammern öffnen, um es zu erwerben; man muß beizeiten dafür gesorgt haben, und selbst dann sind wir seiner nur durch einen hinreichend langen Besitz versichert«.
Dafür aber ist seiner Meinung nach zielstrebiges Arbeiten im »königlichen Amt« erforderlich, dessen Führung er in einer Weise beschreibt, die eher libertär als absolutistisch anmutet. Ausdrücklich ermahnt er den Dauphin, »zwei sehr verschiedene Dinge« nicht zu verwechseln, nämlich »selbst regieren zu wollen und keinen Rat anzuhören. Das wäre aber ein ebenso gefährliches Extrem wie das andere, sich regieren zu lassen.« Er meint damit die Art seines Vorgängers, einen Premierminister mit der eigentlichen Regierung zu beauftragen: »Denn nichts ist unwürdiger, als wenn man auf der einen Seite alle Funktionen, auf der anderen nur den leeren Titel eines Königs bemerkt.«
In seinem Wunsch, »die oberste Leitung ganz allein in meiner Hand zusammenfassen« zu wollen, verwies er die Regierungsfunktionen auf allen Gebieten der inneren und äußeren Politik in

den Substanzbereich des Königtums und entzog damit dem Staat und seinen Organen wesentliche Teile ihrer vertraglichen Repräsentanz. Diese kam zwar unter Richelieu und Mazarin nicht immer zum Tragen, weil die Fülle ihrer exekutiven Macht nicht selten auf Abwege geriet, aber allein die Existenz der Premierminister machte deutlich, daß der Staat dem König gegenüberstand, auch wenn in seinem Namen regiert wurde. Ludwig XIV. hat die Gefahren für das Königtum aus dieser Entwicklung erkannt und die Regierung im Bereich der Dezisionen so an sich gezogen, daß sich sein Amt wieder mit staatlicher Substanz füllte, während die Minister in seiner Regierung zu spüren bekamen, daß sie Akzidenz zu sein hatten, das Wechselnde und damit »Zufällige«. Bei aller Bedeutung der einzelnen Männer in den Regierungsämtern waren diese für das Wesen des Königtums nach Auffassung des Sonnenkönigs nicht konstitutiv.

Was Ludwig XIV. verlangte, waren nicht Kardinal-Premiers, die ihn dauernd an seine Ohnmacht als König erinnerten, sondern »Männer, die mir zur Hand gehen konnten«, und zwar bei der Arbeit als König. Auf ihre Auswahl legte er großen Wert. Dabei schloß er vor allem die Herzöge und Pairs sowie andere Hochadlige aus, die den Anschein geben konnten, als ob sie den Staat gegenüber dem König repräsentierten und gar auf einen Anteil an seiner Autorität hofften. Nicht umsonst verweist der König darauf, daß die Auswahl entsprechender Männer klein sei und ihre Anzahl »uns der *Zufall*« präsentiert. Obgleich er seine Mitarbeiter in den Ministerien und selbst im *Conseil d'État* (Staatsrat) ihrer Staatssubstanz weitgehend entkleidete, war er wie ein Privatmann darauf bedacht, daß man »wichtige Entscheidungen niemals treffen sollte, ohne nach Möglichkeit die aufgeklärtesten, vernünftigsten und klügsten unserer Untertanen zu Rat zu ziehen«. In dieser Beratung sah er aber eben nur eine akzidentielle Beschränkung seiner Macht, die ihre ephoralen Bezüge beim Regieren verlieren sollte, um ihn nicht als Schatten-, sondern als »Sonnenkönig« erscheinen zu lassen.

Auf das Symbol der Sonne als Kennzeichen seines Königtums wurde Ludwig XIV. bei einem Ringelstechen im Jahre 1662 gebracht. Bei diesem öffentlichen Fest faszinierte ihn nicht nur »ihre Einzigartigkeit« und das Licht, »das sie den anderen, sie wie ein Hofstaat umgebenden Sternen mitteilt«, sondern der Ausdruck einer »*gleichmäßigen Gerechtigkeit,* mit der sie dieses Licht allen Zonen der Erde zuteilt«. Mit dieser Argumentation nähert er sich tatsächlich dem cartesianischen Sonnenbeispiel ebenso wie der libertären Deutung der Sonne bei *Eberhard dem Weisen von Württemberg,* seinem Zeitgenossen, der im Gegensatz zu vielen anderen Fürsten die Sicherheit seines Hauses in der Förderung des Ständewesens sah. Und auch Ludwig XIV. läßt Dinge anklingen, die nicht unbedingt absolutistisch wirken. In der Rechtfertigung des Ringelstechens als »Lustbarkeit« meint er, daß diese Vergnügungen »ja nicht so sehr unsere Vergnügungen als die unseres Hofes, ja unseres ganzen Volkes sind«. Im Gegensatz zum spanischen Hofzeremoniell, wo die Könige »sich überhaupt nicht sehen lassen«, nehme er bewußt an diesen Festen teil. Denn das Verbergen des Königs habe nur bei solchen Völkern einen Sinn, »deren Geist an die *Knechtschaft* gewöhnt ist und die man nur durch Furcht und Schrecken regieren kann. Aber das ist nicht der Charakter unserer Franzosen . . ., soweit unsere Geschichte uns darüber zu unterrichten vermag, hat unsere Monarchie etwas ihrem Wesen ganz Eigentümliches, nämlich den freien und unbehinderten Zutritt der Untertanen zu ihrem Fürsten. Es gibt eine *Rechtsgleichheit* zwischen ihm und ihnen, die . . . eine vertraute und achtungsvolle Gemeinschaft zur Folge hat, ungeachtet des nahezu unermeßlichen Unterschiedes an Geburt, Rang und Macht«[5].

Es ist ihm also trotz seiner Machtfülle bewußt, daß er nicht der patrimoniale Besitzer Frankreichs ist. Sosehr er auch über die Staatssubstanz im Sinne der höchsten Dezision verfügt, ein Rest ist unverkennbar, und die Anrufung von Recht und Gerechtigkeit gibt zu erkennen, daß er zum Zeitpunkt der Memoiren die Bedingungen seines Königtums, wie sie in seiner Krönung zum Vorschein gekommen waren, noch nicht vergessen hatte oder gar abschaffen wollte. Wenn Ludwig XIV. sagt, daß »jede Gewalt, jede Autorität in der Hand des Königs ruht«, dann bedeutet dies zunächst nichts anderes als einen Anspruch, *absolut* über die substantiellen Funktionen des Staates zu verfügen, und zwar im Sinne einer *vollständigen* und ungeteilten Handhabe. Andere Organe des Staates, wie die Parlements und die Generalstände, sollen daran keinen substantiellen Anteil haben, der das Königtum gefährden könnte. Diese Konzentration im Sinne der Vollständigkeit ist eine historische und politische Erfahrung nicht allein aus der FRONDE, sondern auch aus dem Erbe der Staatsmänner Richelieu und Mazarin. Diese Absolutesse ist demnach auf Vollständigkeit gerichtet, und zwar gegen Ansprüche der alten Feudalorgane und erst in zweiter Linie auf die Lösung von den Gesetzen (legibus solutus). Und selbst dabei gibt sich Ludwig XIV. eine Einschränkung, wenn er feststellt, daß »wirkliche Souveränität darin bestehe, so gute Gesetze zu machen, daß sie den Souverän selbst verpflichten«.

Was der Sonnenkönig in diesen und zahlreichen anderen Aussagen umschreibt, ist in der Tat »nicht eine *arbiträre*, die Willkür vertretende Monarchie, sondern eine legitime, an das Recht gebundene«[6]. Die Legitimität aber kommt nicht allein aus ihm selbst, sondern fließt auch aus den Fundamentalgesetzen Frankreichs, von denen er nicht »solutus« sein durfte. Beachtet man diese Zusammenhänge, dann wird man nicht vom Absolutismus im patrimonialen Sinne sprechen können und auch nicht von einer arbiträren Monokratie. Und dennoch trägt seine *Alleinregierung* Züge eines Regimes, dem die Gegner vornehmlich in den Reihen des Adels und des Klerus mit zunehmender Dauer den Vorwurf des DESPOTISME ANONYME gemacht haben. Einer Willkürherrschaft demnach, die aus dem Verborgenen heraus operierte und damit unberechenbar werden mußte.

Voltaire hatte sicher recht, wenn er im »*Le siècle de Louis XIV.*« anmerkt, Mazarin habe »die Kindheit des Monarchen verlängert«, um selbst die Staatsgeschäfte zu führen[7]. Denn Ludwig XIV. wurde nur selten über die wichtigsten Dinge unterrichtet. Zudem war er unter der Obhut seiner Mutter Anna von Österreich schlecht auf sein königliches Amt vorbereitet worden. Folgt man der Kritik des Herzogs Saint-Simon, dann »brachte man ihm nicht einmal ordentlich Lesen und Schreiben bei. So blieb er sein Leben lang unwissend und hatte von den Hauptdingen der Weltgeschichte, von den Zeitereignissen, vom Geld- und Verwaltungswesen, von der Genealogie des Adels, von den Gesetzen usw. keine Ahnung.« Dennoch soll er »im Kern seines Wesens gütig und gerecht« gewesen sein[8].

Zwischen dem Lob Voltaires angesichts der energischen Anstrengungen des jungen Monarchen und der Kritik Saint-Simons liegt das Problem der Beurteilung von Maßnahmen, die dem ersteren Ausdruck höchster Individualität und nationaler Erbauung waren, den letzteren aber, der seit 1691 den König und seinen Hof in Versailles genau beobachtete und beschrieb, teilweise erschreckten, weil sie Zeichen des Untergangs waren. In der Steigerung der königlichen Macht wird aufgrund der schlechten Erziehung allmählich die Hybris sichtbar, »auch die Natur zu tyrannisieren, sie der Kunst und dem Geld zu unterwerfen«. Damit gemeint waren die zahlreichen Bauten, unter ihnen die Schloßanlage von *Versailles*, die nicht nur Unsummen verschlungen hatte und der Ort war, an dem der Sonnenkönig vornehmlich den Adel konzentrierte, um ihn politisch zu neutralisieren, sondern auch als Machtdemonstration gegen ein Paris galt, wo das »Volk« (peuple) und das Parlement den Königen nicht immer wohlgesonnen waren.

Die Verlagerung der repräsentativen Funktionen der Hauptstadt

Paris nach Versailles verdeutlicht nur, wie sehr sich Ludwig XIV. über das Königtum und seiner »absoluten Gewalt« mit dem Staat vereinigen wollte, ohne aber mit ihm ganz und gar identisch zu sein. Denn dann hätte er die LOI SALIQUE neu und patrimonial fassen lassen müssen, was gleichzeitig die Abschaffung der Parlements zur Folge gehabt hätte und die Beseitigung von Provinzialständen, die es noch in den »pays des droits écrits« vornehmlich in der Languedoc oder in der Provence gab, und die erst ab 1671 mit dem Zorn des Königs bedacht wurden.

Trotz der Veränderungen von 1661 im Bereich des Gouvernement, das vollständig in den Dienst der Vorstellungen vom Staat gestellt wurde, wie es Ludwig XIV. als Verwirklicher des »gesunden Menschenverstandes« (bon sens) und des Gemeinwohles (bien public) begriff, hielt er an wichtigen Personen fest, die von Mazarin geprägt und empfohlen worden waren.

Le Tellier im »Amt des Staatssekretärs« wurde ebenso übernommen wie *Lionne* als Außenminister und *Fouquet* als Finanzminister. Diesem aber setzte er mit Jean Baptiste *Colbert* (1619–1683), dem Sohn eines Tuchhändlers und Verwalter des riesigen Privatvermögens, das sich Mazarin ähnlich Richelieu verschafft hatte, einen Aufpasser hinzu. Nach der Verhaftung Fouquets im September 1661 dann, die in aller Heimlichkeit vorbereitet worden war, kam Colbert in diese Position eines Intendanten und späteren Oberintendanten für die gesamten Finanzbelange, Landwirtschaft, Handel, Marine, Kolonien und Bauwesen. Er wurde damit zum wichtigsten Mitarbeiter des Königs. Dabei war ihm auch noch das Privatvermögen des Bourbonen zur Verwaltung anvertraut[9]. Mit *Louvois* (1639–91) sicherte er sich einen wichtigen Helfer. Dieser forcierte nicht nur den Bau des Hôtel des Invalides und des Schlosses in Versailles, sondern auch das Kriegswesen, dessen überkommene Struktur er durch die Mitarbeit bei seinem Vater und Amtsvorgänger bis 1668 kennengelernt hatte, und zwar noch in der alten Art, daß die Armee mehr einem Geschäft glich, »auf das der Adel das ausschließliche Vorrecht besaß«, als einer »Einrichtung des Staates«[10]. Tatsächlich aber drückt sich im einberufenen Adelsaufgebot die feudale und damit auch libertäre Form des Staates aus, und zwar im Sinne des Bienengleichnisses, das noch Richelieu benutzte, um das Königtum zu charakterisieren: Die Stände hatten das Recht und die Pflicht, den König und mit ihm die Krone zu verteidigen.

Die Existenz der feudalen Heeresordnung, wie sie noch 1673 beim Krieg gegen die Generalstaaten bemüht wurde, zeigt recht deutlich, wie stark das libertäre Staatswesen in diesem fundamentalen Bereich war trotz der Alleinregierung. Aber mit den Reformen, die

Le Tellier und Louvois vor allem betrieben, machte sich das Intendantenwesen breit und drängte die alten feudalen Zuständigkeiten mehr und mehr zurück. Mit dem Unterbinden der Käuflichkeit militärischer Ränge (Obersten- und Hauptmannspatente waren davon noch ausgenommen) sicherte man dem König zusätzlich eine fundamentale Kompetenz seines Königtums, die Vergabe von Ämtern »nach Verdienst« und im Rahmen der JUSTITIA DISTRIBUTIVA. Es paßt zu diesem Reformwerk, das einem großen Ablösungsprozeß gleichkommt, daß 1662 das »Regiment des Königs« geschaffen wurde, und damit die Entwicklung zur MAISON DU ROI (Haus des Königs) begann. Unter dieser Bezeichnung verbarg sich eine Elitetruppe, die unter dem Kampfruf antrat: »Überall Terror, überall Tod«[11].
Ludwig XIV. ließ um diese Haustruppe herum eine neue Armee aufbauen, geführt von Condé und Turenne, gefördert von Louvois und gestützt von Colberts Finanzierungskünsten, die zunächst der Reputation und der Macht des Königtums zu dienen hatte, dann aber eine gewisse Eigendynamik entwickelte und auf Betätigung und Bestätigung drängte. Sie wurde nach innen mehr und mehr ein Ordnungsfaktor ersten Ranges, den feudalen Trägern entzogen, die sich in zunehmendem Maße bevormundet sahen. Die Feststellung des Herzogs von Savoyen – »Jeder muß Herr in seinem Hause sein« – ist schon von Resignation gezeichnet. Denn die zivilen und militärischen Intendanten, Kommissare und anderen Bediensteten des Königs waren dabei, das feudale Frankreich den Bedürfnissen einer Alleinregierung anzupassen, die im *Zentralismus* das Ziel der Politik sah: Königliche Autarkie stand auf dem Programm Colberts und nicht regionale Autonomie.
Die Befugnisse, die ihm Ludwig XIV. zugestand, nutzte er als unermüdlicher Arbeiter im Weinberg seines Herrn auf seine Weise. So trieb er unerbittlich die säumigen Abgaben für die Krondomänen ein. Waren es 1661 nur 80 000 livres, so waren es 1682 bereits 5 540 000 livres. Gleichzeitig wurde eine Reduktion von Krongütern durch gezielten Rückkauf und andere Maßnahmen verfügt, die unendlich viele Streitereien darüber verursachten, wie sich DOMINIUM DIRECTUM und DOMINIUM UTILE zueinander verhielten[12]. Das Herabdrücken der Staatsschulden mit dem Ziel der Balance von Einnahmen und Ausgaben, das nur 1669 mit einem kleinen Überschuß erreicht wurde, um dann allerdings wieder wegen der folgenden Kriege überstark zur Schuldenseite hin abzufallen, ging mit der Förderung der Manufakturen und anderer Industrien einher, die mit zahlreichen ausländischen Fachleuten auf- und ausgebaut wurden. In der Steuerpolitik versuchte man es mit einer Senkung der *Taille*, erregte aber nur

die Gemüter und weckte Erinnerungen an die Rechte der Stände bei der Steuerbewilligung. Denn diese Steuer, aufgeteilt in eine Art Grundsteuer (taille réelle) und eine Personalsteuer (taille personelle), wurde in den einzelnen Rechtsbereichen des Reiches auf verschiedene Weise erhoben. In denjenigen Provinzen, die keine Städte hatten (pays d'élection), wurde das Vermögen der Privatleute vom König aus taxiert. Aber in den Regionen mit Städten (pays d'état) bestimmten die Stände die Repartition einer vom König bestimmten Totalsumme außerordentlicher Steuern, d.h. die oft proportionale Umlegung der einzelnen Anteile zur Entrichtung der Forderung.

Zeigt die Aufteilung Frankreichs in völlig unterschiedliche Rechtsregionen schon die weiterhin bestehenden Beschränkungen des Königtums trotz der Alleinregierung, so vermittelt der erbitterte Kampf gegen diese als »Sonderinteressen« diffamierten Regionalrechte die Veränderungen hin zu einem Zentralismus, dem das Programm vorschwebte: »Die Obrigkeit ist alles, das Individuum ist nichts.« Das Hineinwirken von der Zentrale aus in jeden Haushalt und in jedes historisch gewachsene Sonderrecht lief auf eine possessive und damit politische Entmündigung hinaus. Die Reaktionen auf die Widerstände der Regionalstände in der Provence vom Winter 1671, die Colberts Zorn erregten, geben einen Einblick in das neue Staatsverständnis: Es ging nämlich »um die Autorität des Königs«, dem »das fortgesetzt schlechte Betragen der Ständeversammlung der Provence« mißfiel. Denn er forderte 500 000 livres, aber 450 000 livres wurden nur mit Mühen aus der verarmten Provinz bewilligt, während gleichzeitig »zehn Lettres de cachet (Haftbefehle)« ausgestellt wurden, »um die zehn am übelsten Gesinnten unter den Deputierten« festzunehmen.

Colbert pflegte nicht nur die »Diktatur der Arbeit« (Gaxotte), sondern auch die Diktatur der Polizeigewalt, wenn es darum ging, dem König Autorität zu verschaffen, emaniert doch für ihn »alle Gerechtigkeit vom König«, der den alten regional und libertär angelegten Staat, in dem noch nicht einmal das Französische überall die Hauptsprache war, ein neues Wesen zu geben suchte, und zwar in der uneingeschränkten Anwendung der gouvernementalen Mittel. Da das Königtum sich auch aus dem Wesen des höchsten Richters ableitete, galt doch die Souveränität als Inhabe der obersten Jurisdiktion, wollte Ludwig XIV. das nicht mehr dulden, was in der Sprachregelung seiner Behörden »usurpierte Gerichtshoheiten« genannt wurde, wie sie vornehmlich der Adel als Privilegium betrachtete. Ihre Beseitigung tangierte auch das politische Ständewesen. Denn mit der neuen Domänenkammer griff man über die Justizhoheit des Königs auch in die Besitz- und

Bewilligungsrechte der Stände ein. Die Unruhen in der Bretagne 1673 wegen der ultimativen Ablösung von Gerichtsrechten legten die Mittel frei, mit denen gearbeitet wurde: »Den Ständen Angst machen« und »blinden Gehorsam« fordern, »den man allen Wünschen Seiner Majestät schulde«. Ergebnis dieser Aktion gegen die Sonderrechte der libertären Stände? 2,6 Millionen livres![13].
Forderte die neue Macht-Ideologie im Zeichen von Zentralismus und Vereinheitlichung der Maße und Gewichte zur Erhaltung des »Régime de l'ordre« (Colbert) den absoluten Gehorsam von allen Untertanen im gemeinen, so verlangte man ihn von den *Parlements* im besonderen, zumal ihre Kompetenzen hinsichtlich der Registrierung königlicher Gesetze und die möglichen Remonstrationen zur libertären Staatssubstanz gehörten und damit die Auffassung vom erstarkten Königtum bedrohen konnten.
Bereits 1663 ermahnte Colbert das Parlement von Burgund zum »Gehorsam, den Eure Körperschaft« dem König »schulde«. Dieser nämlich hatte den Freispruch Fouquets von der Todesstrafe als schwere Niederlage empfunden. Dabei saß der Kanzler Frankreichs Séguier als Präsident in einem Gericht, das sich aus Mitgliedern des Staatsrates und der Parlements des Reiches zusammensetzte, sozusagen die juristische Elite des libertären Staates. Ludwig XIV. warf ihr Bestechung durch Fouquet vor. Gaxotte urteilte rückblickend gar, man habe diesen Prozeß »ohne Rücksicht auf die Rechtsnormen geführt«. Einen Beleg dafür gibt er allerdings nicht an. Der König und seine Berater, allen voran Colbert, wußten zu gut, daß die Kompetenzen der Parlements gebrochen werden mußten, wenn die Autorität der königlichen Macht absolut und damit vollständig sein sollte. Die große Justizreform von 1667 schränkte zwar mit Verboten das alte Registrierungs- und Remonstrationsrecht der Parlements erheblich ein, aber aufgehoben wurde es nicht. Ja, die Regelung der Fristen und zugehörigen Verfahrungsweisen bestätigten nur, daß Ludwig XIV. bei allem Bestreben, die Staatssubstanz vollständig in seiner Hand zu vereinigen, hier im Prinzip gescheitert ist. Mit dem Überleben der Parlements, deren Bedeutung noch der Kanzler *de Pontchartrain* 1702 einem Intendanten erläuterte und ihn darauf hinwies, »daß die Edikte und Deklarationen erst durch die Registrierung bei den Parlements Rechtskraft erlangen«[14], bildete sich eine Art Focus, aus dem sich nach 1715 das Widerstandspotential gegen die Übergriffe der Könige entwickelte und der die Erinnerung an den libertären, durch Fundamentalgesetze geregelten Staat wachhielt.
Ludwig XIV. hatte es mit und nach dieser oft gewaltsamen

Reformperiode zwar geschafft, allein »Einnahmen und Ausgaben des Staates« zu regeln, »über alles unterrichtet« zu sein und seine »Angelegenheiten so geheim« zu halten, »wie das kein anderer vor mir getan hat«[15], aber trotz aller *Arkanpolitik* hatte er weder die bestehenden Fundamentalgesetze aufgehoben oder »umdeuten« lassen, noch war es ihm ganz gelungen, die Parlements als »Hüter der Verfassung« vollständig auszuschalten. Überdies war er in einem hohen Maße abhängig von einer einzigartigen Elite weniger Familien, unter denen die Telliers und Colberts einen unbändigen Ehrgeiz kultivierten, der zwar der königlichen Zentralgewalt nach innen und außen zugute kam, aber auch ihnen persönlich. Wie Richelieu, Mazarin und Fouquet wurden Colbert, Louvois oder auch Vauban, der Ludwig XIV. die Ostgrenze Frankreichs mit einem Festungsgürtel versah und auch sonst als Militär und Unternehmer nützlich war, zum Teil unermeßlich reich. Ein Vorgang, der sich in späterer Zeit bei dem Etatisten Bismarck in ähnlicher Weise beobachten läßt[16].

Man spricht vom Staat, arbeitet auch dafür und sieht gleichzeitig die Chance, sich auf eine scheinlegale Weise materiell schadlos zu halten.

Die Politik Ludwigs XIV. nach innen ist nicht nur von einem zentralistischen Ordnungsdenken geprägt, das in seiner Hand alle Königskompetenzen vereinigen will, sondern auch in der Weise possessiv ausgerichtet, daß sie bemüht ist, das degenerierte *Lehenswesen* zugunsten des Königs zu reformieren. Der Fundamentalsatz »nulle terre sans Seigneur« (kein Land ohne Herr) half dabei, daß das Obereigentum des Königs eingefordert werden konnte, das mit seinem DOMINIUM DIRECTUM Inbegriff und Ausdruck der Souveränität auch in Frankreich war.

Einen besonderen Bereich bildeten dabei die sog. *Reunionen*, Wiedervereinigungen also, die man vor allem aufgrund der territorialen Zugeständnisse im Westfälischen Frieden über die Bistümer Toul, Metz und Verdun im Lothringischen sowie hinsichtlich der »zehn Städte« im Elsaß betrieb, die aus der Administration des »Hauses Österreich« in diejenige des »Hauses Bourbon« und damit der Krone Frankreich übergehen sollten. Allerdings sollten sie die Rechtsqualität als »Reichslehen« behalten, der Regelung entsprechend, mit der Schweden Pommern 1648 zugestanden worden war. Im Gegensatz zur schwedischen Garantiemacht, die keine endgültigen Inkorporationsabsichten hatte, war die Politik des »Allerchristlichsten Königs« aber darauf gerichtet, die »Souveränität« über diese Gebiete auf Dauer zu erwerben, ohne die Lehensprozedur der Bestätigung beim Regierungsantritt eines neuen Kaisers erfüllen zu müssen. Was seine Diplomaten gegenüber dem Heiligen Reich und dem Kaiser mit Geschick und Geld abzuwenden suchten, verlangten seine Helfer jedoch unerbittlich im eigenen Machtbereich. Die eingerissenen Mißstände im Lehnswesen besonders im kirchlichen Umkreis, d. h. der Verzicht auf die Lehnsbestätigung der Vasallen zur Kirche und der Kirche zum König hin wurde ausgenutzt und führte dazu, daß man nicht nur die Liegenschaften der Bistümer an sich beanspruchte, sondern auch ihre weltlichen »Dependencen« und damit mehr als nur die Zugeständnisse des »universellen Friedens«. Reunionskammern und ein dienstwilliges Heer von Juristen sicherten Ludwig XIV. eine Erwerbs- und Eroberungspolitik, von der Leibniz 1670 in seiner berühmten Schrift »Securitas publica« nicht ohne Grund anmerkte, daß diese »nie ohne Schein des Rechts« betrieben worden sei[17].

Ob dieser König allerdings wirklich den Rhein als natürliche Grenze Frankreichs (Galliens) beansprucht hat, ist fraglich, aber die Tendenz der Sicherheits- und Besitzpolitik nach außen ging dahin, an der Ostgrenze, die Stück für Stück arrondiert wurde, den Einfluß Habsburgs entscheidend zu schwächen. Die Gründung des *Rheinbundes* 1658 hauptsächlich mit den geistlichen Kurfürsten, die um große Teile ihres Besitzstandes fürchten mußten und durch Beitritte von Bayern und Brandenburg gestützt wurden, zeigt eine Konstellation, an der das Reich eines Tages zerbrechen konnte, zumal die Habsburgische Macht außerdem 1663 und 1683 von der osmanischen Seite unter Druck gesetzt wurde, wobei Ludwig XIV. seine Hand im Spiele hatte[18].

Die Aktivierung des Heimfallrechtes von Gütern, Ländereien und Territorien bestimmte die Politik Ludwigs XIV. noch auf einem anderen Gebiet. Durch die Heirat mit der spanischen Infantin Maria Teresa glaubte er, Rechtsansprüche auf das spanische Erbe erlangt zu haben, obgleich sie wie schon Anna von Österreich auf ein Sukzessionsrecht verzichten mußte. Dessenungeachtet bezog sich Ludwig XIV. bei seinem Krieg gegen die spanischen Niederlande 1667 auf ein sog. »*Devolutionsrecht*«. Darunter verstand man eine Art Heimfallsrecht von Erbgütern auf die Nachkommen aus erster Ehe. Ludwig XIV. berief sich mit Hilfe dieses Rechtes, das im Laufe eines Rechts- und Erbstreites in Brabant 1230 durch den »römischen König . . . in Übereinstimmung mit allen Reichsfürsten« dahingehend erklärt wurde, »daß dieses Recht bei Vererbung der Souveränitätsrechte genauso wie bei Erbfällen der Untertanen zu befolgen sei«. Das bedeutete, daß beim Ableben eines Ehegatten der oder die Überlebende vom Eigentümer der Domänen (DOMINIUM DIRECTUM) zum Nutznießer (DOMINIUM

UTILE) wurden, während ein Kind an ihre Eigentümerstelle treten durfte und berechtigt war, bereits veräußerte Güter zurückzufordern – »als sein Eigentum und rechtmäßiges Erbe«. Aufgrund dieser Regelung beanspruchte Ludwig XIV. »für die Königin, seine Gattin . . . das Herzogtum Brabant . . ., die Herrschaft Mecheln, Antwerpen, Obergeldern, Namur, Limburg, Dalen und die übrigen Plätze jenseits der Maas; Hennegau, Artois, Cambrai, Burgund (Franch-Comté) und Luxemburg«[19].

Staatsräson wird hier zur Besitzräson und nimmt in der praktischen Politik, die aus Rechtspositionen begründet wird, die Einsicht Hegels vorweg: »Erst im Eigentum ist der Mensch als Vernunft.« Zwar setzte sich der Allerchristlichste König im Frieden von Aachen 1668 nur zum Teil durch, aber die Grundlinie seiner Politik nach außen wurde recht deutlich: Erbrechte und Lehensansprüche bestätigen seine Souveränität als Eigentümer. Der *Devolutionskrieg* zeigte Europa, wozu Ludwig XIV. in seiner Erbpolitik entschlossen war, nämlich seine echten und vermeintlichen Rechte mit Waffengewalt eingelöst zu sehen. Dabei half ihm auch die Heiratspolitik seines Hauses besonders im *Pfälzischen Erbfolgekrieg*, der nach der Abwehr der Türkengefahr Habsburg, das Reich und halb Europa von 1688 bis 1697 beschäftigte.

Für seine Schwägerin Liselotte von der Pfalz erhob Ludwig XIV. trotz ihres Verzichtes Erbansprüche auf den Besitzstand des Hauses Pfalz-Simmern, der nach dem Reichsrecht an das Haus Pfalz-Neuenburg fiel. Der folgende Krieg mit der Verwüstung der Pfalz, der Zerstörung des Heidelberger Schlosses und der Schändung der Kaisergräber im Dom zu Speyer hat nicht nur die seit 1648 garantierte »Ruhe des Reiches« gestört, sondern Frankreich auch als »Erbfeind« im doppelten Sinne des Wortes erscheinen lassen. Er besetzte noch 1681 Straßburg und gab damit über viele Generationen hin immer wieder Anlaß zum Krieg mit dem Reich, dessen Kaiser er zeitweise sogar werden wollte, ohne jedoch seine Pläne verwirklichen zu können[20].

Im Frieden von Rijswijk 1697 behielt er nur die elsässischen Reunionen und Straßburg, nachdem ihn die »Große Allianz«, bestehend aus England, den Generalstaaten, Brandenburg und Habsburg, niedergerungen hatte – indirekt unterstützt auch durch Schweden, das er wegen seiner gewaltsamen Reunionspolitik im Herzogtum Zweibrücken verärgert hatte. Schließlich war dieses Reichsterritorium 1681 durch Erbfall an Karl XI. von Schweden gekommen[21].

Nicht viel anders verhielt sich der König, als Karl II., der letzte habsburgische König Spaniens, im Jahre 1700 starb. Zwar stimmte er der Regelung in den Haager Erbteilungs-Verträgen von 1698 und 1699 zu, um einen neuen, europaweiten Krieg zu vermeiden, aber mit dem Testament Karls II. änderte sich die Situation grundlegend. Mußte sich Ludwig XIV. im Frieden von Rijswijk verpflichten, »jede Verfügung, die der König von Spanien über seine Monarchie zugunsten eines französischen Prinzen etwa treffen sollte, abzulehnen«, so war die Einsetzung seines Enkels Philipp von Anjou als Gesamterbe Spaniens durch Karl II. eine große Versuchung, die »Ruhe Europas« erneut mit einem Krieg zu stören. Bereits 1701 bestieg sein Enkel als Philipp V. den spanischen Thron, und damit begann der *Spanische Erbfolgekrieg*, der bis 1713 dauern sollte.

Auch dieser scheiterte an der Allianz aus England, den Generalstaaten, Preußen und Hannover, sowie Habsburg. In zahlreichen Schlachten auf spanischem, italienischem, holländischem und deutschem Gebiet wurden seine Heere vom Prinzen Eugen und dem Herzog von Marlborough geschlagen. Im Frieden von *Utrecht* 1713 wurde zwar Philipp V. anerkannt, aber Sonderabmachungen schränkten diesen politischen und possessiven Erfolg erheblich ein, war man sich doch dessen bewußt, daß die »Sicherheit und Freiheit Europas keinesfalls die Vereinigung der Kronen Frankreich und Spanien auf einem Haupte zuließen«. Ludwig XIV. mußte England gegenüber erhebliche Zugeständnisse in Übersee, vor allem in Nordamerika machen, und zwar im Besitzbereich ebenso wie bei Handel und Schiffahrt. Im Vertrag mit den Generalstaaten erhielt das Haus Österreich die »spanischen Niederlande« zurück mit dem ausdrücklichen Vermerk, daß diese Territorien den »Herren Generalstaaten . . . als Barriere und zur Sicherheit dienen«, nämlich vor einem neuen Überfall Frankreichs. Ein solcher hatte auch 1672 zum Krieg mit dem Heiligen Reich geführt, weil Garantiepositionen aus dem Westfälischen Frieden betroffen waren, durch den die Generalstaaten wie die Schweizer Eidgenossenschaft ihre Souveränität und Unabhängigkeit gegenüber dem Reich erhalten hatten.

Im Frieden von *Rastatt* vom März 1714 verständigt sich Kaiser Karl VI. mit Ludwig XIV. auf der Basis der Friedensschlüsse von 1648, 1679 (Nimwegen) und 1697 (Rijswijk) und gelangte wieder »in den Besitz der spanischen Niederlande«. Außerdem werden dem Hause Österreich die Länder und Orte in Italien, die es bisher besessen hatte, »in ruhigem und ungestörtem Besitz« garantiert, und dem Hause Hohenzollern bestätigte er die Souveränität über Preußen[22]. Damit endet der umfassend angelegte Versuch, Frankreich durch eine innere Reorganisation in die Lage zu versetzen, mittels einer konsequenten Erb- und Erwerbspolitik eine Art Hegemonie über Europa einzurichten. Bis zu Napoleon wurde dieser Versuch nicht mehr unternommen. Dazu war das Land in materieller Hinsicht nicht mehr fähig. Was als Einheitswerk begonnen worden war, hatte zwar zu Erfolgen und Gebietserwerbungen geführt, aber im Inneren auch zu Spannungen Anlaß gegeben, die oft aus einer Politik der Täuschung und des durch die Kriege bedingten NEZESSITÄREN ABSOLUTISMUS erwuchsen, lag doch dieser Politik auch die Ideologie der »Eigenliebe« (amour propre) zugrunde. Deren Auswüchse aber waren Anlaß dafür, daß die Forderungen nach einer Reform an Haupt und Gliedern nicht mehr verstummten.

Die Steigerungen der materiellen Macht des Königs im Bereich von Handel und Wandel, im Schiffsbau oder bei der rationelleren Bewirtschaftung der großen Wälder, sowie beim Ansiedeln von neuen Industrien im Zeichen des »Colbertismus«, um die in Frankreich verbreitete Rentier-Mentalität zu brechen, erfuhren auf der ideellen Seite eine denkwürdige Ergänzung.
Jacques-Benigne *Bossuet* (1627–1704), der reiche Bischof von Meaux, zwischen 1670 und 1679 Erzieher des Dauphin, wandte sich in zahlreichen Schriften und Predigten vor dem König in der Begründung der Göttlichkeit der Könige gegen die alte Kirchenlehre. Diese besagte, daß die Einsetzung der Monarchen zwar von Gott aus geschieht, aber »per populum«, d. h. durch das Volk Gottes in Gestalt der repräsentationsfähigen Besitzstände und ihrer Rechtsorgane, die für einen Bund auf Gegenseitigkeit zu sorgen haben. Ein derartiger Vertrag (pactum) oder Allianz zwischen Gott, König und »Volk« sah sogar die in der Diskussion selten beachtete Möglichkeit vor, daß »das Volk ... von aller Verpflichtung gelöst« (populus ... omni obligatione solutus) sein konnte[23].
Für diese Anschauung *Languets*, die in den berühmten *Vindiciae contra tyrannos* von 1574 formuliert und begründet wurde, gab es hundert Jahre später in Frankreich kaum noch Platz. Ludwig XIV. wollte den Satz hören »Ihr seid Götter« und »Der Souverän hat die Autorität, alles zu tun. Die Könige sind Könige, um alles zu *besitzen* und jedem zu befehlen.« Diese Vorstellungen des pompsüchtigen Bossuet wurden noch mit Positionen ergänzt, die stark an Descartes erinnern: »Die königliche Gewalt hat ihren Ursprung in der Gottheit selber.« Daher ist »der königliche Thron nicht der Thron eines Menschen, sondern Gottes selber«. Kurz: »Die königliche Gewalt ist absolut«, und niemand von den Untertanen darf sich die Frage aus PREDIGER SALOMO erlauben: »Was machst du?«

Eine Vertragssituation lehnt Bossuet ab, dennoch will er nicht, daß die »absolute Gewalt« der Könige mit einer »Willkürherrschaft« verwechselt werde. Denn hierbei gehe es darum, »daß der ganze Staat in der Person des Fürsten verkörpert ist. Bei ihm liegt die Gewalt. In ihm ist der Wille des ganzen Volkes wirksam.« Diese Individualisierung der Souveränität entsteht aber nicht aus einer patrimonialen Identität, sondern aus der oft übersehenen Trennung von König als Person und Amtsträger[24]. Dabei ist seine Tätigkeit als Hofprediger und Publizist aber ebenso auf Stornierung gerichtet wie die Haltung des Erzbischofs von Toulouse, der schon 1663 in der Beurteilung eines »don gratuit« des Klerus und dessen libertärer Autonomie meinte: »Man muß tun, was man kann, um die Geister zur Achtung und Untertänigkeit zu erziehen, indem man sie die *alte Verfahrensweise vergessen macht*«[25].

Kein Wunder auch, daß sich Bossuet gegen den aufgekommenen *Jansenismus* wehrte, gegen eine Lehre, die von dem holländischen Theologen *Cornelius Jansen* ausging und in der Rezeption der Augustinus-Doktrin in der Betonung der *Erbsünde* eine Haltung einnahm, deren letzte Konsequenz darin bestand, daß sich der Mensch dem Staat und damit dem Zugriff der Obrigkeit entziehen konnte. Im Kloster Port-Royal-des-Champs, nicht weit von Versailles, pflegten Denker wie Pascal, Arnauld oder auch Quesnel das neue Gedankengut in einem einflußreichen Kreis, der bald von der Kirche und den Jesuiten angegriffen und auch von Ludwig XIV. bekämpft wurde. Denn diese Lehre konnte zum Ungehorsam gegen ihn und einen Staat führen, der sein Verhältnis zu Rom so zu ordnen suchte, um jeden Anschein von Souveränitätsansprüchen seitens der Universal-Kirche vollständig zu beseitigen.

Ergebnis dieser Bemühungen waren die sog. *Gallikanischen Artikel* von 1682, hinter deren Fassung eher Colbert als Bossuet vermutet wird, obgleich dieser seinen ganzen Einfluß aufgeboten hatte, um einen bedeutenden Teil des französischen Klerus zur Annahme der »Declaratio Cleri Gallicani« zu bewegen. Darin wird die Kirchengewalt auf ausschließlich geistliche Dinge beschränkt. Der König Frankreichs unterliegt demnach nicht der Jurisdiktion Roms. Er kann also nicht für abgesetzt erklärt werden, und die Untertanen dürfen deshalb auch nicht von ihrem Treueeid entbunden werden. In der nationalen Abwehr der ABENDMAHLSBULLE und in der Kenntnis der 83 Artikel von 1594, in denen die »Freiheiten der gallikanischen Kirche« festgehalten worden waren, wird die Souveränität des Königs wieder einmal als absolute Unabhängigkeit vom Papst gewertet, dem erklärt wird, daß die allgemeinen Konzile *über* ihm stehen trotz seiner »plenitudo potestatis« (Fülle der Macht) in geistlichen Dingen. Das bedeutete einerseits, daß die päpstliche Macht von »universellen Kanons« abhängig war und bei der Entscheidungsgewalt die Zustimmung der Kirche einholen mußte, d. h. auch diejenige des Klerus in Frankreich.

Was hier für die *Kirche* an sich gefordert wurde, nämlich eine libertäre Teilnahme und episkopalistische Kontrolle des *Papstes* in der Abwehr seines Absolutismus, der sich auch aus dem »immediate Deo« ableitete, wurde im innerfranzösischen Bereich im Verhältnis zwischen dem libertären *Staat* und dem absoluten *König* abgelehnt – ein Verhalten, das man hundert Jahre später bei Joseph II. beobachten kann. Nicht ohne Grund monierte Bossuets großer Gegenspieler *Fénelon* (1651–1715), seit 1695 Erzbischof von Cambrai, daß seit etwa 1661 die Minister des Königs »die alten Maximen des Staates umgestürzt« hätten, um ihre eigene Macht zu steigern: »Man hat nicht mehr vom *Staat* gesprochen, . . . sondern nur noch vom *König* und seinem Gefallen (plaisir)«[26].

Der verarmte Adlige Fénelon, Kanzelredner und Erzieher des Herzogs von Burgund, sieht denn auch die Krankheit, die den CORPUS MYSTICUM FRANCIAE befallen hat, im absoluten »Besitzdenken« (ésprit de propriété), dem Erbübel, dessen moralische Versündigungen nur durch ethische Einkehr und Erziehung zur »reinen Liebe« (amour pur) allmählich abgebaut werden können. Dieses Liebesprinzip steht dem gängigen Lebensprinzip der »Eigenliebe« (amour propre) gegenüber, die u. a. dazu verführt habe, sich innerhalb der Kirche wortstark für die »Freiheiten hinsichtlich des Papstes« einzusetzen, um sich gleichzeitig eine »Sklaverei gegenüber dem König« einzuhandeln. Ja, es sei in Frankreich gar so weit gekommen, daß sich der »Groß-Türke« gegenüber den christlichen Kirchen besser benimmt als der Allerchristlichste König. Denn unter dem Sultan dürften die Christen »ihre Hirten wählen und absetzen«, was hier nicht erlaubt sei.

Mit Nachdruck bekämpft er das System der direkten und indirekten Steuern und verweist den König auf die Einkünfte aus den Krondomänen, die für den Unterhalt von Haus und Hof aufzukommen hätten. Was aber das Reich und seinen Staat angehe, hätten die Stände ein Bewilligungsrecht für Steuern und Abgaben. Und »wer hat diese Ordnung geändert, wenn nicht die *absolute Autorität*« der Könige?[27]. In zahlreichen Schriften kritisierte er das Vorgehen bei der Steuererhebung, und bei seinen Hinweisen »wie in der Languedoc« oder auch in der Bretagne, wo die Stände erhalten und die zugehörigen Provinzen nicht so ausgeblutet waren wie in den anderen Gebieten, wo die königlichen Intendanten direkt zugreifen konnten, kommt das libertäre Ständewesen zum Zug, nicht anders, als es in seinem berühmten Erziehungs-

roman *Telemach* ausgeführt ist. Darin variiert er das Odysseusmotiv und läßt den Sohn den Vater suchen, letztlich den »guten König«, der seine Untertanen nicht versklavt, sondern sie in ihrem Eigenwert erkennt und ihre Qualitäten als Menschen fördert.
Unter diesen Bedingungen ist Fénelon ein Vorläufer Rousseaus geworden. Dieser berief sich gern auf diesen Repräsentanten des *Quietismus*, einer Innerlichkeit, die in der Freiheit des Gewissens sich dem König und seinem Apparat entziehen konnte[28].
Fénelon, ein Befürworter der Führungsrolle des Adels, der ihm politisch vollständig degeneriert schien, sah im DESPOTISME ANONYME eine Perversion des echten christlichen Königtums. Ludwig XIV. war für ihn ein »Ignorant« und Despot, der sein königliches Amt mißbrauchte, was selbst Bossuet in seiner Lehre von der »Göttlichkeit« nicht erlaubte, und schon gar nicht die hugenottischen Kritiker wie Pierre Jurieu und Michel Levassor. Sie reagierten nach der Aufhebung des Ediktes von Nantes im Jahre 1685 auf die Vertreibung ihrer Glaubensgenossen mit der Reaktivierung von Monarchomachen-Modellen, die Fénelon vorgearbeitet haben, aber auch dem Herzog von Saint-Simon, dessen System der »Conseils« im Sinne einer libertären Erneuerung des politischen Ständewesens vornehmlich auf der Ebene der Aristokratie nach dem Tode Ludwigs XIV. unter der *Régence* erprobt wurde, jedoch kurzfristig nicht die erhoffte Effizienz erbringen konnte. Auch die berühmte *Polysynodie* des Abbé de Saint-Pierre, der das Machtsystem des Sonnenkönigs als »Halb-Visirat« bezeichnete, weil dieser mit Louvois und Colbert regiert habe, hätte mit ihrem mechanistischen System sich ergänzender Departements und Ratsgremien nach 1715 wenig erreicht, weil dafür die Leute fehlten. Seit mehr als einer Generation an den »absoluten Gehorsam« gewöhnt, politisch vollkommen entwöhnt und moralisch verkommen, waren die entstandenen Gebrechen nicht dadurch einfach zu beheben, daß man ein neues Regierungssystem einführte, d. h. die »feudale Rückbildung der Verfassung«, wie sie Saint-Simon forderte, oder wie *Boulainvillier* alle Schuld an der herrschenden Misere auf den »Aufstieg des Dritten Standes«, die »Dekadenz des Adels« und die Sonderstellung der Pairs zurückführte. Alle diese Vorgänge hätten letztlich in der Verbindung mit der Erblichkeit der Krone, die auch Fénelon verwarf, dazu beigetragen, die »despotische Gewalt« (pouvoir despotique) der Könige zu befördern. Es gelte deshalb, deren Verbindung mit dem »Volk« wieder auf der Basis »einer reziproken Beziehung« so zu ordnen, daß auch die Parlements und vor allem der Adel wieder für eine Freiheit wirken könnten, die im Schutz von Personen und Eigentum dem vertraglichen Recht zur Macht verhilft[29].

Alle diese Reformprogramme, zu denen auch Vauban Beiträge
geleistet hat und sich wieder auf die Geltung der »Fundamentalgesetze« Frankreichs bezogen, trugen bereits Gedanken und Argumentationen in sich, welche die Folgegeneration von Voltaire über
Montesquieu bis zu Rousseau oder die Enzyklopädisten und
Physiokraten aufgriffen und weiterentwickelt wurden. Die Revolution selbst, von den Parlements und den Generalständen anfänglich getragen, verdankt dieser Opposition gegen Ludwig XIV.
mehr, als mitunter angenommen wird. Sie hielt den Geist von
Gesetzen wach, deren wichtigstes der Sonnenkönig kurz vor
seinem Ableben am 1. September 1715 kraft angenommener
Absolutesse und Machtvollkommenheit zu ändern suchte. Der
vorzeitige Tod des Dauphin 1711 und einige andere Todesfälle im
Hause Bourbon ließen ihn schon früher an Eingriffe in die LOI
SALIQUE denken. Bereits 1694 hatte er zwei natürlichen, aber
illegitimen Söhnen einen Rang zwischen den Prinzen von Geblüt
und den Herzögen zugestanden, 1714 dann stellte er ihnen die
Erbqualität für den Fall aus, daß alle Prinzen des Hauses vorzeitig
aus dem Leben scheiden würden.
Mit seinem *Testament* vom 2. August 1715 wollte er die Zusammensetzung der Regentschaft für seinen minderjährigen Urenkel,
den Herzog von Anjou, festlegen. Dabei zeigte sich jedoch, daß der
feudal-libertäre Staat überdauert hatte. Denn das Parlement de
Paris erklärte als Hüter der Fundamentalgesetze das Testament in
einer feierlichen *Kassation* für nicht rechtskonform. Damit war
der Versuch gescheitert, per Testament in einer patrimonialen
Weise über die Sukzession und ihre vertraglichen Bedingungen zu
befinden. Wie hoch auch »die souveräne Gewalt der Könige sei, sie
steht nicht über der Natur selbst und über dem Fundamentalgesetz
des Staates«. Es sind die »Gesetze des Staates«, welche das
Fundament ihrer Autorität ausmachen. Das bedeutet auch, »daß
die Nation (ein einzelnes Haus) erwählt hat, über sie zu herrschen«, aber Übergriffe eines Königs die Substanz der geltenden
und überkommenen Fundamentalgesetze nicht verändern
können[30].
Auf dem Sterbebett soll Ludwig XIV. gesagt haben: »Ich werde
vergehen, aber der Staat bleibt bestehen«[31]. Er gab damit zu, daß es
noch eine Qualität von unendlicher Substanz gab, die ihn als
endliche Person überdauerte, und die er als König nur noch nicht
in bestimmten Formen und entmachteten Organen anerkennen
wollte. Jetzt aber bei seinem Tod zeigte sich, daß der alte Staat
immer noch am Leben war und im Geist von Libertät und
Vertragsdenken eine patrimoniale Verfügung und damit Kränkung »der geheiligten Gesetze des Staates« und der »Rechte der

Krone« durch einen selbstherrlichen König nicht hinnehmen wollte. Dem englischen Gesandten Stair gegenüber bekannte Ludwig XIV. zwar, »ich war immer Herr in meinem eigenen Hause« und »etliche Male war ich Herr im Hause anderer«[32], aber zu einem patrimonialen Absolutismus seines Hauses Bourbon hatte er es nicht gebracht, auch wenn er zeitweise auf nezessitäre und arbiträre Weise regierte.

Die angenommene Identität von König und Staat (Krone) war nur ein Anspruch. Er hat sich nicht in der gleichen Weise durchsetzen können, wie es Karl XI. in Schweden gelungen war, und in der Organisation des Zentralismus entwickelte sich zwar das *Behördenwesen* neben den tradierten Selbstverwaltungen, ergänzt und gestützt durch eine Art *Berufsheer*, aber zu einer vollständigen Einheit Frankreichs, wie sie immer wieder beschworen wird[33], hat es immer noch nicht gereicht. Das sollte Napoleon vorbehalten bleiben. Selbst auf dem ökonomischen Gebiet mit seinem zentralistischen Dirigismus, Protektionismus und Autarkiestreben schaffte man es trotz großer Anstrengungen nicht, das alte Pachtsystem grundlegend zu verändern. Das ist ein wesentlicher Grund unter anderen dafür, daß Frankreich trotz partieller Industrialisierung weitgehend Agrarstaat geblieben ist, nachdem man die Hugenotten und ihren Gewerbefleiß politisch nicht länger integrieren wollte. Die Angst vor einem Staat im Staat war größer als ökonomische Vernunft und das Gebot der Toleranz. Gerade hier triumphierte der Verfassungsauftrag von der Katholizität Frankreichs, einer religiösen Einheitlichkeit, die auch auf das innere Staatsleben übertragen wurde und im Zeichen des Zentralismus die libertären Formen des Regionalismus und der Autonomie bekämpfte.

Der Erhaltung dieser politischen Formen galt das Interesse der meisten Reform-Denker in der Spätphase der Regierung Ludwigs XIV. Diese Positionen sind als Zugeständnisse an die Leistungen des Absolutismus gewertet worden. Tatsächlich aber greifen sie nur die alte Lehre von »Gott und dem Recht« auf, trennen JUS und LEX, REICH und KÖNIG, SUBSTANZ und AKZIDENZ und bereiten auch damit die Ansicht vor, die der Abbé Fauchet 1789 vertrat, als er »die Katholische Religion . . . die Religion der FREIHEIT, der GLEICHHEIT, der BRÜDERLICHKEIT, der EINHEIT« nannte[34].

Darin liegt der Grundsatz korporativer Vertragslehre, wie ihn die Monarchomachen von Languet bis Hotomanus, aber auch Bodin oder Le Brêt in Variationen verstanden haben, nämlich im konstitutiven DO, UT DES. Daraus geht das Postulat Languets von der »legitimen Macht des Fürsten gegenüber dem Volk und des Volkes gegenüber dem Fürsten« hervor. Ludwig XIV. hat sich dagegen mit einer Politik der Konzentration und Reaktivierung königlicher Kompetenzen zu wehren versucht, aber das Feudalsystem war auf die Dauer stärker als er.

c) *Der Kampf des Parlement de Paris. Das Law-System. Ludwig XV. und die »souveräne Gewalt«. Arkanpolitik nach außen. Feudalsystem und Physiokratie. Von Turgot zu Necker.*

Der Tod Ludwigs XIV. am 1. September 1715 erlöste das ganze Land vom Druck eines »persönlichen Regimentes«, das vielen in Frankreich und auch im angrenzenden Ausland als Despotismus vorgekommen ist, als ein fortgesetzter Mißbrauch königlicher Macht, obgleich die Rechts- und Organlage diesen nicht erlaubten. Bereits am folgenden Tag hatte sich aber die Situation völlig geändert. Herzog Philipp beantragte nämlich in einer feierlichen Sitzung des Parlement Änderungen im Testament des »Sonnenkönigs«, die ihm erlauben sollten, die Regentschaft für den erst fünfjährigen Ludwig XV. mit einem neuen System von Conseils zu führen, zu dem ihn der Herzog von Saint-Simon inspiriert hatte.

Das Parlement gestattete entsprechende Eingriffe, zu denen auch der Entzug des Kommandos über die »Maison du Roi« gehörte, den der Herzog von Maine hinnehmen mußte. Dafür behielt er die Aufsicht über die Erziehung des jungen Königs, in dessen Namen Philipp d'Orléans agierte. Er sagte dem Parlement eine Reaktivierung seiner ursprünglichen Kompetenzen zu, stieß aber sofort auf Widerstand, als er ein »Conseil de conscience« einrichten wollte, das sich »der Rechte und Freiheiten der Gallikanischen Kirche« annehmen sollte. Dafür nämlich fühlte sich das Parlement selbst zuständig. Sosehr es sich auch unter Ludwig XIV. von 1666 und 1673 an in seiner Wächter- und Widerstandsfunktion eingeengt sah, die Bulle UNIGENITUS von 1713 wurde nur unter dem Vorbehalt der »gallikanischen Freiheiten« registriert. Denn in seiner patriotischen Haltung wollte sich das Parlement weder von Kardinal Noailles noch von der Sorbonne übertreffen lassen. Die Parteinahme für den Jansenismus, dessen Hochburg im Kloster Port-Royal 1710 auf Geheiß Roms aufgelöst wurde, wirkt wie ein politischer Kommentar zu der die Debatte beherrschenden »Frage der Tatsache und des Rechts« (question du fait et du droit). Im Falle des Rechts erkannte der Jansenismus der Kirche Unfehlbarkeit zu, nicht jedoch im Bereich der Tatsachen[1]. Das Parlement war hier versucht, als Hüter des Rechts eine ähnliche unfehlbare Position zu beziehen und mußte zwangsläufig den neuen Regenten herausfordern, der ihm das Recht zugestanden hatte, die Remonstranzen (rechtliche Einreden) *vor* den Registrierungen erfolgen zu lassen. Was war der Erfolg dieser Maßnahme? Die Opposition des Parlement verstärkte sich zunehmend. Sei es im religiösen Umkreis, wo die Weigerung von Geistlichen, Sterbenden die Absolution zu erteilen, wenn sie nicht die Konstitution UNIGENITUS anerkannten, erhebliche Unruhe bis zur Revolution auslöste und das Parlement zum Einschreiten veranlaßte, sei es im weltlichen Bereich: und hier besonders auf dem Gebiet der Finanzen und Steuern. Ludwig XIV. hatte Frankreich die gewaltige Summe von etwa 2,4 Milliarden Livres Schulden hinterlassen, und die Verschwendungssucht des Regenten schien selbst noch den »Sonnenkönig« übertreffen zu wollen. Immer wieder wehren sie sich gegen Steuer- und Abgabengesetze und müssen sich 1718 über die Natur der »Autorität des Königs« aufklären lassen, welcher der »Nezessität der Zeiten« gemäß Gesetze erlassen müsse. Nach Meinung des Regenten »*subsistieren*« sie nur durch den Willen des Souveräns und bedürfen nur dieses Willens allein, um Gesetze zu sein. Ihre Registrierung in den Gerichtshöfen, welchen die Exekution anvertraut ist, fügt der Gewalt des Gesetzgebers nichts hinzu: »Sie ist nur die Promulgation und ein Akt unaufgebbaren Gehorsams, den die Höfe halten müssen«, um damit auch den übrigen Untertanen ein Beispiel zu geben[2].

An der Frage der Gehorsams entzündete sich immer wieder die Auseinandersetzung zwischen König und Parlement, das sich als Vertreter des Staates dann empfand, wenn es meinte, der König würde etwas gegen dessen Wohl und Substanz unternehmen. Denn es gibt »zwei Arten schuldigen Gehorsams gegenüber dem Souverän, die eine ist *ursprünglich* und *ewig*« und verlangt, nichts zu tun, was »gegen das Wohl seines Dienstes und seines Staates« läuft. Sie steht in jedem Fall über der zweiten Art, welche die »momentane« genannt wird[3].

Auch hier wieder ist das System statischer Staatsnormen zu erkennen, die sich dynamischen Ansprüchen des Augenblicks nicht beugen dürfen, wenn nicht die Willkür und *der Despotismus* einziehen sollen. Denn man versteht sich mehr als Vertreter einer soziativ angelegten Staatsdoktrin, die man mit gutem Grund *Depotismus* nennen kann, wird doch der Staat und sein fundamentales Recht als ein *dépôt* betrachtet, als ein »anvertrautes Gut« im Sinne eines ewigen Lehens nach Empfehlung von Jesaia 5,8, wo vor absolutem Besitz gewarnt wird[4].

In einer Remonstranz von 1731 wird diese Haltung ziemlich deutlich: »Unsere Könige haben zu allen Zeiten ihr Parlement wie den ewigen und unmittelbaren Sachwalter (dépositaire) ihrer souveränen Gerechtigkeit (im Sinne von Justiz) betrachtet; sie haben erkannt, daß die Handhabung der Ordonnanzen, welche die öffentliche Ordnung der Jurisdiktionen regeln, das sicherste Gut ist, die stärkste Stütze der Treue und des Gehorsams der Völker gegenüber den Königen . . . Es geschieht durch ihr Parlement, daß ihre Gesetze ihren Völkern bekannt« werden[5].

Mehr noch, 1732 pocht man verstärkt auf die eigene Substantialität, die schon während der FRONDE auch dadurch anerkannt wurde, daß man eine Art HABEAS CORPUS forderte und auch erhielt: »Nein, Sire, in einem Regierungssystem, das so weise ist wie das Ihre, können die Attribute des Souveräns und die Funktionen des Magistrats, welche er etabliert hat, nicht zusammenfließen: Es ist Sache des Souveräns, Gesetze zu geben, es liegt aber bei den Magistraten, sie ausführen zu lassen mit all der Autorität, die er ihnen als Sachwalter (dépositaires) zu diesem Effekt gegeben hat«[6].

Gewiß, der Regent und der 1723 mündig gewordene Ludwig XV. haben sich stets beim LIT DE JUSTICE durchgesetzt, aber oft nur mit gezielten Machtsprüchen und einmal sogar damit, daß das Kanzleiarchiv (dépôt du greffe) grob entweiht wurde, wie in der Affäre »Hôpital Général« von 1751, bei der es sogar dazu gekommen war, daß den befohlenen Arretierungen des Conseil d'Etat solche des Parlements gegenüberstanden. Der »souveräne Gerichtshof« bemühte in diesem Fall, der wieder um die Durchsetzung der Konstitution UNIGENITUS ging, die Pairs von Frankreich und löste damit bei Ludwig XV. heftige Gegenreaktionen aus. Denn der König fürchtete wohl, daß diese Institution substantiell an der Gesetzgebung beteiligt sein wollte und damit seine eigene Autorität in Frage stellte, wie sich auch bei den »großen Remonstranzen« von 1753 zeigte. Die Gefahr einer Doppelmacht zeichnete sich immer stärker ab und damit auch ein wachsender Ungehorsam: »Die Unterwerfung ist die erste Pflicht meiner Untertanen; es obliegt meinem Parlement, ein Beispiel für dieses Fundamentalgesetz in meinem Königreich zu geben«[7].

Was Ludwig XV. hier forderte, basierte aber auf der Voraussetzung, daß er selbst mit seinen Conseils entsprechend den Fundamentalgesetzen Frankreichs verfuhr. Genau an diesem rechtskonformen Verhalten aber hatte das Parlement nicht selten seine berechtigten Zweifel, wußte es doch, wohin es führen konnte, wenn es keinen Rechts-Widerstand leistete. Die Affäre John Law hatte neben vielen anderen Rechtsübergriffen und Machtsprüchen verdeutlicht, was aus der Willkür von Regenten und Königen erwachsen konnte, die nicht mehr zwischen »MEUM und TUUM«

unterscheiden wollten und die Staatseinkünfte als Privatmittel betrachteten.

John *Law of Lauriston* (1671–1729), der Freund des Projektemachers Daniel Defoe und des Abenteurers Alexandre de Bonneval, der nach Auseinandersetzungen mit dem Prinzen Eugen beim Sultan hoch in der Gunst stand, gehört zu jenen »Alchimisten des Papiers«, deren Ideen bis zu Fichte und Adam Müller, Knapp und Keynes reichen. Denn ihm, der bei Colbert, Vauban und Mun manch eine Anleihe gemacht hat, ist es gelungen, über den Vorläufer in Gestalt der »Transportscheine« in Schweden oder die Depositenscheine hinaus, die moderne Banknote zu entwickeln und nach eingehenden Studien bei Banken in Italien das Girowesen entscheidend zu verbessern, sowie die echte Inhaberaktie zu begründen.
In Edinburgh geboren, mußte er das neue Großbritannien wegen einer Duell-Geschichte bald verlassen und trat nach ausgedehnten Studienreisen auf dem Kontinent über die Vermittlung des späteren Kardinals *Dubois* 1715 in die Dienste des Regenten Philipp d'Orléans. Dieser war nicht nur an der Sanierung der Staatsfinanzen interessiert, sondern auch daran, wie er selbst zu Geldmitteln kommen konnte, um seine Genuß- und Prunksucht befriedigen zu können.
Mit der Gründung der *Banque générale* 1716, die zwei Jahre später als *Banque Royale* geführt wurde, erprobte Law sein neues System von Banknoten aus bedrucktem Papier, die bis 1719 »nur gegenüber dem Staate und bei Zahlungen des Staates unbedingte Zahlkraft besaßen«, dann aber als »allgemeines Zahlungsmittel mit unbeschränkter Annahmepflicht« in Umlauf gebracht wurden. Laws Ideen konzentrierten sich seit seiner Schrift »*Gedanken über das Geld und den Handel*« von 1705 vornehmlich darauf, durch ein zentralisiertes Banksystem das bisher regionale und private Bankwesen zu ersetzen, was in Großbritannien erst 1914 gelingen sollte. Dabei ging er von einer Geld-Theorie aus, die auf John Locke zurückgeht und auch in der Staats-Theorie dieser Zeit Verwendung fand: im Mittelpunkt stand dabei die Frage nach dem Substanz- und Akzidenzwert des Silbers, das als Währungsmetall Kupfer und Gold überlegen war. Denn es sei ein Unterschied zwischen dem Primär-Wert des Silbers als marktgängiger Ware und dem Sekundärwert, der sich aus seiner Funktion als Geldmittel ergibt. Aber die Metallbindung des Geldes stehe einer notwendigen quantitativen Vermehrung im Wege. Diese wiederum sei die Grundbedingung dafür, in einem Land Vollbeschäftigung und Steigerung der Warenproduktion zu erreichen. Da aber das Geld

an sich als »das Maß, mit dem alle Waren gemessen werden«, irgendeine Deckung verlangte, die nicht transportabel war, demnach statisch blieb, glaubte er, daß »die Erde, also Grund und Boden, das ist, was offensichtlich seinen Wert zu erhalten vermag«.

Allerdings müsse eine Einlösung der Papiernoten in Edelmetall als Ergänzung der Deckung möglich sein. Aufgrund dieser Zuordnungen, die Verbindungen zu Mun und Quesnay erkennen lassen, sieht er in den Qualitäten von Kredit, Geld und Kapital nur marginale Unterschiede in der Annahme, daß der *Staat* in der Handhabe der Papiernoten, die nur als Währung im Inland zu gelten hatten, sozusagen a priori den Kredit sichert und damit letztlich auch für den stabilen Geldwert steht. Es komme dabei nach Law nur darauf an, »immer das Gleichgewicht zwischen Angebot und Nachfrage bei der Geldemission zu erhalten, weil dann, ebenso wie bei den Waren, der Geldwert nicht schwanken kann«[8].

Das Vertrauen in die Sicherungen durch den Staat und dessen zentrale Lenkung der Geldvermehrung im Sinne einer Inflation sowie durch Grund und Boden erzeugte binnen kurzer Zeit in Frankreich eine einmalige Spekulation, an der sich nicht nur die Angehörigen des Königlichen Hauses, sondern auch der Hochadel und ebenso die »niederen Stände« beteiligten. Besondere Bedeutung kam hierbei der gleichzeitigen Gründung der *Compagnie d'Occident* zu, die auf Aktienbasis im Sinne von Bezugsrechten organisiert war und mit der Kolonialpolitik in Louisiana samt Kanada im doppelten Sinne des Wortes »goldene Berge« versprach.

Diese Politik des schnellen Geldes löste nicht nur eine Zwangsumsiedlung vieler Franzosen ins Mississippi-Gebiet aus, sondern auch die Gründung von New Orleans mit all den kriegerischen Auseinandersetzungen, die danach mit Spanien, England und den neuen Vereinigten Staaten bis zu Napoleon I. hin ausgefochten werden mußten. Darüber hinaus rückte Law in den Staatsrat ein, wurde Generalkontrolleur der Finanzen und übernahm die Generalpacht aller Steuern. Als dann noch die Banque Générale mit der Compagnie d'Occident vereinigt wurde, erhielt Law sogar das Münzregal. Er vereinigte für eine kurze Zeit eine materielle Macht, die selbst jene von Colbert übertraf, mit dem er oft in einem Atemzuge genannt wurde.

Das ganze Unternehmen aber brach 1721 zusammen, als die Banknoten als gesetzliches Zahlungsmittel nicht mehr angenommen wurden. Die Fehler lagen sicher zum Teil bei Law selbst. Kardinal *Fleury* ließ 1729 ein Verfahren gegen ihn einleiten, das ihn allerdings vollständig rehabilitierte und dabei den Regenten indirekt belastete⁹. Denn vor allem dessen unmäßiges Bedürfnis nach Geld und Glanz ließ ein Experiment vorzeitig scheitern, an dem die Spannungen zwischen Feudal-System und dirigistischem Zentralismus deutlich werden.

Diese Zusammenhänge harren noch immer einer genauen Untersuchung. Aber Montesquieu, den Law nach seiner Flucht in Venedig getroffen hatte, gab wichtige, oft übersehene Hinweise auf die destruktiven Wirkungen des Law-Systems, das bei einigen Theoretikern des Staats-Sozialismus Anklang gefunden hat: »Infolge ebenso großer Unkenntnis des republikanischen wie des monarchischen Staatsaufbaus wurde Law zu einem der größten Schrittmacher des *Despotismus*, den man bisher in Europa erlebte. Abgesehen von seinen so brüsk, ungewöhnlich und unerhört ins Werk gesetzten Änderungen, wollte er die *vermittelnden Schichten* abbauen und die politischen Körperschaften auflösen. Durch seine chimärischen Anleihen-Rückzahlungen machte er die Monarchie zahlungsunfähig und wollte offenbar sogar die Staatsform mit Geld aufwiegen.«

Die Sorge um den Erhalt der Zwischenmächte, die Montesquieu durch Law gefährdet sah – galt ihm doch die Formel »kein Monarch, kein Adel; kein Adel, kein Monarch. Sonst hat man einen Despoten« als Inbegriff erfüllter Politik –, verband er bei dieser Kritik mit der Erinnerung daran, daß diese Zwischenglieder in einer Monarchie noch eine fundamentale Ergänzung haben müssen, wenn der Despotismus verhindert werden soll: »Es muß noch eine Instanz als Obhut über die Gesetze geben«¹⁰.

Und diese Instanz konnte eigentlich nur das Parlement de Paris sein, das dem Regenten und Law mehr als einmal verdeutlichte, daß es Hüter des Rechtes war. Die Riesenpleite, die zeitlich fast mit dem »Südsee-Schwindel« in England zusammenfiel, gab ihm vordergründig recht. Sie markiert einen enormen Vertrauensschwund in die Kreditwürdigkeit des Staates, dessen Reputation das Parlement mit seinen Remonstranzen gegen alle Übergriffe des Königlichen Hauses sichern wollte, so daß Ludwig XV. mehr als einmal Gelegenheit hatte, den Klagesatz anzustimmen: »Ich bin mit meinem Parlement sehr unzufrieden«¹¹.

Wie sehr sich das Parlement nicht nur zum *Sachwalter* des Königs, sondern auch des Staates gemacht hatte, zeigt die berühmte *Séance de la flagellation* (Sitzung der Geißelung) vom 3. März 1766. Man muß sich bei diesem massiven Zusammenprall zwischen König und Parlement stets vergegenwärtigen, daß die Mitglieder dieses »souveränen Gerichtshofes«, wie bei den anderen Parlements auch, Besitzer ihrer Ämter waren, also vom König nicht abgesetzt werden konnten. Für eine absolutistische Monokratie, aber auch für libertäre Monarchien und Republiken eine fast unerträgliche Situation, die wenig mit dem Bild übereinstimmte, das sich manch ein Ausländer vom französischen Königtum und der »absoluten Autorität seines Herrschers« machte. Gerade die Existenz des Parlements zeigte, daß das monarchistische Frankreich nicht auf den Ruinen der Feudalherrschaft errichtet worden ist[12], sondern geradezu Ausdruck einer Feudallage war, an welche Ludwig XV. allerdings ungern erinnert werden wollte.

In der genannten Sitzung verwahrte er sich energisch gegen jeden Versuch, in seinem Reich »eine Widerstands-Vereinigung« zu dulden, welche die vorhandene »Harmonie« zu stören gedachte. Es sei eindeutig, daß die Parlements als Magistrat »keine Körperschaft« bilden und schon gar nicht »einen Stand (ordre), von den drei Ständen des Königreiches getrennt«, darstellen dürften. Sie galten nur als Beauftragte des Königs zur Wahrnehmung der Justiz und nicht als eine »Körperschaft, geteilt in mehrere Klassen«. Mit der Ansicht, sie sei »notwendigerweise unteilbar« und mache letztlich »die *Essenz* der Monarchie« aus, d. h. »den Sitz, das Tribunal, das Organ der Nation«, das nicht allein dem König, sondern auch der ganzen Nation und zu beider Wohl verpflichtet sei, konnte sich Ludwig XV. nicht anfreunden. Schon gar nicht mit dem vorgehaltenen Anspruch des Parlements, »daß es *zwischen dem König und seinem Volk Richter ist;* daß es als Wächter (gardien) das Gleichgewicht des Regierungssystems hält, in gleicher Weise den *Exzeß der Freiheit* und den *Mißbrauch der Gewalt* unterdrückt; daß die Parlements mit der souveränen Gewalt bei der Gesetzgebung kooperieren« und sich gar als »unüberwindliche Barriere« gegen die »arbiträre Autorität« verstehen, wenn diese »illegale Akte« als Gesetze registrieren lassen will. Alle diese Vorstellungen kämen schließlich aus dem Mißverständnis der »Fundamentalgesetze des Staates«. Denn es sei klar und dürfe nie vergessen werden, daß »*die souveräne Gewalt in meiner Person allein sitzt*«.

Und von ihm erhalten alle Magistrate »ihre Existenz und ihre Autorität«. Sie sind also in bezug auf den Staat nur wesentlich über die Belebung durch den König allein. Dieser faßt seine Qualität so auf, daß von ihm alle Macht ausgeht, und damit jedes magistrale Amt unter ihm nur Akzidenz sein soll: »Die öffentliche Ordnung fließt vollkommen aus mir« nicht anders als »die Rechte und die Interessen der Nation«. Wird dieses Prinzip nicht mehr respektiert und greift der »Geist der Unabhängigkeit« in diesen Gremien weiter um sich, dann sind Freiheit, Sicherheit und das Recht der Nation in Gefahr. Mehr noch, »die Verwirrung und Anarchie nähmen den Platz der legitimen Ordnung ein«[13].

Diese Worte von 1766 veranschaulichen das stets virulente Problem des Ancien Régime und der Vertragsverfassungen im öffentlichen Bereich überhaupt. In die Worte Ciceros gefaßt, die Hobbes nicht ohne Grund zitiert: »UNUS SUSTINEO TRES PERSONAS: MEI, ADVERSARII ET IUDICIS (Ich stelle als Einzelner drei Personen dar: die eigene, die des Gegners und die des Richters).«[14] In diesem Sinne begreift Ludwig XV. die Einheit Frankreichs in seiner Person als »roi sacre«. Seine Stellungnahme verweist gleichzeitig auf eine Argumentation, wie sie 1680 bei Karl XI. und seinen »neuen Staatsmännern« zu beobachten war. Die Existenz eines *Mediators* zwischen König und »Volk« wird nämlich abgelehnt und damit auch die Möglichkeit der Rechtskontrolle durch ein Organ, das die Trichotomie einer Vertragsverfassung zu sichern hat. Ist es ein Zufall, daß Ludwig XV. sich 1766 so sehr gegen die Ansprüche des Parlements wehrt und seine »souveräne Gewalt« verteidigt, während gleichzeitig in Schweden mit dem Sieg der »Mützen« verhindert wird, daß das Königtum in eine Machtposition geriet, wie sie der Bourbonen-König beanspruchte und für den Schweden-König wünschte?

Sicher ist, daß Ludwig XV. mit der Geheimdiplomatie des »*Secret du Roi*« nach Abschluß des Siebenjährigen Krieges sein sicherheitspolitisches Hauptinteresse auf Schweden richtete und sich dabei mit Plänen beschäftigte, die eindeutig auf eine Überwindung des dortigen libertären Systems zielten[15]. Das bedeutete auch die Ausschaltung der Zwischenmacht Reichsrat mit den zugehörigen Gerichten. Ein Vorgang, den Ludwig XV. selbst im Rahmen der vorgegebenen Monarchie dadurch vollzog, daß er 1771 das Parlement in eine Art »Exil« schickte und es mit einem neuen Conseil ersetzte.

Dieses Vorgehen wurde als eine despotische Maßnahme empfunden, die nicht einmal durch scheinlegale »Erklärungen« der Stände gedeckt war, und nicht weniger despotisch mutete seine Arkanpolitik an, die an den zuständigen Staats-Conseils vorbei im Stile einer Haus-Politik betrieben wurde.

Es hat den Anschein, als steigerte sich die Geheimpolitik Ludwigs XV. im gleichen Maße, wie sich in Frankreich über die Zeitschriften – »Mercure« und »Gazette de France« waren wohl die wichtigsten – und sonstige Publikationen das bildete, was man »öffentliche Meinung« zu nennen pflegte[16]. Jedenfalls beginnt

dieser König, in außenpolitischen Dingen von Conti beraten, der sich beim Ausbruch des Siebenjährigen Krieges dem Einfluß der Pompadour beugen muß, mit dem Aufbau einer Arkanpolitik, in die nur wenige Minister, Diplomaten und Botschafter eingeweiht waren.
Durch die Heirat mit Maria Leszczynska 1725 war Ludwig XV. persönlich an der Politik Stanislaw Leszczyńskis interessiert. Bekanntlich ließ ihn Karl XII. 1704 zum Gegenkönig Augusts II. wählen, der sich aber durchsetzte und bis 1733 regierte. Mit dessen Tod rechnete sich Leszczyński neue Chancen aus, wurde auch 1733 erneut zum König Polens gewählt, mußte aber dann doch August III. aus dem Wettiner Haus weichen und verzichtete nach dem von Frankreich ausgelösten Krieg um die Thronfolge im Wiener Präliminarfrieden von 1735 auf seine Königsrechte. Als Entschädigung erhielt er das Herzogtum Lothringen, das nach seinem Tod 1766 an Frankreich fiel[17].
Schon vor diesem Polnischen Thronfolgekrieg war Ludwig XV. klar geworden, wie wichtig die Länder des Ostens und Nordens mittlerweile geworden waren, um das Gleichgewicht in Europa auf der Basis des Westfälischen Friedens erhalten zu können, als dessen Garant Frankreich seine Interessen wahrte. Nicht anders als im Siebenjährigen Krieg mit dem »renversement des alliances«, d. h. der Machtverbindung Hohenzollern-Preußens mit Hannover-England in der *Westminsterkonvention* von 1756, welcher noch im gleichen Jahr das Arrangement zwischen Bourbonen-Frankreich und Habsburg-Österreich gegenübergestellt wurde. Nach dem Krieg blieb das Bündnis trotz habsburgischer Reserviertheit bestehen und ermöglichte auch die Heirat Ludwigs XVI. mit Marie Antoinette. In dieses Kalkül der vier führenden Mächte spielte nicht nur der Kolonialgegensatz zwischen England und Frankreich hinein, und zwar vornehmlich hinsichtlich *Nordamerika*, sondern auch das seit Peter I. mächtig aufstrebende *Rußland*. Dessen Despotie, wie sie sich trotz der Interventionspolitik in Polen zugunsten der »Goldenen Freiheit« der Adelsrepublik in Wirklichkeit als machtpolitische Sicherung des Vorfeldes darstellte[18] und wie sie auch in Schweden nun beim Sieg der rußlandorientierten »Mützen« zu beobachten war, sollte von Frankreich aufgehalten werden, um die eigene Position als Macht ersten Ranges zu halten, was schon im Hinblick auf Österreich geboten war.
Angeleitet von dem »Russenhasser« *Choiseul* (1719–85), der nach dem Kardinal-Premier Fleury hauptsächlich die Außenpolitik leitete, aber auch im Inneren eine Reihe von wichtigen Maßnahmen durchsetzte (Reform des Heeres nach preußischem Vorbild,

Ausbau der Flotte, Verbot des Jesuitenordens 1764, um das ›jansenistische‹ Parlement in seiner Opposition zu mildern), wird dem König vor allem eines bewußt. Gelang es Rußland unter Katharina II., die Wahl von Stanisław August *Poniatowski* als König Polens durchzusetzen, dann war nicht nur dessen Freiheit in Gestalt der »Kardinalrechte«, des »Liberum veto« und der freien Königswahl gefährdet, sondern es mußte auch bald darauf Schweden mit seinem libertären System fallen und als mögliches Gegengewicht zu Rußland ausscheiden.

Noch zu Contis Zeit sah man eine Koalition zwischen Frankreich, Schweden, der Osmanischen Pforte, Polen und auch Preußen vor, welche das Gleichgewicht gegenüber Rußland, Habsburg und England sichern sollte und damit auch die »Ruhe des Reiches«. Man glaubte sogar von französischer Seite an ein militärisches Eingreifen Schwedens auf seiten der Adelsrepublik gegen Rußland, aber dazu kam es nicht. War man anfänglich noch daran interessiert, das libertäre Verfassungssystem Schwedens mit Unterstützung der »Hüte« zu akzeptieren, so häuften sich ab 1762 die Absichten, die Befugnisse des Königs entscheidend zu erhöhen. Das »Memorial« Havrincours' aus diesem Jahr macht den Umschwung deutlich. Vor allem Choiseul drängt darauf, in Schweden eine Revolution zu betreiben und zu finanzieren, deren Ziel die Absolutesse des Königs zu sein hatte, auch wenn das Modell der Verfassung in England dafür angeboten wurde. Denn dieser Umsturz sollte nicht mit gesetzlichen Mitteln durchgeführt werden, wie das Axel von Fersen, der Mittelsmann zwischen Ludwig XV. und dem Kronprinzen Gustav (III.), wünschte, sondern mit Gewalt, Geld und List[19].

Die Pläne und Überlegungen dazu häuften sich nach 1766 und erhielten über die persönlichen Beziehungen Gustavs mit Ludwig XV. eine neue Qualität. Das Ergebnis war, daß Frankreich Millionen Livres an Subsidien einerseits zahlte, um Schweden als Verbündeten im Norden Europas zu halten, dann aber auch Millionen Livres dafür ausgab, daß Gustav III. mit Bestechungen und Gunsterweisen seinen Staatsstreich vorbereiten konnte, der allerdings im »Secret du Roi« selbst auf Widerstand stieß, Ludwig XV. und seinem Botschafter *Vergennes* aber als notwendig erschien. Beide glaubten daran, daß in dieser Situation eine absolutistische Machtsteigerung des Königtums Schweden als Garanten des Gleichgewichts und Gegengewichts zu Rußland erhalten werden könnte.

Es paßte zu dieser Denkart Ludwigs XV., daß Choiseul 1771 gestürzt wurde, stand er doch im Verdacht, Anhänger einer Aristokratie als Regierungssystem zu sein, während gleichzeitig das Parlement de Paris ausgeschaltet wurde und die Pläne für eine Revolution zugunsten des Absolutismus in Schweden konkrete Gestalt annahmen. Die Unterstützung der *Konföderation von Bar*, die 1768 als Reaktion auf den »Toleranztraktat« Polens mit Rußland gegründet worden war, um Rußlands Einfluß zu bekämpfen und die Katholizität Polens wiederherzustellen, verschiebt das Bild nur unwesentlich, das Ludwig XV. zu diesem Zeitpunkt bietet. Beherrscht von seiner Mätresse *Pompadour*, im Kampf mit dem Parlement dem Scheine nach überlegen, treibt er Außen- und Sicherheitspolitik nach einem fast privaten Arkanverfahren und zerstört auch damit das Vertrauen der übergangenen Conseils, von den finanziellen Belastungen aus dieser Politik nicht zu reden[20].

Er hat mit seiner extremen Personalisierung der Politik tatsächlich das Königtum weiterhin geschwächt und Frankreich in eine Politik hineinmanövriert, welche der Machtverschiebung seit 1648 im Nordosten Europas nicht gerecht wurde. Schwedens Stellung einer großen Macht war seit 1721 nicht mehr mit Millionen Livres zu halten, und die Entsendung des Generals *Dumouriez* (1739–1823) zu den Konföderierten von Bar rettete Polen nicht vor seinem ersten großen Gebietsverlust, der als erste Teilung bezeichnet wird[21]. Den Aufstieg Rußlands zu einer großen europäischen Macht hat man zwar geahnt. Aber man hat übersehen, daß damit auch die Schwächung Schwedens und der Osmanischen Pforte verbunden war, den beinahe traditionellen Bündnispartnern Frankreichs. Nur allmählich lernte man, daß sowohl im Osten eine neue Macht heranwuchs als auch im Schatten Englands das revolutionäre Amerika.

Erst als General *La Fayette* (1757–1834) im Jahre 1779 – nach der Teilnahme am Unabhängigkeitskrieg, und zwar mit einer Art Privatarmee – in Paris die öffentliche Meinung mobilisierte[22], änderte sich die Einstellung der Regierungselite. Diese sah zwar im gleichen Jahr mit dem Frieden von Teschen das europäische Gleichgewicht auf der Basis von 1648 gesichert, erlebte aber mit dem Garantiewechsel von Schweden zu Rußland nachdrücklich, welche Veränderung im Sicherheitssystem Europas eingetreten war, dem Frankreich zusätzlich beim Tode Ludwigs XV. ein seltsames Schauspiel geboten hatte: Dem König wurde auf dem Sterbebett die Absolution erst erteilt, als er sich im Angesicht des Adels zu seinen Machtsünden und Rechtsbrüchen bekannt hatte! Sein praktischer Absolutismus hatte die Sinne für die institutionelle Freiheit geschärft, und bald nach seinem Tod triumphierte wie 1715 die libertäre Reaktion.

Liegt eine der Hauptursachen für die Revolution von 1789 darin, daß das Königtum den Absolutismus auf die Spitze trieb, wie oft angenommen wird, oder beruht sie darauf, daß es den Bourbonen-Königen nicht gelungen ist, die »Feudal-Verfassung« (constitution des fiefs) Frankreichs zu überwinden? Im ersten Fall steht fest, daß trotz der zeitweise absolutistisch gehandhabten Regierungsgewalt das Königtum nicht in der Lage oder auch nur gewillt war, die LOI SALIQUE von ihrer emphyteutischen Qualität in eine patrimoniale Substanz mit einem unumschränkten DOMINIUM ABSOLUTUM zu verwandeln. Frankreich hat die patrimoniale Phase des Erb-Königtums nicht erlebt, dafür aber seit der umfassenden »Reformation der Gewohnheitsrechte« im 16. Jhd. den anhaltenden Versuch der Könige und ihrer Kardinal-Premiers oder Minister, dem Königtum nach und nach wieder Kompetenzen zu sichern, die ihm bei der fortschreitenden Ausbildung des Feudalsystems abhanden gekommen waren. Man sprach dabei von »*Usurpationen*« einer Reihe von Rechten und Zuständigkeiten durch untergeordnete Organe, vor allem der sog. *Seigneuries* oder Herrschaften. Von ihnen sagt sogar *Renauldon*, einer der größten »Feudisten« des 18. Jahrhunderts und in gewissen Stücken Anhänger Montesquieus, der sich gegen die verbreitete Usurpations-Theorie wehrte: »Nachdem die seigneurs das Eigentum an den Lehen usurpiert hatten, usurpierten sie auch das Recht, sich den Mahl- und Backbann zuzulegen« oder gar das Jagdrecht, das er als königliches Recht betrachtet[23].

Man erkennt nicht nur an diesem Hinweis einen dem Lehnswesen anscheinend immanenten Veränderungsprozeß, der unterhalb des Königtums die Patrimonialisierung von Lehen fördert, ihren Umschlag von Lehen in Allod betreibt und damit auch eine Erbgesessenheit, welche das von den Königen beanspruchte Heimfallsrecht zumindest teil- und zeitweise völlig blockiert. Diese Umpolung von DOMINIUM UTILE auf DOMINIUM DIRECTUM – beide Bereiche werden in der Enzyklopädie Diderots ausführlich behandelt – lähmte nicht nur das römisch-deutsche Kaisertum gegenüber den Reichsfürsten und Ständen, sondern auch das polnische oder dänische Königtum. Denn mit dieser possessiven Sicherung von Lehen war auch die Garantie öffentlicher Funktionen verbunden. Dies gilt besonders für das Gerichtswesen der Seigneuries, die in manchen Bereichen der Patrimonialgerichtsbarkeit jenseits des Rheins glich, aber bezüglich des Bauerntums doch nicht so bedrückend wirkte, auch bei den Natural- und Geldabgaben nicht, da es in Frankreich kaum Leibeigenschaft gab. Und dies beruhte im wesentlichen darauf, daß die Rechtsform des bäuerlichen Allods (franc-alleu) weit verbreitet war und daher die Verpflichtung zur

Fron (corvée seigneuriale) gemäßigt ausfiel, was allerdings von Landschaft zu Landschaft verschieden sein konnte[24].

Wie kompliziert und verwirrend nicht nur das Steuersystem in Gestalt der Grund- und Salzsteuer war, sondern auch der Bereich der »Nutzungsrechte« (droits utiles), vermittelt Renauldon in einer Überfülle von Rechtsbegriffen, die selbst Tocqueville resignieren ließen. Sie müssen aber über das quantitative Vermessen des »ländlichen Frankreich« hinaus, wie es seit Jahren mit Eifer betrieben wird, in Betracht gezogen werden, wenn die gängige These von der Totalherrschaft des königlichen Absolutismus und die daran geknüpfte Unterdrückungs- und Ausbeutungstheorie nicht das letzte Wort in bezug auf die Entstehung der Revolution sein sollen. Von der »saisie féodale« (Pfandnahme von Lehen) über den »rachat« (Abgabe bei Lehnswechsel) zum »quint et requint« (Verkaufsabgabe für Lehen) oder zum »droit d'indemnité« (Recht auf eine Abfindungssumme beim Lehnswechsel an Kirchen oder Korporationen)[25] war Frankreich von einem dichten Netz possessiver Ansprüche überzogen, deren Einhaltung und Schutz Aufgabe des Königtums war und damit auch der Parlements. Letztere mußten sich dann widersetzen, wenn die Könige Eingriffe vornahmen, deren Berechtigung vom Standpunkt der Legalität aus nicht zweifelsfrei war.

Legalität im Rahmen des vertraglichen Lehnswesens, das in einem beträchtlichen Maße patrimonial erstarrt war, geriet aber in Konflikt mit den Erfordernissen einer Staatsräson, die den Staat mehr und mehr verschulden mußte, um seine Ausgaben leidlich zu decken, nachdem die Mißstände im Steuer- und Pachtwesen kaum abzustellen waren. Versuche zu entsprechenden Reformen gab es in theoretischer wie praktischer Hinsicht. Vor allem François *Quesnay* (1694–1774) bemühte sich um das Aufbrechen einer Eigentumsordnung und Besitzstruktur, in der nach Arthur Young nur eine »Sucht« fast alle Einwohner beherrschte, nämlich »Grundeigentümer zu werden«[26].

Die daraus erwachsende soziale Mobilität blieb aber weitgehend systemimmanent. Quesnay nun suchte sie unter dem Schlagwort »*Laissez faire, laissez passer*« so zu steigern, daß sie die Produktion besonders in der Landwirtschaft erhöhte. Diese sollte in der Rückbesinnung auf den Wert von Grund und Boden gefördert werden, schon im Hinblick auf die Getreidebeschaffung, deren Natur damals viele »Ökonomisten« beschäftigte: So nannte man u. a. die Anhänger der *Physiokratie*, der Lehre Quesnays von der Herrschaft der Natur also, deren Kreisläufe, dem menschlichen Blutkreislauf vergleichbar, vom Staate aus nicht unnötig gestört werden sollen.

Quesnay, der Sohn eines Kleinbauern und Leibarzt Ludwigs XV.

wie der Pompadour, drang in seiner Lehre auf die Beachtung der Naturgesetze. Dabei erschien ihm das historische Recht vieler Sonderinteressen, etwa der Berufs-Korporationen und der sonstigen Stände, als ein Hindernis für die geforderte Arbeits- und Handelsfreiheit. Ihr Abbau bei gleichzeitiger Beibehaltung der übrigen Ordnung sollte ein »Agrar-Reich« (royaume agricole) schaffen. Es sollte zum Inbegriff einer »natürlichen Ordnung« werden, in der dem Ackerbau vor der Industrialisierung der Vorrang gegeben wurde. Zu dieser possessiven Reaktion, die gleichzeitig auch die Emanzipation vom dirigistischen Merkantil-Denken verlangte, paßte die Legitimierung eines Königtums, das unter dem Stichwort »*Despotisme éclairé*« in der Übersetzung »aufgeklärter Absolutismus« zu Mißverständnissen führte. Denn es soll trotz aller Machtfülle ein »Despotisme legal« sein, ein Despotismus im Rahmen des Rechts und damit der Natur. Was antwortete Quesnay auf die Frage Ludwigs XV., was er zu tun gedächte, wenn er selbst König sei? »Nichts!« Und als ihn der erstaunte König erneut fragte, wer dann zu regieren hätte, soll er erwidert haben: »Die Gesetze«[27].

Die Orientierung an einer Rechtsordnung, die in erster Linie der Sicherung des Individuums und seines Eigentums mit zugehörigen Freiheiten zu dienen hatte, machte die Physiokraten zu Vorläufern des ökonomischen Liberalismus etwa im Sinne von Adam Smith, jedoch ohne die politischen Konsequenzen in Richtung Parlamentarismus nach Maßgabe der »checks and balances«. Sie lehnen deshalb auch Montesquieus Modell der Gewaltenteilung und Zwischenmächte ab und sprechen sich für die *Erbmonarchie* aus. Dabei geben sie dieser vor der *Wahlmonarchie* auch deshalb den Vorzug, weil sie von der Wirtschafts- und Entscheidungskraft eines »Eigentümers« (propriétaire) überzeugt sind. In dieser Qualität bekennen sie sich auch zum Erb-König und seiner »absoluten Gewalt«, allerdings nur hinsichtlich seiner Domänen, muß er doch sonst gerade die Rechtsbindung an den »ordre naturel« anerkennen und sich möglichst des bisherigen Interventionismus in den ökonomischen Prozeß enthalten. Nicht umsonst sieht *Rivière* in der Handhabe *direkter Steuern*, welche den Eigentümer am meisten traf, den Ausdruck eines »willkürlichen Despotismus«, während ihm das Erheben *indirekter Steuern* als Ausfluß des richtigen Gebrauchs der Freiheit vorkam und der Achtung vor Recht und Gesetz. Es erstaunt deshalb nicht, daß gerade der Abbé *Galiani* die Physiokraten wegen ihres Legalismus verspottet und trotzig fordert: »In der Politik lasse ich nur den reinen Machiavellismus zu, unverwässert, roh, scharf, in all seiner Kraft und Herbheit«[28].

Was die Ökonomisten in der Rückkehr zur Wertschätzung von Grund und Boden samt Vollbesitz als »legalen Despotismus« verstehen, der mit der »absoluten Monarchie« verbunden wurde, entspricht im Grunde der Unterscheidung von JUS und LEX bei Bodin. Sie fordern aber neben der ökonomischen Autonomie des Individuums nicht nur eine weitgehend dezentralisierte und reaktivierte Selbstverwaltung in den Regionen und Kommunen des Reiches, sondern auch eine Art Generalstände. Dafür handelten sie sich manche Kritik ein, wurde doch gerade in diesem Gremium eine Gefahr für das Königtum gesehen[29].

Wäre Frankreich wirklich eine patrimonial angelegte Monokratie gewesen, dann hätten sich diese Wünsche, Ideen und Projekte im Grunde erübrigt. Tatsächlich hatten diese Theoretiker und praktisch tätigen Reformer aber das komplizierte Schachtelsystem einer Monarchie vor sich, deren Feudal- und Regionalsubstanz bei aller nominellen Machtfülle des Königs noch so stark war, daß selbst die beiden bedeutendsten Reform-Politiker des Ancien Régime in den 70er und 80er Jahren bald überfordert waren. Gemeint sind der Baron *Turgot* (1727–1781) und Jacques Necker (1732–1804).

Turgot, ein Kenner deutscher Reimtechnik und Bewunderer Descartes', von dem er sagte, er hätte das »Joch der Autorität« abgeschüttelt, unterstützt von Kepler und Galilei, und »die Notwendigkeit einer *Revolution* gespürt«, die er selbst durchgeführt habe, unterschied in bezug auf die Diskussion um den *Despotismus* »die Staaten des Morgenlandes« von den »Königreichen des Abendlandes«. Dabei machte er die Rückständigkeit in den Wissenschaften, wie sie in den Ländern des *Mahometismus* zu beobachten sei, von der Unterdrückung der Freiheit abhängig und begründete den »Fortschritt« (progrès) im Okzident mit der Abwesenheit von Despotismus und mit der Wirkung des Christentums. Europa zeichne sich vor allem dadurch aus, daß es nicht eine »Gesellschaft ohne Gesetze« sei. »Die Gesetze müssen die Menschen binden«, jedoch nur zu »ihrem Glück«, für das der König zu wirken habe, und zwar in der Handhabe einer »legitimen Autorität«, wie sie die Kirche sichert. Kennzeichnend für den Despotismus sei, daß er »alles militärisch macht«, das Volk zu »Sklaven des Fürsten« degradiert, die Bestrafung auf »arbiträre« Weise gestaltet, und daß sich seine Vertreter in alles einmischen: Ein wahrer Monarch jedoch benimmt sich nicht auf diese Weise.

Seine Einstellung gegenüber Friedrich II. von Preußen und Joseph II. vermittelt seine dialektische Sicht auf dieses Dauerthema in der

Diskussion um die Struktur des »besten Staates«. Vor allem Joseph II. kritisiert er bei aller Anerkennung heftig für »die geringe Achtung vor alten Verträgen, die Neigung, alles mit Gewalt zu entscheiden«. Turgots Vorstellung von »aufgeklärter Humanität« geht von dem Grundsatz aus: »Der Mensch ist frei.« Was nötig ist, zeigt die Natur selbst, d. h. ein System des »Gleichgewichts«, das nach innen wie nach außen gilt und letztlich von »Verfassungsverträgen« (contrats de constitution) abhängig ist. Sie stellen »die Seele von Europa« dar, was Ludwig XIV. in seinem Krieg gegen Holland so wenig beachtet hatte wie das »Haus Österreich«. Beide wollten das Gleichgewicht stören und sind gescheitert. Seine Gefährdungen kamen in erster Linie aus dem Umstand, daß das *Erbprinzip* (hérédité) aus seinen rationalen Sicherungen gelöst wurde und im Geist der »Ambition« mancherorts dazu führte, daß »man die Staaten wie *Patrimonien* der Fürsten betrachtete«. Daraus fließt der Umstand, daß die Frauen regierten (eine Kritik an der Mätressen-Wirtschaft?), »Menschenrecht« (droit des gens) gegen Verträge mißachtet würde und Landteilungen erfolgten. Ja, »Fürsten vererbten das Eigentum ganzer Provinzen, als gehörten diese ihnen und nicht den Völkern«, doch »die Staaten in Europa folgten dem gleichen Gesetz wie die Lehen (fiefs)« und das bedeutete den Verträgen[30].

In der Absage auch an den »legalen Despotismus«, dessen Lehre er der »Schule von Mailand« zurechnete[31], und in den Bekenntnissen zur Freiheit und wahren Monarchie erscheint ihm der Staat an sich im Lehenssinn als *Pachtgut* und damit als »anvertrautes Gut«, das im Geist der Proportionalität, der Billigkeit und der Toleranz auch im religiösen Bereich verwaltet und gestaltet werden muß im Bewußtsein, das Eigentum optimal zu nutzen. Als Intendant von Limoges zeigte er seit 1761, was zu leisten war, wenn die kommunalen und regionalen Kräfte wieder aktiviert wurden. 1774 von Ludwig XVI. in den Staatsrat berufen und zum Generalkontrolleur der Finanzen ernannt, von Voltaire und Condorcet freudig als Reformer begrüßt, ist er aber bald gescheitert. Die Sparpolitik, die er dem auf Luxus eingestellten Hof verordnete, paßte ebensowenig wie die neue Einheitssteuer, eine Variante der Taille (subvention territoriale), die Ablösung der bäuerlichen Fron durch Geldabgaben, der Abbau von Brücken- und Wegegeldern oder die Beseitigung von Feudal- und Zunftrechten, welche den Kreislauf der Ökonomie behinderten. Der zusätzliche Versuch, über die »Munizipialitäten« die Lokalverwaltungen zu stärken und damit die Eigentümer zu erhöhter Eigenverantwortlichkeit für das Staatsganze zu bringen, schaffte ihm mehr Feinde als Freunde. Bereits nach zwei Jahren war er am Ende. Das Feudal-System in

seinen patrimonialen Erstarrungen und vielfältigen Gewohnheiten war stärker; von den Widerständen am Hof, im Adel oder im Klerus und im Parlement de Paris ganz abgesehen[32].
Turgot, mit dem Law-System und der ökonomischen Theorie der Zeit bestens vertraut, ein Freund von Adam Smith, fehlte für das Programm des »Laissez-les faire« und seine Durchsetzung eine politische Kraft. Vom König allein, dessen absolute Macht durch Einzel- und Standesinteressen geradezu paralysiert werden konnte, war das ›freie Spiel der Kräfte‹ nicht zu erzwingen, und »die allgemeine Revolution in den Geistern«, auf die er hoffte, war noch nicht so weit gediehen, um seine Pläne zu verwirklichen. Die Mitarbeit an der Enzyklopädie reichte da noch nicht aus, auch nicht die Tätigkeit an der Sorbonne oder im Parlement als Richter. Aber er hatte ein Zeichen gesetzt, das Folgen haben sollte, nicht anders als die Entscheidung Ludwigs XVI. bei seinem Regierungsantritt von 1774, das Parlement de Paris wieder in seiner alten Gestalt zuzulassen.

Im Rahmen eines LIT DE JUSTICE wird die Abschaffung des besonderen Conseil von 1771, wie es der Kanzler Maupeou geschaffen hat, begrüßt und das Parlement als »Körperschaft« bezeichnet, welche sich »durch den Staat dem Dienst seiner Könige widmet«, und zwar in der Pflege der »Autorität der Gesetze«. Dieser Reaktivierung wird sogar Epochen-Charakter zugeschrieben. Man beglückwünscht den König und die Nation zu diesem »schönen Tag« der Rückkehr eines Gremiums, dessen Funktion auch darin bestehen soll, »die Kenntnis der Wahrheit« zu pflegen: »Und! Durch wen, Sire, könnte die Wahrheit sicherer zum Fuß des Thrones gelangen als durch die Stimme der Prinzen Ihres Geblütes, der Großen Ihres Reiches und durch die Magistrate Ihres Parlements?«[33].
Hier erscheinen wieder die Kräfte und Zwischenmächte, die Montesquieu als Sicherungen vor Despotismus schätzte. Ein Politiker, wie der Marquis *d'Argenson*, zwischen 1744 und 1747 Außenminister, lehnte sie jedoch in einem Reformprogramm von 1737 ebenso ab wie den *Feudismus* Boulainvilliers. Besonders stört ihn das Lehnswesen und dessen Beschränkungen des Königtums. Dabei spricht er von »einer Usurpation des Königtums« und meint damit die erwähnten Zwischenmächte, die man durch eine »wahre Demokratie« ersetzen könne, ohne die Monarchie zu gefährden, die auf einem Vertrag zwischen König und »Volk« beruhe. Und als logisches Resultat dieser reziproken Beziehung möchte er nicht die vorhandenen Dritt-Organe bemühen, sondern einen »Conseil de la raison« einrichten, um Mißbrauch von Macht und Freiheit zu

verhindern. Die vertragliche Trichotomie auch in diesem Programm zeigt erneut, daß selbst den engsten Mitarbeitern der Könige jener Absolutismus, wie er in der Historiographie oft dargestellt wird, fremd war. Sie fürchteten wohl den Despotismus mit Willkürakten und in seiner »orientalischen« oder militärischen Form, aber trotz aller Kritik am Zustand Frankreichs empfanden sie das eigene System keineswegs in diesem Sinne.
Es ist schon ein Schauspiel besonderer Art zu sehen, wie sich der »Bürger von Genf« Rousseau darum müht, das vorhandene Feudal- und Klerikalsystem mit seinen republikanischen Ideen aufzubrechen, während ein anderer Bürger von Genf, nämlich der Bankier *Necker*, alle Anstrengungen unternimmt, um die Mißstände in den Finanzen der Monarchie Frankreichs zu beheben. Als Nachfolger Turgots, dessen Freihandelspolitik im Bereich des Getreidehandels er kritisierte, konzentriert er sein Reformprogramm in einer gewissen Abkehr von Turgot wieder auf Interventionen des Staates von seiten des Königs. Dabei erscheint ihm der Schutz der *Verbraucher* gegenüber den *Produzenten* besonders nötig. Aber beide sollen mit einer »proportionierten« Steuer zur Gesundung der Staatsfinanzen beitragen.

Abb. 4:
Karikatur zu den
Drei Ständen Frankreichs
im Ancien Régime

Die Politik der »gerechten« Steuer stieß aber bei den zugehörigen Maßnahmen der Umschichtung auf das alte System der Pensionen des Adels, die der König zu leisten hatte, auf die Sinekuren (einträgliche Pfründe meist des Klerus ohne Amtsgeschäfte) und sonstigen Vorrechte. Trotz eines behutsamen Vorgehens wuchs aber der Widerstand der Betroffenen, und Necker fand sich in seiner Analyse dort wieder, wo eine Reihe seiner Vorgänger das Wesen dieser Monarchie auszumachen versuchte – »in der Erblichkeit des Thrones«.

Landläufig verstand man nach *Necker* darunter »ein patrimoniales Arrangement« zur Vererbung »von Eigentümern«. Auf den Staat übertragen, findet sich die »erbliche Autorität« zwar bei denjenigen Nationen, die einem »despotischen Regierungssystem unterworfen« sind und vom »Terror« regiert werden, aber auf Europa übertragen, erweist sich die Erblichkeit »von einer sehr milden Art«. Denn sie ist von einer »besonderen Vermittlung« (médiation singulière) geprägt, die personell »von einer Klasse von Menschen« getragen wird, welche »im Staat die ersten Würden« einnehmen und in Gestalt der Grand Seigneurs »das Volk daran hindern, sich dem Thron zu nähern«. Dieses System zeichnet sich durch *Kontinuität* aus und gründet sich auf die »Konditionen des Erbgesetzes«[34], wie sie nur bei einer Emphyteuse vorkommen. Nur von dieser Basis aus kann Necker auch von der »erblichen und gemäßigten Monarchie« (monarchie héréditaire et temperée) sprechen[35], wobei er dem französischen König allerdings über die Domänen eine patrimoniale Position im Rahmen der bestehenden Konstitution zuerkennt, ohne daraus auf einen Despotismus zu schließen. Im Gegenteil, in seinem berühmten »Compte rendu« von 1781, einem Rechenschafts- und Reformbericht zur Rechtfertigung seiner Ministertätigkeit, welche die Hofopposition schnell beendet hatte, beklagt er immer wieder, daß die Monarchie eine Rechtsposition nach der anderen und damit auch wichtige Einnahmequellen an die Großen des Reiches verloren habe. Darunter auch die Domänen, deren Erträge zu den übrigen Finanzen in eine »gerechtere Proportion« gebracht werden müßten. Ja, es wäre sogar zu überlegen, ob es nicht nützlicher sei, einen Teil der Domänen aus der Hand des Königs nach Art eines »emphyteutischen Pachtvertrags« (à bail emphytéotique) zu geben, um auch die »extreme Konfusion« in diesem Bereich der Ökonomie zu bereinigen[36].

Necker, dem der »Geist des Eigentums« und dessen Wirkungen in Frankreich wohl bekannt waren und der das Verhalten vieler Ökonomen und Händler geißelte, die »kontinuierlich einen Handel gegen die Gesetze« betrieben, drang mit seinen Mahnungen und Maßnahmen nicht durch. Frankreich mit seinen 24 Millionen Einwohnern war von einem einzigen »Zentrum« seiner Meinung nach nicht mehr vernünftig und effektiv zu regieren. Allein die fünf verschiedenen Erhebungsbereiche der berühmten Salzsteuer (gabelle) waren kaum ohne Krisen zu reformieren und nur unter Berücksichtigung der Parlements, der Stände und der Provinz-Administrationen, die er ähnlich Turgot stärker fördern wollte, und zwar im Zusammenspiel der »*öffentlichen Meinung*« mit den Ständen und den »verschiedenen Klassen in der Gesellschaft«. Eine solche nahm er selbst für sich in Anspruch, indem er das »Geheimnis über den Stand der Finanzen« gebrochen hatte und privat das erzwingen wollte, was in England das Parlament jährlich in gesetzlichen Formen ablaufen ließ – die Rechenschaft der öffentlichen Hand.

1781 entlassen, wird er von der Schweiz aus zum schärfsten Kritiker seines Nachfolgers *Calonne* (1734–1802). Dieser war einer der fähigsten Intendanten des Ancien Régime. Aber als Generalkontrolleur der Finanzen von 1783 an betreibt er eine gesteigerte Ausgabenpolitik, um von 1786 an im Sinne Turgots wieder das Sparen zu üben. Natürlich geriet auch er mit diesem

Umschwung in die Kritik des pensionssüchtigen Adels und des luxuriösen Hofes und zog sich den Widerstand des Parlements zu. Als Ausweg überredete er Ludwig XVI., die *Notabeln* einzuberufen, um sein Programm gegen das Parlement durchzusetzen, aber diese vom König ausgewählten Ständevertreter waren nicht so leicht zu dirigieren, wie es sich Calonne gedacht hatte. Er mußte 1788 als Finanzminister abdanken[37].
Sein Nachfolger wurde kein Geringerer als Necker selbst. In der verfahrenen Situation und unter dem dauernden Druck des Parlements blieb ihnen nichts anderes übrig, als den König zu veranlassen, zum ersten Mal seit 1614 die Generalstände einzuberufen, um der »absoluten Unordnung« abzuhelfen. Und mit dieser Rückkehr der »Repräsentation der Nation«[38] begann eine große Revolution gegen die Erstarrungen eines teilweise patrimonialisierten Feudal-Systems.

d) *Aufklärung als Individualismus. Voltaire. Montesquieu. Rousseau. Diderot. »Der Mensch als König.«*

Folgt man dem deutschen Aufklärer *Lichtenberg* (1742–1799), dann war die »Französische Revolution das Werk der Philosophie«. Er fügt jedoch hinzu, »aber was für ein Sprung von dem ›Cogito ergo sum‹ bis zum ersten Erschallen des ›A la Bastille‹ im Palais Royal . . .«[1] Die Spuren dieses Sprunges, der nach *d'Alembert* im Hinblick auf Descartes damit begann, daß »das Joch der Scholastik, der Meinung der Autorität, mit einem Wort der Vorurteile und der Barbarei« abgeschüttelt wurde, zeigen weniger »die Emanzipation einer Klasse, der Bourgeoisie, die mündig wird«[2], als vielmehr das Streben von Individualisten nach Erkenntnis, die der Menschheit zum *größten Glück* und zum *besten Staat* verhelfen soll.
Dabei wurde im französischen Denkmilieu in der Nachfolge von Spinoza und Leibniz der Pessimismus Pascals vom »Elend des Menschen« allmählich wieder in einen Optimismus und Fortschrittsglauben verwandelt, der die steigende Vervollkommnung des »Menschen als Maschine« in Aussicht stellt und dabei einem quantitativen Wachstumsdenken erliegt, das von James Harrington bis zu Dangeuil, von Nicholas Baudeau bis zu Robert Malthus reicht. Das Denken wird gleichzeitig immer weniger auf die göttlichen Offenbarungen gerichtet, wie sie die Kirche lehrte, als vielmehr im Geiste des Deismus auf die Natur und damit auch auf Grund und Boden. Die innereuropäischen Kriege und außereuropäischen Kolonien haben die Sinne für das Possessive in aller

Politik in ähnlicher Weise geschärft, wie der einsetzende Sklavenhandel aus Afrika nach Amerika, die Entdeckungen fremder Völker (»Wilde«) und die einheimische Erbsklaverei den Blick auf eine neue Anthropologie lenkte, d. h. die Bestimmung des *europäischen Menschen* erfahrbar zu machen und ihn in der Begegnung mit anderen Kulturen in seinem Eigenwert darzustellen[3].

In der Spannung zwischen dem »geometrischen Geist« Pascals und der »politischen Arithmetik« Pettys vollzieht sich der Umbruch vom Geschichts-Pessimismus zum Zukunfts-Optimismus, von situationsbedingtem Machiavellismus zu den Chancen eines libertär ausgelegten Rechts- und Marktsystems, das sich an der Leistungsfähigkeit des Individuums und nicht einer Klasse orientieren wollte.

Die Aufklärer fühlten sich als Geistesaristokraten, die den Menschen gern in der Qualität von Kindern sahen und darin die Sehnsucht nach Vaterfiguren artikulierten. Ob Voltaire von den »enfants du roi« (Kinder des Königs) sprach oder Rousseau von den »enfants de la Patrie« (Kinder des Vaterlandes), wie sie auch in der Marseillaise vorkommen oder Mably gar von den »enfants de la nature« (Kindern der Natur)[4], stets sind diese Positionen auf die Emanzipation des Menschen entweder von VATER STAAT oder MUTTER KIRCHE gerichtet, und zwar in einem individuellen Prozeß.

François-Marie *Arouet* (1694–1778), der sich seit der Drucklegung seines *Oedipe* von 1719 an *de Voltaire* nannte, gilt als einer der wichtigsten »Vorkämpfer der Aufklärung« in dem Sinne, der Vernunft und Toleranz im Leben der Menschen zu dienen: »Das einzige fundamentale und unwandelbare Gesetz, das für alle Menschen gelten kann, ist dieses: ›*Tu anderen, wie du willst, daß sie dir tun.*‹ Das ist das Gesetz der Natur selbst. Es kann nicht aus dem menschlichen Herzen gerissen werden. Es wird von allen Gesetzen am schlechtesten befolgt; aber es behauptet sich stets selbst gegen diejenigen, welche es übertreten«[5].

Im Rekurs auf diesen Kernsatz der Bergpredigt, den auch Hobbes zum Inbegriff seiner politischen Philosophie gemacht hat, bemühte sich Voltaire bei allen persönlichen Unzulänglichkeiten um ein Leben in Gerechtigkeit. Daraus resultieren seine zahlreichen Schriften zur Natur der Sitten (moeurs) oder der Tugend (vertu), die immer wieder neu erschlossen werden muß, wenn sie durch die Launen der Mächtigen verschüttet worden ist. Ein gerechtes Leben beruht seiner Meinung darauf, »daß der *Bauer* nicht von einem kleinen Tyrannen schikaniert werde; daß ein *Bürger* nicht eingesperrt werde ohne sofortiges Verhör durch die ihm gemäßen Richter, die zwischen ihm und dem Ankläger vermitteln (Ver-

Abb. 5:
*Voltaire
mit sibirischer Mütze und Mantel*

trags-Trichotomie); daß niemand seinen Acker oder Weinberg verliere unter dem Vorwand des öffentlichen Interesses und ohne reichliche Entschädigung; daß die *Priester* Moral lehren und sich nicht korrumpieren; daß sie das Volk emporheben und nicht versuchen, es zu beherrschen, indem sie sich auf seine Kosten mästen; daß das *Gesetz* und nicht die *Laune* regiere«[6].

Was Launen der Macht anrichten können, hat er selbst oft genug am eigenen Leib erfahren, vom Aufenthalt in der Bastille 1717 wegen einer Satire auf den Regenten bis zur Verhaftung in Frankfurt am Main 1753, die Friedrich II. unter dem skandalösen Bruch des Völkerrechts, der Reichs- und Stadtverfassung veranlaßt hatte, nachdem Voltaire aus Potsdam abgereist war und dabei die »Oeuvres de poésie« des Hohenzollern im Gepäck führte, der sein Eigentum wiederhaben wollte. Ihre Korrektur nannte er »schmutzige Wäsche« im Bewußtsein der Mängel, die den Menschen beherrschen können. Und doch läßt er sich immer wieder zu einem kritischen Idealismus verleiten. Ob er sich Heinrich IV., Ludwig XIV., Peter I. von Rußland, Karl XII. von Schweden oder Friedrich II. von Preußen zuwendet, stets findet er den Ausweg aus dem Jammertal menschlicher Gebrechen: »Alle Fehler des *Menschen* verschwanden vor dem Ruhm des *Helden*«[7].

Am Helden interessiert ihn die individuelle Leistung und das letztlich positiv Typische, ohne in den Leibniz-Optimismus von der »besten aller Welten« zu verfallen. Die Kritik daran im

Candide zeigt seine Unabhängigkeit im Denken, die dann in Gefahr ist, wenn sich die materielle Armut der Denker und Schriftsteller nicht beheben läßt. Verdingen sie sich aber an einem Hof, dann ist die Freiheit noch mehr in Gefahr, denn »jeder Hofphilosoph wird genauso zum Sklaven wie der höchste Würdenträger«[8].

Freiheit des Denkens und Erwerb materieller Güter schlossen sich bei ihm nicht aus. Auf seinen zahlreichen Reisen nach England, wo er das Newtonsche System gegen die Kritik von Cartesianern verteidigte, nach Preußen, durch das Heilige Reich oder nach Rußland schaute er nach Möglichkeiten des Gelderwerbs aus, und wenn es nur neue Schriften über diese Länder waren: von den *Englischen Briefen* über die *Annalen des Reiches* bis hin zu einer *Geschichte Rußlands*, das er teilweise »wie in der Türkei« verwaltet sah. In dieser Arbeit legte er ein besonderes Gewicht auf die Rolle der Kirche und des Zaren in ihrem System. Obgleich er nicht im selben Maße »das Haupt der russischen Kirche ist, wie es die Könige von Groß-Britannien in der anglikanischen Kirche sind, ist er dennoch der *absolute Meister* (maître absolu), weil es die Synoden nicht wagen, einem *souveränen Despoten* nicht zu gehorchen oder mit einem Fürsten zu disputieren, der aufgeklärter (plus éclairé) als sie ist«[9].

Aufklärung erscheint hier dem Freimaurer Voltaire als tätige Hinwendung des Potentaten vor allem in Gestalt des bewunderten Peter I. zur Verbesserung der materiellen Landeskultur und zur Eindämmung des kirchlichen Einflusses. Nicht umsonst wetterte er gegen die Amtskirche mit dem Ruf »Zerschlagt die Niederträchtige!« (Ecrasez l'infame) und engagierte sich in der Affäre *Calas*, unterstützt von der Pompadour und der beginnenden »öffentlichen Meinung«, in welcher er eine künftige Macht sah, die Ungerechtigkeiten anzuprangern und abzustellen. Voltaire, der sich 1758 die Grafschaft Tournay mit dem Dorf Ferney kaufte, das Turgot aus der Finanzpacht entließ, mithin im Alter doch noch Graf geworden war, hat trotz zahlreicher Fehlurteile, trotziger Besserwisserei und einer ausgeprägten »Eigenliebe« (amour propre) seiner Zeit verdeutlicht, daß es auf den Einzelnen ankommt, wenn sich das Ganze zum Besseren hin ändern soll. Das gelingt aber nur durch eine permanente Erziehung zur Kritik[10]. Gleichzeitig hatte er erkannt, daß sich in Europa die politischen Gewichte verlagert hatten. Nicht mehr Frankreich und Schweden waren die wirklichen Mächte, sondern das parlamentarische England und das petrinische Rußland, dessen Aufstieg die französischen Politiker lange unterschätzt hatten, weil sie meist nur im Rahmen des Gleichgewicht-Systems von 1648 zu operieren vermochten.

Neben Voltaire hat sich vor allem der Baron *de Montesquieu* (1689–1755), Freimaurer und von 1716 bis 1726 Präsident des Parlement de Bordeaux, um die Erweiterung des alteuropäischen Blickfeldes bemüht. In seinen berühmten *Persischen Briefen* (Lettres persanes) von 1721 versuchte er, über den Vergleich mit Machtsystemen des »orientalischen Despotismus«, das gereinigte Wesen der europäischen Monarchie zu bestimmen. Dabei stößt er immer wieder auf ihren Kern, die »gerechte Proportion«. In ihr erkennt er »die Seele der Staaten und die Harmonie der Reiche«. Sie wird auch »mit allem Eifer von den christlichen Fürsten gehütet und gibt ihnen über (die) Sultane einen unendlichen Vorteil«[11].

Neben dieser Proportionalität – ein aristotelisches Erbe, das Montesquieu wie Bodin, Ramée oder Descartes ungern zugeben – als Inbegriff gerechten und guten Regierens, erscheint ihm im Bereich des Politischen ein zweiter Faktor von fundamentaler Bedeutung. In aphoristischer Kürze und juristischer Prägnanz stellt er in seinem epochemachenden Werk *Vom Geist der Gesetze* (De l'ésprit des loix), das 1748 zur Zeit des Aachener Friedens und im Zeichen der erneuerten europäischen und innerdeutschen Machtbalance herauskam, fest: »Wo der Besitz ist, ist die Macht«[12].

Auf dieser Basis entwickelt er seine politischen Aphorismen und Kurz-Kommentare zum Wesen der Republik, der Monarchie und der Despotie. Nach diesen drei Grundkategorien gestaltet sich das politische Leben mit der zugehörigen Administration. Letztlich resultiert es aus der Verfügbarkeit über Grund und Boden. Die »unumschränkte Erlaubnis, Testamente zu machen«, wie sie in Rom zugestanden wurde, hätte nicht nur das gesamte System der Ackerverteilung allmählich ausgehöhlt, sondern auch den »politischen Zweck« dieser Agrarverfassung, nämlich die Repräsentationsfähigkeit eines Familienvaters. Man hört in dieser Feststellung die Klage Turgots über die »Teilung der Erbschaften« heraus und die damit verbundene Atomisierung des Grundbesitzes, der einmal die Familien nicht mehr ernähren kann und dann die Menschen in Abhängigkeiten bringt, die sie auch politisch und rechtlich entmündigen. Tocqueville hat dieses Motiv nicht ohne Grund in seiner Analyse zum Ancien Régime aufgegriffen[13], vermittelt es doch die Einsicht, daß sich politische Freiheit letztlich auf possessive Sicherheit gründet.

Im Zusammenspiel von Possessivität und Proportionalität ergibt sich für Montesquieu, der nach 1726 immer wieder Europa bereiste und Vergleiche seiner Machtsysteme anstellte, ein vertragliches und trichotomisches Grundmodell, aus dem die liberale

Verfassungsbewegung bis heute Legitimationen zieht, die in ihrer Substanz auf Aristoteles zurückgehen: »Es gibt in jedem Staat«, sagt Montesquieu, »drei Arten von Vollmachten: Die *legislative* Befugnis, die *exekutive* Befugnis in Sachen, die vom Völkerrecht abhängen und die *exekutive* Befugnis in Sachen, die vom Zivilrecht abhängen«[14].
Deutlich ist auch hier die Unterscheidung in JUS und LEX zu erkennen, die sich bei der Analyse dieser Gewalten als Funktionen einer unteilbaren Macht in der Abgrenzung von »Gesetzen auf *Zeit* oder für die *Dauer*« wiederholt. Außerdem erscheint die Judikative als eine exekutive Befugnis, was ganz der Rechtspraxis in den Parlements Frankreichs entspricht und damit auch anzeigt, daß es in diesem Land trotz gelegentlicher Übergriffe nicht jenen »grauenvollen Despotismus« geben konnte, den Montesquieu am Werke sieht, wenn »diese drei Machtbefugnisse bei dem Oberhaupt, dem Sultan« zusammenfließen. Doch nicht nur bei den Türken kann man Gewaltenverbindung beobachten, sondern auch »in den Republiken Italiens« und bei »mehreren europäischen Königen«. All diejenigen, die »sich zu Despoten machen wollten, haben stets mit der Vereinigung aller Ämter in ihrer Hand den Anfang gemacht«[15] und dabei vor allem die Zwischenmächte (pouvoirs intermédiaires) ausgeschaltet, deren Existenz Montesquieu sehr am Herzen lag.
Als Beispiel für diesen Despotismus dient ihm eine Fabel Voltaires: Karl XII. nämlich habe von Bender in der Türkei aus dem schwedischen Senat einen Stiefel geschickt, der »wie ein despotischer König regiert hätte«[16]. Er will mit dieser Metapher auch sagen, daß aufgrund der Gewaltenverbindung und totalen Machteinheit der zugehörige Despotismus »den Terror als Prinzip« hat, indem er zu jeder Tag- und Nachtzeit über Land und Leute verfügen darf, ohne sich um völkerrechtliche oder zivilrechtliche Grenzen kümmern zu müssen. Deshalb sind die Zwischenmächte, die er gern vom Adel in »erblichen« Formen repräsentiert sehen möchte, von Bedeutung als »regulierende Gewalt«, wie sie sich auch aus der »ausgleichenden Gerechtigkeit« (justitia commutativa) und dem Vertragswesen ergibt. Gleichzeitig mahnt er die Einberufung der »legislativen Körperschaft« an, fürchtet er doch das Ende der Freiheit, wenn sie »eine beachtliche Zeitspanne nicht zusammengerufen worden ist«[17].
Ist der Hinweis auf die Generalstände und die Parlements so deutlich, daß die Bezüge zu den englischen Verfassungsverhältnissen nur als Bestätigung dienen, zumal Montesquieu auch die Verfassung des Heiligen Reiches kannte und lobte[18], so sind es die Verbindungen von gemäßigter Monarchie und gemäßigtem Klima

nicht minder. Montesquieu, auch hier in der Tradition Bodins, hat mit dieser Zuordnung vielleicht noch mehr Einfluß auf die Intellektuellen Europas ausgelöst als mit seinem Modell der Gewaltentrennung. Denn die Aufteilung Europas in die »Völker des Nordens«, welche »Tatkraft« und germanische »Freiheit« verkörpern, während die »Völker des Südens« der »Trägheit« und der römischen »Knechtschaft« anheimgefallen sind, wie er annimmt[19], findet sich in den polaren Systemen vornehmlich der deutschen Romantik und im Deutschen Idealismus wieder – unkritisch rezipiert. Denn die Geschichte gerade der nordischen Völker zeigt doch, wie stark dort das alttestamentarische, das altrömische und das aristotelische Erbe gewirkt hat, unbesehen des Klimas.

Die Formel »Reformer hörten auf Voltaire, Revolutionäre auf Rousseau«[20] benennt nur unterschiedliche Rezeptionen. Denn Jean Jacques *Rousseau* (1712–1778) war so revolutionär nicht, wie es oft gesehen wird. So reduziert sich in seinem berühmten *Contrat social* von 1762, der in Genf, seiner Geburtsstadt, ebenso verboten wurde wie sein Erziehungsroman *Emile*, der wiederum das Parlement de Paris beunruhigt hatte, die politische Substanz auf den Kernsatz: »In Wirklichkeit sind die Gesetze immer den *Besitzenden* nützlich und den *Habenichtsen* schädlich. Daraus folgt, daß der soziative Zustand für Menschen nur vorteilhaft ist, soweit sie etwas besitzen und niemand viel besitzt.«

Das klingt nach Locke, und Seneca in einem Umkehrschluß ist nicht weit, wenn er sagt: »Das Recht, das jeder Einzelne an seinem eigenen Boden hat, ist immer dem Recht der Gemeinschaft ... untergeordnet, sonst wäre das soziative Band ohne Festigkeit und die Souveränität in ihrer Ausübung ohne tatsächliche Macht.« Rousseau, der Sohn eines Uhrmachers, sieht in den herrschenden Eigentumsverhältnissen die Ursache aller Übel, auch der Kriege, und in der Emanzipation des Menschen von diesen possessiven Ordnungen erkennt er die Lösung aller Probleme. Diese Position hat in der Reduzierung auf den Menschen an sich durchaus etwas Revolutionäres in der Weise, daß politische Repräsentation nicht mehr unbedingt an Grund und Boden gebunden zu werden braucht. Die heutigen parlamentarischen Demokratien berufen sich auf dieses Prinzip der Volks-Souveränität und des »Wählerwillens«. Aber nichtsdestoweniger bleiben die Eigentumsordnungen erhalten. Diese Schwierigkeit hat Rousseau gesehen, deshalb fordert er auch von einem künftigen »Grundvertrag« zwischen den Individuen (im Grunde nur heiratsfähige Männer), daß die Gleichheit zwischen ihnen dadurch hergestellt werden soll, daß »die *Nutznießung* in *Eigentum* verwandelt« wird[21].

Was er verlangt, ist die Umwandlung des bestehenden Feudal-Systems mit dem DOMINIUM UTILE, wie es ja auch im Pachtbereich vorkommt, in ein DOMINIUM DIRECTUM der Einzel-Eigentümer. Kein Wunder auch, daß Rousseau in der Gegnerschaft zu Grotius und Hobbes alle bisherigen Herrschaftsverträge als Unterwerfungsverträge ablehnt. Dabei wendet er sich besonders gegen »einen nichtigen und widersprüchlichen Vertrag«, der »einerseits unumschränkte Macht und andererseits unbegrenzten Gehorsam vereinbaren« will[22]. Wahrscheinlich dachte er dabei an das dänische Beispiel, das 1761 schon hundert Jahre bestand, übersah aber die anderen Herrschaftsverträge nach dem Prinzip von DO, UT DES oder TREU HERR, TREU KNECHT, die es in der europäischen Geschichte auch gegeben hat. Er ist an der *Gleichheit* der Menschen interessiert, wie sie von Natur aus vorhanden sei, und zwar unbelastet von der *Erbsünde*, die als Instrument von Kirche und Staat benutzt werde, um die Menschen sich selbst zu entfremden. Dabei komme es nur auf die »Verfassung des Menschen« an, auf sein natürliches Streben nach *Selbsterhaltung*, die das *Mitleiden* nicht ausschließt. Aus beiden Prinzipien »scheinen mir alle Regeln des Naturrechts zu fließen«, bei dessen praktischer Anwendung es darum geht, »die Regierung für die Nation« oder »die Nation für die Regierung zu formen«.

Seine Forderungen nach *Gemeinwillen* (volonté générale) und damit nach einer voluntaristischen Volks-Souveränität haben den Bezug zu den Monarchomachen verdunkelt, die ähnlich argumentierten, auch wenn sie die Monarchie beibehalten wollten, während Rousseau auf den Republikanismus setzte, auf die kleinen Einheiten und das Föderativ-Prinzip. Er, der stets auf der Suche nach dem »Aristoteles... unseres Jahrhunderts« war, den er wohl selbst abgeben wollte, verlangte nach dem Wohlüberschaubaren der Aristotelischen Systematik, und von ihrer Proportionalität als strukturellem Gestaltungsprinzip war er vollkommen überzeugt[23].

Daher auch seine Vorliebe für die Schweizer Kantonalverfassung und die föderative Verfassung des Heiligen Reiches, die er als Basis und Bezugsebene des JUS PUBLICUM EUROPAEUM betrachtete[24] im Gegensatz zu Pufendorf, der sie als »Monstrum« verurteilte. In diesem Sinne muß auch sein Engagement für die *Korsische Konstitution* gesehen werden, über die ein detaillierter Entwurf aus seiner Feder vorliegt, der ganz auf eine patrimonialisierte politische Ordnung ausgerichtet ist. Was aber Rousseau nur theoretisch abhandelte, war auf Korsika seit 1755 bereits ein Stück Wirklichkeit geworden. Denn unter der Führung des Generals *Pasquale Paoli* hatte sich »der Generaltag des Volkes von Korsika« in der Qualität eines »Selbsterhalters« und unter dem direkten

Einfluß des Montesquieu-Modelles eine Verfassung gegeben, fast eine Generation nach den Konstitutionsakten des Stände-Volkes in Schweden, aber noch vor dem Contrat social und vor der amerikanischen Verfassung[25]. Bis 1768 – in diesem Jahr kam Korsika an Frankreich, ein Jahr später wurde in Ajaccio Bonaparte-Napoleon geboren – dauerte ein konstitutionales Experiment, das Volks-Souveränität, Gemeinwillen und Gewalten-Trennung praktizierte und wahrscheinlich die Verfassungsbewegung von 1789 nicht unwesentlich beeinflußt hat.

Natürlich ging dieser Versuch nur von den Besitzenden und den Männern aus. Rousseau verhielt sich da nicht anders trotz seiner Reklamation des Menschen gegen das Eigentum. Denn von der physischen Natur konnte er nicht abstrahieren und außerdem gab es noch das Eigentum des Menschen an sich selbst und dieses wird ihm auch zum Träger der Souveränität einer politischen Körperschaft, die durch einen Contrat social eingerichtet worden ist, entspricht sie doch in ihrem Wesen der Natur, die jedem Menschen Autonomie über sich selbst verleiht, aber auch das Recht zur Notwehr[26].

Von diesen Überlegungen geleitet, machte er auch zur »bizarren« Verfassung der *Adelsrepublik Polen* Vorschläge, damit ihr Regierungssystem nicht »in den Despotismus« abgleite. Die Erhaltung und Reform des Föderativ-Systems durch kontinuierliches Vervollkommnen des Bestehenden kommt ihm dabei sehr gelegen[27], aber gleichzeitig steht ihm die Totalität der Souveränität im Wege. Daß »das Gesetz über den Menschen zu setzen« sei, ist ihm suspekt, demnach auch eine »Regierung des Rechts«. Er will und kann nicht akzeptieren, daß sich die Souveränität in Funktionen aufteilen läßt, »in Kraft und Willen, in Legislative und Exekutive, in Steuerhoheit, Gerichtsbarkeit, Recht der Kriegführung, in innere Verwaltung und die Befugnis, mit dem Ausland zu verhandeln«[28]. Aus der Ablehnung dieser Arbeitsteilung sind bei ihm und seinen Nachfolgern viele Mißverständnisse erwachsen bis hin zu der Ansicht, daß »sich die souveräne Macht gegenüber den Untertanen nicht zu verbürgen braucht«[29]. Was aber wäre die Freiheit des Individuums, die ihm so teuer ist, wenn dieses Übergriffe des Souveränitäts-Trägers unterm unvergänglichen Schutz der Menschenrechte nicht auf legale Weise abwehren könnte, um zu seinem Recht zu gelangen?

Robespierre sollte es vorbehalten bleiben, in der Revolution zu zeigen, daß Rousseaus Freiheitsbegriff der Einzelnen sich leicht in den Despotismus eines Einzigen verwandeln ließ – Napoleon nicht minder.

In der Rückbesinnung der Aufklärung auf den Menschen, dessen

Natur und Sinn in der Geschichte, emaniert aus dem apollinischen Auftrag »Erkenne dich selbst!« eine Ideologie des Materialismus von *La Mettrie* über den vermögenden *Helvetius* bis zum *Marquis de Sade*, dessen Forderung nach Straffreiheit für Mord einen Höhepunkt in der Emanzipation der Philosophie von der Metaphysik markiert. Die Abwehr aller tradierten Morallehren religiöser Natur muß daher in der Auffassung vom Menschen als »göttlicher Person« kulminieren, als das »einzige, große Individuum«. Besonders Denis *Diderot* (1713–1784), Begründer und Mitherausgeber der Enzyklopädie, wehrte sich gegen jeden Wunder- und Aberglauben und auch gegen die Fremdbestimmung des Menschen durch einen Gott von außen: »Der Begriff Gott wird aus meinem Gesetzbuch verbannt.« Konsequenterweise herrscht in diesem der Primat der Diesseitigkeit, des Hedonismus vor. Die barocken Vanitas-Predigten Bossuets sind in ihr Gegenteil verkehrt worden. Die Seele wird jetzt »von zwei entgegengesetzten Regungen bewegt«. Dazu gehören die polaren Positionen wie »sicheres Wissen« – »absolutes Nichtwissen«, Leben – Chimäre, endlich – unendlich. Theologen haben nur noch die Funktion, Verkünder eines »kommenden Glücks« zu sein, die Potentaten aber sind gehalten, das »gegenwärtige Glück« zu betreiben. Aus dieser Zuordnung in seiner Schrift *Von der Moral der Könige* ergibt sich eine »homo-duplex-Problematik«, die den *natürlichen* und den *künstlichen* Menschen zu erfassen sucht. Dabei wird Gott zum Tyrannen (Dieu tyran), der Mensch aber, wenngleich in Abstufungen, »zum König.«

Vom »Enthusiasmus« angetan und dem Genie-Kult zugetan, verkündet Diderot in seiner ironisierenden Art zu Friedrich II.: »Wir bringen dem König von Preußen den schönsten Haß entgegen.« Tatsächlich stand er in seinem Sold und gehörte zu den Bewunderern der Zarin Katharina II. Sie, die sich »Selbsterhalterin« nannte, sei jene, »auf welche die Philosophen warten, die nur auf diese Zeit hin sinnen, wo ein großer Fürst geboren wird«. In einem solchen erkennen sich diese Aufklärer wieder und verlangen, daß er statt »von Gottes Gnaden« wie bisher »von ihrer Untertanen Gnaden« abhänge. Es ist, als wollten sie die alte »duplex-majestas«-Lehre bemühen, um das Göttliche durch den Menschen darstellen zu lassen[30], der ihnen zum Maß aller Dinge wird und dessen Unmäßigkeit vor dem Menschen selbst nicht zurückschreckt, wenn sie sich nur durch Selbstsetzung legitimieren kann.

Die Revolution hat davon manch eine Probe gegeben, wie schnell die Forderung nach Freiheit in den Terror abgleiten kann, wenn im Recht keine Schranke mehr gesehen wird.

ZUSAMMENFASSUNG:

Der Eindeutigkeit, mit welcher in der Regel die »absolute Monarchie« in Frankreich als Modellfall des Absolutismus ausgegeben wird, steht die Tatsache entgegen, daß es in diesem Land de jure einen wirklichen Absolutismus bis zu Napoleon nicht gegeben hat. Der »anonyme Despotismus«, schon vor Richelieu und Mazarin als Instrument gegen die fortschreitende Patrimonialisierung des Feudal-Systems unterhalb des Königs eingesetzt, ist gerade ein Nachweis dafür, daß sich die Natur des Erblehens aus der LOI SALIQUE bis zur Revolution von 1789 hin substantiell nicht verändern ließ. Dem Hause Bourbon wurde zu keiner Zeit eine »Erb-Souveränität und Absolutesse« in der Weise zuerkannt, wie sie das Pfälzische Haus in Schweden nach 1680 erreicht hatte. Selbst Ludwig XV. hat das patrimoniale Stadium des Absolutismus auslassen müssen und sich zwischen 1771 und 1774 in der Phase des »Parlement Maupeou« mit einer nezessitären Position begnügen müssen, die ihm allerdings nach innen und außen eine gewagte Arkanpolitik erlaubte. Ihr Scheitern verdeutlicht auch, daß den Bourbonen-Königen eine Stellung als »Summus episcopus« trotz der »gallikanischen Freiheiten« versagt bleiben mußte, d. h. einen Absolutismus im geistlichen Regiment haben sie ebenfalls nicht etablieren können. Gerade Bossuets Konzept einer hermetisch geordneten Besitz-Kirche hat bei aller zeremonialen Steigerung des Königtums einige Rechtsriegel dafür vorgeschoben, daß dieses auf Kosten der Kirche seine materielle Basis erweiterte. Erst die Revolutionäre haben die Kirche enteignet und den Boden für eine patrimoniale Überhöhung Bonapartes alias Napoleon mitbereitet, dem dann die Errichtung eines *Erb-Kaisertums* mit Eigenkrönung gelingen sollte.

Nach dessen Überwindung fand man bald die »täuschende Zauberformel« von der *Legitimität*, die »in dem modernen Sinne von Talleyrand geprägt und 1814 und 1815 mit großem Erfolg und zum Vorteil der Bourbonen« eingesetzt wurde[1], d. h. die Berufung auf das Geburts- und Erbrecht, das »den Grund der Legitimität« ausmacht[2]. Allerdings verstand man es nach dem Fall Napoleons weniger im Sinn der Emphyteuse als vielmehr unter dem Gesichtspunkt des Patrimoniums und des zugehörigen Neo-Absolutismus. Saint-Simon hat die daraus emanierenden Staats-Strukturen und Mentalitäten heftig gegeißelt, während Tocqueville in der Begegnung mit der »Gesellschaftsordnung der Angloamerikaner« der Meinung war, daß »das Erbrecht . . . den letzten Schritt zur Gleichheit brachte«. Und wegweisend fügte er hinzu: »Ich bin erstaunt, daß die alten und neuen Schriftsteller dem Erbrecht keinen größeren Einfluß auf die Entwicklung menschlicher Verhältnisse beimessen. Zwar gehören diese Gesetze zum bürgerlichen (zivilen) Recht, sie sollten aber an der Spitze aller politischen Einrichtungen stehen, denn sie beeinflussen in unglaublicher Weise die Gesellschaftsordnung der Völker, die sich in den politischen Gesetzen ausprägt«[3].

Die Deduktionen vom SALISCHEN GESETZ haben diese Beobachtung für Frankreich bestätigt, wo das Königtum seinen Erblehenscharakter behielt, während sich das Feudal-System vermittels Patrimonial- und Fideicommiß-Regelungen zeitweise derart verselbständigte, daß Gegenmaßnahmen als Despotismus oder Absolutismus empfunden wurden, ohne es in jedem Falle wirklich zu sein. Der Rückgriff auf die Emphyteuse war ein kluger Kompromiß zwischen den Bedürfnissen der Königs-Kontinuität in der herrschenden Dynastie und der angestrebten Rechts- und Eigentumssicherung der Stände. Doch nicht immer wurde diese Staatsmaxime befolgt und zum Nutzen aller gefördert.

Gerade Dänemark ist dafür ein Beispiel, wohin die patrimoniale Erbweisheit führen kann, wenn von einem herrschenden Haus nationale Notlagen ausgenützt werden, um vom Besitz der Macht aus die Macht des Besitzes zu eigenen Gunsten einzusetzen.

3. Dänemark–Norwegen

Die Einrichtung einer »absoluten Regierung« unter Friedrich III. (1609–1670) aus dem *Hause Oldenburg* hat diesem Teil der Geschichte des Doppelreiches Dänemark–Norwegen schon früh den Ruf des Außergewöhnlichen eingebracht. Conring und Leibniz, mit den nordischen Verhältnissen gut vertraut, fanden Verständnis für dieses Projekt des Monokraten[1], das vor allem Voltaire bewunderte, ohne jedoch die Umstände näher zu kennen. In Kopenhagen hätten »die versammelten Stände dem König Friedrich III. das *Erbrecht* und die *absolute Souveränität* übertragen«, schreibt er in einem politischen Essay über die Lage des Nordens. Diese Veränderung sei »durch einen feierlichen Akt« bewerkstelligt worden, so daß »Dänemark das einzige Königreich auf der Erde wurde, wo die Stände die *arbiträre Gewalt* etabliert hatten«[2].

Aus dieser positiven Einschätzung schöpfte noch Fridericia, einer der einflußreichsten Historiker Dänemarks, als er zu dieser Staatsveränderung in seinem Lande anmerkte, daß »das Königsgesetz (Kongeloven) kein Vorbild in irgendeiner europäischen Verfassung hatte; es war sehr weitgehend auf die Souveränitätsprinzipien gebaut, die Thomas Hobbes entwickelt hatte. Der Absolutismus hatte bei ihm in der Theorie einen Höhepunkt erreicht, welcher über jedes andere Land in der damaligen zivilisierten Welt hinausragte«[3]. Abgesehen davon, daß dieser Hinweis zeitlich in eine europaweite Hobbes-Renaissance nach 1879 fällt, wollte er in erster Linie darauf aufmerksam machen, daß sich nach 1660 in Dänemark–Norwegen ein Machtsystem eingerichtet hatte, das als Inbegriff der Natur, der Vernunft und des historischen Fortschritts angesehen werden konnte, wenn man die politische Freiheit des Individuums nicht sonderlich in Rechnung stellte.

Diesen Maßstab aber legte der Engländer Molesworth an. Im Rahmen einer diplomatischen Mission in den 1690er Jahren reflektierte er darüber, mit welchen Mitteln sich der »absolute Dominat« der Oldenburger etablierte, wie sie den damit verbundenen »blinden Gehorsam« legitimierten und die »uneingeschränkte Macht« hantierten. Seine Stellungnahmen, häufig angegriffen, berühren ein Grundproblem des Staatsdenkens nicht nur in der Neuzeit: Es ist das Verhältnis des Rechtes zu den Realitäten, der »Friedenskunst« als Vertragspolitik zur »Kriegskunst« als Versklavung[4].

a) *Der Königswechsel 1648 und die libertäre »Handfeste«. Krieg mit Schweden. Der Weg zur »Enevaelde«. Die »Lex Regia« von 1665. Das »Danske Lov« von 1683. Molesworth. Die »Land-Miliz«.*

Bis zu seinem Tod im Februar 1648 hatte Christian IV. Dänemark als Wahlkönig seit 1596 mit Hilfe des Reichsrates und seltenen Reichstagen regiert. Er konnte 1613 den »Erbfeind« Schweden im Frieden von Knäröd demütigen. Doch mußte er bei seinem schlecht geplanten Eingreifen in den Deutschen Krieg in der Schlacht bei Lutter am Barenberge 1626 eine empfindliche Niederlage gegen Tillys kaiserliche Truppen hinnehmen, die Besetzung Jyllands ertragen und erleben, wie sich Schweden Schritt für Schritt zur Großmacht entwickelte. Unter der klugen Leitung Axel Oxenstiernas gelang es dem Nachbarn sogar, im Frieden von Brömsebro 1645 Revanche für Knäröd zu nehmen. Die Landschaften Jämtland und Härjedalen kamen für immer an Schweden, nicht anders die strategisch wichtigen Inseln Ösel und Gotland. Außerdem erreichte Schweden Zollfreiheit durch den Öresund und sicherte diese durch die Landschaft Halland, die als Pfand für dreißig Jahre abgetreten wurde. In dieser Situation mußte nun die dänische Seite für die Zukunft jene Einkreisung durch das mächtige Schweden befürchten, die dieses selbst seit dem Stettiner Frieden von 1570 bekämpft und seit 1617 im Verbund mit dem Moskauer Zartum durchbrochen hatte[1].

Neben diesem Machtverfall nach außen zehrten die inneren Schwierigkeiten an der Substanz des Königtums. Die Bauern, soweit sie noch den Status eines »Selbsteigners« und »Steuerzahlers« hatten, waren durch die Einwirkungen von Kriegen und königlichen Geldforderungen ebenso ermattet wie die Städte oder die einst reiche Kirche. Selbst der Adel, der immer noch das Privileg der *Steuerfreiheit* genoß, hatte mancherorts schon Schwierigkeiten, den Wohlstand der alten Familiensitze zu erhalten und ein standesgemäßes Auftreten am Hofe oder in der Diplomatie sicherzustellen. Allein der sehr begüterte *Hochadel* war in der Lage, seine Rechte gegenüber dem König und für das Reich wahrzunehmen. Aus seinen Reihen wurde der meist

23köpfige Reichsrat ergänzt, der oligarchische Tendenzen nicht verhehlen konnte. Sie wurden noch dadurch verstärkt, daß Christian IV. die Töchter aus seiner Ehe mit der hochadligen Kirsten Munk an Adlige aus dem Kreis des Reichsrates verheiratete und damit innerhalb des Hochadels eine »Partei der Schwiegersöhne« begründete.

Zwei der wichtigsten unter ihnen waren Korfitz Ulfeldt und Hannibal Sehestedt. Beide spielten im Machtkampf nach Christians Tod und im Krieg gegen Schweden bedeutende Rollen. Nach einem zähen Ringen um die Wahl des Nachfolgers entschied sich der Reichsrat für Friedrich III. Dabei zeigte dieses mediatorische Organ, dem in den Ämtern des Hofmeisters (entspricht etwa dem Drosten-Amt in Schweden), des Kanzlers, Marschalls und Admirals die Regierung zusammen mit dem König oblag, Anzeichen für ein Wahlmonopol, wie es die Kurfürsten im Heiligen Reich besaßen. Dieser Anspruch führte zu Spannungen mit dem übrigen Adel und den unadligen Ständen, welche genötigt wurden, die getroffene Wahl ohne direktes Zutun anzuerkennen und durch eine formale Zustimmung abzusichern. Die dadurch entstandene Krise wurde noch durch Einzelbestimmungen verschärft, die in die »Handfeste« aufgenommen worden waren. Dieses Dokument bestätigte nicht nur den Vertragscharakter der Königswahl, den Friedrich III. mit seinem Eid bekräftigen mußte, sondern garantierte in 55 Artikeln das vorhandene Ämterwesen und die zugehörige Privilegien- und Eigentumsordnung in der gleichen Weise wie die »Kapitulationen« der Kaiser, die »Versicherungen« der Erbwahl-Könige Schwedens oder die »Pacta conventa« der Wahl-Könige Polens.

In der »Handfeste« bekräftigte Friedrich III. – er mußte das von den Schweden säkularisierte Erzbistum Bremen verlassen, wo er sich als bischöflicher Administrator erprobt hatte –, daß er von »Dänemarks Reichsrat ... und der gemeinen Ritterschaft ... geküret und gewählet« worden sei, während »die Geistlichkeit und die Bürgerschaft« diese Königswahl nur »bewilligt« hätten. Damit war ein Konflikt vorprogrammiert, der in Schwächeperioden des Reichsrates und des Adels genutzt werden konnte, um die Position des Königs zu verstärken. Er garantierte darüber hinaus die Beibehaltung der Augsburgischen Konfession, sagte den Inhabern der Reichsämter Rechtsschutz zu und gelobte, das »Reich Dänemark ... mit des Reiches Rat und Adel ... zu steuern und zu regieren«, ihre Mitglieder mit »Lehen der Krone« zu versorgen, sie am Hofe zusätzlich zu bestallen und ihnen noch die Kosten für die abzuhaltenden »Herrentage« (Reichstage) zu ersetzen. Doch damit nicht genug. In einer Reihe weiterer possessiv bestimmter

Artikel wird der Erwerb von »gewissen Gütern und Eigentum« geregelt und die Aristokratie in eine Lage versetzt, die sie auf ihrem Hauptgut, dem »*Enemärke*« fast in die Position adliger »Enevolds«-Könige brachte[2].

Die umfassende Schwächung der Macht des Wahlkönigs durch diese stark unter deutschem Einfluß stehende Aristokratie eröffnete Perspektiven, wie sie in der Adelsrepublik Polen gleichzeitig zu erkennen sind. Dort wählte man auch in einer Phase außenpolitischen Niedergangs 1648 *Johan Kasimir,* den Kleriker, zum König und verlangte von ihm ähnliche Eigentums- und Verfassungsgarantien. Es war also nur noch eine Frage der Zeit, bis das DOMINIUM ABSOLUTUM über die Adelsgüter und die damit verbundene POTESTAS ABSOLUTA in das LIBERUM VETO führten, d. h. in die rechtliche Möglichkeit eines einzigen Szlachcicen, durch seinen Einspruch die Einstimmigkeit eines Reichstagsbeschlusses zu durchbrechen und damit das politische Leben zu lähmen. Als dann 1651 das berühmte »Nie pozwalam« (Ich erlaube es nicht) auf dem Sejm, Polen-Litauens Reichstag, zu hören war, hatte die »goldene Freiheit« eine patrimoniale Qualität erreicht, die sich unter anderen Bedingungen bei den »absoluten Herren« wiederfindet[3].

In Dänemark wurde dieser Grad der Adelsfreiheit trotz aller Aufwertungen nicht ganz erreicht. Man begnügte sich damit, mittels des Reichsrates und der Reichsämter alle wichtigen ökonomischen und politisch-rechtlichen Bereiche, in denen der König tätig werden konnte und mußte, an die adlige »Zustimmung« zu binden. Dazu gehörten Krieg und Frieden, die Besteuerungen von »Adelsdienern« und Leistungen zum »Rüstdienst«, Annahmen von Ausländern im oberen Reichsdienst oder auch die oberste Rechtsprechung, die, wie die unteren Gerichte auch, noch immer am Jütischen, Seeländischen und Schonischen Recht orientiert war[4]. Die Konzentration libertärer Macht im und um den Reichsrat ist auffallend. Sie erhöhte sich noch dadurch, daß im Gegensatz zu Schweden der dänische Reichstag eine untergeordnete Rolle spielte. Zwar garantierte Friedrich III. auch die »Freiheiten und Privilegien« von Klerus, Städtebürgern und Bauern, gelobte auch, »jährlich ein Mal« einen »Herrentag oder Danhof« abzuhalten, aber zu einer geregelten Arbeit des Reichstages, wie sie Schweden seit 1617 kannte, kam es nicht[5].

Die auch hier vorhandene Trichotomie zwischen König, Rat und Reichstag hatte mithin eine beträchtliche possessive und politische Gewichtsverlagerung zugunsten der ›konstitutionalen Mitte‹ erbracht. König und Unadel aber mußten die Handfeste selbst als eine unerträgliche Handfessel empfinden, sollte das Land in eine ernste Krise geraten, die von den Senatoren und Adligen nicht gemeistert wurde. Es stellt sich natürlich die Frage, warum sich die adlige Elite Dänemarks – der Adel Norwegens hatte in dieser Phase kaum einen Einfluß – nicht zu einem ähnlichen Reformschub wie diejenige in Schweden bereit fand, zu dem sie bald in eine ganz andere Richtung gezwungen werden sollte. Nach all den Erfahrungen mit Christian IV., der sich manch einen Verfassungsbruch, Rechtsübergriff und unwägbares Machtwort geleistet hatte, glaubte man, gegen einen Absolutismus absolute Sicherheiten in die neue Handfeste einbauen zu müssen[6].

Im Bewußtsein der Duplex-Majestas-Theorie, die bei einer Wahl stets zum Vorschein kommt, wollte man es nicht zu jenem Zustand bringen, den *Arnisaeus* befürwortete. Der einflußreiche Leibmedikus Christians IV., der sich auch als Jurist und Traktatverfasser einen Namen gemacht hatte, meinte nämlich, daß sich ein König nach dem Wahlakt »über den Gesetzen« wähnen dürfe. Darüber hinaus bekämpfte er den Vertragstheoretiker Althusius, förderte zentralistisches Einheitsdenken, lehnte die bei Bodin so scharf markierte Trennung von substantiellem Staat und akzidentieller Administration weitgehend ab und plädierte für die *Erbmonarchie*[7].

Mit der Handfeste glaubte man, sich gegen absolutistische »Ausdeutungen« und Machenschaften genügend abgesichert zu haben. Zu der zeitbewegenden Fundamentalfrage, ob »der Konstituierende größer ist als der Konstituierte«, hatte man mit der Handfeste eine libertäre Antwort gefunden. Sie garantierte dem Reich mit seiner *Konstitution* (Staatskirchentum und Königswahlrecht) die Rechtsdominanz und kontrollierte mittels des Reichsrats auch die *Administration*.

Dieses System wurde auch von dem Juristen *Reinking* anhand der Verfassung des Heiligen Reiches verteidigt. Erfahren in den »Marburgischen Erbhändeln«, geschult als Kanzler in Schwerin, zeitweise kaisertreu und von den Schweden gejagt, wurde er 1648 Kanzler in den Herzogtümern Schleswig und Holstein mit Sitz in Glückstadt und avancierte zum wichtigsten Ratgeber Friedrichs III. Der Kern seiner Staatstheorie besteht im Zuerkennen der »gesamten Amtsgewalt« an den Kaiser oder an einen König. Sie konzentrierte sich im wesentlichen auf die höchste »Jurisdiktion und Gubernation des Staates«. Darin hat der jeweilige Fürst »keinen Höheren über sich«. Er ist souverän nur im Rahmen des Rechts und der Verfassung. Denn eine derartige *Lex Regia* war von Fundamentalgesetzen abhängig, die trotz aller Machtfülle in den Händen des Fürsten eine absolute Gewaltgrenze bildeten. Wurde sie überschritten, trat der legale Widerstand in Kraft[8], es sei denn, Not und Krieg erzwangen nezessitäre Maßnahmen, die zeitweise gegen den libertären Verfassungsbestand gerichtet sein konnten. Doch sollte die Beherrschung des Ausnahmezustandes mit seinem DOMINIUM EMINENS nicht zu einem Dauerzustand des DOMINIUM ABSOLUTUM führen. Ein derartiges Machtsystem gab es nicht »in Europa«. Es hatte nach Reinking nur »bei den Russen, Türken, Tataren und bei anderen Völkern« eine gewisse Berechtigung, wie er unter Berufung auf Paurmeister hinzufügt[9].

Die Zukunft sollte zeigen, wie schnell sich Friedrich III. und Reinking umstellen konnten. Das Stichwort lieferte man in Kristiania (später Oslo). Dort war 1648 eine Reichsversammlung zusammengetreten. Unter der Leitung von Hannibal Sehestedt gaben der Adel, der Klerus, Bürgermeister und Ratsleute der Städte (köbstad), Gerichtsleute, Amtsleute und Bauern (Odelsbönder) als Selbsteigner die Zustimmung zur Wahl Friedrichs III. Damit entsprach man dem »Norwegischen Gesetz« von 1604[10] und zerstreute alle Gerüchte aus Osnabrück vom Westfälischen Friedenskongreß, daß sich Norwegen auf eine »Separation« von Dänemark vorbereite, um unter der Protektion Schwedens Republik zu werden[11]. Ein Mißklang aber war auf dieser Reichsversammlung zu hören. Der Klerus nämlich bestand darauf, »des Reiches Norwegen rechtem *Erbherrn* und König« gehuldigt zu haben. Seiner Meinung nach war Norwegen ein Erb- und nicht ein Wahlreich[12]. Allerdings war es nicht patrimonial (Dominium absolutum) organisiert, sondern emphyteutisch (Dominium utile), sonst wären Reichsrat und Reichsversammlung überflüssig gewesen.

Hannibal Sehestedt, der Statthalter und Senator, wird bei diesem Hinweis aufgemerkt haben. Denn was geschah, wenn in einer Not- und Kriegslage die Formel »Seiner Königlichen Majestät eigenes Erbreich« vom Klerus aus Neid auf den Adel patrimonial gedeutet und sogar anerkannt werden konnte?

Noch 1648 durften die Reichsratskreise und der Adel eine Festigung ihrer Positionen verbuchen. Aber genau zehn Jahre später war Dänemark unter den verstärkten Druck Schwedens geraten und sah sich einer Kriegslage ausgesetzt, die im Inneren eine »Staatsveränderung« (mutatio status) möglich erscheinen ließ. Ihre Auswirkungen wurden im schwedischen Senat 1658 ausgiebig diskutiert. Man nahm in dem zwischen beiden Ländern ausgebrochenen Krieg zwar die »Auswanderung des Adels« in Schonen in Kauf, der nicht unter der Herrschaft Schwedens leben wollte[13]. Doch gleichzeitig glaubte man, »die Uneinigkeit zwischen K.M:t. in Dänemark und deren Ständen« für sich ausnützen zu können. Eine Konzentration der Macht in der Hand

Friedrichs III. erschien für die Zukunft schädlich. Es wurde überlegt, ob man erlauben sollte, daß »der König die Stände unterjochen« dürfe. Andererseits sah man Tendenzen, daß »der Senat den König souverän mache«, dieser wiederum »die Regierungsform ändern wird«, und zwar *per Erbreich*«, das ihn in die Lage versetze, »*absolut*« zu werden und in einer Weise »*souverän*«, wie es die bisherige libertäre Verfassung nicht zugelassen habe[14].

Hinweise auf den Kurfürsten Friedrich Wilhelm und seine angestrebte »absolute« Position in Preußen, die nach dem Frieden von Oliva 1660 auch erreicht wurde, lassen erkennen, welche Sorgen Schwedens Staatsmänner bewegten, nämlich in ihrer unmittelbaren Interessensphäre zwei absolutistische Regimes entstehen zu sehen. Es gab sogar Pläne im Kreise um Karl X. Gustav, Dänemark-Norwegen unter Schweden, England und den Herzog von Holstein-Gottorp aufzuteilen, wo die Annahme des »Souveränitäts-Diploms« 1658 jedem vor Augen führte, was mit einer Staatsveränderung in Dänemark gemeint sein mußte – Erringung des DOMINIUM ABSOLUTUM[15]. In dieser schweren Krise verlor Dänemark im Frieden von Roskilde 1658 und im Frieden von Kopenhagen 1660 alle Provinzen jenseits des Sunds, erhielt aber die Insel Bornholm und in Norwegen Trondheim-Len zurück. Das war ein durchaus wichtiger Erfolg, zumal die Bornholmer 1658 in einer sonderbaren Aktion sich unter den Schutz Friedrichs III. stellen wollten. Nach der zeitweiligen Befreiung von den Schweden aus »eigener Macht und Stärke« fühlten sie sich verpflichtet, dieses »Land Bornholm mit all seinen Rechten und Einkünften Uns und Unseren Erben (zu) übertragen . . . und (zu) verehren zu eigenem freien Erbe und Eigentum«. Als Gegenleistung wurde vom König angeboten, sie »nach äußerstem Vermögen zu verteidigen und bei Gesetz und Gericht zu halten«[16].

Die Umstände dieser Aktion deuteten in Richtung der »großen Revolution« und des »großen Souveränitäts-Werkes«, wie *Holberg* zwei Generationen später das bezeichnet, was nach dem Friedensschluß von Kopenhagen in dieser Stadt geschah, die sich loyal hinter den König gestellt und sich erfolgreich gegen die schwedische Macht gewehrt hatte. Es überrascht deshalb nicht, daß das Bürgertum der Hauptstadt unter dem Bürgermeister *Hans Nansen* für seinen Einsatz ebenso belohnt werden wollte wie der Klerus unter der Führung des Aarhuser Superintendenten *Hans Svane*. Und einflußreiche Männer wie Hannibal Sehestedt oder der Kopenhagener Großkaufmann *Henrik Müller*, die sich in den letzten Jahren aus der Politik herausgehalten hatten, standen Friedrich III. und seiner energischen Frau Sophie Amalia aus dem

Hause Lüneburg nun zur Seite, vor allem aber auch *Christopher Gabel*, der ergebene Diener aus Bremer Tagen, und Reinking.
Dieser Personenkreis hatte es in der Hand, darüber zu bestimmen, ob das libertäre System weiterbestehen sollte oder nicht. Der nach Kopenhagen einberufene und dort am 8. September 1660 eröffnete Reichstag, ohne daß die Vertreter Norwegens geladen worden waren, konnte nur noch den scheinlegalen Rahmen für die »Statusveränderung« des Königtums bilden. Deren Verlauf deutet weniger auf Zufall denn auf einen klaren Plan. Dabei mußte vor allem der Adel als Gesamtstand gewonnen werden, und dieser leistete nicht wenig Widerstand. In sich zerstritten, fand er doch zu einer gewissen Einheit in der Frage der »Gleichheit« zwischen Adel und Unadel im Steueraufkommen. Man lehnte sie im Bereich der geforderten Verbrauchssteuer ab, um alte Rechte zu verteidigen. Dazu gehörte u. a. die »Freiheit«, »die eigenen Diener selbst zu besteuern«, und das Recht, daß »jeder Adelsmann selbst eine derartige Verbrauchssteuer über seine Bauern erheben dürfe«. Derartige Vorrechte paßten zur Qualität der »Enemærke« und waren dem Unadel wie dem König nicht mehr geheuer. Auf der anderen Seite aber durfte der Adel nicht an Handel und Wandel wie der Unadel teilhaben, also Gewerbe treiben. Und darin fordert er als Ausgleich eine Egalisierung, die abgelehnt wurde[17].
Man war von adliger Seite auch bereit, zur »Conservation und Defension . . . des Vaterlandes« das bisherige Milizwesen zu verbessern. Aber die Warnungen vor einer künftigen »großen Armatur« waren nicht zu überhören. Man wußte, was der beabsichtigte Wechsel vom *ständischen* zum *ständigen Heer* erbringen mußte – das Ende einer Adelsfreiheit, die durch Königsmacht ersetzt wurde. Die Politik, getragen von den »hochweisen Räten des Reiches Dänemark« u. a. in Gestalt der Senatoren Rosencrantz, Krag, Retz oder Gersdorf, in der schwierigen Finanzsituation mehr für den Adel und den Reichsrat zu sichern, als der Unadel zugestehen wollte, scheiterte auch daran, daß man sich auf die Einhaltung der »Handfeste« von 1648 berief. Sie aber war das sichtbare Zeichen dafür, daß man die Niederlagen gegen Schweden und die innere Not der »Adelsmacht« und den Senatoren anlasten konnte, nicht aber dem König, dem durch Beratung und Zustimmung die Hände gebunden waren. In dieser verhetzten Stimmung geschah während der schwierigen Verhandlungen, in denen sich der König äußerlich sehr zurückhielt, etwas Unerwartetes. Der Reichsrat Christen Skeel war gestorben. Nach seiner feierlichen Beisetzung, die manch einem Adligen wie ein Symbol dafür vorgekommen sein muß, daß man damit auch die eigene Freiheit zu Grabe trug, versammelte sich der gesamte Adel mit einigen

Senatoren zum Leichenschmaus und wurde dabei vom Stadthauptmann *Skak* eingeschlossen, während die Stadttore Kopenhagens verriegelt wurden. Die Begründung für diese Maßnahme? Man wolle eine allgemeine Desertion des Adels vom Reichstag verhindern[18].

Mit dieser Demonstration der bewaffneten Macht wurde jedem Adligen klar, daß die Tage der libertären Verfassung nach Maßgabe der »Handfeste« gezählt waren. Die »Kassation der Handfeste« am 16. Oktober 1660 wurde zur Bestätigung dieser Befürchtung. Im Namen aller Stände und »Gegenpartner« wurde diese Verfassungsurkunde von 1648 »annulliert und zunichte gemacht, getötet und machtlos« gemacht. Das bedeutete gleichzeitig die vollkommene Befreiung Friedrichs III. von dem »darauf abgelegten Eid in aller Art und Weise«[19]. Mit der Überreichung der »kassierten Handfeste« an den König hatten das libertär und vertraglich strukturierte Wahlreich Dänemark und das emphyteutische Erbreich Norwegen aufgehört zu existieren. Die anschließende Vereidigung vor dem Kopenhagener Schloß auf den »christlichen *Erb-Herrn*«, wie Peder Retz in seiner Rede den Oldenburger Potentaten ansprach, setzte den vorläufigen Schlußpunkt dieser Revolution im »inneren Staatsrecht« des Doppelreiches. Die alten Senatoren mußten dabei unter freiem Himmel im Angesicht des Erb-Herrn und des Stände-Volkes schwören, Friedrich III. »als meinem Allergnädigsten König und Herrn, so auch Eurer Königlichen Majestäts HAUS, hold und treu zu sein, E.K.M:ts und des Königlichen HAUSES Nutzen und Bestes zu suchen und zu befördern, Schaden und Nachteil nach äußerstem Vermögen abzuwenden und E.K.M:t treulich zu dienen, wozu ein ehrlicher Adelsmann und ERBUNTERTAN verpflichtet ist . . .«[20]

Von der Krone Dänemark und dem Reich ist nicht mehr die Rede. Herr und Haus haben sie vollständig ersetzt. Wer immer noch darauf hoffte, daß die »Statusveränderung« lediglich den Übergang vom Wahl- zum Erbwahlprinzip meinte, wie man es in Schweden hatte und auch in adligen Kreisen zugestanden werden konnte, wurde bereits am 7. November 1660 eines Besseren belehrt. Die ehemaligen »Räte des Reiches« mußten nun als »Räte des Königs« erneut schwören, »daß E.K.M:t und E.K.M:ts Erben . . . *Souveränität* und *Erbrecht* über diese Königreiche Dänemark und Norwegen unveränderlich konserviert werden«[21]. Friedrich III. machte aus dem wirklichen Wert dieser fundamentalen Ablösung auch keinen Hehl. Am 13. November bedankte er sich bei Herzog Gustav Adolf, »daß mir Eure Liebde . . . wegen der erlangten *Erbgerechtigkeit* und des ABSOLUTI DOMINII in meinen

Reichen und Ländern so wohlmeiniglich glückwünschen wollen«[22].

Der sog. »Eingewaltserbregierungsakt« vom Januar 1661 bestätigte nur diesen Vorgang der rechtlichen, possessiven und politischen Umpolung einer libertären Monarchie in eine patrimoniale Monokratie. Dabei wurden nicht nur individueller Terror und militärischer Druck ausgeübt, sondern auch Täuschungsmanöver unternommen. Es spricht viel dafür, daß Christopher Gabel den Drucker des Eingewalts-Dokumentes angewiesen hat, daß »anstelle für das im Manuskript vorgesehene Wort *erbliche Regierung* die Worte *absolute Regierung* eingerückt werden, wenn die letzte Korrektur geschehen war, was auch geschah«. Die Stände, Adel wie Unadel, ließen sich dieses Vorgehen gefallen und akzeptierten Friedrich III. als einen »*absoluten, souveränen Erbherrn*«[23].

Die einst so mächtige ›konstitutionale Mitte‹ zwischen Monarch und Ständen war binnen weniger Tage von einem Mediator zu einer Behörde umfunktioniert worden. Der Reichsrat als ein »Hüter der Gesetze« (Custos legum) durfte nicht mehr existieren. Die Einforderung seiner Akten, die aufs königliche Schloß gebracht werden mußten, verdeutlicht diesen unerhörten Vorgang, den *Friedrich Gabel* zur Rechtfertigung seines Vaters in aller Dichte so beschreibt: »Zuerst hieß es, Dänemarks Reich *erblich* zu machen, gleich wie die schwedischen Stände dasselbe gemacht haben, nicht zu reden über Spanien, Frankreich und England; hiervon merkt man, daß der Stände in Dänemark erste Intention nicht weiter ging als zu einem *Erbrecht* (und) nicht zu (einem) solchen *absoluten, souveränen Herrentum*, welches dann folgte. Denn die Könige, besonders von Schweden und England, besaßen wohl ihre Reiche *erblich*, aber strikte zu reden, waren sie nicht *souverän*; England hat seine Parlamente und Schweden hatte seine Reichstage, wo die Stände auch ein Wort zu sagen hatten. Die englischen und schwedischen Könige, deren *erbliches Regiment* die dänischen Stände als Exempel nahmen, können in solcher Weise nicht ganz und gar machen, was sie wollen, sondern sie haben mit den Parlamenten oder mit des Reiches Ständen konferiert und erhielten in höchstmächtigen anliegenden Affairen deren Beifall. Folglich faßt man es am ehesten, daß der Reichsstände Dänemarks erste Gedanken wohl gewesen sein mögen, König Friedrich III. ein *erbliches*, aber nicht ganz und gar *absolutes Regiment* zu übertragen, ... aber zuletzt wurde der Schluß dieser: Eine SOUVERÄNE und ABSOLUTE REGIERUNG, welche unter Gottes wunderbarer Direktion zuwegegebracht wurde durch Christopher Gabel, Hannibal Sehestedt, Hans Svane und Hans Nansen ...«[24].

Den Kaufmann und Großfinanzier Henrik Müller nennt er in dieser Galerie nicht. Erst neuere Forschungen haben zu dieser wichtigen Figur ergeben, warum sich der finanzstarke Teil des Kopenhagener Bürgertums so eindeutig für die patrimoniale Lösung entschied und ihre Annahme unterstützte. Als absoluter Erbherr kam Friedrich III. nämlich in die Position eines unumschränkten Selbsteigners, der über das recht umfangreiche Potential der Kron-Domänen verfügen durfte, ohne durch den Reichsrat behindert zu werden. Dadurch verschafften sich die Bürger-Finanziers Sicherheiten für die Geldleistungen an den hochverschuldeten Hof und das Haus Oldenburg, das mit dieser »Revolution« umgehend seine materielle Basis enorm steigern konnte und wieder kreditwürdig erschien[25]. Eine emphyteutische Lösung hätte hier keine Abhilfe geschaffen, weil die Rechts- und Vertragsorgane Reichsrat und Reichstag weiterhin hätten bemüht werden müssen.

Es zeigte sich bald, daß mit dem neuen System der *Enevaelde* (Eingewalt), wie das Monokratentum genannt wurde, die ökonomischen Schwierigkeiten der Länder und Stände selbst nicht behoben werden konnten. Die mechanische Übertragung der öffentlichen Güter von der Krone auf den König half nur dem »souveränen Haus«. Sie schaffte gleichzeitig die politische Freiheit auch für den Unadel ab und löste auch eine Reihe von Absichtserklärungen des Königs nicht ein. Es war daher eher von rhetorischer Bedeutung, als man verkündete, daß es eine »väterliche Pflicht« sei, »Unsere Erbkönigreiche ... in Flor und Wohlstand« zu setzen und damit auch »Unseren Reichsrat in mehr Glanz, Unseren alten Adel in größere Würde, den Geistlichen- und Bürgerstand in Ansehen und die Bauern in größere Freiheit«[26]. Auch wenn die Aufstiegsmöglichkeiten Unadliger im neuen Behördensystem verbessert wurden, dessen Organisation teilweise nach dem Kollegiensystem Schwedens erfolgte, ohne aber die libertäre Substanz des Gegenseitigkeitsprinzips zuzulassen, so stand im Mittelpunkt der ›Reformen‹ doch stets die Sicherung »Unserer Souveränität und Erbgerechtigkeit«. Ihrem Wesen nach konnte der Monokrat jede Ordonnance, Verordnung oder Plakat »nach eigenem Behagen« abschaffen oder verändern[27]. Ein Widerstand »nach Gesetz« war von nun nicht mehr möglich, soweit »Staatssachen« betroffen waren. Die Privilegien-Garantie für Kopenhagen drückt zusätzlich aus, wie umfassend sich das patrimoniale Erbprinzip in Gestalt einer absoluten Regierung zentralistisch durchzusetzen begann. Zwar erweiterte man die ökonomischen Sonderrechte der Haupt- und Residenzstadt gegenüber den anderen Städten des Doppelreiches und genehmigte eine gewisse Gleichheit zwischen Adel und Unadel beim »Zugang zu Officia und Honores«, aber der bisherigen Vertrags-Trichotomie aus Bürgermeister, Rat und Bürgerschaft wurde ein Präsident mit einem 32köpfigen Zusatzgremium beigegeben. Damit war die alte Selbstverwaltung zerstört. Mit der Zuteilung »Unseres Lehens Roskilde« als »ewiges Eigentum« sollte der neue Behördenapparat finanziert werden, »doch Unserer und Unserer Erben und Nachkommen, der Könige in Dänemark und Norwegen, SOUVERÄNITÄT in jeder Hinsicht unpräjudizierlich«[28].

In der Annahme, sein »Souveränitätswerk« in Dänemark gesichert zu haben, ließ Friedrich III. die *Erbhuldigung* in Norwegen, Island und auf den Färöer-Inseln erzwingen und versetzte diese Länder damit für mehrere Generationen in einen Zustand politischer Apathie und Unmündigkeit. Mit der Stabilisierung nach innen, die auch deshalb ohne ausländische Intervention gelang, weil England und Schweden 1660 selbst innere Krisen zu bewältigen hatten, war für das Haus Oldenburg ein Weg beschritten, der durch eine Kodifizierung letztgültig abgesichert werden sollte. Dies gelang mit der Abfassung des KONGELOV oder der LEX REGIA.

Die Wahl für dieses Projekt fiel auf *Peder Schumacher*. Er wurde schon früh mit Friedrich III. bekannt, hatte Theologie, Medizin und Jurisprudenz in Rostock, Leipzig, Rom, Paris, Oxford und Leyden studiert, und als er 1662 nach Kopenhagen zurückkehrte, war er von dem Gedanken besessen, »einen neuen Staat nach Platos Muster einzurichten«[29]. Unter der Obhut Christopher Gabels erarbeitete er etwa gleichzeitig mit den Verwaltungsreformen, mit denen Hannibal Sehestedt betraut war[30], ein Dokument, das einmal die »ungezwungene« – »aus eigenem freien Willen« – Zuerkennung der »Souveränität, Erbgerechtigkeit und absoluter Regierung« durch die Stände bestätigen sollte[31] und dann darauf abgestellt wurde, ihm die Qualität eines »Fundamentalgesetzes« zu geben. Dieses sollte dem Hause Oldenburg für die männliche und weibliche Linie bis jeweils »ins tausendste Glied« eine »absolute souveräne Eingewalts-Macht und Erbgerechtigkeit« sichern[32]. Sie war voll und ganz auf eine patrimoniale Besitzvorstellung zugeschnitten, wie sie tatsächlich in dieser Totalität bisher im eigentlichen Europa nicht üblich war. Allein der oft übergangene Umstand, daß »der König ganz und gar keinen Eid oder irgendeine Verpflichtung, welchen Namen sie auch haben möge, mündlich oder schriftlich von sich geben soll, weil er als ein freier und unumschränkter Eingewalts-König von seinen Untertanen durch keinen Eid oder vorgeschriebene Verpflichtungen gebunden werden kann«[33], macht unmißverständlich deutlich, daß von einer Vertragslage überhaupt keine Rede sein konnte.

Friedrich III. war mit dem »Eingewaltserbregierungsakt« nicht nur de facto ein Monokrat geworden³⁴, sondern auch de jure, wenn man dies überhaupt in bezug auf ein Vorgehen sagen darf, das auf scheinlegale Weise wesentliche Rechtsbindungen außer Kraft setzte, um »nach eigenem Behagen« schalten und walten zu können. Die Barriere hinsichtlich der Augsburgischen Konfession, die auch nach der patrimonialen Lex Regia gefordert wurde, schränkt diese Monokratie nur zum Schein ein. Das zeigte sich spätestens bei Friedrich IV., der sich ungestraft gegen das JUS DIVINUM vergehen durfte, als er »zur linken Hand« die Reventlow heiratete und damit in Bigamie lebte, was keinem seiner »Erbsklaven« erlaubt war³⁵. Bedenkt man noch, daß die Lex Regia von 1665 erst 1709 veröffentlicht wurde, so läßt sich die These vom »Übergang zum Absolutismus durch Herrschaftsvertrag« in Dänemark mit einer »nachfolgenden verfassungsrechtlichen Fixierung der neuen Regierungsform« nur um den Preis aufrechterhalten, daß die Bedingungen des gesamten Vertragswesens einfach ignoriert werden³⁶. Die Etablierung der Enevaelde des Hauses Oldenburg in Dänemark–Norwegen und die patrimoniale Substanz der Lex Regia erfüllen alle Kriterien einer Diktatur, die eine nezessitäre Lage ausnützte, um sich gegen eine libertäre Vertragsverfassung ein arbiträres Haus-Regime einzurichten.

Wie genau Friedrich III. diesen Staatsstreich und seine Ziele geplant haben muß, belegt auch seine Entscheidung, die bisherigen Krönungsinsignien nicht mehr benutzt zu sehen. Statt dessen werden neue Enevaelde-Symbole angefertigt, die Christian V. schon anwandte, als er 1670 ohne jegliche Behinderung Eingewalts-König wurde und sich nach Maßgabe der Lex Regia nur »salben« ließ, ohne daß diese Zeremonie substantiell das DOMINIUM ABSOLUTUM berührte, das er bei der Bestätigung der Privilegien von Kopenhagen ausdrücklich als Inbegriff seiner Macht jedem in Erinnerung rief³⁷. Nicht ohne Beunruhigung stellte der Reichskanzler Schwedens 1671 in einer berühmten Rede vor Karl XI. im Senat fest, daß Christian V. »nun zu einer absoluten Regierung gekommen ist«, »im Land und Reich einen perpetuum militem« errichtet habe und jetzt »noch leichter als zuvor seine Resolutionen fassen« kann, »seit dort die *Souveränität* eingerichtet ist«³⁸ – ein »Government by Will«.

Ohne Zweifel zeitigte das neue System einige Erfolge. Der Aufbau des neuen Heerwesens, die Sanierung der Finanzen, das Ankurbeln von Handel und Wandel mit Hilfe neuer Kompagnien und einer Aktivierung des Fernhandels bis Trankebar³⁹, begleitete eine Aktivität, die manch einen Adligen versöhnlich stimmte. Dies gilt um so mehr, als die Schaffung von Freiherrn- und Grafschaften und die Stiftung des Elefanten- oder des Dannebrog-Ordens neue Perspektiven in einer Gesellschaft eröffnete, die gut überschaubar war. Dafür steigerten sich die Unruhe, der Karrierismus und die Korruption in einem Behördensystem, das ganz auf die »königliche Gnade« ausgerichtet wurde und damit das Günstlingswesen förderte, zumal Christian V. in seiner mangelhaften Bildung mit dem Hang zum Alkoholismus Schmeicheleien zugänglich war[40]. Der Aufstieg Schumachers in seiner Umgebung ist ein Beispiel unter vielen anderen, wohin diese neue Meritokratie tendieren konnte. Zu einem gewissen Abenteurertum, über das eine zeitgenössische Charakteristik anmerkte, als dieser Schumacher alias Graf Griffenfeld 1676 jäh von seiner Position als Kanzler der wichtigen Deutschen Kanzlei stürzte, in der neben der Dänischen Kanzlei die hohe Politik betrieben wurde: »Weitläufig in den Sitten, zweideutig im Wort, vieldeutig im Sinn, bürgerlich vom Ursprung her, adlig aus Gnade, Graf aus Schmeichelei, ein Fürst an Reichtum, ein König an Hochmut, ein Feind aller, sich selbst am nächsten, treu gegen keinen«[41].

Er ist in all diesen Bezügen weitgehend ein Produkt der Enevaelde-Diktatur mit ihrem hohen Maß an Mißtrauen und Willkür, die sich vom Monokraten auf die Behörden übertrug. Die Erfolge etwa im »Oldenburgischen Erbstreit«, das militärische Aufbäumen gegen Schweden, das mit der Schlacht bei Lund 1676 so wenig einbrachte wie die kriegerischen Abenteuer etwa gegen Hamburg das Vertrauen der Nachbarn erhöhten, oder das dauernde Gerangel um Gottorp lassen erkennen, daß sich diese Monokratie in ihrer Besitzgier durchaus militarisieren konnte[42]. Die Brutalität zeigte sich vor allem dort, wo das Erb-Haus sich gefährdet sah. So wird im Artikel 1 des DANSKE LOV (Dänisches Gesetz) von 1683, das die Regionalrechte ablöste, in Übereinstimmung mit der Ideologie der Lex Regia angedroht: »Wer auch immer schimpflich den König oder die Königin beleidigt oder einen Anschlag auf ihr Leben oder das ihrer Kinder anzettelt, hat Ehre, Leben und Eigentum verwirkt; lebendigen Leibes soll ihm der rechte Arm abgehackt werden, sein Kopf vom Rumpf getrennt, sein Körper auf das Rad geflochten und sein Kopf zusammen mit seiner Hand auf einen Pfahl gespießt werden.« Adligen Übeltätern soll außerdem das »Wappen vom Henker in Stücke gebrochen werden, und alle ihre Erben sollen ihres edlen Ranges und ihrer Privilegien verlustig gehen«. Sippenhaft statt auf das Individuum gerichtete Rechtsfindung und Strafzumessung ist ein Kennzeichen diktatorischer Energie, nicht anders als das Verbot, über das vorhandene Machtsystem nachzudenken, d. h. über »einen Wechsel in der *absoluten erblichen Herrschaft des Königs*«.

Wer es dennoch im Lande selbst tun sollte, der hatte mit der beschriebenen Leibes- und Eigentumsstrafe zu rechnen[43]. Jedes aktive oder passive Widerstandsrecht war damit absolut kriminalisiert und das Vertragsverhältnis zwischen dem Reich als Rechtsperson und dem Monokraten endgültig auch im Privatrecht beseitigt. Man kann in dieser Vereinheitlichung des Rechts einen »Fortschritt« sehen, wenn man in der Durchsetzung des ›despotischen Zentralismus‹ eine höhere Entwicklungsstufe der Staatlichkeit überhaupt erkennt. Aber gleichzeitig war diese Maßnahme eine politische und intellektuelle Knebelung und Entwürdigung. Der Begriff »Sozialdisziplinierung« (Oestreich) umschreibt nur vornehm das System einer Diktatur, die ein Ausländer gut zehn Jahre nach diesem Gesetzeswerk, das einigen Einfluß auf Preußen gehabt hat, mit einer »Mißgeburt« vergleicht. Sie habe »nur einen Kopf und keinen Körper, nur Soldaten und keine Untertanen« hervorgebracht. Damit war vor allem die umfassende Erzwingung des »blinden«, »unumschränkten«, »absoluten und unbedungenen Gehorsams« gemeint, welcher der Preis für eine Vereinheitlichung war, der individuelles, korporatives und regionales Eigenleben ein Greuel sein mußte. Denn darin lag das unabdingbare Gegenprinzip – die Kraft des libertären Legalismus.

Der Engländer *Molesworth,* der 1692 Gesandter in Kopenhagen war, gehört zu den entschiedensten Kritikern nicht nur der Enevaelde in Dänemark, sondern der »absoluten Herren« überall in der Welt. Daß »etwas faul ist im Staate Dänemark« (Shakespeare), spürte der Whig sofort bei einem Machtsystem, das die »caeca oboedientia« unmittelbar an die Lehre des »Göttlichen Rechts von Königen und Fürsten« band, so als hätte der Monokrat die »höchste Gewalt unmittelbar vom Himmel«. Diese Ansicht streite gegen alle »Vernunftsgründe« und übertreffe in ihrer Hybris sogar die Despotien des Morgenlandes. Denn man habe mit dem Mittel von »Furcht und Gewalt« das »Recht der Ober- und unbeschränkten Herrschaft über die Untergebenen« erzwungen und dabei »das Volk-Recht und die ihm zukommende Majestät« mit Lug und Trug abgeschafft, und dies alles nur wegen der »Gotteslehre in der Staatswissenschaft«, die ein Erzübel der Zeit sei. Dabei wisse jeder, daß »ganz Europa auf gewisse Maße bis zu diesen letzten Zeiten ein freyes Land gewesen (ist), so daß auch die Morgenländer die Europäer unterschieden haben und noch unterscheiden unter dem Namen der Freyen«. Und wer hat am meisten zu diesem »Irrtum des unbeschränkten Gehorsams« beigetragen? Molesworth macht hier neben den Fürsten die Kleriker aus. Als besonderes Beispiel dient ihm dafür »Rußland und Moskau, wo die

Tyranney so groß ist, als etwa in einer Morgenländischen Monarchie«[44]. Dort nämlich »haben die Priester gar viel beygetragen, die Staaten unter die Sklaverei zu bringen und dabey zu erhalten. Damit auch das Volk in erfordertem Gehorsam bleiben möge, ist das Reisen bei Lebens-Strafe verboten«[45].
Christian V. und sein Hofkreis haben in der äußeren Politik sicher »französische Ratschläge« angenommen, aber die Wirkungen des Enevaelde-Systems kamen aus dem Wesen des DOMINIUM ABSOLUTUM selbst. Dieses führte vor allem dazu, »daß souveraine Fürsten durchgehends nichts mehr begreifen als die *Kriegskunst* und die Mittel, wodurch sie ihren Staat in der Unterwerfenheit, worin sie selbige verlangen, erhalten mögen«. Tatsächlich basiert der Militarismus der Monokratien vornehmlich darauf, die absolute Befehlsstruktur des Kriegswesens auf das Zivilwesen zu übertragen und mit Hilfe eines Polizeiapparates, eines Spitzelsystems und Kriminalisierung jeder Freiheitsäußerung auf Dauer durchzusetzen. Im Gegensatz dazu werde die »*Friedens-Kunst*, welche die Untertanen reich und glückselig machen kann . . ., ganz und gar verachtet oder gelindig gesuchet«. Molesworth, eingedenk der Ergebnisse, wie sie die »Glorreiche Revolution« nach einer Phase des »blinden Gehorsams« in England erbracht hat, weiß jedoch, daß diese Friedens-Kunst wesentlich »von der guten Erziehung unserer Jugend« abhängig ist. Er sagt damit nichts anderes als Aristoteles, daß man nämlich freiheitliches Bewußtsein nicht ererben kann, sondern dauernd erwerben muß[46]. Freiheit bedeutet hier, daß »der Schutz unserer Reichs-Gesetze auf seinem wahrhaften und natürlichen Grunde fußet, welcher nichts anderes als der *Haupt-* und *Original-Contract* ist«. Auf ihm ruhen alle »rechtmäßigen Freyheiten der Englischen Nation« und die zugehörige »jetzige Regierungsart«[47].
Ein solcher Fundamental-Vertrag existierte in Dänemark nicht mehr. Die »Kassation der Handfeste« hatte ihn 1660 abgeschafft und nicht neu eingerichtet, schon gar nicht nach Maßgabe der Hobbes-Lehren, die voll und ganz auf die Verwirklichung der Gerechtigkeit abgestellt sind, und das bedeutete »die Einhaltung von Verträgen«, was »eine Vorschrift der Vernunft« und »ein Gesetz der Natur« ist[48]. Wo aber der Reichsrat zu einer Behörde degradiert und der Reichstag gar nicht mehr bemüht wurde, durfte es keine »Gegenpartner« mehr geben, und damit hatte das Vertragswesen im »inneren Staatsrecht« ein Ende gefunden. Das zeigte sich auch dort, wo die frühere Wahl der Pfarrer in der Gemeinde oder die Wahl der kommunalen Amtsträger untersagt wurde, nicht anders als die Berufung der Schöffen bei Gericht. Vom Birka-Gericht über die Hundertschafts-Gerichte (Herreds-

tingene) bis zum Stadtgericht und dem Obersten Gerichtshof, der in der Regel für Zivilsachen zuständig war, bestellte der Monokrat alle Richter selbst[49].

Als Christian V. 1699 starb und Friedrich IV. ihm auf den Thron folgte, hatte sich das Enevaelde-System im Innern soweit gefestigt, daß an einen Widerstand von seiten des Adels oder des Unadels nicht zu denken war. Aber, so absolut die Monokraten des Hauses Oldenburg auch sein mochten, ihr dauernder Geldmangel veranlaßte sie, auswärtige Stützgelder zu suchen, die aus Holland und England seit der Allianz von 1696 auch reichlich flossen und das innere Steueraufkommen ergänzten. Mit der Einbeziehung Polens und Rußlands in die weitere Sicherheitspolitik glaubte man, Schweden in die Zange nehmen zu können, um auf diese Weise endgültig Holstein-Gottorp, den ewigen Zankapfel, für sich gewinnen zu können. Das Unternehmen scheiterte, und im *Frieden von Travental* mußte Friedrich IV. 1700 die Grenzen seiner absoluten Macht nach außen erkennen. Der Erwerb Holstein-Gottorps wurde verweigert und er selbst gezwungen, die mit Schweden geschlossenen Verträge in Zukunft zu halten[50]. War er nach den Worten des Bischofs Wandal in Dänemark–Norwegen »hier auf Erden Gott selbst«[51], was man in Schweden auch von Karl XII. annahm, so wurde er nach außen im Rahmen des Völkerrechts nicht wenig eingeschränkt.

Die Lehre, die der neue Monokrat aus diesem außenpolitischen Mißerfolg zog, bestand vor allem in der Einrichtung einer *Land-Miliz*. Seit 1701 wurden nach einem ausgeklügelten System Bauern von den Gutsbesitzern zu militärischen Übungen herangezogen und von Offizieren gedrillt. Diese innere Militarisierung bedeutete eine starke innerdänische Abwerbung von Bauern durch die Gutsbesitzer, die in entpolitisierter Form die Hauptträger des Oldenburger Haus-Staates waren. Die Fluchtbewegung vom Land in die Städte und ins Ausland war die unausweichliche Folge dieses Drucks nach unten. Die Reaktion von oben aber konzentrierte sich auf die Einschränkung der Freizügigkeit. Die Pastoren der Staatskirche, in der sich die Oldenburg-Monokraten als »Summus episcopus« fühlen durften, hatten entsprechende Anweisungen, das Ausstellen von Reisepässen zu kontrollieren. Sie wagten es aber nicht, die Prügelorgien vieler Gutsbesitzer und Vögte anzuprangern oder zu unterbinden, die seit der Einführung der Enevaelde zunehmend das Verhältnis Grundherr–Bauer prägten und belasteten. Die häufig geübte Willkür der körperlichen Züchtigung und sonstigen Bestrafungen mit dem »Holzpferd« oder dem »spanischen Kragen« entsprach der Rechtsunsicherheit der Enevaelde selbst und ihrem extrem personalisierten Wesen. Gerade auf den Gütern der Königin kam es zu derartigen Übergriffen, gegen die auch die Rechtsprechung des Obersten Gerichtes wenig ausrichten konnte[52].

Die offensichtliche Verrohung in diesem Haus-Staat hing mit der mangelhaften Verrechtlichung zusammen, die nicht mehr auf Vertragsbasis erfolgte, sondern per Verordnung. Das Mittel dazu war eine Bürokratie, die aus dem alten Ämterwesen ein Behördensystem geschaffen hatte, dem das Volk in seiner gesamten sozialen Differenziertheit radikal untergeordnet wurde. Die Einführung der Schollenbindung der Bauern im Jahre 1733 durch das sog. »stavnsbånd«, um dadurch die Zuführung von Rekruten für die Land-Miliz zu sichern[53], bestätigt nur die steigende Unfreiheit der Bauern und illustriert das Dasein entrechteter »Erbsklaven[54].

b) *Die Stellung im Nordischen Krieg. Holberg und die Aufklärung. Reformen. Hans Egede. Der »Zivilismus«. Das Struensee-Regime. Suhm und die »Regierungsregeln«.*

Die militärischen Erfolge des Envälde-Potentaten Karl XII. von Schweden in der Anfangsphase des Nordischen Krieges 1700 bei Narwa gegen Rußland und 1702 bei Kliszów gegen Polen-Litauen lösten in Kopenhagen Besorgnis aus. Nach den Friedensschlüssen von Warschau 1705 und Altranstädt 1706, die den Schweden-Monokraten auf dem Höhepunkt seiner Macht zeigten, fürchtete man, er könne sich gegen den »Erbfeind« westlich des Sunds wenden. Die geschickte Ausnutzung der Mächtekonstellation im gleichzeitig ablaufenden Spanischen Erbfolgekrieg mit einer Hinwendung zu England und den Niederlanden, die den größten Teil der geworbenen Truppen Friedrichs IV. gegen Entgelt übernahmen, ließ Neutralität geraten erscheinen. Nach seiner berühmten Reise, die ihn 1708/09 nach Italien führte, suchte der Monokrat aber verstärkt den Beistand Peters I. von Rußland, der nach seinem Sieg bei Poltava 1709 über die Armee Karls XII. dem Bündnis zwischen August dem Starken von Sachsen und Friedrich IV. beitrat[1].

Diese Verbindung mit Rußland ließ einen Kriegsplan entstehen, den Peter I. bereits 1710 in Angriff nehmen wollte – eine Invasion in Schweden. Die Politik des Sultans hinderte ihn aber an der Ausführung. Das war ein Zeichen mehr dafür, wie direkt die einstmals so verachteten Länder »Russia et Turcia« mittlerweile schon in die innereuropäischen Dinge eingreifen konnten. 1713 aber verhandelte Jaguśinskj wieder in Kopenhagen über diesen Plan, Schweden von Finnland aus sowie in Schonen gleichzeitig

und gemeinsam anzugreifen. Die Einkreisung mit einem Zweifrontenkrieg, das Dauerthema der europäischen Militärs und Diplomaten, sollte neu erprobt werden. Friedrich IV. zögerte aber, weil sich auch Friedrich Wilhelm I. von Brandenburg-Preußen trotz russischen Drucks zurückhielt. Der Kriegszug Karls XII., der nach seiner Rückkehr vom Sultan wieder die Envälde belebt hatte, bot 1716 erneut Gelegenheit zur Invasion. Während die Armee der Schweden gegen Norwegen zog, sollten russische Truppen von Mecklenburg aus eingesetzt werden. Der Vertrag von Altona zwischen Peter I. und Friedrich IV. regelte für dieses Unternehmen die Bedingungen. Es wurde dadurch begünstigt, daß Herzog Karl Leopold von Mecklenburg Katharina Ivanovna, eine Nichte des Zaren, geheiratet hatte. Damit verschaffte er Peter I. »einen festen Fuß in Teutschland«[2], aber es gelang ihm nicht, mit Hilfe des Zaren sein absolutistisches Regime im Inneren gegen den Adel durchzusetzen, so daß das dortige libertäre System im Prinzip bis 1918 dauerte[3]. Trotz vieler Anstrengungen und einer Konzentration russischer Truppen in Mecklenburg kam es nicht zur Invasion, weil sich Hannover-England dagegen aussprach. Es wollte weder die Zerschlagung Dänemark-Norwegens noch die Schweden-Finnlands und schon gar nicht die Erringung des DOMINIUM MARIS BALTICI durch das mächtig aufstrebende Rußland Peters I.[4]. Das Gleichgewicht der Kräfte gerade im Norden schien für die eigenen Interessen unabdingbar, und es wurde auch leidlich stabilisiert, als nach dem Tode Karls XII. vor der Festung Frederikssten 1718 dieser Große Nordische Krieg mit einer Reihe von epochalen Friedensschlüssen endete.[5].
Friedrich IV. gelang es, sich im Frieden von Frederiksborg 1720 seinen Besitzstand garantieren zu lassen, Schwedens Zollfreiheit von 1645 im Sund zu beenden. Schweden seinerseits mußte für Wismar, Rügen, Vorpommern und Marstrand 600 000 Reichstaler an ihn zahlen und versprechen, nie mehr Gottorp gegen ihn und seinen Haus-Staat zu unterstützen. Schonen und die anderen verlorenen Provinzen erhielt er aber nicht zurück, dafür freilich den »fürstlichen Teil« von Schleswig. Mit diesem Erwerb ergaben sich eine Reihe recht komplizierter Besitz- und Erbrechtsfragen, die man aber im Umkreis des Monokraten trotz gewisser Vorbehalte reichsrechtlicher Natur im Sinne der Lex Regia für gelöst erachtete. Der Friedensunterhändler Løvenørn, ein unadliger Aufsteiger, der lange unter Peter I. als Offizier gedient hatte, konnte denn auch feststellen: »Unsere Grenzen sind nun gesichert, und wir können nun auf einen festen und dauerhaften Frieden hoffen«[6].
Die Art und Weise, wie dieser Frieden erreicht wurde, vermittelt

etwas vom Wesen dieser Monokratie, die sich nach außen gefestigt und anerkannt wähnte. Friedrich IV., in vielen Dingen von der »Reventlowschen Bande« eingenommen, agierte häufig an seinem eigenen Geheimen Rat vorbei, der den ehemaligen Reichsrat ersetzen sollte, und demonstrierte damit seine Stellung als »absoluter Herr« ebenso, wie er sich durch unermüdliches Arbeiten den Ruf eines »großen Haushälters« erwarb und mit Systemgegnern unerbittlich abrechnen ließ. Seine Kontrollwut entsprang einem fast krankhaften Mißtrauen, vor allem gegenüber dem Adel. Dieser mußte zwar nicht eine »grausame Reduktion« von ehemaligen Krongütern wie in Schweden ertragen. Aber im neuen Behördenapparat fand er kaum einen Platz. Die Oldenburg-Monokraten fürchteten die Repolitisierung des eingesessenen Adels und favorisierten mehr und mehr ausländische Bedienstete, darunter vor allem solche aus dem deutschen Bereich[7]. Die »Regierungsregeln« Friedrichs IV. an seinen Nachfolger Christian VI. aus dem Jahre 1723 schärfen diesem auch ein, zur Erhaltung der gewonnenen Erb-Souveränität und Absolutesse stets auf der »Untertanen beständige Wohlfahrt« zu achten. Den Erbsklaven wurden also goldene Ketten in Aussicht gestellt, wenn sie nur die Enevaelde nicht in Frage stellten, von welcher Lord *Charter*, ein englischer Diplomat, in Verkennung der wirklichen Verhältnisse Frankreichs bemerkte: »Die *absolute Souveränität* ist in Dänemark weiter getrieben worden als unter gewöhnlichen Umständen in Frankreich. Die *gesamte Politik* in diesem Lande hier kreist um diesen Mittelpunkt und der Glanz, der darüber gebreitet wird, ist, obgleich unnötig, unbeschreiblich groß.«[8]

Friedrich IV., der seine Reventlow-Königin im Schlafgemach gekrönt hatte – ein weiteres Kriterium des patrimonialen und arbiträren Despotismus – und sich als ihr »leibeigener Sklave« bezeichnete, legte großen Wert darauf, daß sein Monokratentum im rechten Licht erschien und sein Haus-Staat nicht von den eigenen Bediensteten betrogen wurde. Die Maßnahmen gegen die grassierende Korruption auf allen Ebenen des Behördensystems, die schon 1700 streng untersagten, »Geschenke und Gaben zu geben und zu nehmen«, wurden Ende 1724 aus aktuellem Anlaß in der Affäre um gezielten Postenhandel verschärft. Persönliche Machtkämpfe und ein steigender Beschuldigungsterror kennzeichneten die Atmosphäre in diesem Haus-Staat des Mißtrauens, der Bestechungen und der Schmeicheleien[9].

Wie das Jagen nach Posten, die den libertären Geist der Verantwortung im Amt nicht mehr kannten, zum Reißen von Possen veranlassen konnte, demonstrierte in dieser Zeit *Ludvig Holberg* (1684–1754). In seinem Stück »*Peder Pårs*« von 1719 karikierte er in einer beißenden Satire die Schwächen der Menschen vor allem am Hofe. In Göttergestalten entzaubert er sie und übt in der Art des Cervantes und Boileaus eine scharfe Kritik, die im Lachen einen Freiraum schafft und in der List der Sprache eine geistige Autonomie des Individuums erkämpft. Das Odysseus-Motiv ist unverkennbar[10], aber auch das Ausklammern der Kritik am Monokraten, dem er seinen Aufstieg bis zum Baron verdankte. Dem Historiker und Juristen, dessen *Einführung ins Natur- und Völkerrecht* von 1715 beim Universitätsunterricht ausgiebig benutzt wurde, lag bei allem Unbehagen am systembedingten Karrierismus nichts daran, die Enevaelde in Frage zu stellen. Im Gegenteil: Als 1748 Montesquieus *Esprit des Lois* erschien, fühlte er sich in der Diskussion darüber unmittelbar angesprochen und veröffentlichte 1753 einen Kommentar zu einigen Positionen dieses Buches.

Holberg will die Grundthese Montesquieus nicht gelten lassen, »daß der Ehrgeiz das Prinzip der Monarchie ist ... und die kriecherische Furcht die Triebkraft des Despotismus«[11]. Diese fundamentale Distinktion zwischen einer Monarchie als Inbegriff einer Herrschaft »nach Gesetz« und einer Monokratie »nach Gutdünken« anhand des Ehr-Begriffs lehnt er mit Nachdruck ab. Denn das Abgleiten in die Tyrannis könnte auch dort eintreten, wo »das Volk der bewahrende Träger der höchsten Gewalt ist«, weil die »Mehrheit der Stimmen« durchaus kein absoluter Garant für weise Gesetze sei. Im übrigen habe Montesquieu seinen Monarchie-Begriff zu sehr von der Freiheit her gedeutet und dabei ein wichtiges Moment vernachlässigt. »Ich gebe zu«, sagt Holberg, »daß die Freiheit ein unschätzbarer Schatz ist, aber, wie diese Freiheit kaum mit einer *vollkommenen Sicherheit* existieren kann, so ist sie nur ein scheinbares Glück«[12].

Das ist ein Grundgedanke Machiavellis wie der Vertreter des Machtstaates, die im reinen Dezisionismus und Aktionismus Instrumente sehen, um Sicherheit nach innen und außen zu erzielen – auf Kosten der Freiheit. Aber haben nicht Schweden unter Gustav II. Adolf oder die Niederlande unter Wilhelm von Oranien, die Schweiz oder England bewiesen, daß sich Sekurität durch Libertät erhöhen läßt und ein Staat stärker wird, wenn er das Volk in die Politik einbezieht? Die Worte des polnischen Adligen Raphael Leszczyński – »ich ziehe die gefährliche Freiheit der ruhigen Dienstbarkeit vor«[13] – drücken aus, was Montesquieu meinte: Freiheit heißt Verantwortung und Selbstverwirklichung. Diese Ziele aber glaubt Holberg auch im Despotismus erreichen zu können. Es stimme nicht, meint er, daß die »absolute Gewalt« als eine »Gewalt ohne Grenzen« stets die »Untertanen zu Sklaven«

mache. Cäsar und Augustus gelten ihm dafür als Beispiele. Es sei auch nicht richtig, daß »alle arbiträren Regierungen« in die Tyrannei abgleiten müssen. Dafür steht ihm die russische Despotie ein: »Sieht man nicht, daß die Kaiser von Rußland seit den Reformen Peters des Großen in einer völlig verschiedenen Art von derjenigen ihrer Vorgänger regieren? Es ist doch offensichtlich, daß sich die Tugend in jeder Monarchie findet, sei es, daß der Fürst die seinige wie ein FIDEI-COMMISS oder wie ein PATRIMONIUM regiert, vorausgesetzt, daß diejenigen, welche regieren, tugendhaft seien«[14].

Doch wer garantierte den »Erbsklaven«, daß die Patrimonial-Fürsten wirklich tugendhaft waren? Sind nicht gerade die Garantien libertärer Verfassungen Ausdruck der Mängel, die ein Potentat haben kann und deren schädliche Wirkungen man verhindern oder mildern will? Holberg weicht dieser Frage aus und wehrt sich gegen die Ansicht, alle »absoluten Regierungen« mit den »barbarischen Despotien« gleichzusetzen und zu behaupten, daß »jeder Despotismus oder absolute Monarchie . . . ein Staat« sei, »wo weder Ehre noch Tugend stattfinden können«. Peter I. belegt ihm diese Hoffnung, außerdem tröstet er sich mit dem Gedanken, daß die Patrimonial-Fürsten zwar »über den Gesetzen stehen«, aber die daraus emanierende Macht »nur in der äußersten Nezessität« bemühen und überdies »kann ein Volk auch unter einer arbiträren Regierung glücklich sein und manchmal weniger verrückt als in einem freien Staat . . ., wenn derjenige, welcher regiert, gute Qualitäten besitzt«[15].

Den libertären Lockungen Montesquieus erliegt er also nicht. Er hält sich an den bestehenden Wert nezessitärer und arbiträrer Verfügung im System der Enevaelde, das ihm, dem Halbadligen, enorme Aufstiegsmöglichkeiten bot und sein Ansehen sicherte. Als Erneuerer des Theaters, der dänischen Sprache und Bildungsreformer avanciert er zu einem intellektuellen Repräsentanten der Enevaelde, die allmählich gewisse Verbesserungen erzielte, aber am Wesen der Monokratie substantiell nichts veränderten ließ. Der vordringende Pietismus mit seinen Einübungen in die »rechtsinnige Gottesfurcht« stimmte die Gläubigen auf die Bewahrung der »absoluten Macht« ein und versöhnte manchen durch eine steigende Sozialbindung des Besitzes. Religiöse Missionsbewegung und ökonomischer Kolonialismus bedingten sich dabei und steigerten den Reinheits-Fanatismus der philosophischen Aufklärung. Holberg sucht den »reinen Tor«, arbeitet an der »reinen Sprache«, legitimiert die »reine Macht« und sichert mit anderen die »reine Religion«, deren Einübung im Schutz der Monokratie bei den Samen in Norrland und bei den Eskimos auf Grönland von

1729 an verstärkt vorangetrieben wurde. Besonders *Hans Egede* (1686–1758), der »Apostel Grönlands«, leistete hierbei »Pionierarbeit« in der Zerstörung autonomer Kulturen, die sich der »göttlichen Offenbarung« und ›europäischen Zivilisation‹ bedingungslos beugen sollten. Welche Zweifel ihn aber trotz seines Überlegenheitsglaubens durchaus beschleichen konnten, verrät er in seinem Missionsbericht.

»Es würde wohl einem jeden unvorstellbar vorkommen«, schreibt er, »daß es irgendwo eine Nation oder Volk geben könnte, das kein Gesetz, keine Obrigkeit, keine Ordnung, keine Disziplin haben würde, ohne die die menschliche Sozietät nicht wohl bestehen kann ... Allein das ... finden wir hier in Grönland, wo wir schlechterdings weder irgendeine Ordnung oder Regiment vernehmen können, oder daß der eine ein Prärogativ vor dem anderen habe, aber alles unter ihnen wird regiert und geführt von einem guten und wohl disponierten NATURRECHT, worin sie so hoch andere überragen, daß sie ... in diesem Fall alle wohl politisierten und zivilisierten Nationen, ja leider! die christlichen beschämen.« Die Nachteile bestünden nur im umfassenden Aberglauben der Eskimos, den Egede, zeitweise von den Herrnhutern Zinzendorfs unterstützt, durch die »reine Lehre« der Augsburgischen Konfession ersetzen will. Es spricht für Egede, daß er über die Natur-Ordnung dieses Volkes in dieser Weise nachdenken kann, und doch wird er zum Instrument des Monokraten, der Grönland fast wie seinen Privat-Besitz auffaßt[16]. Im Missionieren will er im Sinne göttlicher Offenbarung aufklären und entzaubert damit ein Natur-Volk, dessen Mythen er zerstören muß, damit sich der biblische Auftrag erfüllt: »Macht euch die Erde untertan!« Dies konnte mit Hilfe von Missionaren und Kompagnien um so leichter gelingen, je unbarmherziger die Weisung des Fürsten Francavilla in die Tat umgesetzt wurde: »Nehmt dem Volk, das ihr unterjochen wollt, seinen Gott und demoralisiert es; solange es keinen anderen Gott als euch anbetet, keine anderen Sitten als die euren hat, werdet ihr immer sein Herr bleiben«[17].

Die Entfremdung der Menschen von der Natur bei gleichzeitiger Beherrschung der Naturkräfte und einer überlegenen Technologie ergänzte ein Zerstörungswerk, das sich als Aufbauleistung bewundern ließ, Glauben als Heuchelei übte und in einem beinahe fanatisierten Wachstumsdenken einer Besitzgier huldigte, die u. a. dazu führte, daß die neue Schicht der *Gutsbesitzer* unter der Enevaelde oft noch mächtiger wurde, als es der alte Adel auf seinem »Enemärke« war. Beim Übergang von Friedrich IV. auf Christian VI. hatte man das Versprechen von 1660, den Bauern »mehr Freiheit« zu gewähren, längst eigenen ökonomischen

Interessen hintangestellt. Die Läuflingsbewegung faßte man gar als »Mißbrauch der Freiheit« auf und verordnete 1731 im Rahmen einer Miliz-Reform, die Løvenørn nach Erfahrungen mit dem Kanton-System Friedrich Wilhelms I. durchsetzte, die *Schollenbindung* (stavnsbånd). Sie erlaubte es den Gutsbesitzern, Bauernhöfe aufzuheben und den eigenen Gütern zuzulegen. Das gefiel nicht nur *Iver Rosenkrantz*, dem Leiter der Deutschen und Dänischen Kanzlei, sondern den Gutsbesitzern überhaupt, die zur Hauptstütze der Enevaelde wurden[18].

Was immer im Namen einer wohlwollenden Philanthropie an Verbesserungen im Schulwesen oder bei der Zumessung von Strafen erreicht wurde – wesentlich war die absolute Garantie der Monokratie. Aus deren Patrimonialwesen war ein Zustand erwachsen, der den Adel unter den neuen Bedingungen wieder als »notwendig« erscheinen ließ, um als »Stütze des Thrones den Zwischenraum zwischen dem Fürsten und dem Volk . . . auszufüllen. Die Angst für den leeren Raum entsteht nur zwischen dem Fußschemel des Despoten und seinen sklavischen Untertanen . . .«[19]. Wurde dieser Stand gefördert[20], dann ging dies nur auf Kosten der Bauern, deren Wert man erst allmählich erkannte. Noch 1774 klagt Suhm über die den Bauern verweigerte Freiheit und über das eigene Sklavenwesen unter der Diktatur[21]. Gewiß, man hatte Anstrengungen unternommen, das Agrar- und Landwesen mit der Auflösung der uralten Allmenden und der Geometrisierung von Ländereien zu ›rationalisieren‹, ohne jedoch jene politische Freiheit in Dänemark zu gewähren, die jenseits des Sundes, in Schweden, den Bauern auf dem Reichstag sicher war. An diesen Agrarreformen in einem Land, das nur in den Städten einige Manufakturen besaß, in Norwegen Bergwerke unterhielt und sich in einem steigenden Maße auf den Ausbau einer Handelsflotte konzentrierte[22], erkennt man gut, wie eine Monokratie mit Hilfe einer Bürokratie technische Verbesserungen im Geiste einer auf Rationalisierung eingestellten Aufklärung betreiben lassen konnte, ohne deshalb das eigene Patrimonialwesen substantiell zu ändern. Der sog. »*Zivilismus*« der bürokratischen »Exzellencen« von der Art eines J. H. E. Bernstorff, des Großkanzlers von Moltke oder des Generals Numsen, der 1752 eine Heeresreform einleitete, kann als Gegensatz zum *Militarismus* im Macht- und Haussystem der Hohenzollern angesehen werden, zumal sich in der äußeren Politik mehr und mehr eine Haltung der Neutralität durchsetzte. Doch sollte man dabei nicht übersehen, daß die begrenzten materiellen Mittel, die geringe Bevölkerungszahl und die persönlichen Schwächen der Monokraten kaum eine andere Politik zuließen[23].

Man muß gerade bei dieser Monokratie stets darauf achten, was Substanz ist, und was als Akzidenz existieren darf, solange es materiell erfolgreich ist. Die Leistungen der Ritterakademie zu Sorø, an der hervorragende Gelehrte tätig waren, z. B. der Pädagoge *Basedow*, und welche die Sorø-Aufklärung begründete[24], seien so wenig in Abrede gestellt wie die bäuerlichen Musteranlagen eines A. P. Bernstorff oder der von Classen angelegten Fabrikstadt mit dem Namen Frederiksvaerk. Haben aber diese Einzelleistungen das Patrimonialwesen des gesamten Systems entscheidend geändert? Classen durfte auf Anordnung des Monokraten in dieser Anlage »nach eigenem Behagen schalten und walten«, wie er es für richtig hielt[25]. Der instrumentelle Einsatz patrimonialisierter Macht darf nicht mit ihrem Wesen an sich verwechselt werden. Die Absolutesse konnte sich aufgeklärt und philanthropisch geben, ohne die Betroffenen deshalb zu Selbsteignern im possessiven wie politischen Sinne zu machen. Das Verhalten der meist deutschen Bürokraten im Umkreis der dänischen Monokraten lief tatsächlich darauf hinaus, die gesamte Sozietät neu zu aktivieren und in einer Weise zu erziehen, die den Leuten »einbildete, daß sie ihren *eigenen Willen* hatten und ihren *eigenen Vorteil* beförderten, während sie in Wirklichkeit dem Willen der Regierung entsprachen und den Vorteil des Landes erarbeiteten«[26].

Mit anderen Worten, es handelte sich um ein Machtsystem des schönen Scheins nach außen und des schnöden Seins nach innen – Holbergs schier unerschöpfliches Thema![27] Der äußere Glanz dieser Erb-Monokratie, die 1749 das 300jährige Bestehen des Hauses Oldenburg feierte, Kopenhagen nach einem verheerenden Brand teilweise nach dem Vorbild Dresdens auf- und ausbauen ließ und sich 1761 beim hundertjährigen Jubiläum des »Eingewaltserbregierungsaktes« in der absoluten Macht bestätigt fand, täuschte über die inneren Schwächen des etablierten Haus-Systems hinweg.

Der Übergang zu *Christian VII.* im Jahre 1766 zeigte bald mehr als nur symbolisch, woran die Enevaelde bei allen materiellen Leistungen ihrer Bürokraten krankte – an der extremen Personalisierung aller Politik. Der schleichende Schwachsinn (Dementia praecox) des neuen Monokraten ließ Böses ahnen. Zwar verstand er sich gern als »aufgeklärter« Potentat, reiste nach Paris, um sich ähnlich wie sein Schwager Gustav III. von Schweden mit d'Alembert und Diderot zu unterhalten. Aber am meisten gefiel er sich in der Rolle eines orientalischen Despoten, dessen Befehl absolutes Gesetz war. Nicht ohne Hintergedanken spielte er selbst den Sultan Orosman in Voltaires Stück »Zaire« zur Voreröffnung seines Prunktheaters in Christiansborg. Die Befürchtung, er könne womöglich nicht zeugungsfähig sein und damit nicht den Sinn und das Ziel der LEX REGIA erfüllen, hielt den Hof zunächst in anhaltender Spannung. Mit der Geburt Friedrichs VI. 1768 wurde dann zwar die Monokratie in ihrer männlichen Dominanz gesichert, aber dafür häuften sich nun andere Probleme. Die Handhabe absoluter Macht bescherte eine absolute Unmoral im inneren Kreis um den Monokraten. Er geriet zunehmend unter den Einfluß des Grafen *Holck*[28], dessen Karriere und Ende nur in einem System möglich war, in dem letztlich allein der subjektive Wille des Monokraten und nicht die objektive Norm des Rechts maßgebend zu sein hatte.

Vor allem der Aufstieg *Struensees* (1737–1772) bestätigt diese Beobachtung. Der Pastorensohn und Arzt verstand es innerhalb kurzer Zeit, das Zutrauen des kranken und willensschwachen Monokraten zu gewinnen. Zusammen mit *Rantzau-Ascheberg* und *Enevold Brandt* verdrängte er die Repräsentanten des »Zivilismus« und versuchte sich als Kopf der »Partei der Königin« an einem Reformprogramm, das nach außen manch einen Beifall finden sollte: Er initiierte z. B. die Verkündigung der »vollkommenen Druckfreiheit« – die sich bald als Fehlschlag erwies[29]. Nach innen aber ging es unter kuppartigen Bedingungen in erster Linie darum, den Einfluß des Geheimen Rates auszuschalten und alle verfügbare Macht unterhalb des Monokraten in einer einzigen Hand zu vereinen, was mit der Einführung der Konferenz der Departementschefs auch zeitweise gelang. Struensee schaffte es, das Haus- und Militärsystem der Hohenzollern vor Augen und ihre Übertragung im Sinn, im Namen Christians VII. eine absolute Macht auszuüben. Mit aufklärerischem Pathos berief man sich z. B. bei der Abschaffung der Tortur als Mittel der Rechtsfindung auf die »Rechte und Freiheit der Menschheit«, doch bei den diktatorischen Übergriffen innerhalb der Bürokratie hatte man diesen Anspruch gern vergessen[30].

Der dauernde Machtkampf zwischen denjenigen, »die Macht über des Königs Herz hatten«, und denjenigen, »die sein Hirn beherrschten«, drängte in seinen polarisierten Energien zu einer Entscheidung. Sie fiel am 17. Januar 1772. Nach einem Maskenball wurde Struensee ganz plötzlich verhaftet und danach die Königin Caroline Mathilde. Unter dem Vorwand, sie hätten die Ermordung der königlichen Familie geplant, was sicher eine Erfindung der Königinwitwe Juliane Marie und des Erbprinzen Friedrich war, wurde ihnen der Prozeß gemacht. Das Todesurteil gegen Struensee und Brandt, von dem Enevaelde-Juristen *Henrik Stampe* maßgebend beeinflußt, entsprach dabei völlig dem Subjektivismus eines Machtsystems, das mit der Lex Regia die Mitglieder des

Hauses Oldenburg jeglicher Jurisdiktion außerhalb derjenigen des Monokraten selbst entzog und damit der Willkür Tür und Tor öffnete[31].

Struensee war ähnlich Schumacher zum »Lehnsgraf« aufgestiegen, ohne daß er sich mit dieser Position auf die Rechtssicherheit des alten und libertären Lehnssystems vor der Enevaelde hätte berufen können. Was jetzt noch als *Lehen* verstanden wurde, war in Wirklichkeit nur Schein, weil sich das JUS FEUDUM mit seinem Vertragscharakter auf Gegenseitigkeit nicht mehr anwenden ließ, ohne die Enevaelde selbst mit ihrem Patrimonialwesen radikal in Frage zu stellen. Der Monokrat konnte verlehnen, der Gutsbesitzer durfte sich aber nicht auflehnen. Ein Widerstandsrecht war damit ausgeschlossen, weil das gewährte Patrimonium oder Fidei-Commiß-Gut nur aus »königlicher Gnade« kam und nicht dem Schutz eines Reichsrechtes unterstand, das früher eingeklagt werden konnte.

Das muß man bedenken, wenn von der Aufhebung der Leibeigenschaft die Rede ist, ohne daß das Eigentumsrecht der Gutsbesitzer angetastet wird, und man *Saint-Germains* Kritik am Militärwesen liest: »Die Adelsmacht ist nur zum Scheine ausgerottet. Der Adel herrscht noch, und aus Furcht davor, daß sich der König im Inneren *allmächtig* machen würde..., ist er dagegen, daß er ein Heer bekommt. Das gegenwärtige Heer ist nur ein Blendwerk. Des Adels Übermacht im Staat ruht auf dem Herrentum, das er auf seinen Gütern behalten hat. Die Adelsmänner sind kleine Despoten und eher als steuerschuldige Vasallen anzusehen denn als Untertanen. Wodurch ist nun dieses Herrentum in Stand gesetzt worden? Durch die Anordnungen zur Landmiliz..., die für die Verteidigung des Reiches unbrauchbar ist, aber ein Mittel ist, den gemeinen Mann zu unterdrücken und ein Hindernis für eine gute Zusammensetzung des Heeres. Dies ist der eigentliche Grund, warum das Fußvolk mit großen Kosten aus Ausländern rekrutiert werden muß, besonders aus Deutschland«[32].

Durch die Enevaelde kam es von 1660 an zur Entpolitisierung des Lehnswesens. Materiell sicherte sie den Alt-Adel, hielt ihn aber weitgehend von den »Staatssachen« fern und förderte einen Neu-Adel, der häufig aus Deutschen und bürgerlichen Aufsteigern bestand[33]. Daher auch die als Überfremdung empfundene Dominanz des Deutschen und der Rekurs auf alles Dänische, vor allem im Bereich der Sprache. Deren Erneuerung seit Holberg folgte die Wiederentdeckung des *Nationalen* durch zahlreiche Aufklärer, und in diesem Gefolge entstand eine intellektuelle Bewegung, die nach der »großen Revolution« (Luxdorph), womit der Sturz der Struensee-Partei gemeint war, Gedanken entwickelte, die einerseits auf den libertären Bestand vor 1660 deuten und gleichzeitig jene liberalen Forderungen vorbereiten, die sich erst in der Juni-Verfassung von 1849 und im *Grund-Lov* von 1852 mit der Abschaffung der Enevaelde verwirklichen ließen.

P. F. Suhm, dessen Bedeutung für die politische Aufklärung in Dänemark erst allmählich entdeckt wird, machte sich während und nach dem Staatstheater mit Struensee daran, sich »republikanischen Prinzipien« zu nähern. Er verfolgte das Ziel, dagegen etwas zu schreiben, »daß nun Adel und Grundbesitzer regieren«. Sie konnten seiner Meinung nach »sehr falsch« sein und sich sogar – wie der »an die Sklaverei gewöhnte« *Guldberg* – nicht scheuen, zu lügen und »falsch« zu schwören, wenn es ihren Besitz- und Statusinteressen diente[34]. In seinem Staatsroman *Euphron* entwickelte er dann auch die Alternative zur Enevaelde mit ihrem absoluten Machtmonopol. Diese Alternative konnte im Zeichen des Republikanismus nur in der Trichotomie von König, Senat und Volksversammlung bestehen. Dabei sollte das Parlament 48 Mitglieder umfassen und ein Mitbestimmungsrecht erhalten. Besteuerung, Kriegswesen, öffentliche Ökonomie und die Absetzung von Amtsträgern unterlagen demnach nicht mehr der Willkür eines Monokraten und seiner Bürokraten, sondern dem Recht[35]. Verständlich, daß sich am Hofe des Hauses Oldenburg niemand für derartige Pläne erwärmen wollte. In Suhms »*Regierungsregeln*« tauchten sie dann wieder in spezifizierter Form auf. Tenor dieser Regeln, die für den Kronprinzen bestimmt sein sollten, ist der Wunsch, daß der König zu »seiner Ehre und Vorteil über ein *aufgeklärtes Volk* zu herrschen« habe und nicht über entmündigte Erbsklaven. Die Aufklärung aber bestehe vor allem in der Ausübung einer »unbehinderten *Religions-Freiheit*«, die das Monopol der Staatskirche aufbrechen mußte. Ansätze dazu hatte es bereits 1685, im Jahre der Aufhebung des Ediktes von Nantes, gegeben, nachdem 1672 und 1684 Versuche Christians V. gescheitert waren, die Reformierten zuzulassen, und auch den Handel durch Juden zu stärken und zu steigern[36].

Die Erfahrungen Suhms mit dem Regime der Minister und Bürokraten, das den Monokraten von seinem Volk ängstlich abschirmte, veranlaßten ihn, die *Druck-* und *Pressefreiheit* zu fordern: »Jeder hat die Freiheit zu denken, zu reden und zu schreiben, was er will.« Denn erst dadurch erführen die Fürsten am besten die »Wahrheit«, die ihnen von den Ministern vorenthalten werde, weil diese nichts mehr fürchteten als »aufgeklärte Könige«. Man darf daraus sehr wohl schließen, daß Dänemark-Norwegen aus Mangel an dieser fundamentalen Freiheit keine aufgeklärten Monokraten besaß. Dafür fehlten nämlich nicht nur

die entsprechenden Informationen, sondern auch die richtigen Institutionen.
Nicht nur hier wird bei Suhm ein Widerspruch erkennbar, der sich z. B. auch bei den Physiokraten findet. Er möchte die Verwirklichung seines »republikanischen« Programms im Rahmen der Lex Regia als Reform von oben durchsetzen. Bei allen Forderungen seiner politischen Aufklärung, die in Europa eine nicht unbedeutende Verbreitung gefunden hat und zusammen mit dem Einsatz des Kepplerus in Schweden schon vor den Revolutionen in Amerika und Frankreich ein wesentlicher Beitrag Skandinaviens zur Menschenrechtsbewegung gewesen ist, bringt er es noch nicht dahin, die Abschaffung der patrimonialen Erb-Monokratie zu fordern. Er nahm wohl an, es käme nur auf die Veränderung des Regierungssystems an und nicht auch darauf, das geheiligte Erbprinzip mit seinem DOMINIUM ABSOLUTUM zu stürzen, um all das zu beseitigen, was ihm als Entmündigung und Entwürdigung vorkommen mußte. Denn die Wirkungen der despotischen Bürokratie als Ausdruck einer »falschen Staatskunst« hatten ihre Ursachen im unumschränkten Dominialprinzip. Daraus flossen das verhaßte Monopoldenken und die Behinderung des Freihandels mit seinem Marktprinzip. Das fast krankhafte Bedürfnis nach prunkvoller Selbstdarstellung erzeugte außerdem den verabscheuten Luxus eines Hofes, der Unsummen verbrauchte, Schulden machte und den schwindsüchtigen »Staatsschatz« mit einem modischen Lotteriewesen aufzubessern suchte. Alle diese Auswüchse und Konzentrationen waren ein Resultat des unbedingten Machtmonopols des Haus-Staates, das zur Erhaltung der Enevaelde eingesetzt werden mußte und nicht dazu, ein umfassendes Marktprinzip im Schutz eines Verfassungs- und Rechtsstaates zu sichern und zu fördern.
Der Aufschrei Suhms »Welch widerliche Lust über Sklaven zu herrschen!«[37] klingt wie der Zuruf von Molesworth und läßt erkennen, daß man sich trotz gewisser materieller Verbesserungen 1660 ein Sklaven-Dasein eingehandelt hat und damit eine besondere Kriegskunst nach innen, die Verträge und Freiheit bekämpfen mußte, um Erb-Souveränität und Absolutesse bis »ins tausendste Glied« verewigen zu können.

ZUSAMMENFASSUNG:

Diktaturen ziehen nicht selten ihre Erhaltungenergie aus der Drohung an jeden Gegner, ihn beim geringsten Widerstand liquidieren und seine Familie materiell ruinieren zu lassen. Nicht anders verhielt sich diese Haus-Diktatur der Oldenburger. Dabei kam ihnen eine Reihe von Faktoren zu Hilfe. Der Alt-Adel war zahlenmäßig zu schwach und politisch zu sehr erschlafft, um 1660 und danach energisch Widerstand leisten zu können. Anpassung schien sich auf die Dauer materiell mehr auszuzahlen als Opposition, zumal man nicht so stark im Eigenbesitz geschröpft wurde wie der Adel in Schweden. Das geschickte Ausspielen von Adel und Unadel, durch das bekannte »Separieren der Stände« tat ein übriges, die Enevaelde zu etablieren und zu stabilisieren. Die Ansicht, dieses Machtsystem habe »die Standesunterschiede aufgehoben« und »bürgerliche Gleichheit« erbracht[1], übersieht nicht nur die Tatsache der Entstehung eines Neu-Adels, sondern auch die fortlaufende Verschlechterung des sozialen Status der Bauern in Dänemark im Gegensatz zu Norwegen, wo sich die Odels-Bauern durch Kauf von Kron- und Kirchengut halten und verbessern konnten – ohne jedoch politische Freiheit zu erwerben. Die Aufhebung der Schollenbindung 1788 hat diesem gedemütigten Stand zwar mehr persönliche Freizügigkeit gebracht, auch die Eigentumslage mancher Bauern verbessert. Aber sie hat die bestehende Stände-Sozietät nicht wesentlich verändert. Auch das Verbot des Sklavenhandels im Jahre 1792, mit dem Dänemark-Norwegen der ›zivilisierten Welt‹ voranging, hat zwar manch einem Großkaufmann Einbußen gebracht[2], jedoch nicht die alte Selbstverwaltung der Städte belebt oder gar mehr politische Aufklärung zugelassen. Suhms bitteres Wort von 1773, in der Kritik an der *Landreform* geschrieben, »wir sind und bleiben doch leider ein Volk von Sklaven, und kaum sind wir größere Sklaven als jetzt gewesen«[3], hatte sich in der Generation danach nicht prinzipiell geändert.

Die Konservierung dieses patrimonialen Haus-Staates, der die Sozietät seinen Sicherheitsbedürfnissen unterordnete, war auch dadurch möglich, daß man sich außenpolitisch im Interessenspiel der größeren Mächte trotz Rückschlägen zu behaupten wußte. Stand von 1648 bis 1718 die Verhinderung des DOMINIUM MARIS BALTICI Schwedens im Zentrum der äußeren Politik, so galt der Kampf von 1720 bis zum *Neutralitätsbund* von 1780 einmal dem Ausgleich mit Schweden und dem Eindämmen der beginnenden Vorherrschaft Rußlands. Diese Macht sorgte im Rahmen der Thronfolge-Probleme, die aus der Gottorper Frage entstanden, immer wieder für Unruhe und Spannungen, begann aber dann doch allmählich jene Politik zu akzeptieren, die als »Ruhe des Nordens« von U. A. Holstein über Schulin und Rosenkrantz bis zu den Bernstorffs und selbst Struensee vorangetrieben wurde. Besitzgarantien waren dafür die Haupttriebfeder und damit auch die

Sicherung der jeweiligen Machtsysteme[4]. Dabei war der patrimoniale Haus-Staat der Oldenburger stets daran interessiert, das libertäre System der Stände-Parteien Schwedens zu erhalten, weil man sich davon die Chance zu Einmischung und Schwächung erhoffte[5].

War die »Ruhe des Nordens« ein wesentlicher Schutz gegen Schweden und Rußland, so bedeutete die »Ruhe des Reiches« eine fundamentale Sicherung der Südflanke, wo 1773 in einem Tauschvertrag die Herzogtümer Schleswig und Holstein in den Haus-Staat integriert wurden[6]. Solange der Besitz- und Erwerbs-Rationalismus vorherrschte, konnte diese Lösung im doppelten Sinne genügen, aber schon zeigten sich die ersten Anzeichen eines Sprach-Nationalismus, der 1776 zum *Indigenats-Dekret* führte und damit die kosmopolitische Offenheit des Enevaelde-Systems beendete. Mit der Rückbesinnung auf die Nationalsprache entstand aber auch die Erinnerung an vergangene Freiheiten im Rahmen einer Konstitution. Und diese Doppelbewegung wurde für das Enevaelde-System mit seinem Vielvölkerstaat besonders gefährlich, als sein Erbprinzip von oben auf das Wahlprinzip von unten traf. Norwegen schied in Anwendung auch des »Äquivalentprinzips« unter national-revolutionären Bedingungen 1814 mit seiner Eidsvold-Verfassung aus dem Hausstaat aus[7]. Und von 1848 an, als die Enevaelde am Ende war, forderte der Kampf um Schleswig und Holstein jene beiden Mächte im Namen des Nationalismus heraus, die sich seit 1648 mehr und mehr zu den dominanten Faktoren innerhalb des »teutschen Systems« bis 1806 und seit 1814 im Deutschen Bund gemacht hatten – die Haus-Staaten der *Hohenzollern* und der *Habsburger*.

4. Brandenburg-Preußen und das Haus Hohenzollern

Als die alliierten Siegermächte 1947 beschlossen, »den Preußischen Staat zusammen mit seinem zentralistischen Regierungssystem und all seinen Behörden aufzulösen«, begründeten sie diese Maßnahme u. a. mit dem Argument, daß dieser Staat »von frühen Tagen an in Deutschland ein Träger von Militarismus und Reaktion gewesen« sei[1]. Auch wenn man nicht auf »Preußens Wiederkehr«[2] hofft, muß man sagen, daß diese Einschätzung ein Produkt von Siegermentalität und Ignoranz war. Denn was hier auf den Hohenzollernstaat unter dem Namen »Preußen« bezogen wurde, galt nicht für ein Preußen, das seit der Goldbulle von Rimini im Jahre 1235 unter dem besonderen Schutz von Papst und Kaiser stand, seit 1454 ein Lehen Polens war und bis zum Jahre 1660 ein freiheitliches Eigenleben führte[3].

Diese Tatsachen müssen bedacht werden, wenn man Preußen historisch erfassen und seine Beziehungen zu Deutschland bewerten will. Werden in diesem Zusammenhang die Linien »von Luther über Friedrich II. und Bismarck zu Hitler« bemüht[4], um die Diktatur des ›deutschen Unwesens‹ in Gestalt des »Militarismus« zu erklären, dann kann man sich darüber zwar entrüsten, aber derartige Konstruktionen im Gefolge der alliierten Position gehen zu Lasten deutscher Historiker selbst[5]. Diese bemühten sich nach 1945, vor allem das Phänomen des *Militarismus* zu erklären – freilich ohne überzeugende Resultate[6]. Denn dazu hätte es einer gründlichen Beschäftigung mit den »Verfassungen des Vaterlandes« bedurft, wie sie vor 1660 in einem libertären Geist in Preußen bestanden haben und 1848 in einer liberalen Gesinnung wieder eingerichtet werden sollten. Man hätte also in der borussisch orientierten deutschen Historiographie erkennen müssen, daß es neben dem Haus-Staat der Hohenzollern noch ein anderes Preußen gegeben hat, das mit Militarismus und Absolutismus nichts zu tun hatte, dafür aber auf einer Staatsvorstellung beruhte, die etwas von ständischer Freiheit und völkerrechtlichen Verträgen wußte. Allerdings von der Ansicht überzeugt, daß erst »im Zeitalter des Absolutismus all das entsteht, was wir Staat nennen«[7], nämlich das Zusammenwirken von »Kriegsverfassung« und Verwaltung,

konnte man sich nicht zu der Einsicht durchringen, daß der libertäre Staat des Ständewesens ein Vorläufer des »modernen Staates« in liberaler Gestalt war.
Der »Primat der Außenpolitik« (Ranke) und die dualistische Vorstellung vom »monarchischen Prinzip« (O. Hintze), die »Idee der Staatsräson« (Meinecke) und der Imperativ einer »normativen Kraft des Faktischen« (G. Jellinek) haben als ideologische Vorgaben zur Verteidigung des Hohenzollern-Staates nie die entscheidende Frage gestellt, warum nach 1660 aus dem »freiesten Land in der Christenheit« das »sklavischste ... von Europa« werden konnte.

a) *Der Abbau des »Condominats« in Cleve-Mark. Der Erwerb des »absoluten Dominats« in Preußen. Die Ideologie vom »souveränen Haus«: Leibniz.*

Die letzten Regierungsjahre Georg Wilhelms waren nach dem Prager Frieden von 1635 und in den fortdauernden Wirren des »Teutschen Krieges« durch die häufig nezessitär begründeten Übergriffe in der Politik des ersten Ministers Schwarzenberg gekennzeichnet. Hintze, der Altmeister der borussischen Behördenwissenschaft, bewertete denn auch das oft skrupellose Verhalten des katholischen und mächtigen Ministers als »absolute Diktatur«, die Kurfürst Friedrich Wilhelm mit der Berufung des mehr libertär gesinnten Kanzlers Götze von seinem Regierungsantritt an wesentlich zu mildern gedachte.
Man kann gut beobachten, wie sich der junge Regent bemühte, trotz der steigenden Erfordernisse der Kriegslagen verfassungskonform zu regieren, aber mehr und mehr auf den Widerstand der Stände in allen seinen Landen traf, wenn er mit zusätzlichen Geldforderungen für seine Truppen einkam. Nach dem Tod Götzes 1650 wurde das Amt des Kanzlers nicht mehr besetzt, dessen Inhaber stets auch Vertreter »der ständisch-territorialen Staatsordnung« waren und damit Beamte im »Geist der alten Verfassung«[1], deren reziproke Rechtsnatur aus dem Lehnswesen abgeleitet wurde.
Mit der Neuordnung von 1651, in deren Verlauf unter dem wachsenden Einfluß Waldecks aus dem alten Geheimen Rat von 1604 die Bereiche Militär, Finanzen und Domänenwesen ausgegliedert wurden, um sie neuen Haus-Behörden zuzuordnen, veränderten die Beamten weitgehend ihre libertäre Qualität und wurden zu Bedienten des Fürsten, zu persönlichen und exekutiven

Instrumenten, unter denen die »Kommissare« des Kurfürsten wohl die wichtigsten waren und durch ihre Existenz anzeigten, daß sich die libertäre Zeit mit ihren beamteten »Gesetzeswächtern« allmählich dem Ende zuneigte.[2]

Bezeichnend für diesen inneren Umschwung ist das Verhalten Friedrich Wilhelms von 1649 in Cleve und Mark. Gemäß den Forderungen des Landtags verpflichtete er sich, das Indigenat zu wahren, d. h. zu allen öffentlichen Ämtern (officia) durften nur »eingeborene, BEERBTE und BEGÜTERTE ... clevemärkische Landsassen« zugelassen werden. Doch dieses Zugeständnis erfuhr eine gravierende Einschränkung. Es sollte nämlich nicht nach den libertären Bedingungen der Verfassung von 1510 durchgeführt werden. Denn »alle Ihre geheimen Justiz- und Amtskammerräte zugleich in der Stände Namen VEREIDEN lassen, sei ein ungewöhnliches Anmuten, so Ihrer HOHEIT verkleinerlich und zur Einführung eines CONDOMINATS und DIVISI IMPERII« geeignet[3].

Die Hoheit des Landesherrn wird also nicht mehr reziprok auf die Libertät der Stände bezogen. Diese wehrten sich aber zunächst erfolgreich: Sie erreichten die mutuelle Vereidigung, und außerdem verlangten sie nach dem Frieden die »Abdankung« der Kriegsvölker, während der Kurfürst mit ihrem Geld aufrüsten wollte.

Da die Stände sich anfangs weigerten, die dafür geforderten Zahlungen zu bewilligen, versuchte es Friedrich Wilhelm in der Manier des verstorbenen Schwarzenberg mit militärischer Gewalt und steigerte den Konflikt in einen Krieg mit dem katholischen »Haus Pfalz-Neuburg«, das seit dem Xantener ERBVERGLEICH von 1614 die Länder Jülich und Berg administrierte. In dieser gefährlichen Krise durften die beiden streitenden Häuser die Ansicht der noch selbstbewußten Stände hören, daß nämlich »die POSSIDIERENDEN FÜRSTEN die Lande gegen Jedermann verteidigen, nicht aber daß die Stände die Fürsten im BESITZ derselben schützen sollten, am wenigsten gegeneinander«. Im übrigen hätten sich die Fürsten »auf dem Wege der Güte oder des Rechts« zu einigen und die Stände unbehelligt zu lassen[4].

Noch war das Bewußtsein vom libertären Eigenwert der Landschaft lebendig und wurde politisch von beiden Ständen – Ritterschaft und Städte-Bürger – unter der Berufung auf »des Reiches Hoheit, Autorität und Jurisdiktion« getragen, welche mit ihrem Rechtsschutz die »Wohlfahrt dieser Lande« zu garantieren hatte. Die Stände ergreifen hier entschieden die Partei des Friedens und des Rechts und sind der begründeten Meinung, daß »von I. Ch. D. die gemeine NEZESSITÄT und SEKURITÄT dieser Lande vorgeschützt wird«[5].

Man hatte allen Grund, gegen diesen Hohenzoller mißtrauisch und vorsichtig zu sein, der »als der große Friedensbrecher galt«[6]. Auf der anderen Seite würden aber auf den Domänen etwa in Mark »eigennützige Leute die Stände und Einwohner wie SKLAVEN traktieren«. Das meldete der Berater Horn dem Kurfürsten[7], der immer schnell bei der Hand war, den Rechts-Widerstand der Stände als »Eigennutz« und fehlenden »Patriotismus« auszugeben, während er selbst für sein eigenes Haus und dessen »Hofstaat« oft zu Mitteln griff, die in der Durchführung und im Effekt mehr als fragwürdig waren. Die gewaltsame Einführung einer Silbermünze, deren Nennwert doppelt so hoch war wie ihr Realwert, steigerte den Widerstand und die Verwirrung vornehmlich in den Städten. Verbitterung weckte auch das Recht des Adels, Bauern zu legen und damit den eigenen Grundbesitz zu erweitern. Darüber hinaus pochte der Adel auf seine Steuerfreiheit, während die Städte-Bürger eine Steuergleichheit der Stände forderten[8].
Hatten sich die Stände während der 40er Jahre zur Abwehr der fürstlichen Übergriffe in einer »Union« geeinigt, so erleichterten sie nun in den 50er Jahren durch eine »Separation« die hausbedingten Machenschaften des Kurfürsten. Wegen der »Türkensteuer« fürs Reich und der »Kaminsteuer« fürs Land gerieten sie in heftigen Streit. Der Statthalter Johann Moritz berichtete dem Kurfürsten denn auch 1665 auf dem Höhepunkt der innerständischen Krise, daß »die Adlichen gegen den Bürgerstand« kämpften und »der Bürgerstand gegen die Adlichen«[9].
Diese Spannungen und Separationen zwischen den Ständen nützte Friedrich Wilhelm für sich aus. Dabei begünstigte ihn der rechtliche Umstand, daß es sich bei Cleve und Mark um »Mediat-Reichslande« handelte, und die Landstände gegenüber den unmittelbaren Reichsständen, was der Fürst als Herzog selbst war, im gleichen Maße ins Hintertreffen gerieten, wie die kaiserliche Rechtsmacht abnahm. Die Wahlkapitulation von 1658 für Kaiser Leopold I. bekräftigte diesen Zuwachs an Rechts- und Gerichtsmacht für die Reichsstände, die in Gestalt der Kurfürsten und Herzöge vor allem nach und nach die Appellation an eigene Gerichte und damit in ihre Macht zu ziehen suchten.
Das wachsende Sonderinteresse des einsässigen Adels in Cleve und Mark, der bei Friedrich Wilhelm Schutz und Garantie seines Besitzes fand, begünstigte dessen Politik der ›dominialen Durchdringung‹ des vorgegebenen Libertäts-Systems. Die 1649 widerwillig geleisteten Rechtsgarantien an alle Stände und die Landschaft – darunter die Bedingung des Konsenses der Stände bei Werbung und Einführung von Truppen sowie die mutuelle Beeidigung der mediatorischen Amtsträger – wurden 1660 zurückge-

nommen. Was blieb, war die Steuerbewilligung und die weitere Anerkennung des Indigenats. Laut Statthalter könne der Herzog und Kurfürst die anderen Rechte der Stände »nicht halten, weil darin verschiedene Punkte begriffen, welche I. Ch. D. LANDESFÜRSTLICHE HOHEIT und Respekt . . . nachteilig und abbrüchig sind, wodurch zwischen Deroselben als LANDESHERRN und den STÄNDEN gleichsam CONSORTIUM REGIMINIS oder CONDOMINIUM eingeführt und ein stets währendes . . . Mißtrauen und Uneinigkeit erweckt wurde«[10].

Alle Patente und Berufungen der Stände auf ihr altes libertäres Recht wurden als »angemaßte Macht und Autorität« sowie als »verbrecherisches Attentat« auf die Hoheit des Fürsten ausgegeben und brutal mit militärischer und polizeilicher Gewalt verfolgt, während gleichzeitig das Chaos in der herzoglichen Domänenverwaltung nicht mehr zu übersehen war. Obgleich die Stände seit Beginn des Jahrhunderts immer wieder darauf gedrungen hatten, daß die Herzöge aus dem »Hause Hohenzollern« endlich Ordnung in die Kammergüter brachten, damit sie ihren Hof und die öffentlichen Ausgaben finanzieren konnten, ohne die Stände über Gebühr zu strapazieren, war dies auch Friedrich Wilhelm in zwanzig Jahren Arbeit nicht gelungen. 1661 mußte sogar der »offene Bankerott« zugegeben werden, und die Stände hatten mit Geldbewilligungen und Schuldentilgungen auszuhelfen[11].

Trotz der exekutiven Machtfülle aufgrund des Kriegsrechts und der Position eines Landesherrn hat Friedrich Wilhelm in diesen Herzogtümern, den »Vormauern des Reichs«, wenig Positives erreicht, schon gar nicht die Verbindung der libertären Verfassung mit dem »stehenden Heer«, obgleich es dafür Pläne gegeben hat. Der märkische Adlige *von Pfuel*, einst Kommissar und Kriegsrat in der schwedischen Armee, schlug eine »Kriegesverfassung« nach schwedischem Muster vor, welche die Prinzipien und Organe der libertären Friedensverfassung durchaus erhalten hätte. Doch die Widerstände waren vor allem im Adel zu groß, weil die Notwendigkeit eines »Miles perpetuus« noch nicht erkannt und die Möglichkeit einer politisch-rechtlichen Kontrolle dieses Machtinstrumentes verkannt wurde.

So setzte sich die nezessitäre Politik des Kurfürsten sowohl in Cleve-Mark als auch in der Kurmark auf dem Landtag von 1653 vor allem in der Weise durch, daß er »aus absoluter Gewalt« (ex potestate absoluta) Veränderungen in der Administration vornehmen konnte[12]. Damit wurde das bisherige Condominat zwischen Landesherr, mediatorischen Räten und Landtag weitgehend abgebaut und durch Haus-Behörden ersetzt. Aber im Bereich der »Fundamentalverfassung« gelang es dem Kurfürsten nicht, über nezessitäre Phasen hinaus einen »absoluten Dominat« auf Dauer und in rein patrimonialer Form einzurichten. Es war dem Adel und Unadel durch eine Reihe von Zugeständnissen ermöglicht worden, das Konsensrecht und die Bewilligungsformel anerkannt zu bekommen, allerdings um den Preis der Fortdauer von Leibeigenschaft und ohne das wirkliche Machtmittel, die Einberufung eines Landtages erzwingen zu können.

Der Erosionsprozeß libertärer Rechte ist nicht zu übersehen, aber auch die Tendenz, die bestehende Eigentumsordnung gegen Ansprüche von unten abzusichern. Die Position des Kurfürsten hätte sich kaum so günstig entwickeln können, wenn ihm nicht Adlige wie Weimann, Blaspeil, Isinck, Gladebeck, Spaen oder der Statthalter Norpath in Cleve-Mark geholfen hätten, die sich von einem Nachgeben die Sicherheit ihrer eigenen Hausinteressen versprachen. Sie durften sich dabei mit Überlegungen beruhigen, wie sie Seckendorff in seinem »Teutschen Fürsten-Staat« dargestellt hatte. Danach sollten »Erb-Pacta« und die zugehörigen Erbhuldigungen stets auch vom Landesherrn gehalten werden, dem es nicht gestattet war, eine unumschränkte Herrschaft über alle Liegenschaften und Besitztümer des Landes und seiner repräsentationsfähigen Bürger »nach seinem Gefallen« auszuüben. Ein derartiges Verhalten wäre eine »Türkische Herrschaft«, und diese ist in einem christlichen Land nicht zugelassen. Das bedeutete nichts anderes, als daß der Fürst in fundamentalen Eigentums- und Erbfragen die Einwilligung der Stände bemühen mußte, wenn er sich »nach Gesetz« verhalten wollte[13].

Tatsächlich hat es Friedrich Wilhelm nicht geschafft, diese Konsenspflicht formell aufzuheben, obgleich ihm als Reichsstand neben den anderen Reichsständen mit der Wahl-Kapitulation des Kaisers Leopold I. 1658 besondere Rechte gegenüber den eigenen Landständen eingeräumt worden waren. Auf der anderen Seite lag es allerdings bei ihm selbst, ob er die Stände bemühte oder nicht.

Erfolgreicher war er dagegen in der Kirchenpolitik[14]. Gemäß dem »absolutum decretum«, wie es die Prädestinationslehre der Reformierten kannte, wurde die korporativ-libertäre Drei-Stände-Lehre abgelehnt, damit auch die Jurisdiktionen und Polizeigewalten im kirchlichen Regiment abgebaut. Als »Summus episcopus« und »kirchlicher Souverän« festigte er die oberste Jurisdiktion, die einst dem »Dominium und Territorium« eigen war (J. Stephani), jetzt aber vom Landesherrn beansprucht wurde. Er durfte die Kirche »als seine Domäne« betrachten, »kann also in der Kirche thun und befehlen, was er will« (Rieker)[15].

Eine Ausnahme bildete die katholische Kirche, deren Existenz er aufgrund der Bestimmungen des Westfälischen Friedens anerkennen mußte, ohne in ihr die Stellung eines »Summus episcopus« zu erhalten. Er stieß hier an eine von Rom gezogene universale Grenze. Aber mit der Aneignung kirchlicher Jurisdiktion in den anderen Religionskörpern erweiterte er die Sphäre seiner Kompetenzen und bereitete auch damit die allmähliche Verselbständigung gegenüber dem Heiligen Reich vor, die dann erreicht wurde, als die Stände die Möglichkeit der Appellation ans Reichskammergericht verloren.

Hatte der Kurfürst mit Härte, List und auch Terror den Verfassungskampf in Cleve und Mark leidlich bestanden, ohne daß die Niederlande, Frankreich und das Haus Habsburg samt dem Heiligen Reich hineingezogen wurden, so war die Krise um Preußen ungleich schwieriger zu lösen. Denn im Kampf zwischen Schweden und Polen, in den das Moskauer Zartum hineinspielte, mußte er nicht nur Partei ergreifen, um sich in Preußen zu halten. Es stand vielmehr auch die Frage an, ob er sich in dieser Zerreißprobe das polnische Lehen Preußen in einer Qualität aneignen könnte, die ihn wirklich »souverän« und »absolut« machte.
Noch zu Beginn seiner Regierungszeit hatte er ernsthaft gehofft, er könne den Heiratsplan Gustavs II. Adolf realisieren und mit Christine eine Ehe eingehen. Die Vision eines antipapistischen Großstaates in Nordosteuropa zerschlug sich aber. Verfassungsgründe verhinderten die Ehe (der Kurfürst war Kalvinist), aber auch die Abneigung der Reichsregierung um Axel Oxenstierna, ein neues Experiment mit einem Doppelstaat zu wagen. Der Kurfürst beschied sich mit Luise Henriette, der Tochter des Statthalters der Niederlande, wo er selbst lange Jahre hindurch gelebt hatte und ausgebildet worden war. Mit dieser Heirat 1646 erwarb er sich gewisse Ansprüche auf die »oranische Erbschaft«, die aber weitgehend uneingelöst bleiben sollten.[16]
Darauf bedacht, alle günstigen Gelegenheiten und Konjunkturen auszunützen, um seine Haus-Macht zu vergrößern, beobachtete er gespannt die Entwicklung der ›osteuropäischen Krise‹ u. a. in der Ukraine. Sie führte schließlich zum offenen Krieg zwischen dem geschwächten Polen, Schweden und dem Moskauer Zartum, in den auch Dänemark hineingezogen wurde.
Friedrich Wilhelm, als Verbündeter heftig umworben, erlaubte Schweden zunächst nur das Durchmarsch-Recht in Hinterpommern, mußte aber dann nach den Siegen der Schweden über Polen im Vertrag von Königsberg 1656 auf die Seite Schwedens treten und wurde gleichzeitig mit dem herzoglichen Preußen und dem Ermland belehnt. In der Verschärfung des Konflikts, den der Kosakenaufstand unter Bogdan Chmielnicki verursacht hatte,

gestand Karl X. Gustav unter dem Druck der verschlechterten Lage dem Kurfürsten im Vertrag von Marienburg am 25. 6. 1656 die Wojewodschaften Posen, Kalisch, Łęczyca und das Land Wielun zu, und zwar unter der Bedingung eines Bündnisses mit Schweden[17].

In der berühmten dreitägigen Schlacht von Warschau errangen die Truppen Schwedens und Brandenburg-Preußens dann einen großen Sieg, der aber von Schweden diplomatisch und politisch nicht genutzt wurde. Der Einfall polnischer und tatarischer Truppen im Südostteil des Herzogtums Preußen im Herbst 1656 veranlaßte den Kurfürsten, dem bedrängten Schwedenkönig Zugeständnisse für seine Bündnistreue abzutrotzen. Nach harten Verhandlungen kam es zum Vertrag von Labiau am 20. 11. 1656, der eine folgenreiche Entwicklung für das libertäre Preußen einleitete und den Aufstieg der Hohenzollern wesentlich mitbegründete. Denn zum ersten Male wurde dem »Haus Brandenburg« ein »DOMINIUM SUPREMUM« über dieses Gebiet zuerkannt, das kein Glied des Heiligen Reiches war. Das bedeutete die Ablösung der Lehnshoheit, wie sie zuvor mit Polen und nun mit Schweden bestanden hat, dessen Kanzler Erik Oxenstierna gegen diese Umwandlung des DOMINIUM UTILE in ein DOMINIUM DIRECTUM war. Sein vorzeitiger Tod am 3. 11. 1656 verschaffte aber den Befürwortern das Übergewicht und den Beginn der Einrichtung eines »absoluten Dominats« über Preußen[18].

Hatte der Kurfürst vor allem mit dem schwedenfreundlichen Waldeck und dem Diplomaten Schlippenbach dieses Projekt über die Köpfe der Stände hinweg verfolgt und dabei die Gunst der Stunde ausgenützt[19], so bekam er auf dem folgenden Landtag den massiven Widerstand der Stände zu spüren. Sie erinnerten ihn unmißverständlich daran, daß »dieses Landes Verfassungen gemäß ist, ut quod omnes tangit ab omnibus etiam approbetur«, standen doch internationale Verträge zur Debatte, welche die »Conservation« des Landes berührten[20].

Da die Souveränität auch die Exemtion von jeglicher Jurisdiktion bedeutete, versuchte Friedrich Wilhelm, das herzogliche Preußen aus der Appellation an die Krone Polen zu ziehen und mußte sich sofort sagen lassen, »daß auf der Appellation nicht allein die hohen Jura königlicher Majestät und der Krone Polen, sondern auch die FUNDAMENTALVERFASSUNGEN dieses Herzogtums Preußen großenteils beruhen«, und zwar seit dem Thorner Frieden von 1466, als das Land aus der Verfügung des DEUTSCHEN ORDENS genommen wurde und als »ein Glied der Krone Polen« galt. Mit der Belehnung von 1525 an Markgraf Albrecht von Brandenburg wurde dieses Rechtsverhältnis ebenso bestätigt wie 1609 oder

1614. Man erwarte deshalb vom Kurfürsten, daß er die interimsweise gewährte Appellation nicht verewige, den Ständen die »Verletzung der Eide und Pflichte« nicht zumute und gar »die Verringerung ihrer Freiheiten« betreibe[21].

Das alles aber setzte er in einer Mischung aus vordergründigem Nezessitätsgebaren, Rechtstricks, leeren Versprechungen und Drohungen bis hin zum offenen Terror und Ausnützen der Kriegslage durch, zumal ihm in den Verträgen von Wehlau und Bromberg im Herbst 1657 das DOMINIUM SUPREMUM unter der Vermittlung des kaiserlichen Gesandten Lisola von polnischer Seite zuerkannt wurde – über die Köpfe der Stände hinweg und nur mit der Einschränkung versehen, daß beim Ausbleiben der natürlichen Erbfolge das Herzogtum wieder an Polen zurückfalle[22].

Durch seinen radikalen Kurswechsel von Schweden zu Polen hin und damit auch zum Kaiser war es Friedrich Wilhelm gelungen, einen entscheidenden Schritt dahin zu tun, Preußen »zu SOUVERÄNEM RECHT und GANZ ILLIMITIERTER REGIERUNG«[23] zu erlangen. Im epochalen Frieden von Oliva am 3. Mai 1660 wurde ihm dann unter kaiserlicher und französischer Vermittlung der angestrebte Dominial-Status von Polen und Schweden garantiert[24]. Gewonnen hatte er aber erst, als der massive legale Widerstand der preußischen Stände gebrochen war. Das aber war eine schwere Aufgabe, deren Erfüllung als Beginn eines ›inneren Militarismus‹ angesehen werden kann.

Die Stände – Oberräte, Landräte, Ritterschaft und Bürgerstände der drei Städte Königsberg samt kleinerer Städte – haben mit allen Rechtsmitteln und Verfassungsgeboten versucht, die drohende Dominial-Diktatur des Hohenzollern abzuwehren. In ihrem »geeinigten Bedenken« zu Beginn des Großen Landtages von 1661 bis 1663 vermerkten sie mit Sorge und Bedauern, daß der Herzog bei Abschluß der »neuen Pacten« die Stände ohne Vorwissen gelassen hätte – entgegen allen »Landesverfassungen«. Trotz aller verbalen Beteuerungen von seiner Seite, die Privilegien der Stände zu wahren, sei es in Wahrheit so, daß dieses Land Preußen »vom MEDIATO DOMINIO und aus seinen FUNDAMENTALGESETZEN und in IMMEDIATUM DOMINIUM, als in sein wahrhaftiges Gegenteil und in eine GANZ ANDERE VERFASSUNG gesetzet« werde, indem man »das EIGENTUM des Herzogtums Preußen von der Krone Polen getrennet« und sich die Inhabe des DOMINIUM DIRECTUM zugeeignet habe, ohne dabei die Rechts- und Organgarantie der bisherigen Fundamentalgesetze in der alten und vertraglichen Form beibehalten zu wollen[25].

Gegen diesen verfassungsmäßigen Widerstand griffen Friedrich

Wilhelm und seine Helfer, vornehmlich sein Statthalter Radziwiłł und Graf Schwerin zu jenem Mittel, das in Cleve-Mark bereits erfolgreich gewesen war und später eine Haupt-Maxime Friedrichs II. wurde. In seinen Worten von 1756, zu Beginn des Siebenjährigen Krieges ausgedrückt: »Die Römer suchten ihre Feinde zu trennen, um sie dann einzeln zu bekämpfen und niederzuschlagen«[26]. Nach diesem Verfahren ging man auch in Preußen vor, indem man allmählich die Ritterschaft von der Bürgerschaft Königsbergs trennte, in welcher vor allem der Schöppenmeister *Hieronymus Roth* und die Zünfte den Verfassungskampf »wider die Souveränität« führten. Graf Schwerin, ein skrupelloser und mit allen Betrugsfinten vertrauter Helfer Friedrich Wilhelms, faßte in einer Eingabe vom 9. August 1661 die Hauptbefürchtungen der Königsberger zusammen: »Es kann auch keine TYRANNIS oder DOMINAT ärger beschrieben werden, als wie sie die SOUVERÄNITÄT beschreiben. Unter anderem ist der Bürgerschaft beigebracht, der König von Frankreich sei allein SOUVERÄN und der habe Macht, daß wenn er Geld haben wollte und einen rufen ließ und fragte, wie viel Geld er hätte und derselbe bekennete es nicht sofort und man erführe es anders, so hätte der Mensch seinen Kopf verloren und der König nehme alles das SEINIGE und die Macht würden E. Ch. D. auch haben, wenn Sie SOUVERÄN wären. Sie sagen auch, es wären einteils E. Ch. D. EIGENE DIENER, welche, wenn man Exzesse bei ihnen geklaget, sie alles mit der SOUVERÄNITÄT entschuldigt hätten, daß es dabei nicht anders sein könnte. Ich halte auch wohl davor, wenn man sich des Worts SOUVERÄN nie, sondern SUPREMI ET DIRECTI DOMINII gebrauchet, die Sache würde lange so schwer nicht gefallen sein«[27].

Kein Wunder, daß »das Mißtrauen so unermeßlich groß« war und man sich auch darauf berief, »was E. Ch. D. den Clevischen Ständen desfalls versprochen«. Schwerin aber wies alle Eingaben und Angaben ab. Er faßte gar ins Auge, wenngleich ungern, »daß E. Ch. D. Zwangsmittel gegen die Stände gebrauchen müssen«, welche sich schon auf die Parole einstimmten »gezwungen Eid, ist Gott leid« und wünschten, »daß E. Ch. D. Oeconomie wieder in guten Stand gebracht werden möge, weil sie hoffen, daß sie alsdann desto weniger werden angesprochen werden. Der Mangel aber an recht verständigen tüchtigen Leuten machet, daß E. Ch. D. Oekonomiewesen über alle Maßen übel bestellet ist«[28].

Als der Widerstand vor allem der Königsberger unter Roth nicht nachließ, drohte man mit der »Sperrung der Commercien« und lockte bei ihrem Nachgeben mit der »Beforderung der Commercien«. Ja es gelang sogar, Roth zeitweise vom Landtag auszusperren. Auf diesem war er als Repräsentant des Erbgerichtes Kneiphof tätig und wehrte sich in dieser Eigenschaft gegen alle Machenschaften des Hohenzollern und seiner ergebenen Helfer, »alldieweil wir Preußen freie Leute sein und, so lange wir Christen gewesen, keines Potentaten unmittelbare Untertanen geworden; und, nachdem wir liberrima et spontanea deditione (durch freie und freiwillige Unterwerfung) der löblichen Kron Polen einverleibet, sind wir unter dero Schutz gekommen und im Laufe der Zeit, wie des die Akten bezeugen, dem hochlöblichen Hause Brandenburg nur zu regieren salvis privilegiis per modum vasallagii (bei Bewahrung der Privilegien nach Maßgabe der Lehnsbeziehung) mit unser aller CONSENS anvertrauet worden«. Im übrigen dürfe ein polnischer König gemäß seiner »teuren Obligationen ... nichts veralienieren. Immo es könnte ja I. K. M. nicht ein Edelmanns-Gut weggeben ohne Consens dessen, dem es gehöret, wie sollte dann I. K. M. uns, ein FREIES VOLK, ein Herzogtum, ohne unser Vorwissen und Einwilligung unverschuldeterweise von der Krone (Polen) dismembrieren können«[29].

Diese Argumentation steht in seinem Privat-Cirkular. Darin verwahrte er sich gegen Anschuldigungen Schwerins, mit dem er eine Unterredung hatte, die klar die Fronten diese Kampfes zeigt, der die freien Preußen allmählich zu »Erbsklaven« der Hohenzollern machte – Roth steht für das libertäre Recht und Schwerin für die absolute Macht ein.

Roth hatte als Schöppenmeister nach eigenem Bekunden die »Abstimmungen (vota) der Gemeine in den öffentlichen Verhandlungen zu kolligieren und auf dem Rathause coram Senatu auszubringen«. In dessen Archiv gab es Akten, aus denen er Schwerin gegenüber die Stimme des Adligen Otto von der Gröben zitierte: »Es wäre kein Potentat so fromm, er hätte einen Tyrannen in seinem Busen.« Und der Hohenzoller glaubte, er könne diese Preußen damit einschüchtern oder überreden, daß er die Alleinschuld an Krise und Krieg der »Sündenlast« dieses Landes zuschob. Man wußte in Königsberg, wie man sich Rechtens zu verhalten hatte und bedurfte nicht der abwegigen Belehrungen eines Hohenzollern, dessen Vorfahr Georg Friedrich vom Großvater des Roth, der 46 Jahre lang Hofgerichts- und Geheimrat gewesen war, folgende Antwort erhalten haben soll, als ihm 70 Hufen Land geschenkt werden sollten: »Was will mir der Herr verleihen, der selbst im Lande nicht eine Hube EIGENES hat. Hiemit«, fuhr Roth kommentierend fort, »hat er seinen Eid und Pflicht mehr in Acht genommen, als Geschenk und Gaben, wie leider anitzo wohl geschieht«[30].

Roth, dessen eigene Geschäfte nicht besonders gut gegangen sein sollen und der gar von den Gegnern als »Bankerotteur« verschrieen wurde, hatte keine »blutdürstigen Pläne«, wie ihm von Schwerin plump unterstellt wurde. Er war auch nicht gegen das »Kurhaus Brandenburg«, aber er verlangte, daß »unser gnädigster Herr uns auch lassen muß, wie er uns gefunden. Vom Könige Alfonso dem Weisen (Aragonien) lieset man, daß er gesaget, der KÖNIGE WORTE SOLLEN KRÄFTIGER SEIN ALS DER PRIVATLEUTE EIDE. Nun haben wir von dem löblichen Hause Brandenburg nicht allein ein fürstliches Wort, sondern auch Brief und Siegel, ja teure Eide, daß man uns, wie sie uns gefunden, lassen wollte.« Und im übrigen, »was kann die Souveränität dem Kurfürsten frommen, wenn alle unsere Privilegien ungeschmälert bleiben«[31]?

Das war in der Tat die entscheidende Frage, die Schwerin als Lügner und Betrüger erscheinen ließ, was den Ständen spätestens in dem Augenblick aufging, als die von ihm entworfene »Regierungsverfassung« bekannt wurde. Die Worte des Hieronymus Roth an den Helfer des Hohenzollern erscheinen dabei wie ein Fanal der Freiheit, die der Gewalt weichen mußte: »Der Preußen edle Freiheit ist in der ganzen Christenheit berühmt, ja es heisset IN LIBERA CIVITATE ET MENTES ET LINGUAE DEBENT ESSE LIBERAE (in einem freien Gemeinwesen müssen sowohl Geist als auch Gespräche frei sein) und kann mich niemand verdenken, daß ich vor die Freiheit meines Vaterlandes rede . . .«[32].

Das Vaterland existierte für diesen einfachen Schöppenmeister, den Friedrich Wilhelm bald verhaften und ohne ordentlichen Gerichtsprozeß bis zu seinem Tode 1678 in Haft halten ließ, in der Freiheit der Verfassung.

Dieser Hieronymus Roth, den Nugel den »Märtyrer« des tradierten ständischen Systems nannte, repräsentiert einen »Staatsgedanken« Preußens, der über Generationen hin von den borussisch und damit auf die Hohenzollern fixierten Historikern verkannt, übergangen oder verketzert wurde – es ist das Zeugnis einer ›inneren Freiheit‹ in libertärem Geist[33].

Es ist eine Legende, daß mit der Neuordnung der Verhältnisse in Preußen durch Friedrich Wilhelm erst so etwas wie ein Staat und eine Rechtsordnung entstanden sei und die Stände nichts anderes im Sinne gehabt hätten als ihren privaten Eigennutz. Aber eine historische Tatsache bleibt es, daß ein libertäres Verfassungs- und Vertragssystem mutwillig und mit allen Mitteln des Terrors zerschlagen wurde, um den Haus-Eigennutz des Hohenzollern zu befriedigen, der dann als Gemeinnutz ausgegeben wurde. Niemand, der die innere Geschichte Preußens kennt, wird bestreiten, daß es auch in libertären Zeiten zu Mißständen und Mißwirtschaft, Eigennutz und Eigenmächtigkeiten gekommen ist, aber diese Mängel sprechen nicht gegen die libertären Fundamentalverfassungen an sich, die von der politischen Mündigkeit der Besitz-Bürger aller Stände ausgingen.

Es klang wie ein Abgesang, als sich die gesamten Stände am 3. Dezember 1661 in einem Protest gegen die neue »Regierungsverfassung« wehrten und den Fürsten anmahnten, sich an seine Konfirmation der Verfassungen im Jahre 1642 zu erinnern: »Wo sich solcher Glückseligkeit einiges Land in der Christenheit zu rühmen, ... so ist es gewißlich dieses Herzogtum Preußen; dessen Einwohner, nachdem es von freien Leuten und vornehmen Geschlechtern Deutscher Nation unter dem Orden bezogen, haben nicht allein ihr Leib und Leben, Hab und Gut bei ihrer lieben Landesherrschaft zu allen Zeiten und bei erheischender Not aufgesetzet, sondern sie sind auch deswegen zur Belohnung ihrer würdigen Treu und Standhaftigkeit mit so stattlichen FREIHEITEN und VERFASSUNGEN begnadigt..., daß die hohe Landesherrschaft in der ganzen Welt die höchste Ehre davon getragen und auch an fernen Orten ein jeder sich gesehnet, in so freiem Lande, unter so höchstlöblicher Herrschaft sich zu sassen und sein Leben hinzubringen.«[34]

Aber der libertären Bewegung fehlten die realen Machtmittel der Erzwingbarkeit, und wo sie beschafft werden sollten, ließ Friedrich Wilhelm seine Helfer zupacken. *Von Kalckstein*, der mit polnischer Hilfe militärischen Widerstand aufbauen wollte, wurde aus Warschau unterm Bruch des Völkerrechts entführt und in Memel enthauptet[35]. Die Sprache der Macht kannte keinen Pardon vor dem Recht der Freiheit, die ihr wichtigstes Organ verlieren sollte – die »Oberratsstuben« in ihrer Funktion als »Mediator«. An ihrer »Macht und Autorität« dürfte »nichts benommen« werden »ohne Präjudiz der Landesverfassungen«, worin »auch alle Realität landesfürstlicher Hoheit beruhet«[36].

Die Forderung der Stände vom März 1662, den OBERRAT als Regierungsorgan und ›Hüter der Verfassung‹ zu bewahren, zielte darauf, das vertragliche System der TROIS PREROGATIVES gegen die Macht des Kurfürsten zu verteidigen. Schließlich hatte man damit fast zweihundert Jahre lang alle Konflikte, Krisen und Kriege zum Vorteil Preußens und auch der Landesherrn gemeistert. Aber Friedrich Wilhelm ließ sich auf dieses Ansinnen und Anmahnen nicht ein, zumal ihm Graf Schwerin geraten hatte, darauf bedacht zu sein, »wie die OBERRÄTE in den Schranken GEHORSAMER DIENER verbleiben und ihre AUTORITÄT nicht weiter, als E. Ch. D. es zulässet, erstrecken mögen. Solches wird deroselben mit Fug niemand verdenken können, die STÄNDE, ja die OBERRÄTE selbst sich auch wohl endlich darin schicken müssen«[37]. Damit wurde nichts anderes vorbereitet als die bewußte Umpolung dieses libertären Verfassungsorgans in eine patrimoniale Verwaltungsbehörde. Denn dem »SUPREMO DOMINO stehet allemal frei, seiner DIENER Autorität zu moderieren oder zu amplifizieren, jedoch mit dem Bescheide in diesem Lande, damit die GRUNDGESETZE nicht umgestoßen werden«[38].

Die Beamten oder Amtsträger des libertären Systems mit seinen Fundamental- oder Grundgesetzen wurden zu Bedienten und entpolitisierten Befehlsempfängern – kraft des erworbenen SUPREMUM DOMINIUM, dessen Qualität mit der alten »Hoheit« des Landesherrn nichts mehr gemein hatte. Deshalb ist auch die Einschränkung, daß dabei die Grundgesetze Preußens bewahrt werden sollen, reine Rhetorik. Fuchs bringt sie vor, um gleichzeitig mit aller Kraft für eine neue FORMA REGIMINIS in Preußen zu wirken. Er und andere hatten für diese radikale Veränderung auch eine Begründung zur Hand, die nachdrücklich zeigt, wie sich die Machtgewichte im Laufe des Krieges und unterm Schutz des Friedens von Oliva zugunsten des Kurfürsten und Herzogs verlagert hatten: »IN OECONOMICIS und anderen Dingen, da haben die OBERRÄTE zu allen Seiten gesuchet und begehret, Seren. sollte dasjenige, was sie geordnet hätten, aveuglement ratifizieren und konfirmieren, und also hat PREUSSEN anstatt EINES SOUVERÄNEN FÜRSTEN GANZER VIERE.«[39]

Und dieser Zustand eines Condominats auf Vertragsbasis war jetzt nicht mehr erwünscht. Den Ständen wurde denn auch bald klar, daß »die Freiheit, die Religion und alle unsere Privilegien mit der Veränderung des DIRECTI DOMINII auch verändert, das ist, vermindert werden«. Hilfe in diesem streckenweise verzweifelt geführten Abwehrkampf gegen die Dominial-Diktatur war trotz Berufung auf den Rezeß von 1566 von Polen nicht mehr zu erwarten[40]. Schweden, das diesen inneren Destruktionsprozeß Preußens aus sicherheitspolitischen Gründen zugelassen hatte, begnügte sich nach dem Tode Karls X. Gustav von 1660 an mit einer Mission Esaias Pufendorfs. Der Bruder Samuel Pufendorfs, der ab 1668 ebenfalls in schwedische Dienste trat, sollte den kämpfenden Ständen in Aussicht stellen, daß »ihre alte Freiheit TAM IN ECCLESIASTICIS QUAM POLITICIS wiederum« erreichbar wäre und »Lutheranismus allda prävaliere«, wenn man sich massiv und militärisch gegen den Brandenburger wende und schwedische Hilfe anfordere. Pufendorf, der auskundschaften sollte, wie viele »Mittel der Kurfürst an die Hand bringen könne, seinen ABSOLUTUM DOMINATUM mit Gewalt zu stabilisieren«, gab sich im Bericht an die Reichsregierung in Stockholm optimistisch. Aber Friedrich Wilhelm unterband seine Tätigkeit, und die Vormundschaftsregierung für Karl XI. befürchtete, daß sich bei einem

schwedischen Eingreifen in den preußischen Verfassungskampf der Hohenzoller noch enger dem Kaiser und Frankreich anschließen würde, das »dem Kurfürsten die SOUVERÄNITÄT VON PREUSSEN garantieren wolle«[41].
Von den libertären Mächten Polen und Schweden war also keine Hilfe zu erwarten; auch nicht von den Niederlanden oder England. Die »Patrioten« Preußens um den Bürgerlichen Roth und den Adligen von Kalckstein standen gegen die »Royalisten« vom Schlage Schwerins, der es mehr als einmal in Königsberg wegen seiner fortgesetzten Betrugsmanöver mit der Angst zu tun bekam, aber dann doch Friedrich Wilhelm mitteilen konnte: »Es wächset eben E. Ch. D. SOUVERAINETÉ alle Tage und der Stände vorige übermäßige FREIHEIT nimmt ab.«[42]
Nichts anderes hoffte sein anderer Helfer Dobersinsky in einer Denkschrift. Auch er will »durch die erlangte Souveränität die Gemüter auf einen gelindern Sinn ... bringen, die große LIBERTÄT etwas ... limitieren«, bekennt aber, daß »doch leider der Name Souveränität gleichsam zum Gift und durch dasselbe der meisten Herzen verhärtet und fast desperat worden«. Es war nicht nur Roth die »alleinige Ursache« des Kampfes, wie Friedrich Wilhelm meinte. Sondern hinter diesem stand – bei allen Sonderungstendenzen – der Hauptteil der Stände. Und diesen ist gerade wegen einer allgemeinen »Confirmation« des Hohenzollern vom 20. Dezember 1661 bezüglich einiger ihrer ökonomischen und sozialen Privilegien klar geworden, daß sich mehr als zwei Jahrhunderte Libertät dem Ende näherten. Nach Dobersinsky schoben sie viele Übergriffe vor allem der Truppen auf die »große Autorität des KOMMISSARIATS ... und, weil der Ruf insgemein erschollen, daß dasselbe die esclatanste Marque der Souveränität wäre, daraus mit Furcht geschlossen, daß dessen hohe Macht, Menge der Bedienten etc. ihnen... eine ewige Dienstbarkeit und unaussprechlichen Dominat auf den Hals ziehen wird, dahero sie sich dann die Souveränität als ein abscheuliches Monstrum vorgestellet und derselben äusserst zu widerstreben entschlossen haben«[43].
Soviel hat der Widerstand aber doch eingebracht, daß bei der ERBHULDIGUNG von 1663 ähnlich wie in Cleve den Ständen gewisse Bewilligungsrechte blieben und auch die Oberräte – Landhofmeister, Obermarschall, Oberburggraf und Kanzler – pro forma weiterexistieren durften, dem Titel nach sogar bis 1706. Aber in der Realität mußte das libertäre Condominat mit seiner institutionellen Trichotomie von Landesherr (Majestät), Oberrat (Autorität) und Landtag (Libertät) der Gewalt, der »vorgeschützten Nezessität« und der patrimonialen Verfügung weichen – wider die »Fundamentalgesetze« oder »Landesverfassungen«[44].

Solange aber Hieronymus Roth nicht abschwor und es formale »Confirmationen« gewisser Rechte gab, war der »absolute Dominat« nicht von seiten der Stände anerkannt. Gewiß beunruhigte dies Friedrich Wilhelm, es hielt ihn aber nicht davon ab, seinen Behördenapparat und die Armee weiter auszubauen[45]. Mit seinem Sieg bei Fehrbellin über schwedische Truppen im Jahre 1675, der schon immer von der borussischen Geschichtsschreibung militärisch und politisch überschätzt wurde, glaubte er, seine Reputation für sein Haus weiter gesteigert zu haben, zumal er sich dabei zum Sachwalter »teutscher« Belange machen konnte und seinen Ruf als »Großer Kurfürst« festigte. Den Erwerb Schwedisch-Pommerns brachte dieses gewonnene Scharmützel aber nicht ein. Bald danach jedoch arbeitete der Philosoph und Jurist Leibniz an einem Gutachten mit dem Titel *De jure suprematus ac legationis*, in dem ihm eine Gleichrangigkeit mit »gekrönten« Häuptern konstruiert wurde, nachdem es zu erheblichen Schwierigkeiten bei der Beschickung des Friedenskongresses in Nimwegen von 1676 an gekommen war[46].

Wie schon an anderen Beispielen zu sehen war, kann man besonders nach 1648 die Entwicklung beobachten, daß herrschende Häuser Not- und Kriegszeiten ausnützten, um ihre Besitz-, Erb- und Machtinteressen mit Hilfe der Armee gegen libertäre Verhältnisse durchzusetzen. Bedeutete libertäre Politik »die Kunst des Gleichen und Guten« (Ars aequi et boni) im Rahmen einer Friedenssicherung mit Hilfe der HAUS- und LANDFRIEDENS-Ordnungen, so genügte jetzt die Beherrschung des oft vorgegebenen ›übergesetzlichen Notstandes‹, um die Stände einzuschüchtern und ihre Rechte der Meinungsfreiheit, der Versammlungsfreiheit und der Bewilligungen samt ihren zugehörigen Organen zu beschränken und allmählich ganz zu unterbinden[47]. Das tradierte Sicherheits- und Vertragsband der ›transpersonalen Krone‹, welche die bedrängten preußischen Stände in Gestalt der Krone Polens vergeblich bemühten, wurde aufgelöst. An dessen Stelle traten die neuen Bedingungen eines ›personalen Hauses‹, das mit der Erlangung eines DOMINIUM SUPREMUM die vertraglichen Bindungen aus dem Lehnswesen nicht mehr anerkennen wollte und damit das libertäre Verfassungssystem an seinem Lebensnerv tödlich traf.
Leibniz demonstrierte dieses für heutige Vorstellungen ungemein komplizierte Verhältnis libertären Lehnsbesitzes zum Landesherrn mit Hinweisen auf verschiedene Fälle, in denen Schweden beteiligt war: »Wir haben in der schwedischen KRONE ein Beispiel; die Reichslehen POMMERN und BREMEN sind nicht der königlichen FAMILIE, sondern der KRONE selbst gegeben worden.«[48] Damit

wurde eine patrimoniale Verfügung über diese vertraglich abgetretenen Länder ausgeschlossen, solange die Krone als ein Rechtsträger galt, der den König in Schweden selbst über einen Herrschaftsvertrag binden konnte.
Es waren also entscheidende Vorbehalte vorhanden, welche Dynastien und herrschende Häuser daran hinderten, sich zum absoluten Dominial-Besitzer von Lehen zu machen. Diese Veränderung wurde aber dann akut, wenn ein Krieg zu Ende ging und nach langen diplomatischen Verhandlungen ein Frieden geschlossen war.
Die neue Lage seit dem Westfälischen Frieden, der den Fürsten als REICHSSTÄNDEN das JUS ARMORUM ET FOEDERUM genehmigt hatte, damit sie sich nach den Bedingungen des Landfriedens von 1555 in dem »Ihrigen« selbst schützen und im Notfall gegen einen ›despotischen Kaiser‹ das aktive Widerstandsrecht handhaben konnten, wurde nun von Leibniz in seinem Gutachten und zahlreichen Begleitschriften definiert. Der »ständige Soldat« sollte das alte ständische Defensionswerk ersetzen und selbst in Friedenszeiten eine Art ›inneren Kriegszustand‹ sichern, den die Landstände, massiv unter Druck gesetzt, in scheinlegalen Beschlüssen einigen Fürsten genehmigt hatten. Allerdings, es gab auch Fälle im Heiligen Reich, bei denen sich die Stände auf der Ebene der Kreise selbst einen »MILES PERPETUUS CIRCULI« leisteten, ohne deshalb gleich den libertären Verfassungsbestand aufgeben zu wollen: ein Phänomen, das auch in Österreich und Ungarn zu beobachten ist[49].
Leibniz, der nach Holz »nie eine Ideologie und Staatstheorie des monarchischen Absolutismus« formuliert haben soll und »nie eine Rechtfertigung der Unselbständigkeit des Knechtes gegenüber dem Herrn«[50], faßte nun in einem Schreiben an den Gesandten Grote 1682 seine Theorie von der »Maison souveraine« zusammen.
Im »Parallelismus« der deutschen und welschen Fürsten, die er als »FREY und SOUVERÄN« erachtete, wollte er »gewiesen haben, daß eine solche UNTERTÄNIGKEIT, so von denen REICHSLEHENS- und HULDIGUNGSPFLICHTEN her kommt, der SOUVERAINETÉ oder dem SUPREMATUI, WIE ER VON UNS DEFINIERET WIRD, nicht entgegen, solche Definitio auch dem gemeinen Gebrauch nicht zuwider sein müßte, weil man ja die welschen Fürsten der Pflichten, damit sie dem REICH verwandt, ungeachtet vor SOUVERAINS halten will; also daß ein SOUVERAIN wohl eines Imperii (Reiches) Mitglied und dessen Gesetzen unterworfen, auch durch Eid und Pflicht gebunden sein kann, wenn ihm nur die Hände durch eine WIRKLICH ZWINGENDE MACHT IN SEINEM HAUS nicht gebunden, sondern das JUS ARMORUM ET FOEDERUM bleibt, also daß er die Freiheit behält,

nach Befindung seines Gewissens durch WAFFEN und Bündnisse das GEMEINE BESTE und seines Landes Wohlfahrt zu befördern, worin auch dann der rechte Charakter der Freiheit bestehet, der so wenig durch einen HULDIGUNGS-, als BÜNDNISEID aufgehoben wird. Daraus erscheinet, daß alle Pflichten und Obligationes mit dem SUPREMATUI wohl stehen können, so lange sie solche Freiheit durch KEIN WIRKLICHES ZWANGSRECHT benehmen, welcher Unterschied nicht wohl erkläret wird«[51].

Leibniz hat hier gegen die aristotelische Terminologie und gegen Bodin die »absolute Souveränität« der Reichsfürsten vertreten und begründet, die sich mit einer ›libertären Majestät‹ und Ständekontrolle nicht mehr begnügen wollten, wiewohl sie durch die Formel VON GOTTES GNADEN gerade darauf verpflichtet wurden. Das patrimonial verstandene Erbrecht und die Verfügung über eine eigene Haus-Armee lassen bei diesem Machtmodell den nominellen Untertan (Kurfürst) zum reellen Souverän werden.

Man muß deshalb in Leibniz, der sich bei Vorschlägen zur Reichsreform den Kaiser als »absoluten Diktator« vorstellen konnte, den Theoretiker des Territorial-Absolutismus sehen[52]. Die Rechts- und Organschranken des Lehnswesens mit seinem libertären DOMINIUM UTILE treten in ihrer politischen Bedeutung zurück. Dagegen wird das nezessitäre DOMINIUM EMINENS und die damit verbundene »Beherrschung des Ausnahmezustandes« (C. Schmitt) zum Träger einer Souveränität, welche durch das »stehende Heer« dergestalt auch gesichert wird, daß das »souveräne Haus« das patrimoniale DOMINIUM ABSOLUTUM über Domänen und Kammergüter dafür in Anspruch nehmen[53] und dann auf das ganze Land ausdehnen kann.

Nur wenn man auch hier am Beispiel Preußens diesen Mechanismus der Machtverschiebung nicht übersieht, findet man eine durch die Quellen gedeckte Erklärung für die Maßnahmen der Fürsten zur Anhebung des Status ihrer »Häuser«. Sie begannen meist damit, das »Kondominat der Stände« bei »Erbteilungen« (Hallmann) zu übergehen, um diese dann nach und nach aus ihrer vertraglichen Mitbestimmung in Landes- und Regierungssachen zu verdrängen. Der »Consensus fidelium« (Zustimmung der Lehnsleute), seit 1433 in Brandenburg für das »Haus Hohenzollern« durch verschiedene Haus-Verträge und Rezesse vorgeschrieben, wurde von Friedrich Wilhelm außer Funktion gesetzt. Noch 1686 probte er in der Manier eines absoluten Testamentators gewisse Erb-Abtrennungen für den »zureichenden Unterhalt« der Prinzen des Hauses und hoffte auf die Exekution des Testamentes durch den Kaiser, auch nach Maßgabe der Goldenen Bulle von 1356, nachdem er noch 1680 Ludwig XIV. als Vollstrecker seines damaligen Testamentes benannt hatte, sich in der Zwischenzeit aber wieder am Kaiser orientierte. Sein designierter Nachfolger Friedrich III. war es aber, der das Testament gerade wegen dieser faktischen Möglichkeit der Erb-Abtrennungen von Minden, Halberstadt, Lauenburg, Bütow und Engeln ablehnte und sogar meinte, daß »eine teutsche fürstliche Hoheit nicht gar ABSOLUT sei, sondern auf kaiserliche Majestät und das Heilige Reich ihren UNTERTÄNIGEN RESPEKT habe«[54].

Noch wirkt das Heilige Reich, de jure bis 1806, als eine libertäre Schranke, aber de facto war der Prozeß der Umpolung der Lehnsverträge in Patrimonialverhältnisse schon weit fortgeschritten. Friedrich III. sollte mit seiner Politik der absoluten Unteilbarkeit des gesamten Haus-Gutes diese Tendenz noch verstärken und den weiteren Nachweis dafür liefern, daß nicht »bürgerliche Verhältnisse«, »Warenproduktion« und »Geldwirtschaft« das »Entstehen des Absolutismus« verursachten[55], sondern das nezessitäre und patrimoniale Verfügen über Land und Leute[56]. Es findet sich auch dort, wo der »Große Kurfürst« 1685 im Toleranzedikt von Potsdam den französischen Hugenotten erlaubt, sich »in allen Ländern und Provinzen unserer Domination« niederzulassen, in der die Erb-Untertänigkeit die alte Libertät ersetzte[57]. Über ihren Verlust klagten selbst die Adligen in Preußen, die während und nach dem »Großen Landtag« zwischen 1661 und 1663 Friedrich Wilhelm im Interesse der Sicherung ihres Besitzes geholfen hatten, den »absoluten Dominat« schrittweise zu etablieren. Am 12. November 1680, zu einem Zeitpunkt, als auch in Schweden das Licht der Libertät zu verlöschen begann, erreichte die Erbitterung der preußischen Ritterschaft ihren Höhepunkt: »Wie Ertrinkende rufen sie zu Gott und S. Ch. D.: Herr, Herr hilf uns, wir gehen unter und verderben! Daß ihre FREIHEITEN zugleich mit untergehen, ist ihr größtes Leid. Sie sind der Welt ein Beispiel ohne Beispiel. Einst ein überaus freies, in voller Lebensblüte stehendes Land, ist PREUSSEN jetzt nicht durch die Schuld der Feinde, sondern durch seine TREUE GEGEN DEN HERRSCHER verdorben.«[58]

Diese Demonstration eines freiheitlichen Preußentums, wie es auch Hieronymus Roth vorgelebt hat, war eine Absage an den »blinden Gehorsam«, an die Verdunkelung des Rechts und den Terror absoluter Macht eines »souveränen Hauses«, dessen Regenten wohl die »Freiheit eines Christenmenschen« jeden Bekenntnisses sicherten, aber dafür »freie« und »hochvernünftige Leute« im politischen Leben zu »Erbsklaven« degradierten, zu »Landeskindern«, denen eine politische Mündigkeit abgesprochen wurde – erzwungen durch »Separation«[59] und Usurpation.

b) *»Das mit Cron und Szepter prangende Preußen.« Aufklärung. »Depeupliertes« Preußen. Reformen. Der patrimoniale Haus-Staat. Ende des Lehnswesens. Der »Soldatenkönig«. Das Kanton-System. »Staatsräson.«*

Die Bestrebungen des Kurfürsten Friedrich Wilhelm, die Reputation seines Hauses und dessen Status zu erhöhen, führten trotz des Leibnizschen Rechtsgutachtens von 1676 erst in den 80er Jahren dahin, daß Ludwig XIV. ihn mit dem Titel »mon frère« (mein Bruder) anschrieb, der sonst nur für »gekrönte Häupter« vorgesehen war. Es blieb seinem Nachfolger vorbehalten, für das »Haus Hohenzollern« eine Krone zu erwerben, die mehr als nur die Bestätigung des äußeren Aufstiegs dieses »souveränen Hauses« war[1].

Als Leibniz einmal darauf hinwies, daß »die beiden Könige des Nordens von SOUVERÄNEN HÄUSERN der Fürsten des Reiches abstammen«, zeigte er auch an, daß das »Haus Oldenburg« in Dänemark und das »Pfälzische Haus Zweibrücken« in Schweden zu Königskronen gekommen waren, ohne ihre sonstigen Haus- und Standesrechte im Reich aufzugeben[2]. Dasselbe gelang auch Kurfürst August II. aus dem sächsischen »Haus Wettin«, der 1697 zum König von Polen gewählt wurde. Sein Übertritt zum Katholizismus entledigte ihn der nicht unwichtigen Funktion, »Caput Evangelicorum« im Heiligen Reich zu sein. Diese fiel nun dem brandenburgischen Kurfürsten Friedrich III. zu. Er war seit 1668 in zweiter Ehe mit Sophie Charlotte von Braunschweig-Lüneburg verheiratet und trat damit in Verbindung mit dem »Welfen-Haus Hannover«, das 1692 die Kurwürde erhalten hatte und in seiner engen Verwandtschaft mit dem »Hause Stuart« Rechte auf den englischen Thron besaß, die auch bald erfüllt werden sollten.

Friedrich III., durch einen Rangeklat beim Besuch in Den Haag 1696 und beim Friedenskongreß von Rijswijk 1697 verärgert, beobachtete dieses Streben der Kurfürsten nach einer souveränen Krone sehr genau und befand nach der eigenen Einschätzung seiner Lage und Stellung: »Wenn ich alles habe, was zu der königlichen Würde gehört, auch noch mehr als andere Könige, warum soll ich dem auch nicht trachten, den Namen eines Königs zu erlangen?« Diesen Wunsch als »höchst naiv« zu bezeichnen[3], unterschätzt die Bedeutung von Rangfragen in der damaligen Zeit und den Wert der zeremonialen Bestätigung des patrimonialen Absolutismus durch eine Eigenkrönung. Eine solche wurde von Karl XII. 1697 in Schweden und 1699 von Friedrich IV. in Dänemark vorgenommen und bestärkte den brandenburgischen

Kurfürsten, etwas Ähnliches in Preußen zu unternehmen, das de jure kein Glied des Heiligen Reiches war.

Nicht zuletzt auf Betreiben der Jesuiten Vota, Lüdinghausen-Wolff (ein Balte, Baron und Beichtvater des Kaisers Leopold I.) und des polnischen Grafen Zulinski (Bischof von Ermland und Vermittler der Hilfe des Königs Jan Sobieski 1683 für das von den Türken bedrohte Wien), billigte die ›ständige Staatskonferenz‹ in Wien am 27. Juli 1700 die Zuerkennung einer Krone an Friedrich III. Gegen alle Widerstände besonders seines Lehrers Danckelman hat er dieses Projekt verwirklicht, von dem Prinz Eugen gesagt haben soll, man täte gut daran, die Befürworter dieser Krone aufzuhängen[4].

Ungehindert zelebrierte Friedrich III. am 18. Januar 1701 »durch einen ganz neuen Weg« (Besser) seine *Eigenkrönung* in seiner Geburtsstadt Königsberg. Nach deren Vollzug nannte er sich »König in Preußen« und Friedrich I.

Dieses glanzvolle Ereignis, auf das noch am 18. Januar 1871 bei der Proklamation des preußischen Königs zum Kaiser des kleindeutschen Reiches im Spiegelsaal zu Versailles symbolhaft Bezug genommen wurde, war in vielerlei Hinsicht von Bedeutung. Zwar erfüllte sich der Anspruch, mit diesem Königstitel »den Größten dieser Welt gleich geworden« zu sein, zunächst nur in der Anerkennung durch den Kaiser, den Zaren, Polen, England, Dänemark und die Niederlande, während sich Ludwig XIV., Karl XII., der Heilige Stuhl und andere verweigerten. Aber ein verheißungsvoller Anfang war gemacht, »nach der schon einmal erlangten Souveränität« auch den Erwerb »einer königlichen Krone« allmählich in ganz Europa bestätigt zu bekommen und damit eine absolute Status-Erhöhung[5].

Dem Krönungsakt selbst ging die Stiftung des »Ritter-Ordens vom Schwarzen Adler« vorauf. Seine Mitglieder (höchstens dreißig an der Zahl), die nur die »Größten und Edelsten des Hauses und Reiches« werden durften, wurden auf Friedrichs Wahlspruch »SUUM CUIQUE« (Jedem das Seine) eingeschworen und damit einseitig verpflichtet, seine patrimoniale Erb-Monokratie mit Leib und Leben, Gut und Blut zu verteidigen. Als »Großmächtigster Souverain und Groß-Meister« dieses hochadligen Geheimordens, dem als Vorbild mittelalterliche Vereinigungen und der englische Hosenband-Orden dienten, und der auch als Gegenstück zum polnischen Weißen-Adler-Orden gedacht war, schlug Friedrich dessen Mitglieder *vor* seiner Krönung zu Rittern. Das war ein Bruch mit allen bisher in Europa geltenden Traditionen, wurden doch sonst die Ritterschläge erst nach einer Krönung vorgenommen.

Aber nicht nur dieser Akt war ein Ausdruck seiner besonderen Eigenwilligkeit. Denn der Hohenzoller setzte sich nämlich auch noch *vor* der Salbung in seinem Schloß zu Königsberg die Krone aufs Haupt. Das hatte er bei Karl XII. von Schweden entlehnt, dessen Eigenkrönung den Ratgebern Friedrichs bis in Details hinein bekannt war. Mit »Purpur, Kron und Szepter, den eigentlichen Merkmalen königlicher Hoheit« angetan, zog er dann, begleitet von der Königin Sophie Charlotte, die er eigenhändig gekrönt hatte, vom Schloß zum Dom, gefolgt von den »Preußischen Herren Ober-Räten«, welche die »Reichs-Kleinodien, das Reichs-Schwert, Reichs-Apfel und Reichs-Siegel« trugen.

Die Salbung selbst »in Form eines Zirkels oder Krone«, welche bei den »Mathematicis die allervollkommenste Figur ist« (von Besser), nahmen dann der reformierte Hofprediger *Ursinus* und der Lutheraner *Sonden* vor. Beide hatte Friedrich, ohne eine Weihe zu verlangen, kurzerhand zu Bischöfen ernannt. Als man vor allem in England ihre episkopale Qualität in Zweifel zog, verteidigte er sich mit dem Hinweis auf Friedrich V. von der Pfalz, den »Winterkönig« und Wahlkönig von Böhmen: »Daß man meinet, Ich hätte keine Macht, Bischöfe zu machen, und daß die englischen von denen Aposteln herkommen, solches wäre auch sehr schwer zu beweisen. Ich aber tue solches aus Macht eines Königs«[6].

Diese Äußerung von 1704 entspricht seinem Selbstverständnis als Monokrat und »Summus episcopus« in seinen Landeskirchen: »Ich will immer HERR SEIN IN MEINEM LANDE und werde keinen anderen Bischof dulden als mich selbst«[7]. Dieses Bekenntnis unterstreicht, daß er im weltlichen, geistlichen und im eigenen Haus-Regiment der absolute Herr war und über die »eigenthümlich souveräne Regierung« verfügte nach Maßgabe von »Erbrecht«, »Souveraineté und Besitz der preußischen Länder«.

Friedrich I. war durch die »Vorsehung Gottes«, gegen den Protest des Papstes, unter Mithilfe des Kaisers, durch die Ermunterung des Zaren und mit der Duldung des Lehnherrn Polen sowie »durch sich selbst und das Seinige König geworden«[8]. Er hat sich also vom »vorigen Lehns-Herzog von Preußen« (Dominium utile) »zu einem souveränen Erb-König selbigen Landes gemacht« (Dominium absolutum)[9]. Damit hatte er den Status der Monokraten in Dänemark und Schweden erreicht und wurde in dieser Eigenschaft geradezu Muster des sog. Jure-divino-Königtums.

Das spektakuläre Vorziehen von Ritterschlag und Krönung ist Ausdruck des DOMINIUM ABSOLUTUM über Preußen und eine Bestätigung des Grundsatzes »JUS IN RE EST DOMINIUM«, woraus sich auch die Formel »König in Preußen« ableitete. Die Absage an jeden Krönungseid gegenüber dem Lande Preußen und seinen

Abb. 6: *Krönungsgabe der Berliner Juden an Friedrich I., 1701*

Oberräten samt Ständen war die Verneinung eines Herrschaftsvertrages auf Gegenseitigkeit und die Ablehnung des »mediante homine«, wie es im libertären Gottesgnadentum verlangt wurde. Statt dessen berief er sich auf das »immediate Deo«, die unmittelbare Zueignung der Krone durch Gott selbst und verhinderte damit die Anwendung des Grundsatzes »JUS AD REM EST OBLIGATIO«. Das erklärt auch den Ausschluß der Stände; sie waren nur noch zeremoniale Staffage und konnten nicht mehr durchsetzen, daß Friedrich I. die vertraglichen »Fundamentalverfassungen« Preußens beschwor, aus denen ihr Widerstandsrecht hervorging[10].

Die zahlreichen Sinnsprüche und Herrschaftsformeln an den Ehrenpforten von Königsberg bis Berlin drücken den Umschlag vom libertären Gottesgnadentum ins patrimoniale Jure-divino-Königtum sehr deutlich aus. »A DEO DESTINATA« (Von Gott gegeben) hieß es in Königsberg. In Löbenicht stand der Reim »Des Adlers Flug ist hoch, weit höher ist der Ruhm/den unser Souverain erlangt zum Eigenthum«. In Friedrichswerder war der Hinweis auf »TERRORI AC TUTELAE« (Schrecken und Schutz) zu lesen, und die »Französische Kolonie zu Berlin« verwies auf die Untrennbarkeit von Krone und Kurhut, beschwor außerdem den »TERROR ET ORBIS AMOR« (Schrecken und Liebe des Erdkreises) und führte das Sinnbild vom Pelikan an, der mit seinem eigenen Blut die hungrigen Jungen füttert. Der ehemals libertäre Gehalt dieses Symbols, wie ihn Alfons von Aragonien, Wilhelm von Oranien oder Gustav II. Adolf von Schweden in der HERRSCHAFT DES RECHTS verstanden haben, war hier geschwunden. Ebenso fehlte die in England gebräuchliche Königsformel »DIEU ET MON DROIT« (Gott und mein Recht) nicht, die nur, wie Jakob de la Gardie in Schweden vermerkt hat, in einem vertraglichen Bezug auf »Fundamentalgesetze« und zugehörige Verfassungsorgane verstanden werden durfte, wenn man nicht an Wunder glauben wollte[11].

Man kann demnach nicht sagen, daß Friedrich I. mit seiner Eigenkrönung und Erhöhung des »Erb-Königlichen Chur-Hauses Brandenburg« die Form des Absolutismus der Bourbonen in Frankreich »ins Preußisch-Deutsche übersetzt« habe[12]. Denn dort wurden nach dem Reimser Zeremoniell alle Könige unter der Leistung von Eiden gekrönt. Erst die Eigenkrönung Napoleons in Anwesenheit des Papstes setzte dieser Tradition vorerst ein Ende. Tatsächlich waren hier die skandinavischen »Eingewalts«-Vorbilder maßgebend, wenngleich in einer eigenwilligen Abänderung der tradierten Vorgänge und mit einem nicht unwichtigen »Abbau des Religiösen« versehen[13].

Der Prunk der Eigenkrönung war »hohler Pomp« (Hubatsch), aber auch eine Machtdemonstration der patrimonialen Substanz einer Monokratie. Das gelegentliche »Fridericus Magnus«, das häufige »Vivat Fridericus, Rex in Prussia« und die vielfache Darstellung des preußischen Adlers, der im Fluge aus dem Himmel ohne menschliche Vermittlung gekrönt wird, wie es auch das Ehrenbild der Juden zeigt, die sich mit dieser besonderen Aufmerksamkeit die Verbesserung ihrer gefährdeten Stellung erhofften (siehe Abbildung), kann diesen Befund nicht verdecken. So war es aus der Sicht des Monokraten nur konsequent, als er 1706 verfügte, daß der »Titul von Oberräten«, wie er sich noch in der preußischen

Regierung ohne realen Verfassungsbezug gehalten hatte, »gänzlich abolieret« sei und die entsprechenden Bedienten sich »wirklich geheime Räte« zu nennen hatten[14].

Diese Anordnung war der Schlußpunkt eines langen Destruktions- und gleichzeitigen Konzentrationsprozesses, in dessen Verlauf trotz Bestehen des Geheimen Rates alle wichtigen Dezisionen im Stile patrimonialer Arkan-Politik vom Monokraten selbst gefällt werden konnten. Man darf sich dabei nicht von der Art Friedrichs I. täuschen lassen, der gerne Aufgaben und Aufträge nebst Entscheidungen an persönliche Vertraute delegierte – etwa nach dem Rat Mentors an Telemach, daß »die Tüchtigkeit eines Königs, der über den anderen Menschen steht, nicht darin liegt, daß er alles selber tut«, sondern darin »bestehe die höchste und vollkommenste Regierung, über die Regierenden zu regieren«[15].

Das aber war nicht immer leicht. Denn das berüchtigte »Dreigrafenministerium des ›dreifachen Wehs‹«, das sich unter seiner Regierung etabliert hatte, ohne eine »wirkliche Institution« (Koch) zu sein, war trotz der engen Bindungen seiner Repräsentanten an den Monokraten nur unter Mühen von diesem zu kontrollieren. Nach Danckelmans Sturz und der Abdrängung des Fuchs, der Friedrich Wilhelm so ergeben gedient hatte, stieg der Einfluß des Grafen Wartenberg alias Colbe. Bei der Krönung und in »Staatssachen« assistierte er Friedrich I. am nächsten und wurde auch 1702 sein ›Premier‹. Unterstützt von seiner Frau, einer Emmericher Schifferstochter, erlangte Graf *Wartenberg* eine Position quasi-absoluter Macht, zumal er eine Reihe von Aufträgen »irresponsabel« ausführen durfte, der Reichsgraf *Wittgenstein* ihm zeitweise völlig ergeben war und der Militär Graf *Wartensleben* nicht recht zum Zuge kam[16].

Besonders Wartenberg, auch in der Funktion als Oberkämmerer, und Wittgenstein wirtschafteten in einer Art und Weise in die eigene Tasche, die man schamlos nennen müßte, wären da nicht die Prunkbedürfnisse des Monokraten gewesen. Seine Hoffeste, oft »japanisch« oder »indianisch« ausgestattet, kosteten Unsummen. Nicht anders als das pompöse Begräbnis seiner 1705 gestorbenen Frau Sophie Charlotte, nach der auch Charlottenburg benannt ist, die Hochzeit des Kronprinzen Friedrich Wilhelm mit Sophie Dorothea von Hannover 1706, die dritte Hochzeit des alternden Monokraten selbst 1708 mit Sophie von Mecklenburg, die in den Wahnsinn getrieben wurde, oder die Zusammenkunft des polnischen Königs August II., des dänischen Monokraten Friedrich IV. mit Friedrich I. 1709 in Berlin, als man nach der vernichtenden Niederlage Karls XII. bei Poltawa ein »höchst heilsames Concert gegen Schweden« besprach, an dessen militärischen Aktivitäten Friedrich I. sich dann doch nicht unmittelbar beteiligte[17].

Nach der Sittenlehre des Thomasius von 1709, der 1690 aus Leipzig vertrieben worden und an die Ritterakademie im brandenburgischen Halle gekommen war, um dort nach deren Umwandlung 1694 in eine Universität bis zu seinem Tode 1728 zu lehren, »bestehen alle Cörper aus Materie und Geist . . ., aber in dem Menschen sey ein zweyfacher GUTER und BÖSER GEIST«[18].

Was Bloch daran als »spekulatorische Eierschalen« empfindet, erweist sich als durchaus brauchbar, den ambivalenten Charakter des Systems aus seinen zeitbedingten dualen Verhältnissen zu erfassen. Die Steigerung der possessiven Macht in eine patrimoniale Absolutesse erzwang die politische Ohnmacht und fortgesetzte »Finsternis« der Stände, ermöglichte aber auch eine gewisse Förderung der Künste und Wissenschaften, die auf der Suche nach dem »Licht« rationaler Erkenntnis waren.

Die »böse« Seite des Absolutismus mit der Degradierung des Beamten zum Bedienten, des Amtes zum Posten und des freien Bürgers zum Erbsklaven des ›herrschenden Hauses‹, gefiel sich darin, auch »gute« Taten zu vollbringen. So durfte Schlüter in Haus-Aufträgen sein Genie erproben, und Samuel Pufendorf kam aus Schweden angereist, um aus Archivalien »Leben und Taten Friedrich Wilhelms« in einer ähnlichen Form zu beschreiben, wie er auch die auf den Krieg abgestellte Biographie Karls X. Gustav von Schweden angefertigt hatte[19].

Sein System des Natur- und Völkerrechts, noch von der »impositio Dei«, der Ausrichtung auf die Zehn Gebote Gottes, geprägt, wurde von Thomasius, der so bedeutend war wie sein jüngerer Kollege Christian Wolff, in einer entscheidenden Weise »gesäubert«, d. h. in der Weiterentwicklung des Grotianischen Gedankens vom Eigenwert des Rechts (auch wenn es Gott nicht gäbe), wird von ihm das JUS NATURAE & GENTIUM in einer grundlegenden Schrift von 1705 ohne Gottesbezug begriffen. Der Leitgedanke ist das »natürliche Licht« des Rechts, das Streben nach Glück und der Erhalt des Friedens.

Obgleich Thomasius zeitweise dem Pietismus um Spener und August Hermann Francke anhing und auch die Naturphilosophie eines Paracelsus und Franck aufgriff, war er zu einer Apologie des Hohenzollern-Absolutismus nicht bereit. Doch entsprach seine Definition des GERECHTEN als dem Vermögen, »den anderen zu dem, was er willig leisten sollte, zu zwingen«, der Position von Leibniz hinsichtlich des Wesens einer Souveränität absoluter Macht- und Zwangmittel. Mit diesem, der 1700 Präsident der

neugeschaffenen »Sozietät der Szienzien« geworden war und dort dem Utilitarismus-Postulat huldigte, gefördert von der freisinnigen Kurfürstin Sophie Charlotte, die einen »aufgeklärten Verstand« (Friedrich II.) besaß, verband ihn aber noch mehr.
Das Gerechte (iustum), das Geziemende (decorum) und das Ehrenhafte (honestum) waren ihm die Leitgedanken von Glück und Frieden in einem Gemeinwesen. Dabei erschien ihm das Gerechte als eine Forderung, in welcher auch Hobbes und Voltaire den Inbegriff der Aufklärung sahen: »Was du willst, daß dir geschehe, das tue den anderen.« Mit dieser Maxime verweist er gleichzeitig darauf, daß das Gerechte erzwingbar ist, nicht jedoch in jedem Fall das Geziemende und schon gar nicht das Ehrenhafte.
Auf diese Weise gelingt es ihm, den Bereich des RECHTS von dem der MORAL zu trennen, die Höhen des GEISTES von den Niederungen erzwingbarer GEWALT, letztlich auch die GESELLSCHAFT von dem, was als STAAT ausgegeben wurde, dessen absolutes Gewalt-, Gesetzes- und Gerichtsmonopol in den Händen des Monokraten blieb[20]. Nichts anderes entwickelte Leibniz in seinen Überlegungen zum Wesen des Rechts, dessen Hauptteile »das positive Recht, die Billigkeit, die Rechtschaffenheit« umfassen sollten, welche »in den Vorschriften enthalten sind: NIEMANDEM SCHADEN; JEDEM DAS SEINE ZUTEILEN, EHRENHAFT LEBEN«[21].
Damit legitimierten beide nicht weniger als Christian Wolff, der einflußreiche Vertreter des rationalistischen Dogmatismus, die bestehenden Machtverhältnisse unter dem Monokraten Friedrich I. Dessen Motto lautete ja »Jedem das Seine« – ein Wort aus der vertraglichen Besitz-Systematik des Aristoteles und des libertär angelegten Landfriedens von 1555!
In der systematischen Aufspaltung von Moral und Recht wird aber hier ihre Einheit in der »Nikomachischen Ethik« geleugnet, in der Distinktion von Macht und Religion die Einheit von Thron und Altar gelockert und mit der Unterscheidung von Mäzen und Regent war es außerdem möglich, den Nutzen des Geldes zu begrüßen, ohne lange danach fragen zu müssen, welchen Leuten und Landen es unter dem Vorwand der Notwendigkeit abgepreßt worden war. Es ließ sich demnach im Hohenzollern-Staat durchaus »vernünftig, klug und artig leben«. Mit dieser Formel übersetzte Thomasius den Titel des Werkes *Oraculo manual y arte de prudencia* (Handreichung und Kunst der Klugheit) des Spaniers Gracian und hielt darüber 1687 noch im sächsischen Leipzig die erste Universitäts-Vorlesung in »teutscher Sprache«[22].
Gegen den Dominat des Latein in der Gelehrtenrepublik und gegen den Primat des Französischen in herrschaftlichen und diplomatischen Kreisen gerichtet, beginnt mit ihm und in seinem

Gefolge mit Wolff eine Rückbesinnung auf die sog. »teutsche Macht- und Heldensprache«. Sie wurde einer dauernden Purifikation und Erneuerung unterzogen, in deren Verlauf Wolff vor allem die Grundlagen dafür schuf, daß das Philosophieren eine teutsche Terminologie erhielt.

Reinigen und Säubern, das waren die unverwechselbaren Kennzeichen der Aufklärung seit der Reformation und der sie begleitenden Naturphilosophie im Sinne eines fortlaufenden Aufstiegs zum »Licht«, zum »reinen Wort« und zur »reinen Vernunft«. Deshalb auch nannten sich die Fürsten durchgehend »Durchlaucht« oder »Durchleuchtigster«, hielten sie sich doch für den Hort politischer Vernunft, während sich nicht wenige Gelehrte als Träger des »Lux in tenebris« wähnten. So empfand z. B. Comenius die intellektuelle Kraft der rationalen Einsicht und der Suche nach dem Wahren, Schönen, Guten, dessen Pädagogik und Didaktik (Ganzheitsmethode) Thomasius wieder aufzugreifen bemüht war.

Die Ambivalenz von Vernunft und Eigentum, Vernunft und Mathematik, Vernunft und Gefühlserleben ließ den Menschen in seinem Verstand und seiner Eigenwürde ins Zentrum der Philosophen einer Aufklärung treten, die als dauernder Prozeß und Auftrag verstanden wurde, den Menschen durch gezielte Erziehung zu vermenschlichen, ihm das »Licht der Vernunft« zu bringen. Die »Verbannung der Tortur aus dem Gericht der Christen« war 1708 für Thomasius ebenso eine Forderung wie die Abschaffung der Hexenprozesse und die Verbesserung des oft alttestamentarisch begründeten Strafrechts mit seinem unbarmherzigen Vergeltungsdenken, dem »jus talionis«.

Forum für diese aufklärerischen Aktivitäten war für Thomasius nicht nur die Universität Halle selbst, sondern auch seine Zeitschrift TEUTSCHER MONAT, die nur vier Jahre nach Bayles NOUVELLES DE LA REPUBLIQUE DES LETTRES 1688 erschien, aber zwanzig Jahre vor Defoes REVIEW. In ihr focht er unerschrocken gegen die lutherische Orthodoxie und scholastischen Dünkel, gegen die Gottunmittelbarkeit der Monokratie und für die Freiheit des Geistes. »Die Freiheit«, schrieb er einmal an Friedrich I., »welche allem Geiste das rechte Leben gibt und ohne welche der menschliche Verstand gleichsam tot und entseelt zu sein scheint«, ist eine Forderung, deren Einlösung erklärt, »was denen Holländern und Engländern, ja denen Franzosen (vor der Verfolgung der Reformierten), soviel gelehrte Leute gegeben«, während die Spanier und Italiener aus »Mangel dieser Freiheit, . . . so sehr unterdrückt« werden trotz ihrer guten Geistesanlagen[23].

Dem Monokraten Friedrich I. leuchtete dieses Bekenntnis ein und auch die Feststellung des Thomasius, daß »der Verstand keinen

Oberherrn als Gott erkennt«. Er ließ in diesem Sinne religiöse Toleranz und künstlerische Liberalität so weit gelten, wie seine Gelehrten und Philosophen nicht auf die Idee kamen, seinen patrimonialen Absolutismus grundsätzlich abzulehnen. Auf diese Weise entstand eine merkwürdige Konstellation, die das Verhältnis von Geist und Gewalt im deutschen Bereich bis weit ins 19. Jahrhundert hinein wesentlich geprägt hatte: Der Absolutismus konnte Aufklärung über die Universitäten und Akademien gleichsam in kontrollierten Enklaven dulden und fördern, solange sie nicht direkt politische Freiheit forderte und jenen Mut aufbrachte, den die sieben Göttinger Professoren 1837 wegen Aufhebung der Verfassung demonstrierten.

Es gehört zu den Besonderheiten dieser deutschen Geschichte, daß sich in Halle und Berlin Vertreter einer intellektuellen Aufklärung von europäischem Rang zu einer Zeit versammelten[24], als sich der Absolutismus in sein patrimoniales Stadium steigerte, die Stände politisch entmachtet und entmündigt waren und die Länder der Hohenzollern-Macht, besonders aber Preußen mit seiner kümmerlichen Universität Königsberg, ökonomisch in nicht gekanntem Ausmaß von ihrem vorigen »Flor« in den »Ruin« gebracht wurden.

Preußen war zwar auch durch die Wirren des 30jährigen Krieges in Mitleidenschaft gezogen worden, zumal es das Aufmarschgebiet der schwedischen Truppen war, und hatte unter den Einwirkungen des Großen Nordischen Krieges zu leiden, es wurde aber in der Hauptsache durch die Aussaugungspolitik Berlins geschwächt, das den materiellen Landesausbau versäumte, nachdem es die politische Landeskultur weitgehend zerschlagen hatte. Die Pest und große Hungersnot von 1709 an entvölkerten zusätzlich das einst blühende Land, so daß vom »totalen Ruin« Preußens gesprochen wurde[25].

Es war also eine objektive Notlage Preußens, die Friedrich I. veranlaßte, seinen subjektiven Machtwillen nach den neuen Umständen zu richten, während er sonst diese nach den künstlichen Bedürfnissen seiner »Chimären« abzurichten suchte. Das Gutachten der Geheimen Hofkammer und der »Domainenkommission« zur Lage Preußens und zu des Monokraten »eigenhändiger Erbrechnung« war so niederschmetternd, daß er sich zu einer Reihe von Maßnahmen entschloß, die dann in eine hektische Reformära überleiteten[26].

Zunächst ließ er Wittgenstein verhaften. Dieser hatte selber davor gewarnt, den »Staat (gemeint war in erster Linie der materiell-monetäre Haushalt) in eine unendliche Schuldenlast und Verderben« zu treiben, ohne die eigenen Unterschlagungen schmälern oder abstellen zu wollen. Seine Machenschaften mit Versicherungen und Abgaben der Bürger für Feuer- und Brandschutz sowie eine unpopuläre Salzsteuer, die ihm angelastet wurde, ließen ihn zusammen mit Luben stürzen, der sich durch Flucht ins Ausland rettete. Der 1711 gegen Wittgenstein angestrengte Prozeß wurde aber auf Geheiß des Monokraten erst gar nicht eröffnet. Er begnügte sich mit einer verhältnismäßig geringen Vergleichssumme, was wiederum zeigt, daß sich die »absolute Macht« nicht nach dem objektiven Gesetz mit seinen ordentlichen Gerichten zu verhalten brauchte, wenn der subjektive Willen jedes Gesetz außer Kraft setzen konnte – ein sicheres Kriterium jeder Diktatur[27].

In der Bestandsaufnahme der Notlagen in Brandenburg und Preußen wurden vor allem Ungerechtigkeiten bei den verordneten Kontributionen festgestellt. Man sei in Preußen nicht überall nach Maßgabe gerechter »Proportion« verfahren. Außerdem nähme die drückende Leibeigenschaft den Leuten allen Mut zur Eigeninitiative. Das dauernde Abfließen der Geldmittel vom Land zum Hof in Berlin müsse in der bisherigen Form unterbunden werden, ebenso zögen die aus dem Ausland bezogenen Luxusgüter allzu große Mengen guten Geldes ab. Alle diese Mißstände, die man nun nicht mehr den Ständen zur Last legen konnte, könnten nur gemildert und abgestellt werden, wenn die bestehenden Gewerbe gefördert und neue Manufakturen angelegt würden, die Erbpacht nach Luben auch verschwände und ein *Allgemeines Landrecht* kodifiziert würde[28].

Ergänzt wurde dieses Gutachten noch durch alarmierende Berichte der Landesregierung in Königsberg über der »armen Bedienten unbeschreibliche Not«. Man forderte dabei einen »zulänglichen Gehalt, um alle Corruptiones zu verhüten«, die dem gesamten Behördensystem sehr zu schaffen machten. Friedrich I., dessen Verwaltung der Kronprinz Friedrich Wilhelm einmal »die dollste Haushaltung von der Welt« nannte, suchte vor allem auf diesem Gebiet bessere Verhältnisse zu erreichen, jedoch nicht durch erhöhte Gehälter, sondern durch die Erhöhung des Gehorsams.

Bei der Bekämpfung des »Übels der Geschenke«, vor dem Hieronymus Roth einst gewarnt hatte, entschuldigte man sich dadurch, daß die »Subjecta« nicht immer »treu und aufrichtig, fleißig und arbeitsam, desinteressierte (nicht korrupte) und gute Oeconomicis« seien, wenngleich es auch darunter »rechtschaffene Leute« gäbe. Deshalb müßten solche weiterhin »in allen Ständen« gesucht werden.

Man schob das Problem also auf die »Ermangelung an capablen Leuten«, wie es Alexander von Dohna, einer der vertrauten

Ratgeber Friedrichs I., formulierte und nicht auf das absolutistische System, das Korruption und Eigennutz geradezu fördern mußte, weil es keine Verantwortlichkeit gegenüber einem vertraglichen Staat gab, sondern nur hinsichtlich des Monokraten und seines Haus-Interesses. Den Bedienten in allen Behörden wurde denn auch eingeschärft, »nicht ihre, sondern KÖNIGLICHE DIENER sein« zu sollen, deren »Renitenz und Ungehorsam billig coercieret und jeder zu dem seinen Oberen schuldigen Respekt angehalten werden muß. Daher Wir dann resolvieret, daß die Widerspenstigen auf der Cameralen Verlangen sofort arretieret und in gefängliche Haft gebracht werden sollen.« Ein Verfahren, das den Geist der Gegenseitigkeit und der libertären »Fides publica« nicht mehr kannte. Von seinen beiden Nachfolgern wurde es immer wieder angewendet, ohne wirklich jenen Beamten-Typus hervorzubringen, von dem sich die borussische Behördenwissenschaft so manchen Mythos zurechtgelegt hat[29].

Mit der Vergatterung der Bedienten ging eine Reform des Gerichtsverfahrens einher, indem die Beschränkung der Replikationen (Gegenreden) der Advokaten verordnet wurde, welche das Appellationsgericht in Königsberg ursprünglich »gänzlich« abschaffen wollte. Mit der Einrichtung des »Generalcommissariats-Collegiums« im Jahre 1712 wurde zusätzlich eine Art Oberbehörde »unseren Landesregierungen und den Justiz-Collegiis« zugeordnet. Sie sollte gewisse Kontrollfunktionen ausüben, ohne allerdings diesen Kollegien »Eintrag« zu tun. Diesen wiederum sei durch »absonderliche Edicta« angezeigt, »wie weit die POTESTÄT und JURISDIKTION eines jeden Collegii gehen solle«, ohne jedoch die oberste Jurisdiktion des Monokraten anzutasten[30].

Ein umfangreiches »Domänen-Reglement« für die Regierung und Kammer in Preußen ergänzte diese Maßnahmen. Doch »Kammersachen«, die »unsre SOUVERAINE HOHEIT« angehen, sollten neben anderen Fällen an »unsere Regierung« geleitet werden. Ängstlich darauf bedacht, bei aller Reformfreudigkeit nicht die monokratische Position auch nur dem Scheine nach zu schwächen, bestimmte Friedrich I. in einem Erlaß zur Kammer-Reform, daß »in ökonomischen und Kameralfällen« keine Appellation, d. h. eine Anfechtung eines in seinem Namen ergangenen Urteils in letzter Instanz möglich ist[31].

Die Armee, deren alleinigen Oberbefehl der Monokrat innehatte und die hauptsächlich durch holländische und englische Subsidien unterhalten wurde, sollte aufgrund einer Instruktion für die Kriegs- und Steuerkommissare, die zu »treuer Eidespflicht« angehalten wurden und im Falle einer Pflichtverletzung mit Ehr, Hab und Gut zu haften hatten, mehr Mittel aus den eigenen Landen erhalten. Dazu gehörte die beabsichtigte Verbesserung der Domänenverwaltung, damit »Seiner Königlichen Majestät NUTZEN« gewahrt und vermehrt werde. Es wurde auch begonnen, einen Register-Index für die vorhandenen Güter von 1612 an mit zugehörigen »Erbregistern« (Urbarien) zu erstellen. Außerdem sah man darauf, daß »an Kerbstöcken jährlich zu kontrollieren ist, ob jeder NACH PROPORTION seiner Familie auf den königlichen Mühlen hat mahlen lassen«[32].

Alle diese Maßnahmen standen unter dem Motto des Wachstums und der Ertragssteigerung für das »souveräne Haus«. Dessen Bediente wurden streng angewiesen, »die neu eingeführte Oeconomie-Art mit WENIGER LEUTEN und MEHREREM NUTZEN« einzubürgern und mit aller Macht pünktlich und genau durchzusetzen. Friedrich I. war auch bereit, den »Manufacturies und Fabricanten in Unseren Landen nach Notdurft und Befinden assistieren« zu wollen. Ein neu geschaffener Fonds (Fundus), die sog. »Fabrikenkasse«, nach dem Vorbild der Marinekasse von 1686 angelegt, aus der die Chargenkasse und 1721 mit dieser verbunden die Rekrutenkasse hervorging, sollte Vorschüsse gegen »zureichende Caution« ermöglichen und damit die Ansiedlung neuer und den Ausbau bisheriger Gewerbe fördern: darunter auch die Seidenindustrie, deren Anfänge noch in die letzten Regierungsjahre des »Großen Kurfürsten« fielen und die mit der »Chinesischen Kompagnie« und dem Erwerb von Kolonien in Afrika[33] Ausdruck des ›ökonomischen Orientalismus‹ ist.

In dieser kurzen Reformperiode wurde auch die bewußte Zusammenlegung des Ravensberger Appellationsgerichtes mit dem in Cölln betrieben, und zwar »für alle im Reich außer der Mark Brandenburg belegenen königlichen Lande«, deren Bewohner ein JUDICIUM MAGIS ABSOLUTUM anzurufen gedachten. Dieser Vorgang beweist erneut die gezielte Politik der Herauslösung des Hohenzollern-Staates aus der Rechtshoheit des Heiligen Reiches und die stufenweise Steigerung der Macht gegen das überkommene Recht, waren doch die Länder des »Hauses Hohenzollern« außerhalb Preußens nicht »königlich«, wie angegeben wurde, sondern kurfürstlich und somit libertär ausgerichtet. Aber auf derartige Unterschiede nahm Friedrich I. keine besondere Rücksicht mehr. Sein inneres Reformprogramm blieb zwar Stückwerk, aber es wies doch seinem Nachfolger den Weg[34].

Friedrich I., der »aus Eigensinn heftig und aus Sorglosigkeit sanft war«, hatte den Erwerb der »Königswürde« dadurch auch betrieben, daß er »in den verschiedenen Kriegen des Kaisers und seiner Bundesgenossen 30000 Untertanen opferte«[35], und im Besitz dieses neuen Status, den er aus der Gottunmittelbarkeit herleitete, ließ er es nicht zu, substantiell etwas von der »absoluten Macht« an Untergebene abzutreten. Als er am 25. Februar 1713 vor dem Richterstuhl Gottes treten mußte, vor dem er für seine Regierung Rede und Antwort stehen wollte, hatte er die Gewißheit, daß die Erbmonokratie gesichert war. Denn am 24. Januar 1712 war ein Enkel geboren worden. Er sollte seinen Namen tragen, weil »dieser Name *meinem Hause* glückbringend gewesen ist«[36].

Der spätere Friedrich II. wurde unter großem Pomp getauft, wobei Kaiser Karl VI. und Zar Peter I. neben anderen vermittels ihrer Vertreter die Patenschaft übernommen hatten. Dies war ein Zeichen weiterer Anerkennung der neuen Monokratie, welche Friedrich I. mehr verdankte, als die Lobredner seiner beiden Nachfolger und seines Vorgängers zugestehen möchten. Bei aller Mißwirtschaft, Unterdrückung und Korruption, Selbstherrlichkeit, Terror und »Aussaugung« befestigte er mit dem Patrimonium Preußen den Absolutismus seiner Krone, an dem die Nachfolger weiterbauen konnten.

Der neue König in Preußen bereitete seinem verstorbenen Vater ein Prunk-Begräbnis mit einer pompösen Aufbahrung im Berliner Dom. Eine Eigenkrönung fand allerdings nicht statt. Es genügte Friedrich Wilhelm I. anscheinend, sich bei diesem Ereignis mit den Insignien eines Souveräns vom Schwarzen-Adler-Orden zu zeigen, die jedem Anwesenden bedeuteten, daß er der Erb-Herr im Vollbesitz seiner absoluten Haus-Macht war. Die folgenden »Erb-Huldigungen« vor allem der Kur-Mark mit der einseitigen Eidesleistung der Ritterschaft und der Berliner Bürgerschaft bestätigten den entschlossenen Willen dieses Potentaten, »alles selbst und allein tun zu wollen«[37].

Der kaiserliche Gesandte Schönborn in Berlin berichtete dies nach Wien und traf damit Friedrich Wilhelms I. häufig geäußerte Selbsteinschätzung als Selbstherrscher sehr genau. Diese floß aus der »Conduite des Königs in Preußen« und damit aus der Natur des DOMINIUM ABSOLUTUM und preußischen Patrimoniums. In seinem bekannten »Edict von der Inalienabilität derer alten und neuen Domänen-Güter« vom 13. August 1713 bekräftigte er nachdrücklich die seit 1688 zu beobachtende Tendenz, den bereits weit fortgeschrittenen Bestand des patrimonial angelegten Haus-Staats zu erweitern: Das »Anwachsen Unseres Königlichen Hauses« wurde der Motor seiner Politik der verstärkten Destruktion libertärer Restbestände.

Unter Hinweis auf das »freye Gefallen« seines Vaters, der 1710 den gesamten Hausbesitz im Rahmen der bestehenden »Verfassungen und Grundgesetze dieses Königlichen, Chur- und Fürstlichen Hauses« – gemeint war in erster Linie der Geraer Hausvertrag von 1599 – mit einem »ewigen Fideicommiß belegt« hatte, erneuerte Friedrich Wilhelm I. diesen Entschluß. Es war fortan allen »regierenden Herren und Mitgliedern« seines Hauses streng untersagt, die auf sie »vererbten Lande, Leute, Städte, Schlösser und andere Zuhörungen zu des Hauses Nachteil völlig alienieren und auf andere transferieren« zu wollen.

Diese Maßnahme zur »Conservation Unseres Königlichen Hauses« betrieb gleichzeitig in forcierter Form die rechtliche Gleichschaltung der »Schatoul- und ordinairen Kammergüter« sowie diejenige der alten und neuen »Domänen-Gefälle«. Außerdem wurde untersagt, künftig aus diesem Hausbesitz eine Verlehnung vorzunehmen. Wurde sie dennoch gewährt, dann hatten die Nachfolger das Recht, »dergleichen Alienationes zu revocieren ..., ohne daß dem Detentori einige Erstattung« genehmigt zu werden brauchte.

»Unser General-Finanz-Direktorium«, das 1713 neu geschaffen wurde, hatte diese possessive Gleichschaltung »gehorsamst« zu überwachen. Friedrich Wilhelm I. unterschrieb mit seinen »eigenen hohen Händen« dieses wichtige Dokument als »Unsere ewigwährende Constitution«[38].

Man hat in dieser einschneidenden Maßnahme eine umfassende »Verstaatlichung« der Kammergüter und des sonstigen Dominialbesitzes sehen wollen. Tatsächlich handelte es sich aber um eine gezielte Privatisierung dieser vormals libertär kontrollierten Landesgüter mit haus-staatlicher Wirkung. Diese selbstherrliche Aneignung ist Ausdruck einer »dynastischen Auffassung des Staates« und der Inbegriff einer »patrimonialen Entartung« (Hintze), die sich auf einen Staat neben oder gar über dem jeweiligen Regenten gar nicht mehr beziehen will.

Das Unterbinden jeglicher Verlehnung aus diesem patrimonial angelegten Haus-Eigentum bedeutete gleichzeitig eine Absage an ein lehnsbezogenes Vertragswesen mit zugehörigen Gerichten und »Assecurationen«, die nur noch in den Reichs-Landen formal geleistet wurden. Nichts fürchtete Friedrich Wilhelm I. mehr als eine Rechtskommunikation mit den Ständen. Als beim Eintreiben der sog. Kriegsgefälle der Vorschlag von preußischer Seite gemacht wurde, die erwarteten Gelder in Höhe von 220 000 Taler im herkömmlichen Verfahren einer Beratung mit dem Landtag bewilligen zu lassen, kommentierte er dieses Ansinnen mit den berühmten Worten: »Ich komme zu meinem Zweck und stabiliere die SOUVERÄNITÄT und setze die KRONE fest wie einen ROCHER

VON BRONCE und lasse den Herren Junkers den Wind von Landtag. Man lasse den Leuten Wind, wenn man zum Zweck kommt.«[39]

Das Einberufen der Landtage ob in Cleve-Mark oder Preußen hält er also für eine windige Sache, zumal er für seinen Unterhalt als Landesherr »Diäten« (Tagungsgelder) zu stellen hatte. Das Verhalten der preußischen Adligen um Wallenrodt und Müllenheim – sie ließen sich ihre Opposition mit kleineren Summen abkaufen – konnte seinen Respekt vor den »Junkers« dabei nicht gerade erhöhen. So verfügte er auch die Aufhebung des alten »Landkastens« und erzwang 1717 die Abschaffung des Lehnswesens, die noch wichtiger war als das Domänenedikt von 1713. In seiner Eigenschaft als »von Gottes Gnaden König in Preußen« hob er »alle und jede in unserem Königreich Preußen, auch in der Chur und anderen Landen belegenen LEHEN ohne Unterschied, wes Namens oder Art dieselben sein, an adeliche, Schulzen- oder Bauren-Lehen« auf und erklärte sie »vor ALLODIAL- und ERBGÜTER«. Der »darauf haftende NEXUM FEUDALEM und alles, was demselben dem LEHNRECHTE nach anklebet und davon dependieret«, ist »gänzlich aufzuheben«. Die »bisherigen Lehngüter« dürfen »hinfüro als Erbgüter besessen und genützet, über selbige von den Eigentümern frei und ungehindert disponieret« werden. »Auf ewig« sollten alle Lehnsbeziehungen »cassieret und annullieret« sein, so daß der »innerliche Wert der bisherigen Lehngüter um ein Merkliches verbessert wird«[40].

Die Ritterschaft, Vasallen und sonstigen Lehnsleute sollten nach dem Willen des Monokraten den Vorteil dieser Maßnahme, die aus der »königlichen Gnade« komme, einsehen und sich beraten, wie man der königlichen Kasse jährlich mit einem festen Betrag helfen könne, die bisherigen Lehnsleistungen, meist Militärpferde, auf andere Weise zu beschaffen und zu unterhalten. Die neuen Erb-Besitzer bekamen bald darauf eine Denkhilfe. Mit »jährlich 40 Reichstalern, jenseits der Elbe und Oder« sollte der alte »Roßdienst« pro Erbgut abgegolten werden, dem »Adel zum Besten . . ., dessen Güter noch überdem mit solchen Prärogativen, Freiheiten und Gerechtigkeiten (zu) benefizieren« dem Erb-Herrn im Sinne lag[41].

Mit dieser »Veränderung des Lehnswesens«, wie es hieß, zerstörte Friedrich Wilhelm I. das Fundament des vormals geltenden libertären Lehns-Staates vollends. Denn er verhinderte mit dem verordneten Umschlag vom libertären DOMINIUM UTILE der Lehnsleute ins patrimoniale DOMINIUM DIRECTUM der Erbbesitzer jede Klage wegen Felonie von seiten der Lehnsleute.

In diese Politik, die »nicht den geringsten Schatten von denen alten

Verfassungen« (A. Dohna) beibehalten wollte, paßte das Bestreben, diejenigen Länder, welche rechtlich zum Heiligen Reich gehörten, ganz aus dessen Justiz-Hoheit herauszulösen. So bestätigte der Hohenzoller z. B. den Ständen im Fürstentum Minden formal ihre alten Rechte und Freiheiten, aber im Zuge der Etablierung einer neuen Justizordnung erklärte er ihnen, daß »die bisher noch gebräuchlichen Provocationes an die Judicia Imperii (Reichsgerichte) hinfüro gänzlich ab- und eingestellt und anstatt dessen an Unser hiesiges Oberappellationsgericht appellieret« werden solle. Als Grund für diese Veränderung gab er Kostenersparnis an und die Möglichkeit, eher als bisher ein »unparteiisches Recht in der letzten Instanz« zu bekommen.
Was sich als vernünftig und »aufgeklärt« ausgab, stellte sich aber bald als Eigennutz heraus. Denn Friedrich Wilhelm I. wollte sich in den anstehenden »Domänenprozessen«, die er gegen adlige Kammerguts-Besitzer führte, nicht von der Appellation an die Reichsgerichte behindern lassen. Die Mindener Stände protestierten denn auch gegen die Vorstellungen des Berliner Monokraten und beriefen sich auf den Westfälischen Frieden, den Homagial-Rezeß von 1650 und auf den Reichstagsabschied von 1654, der die libertäre Lehnsstruktur dieses »specialen Fürstentums« garantierte und dabei das Recht der Reichsappellation einschloß. Friedrich Wilhelm I. aber gab zur Antwort, daß »Wir in solchen Dominialprozessen nimmer einige Appellation an die Reichs-Judicia verstatten werden«[42].
Im Bewußtsein, als Souverän gleichzeitig der »höchste Richter« zu sein, verfährt Friedrich Wilhelm I. unter der Anwendung seines Königstitels auch in seinen »Reichsprovinzen«, obgleich er dort als Kurfürst oder Herzog einen vertraglichen Rechtsstatus besaß, der ihn nominell als Untertan des Kaisers und des Reiches einstufte. Wie empfindlich er in dieser Hinsicht geworden war, zeigt sein Vorgehen bei dem Erwerb von Geldern 1714. Gemäß den Bestimmungen des Venlooer Vertrages von 1543 war der Hohenzoller als Rechtsnachfolger der Erzherzöge des »Hauses Österreich« verpflichtet, die libertären Rechte der Stände anzuerkennen. Bei der »ersten Erbhuldigung« in diesem Gebiet der habsburgischen Niederlande, bei der er sich durch Kommissare und ein Porträt vertreten ließ, bestanden die Stände auf dem Verfassungseid. Dieser wurde auch geleistet, und somit schworen die Vertreter der Stände in holländischer Sprache ihren Eid auf den »souverainen Erbherrn«. Aber nur kurze Zeit später bestand der Monokrat darauf, daß Geldern nicht als »Reichslehen« behandelt werde. Außerdem verlangte er, daß die früher in Dokumenten gebräuchlichen »Wörter LEHEN DES HEILIGEN RÖMISCHEN REICHES Dero-

selben an Dero unbeschränkter Souveränität . . . im geringsten nicht nachteilig« sein dürfen[43].

Dieser Prozeß der dominialen Durchdringung der bestehenden libertären Lehnsstruktur in all seinen alten und neu erworbenen Ländern ist das Kennzeichen eines ›patrimonialen Absolutismus‹, dessen stufenweise Etablierung es nicht gestattet, diesen Haus-Staat der Hohenzollern unter Friedrich Wilhelm I. und seinem Nachfolger Friedrich II. einen »Feudal-Staat« (Mehring, Gooch, Augstein) zu nennen. Denn er war in seiner Qualität und Funktion dessen absolutistische Negation. Deshalb auch führte die Zerstörung und Beseitigung noch vorhandener »Libertät« der Stände zu der Besonderheit der »Cameralwissenschaft«, zu der absolutistischen Verwaltungslehre eines patrimonial angelegten Haus-Staates mit einem »Landrecht . . . fürs ganze Land« und einer Justizordnung, wobei der »in dem Königreich Dänemark . . . eingeführte MODUS PROCEDENDI (Prozeßgang) absonderlich zum Modell« genommen wurde, d. h. das »Dänische Gesetz«, das der »Enevaelde«-Monokrat Christian V. 1699 verordnet hatte. Ein Beispiel mehr dafür, daß sich der Absolutismus der Hohenzollern in essentiellen Bereichen weniger an Frankreich als an den Eingewalts-Ländern Schweden und Dänemark orientierte[44].

»Das SEINIGE muß man in Acht nehmen, so gut wie man kann.« Das war eine der wichtigsten Devisen Friedrich Wilhelms I., der im Inneren den Besitzstand seines »souveränen Hauses« erheblich vergrößerte. Zählten die Oberräte 1648 in Preußen 48 354 Hufen an Kammergut, so waren es bereits 1722, auch dank der gewonnenen Dominialprozesse, bereits 123 146 Hufen. Hinzu kam der käufliche Erwerb des Gebietes in Vorpommern von Stettin bis Peene im Frieden von Stockholm im Jahre 1720, den England garantierte. An den »alten Dessauer« schrieb er dazu: »Ich darf (es) aber nit sagen, denn ich mir schäme, ich muß Schweden 2 Millionen Taler und an die Herren Reichsräte 120 000 Taler geben und anno 1722 muß alles bezahlt sein«[45].

Er schaffte es durch das Eintreiben ausstehender »Erbschaftsgelder«. Außerdem hatte er nach eigenem Bekunden »genug Geld«, nachdem er seit seinem Regierungsantritt radikal alle Gehälter der Zivil- und Militärbedienten gekürzt hatte. Diese Maßnahme traf auch das Gehalt des Akademie-Präsidenten Leibniz, der 1716 starb, am Berliner Hof fast vergessen, jener Philosoph und Jurist also, der mit der Theorie vom »Maison souveraine« und der souveränen Qualität militärischer Hausmacht besonders diesem »Haus Brandenburg« ideologisch den Weg zu einem absoluten Haus-Staat geebnet hatte. Allerdings mußte Friedrich Wilhelm I., der in der eigenen Familie als »Haus-Tyrann« verschrien war, besonders in der Affäre um den Kronprinzen Friedrich und dessen Freund Katte 1730 erfahren, daß seine »Absolutesse« immer noch eine juridische Begrenzung hatte. Denn der Kronprinz stand als Reichsfürst unter dem Rechtsschutz des Heiligen Reiches, und der Kaiser intervenierte auch neben anderen, als der Monokrat seinen Nachfolger Friedrich II. wegen »Desertion« hinrichten lassen wollte. Gegen Katte selbst aber verhängte er, die Urteile der eigenen Gerichte mißachtend, das Todesurteil. An die Adresse Londons gerichtet, wohin der Kronprinz fliehen wollte, um der »Tyrannei« des Vaters zu entgehen, schrieb der Monokrat: »Solange Gott mir das Leben gebe, werde ich mir als Herr despotisch soutenieren, wenn ich auch 1000 der Vornehmsten die Köpfe abschlagen lassen sollte. Denn die Engländer sollten wissen, daß ich keine Nebenregenten nit würde bei meiner Seite zulassen«[46].

Das Machtmittel dieser ›Selbstherrschaft nach Willen‹ war das pausenlose Einbleuen der »Subordination« auf allen Ebenen dieses Haus-Staates. Die Gleichschaltung und Konzentration der Behörden erlebte 1723 einen neuen Höhepunkt, als Friedrich Wilhelm I. das »General-Ober-Finanz-Kriegs- und Domänen-Direktorium« gründete. Er erklärte dabei seinen »Bedienten«, daß er ihren Ungehorsam so zu bestrafen gedächte, »wie in Deutschland noch nit gesehen worden wäre«, und zwar »exemplarisch und auf gut russisch«[47].

Seine patrimoniale Monokratie näherte sich von der possessiven Anlage her der »Eigengewalt« seines östlichen Nachbarn wie der monokratischen Natur der »Eingewalt« in Dänemark. Dabei ist nicht zu übersehen, daß die Gewalt über das patrimoniale Eigentum eine Eigendynamik entwickelte, die dynastischen Eigennutz und Eigensinn förderte. Es ist nicht der Merkantilismus, wie Schmoller und seine Nachfolger meinten, der hier zur »großen Einheit« führte,[48] sondern der ›Patrimonialismus‹ als Inbegriff absoluten Besitzes, dessen Inhaber auf Wachstum eingestellt sind und deren »Sinnen und Trachten auf nichts als Haben und Haben und Zusammenbringung großen Geldes und Armeen gerichtet« ist (Schönborn).

Friedrich Wilhelm I. entsprach diesem Urteil in jeder Hinsicht. Gerade in Preußen, über das er die Qualität eines Erbherrn besaß, wandte er sich gegen den Merkantilismus, gegen »die Neuerheiten wegen des Commerce«. Er wollte, »daß das platte Land florieren soll und habe ich ein ander Intention als diese (Neuerer), so will ich nit zu Gott kommen«. So erfolgte auch nach der endgültigen »Vernichtung des ständischen Einflusses« (Iwanowius) in Preu-

ßen die Organisation des Behördenwesens nach seinen patrimonialen Haus-Bedürfnissen, was nicht ohne Verluste ablief: »In meinen Affairen ist so eine große Confusion, daß ich nit weiß, fast woraus zu kommen«[49].
Landvermessungen, Übernahme »teutschen Geldes« – »das hat mir der liebe Gott eingegeben« –, Verteilung des Bodens nach »neuem Fuß«, Bestrafung von »rebellischen« Bauern, Ansiedlung von 20 000 Protestanten aus dem Salzburger Land, Verkürzung der Fron, die Einführung des »teutschen Pflugs« und die Bestellung der Felder in größeren Einheiten, sowie der Einsatz neuer Bedienter des Regenten und »alle Jahr 600 000 Taler« von Berlin an direkten Zuschüssen brachten nur allmählich die erwarteten »Profite«. Mehr als einmal klagte denn auch der Monokrat, der 1738 bei der Abschaffung der Prügelstrafe die preußischen Bauern davon ausnahm, weil sie angeblich faul und nichtsnutzig waren, über die »Preußische Haushaltung« und meinte, es liege »ein Fluch darauf«. Er nahm mit dieser Formulierung eine Bewertung auf, die sein Vater in den »Staatsmaximen« von 1698 anführte, um seinen Nachfolger auf die Behandlung der Preußen einzustimmen. Der Markgraf Albrecht (1525–1568) habe den Preußen nach der Säkularisierung des Ordenslandes »den Fluch anstatt Segens gewünscht«, weil sie ihn »nicht als dero ERBHERREN« anerkennen wollten[50].
Es hat fast den Anschein, als wirkte dieser »Fluch« auf das »Haus Hohenzollern« zurück: »Preußen ruiniert mich total, das frißt mich auf.«[51] Das Gejammer Friedrich Wilhelms I. kam aus seinem Sinn für »Sparsamkeit«, den Gooch nicht zu Unrecht als »Geiz« versteht. Er hatte jedoch dort seine Grenzen, wo sich der Monokrat an Aktien-Spekulationen in England und den Niederlanden ebenso beteiligte wie am oft vertuschten Ankauf »silberner Möbel«, »sehr kostbarer Edelgesteine« und bei der Beschaffung der »schönen Kerls«, jener Soldaten also, die ihm an Wuchs nicht »lang« genug sein konnten.
Friedrich Wilhem I. war auf der Basis seiner Haus- und Kapitalmacht ein Universal-Unternehmer großen Stils, wobei die Merkantil-Politik in den Städten mit ihrer Förderung der Gewerbe und Manufakturen einigen Gewinn abwarf, während er gleichzeitig verwandte und andere Häuser durch Landvergaben geneigt machte. So gestattete er z.B. eine Verlehnung an den »alten Dessauer« mit dem Bescheid, »Dero Fürstliches Haus auf solche Art noch fester an Mich verbunden zu sehen[52]«.
Kein Potentat des »Hauses Hohenzollern« hat sich vor ihm durch dauerndes Reisen so um seinen Besitzstand gekümmert wie Friedrich Wilhelm I., dem die lange Friedenszeit oft als eine

überaus positive Leistung angerechnet wurde (Hinrichs, Braubach, Hintze, Österreich). Dabei wird aber zu wenig berücksichtigt, daß dieser Monokrat eine Art ›inneren Kriegszustand‹ verwaltete. Der Ausbau des »Fiskalats«, ein Inquisitions- und Disziplinierungsinstrument für die eigenen Behörden – das »Auge und Ohr des Königs« –, das erst 1809 aufgelöst wurde, zeigt dies ebenso wie seine Bemerkung zur Domänenlage in Preußen, die 1721 in Berlin beraten wurde: »Wer... ein Wirt ist, muß wirtschaften in allen Landen. Ich will Preußen traktieren, als wenn ich es vom Feinde erobert hätte, da KEINE VERFASSUNG ist, die soll neu gemacht werden«[53].

Der »größte innere König« Preußens (von Schön 1816), der als »der große Wirt in Preußen« (Bornhak) die ersten volkswirtschaftlichen Professuren in Frankfurt/Oder und Halle einrichten ließ, hat die unter seinem Großvater begonnene Neuordnung nach Reformansätzen seines Vaters im Rahmen des Kriegsrechts vorangetrieben und das erprobt, was man die »Regierung aus dem Kabinett« genannt hat – davon auch die Bezeichnung »Kabinettskriege« im 18. Jhd. – mit ihren »Immediat«-Berichten der Minister und den »Immediat«-Instruktionen des Monokraten. In diesen Bezeichnungen gibt sich auch das »immediate Deo« zu erkennen und das »übermenschliche PRO DEUS«-Verhalten (Hubrich) dieses Hohenzollern, der auf der Ebene der ZENTRALINSTANZ weitere Konzentrationen der Kompetenzen ebenso durchsetzte – 1728 sogar ein »Department für auswärtige Affairen« – wie im Bereich der PROVINZIALINSTANZ, wo die »rein landesherrlichen Kriegskommissariate oder Kriegskammern« (E. Schmidt) noch bestehende alte Domänen- und Regalienämter ablösten. Bei der LOKALINSTANZ schließlich verdrängte der Commissarius loci (Steuerrat) besonders in den Städten die überkommenen Magistrate mit ihrer Selbstverwaltung vollends[54].

Bei aller Vereinheitlichung und Zentralisierung von Befugnissen in der Hand des Monokraten gelang aber weder die Einheit oder »Union« der reformierten mit der lutherischen Kirche, die Leibniz so am Herzen lag, noch schaffte er trotz der Kriminalordnung von 1717 und der Einheit im Strafprozeß und Appellationswesen die Kodifikation eines Allgemeinen Landrechts für alle Territorien seines Haus-Staates. Von der scharfen ökonomisch-rechtlichen Trennung in Stadt und Land oder zwischen den Besitz- und Berufsständen gar nicht zu reden. Auch die allgemeine Schulpflicht von 1717 hat nicht jenes Einheitsdenken im Auge gehabt, das der kleindeutsche Borussismus nach 1871 in allen Aktionen des »Soldatenkönigs« angelegt sehen wollte: Den »Staatsgedanken einer modernen Zeit«, der »in der Person des Kurfürsten, in seiner Armee, seinem Beamtentum ... sinnfällig verkörpert« gewesen sei, um sich dann über die »Idee des Gesamtstaates« unter Friedrich Wilhelm I. so zu steigern, daß »die Grundlage zur Erlangung einer Großmacht-Stellung für den preußischen Staat gelegt« wurde – »kraft (der) historischen Notwendigkeit des Absolutismus«[55].

Bedenkt man, daß Armee und Beamtentum nur Instrumente der »absoluten Macht« waren, und berücksichtigt man die Rechtsvorbehalte des Heiligen Reiches, das der Kurmark, Cleve-Mark und anderen Gebieten noch einen gewissen Schutz gewährte und das Haus Hohenzollern in Rechtsschranken wies, dann erscheint es recht zweifelhaft, ob Friedrich Wilhelm I. je an einen Einheits-Staat im späteren Sinne gedacht hat.

Kategorien wie die transpersonale »Nation«, ein übergeordneter »Staat«, der sich aus fundamentalen Verträgen konstituierte oder gar ein souveränes »Volk« waren ihm völlig fremd. Das »souveräne Haus« allein war diesem Monokraten Inbegriff des Politischen, Rechtlichen und Ökonomischen, indem die politischen Rechte der Stände storniert, ihre Organe neutralisiert und die eigenen Hausbehörden organisiert wurden. Das »persönliche Regiment«, die Selbstregierung allein war Ausdruck dieser Haltung: »Parol auf dieser Welt ist nichts als Mühe und Arbeit, und wo man nit *selber*... die Nase in allen Dreck stecket, so gehen die Sachen nit, wie es gehen soll, denn auf die meisten Bedienten sich nit zu verlassen, wo man nit *selber* danach sehet«[56].

Mit der Steigerung der possessiven Potenz des eigenen Hauses durch die Konzentration und Gleichschaltung der Domänen sowie durch den Erwerb der Länder von Lingen, Mörs, Neuenburg oder Geldern aus dem oranischen Gebiet im Frieden von Utrecht 1713 samt Teilen Vorpommerns verbesserte Friedrich Wilhelm I. auch das Instrument, das zur Sicherung dieser wachsenden Landmasse nach innen und außen unabdingbar war – die Armee. Er selbst hatte als Kronprinz 1709 an der Schlacht bei Malplaquet unter dem Kommando des Prinzen Eugen und Marlboroughs persönlich teilgenommen und meinte zum Krieg an sich: »Das ist meine Passion und wird sie bleiben«[57].

Als sich Magdeburg zu Beginn seiner Regierung auf die alte Verfassung aus dem 16. Jhd. berief, um damit auch die eigene korporative Befugnis in Militärsachen hinsichtlich des ständischen Defensionswerkes anzumelden, ließ der Monokrat den Ständen mitteilen: »Das JUS BELLI AC PACIS und was davon dependieret, wird man wohl S. K. M:t verhoffentlich nicht streitig machen oder darunter ein CONDOMINIUM prätendieren, am wenigsten aber

S. K. M:t die Hände binden wollen, wenn sie dieserhalb etwas zu des Landes Bestem zu verordnen gut und nötig finden«.
Er versprach zwar, wie der Kurfürst Friedrich Wilhelm und sein Vater, »die Stände in ihren JURIBUS confirmieren« zu wollen, aber das hinderte ihn nicht, sein System der Kommissare unter der Berufung auf das Kriegsrecht weiter auszubauen. Mit der nicht erlaubten Berufung auf seine Stellung als »König« in den kurfürstlichen Reichslanden ist es sein Wille, »daß die Landes-Commissarii, weiln ihre Charge ganz unnötig, aussterben sollen«. Und sein subjektiver Wille war auch in diesem Bereich von der Wirkung eines objektiven Gesetzes, das sich im Kriegsrecht rückversichert, ohne gleichzeitig gelten zu lassen, daß die von den Ständen bemühte Verfassung vom Naturrecht im Sinne des »Gemeinen Besten« geschützt wurde[58].
Der Auftrag des Glockenspiels an der Garnisonskirche zu Potsdam – »Üb immer Treu und Redlichkeit«–, das er bei seinen Studienaufenthalten in den Niederlanden schätzen gelernt hatte, bewog ihn nicht, die beschworene Vertragstreue den Ständen gegenüber zu halten. Denn dann wäre er gezwungen gewesen, die vorhandenen Rechtsorgane zu wahren und sich nicht gegen ihre Benutzung zu wehren. Es erscheint aus diesem Grunde recht merkwürdig, wenn diesem Monokraten immer wieder ein »strenges Pflichtbewußtsein« als oberste Staatstugend ausgegeben wird, ohne genügend zu bedenken, daß die Pflicht nicht mehr nach Maßgabe des libertären »Treu Herr – Treu Knecht« auf garantierte Rechte bezogen wurde, sondern nur noch auf das eigene Haus-Interesse, dem alle anderen Interessen unter dem Deckmantel des »Gemeinen Besten« untergeordnet wurden.
Eine direkte Folge dieser einseitigen Pflichtforderung war das Verlangen nach der absoluten Subordination, einer vollkommenen Anerkennung aller Befehle »ohne Räsonnieren«. Vertrauen als Fides publica und Absprache auf Gegenseitigkeit, das Kennzeichen eines vertraglich geordneten Gemeinwesens, war ihm völlig fremd, und es erstaunte ihn nicht wenig, als er bei einem Besuch in Hannover die dortigen Truppen besichtigte und diese selbst seinen hohen Drillansprüchen genügten: »Sie tun es aus Lust«, stellte er verwundert fest, »aber nit aus Subordination, denn sie (die Offiziere) fast keinen Kerl schlagen dürfen bei (des) Königs Ungnade, und das wissen die Gemeinen und gehet doch in Ordnung, das wundert mir sehr«[59].
Seine Vorstellung von Selbst-Herrschaft duldete kein Selbstbewußtsein der Untertanen oder gar der Soldaten. Die »Maschine«, wie er gerne sagte, hatte zu gehorchen und mechanisch zu funktionieren, aber nicht zu denken. Der militärische Mensch in

seiner Haus-Armee wurde zum willenlosen Maschinenteil degradiert, zu einem gedrillten Befehlsempfänger, dem der »blinde Gehorsam« in entwürdigender Weise eingeprügelt wurde. Schon im Edikt von 1711 gegen die häufige Desertion der Soldaten gestand man ein, daß »mancher zum Soldaten nicht ... mit seinem guten Willen gebracht, sondern viele mit Gewalt ausgenommen und geworben werden müssen«. Danach sollen diese Soldaten bei »vorfallenden Notfällen« ihrem »König und Landesherrn treu und redlich dienen ... und Gut und Blut für die gemeine Reichs- und Landeswohlfahrt willig hergeben«[60].

Bis zu Friedrich Wilhelm I., den man wegen des Ausbaus der Armee als »stehendes Heer« nicht ganz zu Unrecht den »Soldatenkönig« nannte, gab es keine geregelte Dauer der militärischen Dienstpflicht, keine geordnete Listenführung oder eine Übersicht der wehrfähigen Männer. Statt die Abrüstung nach den Bedingungen des Utrechter Friedens zu betreiben, begann er, aus dem alten Wibranzen- und Milizsystem eine Militärmacht einzurichten, die als »Kanton-Verfassung« im Prinzip bis 1806 bestehen sollte.

Die Ausdehnung des neu organisierten Kriegsdienstes auf die Friedenszeit »erschien dem öffentlichen Rechtsbewußtsein zunächst als ein Akt des Despotismus« (Jany), aber die zugehörigen Maßnahmen waren nicht aufzuhalten, weil es keine Institution mehr gab, die Friedrich Wilhelm I. hätte zwingen können, das Abrüstungsgebot des Utrecht-Friedens einzuhalten.

Am Beginn der Neuordnung des Militärdienstes im Hohenzollern-Staat steht also ein offensichtlicher Bruch des Völkerrechts und der libertären Landesverfassungen, soweit sie noch bemüht werden konnten. Die zahlreichen Dekrete und Reglements dazu sind denn auch von einer Gewalttätigkeit gekennzeichnet, die nur aufgrund der Rechtlosigkeit der Soldaten und der absoluten Macht des Monokraten erklärbar ist. Mit der Aufhebung der alten Miliz wurden von 1713 an die tradierten »Kapitulationen« verboten, demnach die »Entlassungen« von Soldaten und Offizieren nach einem Friedensschluß, die nur nach dem Gefallen des Monokraten gewährt wurden. Die Untertanen in Stadt und Land wurden außerdem »nach ihrer natürlichen Geburt und des höchsten Gottes eigener Ordnung und Befehle mit Gut und Blut« zum neuen Kriegsdienst für »schuldig und verpflichtet« erklärt. Dabei sollten die fehlenden Soldaten durch eine Gewaltwerbung zusätzlich beschafft werden, d. h. es durften aufgrund einer Ordre »zu Kriegsdiensten etwa tüchtige Passagiere und Postillons MIT GEWALT weggenommen werden«. Die einzige Beschränkung dieser Maßnahme bestand im Wachstum und der körperlichen Größe des jeweiligen Postillons.

Der einsetzende Drill unter Prügeln verursachte bald aber eine »unerhörte Desertion« und eine Flucht aus dem Herrschaftsbereich dieses Monokraten, so daß zeitweise sogar die Finanzierung dieser »Maschine« gefährdet war. Weniger Bauern erbrachten geringere Einnahmen der KONTRIBUTION, einer direkten Steuer des Landes für die Kriegskasse, und eine Entvölkerung der Städte hatte fast den gleichen Effekt, nämlich Rückgang der AKZISE, einer indirekten Verbrauchssteuer.

Beide Einnahmequellen mußten aber leistungsfähig bleiben, um das zahlenmäßig wachsende Heer finanzieren zu können. Deshalb verfügte der Soldatenkönig, daß »angesessene Leute als Bürger, welche Häuser haben, Bauern und Kossäten« nicht als Soldaten weggenommen werden sollen, und statt Gewaltwerbung sollte ein freiwilliges Eintreten in die Armee bei öffentlichem Trommelschlag und mit Überreichung eines Handgeldes erfolgen. Noch nach dem kurzen Pommern-Feldzug 1715 war der Monokrat bereit, trotz der weiterhin erfolgten Gewaltwerbung, die Soldaten »mit guter Manier, gelinden Worten« zu werben, aber auch, wie er hinzufügt, mit »möglichster Listigkeit«[61].

Die Fluchtbewegung war dennoch nicht einzudämmen, was auch auf die Praktiken der einzelnen Regimenter und Kommandeure zurückzuführen ist. So kam es 1720 sogar zu einem Aufruhr in der Grafschaft Mark, als ein Kommando des Regiments Nr. 9 in einen lutherischen Gottesdienst eindrang und mit Gewalt rekrutieren wollte. Friedrich Wilhelm I. lehnte eine mit Ständevertretern gemischte Untersuchungskommission ab und verordnete eine Strafe von 20 000 Talern und Gestellung von 200 Rekruten aus seiner Machtvollkommenheit. Ein Edikt von 1721 aber bestand darauf, die Werbung »freiwillig und ohne List« zu betreiben mit dem Erfolg, daß die Regimenter damit begannen, schon Kinder zu »enrollieren« und sie mit einem »Laufpaß« zu versehen.

Das »Enrollieren« als Eintragen aller ›Wehrfähigen‹, ausgenommen Bürgersöhne, deren Eltern 10 000 Reichstaler und mehr Vermögen besaßen(!), war für die Sollstärke der Regimenter wichtig, weil dafür auch der Unterhalt vom Monokraten geleistet wurde. Widerstand war zwecklos und wurde hart geahndet. Wer austrat, dessen ERBTEIL wurde eingezogen und die Eltern bestraft[62]. Wer sich aber zu den Soldaten meldete, bekam neben dem Handgeld und einer Uniform aus dem »Lagerhaus«, einer der größten Wollmanufakturen des Kontinents, mit Ablauf seiner Dienstzeit auch die Erlaubnis zu heiraten und sich häuslich niederzulassen. Dieses Listensystem, geordnet nach *Kantonen*, in denen die Regimenter werben durften, ermöglichte nach Friedrich Wilhelm I. eine quantitative Steigerung der Armee, weil die

Offiziere »alles enrollieren« mußten, »was tüchtig ist und Wachstum hat«. Nicht umsonst sollen die Mütter ihre Jungen gewarnt haben: »Wachse nicht, dich fangen die Werber.«
In der Regel waren die Rekruten zwischen dem 20. und 26. Lebensjahr aktiv im Dienst, wobei es Beurlaubungen für die Feldbestellung und Erntezeit ebenso gab wie die Möglichkeit, in den Städten zeitweise einem Beruf oder Gewerbe nachzugehen. Aus der Kombination von Aktiven und sog. »Ausrangierten«, die nicht mehr dienten, aber in Reserve gehalten wurden, ergab sich bei einem Anteil von etwa einem Drittel geworbener Ausländer eine enorme Erweiterung der Militärmacht, ohne jedoch eine Allgemeine Wehrpflicht eingeführt zu haben.

In dieser Armee nahmen die »langen Kerls« eine gewisse Sonderstellung ein. Sie gab es auch in Kursachsen und sollten die Zierde des ersten Gliedes sein, wollten es aber oft gar nicht. Vor allem die Ausländer, unter ihnen auch Russen, probten zwischen 1724 und 1730 zahlreiche Aufstände in Berlin, die blutig niedergeschlagen wurden. Diese Reaktion ist weitgehend der Ausdruck eines Machtsystems, das mit den Kriegsartikeln von 1713 den geringsten Ungehorsam »es sei auch nur mit Worten oder Räsonnieren« streng bestrafte, wobei das sog. »ehrliche Gassenlaufen«, bis zu dreißigmal, besonders gefürchtet war.
Die Rechtlosigkeit der einfachen Soldaten gegenüber den Offizieren, die sie oft »wie ihr Eigentum« (Jany) behandelten, läßt sich aus vielen Klagen der Gerichtsbehörden von Königsberg bis Kleve nachweisen und die Anmahnungen verschiedener Fürsten des Heiligen Reichs, daß die Werber Friedrich Wilhelms I. die Gesetze und Grenzen achten sollten, die oft bei ihren Werbungen gebrochen wurden, zeigen außerdem, wie wenig Recht und Gesetz von diesem Haus-Staat geachtet wurden[63], wenn es um seine Eigeninteressen ging.
Ungeachtet aller Einwände sah Droysen in diesem Kanton-System, das ab 1730 seine innere Festigung erfuhr, »den ersten Schritt zum Staatsbürgertum«, und Jany meinte, »trotz aller Willkür und Gesetzlosigkeit« biete diese gewaltsame Heeresreform doch den »versöhnenden Anblick eines entscheidenden politischen und militärischen Fortschritts«. Es ist sicher richtig, daß dieses Heer allmählich einen inneren Eigenwert entwickelte und für nicht wenige Männer aus den Unterschichten gewisse Chancen des materiellen Fortkommens bot, aber es blieb doch ein künstliches Drill-Instrument, das durch den Terror des Monokraten und der adligen Offiziere sowie durch die brutale Erzwingung eines Dienstes zusammengehalten wurde, der den libertären

Gedanken des Dienens auf Gegenseitigkeit in ein unmündiges Reagieren veränderte. Nur auf diese Weise glaubte Friedrich Wilhelm I., die Belange seiner Monokratie durch das Militär sichern zu können.

Unmäßig beim Essen und Trinken, Jagen und Geldscheffeln, war er stets darauf bedacht, daß seine Bediensteten, die »Domestiquen« (Haus-Diener), optimal für ihn arbeiteten. Besonders in der stehenden Armee, die er niemals selbst in einem großen Krieg erprobte, erzwang er die »Subordination«. Sie »muß sein, das ist das vorderste im ganzen Dienst«. In der Affäre Kleist ließ er daran keinen Zweifel[64] und bestand auf absoluter »Manneszucht«.

Als patrimonialer Landesvater betrachtete er alle seine Untertanen, auch die Angehörigen der eigenen Familie, wie unmündige Kinder, ganz im Stile anderer Zeitgenossen, zu dem auch die Verheiratung der eigenen wie der übrigen Landeskinder gehörte, wenn sie irgendeine Bindung an sein Haus hatten. Dabei haben ihm vor allem die Töchter Verdruß bereitet. Er spricht von ihnen mit jener Verachtung, die den »Triumph des Weibchens« (Sombart) in Barock und Rokoko nicht ausstehen kann. 1720 schreibt er dazu an den Freund »Dessauer«: »Es ist Fotzenzeit, gestern ist eine (Tochter) auf die Welt gekommen« – es war Prinzessin Luise Ulrike, die spätere Königin von Schweden und Mutter Gustavs III. –, »ich werde ein Kloster anlegen«, fuhr er fort, »da können Euer Lieben auch Nonnen furnieren« oder man muß sie ersaufen oder Nonnen daraus machen. Männer kriegen sie nit alle ...«[65].

Auch wenn er dies mit einem zwinkernden Auge geschrieben haben sollte, so drückt sich darin doch eine Haltung aus, die Töchter und Frauen in erster Linie als Heiratsware einstuft und dann als lästig empfindet, wenn sie standesgemäß vermittelt und ausgestattet werden müssen. Wie sehr sich Friedrich Wilhelm I. auch darum kümmerte, zeigt sein Zornesausbruch, als sich eine Tochter des »Dessauers« mit dem Prinzen Heinrich von Schwedt verlobte, ohne daß dazu die Erlaubnis des Monokraten eingeholt worden war.

Der Prinz, der sein eigenes Regiment nicht richtig in Ordnung gehalten haben soll, wurde nachdrücklich vom Monokraten in einem Schreiben daran erinnert, daß er »nicht allein MEIN VASALL« sei, »sondern auch MEIN OFFIZIER und MEIN VETTER«. Gemäß Artikel 11 des Offizierreglements darf er aber »ohne MEINE ERLAUBNIS« nicht heiraten, und schon gar nicht als Vasall und als Vetter, »da vermöge der Grundgesetze des brandenburgischen Hauses alle apanagierten Prinzen nicht ohne MEINEN CONSENS heiraten ... können, vermöge des Eides, den sie dem Chef der Familie allemal ablegen müssen, wenn sie mündig sind«. Dieser

Prinz habe deshalb »gegen seinen Devoir (Pflicht) gehandelt, daß er mich, als seinen KRIEGSHERRN und CHEF DER FAMILIE vorbeigegangen«. Aus alter Freundschaft zum »Dessauer« erteilte er aber dann den Konsens und bestätigte nach eigenhändigen Abänderungen den »Ehepact«[66].

Sein Nachfolger Friedrich II. verfuhr in diesem Punkt nicht anders. Er achtete auf seine Vorstellung von »Manneszucht« und reagierte möglicherweise aus seinen homoerotischen Neigungen heraus massiv, wenn einer seiner Brüder dabei war, den eigenen Ruf »durch ein knechtisches Verhältnis zu einem Weibe (zu) beflecken«. Dem schlesischen Minister von Münchow verweigerte er die Heirat ebenso, wie er »die Heirat seiner Edelleute mit Mädchen aus bürgerlichem Stand ... verhinderte«[67].

Hier wird die Staatsräson über ihre Beziehung zur Kriegsräson hinaus zur Haus- und Besitzräson, und zwar als handfestes und kalkuliertes Interesse jenseits aller Spekulationen mit dem Begriff der Räson als Vernunft, den Meinecke zu sehr in den Bereich der Ideen verlegt hat. Die Ragione di Stato ist in erster Linie Ragione di dominio durchaus im Sinne der Suitas, der Hörigkeit der Römer »im Hausstande«. Nach dieser »waren die Kinder, so lange sie nicht freigelassen wurden, mit allem, was von ihnen geboren wurde, dem Vater hörig. Die Deutschen hingegen hatten diesen Begriff aus dem HAUSSTANDE in die STAATSVERFASSUNG übertragen und nach derselben konnte auch ein Herr ein ganzes Gefolge von SUIS (Seinigen) halten, welche ihm ebenso hörig wie einem römischen Vater seine ungefreiten Kinder waren«[68].

Friedrich Wilhelm I. war durchdrungen von der Maxime seines Vaters, jedem das Seine zuzuerkennen und dabei vor allem dem eigenen Haus Hohenzollern. Er hat danach im Stile eines absoluten Hausvaters gehandelt, indem er die Untertanen hörig hielt, »verdunkelte Domänenstücke« als ihm zugehörig erklären ließ und seinem Nachfolger dringend riet, die etablierte »Allodial-Herrschaft« über die Haus-Güter nicht zu schmälern, in welchen sogar die »Capitalia« der Prinzen bei einer Heirat in Höhe von 200 000 Talern ein »perpetuierliches Fideicommiß unserer Königlichen Familie« zu bleiben hatten.

Staatsräson ist demnach die Erkenntnis, verschiedene Statusregeln zu beachten, damit die Güter-, Kapital- und Heiratsinteressen des »souveränen Hauses« erhalten und fortlaufend erweitert werden. In seinem patrimonialen Testament von 1722 gibt Friedrich Wilhelm I., von den uneingeschränkten Möglichkeiten des absoluten Besitzes geradezu besessen, in einem historischen Rückblick dem Kronprinzen in diesem Sinne die unmißverständliche Anweisung: »Kurfürst Friedrich Wilhelm hat das rechte Flor und

Aufnehmen in UNSER HAUS gebracht, mein Vater hat die KÖNIGLICHE WÜRDE gebracht, ich habe das Land und die ARMEE instandgebracht, an Euch, mein lieber Successor ist, was Eure Vorfahren angefangen, zu soutenieren und Eure Prätentionen und Länder herbeizuschaffen, die UNSEREM HAUSE von Gott und rechtswegen zugehören.«[69]

Das war ein klarer Auftrag zur Erweiterung des vorhandenen Besitzstandes. Die Warnung, der Nachfolger solle keinen »ungerechten Krieg« beginnen, weil einen solchen »Gott verboten« hat, war Rhetorik. Friedrich II. hielt bei der Durchsetzung seiner possessiven und damit auch politischen Interessen vom »höchsten Wesen« nur in seiner Propaganda etwas. Ansonsten aber betrieb er den Rechtsbruch und ließ die Waffen sprechen. Er setzte die auf beinahe 80 000 Mann angewachsene Armee aus dienstverpflichteten Untertanen und angeworbenen Ausländern ein und vertraute auf die normative Kraft des faktischen Machtmißbrauchs.

In dieser patrimonialen Monokratie verstärkte sich der Trend hin zu einer umfassenden possessiven Autarkie in dem Maße, wie das noch vorhandene libertäre »Feudalsystem« (Lichtenberg) zerstört wurde, alle Eide im zivilen wie militärischen Bereich einseitig und erzwungen geleistet werden mußten[70] und die Opportunität von Gelegenheit zu Gelegenheit die »landesherrliche Decision« ermöglichte, ohne sich im Recht der Stände durch vorherige Deliberation rückversichern zu müssen[71].

Die Selbst-Herrschaft Friedrich Wilhelms I. kannte weder die persönliche Selbstbeschränkung noch das Selbstbewußtsein der Untertanen. Jedes vorhandene Gesetz konnte zu jedem beliebigen Zeitpunkt aufgehoben werden – ohne Ständekonsens oder Behördeneinrede. »Machtsprüche« waren an der Tagesordnung, Rechtsansprüche der Stände an den Landesherrn aber eine Herausforderung, die sofort unterbunden wurde. Eine »scharfe Scheidung zwischen Justiz und Verwaltung . . ., diese den RECHTSSTAAT charakterisierende Idee« gab es nicht. Sie wäre »für die geschichtliche Mission des Absolutismus . . . gar nicht einmal zuträglich gewesen«[72], bestand aber vor der Errichtung der Dominial-Diktatur, die nur eine gesetzliche Beschränkung kannte, wenn man die Vorbehaltsrechte des Heiligen Reiches einmal beiseite läßt – das patrimonial angelegte Haus-Gesetz mit seiner agnatischen Erbfolge.

Der Soldatenkönig hat diese im Sinne der »königlichen, souveränen, unbeschränkten Macht« (Friedrich I.) befestigt und materiell ausgebaut als ein »système militaire«[73], das Friedrich II. angewandt und in manchen Teilen verfeinert hat, ohne ihm jemals die Substanz nehmen zu wollen – das DOMINIUM ABSOLUTUM.

Für das eigene Haus mag die Zerschlagung des libertären Lehnsstaates eine »geschichtliche Mission« gewesen sein. Aber alle damit verbundenen Forderungen und Wirkungen, wie der individuelle Terror, die Willkür, die Rechtsbeugungen, der blinde Gehorsam, die unbedingte Subordination, die politische Entmündigung und selbst die private Bereicherung etwa des Bankiers Johann Andreas Kraut, haben Land und Leuten oft in verheerender Weise geschadet. Die »innere Militarisierung hat den Charakter Preußens von der Wurzel her über Friedrich Wilhelm I. hinaus bestimmt« und ließ eine »dunkle Last« zurück (Oestreich), die das Einüben liberaler Rechtsregeln und Aneignung parlamentarischer Umgangsformen hundert Jahre später so sehr erschwerte. Ihn als »Vater« (Klepper) und Vorbild ausgeben, zeigt nur, wie Macht dann zu faszinieren weiß, wenn das Recht keine Fürsprecher mehr hat, die seinen hohen Ansprüchen wenigstens annähernd genügen wollen[74].

c) *Friedrich II. – »Sa Majesté très Voltairienne.« Die »Berlinische Freiheit«: Lessing. »Staatskunst« als Besitzpolitik. Der »erste Diener des Staates«?*

Beim Tode Friedrich Wilhelms I. atmeten die Stände in allen Teilen des Haus-Staates auf. In Cleve-Mark mußten sie ertragen, daß sie als Vasallen »dumme Ochsen aber malicieus wie der Teufel« geheißen wurden, während die Preußen als »Nation falsch und listig« galten und Beamte mit dem Titel »Idioten« vorliebnehmen durften[1].

Hier nur von »Grobianismus« (Hubatsch) oder dem »rauhen Vernunftsstaat« (Haffner) zu sprechen, und mit der Formel der Entwicklung und Geschichtsnotwendigkeit dieses Machtsystem zu entschuldigen, greift zu kurz. In diesen Zuordnungen steckt eine tiefe Verachtung für Menschenwürde, Rechte des Individuums und für ein Ämterwesen, das auf dem Prinzip der Gegenseitigkeit beruht. Der »unfreie Wille«, der »blinde Gehorsam« – von Luther gepredigt – und die »absolute Macht« eines Patrimonialherrn haben ein System in seinem Wesen geprägt, das sich trotz aller Energien und Terrorisierung noch nicht ganz vom Ständewesen befreit hatte. Die Huldigungen von Cleve-Mark bis Preußen machen dies beim Regierungsantritt Friedrichs II. deutlich. Nicht daß dabei wirkliche Herrschaftsverträge abgeschlossen worden wären. Aber die Tatsache der Berufung der Stände allein hatte zumindest eine nicht unwichtige psychologische Bedeutung. Und es gereicht den Ständen Preußens bei allem, was sie seit 1660 an Demütigungen erfahren haben, durchaus zur Ehre, daß sie dem neuen Monokraten durch ihren Repräsentanten von der Groeben 1741 sagen ließen, es wäre »eine irrende Staatskunst, einen verweigerten Landtag den Anwachs unumschränkter Macht und Oberherrschaft zu nennen«[2].

Friedrich II., dem der Ruf eines »aufgeklärten« Potentaten vorausging und der in seiner Schrift gegen den »Fürsten« Machiavellis hehre Worte über Vertragstreue und Gerechtigkeit verlauten ließ[3], antwortete auf diese Vorhaltung, er betrachte Preußen als »pays despotique et monarchique«. Damit sagte er auch, daß er sich in gewissen Fällen durchaus »nach Gesetz«, also monarchisch verhalten könne, aber eben auch »nach Gutdünken«, nämlich despotisch im Sinne eines patrimonialen Willens zum Nutzen des eigenen Hauses und des persönlichen Ruhmes.

Er sprach oft von der Friedenskunst und trieb doch nach innen wie nach außen bei einer »guten Occasion« Kriegspolitik gegen alle irenischen Beteuerungen. Zum Überfall auf Schlesien 1740 und 1745 erklärt er jeweils kurz und bündig: »Ich habe den Rubikon überschritten.« Aber neben dem Durst nach Ruhm fügt er als zweiten Beweggrund seiner Völkerrechtsbrüche hinzu »und will meine Machtstellung behaupten oder untergehen und alles, selbst den Namen Preußen, mit ins Grab nehmen. Ich habe es zu meiner Ehrenpflicht gemacht, mehr als irgendein anderer zur Erhebung MEINES HAUSES beizutragen«[4].

In der Sicherung des eigenen Hauses und in der Ausweitung seines materiellen und personellen Besitzstandes nach außen und innen liegt der Haupttrieb eines Staatsverständnisses, das ausschließlich Statusdenken ist. Das *Haus* ist bei ihm die Substanz, das *Heer* nur Akzidenz, neben den Behörden das wichtigste Instrument zur Durchsetzung seiner Besitzwünsche und Besetzungspolitik. Sie brachte ihm vor allem Schlesien und später das »königliche Preußen« ein und forcierte die sog. »Dämpfung« des Hauses Habsburg. Dieses mußte besonders im Frieden von Aachen 1748 den Rivalen aus dem Norden im Kampf ums »teutsche System« in seinem Eigengewicht anerkennen[5] – auf Kosten des Heiligen Reiches und des Vertrauens ins Natur- und Völkerrecht. Denn dieses hatte Friedrich II. mit seinem Überfall auf Schlesien gebrochen.

Der Entrüstung darüber begegnete er mit scheinlegalen Rechtfertigungen. Dabei kam ihm eine Reihe von Aufklärern zu Hilfe, die von Paris aus Ruhm vor Recht ergehen ließen und berauscht von seinen »großen Taten« die öffentliche Meinung zu seinen Gunsten beeinflußten: Diderot und d'Alembert zählten zu seinen Bewunderern, wozu sie die Geldzuweisungen aus Potsdam sicher noch mehr ansporten. Und auch Voltaire wollte sich dem Urteil dieser Intellektuellen nicht ganz entziehen. 1750 reiste er sogar nach Berlin, wo an der Akademie der Wissenschaften bereits *Maupertuis* aus Saint Malo (auch Geburtsort Diderots) Präsident war.

Voltaire, von den Festen zu seinen und anderer Ehren überrascht, wähnt sich in einem »Märchenland« und glaubt gar, daß die Philosophie den Charakter Friedrichs II. »vervollkommnet« hat[6]. Aber bald mußte auch er feststellen, daß es bei diesem Monokraten besonders darauf ankam, zwischen Anspruch und Wirklichkeit zu unterscheiden. Unter der Patina der Poesie und Gelehrsamkeit erschien aller Humanität zum Trotz im Konfliktsfall das wahre Gesicht einer absoluten Macht, wie sie nur in einem System persönlichen Willens von seiten des Monokraten und seiner Kreaturen gehandhabt werden konnte.

Der Fall Koenig zeigte ihm dies sehr deutlich. Der Gelehrte aus Leiden und Mitglied der Berliner Akademie wies dem fast allmächtigen Maupertuis nach, daß bereits Leibniz das Prinzip der »minimalen Bewegung« analysiert und verworfen habe. Dieses aber hielt der Präsident, Mathematiker und Lappland-Reisende für seine ureigene Entdeckung, mit der alle Probleme zwischen Himmel und Hölle letztgültig gelöst werden könnten. Die Kritik Koenigs führte zu einem Skandal, als Voltaire im anstehenden Ränkespiel die Partei Koenigs ergriff, Friedrich II. aber seinen Präsidenten unterstützte. Das »tyrannische Vorgehen gegen den armen Koenig« empörte Voltaire. Gleichzeitig nahm er aber das Vergnügen wahr, »mit der Angelegenheit eines Freundes die Freiheit der Schriftsteller zu verteidigen«, um damit die eigene Autonomie und Freiheit zu sichern. »Wenige Schriftsteller halten es so« und ziehen davon, wenn sie gedemütigt werden. Denn »die meisten sind arm, und Armut schwächt den Mut; jeder Hofphilosoph aber wird genauso zum Sklaven wie der höchste Würdenträger. Ich fühlte, wie sehr meine Freiheit einem König mißfallen mußte, der absoluter war als der Großtürke«[7].

Auch wenn diese Formel literarischen Charakter hat, verweist sie doch auf einen wesentlichen Tatbestand. Denn bei aller Machtfülle des Sultans hatte sich vor allem nach der Schlacht bei Mohácz von 1526 bis zum Frieden von Carlowitz von 1699 ein System ausgebildet, in dem die Paschas eine wichtige Rolle als ›Zwischenmacht‹ spielten. So berichtete der englische Gesandte Thomas Roe 1627 von der Osmanischen Pforte: »Die Verfallserscheinungen sind unerträglich geworden, es gibt keine Befehlsgewalt und keinen Gehorsam mehr. Jeder Pascha weit und breit ist König in

seinem Bereich und bemüht sich eifrig, seinen Besitz zu wahren.«[8]
Eine derartige Minderung der absoluten Macht war in Preußen und selbst in den Gebieten, die noch formell zum Heiligen Reich gehörten, bei Friedrich II. nicht denkbar, auch wenn der entpolitisierte Adel für den Monokraten Hoheitsfunktionen etwa in der Patrimonialgerichtsbarkeit wahrnehmen durfte. Darüber hinaus wurde der Sultan auch durch die Vorschriften des Koran nicht unwesentlich in seiner Macht eingeschränkt[9]. Friedrich II. hingegen, in religiösen Dingen ohnehin recht diffus veranlagt, brauchte sich um derartige Bindungen wenig zu kümmern. Als von kirchlicher Seite vorsichtige Kritik an seiner Scheidungsjustiz geübt wurde mit dem Hinweis auf die in der Heiligen Schrift beschriebene Praxis, soll er geantwortet haben: »Moses lenkte seine Juden, wie er wollte, und ich regiere meine Preußen, wie es mir paßt.« Erscheint von dieser Beobachtung aus die Formulierung übertrieben, daß nämlich »Friedrich über die Kirche ebenso despotisch herrschte wie über den Staat«?[10].
Es besteht kein Zweifel, daß sich dieser Monokrat »nach Gutdünken« über das Göttliche, Natürliche und Völkerrecht hinwegsetzen konnte, wenn er es für richtig und nützlich hielt. Daß er es nicht immer tat, ist kein Argument gegen die Möglichkeit, es ungestraft übertreten zu können. Denn irgendwelche Institutionen oder Verfassungsorgane, die ihn daran hätten hindern können, existierten nicht mehr. Diesen Zustand muß man stets bedenken, wenn man seine ›Reformen‹ als Bewertungsmaßstab seiner Erb-Souveränität und Absolutesse nimmt. Die Abschaffung der *Folter*, die z. B. in der freien Reichs- und Krönungsstadt der römisch-deutschen Kaiser Frankfurt am Main bereits 1694 erfolgt ist, war sicher ein Schritt zu einer gewissen Humanisierung bei der Rechtsfindung. Aber sie wurde für Majestätsverbrechen beibehalten, also bei Straftaten gegen den Monokraten, das Haus Hohenzollern und dessen Mitglieder. Das Abschotten der Dynastie gegen alle Kritik von unten wirkte im Strafrecht noch bis 1918 nach, und das Verbot der *Prügelstrafe* gegenüber Bauern galt in diesem Sinne nicht für die Armee[11] und das *Schulwesen*. Zu dessen Ausbau hat Friedrich fast gar nichts unternommen, und das *Pressewesen*, wie noch näher zu sehen sein wird, hat er schon bald nach seinem Regierungsantritt hart und selbstherrlich in die Zensur genommen, während in Schweden, den Niederlanden, in England und selbst im Heiligen Reich manche Städte durch die »Gazetten« mehr Aufklärung zuließen. Es ist ein borussischer Mythos, wenn vom »Anblick ohnegleichen in der Geschichte« geschrieben wird, der sich beim Machtantritt Friedrichs II. dar-

geboten habe, »wie jetzt in diesem preußischen Staate alles begeistert zusammenarbeitet, König, Beamte, Prediger, Lehrer und Schriftsteller«, und zwar »an dem gemeinsamen Ziel: Das Volk zu erziehen, indem man es aufklärt«[12].
Weniger vornehm ausgedrückt: Die Gesellschaft wurde unter diesem Regiment zu einer »Zuchtanstalt« eines Haus-Staates. Philosophen wie Christian Wolff gaben Anregungen, wie das System der Bevormundung und des Abbaus individueller Autonomie und Rechtswahrung immer stärker voranzutreiben sei. Es würde zudem von einem Pietismus unterstützt, der seit Spener und Francke den Primat von Glaube und Gnade predigte[13], nicht aber die Dominanz des Rechts, das dem Individuum seine freie Entfaltung hätte sichern können.
Aufklärung, die auf die Überwindung des monokratischen Haus-Staates ausgerichtet war, konnte unter Friedrich II. keinen Platz beanspruchen, weder an den Universitäten noch in den Kirchen, in der Armee oder am Hof. In diesem Sinne war das vorhandene Machtsystem des DOMINIUM ABSOLUTUM hermetisch.
Voltaire, dem eine Ordnung, in der »alles so militärisch pünktlich erledigt« und »so blind gehorcht wurde«, zuwider war[14], erlebte am eigenen Leib, zu welchen Taten Friedrich II. in seinem exzessiven Besitztrieb fähig sein konnte, wenn er seine Ehre verletzt glaubte. Als der Aufklärer nämlich Potsdam 1753 im Groll verließ und mit der »vernichtendsten Satire des Jahrhunderts«, der »Diatribe du docteur Akakia«, Maupertuis und auch Friedrich II. vor den Augen ganz Europas bloßgestellt hatte[15], wurde er in Frankfurt am Main unterm Bruch der Stadt- und Reichsverfassung verhaftet, bis der Potentat in Potsdam den Band seiner »Oeuvres de poésie« wiedererlangt hatte – sein »Eigentum«[16].
Die persönliche Freiheit des Dichters Voltaire im Bewußtsein rationaler Autonomie forderte die Freiheit eines Despoten wie Friedrich II. dort heraus, wo sie sich dessen Zugriff entziehen konnte. Dazu gehörte auch die materielle Unabhängigkeit. Diese Spannung zwischen Dichter und Despot erzeugte fast zwangsläufig jenen »Unmut«, der nur in einer »glücklichen Lage« zu einem gegenseitigen Erfolg führen kann. Goethe, durchaus »fritzisch gesinnt«, und von der Person Friedrichs II. eingenommen, aber nicht von Preußen als »Staat«, bemerkte zu dieser Konstellation von Gewalt und Geist im »West-östlichen Divan«: »Der Herrscher selbst ist der erste Anmaßliche, der die übrigen alle auszuschließen scheint. Ihm stehen alle zu Dienst, er ist der Gebieter sein(er) selbst, niemand gebietet ihm, und sein eigener Wille erschafft die übrige Welt, so daß er sich mit der Sonne, ja mit dem Weltall vergleichen kann. Auffallend ist es jedoch, daß er eben

dadurch genötigt ist, sich einen *Mitregenten* zu erwählen, der ihm in diesem unbegrenzten Felde beistehe, ja ihn ganz eigentlich auf dem Weltenthrone erhalte. Es ist der Dichter, der mit und neben ihm wirkt und ihn über alle Sterblichen erhöht.«[17]

Dieses Programm der Versöhnung von Geist und Gewalt war eine Rechtfertigung Goethes für die Bewunderung, die er Napoleon entgegengebracht hatte. Es trifft auch auf die Beziehung Voltaires zu Friedrich II. insofern zu, als beide wohl eine Zusammenarbeit zum gegenseitigen Ruhme betreiben wollten, aber bald erkennen mußten, daß keiner von ihnen weder einen »Neben-« noch einen »Mitregenten« ertragen wollte. Was sie trennte, war die »Eigenliebe«. Ihr Absolutheitsanspruch führte auch zu dem spannungsreichen Verhältnis zwischen Voltaire und Rousseau, das als »einer der bedauerlichsten Makel im Antlitz der Aufklärung« (Durant) bezeichnet wurde. Es war der Streit zwischen idealem Anspruch und realer Lebensweise in einer Gesellschaft, die oft Rangfragen mehr Bedeutung beimaß als dem Zuwachs der Agrarproduktion. Ja, dieses Zeitalter zog geradezu seine gestaltende Energie aus dem Zelebrieren der Eigenliebe. Ohne sie war weder Friedrich II. möglich noch Voltaire, der um die Sicherung seines ›geistigen Eigentums‹ (man denke nur an die Fälschungen seiner Werke durch Arnaud) ähnliche Privatkriege führte wie der Potentat aus Potsdam auf der Ebene des Haus-Staates. Doch gab es dabei einen fundamentalen Unterschied. Der Aufklärer kämpfte um sein Recht als Individuum, das ihm von »absoluten Herren« oft verweigert oder geschmälert wurde, und seine Waffe war nur »eine Feder«[18].

Nicht ohne Grund warnte Friedrich Wilhelm I. seinen Nachfolger vor den alten Grafenfamilien, welche »die alten Preußischen Polnischen Privilegia noch im Herzen tragen« und auf das »Nie pozwalam« (Ich erlaube es nicht) des polnischen Adels zurückkommen könnten. Einst hat »der Landesherr vom Adel dependiert«, aber »ietzo dependiert alles von mir sonder Räsonnieren«[19].

Unter »alles« war nicht die »preußische Haushaltung« zu zählen, die trotz des massiven Einsatzes von Geld und neuen Siedlern zu wünschen übrigließ, sondern auch das Verhältnis zur Religion. Sie wurde geduldet, weil sie in Gestalt des neuen Pietismus machtstabilisierend wirkte oder wie im Falle des Katholizismus gemäß dem Westfälischen Frieden zugelassen werden mußte. Im Haß gegen den tyrannischen Vater, der ihm nicht nur den Jugendfreund Katte gegen alles Recht genommen hatte, sondern auch die Liebe zur Kunst verleidete, war Friedrich II. auch in dieser Hinsicht recht indifferent. Er glaubt zwar an ein »höchstes Wesen« und an die »Vorsehung«, was für einen Kalvinisten nicht überraschend ist[20], aber man kann nicht sagen, er habe »die monarchische Idee ihres religiösen Gehaltes beraubt« und »ihr das Gottesgnadentum genommen«[21]. Denn dieser Vorgang der »Entzauberung« war schon am 18. Januar 1701 abgeschlossen worden. Ein Gottesgnadentum hat es nach diesem Zeitpunkt in Preußen realiter nicht mehr gegeben, wie sehr sich die Monokraten auch »von Gottes Gnaden« eingesetzt fühlen mochten. Denn sie lehnten ein Mitspracherecht der Stände in der Ausübung ihrer absoluten Macht kategorisch ab.

Friedrich II. war dort sicher »très Voltairien« (Lichtenberg), wo er sich am Spott über Gott und die Welt übte und sich an manch einem frechen und freien Wort des Aufklärers erfreute. Aber dort war er ganz »fritzisch«, wo er darauf bedacht sein mußte, den Haus-Staat und dessen Reputation mit allen nur denkbaren Mitteln bis hin zur »ultima ratio« des Krieges zu erhalten. Er wollte seinen Untertanen keine politischen Rechte zubilligen, die sie autonom gemacht hätten, verlangte aber die Pflicht des »blinden Gehorsams« und der Subordination. Daraus entstand ein Obrigkeitsstaat von besonderer »Schroffheit« (O. Hintze). Er konnte zwar Toleranz zwischen den einzelnen Bekenntnissen gewähren, aber diese durfte sich nicht politisch umsetzen und Vertragstitel einfordern. Manch einer wurde in diesem Haus-Staat im Sinne Luthers »verflucht«, der »die Werke des Gesetzes erfüllt« sehen wollte – ob in lutherischer Gesinnung wie Paul Gerhardt, in libertärem Geist wie Roth oder im Dienste des Gesetzes wie der Richter Fürst, der im berühmten »Müller«-Prozeß gehen mußte, weil er sich nach geltendem Recht verhalten wollte.

Luthers Verteidigung der Tyrannen[21] fand im Machtsystem des Hauses Hohenzollern auch unter Friedrich II. manch eine Bestätigung. Schon von dieser Seite erscheint die häufige Gleichung von »Preußentum« und Protestantismus fragwürdig, wenn darunter nur pietistischer Gehorsamkeits- und Pflichtfetischismus verstanden wird. Der »Lutheranismus« in Preußen hat vor 1660 bewiesen, daß er sich mit der »Libertät« so gut verbinden kann, wie der Katholizismus sich in Schlesien oder in Cleve-Mark konstitutional verhalten konnte[23].

Die Einführung von Vernunft und Gedankenfreiheit in das öffentliche Leben gehörte zum Programm der Akademie unter Maupertuis, der an patagonischen Riesen Vivisektionen vornehmen lassen wollte, um das Verhältnis von Leib und Seele zu klären[24]. Neben diesen Narrheiten gab es aber noch ein nicht unwichtiges Instru-

ment der Vermittlung von »Aufklärung« in der Nähe und im Kontakt mit dieser Akademie – das *Gazettenwesen*.
In der Gestalt des »homme des lettres«, der als Poet, Philosoph und Publizist tätig sein konnte, entwickelte sich vornehmlich im 18. Jhd. der Typ des Journalisten. Er erprobte und bildete eine »öffentliche Meinung«, die mit ihren Organen, den Zeitungen und Zeitschriften, erst allmählich zu einer Art »Gegengewalt gegen Irrtum und Willkür der Fürsten« (Holldack) wurde. Denn es war von deren Gutdünken in der Regel abhängig, was gedruckt und gelesen werden durfte.
Beklagte sich Friedrich I. darüber, daß die Gazetten wieder einmal falsch über seine Diamanten-Affären berichtet hätten, und haßte der »Soldatenkönig« die »Blackschisser« aller Art so sehr, daß er bei seinem Regierungsantritt alle Zeitungen verbot, um diese Maßnahme allerdings später wieder etwas aus seiner unstillbaren Geldgier heraus zu lockern, so verfuhr Friedrich II. von 1740 an anders. Die Gazetten, in denen er aus persönlicher Ruhmsucht und einem gewissen herostratischen Trieb folgend genannt sein wollte, sollten »nicht geniert« werden, wenn sie »interessant« bleiben wollten[25]. Er gestattete deshalb dem Verleger Haude, gegen das bestehende Monopol-Privileg der »Berlinischen Privilegierten Zeitung« Rüdigers ein Konkurrenzblatt mit dem Titel »Berlinische Nachrichten« erscheinen zu lassen.
Haude wurde für alle Berliner Lokalangelegenheiten »unumschränkte Freiheit« zugestanden. Diese Freiheit nützte er auch unter dem Symbol des preußischen Adlers und dem Motto »Wahrheit und Freyheit« ausgiebig, indem er vor allem gegen das in Deutschland grassierende »Franzosentum« wetterte, ohne jedoch dasjenige des Monokraten mit einem einzigen Wort zu erwähnen. Aber schon nach wenigen Wochen wurde diese Zeitung wie die anderen unter verschärfte Zensur genommen, und zwar mit der Auflage, weder über »Policey-Sachen« (Staatsaktionen) noch über ökonomische Dinge zu berichten. 1743 gar wurde die »Zeitungszensur für alle Artikel ohne Unterschied« angeordnet. Selbst wissenschaftliche Beiträge von der Akademie fielen darunter, und Haude sah sich veranlaßt, den preußischen Adler samt Motto zu streichen. Statt dessen hieß es nur noch »mit königlicher Freiheit«[26], die auf ein wie auch immer geartetes ›freies Wort‹ der Untertanen gar nichts gab. Lessing schrieb denn auch 1751 an seinen Vater, daß die Zeitungen in Berlin »wegen der scharfen Censur größtenteils unfruchtbar und trocken seien, daß ein Neugieriger wenig Vergnügen darin finden könne«[27].
1755 – das Akademie-Mitglied Beausobre war mittlerweile nach Hertzberg zum »Zensor« bestimmt worden – wurde die Zensur

wegen eines Protestes des russischen Residenten bezüglich der Nachrichten über Rußland noch einmal verschärft. Von nun an durften die Berliner Zeitungen über Rußland nur noch das veröffentlichen, was zuvor in den Petersburger Gazetten bereits zensiert erschienen war. Alle »hazardierten Räsonnements über die publiquen Affären und jetzigen Konjunkturen in Europa« wurden in den Zeitungen verboten. Außerdem wurden Informationen aller Art über das Kriegswesen oder laufende Kriege strikt untersagt. Dies galt nicht, wenn der König selbst zur Feder griff und, wie in den »Lettres d'un officier prussien« zur Zeit des Ersten Schlesischen Krieges, aus seiner Sicht die Kriegslage schilderte, und zwar in der Regel mit einer bewußten Täuschung des Publikums. Außerdem unterrichtete er das Volk über den Nutzen des Roggenkaffees, damit das Geld, das sonst für den Kolonial- oder Bohnenkaffee ausgegeben werden mußte, im Lande blieb.

Natürlich wehrten sich die Zeitungen gegen die Zensur mit allen denkbaren Finessen und erlangten gar eine gewisse Popularität, so 1748 Spener das Haude-Blatt und 1751 Voß das Rüdiger-Blatt kauften und so gestalteten, daß Berlin bald vom »Onkel Spener« und der »Tante Voß« sprach. Beide Zeitungen hatten die Konkurrenz des nicht unbedeutenden »Observateur Hollandois« oder des »Spectateur en Allemagne« ebensowenig zu fürchten wie die Wochenschrift »Der Wahrsager« von Mylius, Lessings Freund, der schon einmal kräftiger Kritik üben konnte und dafür häufig in Schwierigkeiten geriet. Als Ende der 1760er Jahre der russisch-osmanische Krieg ausbrach, waren alle Berliner Blätter gehalten – und in ihrem Gefolge diejenigen von Königsberg, Breslau, Magdeburg, Halle, Stettin und Cleve –, alles »in russischer Beleuchtung« zu berichten: Aufklärung hatte Verdunkelung zu sein[28].

Kein Wunder also, daß Lessing in seinem berühmten Brief von 1769 an Friedrich Nicolai drastisch und treffend äußerte: »Sonst sagen Sie mir von Ihrer BERLINISCHEN FREIHEIT zu denken und zu schreiben ja nichts. Sie reduziert sich einzig und allein auf die Freiheit, gegen die Religion soviel Sottisen zu Markte zu bringen, als man will. Und dieser Freiheit muß sich der rechtliche Mann nun bald zu bedienen schämen. Lassen Sie es aber doch einmal einen in Berlin versuchen, über andere Dinge so frei zu schreiben, als Sonnenfels in Wien geschrieben hat; lassen Sie es ihn versuchen, dem vornehmen Hofpöbel so die Wahrheit zu sagen, als dieser sie ihm gesagt hat; lassen Sie einen in Berlin auftreten, der für die Rechte der Untertanen, der gegen Aussaugung und Despotismus seine Stimme erheben wollte, wie es itzt sogar in Frankreich und Dänemark geschieht: und Sie werden bald die

Erfahrung haben, welches Land bis auf den heutigen Tag das SKLAVISCHSTE LAND VON EUROPA ist.«[29]
Die Unterdrückung des ›freien Wortes‹ in Brandenburg-Preußen und die sture Reglementierung des ›gedruckten Wortes‹ sind Kennzeichen einer »absoluten Diktatur«, die eher durch Gewalttaten ihren Ruf ruinieren läßt, als sich durch veröffentliches Räsonnieren in ihrem Machtbestand anzweifeln zu lassen. So wies Friedrich II. seinen Agenten in Den Haag an, »Acht zu geben, damit nichts in denen holländischen Zeitungen gesetzt werde, welches mir oder meiner Sache präjudizierlich sei oder mich bei dem Publico odieus (verhaßt) machen kann«[30]. Er verhielt sich dabei ähnlich wie Katharina II. von Rußland, die nach dem Pugačev-Aufstand von 1772 mit der Hilfe Voltaires bei westlichen Zeitungen intervenierte, damit durch Berichte über ihr grausames Strafgericht nicht der Eindruck entstehen sollte, sie sei von ihren »aufgeklärten« Idealen abgekommen[31].
Die Gazetten waren bei aller Einschränkung bereits eine Macht geworden, die von den Potentaten zwar nicht gefürchtet, aber doch zunehmend beachtet und beobachtet wurde. Als der Erlanger Zeitungsverleger Groß wiederholt in seinem Lokal-Blatt von Desertionen aus dem Heer Friedrichs II. berichtet hatte, bekam er den »langen Arm« des Monokraten sehr schnell zu spüren. Er ließ den »Monsieur le Gazetier« über die Anordnungen seiner Lieblingsschwester Wilhelmine von Ansbach-Bayreuth ohne Gerichtsprozeß ins Gefängnis werfen. Dieser »schändliche Erlanger Zeitungs-Schreiber« begann danach einzusehen, daß es für seine materielle Sicherheit besser war, sich moralischer Kritik an diesem Potentaten und dessen Militärmaschine zu enthalten. Nach 1763 gab Groß dem König sogar den Beinamen »der Große«, was ihm den preußischen Hofratstitel eintrug.
Weitaus schwieriger war für Friedrich II. der ›Fall Roderique‹. Dieser vertrat als Herausgeber der »Gazette de Cologne« die österreichischen Interessen und erregte damit den Unmut des borussischen Monokraten. Für 50 Taler wurde ein Kölner Schläger gedungen, der Roderique unterm Bruch der Gesetze auf offener Straße verprügelte und schließlich unter der Androhung weiterer Züchtigung nötigte, auch die preußischen Relationen abzudrucken. Auch diese Methode ist Ausdruck einer absoluten Willkür, einer Diktatur patrimonialen Bewußtseins, die bei passender Gelegenheit (Occasion) sich in den Kriegsstand versetzt sieht und Recht und Verfassung des Reiches, seiner Regionen, Kreise und Städte nicht zu halten gewillt war, wenn sie Schranken für das eigene Interesse bedeuteten.
Zeitungen aus dem Reich, wie die »Oberpostamtszeitung« aus

Frankfurt am Main, aus Regensburg, wo der Immerwährende Reichstag seine Sessionen abhielt, aus Wien, Prag und Brüssel, den Hauptstädten der Habsburger, waren in Brandenburg-Preußen nicht zugelassen, dagegen ein paar zensierte Hamburger Blätter. An der Freiheit von Untertanen, über seine Monokratie zu räsonnieren und sie damit der Kritik zu unterziehen, war Friedrich II. nichts gelegen. Es hätte sich nämlich dabei jene Wahrheit als gefährlich für den Bestand dieses Haus-Staates erweisen können, die Lessing in seinem privaten Brief an Nicolai beim Wort nannte. Gewiß, die neuen Zensurverordnungen von 1772 und 1774 räumten zum ersten Male den Verlegern das Recht ein, sich »über zu scharfe Zensur ... beim Kabinettsminister zu beschweren«. Aber was galt dieses Recht, wenn es vor einem unabhängigen Gericht nicht einklagbar war?[32]
Allein diese Gazetten-Politik widerspricht dem immer noch vorhandenen Bild, daß dieses Preußen der »Hort der Aufklärung« (J. C. Fest) gewesen sei, während gleichzeitig J. Möser in den »Osnabrückischen Intelligenzblättern« von 1766 zeigte, wie man auf eine andere Weise, nach englischem Vorbild, die öffentliche Meinung beeinflussen und im Geiste der Aufklärung bilden konnte. Die Repressionen im Inneren gegen die Gazetten aller Art sowie die terroristischen Übergriffe auf Verleger im Reich hinderten Friedrich II. allerdings nicht, dort den Gönner und Vorkämpfer publizistischer Freiheit zu spielen, wo er dem »Hause Habsburg« schaden konnte. Als Johann Jacob Moser, der württembergische »Landschaftsconsulent« und bedeutende Kommentator des »Teutschen Staatsrechts«, 1759 durch willkürliche Anordnung des Herzogs verhaftet wurde, intervenierte Friedrich II. für »den alten würdigen und hartbedrängten Mann« am Wiener Hof, dem auch vom englischen und dänischen Gesandten in dieser Affäre Vorhaltungen gemacht wurden.
Das Doppelbödige der »Berlinischen Freiheit«, zu der auch eine strenge Buch-Zensur gehörte, ist zwar von deutschen Aufklärern wie Lessing und Wieland erkannt worden, aber gerade Vertreter der »Enzyklopädie« machten nicht wenige Anstrengungen, die Befürchtung Lessings auf ihre Weise zu bestätigen: »Ich will nicht darauf schwören, daß nicht einmal ein Schmeichler kommen sollte, welcher die gegenwärtige Epoche der deutschen Literatur die Epoche Friedrichs des Großen zu nennen für gut findet«[33]. Ein solcher war gewiß d'Alembert. 1770 schreibt er an den Monokraten von Sanssouci: »Die Philosophen und die Literaten aller Länder, besonders des französischen Volkes, sehen Sie seit langem als ihren Führer und ihr Vorbild an.« Das war mehr als übertrieben. Denn weder Fontenelle noch Rollin, von Voltaire nach 1753

gar nicht zu reden, haben ernsthaft diesen Monokraten in diesem Sinne eingeschätzt, der bei aller Schmeichelei doch auch ein Stück Opposition gegen Ludwig XV. ausdrückt[34].
Dieser soll ausgerufen haben, als die Nachricht von Friedrichs Überfall auf Schlesien 1740 in Versailles eintraf: »Das ist ein Narr! Der Mensch ist verrückt!« Und seine einflußreiche Mätresse, die Madame Pompadour, schrieb zu Beginn des Siebenjährigen Krieges an die Frau von Lützelburg: »Den nennen Sie den Salomon des Nordens, große Frau? Nennen Sie ihn den Tyrannen, und Sie sollen recht behalten.«[35]
Paracelsus, von deutschen Aufklärern wiederentdeckt, bezeichnete »die Phantasie den Eckstein der Narren«[36]. Es überstieg sicher die Phantasie einiger Zeitgenossen, die »Staatskunst« des »Roi du Nord« in ihrer oft unberechenbaren Sprunghaftigkeit zu verstehen, zumal es ihm einige Lust verschaffte, selbst Familienmitglieder zum Narren zu halten, nicht anders als sein Vater, dem Professoren im »Tabakskollegium« als Hofnarren zu dienen hatten[37].
»Weckung der Phantasie« war ein Programmpunkt der Berliner Akademie und ihrer »Aufklärung«. Daraus entwickelte sich manch närrisches Wort und manch nützliches Werk. Aber zur »Freiheit eines Christenmenschen« und seiner politischen Mündigkeit hat weder diese »Gelehrtenrepublik« noch das Gazettenwesen substantiell etwas beitragen dürfen.

Im häufigen Überspringen der Regierungszeit Friedrichs I. haben prominente Vertreter der borussischen Position in der Absolutismus-Forschung das Verhalten des »Großen Kurfürsten« als »praktischen Absolutismus« (Hartung), das Verfahren des »Soldatenkönigs« als »prinzipiellen Absolutismus« (Schmoller) und Friedrichs II. Politik als Inbegriff des »aufgeklärten Absolutismus« (Hintze) ausgegeben.
Alle diese recht allgemeinen Zuordnungen, von denen sich die Formel »polizeistaatlicher Absolutismus« (E. Schmidt) abhebt, vernachlässigen bewußt jenen Bereich, der in der bisherigen Analyse und Darstellung aller untersuchten Fälle die Bedeutung für die Erfassung dieses historischen Phänomens unter Beweis gestellt hat – die Bewahrung und den Erwerb von Besitz.
Friedrich II. bildete auch hier keine Ausnahme von der Regel, war doch sein Monokratentum vorherrschend auf diesen auch von Marxisten wenig untersuchten Komplex bezogen. So ist die Politik für ihn nichts anderes als die »Kunst, die geeigneten Maßnahmen zur *Wahrung der Staatsinteressen* zu ergreifen«. Dabei besitzt der »Staat« aber keinen besonderen Eigenwert neben oder über dem

»souveränen Haus«, auch wenn er dies gelegentlich, vor allem nach dem Siebenjährigen Krieg von 1763 an, in zweideutigen Formulierungen angedeutet hat. Staatsinteresse ist Status-Bewußtsein, Reputationsdenken und Besitzpolitik, die durch die *»Rechtspflege«*, eine *»weise Finanzwirtschaft«* und durch die *»straffe Erhaltung der Manneszucht im Heere«*[38] gesichert wird.
Auf diese »Hauptpfeiler« setzte er in seinem Politischen Testament von 1752 den Erfolg einer Haus-Regierung, das ein bedeutendes Schlüsseldokument des patrimonialen Absolutismus darstellt, wie ihn alle Hohenzollern-Potentaten nach 1648 in verschiedenen Stadien und Qualitäten erprobt haben[39].
Friedrich II. wußte sehr wohl, daß diese Hauptpfeiler im Grunde instrumenteller Natur waren. Trotz ihres Eigengewichtes wogen sie »das Gewicht ererbten Rechtes« nicht auf. Bereits im sog. »Anti-Machiavell« war er sich der Substanz des patrimonialen Erbes bewußt, aus dessen Wesen die Politik und Philosophie der Eigenliebe als »moralisches Prinzip« resultierte. Noch 1770 stand für ihn fest, daß »der Eigennutz der überzeugendste und stärkste Beweggrund« für das Leben war[40]. Zwar geißelte er ihn beim Adel und Unadel und führte dagegen das oft beschworene Gemeinwohl und den Gemeinnutz an. Aber bei sich selbst war dieses Prinzip der Selbsterhaltung der Haupttrieb aller Politik. Der Staat war bei ihm nichts anderes als ein großes Erbgut, das für die Dynastie erhalten und erweitert werden mußte. Wie sollte dieser possessive Auftrag aber erfüllt werden? »Durch reiche Erbschaften oder durch Eroberungen«[41]. Und das bedeutete in erster Linie die Kombination aus Rechtsansprüchen und Machtsprüchen.
Beim Überfall auf Schlesien 1740 gab er in diesem Sinne seinem Minister Podewils die knappe Anweisung: »Die RECHTSFRAGE ist Sache der Minister, also die Ihre, es ist Zeit, daß sie heimlich daran arbeiten, denn die Befehle an die Truppen sind gegeben«[42]. Nach dem Frieden von Breslau 1742, der das Herzogtum Schlesien mit der Grafschaft Glatz einbrachte, dem Frieden von Dresden 1745, der den »Besitz Schlesien« erneut bestätigte und noch das von Friedrich II. kurzerhand besetzte Fürstentum Ostfriesland anerkannte, auf das er allerdings gewisse Erbrechte besaß und dem Frieden von Aachen 1748, den den Österreichischen Erbfolgekrieg abschloß und dem »Hause Brandenburg« von den Garantiemächten, darunter England und Frankreich, Schlesien endgültig beließ, verfuhr Friedrich II. zu Beginn des Siebenjährigen Krieges (1756–1763) in rechtlicher Hinsicht etwas vorsichtiger und auch geschickter.
Gemäß der Maxime des Guichiardini, daß die Kriege durch

»Diversion und Prävention« erfolgreich bestanden werden, fiel er zwar auch ohne Kriegserklärung über Sachsen her. Diesmal jedoch ließ er seinen angeblichen Präventivschlag mit einem ganzen Arsenal von Rechtsgründen versehen.
Als er in einem Kaiserlichen Hofdekret nach dem Artikel 54 des LANDFRIEDENS von 1555 des »ganz offenbaren Landfriedensbruchs« bezichtigt und als »offenbarer Reichsfeind« erklärt wurde, machte er unter Berufung auf den gleichen Artikel geltend, daß die Reichsverfassung »bekanntermaßen« gestatte, »daß sich ein jeder bei dem SEINIGEN so gut er kann schützen und zu seiner Sicherheit die nötigen Maßregeln ergreifen könne«. Im übrigen seien die bemühten »Reichs-Constitutiones« zwar dem »Natur- und Völkerrechte nicht entgegen, vielmehr darauf gebauet«, aber im »freien und natürlichen Zustand«, dem »sogenannten STATUM NATURALEM«, gelten sie nur bedingt, und es sei erlaubt, nach den Regeln des Natur- und Völkerrechts, sowie nach dem JUS ARMORUM der Reichsstände und nach Maßgabe der »Kriegsregel und sogenannte RAISON DE GUERRE« Maßnahmen zu ergreifen, die ein Akt der Notwehr, der Prävention und der unabdingbaren Selbsthilfe seien, um den eigenen Besitz vor dem ungerechten Übergriff anderer zu schützen[43].
Es stand für diesen Monokraten fest, daß die »Kron Böhmen das DOMINIUM DIRECTUM per feloniam« über Schlesien verloren hätte, weil man sich von seiten des »Hauses Österreich« nach dem Aussterben der herzoglichen Liegnitz-Linie »de facto in die POSSESSION gesetzt und durch Gewalt deren EIGENTUM okkupiert« habe – »wider alle Privilegia und Jura«. Alle Einreden des »Hauses Brandenburg« hätten in Wien nichts genützt. Doch die »JURA FEUDALIA besagen, daß, wenn der DOMINUS DIRECTUS das Lehen dem VASALLO mit Unrecht vorbehält, dieser solches mit Gewalt von ihm abfördern könne«, was auch dem »natürlichen Rechte« gemäß sei, »wie Grotius behauptet«[44].
Friedrich II., der sich gegenüber Voltaire mitunter als ein »Handwerker in der Politik« bezeichnete, ließ hier eine juridische Begründung seiner Besitzansprüche zimmern, die davon ausging, daß die habsburgischen Kriegsvorbereitungen in Böhmen und Mähren gegen ihn gerichtet waren mit dem Ziel, ihm Schlesien nach dem »renversement des alliances« wieder abzunehmen. Nicht unwichtig ist hier seine energische Berufung auf die »COMITIAL-Rechte derer Stände ratione derer MIT-Erkenntnis und MIT-Beratschlagung in denen das allgemeine Wohl und Sicherheit des Reichs betreffenden Sachen«, d. h. das willkürliche »Gutfinden eines teutschen Kaisers«, sich über die vertraglichen Rechte der Reichsstände hinwegzusetzen, könne er nicht anerkennen und die

Folgen seiner Depossedierung hinnehmen. In Strubes Frage gekleidet: »Würde man den Ständen anmuten können, ihren Freiheiten zu entsagen und sich einer willkürlichen und DESPOTISCHEN GEWALT zu unterwerfen?« Nichts anderes hätte das »Haus Habsburg« im Sinn, als eine »unumschränkte Herrschaft Teutschland aufzudringen, wonach dessen Vorfahren gestrebet, und denen Reichs-Ständen dasjenige Joch der SCLAVEREY aufzulegen, woran seit Jahrhunderten in Wien gearbeitet werde«[45].

Hier bedeutet Staatskunst nichts anderes, als mit Hilfe der Rechte als Stand (état) des Reiches alle Übergriffe auf einen Besitzstand abzuwehren, um dann, wenn diese Argumente nicht ausreichen, sich auf die Position eines Souveräns zurückzuziehen, der in seiner »Qualität ... als König in Preußen und souveräner Herzog in Schlesien« nicht der Jurisdiktion Wiens unterliegt. Deshalb kommt auch der unmißverständliche Bescheid: »S.K.M:t, als eine SOUVERÄNE MACHT und GEKRÖNTES HAUPT und BESITZER so vieler SOUVERÄNER FÜRSTENTÜMER und STAATEN« könne aufgrund dieser Qualitäten »die anmaßliche Competenz des Reichs-Hofrates ... so wenig erkennen, als jemand in der Welt«[46].

Das ist das Besondere an der Staatskunst der Regenten und Monokraten des »Hauses Brandenburg«, daß sie als Reichsstand gegen einen angeblich »despotischen« Kaiser das libertäre Widerstandsrecht zur Sicherung des eigenen Haus-Besitzes bemühen, ohne den eigenen Ständen dasselbe zu gestatten, und sich dann noch auf die Souveränität Preußens oder Schlesiens beziehen, die sie von der Jurisdiktion des Kaisers ausnimmt. Mit einem Bein steht man im Reich und mit einem außerhalb. Eine Situation, die auch in gewisser Weise auf Hannover-England, Sachsen-Polen, Holstein-Rußland, Pommern-Schweden und Österreich-Ungarn zutrifft und damit ein wesentliches, oft übersehenes Stück der Bündnis- und Besitzpolitik im Zeitalter des Absolutismus ausmacht, in dem die Aufklärung über Erbrechte und Genealogien eine enorme Bedeutung hatte und wohl auch den angeblichen Niedergang der »Kriegskunst« erklärt. Das Eingraben in Festungen, die Bevorzugung des »kleinen Krieges« und das Manövrieren, das der Diplomatie und um dem Verhandeln diente, ist Ausdruck der Besitzsicherung und Scheu, die kostspieligen Armeen ohne Not einer Vernichtungsschlacht auszusetzen[47].

Alle Bewegungen der Politik Friedrichs II., wie die der meisten seiner Zeitgenossen, kreisen dauernd um die Erhaltung und Erweiterung von Besitz. Selbst dort, wo er sich bereits im Ersten Schlesischen Krieg alle Mühe gab, den adligen Offizieren »den gemeinschaftlichen Namen Preußen« im Sinne eines ›preußischen Patriotismus‹ einzuimpfen, ist das Vaterland nichts anderes als das ›Land besitzender Väter‹, das nach außen und nach innen verteidigt werden muß: »Damit der ADEL sich in seinem BESITZ behauptet, ist zu verhindern, daß die Bürgerlichen adlige Güter erwerben, und zu veranlassen, daß sie ihre Kapitalien im Handel anlegen, so daß, wenn ein Edelmann seine Landgüter verkaufen muß, nur Edelleute sie erwerben«[48]. In den Notzeiten des Siebenjährigen Krieges hat er einigen vom Unadel dennoch erlaubt, sich adlige Güter zu kaufen. Sie durften allerdings nicht die daran haftenden Vorrechte des Adels erwerben. Dazu gehörten die Steuerfreiheit, die Patrimonialjustiz zusammen mit der Verfügung über die gutsherrliche Polizei und das Vorschlagsrecht zur Wahl eines Landrates.

Neben der Konservierung dieser Rechte verordnete Friedrich II. 1758 nach der Schlacht bei Zorndorf Maßnahmen zum Wiederaufbau (Retablissement) des adligen Grundbesitzes besonders in der Neumark, wobei er anfangs direkte Geldzuschüsse zahlte und von 1762 an, nach dem Frieden mit Rußland, *von Brenckenhoff* eine freie und beinahe unumschränkte Vollmacht gab, diesen Landesteil ebenso wie Pommern wieder auf die Beine zu bringen. Das Füllen der DOMÄNENKASSE und die Wiederherstellung des LANDBUCHES über die Regelung des Agnaten- und Successionsrechtes wurde eingeleitet, und finanzielle Stundung erlaubt, war doch der adlige Grundbesitz am Ende dieses Krieges durch Kaufgelder und Erbabfindungen teilweise hoch verschuldet, wie *von Rohwedel* 1770 in seiner Denkschrift »Von dem Grunde der Sicherheit« feststellte[49].

Zwar wurde neben den Adelshilfen auch Bauernschutz betrieben. Doch mit der Wiederbesetzung wüster Bauern-, Halbbauern- und Kossätenstellen wurde nicht die Aufhebung der Leibeigenschaft verbunden, deren Vorhandensein die Stellung des Adels zusätzlich stärkte. Friedrich II. war bestrebt, »das Gleichgewicht zwischen Bauer und Edelmann« zu erhalten. Das bedeutete nichts anderes, als daß es »den Bauern zu verwehren ist, daß sie Ländereien von Adligen kaufen, und die Adligen am BAUERNLEGEN zu verhindern. Denn die Bauern können nicht als Offiziere im Heere dienen, und die Adligen vermindern durch Erwerbung von Bauernland die Zahl der Einwohner und Ackerbauern«[50].

Er wehrte sich also gegen eine Kumulation von Besitz zugunsten eines Standes auf Kosten eines anderen, obgleich sie in der Praxis nicht selten zugunsten des Adels erfolgte, in dem einige Standesgenossen ihre Vorrechte mißbrauchten und sogar öffentlich als »Verschwender« angeprangert wurden. Es mag diese Einstellung Friedrichs II. gewesen sein, die Engels veranlaßte, vom Absolutismus zu sagen: »Ausnahmsweise kommen Perioden vor, wo die kämpfenden Klassen einander so nahe das GLEICHGEWICHT halten, daß die Staatsgewalt als scheinbare Vermittlerin momentan eine gewisse Selbständigkeit gegenüber beiden erhält«[51].

Daß diese unter Friedrich II. oft nur »scheinbar« war, zeigt die eindeutige Bevorzugung des Adels, dessen »Erhaltung ein Gegenstand der Politik des Königs von Preußen« zu sein hatte – auch dort, wo der König und seine Behörden als Richter und damit »Vermittler« oder »Mediator« tätig sein mußten. So wurden im Siebenjährigen Krieg Gerichtsprozesse gegen Offiziere ausgesetzt und Versteigerungen von Adelsgütern bis zum Kriegsende untersagt. Das DOMINIUM EMINENS in Kriegs- und Notzeiten gestattete demnach nicht nur willkürliche Eingriffe in das Privat-Eigentum der Untertanen, sondern entzog dieses auch der Kontrolle des Rechts. Friedrich II. praktizierte dieses Verfahren nach dem Ende des bayerischen Erbfolgekrieges 1779 im Fall des Müllers Arnold in einer Weise, die auf drastische Art jedem vorführte, wer in Brandenburg-Preußen der oberste Gerichts- und Grundherr war[53].

Als der Müller in einem Pachtstreit mit einem Adligen vom zuständigen Patrimonialgericht bis zum Kammergericht in Berlin vorgedrungen war, nahm sich der Monokrat des Falles selber an, entgegen seiner Maxime aus dem Politischen Testament von 1752, daß er »niemals in den Lauf des gerichtlichen Verfahrens eingreifen« wolle, »denn in den Gerichtshöfen sollen die Gesetze sprechen, und der Herrscher soll schweigen«[53].

Es war eine Soll-Bestimmung, die von Fall zu Fall durchbrochen werden konnte entgegen auch dem »Codex Fridericianus«, nach dem das Berliner Kammergericht nicht gehalten war, im Verfahren Kabinetts-Ordres zu berücksichtigen. Überzeugt davon, daß sein Justizkollegium »gefährlicher und schlimmer als eine Diebesbande« war, zog er die Entscheidung dieses Falles an sich und entschied für den Müller!

Auch nach heutigem Recht wäre das eine Rechtsbeugung. Denn der Mühlenbesitzer war im Unrecht. Als der Großkanzler Fürst das Urteil des Kammergerichtes begründen wollte, das den Müller abgewiesen hatte, entließ der Monokrat seinen obersten Richter in militärisch barschem Ton: »Marsch! Marsch! Seine Stelle ist schon besetzt.« Mehr noch, die drei Richter wurden von ihm sogar zur Festungshaft verurteilt und ihrer Ämter enthoben. Selbst Schmoller, der »entschlossene Lobredner Friedrichs II.« (Hegemann), mußte zugeben, daß dieses Vorgehen ein »willkürlicher und ungerechter Akt der Kabinettsjustiz des Großen Königs« war[54].

Auch dieser Fall dokumentiert, daß das absolutistisch regierte

Brandenburg-Preußen kein Rechtsstaat war. Denn der Monokrat konnte, sozusagen aus dem Stand, aufgrund des DOMINIUM ABSOLUTUM und des DOMINIUM EMINENS dann in jeden Prozeß intervenieren, wenn er es für geboten hielt. Er betrieb das, was »okkasionalistischer Dezisionismus« (C. Schmitt) genannt wurde, eine absolutistische Entscheidung aus unumschränkter Machtvollkommenheit, wie sie bei einer passenden Gelegenheit opportun erschien. Dieses Kennzeichen jeder Diktatur degradiert das Recht und seine Institutionen zum Instrument der Macht und einer Staatsräson, die in erster Linie Besitzräson ist. Fürst und seine Mit-Kollegen hatten keine Möglichkeit der Einklagbarkeit ihrer Absetzung. Sie waren dem Gutdünken und der Gnade des Monokraten auf Gedeih und Verderb ausgeliefert nach dem unerbittlichen Wort Friedrichs II.: »In einem Staate wie Preußen ist es durchaus notwendig, daß der Herrscher seine Geschäfte selbst führt«[55].

Ihm ist die libertäre Staatskunst vom Anspruch her durchaus geläufig. Der Anti-Machiavell gibt das zu erkennen, aber die Praxis liefert die Betätigung eines absolutistischen und quasiprivaten Staatshandwerks, das sich gern mit einem verschrobenen Römertum behängte. So erschien der Vergleich des sog. Tabakkollegiums seines Vaters Friedrich Wilhelm I. mit dem römischen Senat gewiß manchem Zeitgenossen eher ›ridicul‹ denn rational. Die Offiziere gar, die aus bürgerlichen Familien mit gekauftem Adelsbesitz stammten und ihm im Siebenjährigen Krieg nicht schlechter als viele adligen dienten, entließ er wieder. Das individuelle Verdienst (meritum) belohnte er nicht mit einer entsprechenden Geste in Gestalt eines Praemium, wenn er darin eine Gefahr witterte. Denn die dauernde Aufnahme bürgerlicher Offiziere in seine Armee betrachtete er als »den ersten Schritt zum Verfall des Staates«, den er über sein Haus allein und uneingeschränkt, aber auf den entpolitisierten Adel gestützt, beherrschte. Dabei waren viele wichtige Entscheidungen oft von seinen persönlichen Launen und Eitelkeiten abhängig, wie sie sich nur in einem von allen Rechtsschranken befreiten Privatbesitz austoben dürfen[56].

Seine »weise Finanzwirtschaft« ist dafür ein weiteres Beispiel, was Willkür, eingebildete Sachkompetenz und Machtdünkel anrichten können. Zur Finanzierung seiner Militärmaschine und prunkvoller Schloßbauten benötigte er enorme Geldmittel. Münzmanipulationen und Geldfälschungen reichten bei weitem nicht aus, um den oft künstlichen Bedarf zu decken, ebensowenig die Erhebung direkter Steuern.

So verfiel er fast genau hundert Jahre nach der Einführung der

»modi generales« (1667), der Verbrauchssteuern nach niederländischem Vorbild, auf eine »Generaladministration der königlichen Gefälle«, die unter dem berüchtigten Namen der Regie ab 1766 ihre bald verhaßte Arbeit aufnahm. Geleitet wurde dieser Abschöpfungsapparat von dem Franzosen *de Launay*, dem drei weitere Regisseure aus Frankreich beigeordnet waren. Ihre Hauptaufgabe – Gewinnbeteiligung zugesichert – bestand im unerbittlichen Eintreiben der AKZISE, einer indirekten Steuer auf fast alle Verbrauchsgüter. Sie galt Friedrich II. neben den KONTRIBUTIONEN des Landes als der »zweite Fonds der Kriegskasse«, den die Städte mit eben dieser Akzise zu unterhalten hatten. Sie war seiner Meinung nach »von allen Auflagen die gerechteste. Sie belastet die Armen nicht: Brot, Fleisch, Bier müssen wohlfeil sein. Sie trifft nur den Luxus der Wohlhabenden«[57].

Was sich in Worten ›sozial‹ und gerecht anhört, war in Wirklichkeit eines seiner vielen Täuschungs- und Betrugsmanöver. Launay ermächtigte er: »Nehmen Sie nur von denen, die bezahlen können; ich gebe sie Ihnen preis«[58]. Davor aber hatte er durch ein Machtwort den Adel von der Akzise ausgenommen! Fleisch und Getränke aller Art wurden im Preis erhöht, lediglich das Brot wurde ermäßigt besteuert, während zusätzlich das Salz-, Kaffee- und Tabakmonopol zu einer auch privaten Bereicherung ausgenützt wurde. Der schwarze Markt und der Schmuggel blühten, daran änderten auch drakonische Strafdrohungen nichts, zumal der Monokrat selbst daran beteiligt war und das »Denunziations- und Spioniersystem« (F. Mehring) versagte.

Als dieses gezielte Abschöpfsystem, das Friedrich II. mit dem ihm eigenen Stolz als »mein Werk« ausgab, nicht die erhofften Gewinne brachte, nannte der Monokrat die französischen Bedienten selbst »lauter Schurkenzeug«, während die eigenen Bedienten »Erzschäkers«, »Federfuchser«, »Windbeutel« und »Narren« geheißen wurden. Einer unter ihnen war der »geheime Finanzrat« Ursinus. In einem Gutachten verwies er auf die negativen Auswirkungen der »Regie« und klagte über die »verschiedenen im Lande eingeführten MONOPOLIA«. Der Monokrat fühlte sich getroffen, gar ertappt und verfügte: Ursinus wird sofort »cassiert und nach Spandau zur Festung gebracht«.

Man wird hier sicher sagen müssen, daß »mit dieser Gewalttat der preußischen Bürokratie für Friedrichs Regierungszeit das Rückgrat gebrochen war«[59], und von der »weisen Finanzwirtschaft« nichts anderes übrigblieb als der erneute Beweis dafür, daß »absolute Macht« sofort zurückschlägt, wenn ihrem Inhaber Irrtümer und Mißgriffe nachgewiesen werden. Ursinus versuchte mit dem Hinweis auf die Wirkung der Monopole, die dem

»allgemeinen Commercio höchst schädlich« seien, das Marktprinzip gegen einen Dirigismus zu retten, der mit staatlicher Macht Profite erzwingen wollte und damit die Wohlfahrt der Bürger aufs Spiel setzte, somit auch Handel und Wandel in Gestalt eines Vertragssystems auf Gegenseitigkeit, das sich mit dem Merkantilprinzip sehr wohl vertragen konnte. Man darf also nicht sagen, daß »die merkantilistische Theorie das ideologische Wirtschaftssystem des FÜRSTLICHEN ABSOLUTISMUS war, der sich aus dem WARENHANDEL und der WARENPRODUKTION entwickelt hatte«[60]. Denn der gesamte Warenverkehr, wie er auch organisiert wurde, war nur ein Instrument der Fürsten, nicht aber die Basis ihrer patrimonialen Besitzmacht, die trotz der Gleichschaltung von Haus- und Kammergütern, sowie der einzelnen Zentralbehörden, das nicht schuf, was in der Euphorie von 1871 oft genug angenommen wurde – den totalen Einheitsstaat.
Friedrich II. hat sich bei aller Bemühung um Einheit dagegen gewehrt, alle Teile seines Haus-Staates »nach den gleichen Gesetzen regieren (zu) wollen«, weil das bedeutet hätte, die »Provinzen mutwillig (zu) verderben«[61]. Die steuermäßige Abgrenzung von Stadt und Land oder die Besteuerung des Adels in Preußen bei gleichzeitiger Befreiung in der Kurmark zeigen u. a., daß der Weg zu jener Vereinheitlichung, die erst ein Ergebnis des späten 19. Jahrhunderts wurde, noch weit war.

Es gehört seit Roschers Systematik des Absolutismus zur Standardbewertung dieses Phänomens, die Formel vom »ersten Diener des Staates«, wie sie Friedrich II. mitunter verwendet hat, als Inbegriff des »aufgeklärten Absolutismus« auszugeben. Bei einer näheren Analyse aber zeigt sich, daß der patrimonial angelegte Haus-Staat der Hohenzollern mit den Forderungen der politischen Aufklärung nichts gemein haben durfte, wollte er sich im Verständnis der vorhandenen Haus-Constitution nicht selbst aufgeben.
Friedrich II. hat nicht einem mediatorischen Reichs- oder Landrat und schon gar nicht einem Reichs- oder Landtag Rechenschaft »über die Verwendung der Steuern« gegeben[62], sondern seinem direkten Nachfolger in der Dynastie. Der Staat erscheint dabei als Fidei-Commiß der Familie und des Hauses Hohenzollern, dem mit dem Erwerb der Königswürde »ein politisches Meisterstück« gelungen war. Denn »durch die Königswürde entzog sich das Haus Brandenburg der Knechtschaft, in der Österreich damals alle deutschen Fürsten hielt«[63].
Unter diesen Bedingungen war es undenkbar, daß sich die Hohenzollern in Preußen an eine politische Mitsprache der Stände binden

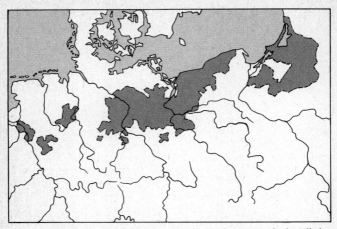

Abb. 7a: *Brandenburg-Preußen beim Tode des Kurfürsten Friedrich Wilhelm, 1688. Fläche dieses Staates: 110 836 km². 1,5 Millionen Einwohner* (Angaben nach J. Schoeps).

ließen, die in den Herrschaftsgebieten unter der Rechtshoheit des Heiligen Reiches nur im äußersten Notfall bemüht wurden, nämlich als Kreditträger zu fungieren. Tatsächlich hat sich in der forcierten Ablösung des libertären Lehnswesens das Machtsystem dieses Hauses »seit 1713 und 1740 ... zu einer despotischen, willkürlichen und unumschränkten Herrschaft« ausgebildet, welche andere Reichsstände »copiren« wollten, ohne daß es ihnen bis 1806 recht gelingen konnte. Der Grund für ihr Scheitern lag dabei vor allem in dem Umstand, daß das »ganze Recht« der Hohenzollern-Monokraten »darin besteht, daß sie 100 000 Mann auf den Beinen halten, und keinen Richter über sich, oder doch selbigen nicht zu fürchten haben«[64], und das konnten sich andere Reichsfürsten selten leisten.

Was J. J. Möser 1769 in der Substanz genau beschreibt, ist ein Haus-Staat, der seine Souveränität als Ausnahme von jeglicher Jurisdiktion mit Hilfe eines stehenden Heeres und mit der Perpetuierung des Ausnahmezustandes zu erzwingen versteht. Die Handhabe des DOMINIUM EMINENS machte jedem denkbaren Gegner nach innen und von draußen klar, daß das souveräne Haus im uneingeschränkten Besitz des DOMINIUM DIRECTUM oder ABSOLUTUM war und damit auch das »persönliche Regiment« seiner Monokraten sicherte[65], dessen Begründung Friedrich II. aus

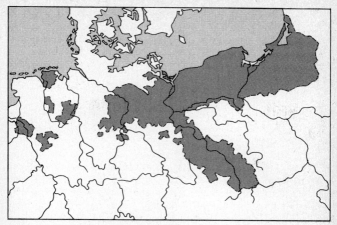

Abb. 7b: *Brandenburg-Preußen beim Tode Friedrichs II., 1786. Fläche dieses Staates: 194 891 km². Ca. 5,4 Millionen Einwohner* (Angaben nach J. Schoeps).

einer eigentümlichen Egologie ableitete. »Sowenig Newton«, meinte er 1752, »in gemeinsamer Arbeit mit Leibniz und Descartes sein Gravitationsgesetz hätte entdecken können, so wenig kann ein politisches System aufgestellt werden und sich behaupten, wenn es nicht aus einem einzigen Kopfe hervorgeht..., das heißt, der Fürst muß sein System entwerfen und es selbst zur Ausführung bringen«[66].

Mit diesem Auftrag eines Selbsteigners verweigerte er sich dem Dialog, dem Vertrag und den Bindungen der Gegenseitigkeit. Forderungen also, wie sie die politische Aufklärung immer wieder gegen die Einseitigkeit des Despotismus aufstellte und Friedrich II. wie seine Vorgänger und Nachfolger abwehren mußten, um nicht die Substanz der eigenen Haus-Constitution zu gefährden. Bedenkt man diese patrimonialen und arbiträren Verhältnisse, dann erweist sich der angeblich so »aufgeklärte Absolutismus« als ein hölzernes Eisen, als ein innerer Widerspruch. Es gehörte sicher zum »aufgeklärten Verstand« eines Landesherrn »aus souveräner landesherrlicher Gewalt«, auf den eigenen Domänen vor allem »alle Leibeigenschaft und Sclaverei« aufzuheben, damit auch u. a. die »bloße Willkür der Besitzer der Güter« aufhöre, aber gleichzeitig durfte diese Maßnahme nicht dazu führen, »denen Grundherrschaften und Besitzern adeliger und anderer Güter die ihren

Gütern anklebenden Rechte und Befugnisse über die dazu gehörigen Untertanen zu entziehen«[67].
Was letztlich um 1777 in der *Bauernfrage* erreicht wurde, war die »Umwandlung des unerblichen Besitzrechts der Bauern in erbliches«. Der Monokrat schützte dabei »wohl im Interesse der Rekrutierung der Armee den Bauernstand als Ganzes, nicht aber den einzelnen Bauern«[68], und von einer politischen Mündigkeit war schon gar nicht die Rede. Die aufgeklärten Maßnahmen veränderten demnach nicht den patrimonialen Kern des eigenen Haus-Staates mit seiner Erb-Souveränität und Absolutesse, sondern sollten diesen zusätzlich sichern.
Nicht anders verhielt es sich mit der *Armee*, in welcher ein »blinder Gehorsam« verlangt und geleistet wurde. Was diese Demütigung, Entwürdigung und Verachtung des Individuums mit der Aufklärung zu tun haben soll, ist unverständlich. Die Stockschläge, willkürlichen Entlassungen aus einer Behörde oder andere Machtsprüche, die das eigene *Justizwesen* verhöhnten, sind Ausdruck »der sogenannten väterlichen oder Patrimonialregierung, für welche das Volk aus einer Masse Unmündiger bestehen und sich beliebig leiten und führen lassen soll«[69], und zwar im Stadium des patrimonialen Absolutismus, das Friedrich II. im Prinzip nie aufgegeben hat.
Der Versuch, die Stände im Rechtsverband des Heiligen Reiches am Kodifikationswerk eines neuen Gesetzbuches zu beteiligen, das 1794 zum »Allgemeinen Landrecht für die preußischen Staaten« führen sollte, bestätigte nur in seinem Scheitern, daß sich die politische Aufklärung und der nezessitäre oder arbiträre Absolutismus ausschließen mußten. Zu diesem Befund gehört auch die totale Kontrolle des *Kirchenwesens*, das seiner korporativen Autonomie beraubt wurde. »Ich bin gewissermaßen der Papst der Lutheraner und das kirchliche Haupt der Reformierten. Ich ernenne die Prediger«[70]. An dieser Position ließ Friedrich II. nicht rütteln, auch wenn er gegenüber der Römischen Kirche zugänglicher sein mußte. Sie dokumentiert erneut den Status eines »absoluten Herren«, von dessen Politik der Reichs-Freiherr vom Stein 1807 meinte, sie hätte im Inneren »Wohlstand, Geisteskultur, Denkfreiheit« befördert »als Muster und Ziel des Nachstrebens für die übrigen deutschen Staaten und besonders für Österreich« gewirkt. Gleichzeitig aber erkannte er auch die unübersehbaren Nachteile dieses absolutistischen Systems: »Nur war alles auf *Selbstregierung* berechnet, keine ständische Verfassung, kein als Vereinigungspunkt dienender, tätiger Staatsrat, keine Einrichtungen, wo sich Gemeingeist, Übersicht des Ganzen bilden, gewisse feste Verwaltungsmaximen sich entwickeln konn-

ten; alle Tätigkeit erwartete den Anstoß von oben, nirgends *Selbständigkeit* und Selbstgefühl«.[71]
Was die politische Aufklärung leisten wollte, nämlich die Aktivierung des einzelnen Besitzbürgers in einem dreiteiligen Vertragssystem, hat Friedrich II. verweigert. Dessen »ernster Wille« sei es gewesen, die libertäre Verfassung des Heiligen Reiches zu sichern. Das sei ihm »als Greis mit Kraft und Weisheit durch den *Teschener Frieden*« von 1779 und »den deutschen Fürstenbund« von 1785 auch gelungen, um das Heilige Reich vor dem »kaiserlichen Despotismus« zu bewahren[72]. Weniger betulich ausgedrückt: Friedrich II. sicherte sich mit dem Erhalten der »wunderlichen Verfassung« des Reiches die Möglichkeit, sein eigenes Staatsgebiet durch Erbtitel legal zu arrondieren! Denn, so stellt er bereits 1752 fest, »das Recht des Besitzes ist im Heiligen Römischen Reich ein großer Vorteil«[73].
Darauf war seine Politik in erster Linie gerichtet und nicht auf die Bewahrung eines »ursprünglichen Contracts«, nach dessen Maßgabe und Struktur »ein jeder Staat drei Gewalten in sich enthält« und »wodurch sich das Volk selbst zu einem Staat constituiert«[74].
Was Kant in einem aristotelischen Sinne beschreibt, war in Preußen seit 1660 Schritt für Schritt abgebaut und in der Kurmark oder in Cleve in einer Weise storniert worden, die es erlaubt, von einer inneren Militarisierung zu sprechen, zumal selbst die Zivilbehörden als Ersatz für die alten Ständeämter sich einer »militärischen Unterordnung« fügen mußten[75], deren Geist weit ins 19. Jhd. reichte, ja selbst die Revolution von 1848 überdauerte und den Neo-Absolutismus prägte.
Zu der Preisfrage, »ob es erlaubt sei, ein Volk zu täuschen«, die Friedrich II. 1778 der Berliner Akademie stellte, äußerte sich Hegel recht vehement. Sie »tauge nichts«, meinte er, »weil es unmöglich ist, hierin ein Volk zu täuschen«, nämlich in der »unmittelbaren Gewißheit seiner selbst«[76]. Wie sollte aber ein Volk in Gestalt entrechteter und entpolitisierter Individuen, das in fünf Sprachen lebte (Deutsch, Polnisch, Flämisch, Französisch, Litauisch) und zahlreichen Religionen anhing (Lutheranismus, Kalvinismus, Katholizismus, Mosaismus und Sekten, wie die Mennoniten), zu sich selbst kommen? Wurde es nicht von Monokraten regiert, die in der totalen Selbstregierung einer Arkanpolitik (»Ich verschließe mein Geheimnis in mir selbst« – Friedrich II. 1752) und im Vollbesitz absoluter Macht, die sogar gegen das Göttliche Gesetz Bigamie sanktionieren konnte, zu der Selbsteinschätzung gelangten: »Rechnet nur auf Euch *selbst*, dann werdet ihr Euch *nie* täuschen«?[77].
Nur ein Selbsteigner und Selbstherrscher war zu einem derartigen

261

Ratschlag an den Nachfolger fähig, der darauf zu achten hatte, daß das Militär in »Preußen die erste Stelle einnehmen« solle, »genau wie bei den welterobernden Römern in der Periode des Aufstiegs, genau wie in Schweden, als Gustav Adolf, Karl X. Gustav und Karl XII. die Welt mit ihrem Ruhm erfüllten und der Ruf des schwedischen Namens bis in die fernsten Lande drang«[78]. Ist Rom aber nicht groß geworden durch »viele gute Männer«, »wenige Gesetze« und unter der Herrschaft des Rechts, im Haß auf die Monarchie und in Gestalt einer libertären Republik? Und begriff sich nicht Gustav Adolf, dessen »beschränkte« Macht Friedrich II. bekannt war, als ein Monarch, der »nach Gesetz« und nicht wie ein Monokrat »nach Gutdünken« regierte?

ZUSAMMENFASSUNG:

Im neuen Nachdenken über Preußen wird man unter den Bedingungen der extremen Personalisierung aller Politik seit 1660 verstärkt auf jene Stimme hören müssen, die da sagt, »daß die Preußische Monarchie sich auf ein rein despotisches, arbiträres, militärisches und orientalisches Regierungssystem gegründet hat«[1]. Trotz der Reste ständisch-politischen Lebens hatten sich die Verhältnisse »des *dominii utilis*, des emphyteutischen Vertrags« in diejenigen des »*Dominii directi*« verwandelt[2], so daß im eigentlichen Preußen bis 1806 das entstehen konnte, was man dem ärgsten Rivalen innerhalb des »teutschen Systems«, dem »Hause Österreich«, immer wieder vorzuwerfen nicht müde wurde – »Despotismus«[3].

5. Die Herrschaften des »Hauses Österreich«

In einer Analyse zur Lage des politischen Gleichgewichts in Europa vertrat man im Jahre 1660 von seiten der Reichskanzlei vor dem Reichstag Schwedens die schon vor 1648 entwickelte Ansicht, daß das »Haus Österreich« der Feind der Respublica Christiana sei. Es trachte nämlich nur danach, den Ständen des Heiligen Reiches die »Freiheit in kirchlichen und politischen Dingen« zu nehmen, und wenn es »das ganze deutsche Reich zu seinem *absoluten Dominat* gebracht« habe, dann wolle es von dieser Basis aus über ganz Europa eine Hegemonie in Gestalt einer *Universalmonarchie* errichten.

Mit Hilfe von »Heirat«, »mit Wahl und gewissen Konditionen«, demnach aufgrund ordentlicher Verträge, habe dieses Haus seine Macht seit Jahrhunderten ständig erweitert, »dann aber mittels Waffen Wahlreiche zu erblicher Kondition gebracht«. Hätte Schweden nicht in den vergangenen Deutschen Krieg eingegriffen, dann wäre es diesem Hause gelungen, »die Evangelischen in Deutschland zu unterdrücken«. Würde dieses Ziel in Zukunft noch erreicht werden, dann erhielte es »nicht nur das Römische Reich in seine absolute Disposition, sondern auch neben den beiden Königreichen Ungarn und Böhmen gleichwohl Polen zu seinem Erbe und eigentlichen Dominium«[1].

Man erkennt darin unschwer das dreiphasige Bewegungsgesetz einer Hauspolitik, der man vorwirft, daß sie sich mit libertären Verfassungslagen nicht mehr begnüge, sondern unter der Ausnutzung nezessitärer Zustände den Versuch unternehme, die eigene Macht in eine patrimoniale Qualität zu bringen. In den Worten Friedrichs II. von Preußen knapp hundert Jahre später ausgedrückt: Dieses besondere Haus sei im Kampf um das »Ansehen in Deutschland« die »ehrgeizigste Macht«. Denn in ihm »vererbt sich der kaiserliche Hochmut . . . vom Vater auf den Sohn. Alle seine Pläne wurzeln in dem Bestreben, Deutschland zu unterwerfen, die Grenzen seiner Herrschaft zu erweitern und seine Familienglieder zu versorgen«[2].

In beiden Fällen schwingt in der Kritik am »Erzhaus der Christenheit«[3] ein gehöriges Stück Rechtfertigung eigener Interventions-,

Eroberungs- und Wachstumspolitik mit. Dennoch eignet sie sich als Leitmotiv für einen oft komplizierten Prozeß: den Versuch nämlich, nicht erst seit 1648 die »Autorität der Centralgewalt« zu stärken, die »Selbstsucht ... der Stände der einzelnen Länder« zu brechen und einen »Gesamtstaat« anzustreben[4], der sich vor allem nach 1780 in einen »arbiträren Despotismus« (Leopold von Toskana), und nach 1806 ins Metternich-System und in eine eigene Art Neo-Absolutismus steigern sollte.

a) *Traditionen des Erblehens. »Princeps absolutus« in Siebenbürgen und Böhmen. Wallenstein.*

Die »Herrschaft Österreich«, seit dem *Privilegium minus* von 1156 dem Hause Babenberg vom Heiligen Reich als eine Art Erblehen für beiderlei Geschlecht überlassen, kam nach einer Zwischenperiode mit Přemysl Ottokar, dem König von Böhmen, an den Schweizer Reichsgrafen Rudolf von Habsburg. Dieser war 1273 zum Kaiser gewählt worden und begann, sich in dieser Herrschaft Österreich einzurichten, die aber in der Goldenen Bulle von 1356, dem römisch-deutschen Kaiser-Wahlgesetz, nicht unter die Kurfürstentümer des Heiligen Reiches gezählt wurde[1]. Dadurch entging dem Hause Habsburg als Träger dieser Lande Österreich eine Reihe von Privilegien und Rangrechte, gleichwohl aber bot sich auch die Chance, mit dieser Herrschaft allmählich eine vom Reich unabhängige Hausmacht aufzubauen.

Die Politik Rudolfs IV. war nach 1354 ebenso darauf gerichtet, von Kaiser und Papst unabhängiger zu werden, wie sich Albrecht V. darum mühte, nach innen die Stellung des eigenen Hauses zu festigen, vor allem auf Kosten der Kirche. Unter der Anwendung von Notstandsmacht und »ratione dominii«, d. h. aufgrund patrimonialer Besitzansprüche gelang es ihm, gegen Rom und mit Hilfe der Formel »Pfaffen-Hab ist mein Cammer-Gut« die materielle Basis der wachsenden Hausmacht zu erweitern[2]. Die Bekräftigung des *Privilegium majus* im Jahre 1453, die Kaiser Karl V. 1530 erneuerte, als er seinen jüngeren Bruder Ferdinand mit den österreichischen Erblanden belehnte, also an Verträge band, und damit auch den Titel Erzherzog für das eigene Haus sicherte, steigerte die Reputation Habsburgs zusätzlich[3].

Auf den Reichstagen des Heiligen Reiches bekleidete der Habsburger mit dem Status eines Erzherzogs den ersten Rang im Reichsfürstenrat, unterhalb der Kurfürsten, deren Machtstellung er in bestimmten Bereichen allerdings schon übertroffen hatte. Die

Ausbildung von Haus-Behörden und die Verfügung über die Gerichtshoheit in den Erbländern Österreich nach Maßgabe des Territorialprinzips hatte diese Herrschaft in eine besondere Lage versetzt, wie sie später auch für das Haus Hohenzollern in Preußen von Bedeutung sein sollte. Das allmähliche Abkoppeln von der Rechts- und Steuerhoheit des Heiligen Reiches, als dessen Glied sich u. a. die Tiroler Stände betrachteten, bedeutete zwar den Aufbau einer Souveränität nach außen, aber nach innen setzte das *Rudolfinische Privileg* von 1277 den Habsburgern eine definitive Grenze. Denn ehe die Landesherren die Regierung antreten durften, mußten sie die Privilegien der Stände beschwören. Erst danach fühlten sich die Stände zum Treu-Eid verpflichtet. Diese Regelung erfüllt alle Bedingungen eines Erblehens und eines Vertrages, auf dessen Einhaltung nicht nur der Adel und der Klerus bedacht waren, sondern auch das Bürgertum vor allem der privilegierten Städte.

Der Fall des Wiener Bürgermeisters *Siebenbürger* demonstriert zur Genüge, daß nicht nur der Adel sein Blutopfer für Vertrag und Recht erbracht hat. Kaiser Maximilian I. vermochte nicht mehr, den beiden Enkeln Karl (dem kommenden Kaiser) und Ferdinand das Erbe vollgültig geregelt zu überlassen. In dem anstehenden Konflikt mit den Ständen genehmigte dann Karl V. die »Confirmation irer Freyhaiten«, vor allem diejenigen Niederösterreichs und Wiens, dessen Bürgermeister den Kampf um die Rechte des eigenen Standes und der Autonomie der Stadt aufnahm. Als Jurist und Richter mußte er sich weigern, die verbrieften Vertragsrechte nur deshalb zu mißachten, weil ein landesherrliches Testament etwas anderes verfügt hatte – er wäre sonst eidbrüchig geworden.

Sein Rechtsverhalten erinnerte die Habsburger daran, daß sie nur über ein Erblehen herrschen durften, also den Mechanismus von DOMINIUM DIRECTUM (Land) und DOMINIUM UTILE (Landesherr) zu beachten hatten.

Ferdinand kümmerte sich um diese Rechtsansprüche wenig und erzwang mit einem Machtspruch das Wiener-Neustädter-Blutgericht von 1522, bei dem Siebenbürger mit seinen Mitstreitern hingerichtet wurde. Dieses widerrechtliche Verfahren erinnert an das Blutbad von Stockholm im Jahre 1520, als »Christian Tyrann« vergeblich das patrimoniale Erbwesen in absolutistischer Weise durchsetzen wollte[4]. Man kann auch in diesem Falle sagen, daß sich hier »zwei unvereinbare Staatsideen« gegenüberstanden[5]. Der unadlige und untadlige Siebenbürger verlangt die Sicherheiten und Freiheiten einer Vertrags-Herrschaft, wozu der Kaiser bereit gewesen sein soll. Aber Ferdinand ließ als Statthalter und Sachwalter Habsburgs Macht vor Recht ergehen. Die Versuchungen der absoluten Erbmacht haben den Richter Siebenbürger zum »Märtyrer« der Libertät gemacht[6], nicht anders als später das Haus Hohenzollern den Richter Roth in Königsberg, der auf den Erhalt der Verfassungen pochte und der Haus-Macht weichen mußte.

Welchen Belastungen das Vertragsprinzip, ohne das der moderne Verfassungsstaat gar nicht existieren könnte, ausgesetzt sein konnte, wenn machtbewußte Fürsten das Patrimonialprinzip durchzusetzen versuchten, demonstriert auch das Beispiel *Sigismunds von Siebenbürgen*. Dieses Grenzland zum Osmanischen Reich hin hatte es im Gefolge des Augsburger Religionsfriedens von 1555 zu einer erstaunlichen inneren Toleranz gebracht. Den jeweiligen Landesfürsten oder Regenten wurde vertraglich auferlegt, »die drei Nationen und vier Religionen in ihren Freiheiten, Rechten etc. aufrecht zu erhalten«. Politik wurde unter diesen Bedingungen als Verfassungsvollzug verstanden und auch in der Regel »nach Gesetz« gehandhabt, bis Sigismund, ein Verwandter des berühmten Stephan Bathory, des Königs von Polen, 1588 auf dem Landtag zu Medwisch als Herrscher angenommen wurde. Doch bald nach seinem Regierungsantritt soll er, der Jesuitenzögling, die Landtagsartikel gefälscht und erklärt haben, er sei »ein eigenmächtiger Herrscher – *absolutus princeps*«[7].
Gegen die zur »offiziellen Lüge herabgewürdigte Verfassung« suchte er mit »offenem Terrorismus« den »unbedingten Gehorsam« zu erzwingen. Die mit Habsburg angeknüpfte Haus-Verbindung verlangte 1598 sogar, daß beim Ausbleiben von Manneserben das Erzhaus über Siebenbürgen verfügen dürfe und »daß alle so in Siebenbürgen wohnen und *Erbgüter* darin besitzen, Kaiser Rudolf schwören und huldigen sollen, so daselbe widersprechen, sollen als Feinde des Friedens und Vaterlandes vom Leben zum Tode gerichtet werden und deren Güter dem Fiskus anheimfallen«[8].
Die recht handfeste Drohung mit der Enteignung der lebenswichtigen Besitztümer und Güter nach einem politischen Fehlverhalten hat oft dazu beigetragen, die Entmündigung der Stände zum Erfolg zu führen, nachdem ihr Beharren auf Rechtspositionen als Selbstsucht und Egoismus verleumdet und ihre Sprecher ermordet oder vertrieben worden waren.

Konnte in Siebenbürgen von *Bethlen Gabor* bis hin zum »Diploma Leopoldinum« im Jahre 1691 doch noch einiges an Libertät für die Sekler und die anderen Nationen in dieser autonomen Region bewahrt werden, so verlief die Geschichte *Böhmens* und *Mährens* fast zur gleichen Zeit trotz temporärer Erfolge weniger günstig für die Erhaltung der vertraglichen Majestät, Autorität und Libertät des Verfassungssystems. Dessen ständische Träger gingen vom Wahlprinzip aus, die Habsburger aber von einem Erbprinzip, das sie patrimonial zu deuten und anzuwenden suchten.

Mit der Ausnutzung des »Bruderzwistes« zwischen Kaiser Rudolf II. und seinem Bruder Matthias, vor allem in der Zeit des anstehenden Türkenkrieges um 1593, war es gelungen, den Habsburgern in der Krise um die *Jülicher Erbsache,* die zu den Konföderationen der »Union« (Protestanten) und der »Liga« (Papisten) führte, einen substantiellen Vergleich abzuringen. 1608 nämlich versprach der bedrängte Kaiser den Ständen Böhmens, daß in Zukunft politische Vergehen nicht mehr mit der Einziehung des Privat-Eigentums bestraft werden sollten. Diese Garantie erscheint geradezu als Inbegriff der politischen Aufklärung und jeder Rechtsstaatlichkeit, die hier von den Ständen eingefordert wurde.

Doch dieser erste »Majestätsbrief« ließ die Toleranz der Religionen vorerst aus. Bald nach der Versöhnung Rudolfs mit Matthias gestand man aber den zum bewaffneten Widerstand entschlossenen Ständen 1609 in einem weiteren »Majestätsbrief« zu, daß die Protestanten der Böhmischen Konfession für ihre Kirchenorganisation endlich eine Rechtsgrundlage in Anspruch nehmen durften. Eigens eingerichtete »Defensoren« oder Verteidiger sollten diesen historisch gewordenen Vergleich bei Streitigkeiten zwischen den Konfessionen sichern. Er hätte dem damaligen Europa ein Vorbild sein können[9].

Trotz dieser Lösung schwelte aber die Krise weiter, drangen die Jesuiten auf eine Intensivierung der Gegenreformation, die ja nicht nur die Verbreitung des Katholizismus zum Gegenstand hatte, sondern auch die Rückgewinnung von Gut und Boden, Land und Leuten. Matthias, der 1612 Kaiser geworden war, sah sich vor allem 1614 neuen Forderungen der Stände gegenüber. Darunter sticht besonders die Bestrafung für denjenigen hervor, der sich als Böhme nicht der »eigenen Muttersprache« bediene und damit »zur Schande der ganzen Nation« beitrage. Es ist ein bedeutsamer Vorgang in der Geschichte Europas, daß die Kenntnis und Benutzung einer National-Sprache zu einer grundlegenden Vorbedingung für die Wahrnehmung politischer Rechte erklärt wurde, und zwar in der Ablehnung einer anderen National-Sprache[10]. In diesem Falle war es das Deutsche, das einige Generationen später Joseph II. in Ungarn als Amtssprache einführen wollte und damit eine revolutionäre Krise auslöste, die sich unter anderen Bedingungen nun in Böhmen anbahnte. Denn Übergriffe auf Protestanten, die scheinlegale Wahl Ferdinands, Matthias' Vetter, zum König von Böhmen im Jahre 1617 und das Bekanntwerden eines geheimen Erbvertrages zwischen der spanischen und österreichischen Linie des Hauses Habsburg steigerten die Krise bis hin zur Gefahr eines offenen Krieges.

Besonders dieser Erbvertrag innerhalb des Erzhauses erhitzte die Gemüter. Denn über die Köpfe der Stände hinweg hatte man sich darüber verständigt, daß Ferdinand über Spanien herrschen sollte, wenn Philipp III. ohne männlichen Erben sterben würde; auf der anderen Seite sollten Ungarn und Böhmen an Spanien fallen, wenn Ferdinand ohne männlichen Erben bliebe. Das ausgeprägte Erbdenken, von Kardinal *Khlesl* in all seinen Möglichkeiten zum Landerwerb den Habsburgern empfohlen[11], ließ die Stände zunehmend von der »spanischen Tyranney« und vom zugehörigen »absoluten Dominat« reden, das ihnen den libertären Fundamentalsatz »Quod omnes tangit, ab omnibus debet approbari« ebenso verweigern mußte wie die freie Wahl ihres eigenen Königs, und die vertragliche Garantie ihrer politischen und religiösen Freiheiten[12].

Der Streit um einen protestantischen Kirchenbau in Braunau/Böhmen führte schließlich zum sog. *Fenstersturz von Prag*, bei dem die beiden Habsburg-Räte Martinitz und Slawata »nach böhmischem Brauch« aus dem Fenster geworfen wurden, als die anwesenden Stände-Vertreter den Eindruck gewannen, Habsburg wolle ihre Freiheiten abwürgen. Diese Tat war der Auftakt zu einem regional begrenzten Bürgerkrieg, der sich bald zum Deutschen Krieg ausweitete und fast ganz Europa in ein Ringen um Libertät und Sekurität, Märkte und Monopole zog, an dessen Ende zwar der Westfälische Friede die »Reichsverfassung« sicherte, aber Böhmen und Mähren das »Temno« bescherte, die »Zeit der Finsternis«, d. h. der politischen, sozialen und kulturellen Entmündigung des Ständewesens.

Mit der Gegenwahl des Kurfürsten von der Pfalz, Friedrichs V., zum böhmischen König, und zwar in demokratischer Art und Weise »per majora« forderten die Vertreter der Stände Böhmens, Mährens, Schlesiens und der Ober- und Niederlausitz 1619 die Habsburger bewußt heraus, um den drohenden »spanischen ABSOLUTUM DOMINATUM« zu verhindern. Man fühlte sich bei diesem Vorgehen völlig im Recht. Denn »dieses Königreich Böhmen hat jederzeit die freie Wahl eines Königs gehabt«, und mit der »spanischen Erblichkeit« müsse man befürchten, daß »der Untergang aller Freiheiten und die unleidlichste Dienstbarkeit« bevorstünde.

Die Verbindung von Wahlprinzip und Freiheit bedeutete in der Rechtsargumentation der Stände das Einfordern der daraus abgeleiteten »Real-Possession« dieses Königreiches, und diese gehöre dem Land an sich. Dagegen sei die Schein-Wahl Ferdinands nichts anderes als ein »Personalwerk«, das mit den Fundamentalgesetzen Böhmens und selbst des Heiligen Reiches nicht in Übereinstimmung stehe. Die Stände verstanden den Staat als eine transpersonale Wesenheit, symbolisiert in der Krone und gesichert durch das Duplex-Majestas-Modell, nach dem die libertäre Verfassung Alteuropas das Verhältnis von Macht und Mensch reguliert sah. Die Habsburger hingegen versteiften sich auf die Position, daß »das Königreich erblich sei« und die Stände »höchstens im Falle« des Aussterbens der Dynastie das Recht hätten, wieder zur Wahl eines Königs zu schreiten. Im übrigen hätte der Kaiser auch nach Maßgabe der *Goldenen Bulle* das unabweisbare Recht, ein Königreich oder ein Lehen an wen er wolle zu vergeben (pro libitu Imperatoris), wenn es durch den Tod frei würde[13].

Das beharrliche Festhalten beider Seiten an ihren Rechtsstandpunkten spitzte die Ansprüche auf den totalen Gegensatz von Wahlreich und Erbreich zu, ohne den Kompromiß zu ermöglichen, der in Schweden und in Frankreich mit den Bedingungen des *Erblehens* erzielt wurde. Mit seiner Annahme hätte man die Bedürfnisse Habsburgs nach Erbgang und die Forderungen der Stände nach Wahlgang in der Weise befriedigen können, daß Habsburgs Option stets erhalten blieb und die Stände ihre Freiheit nicht aufzugeben brauchten. Es sprechen eine Reihe von Anzeichen dafür, daß Böhmens Vertragsverfassung hinsichtlich des Königtums dem Erblehen sehr nahestand. Doch die beiden Parteien ließen sich darauf nicht ein. Die Schlacht am Weißen Berg 1620 brachte dann die Entscheidung zugunsten Habsburgs. Friedrich V., der »Winterkönig«, mußte fliehen, nicht anders als zahlreiche protestantische Adlige, unter denen z. B. *Tschernembl* eine große, fast tragische Rolle gespielt hat[14].

Alle Maßnahmen nach 1620, von der Güterkonfiskation bis zur Gegenreformation, die zahlreiche neue Adelsgeschlechter nach Böhmen brachte, darunter das Haus Liechtenstein, das sich enorm zu bereichern verstand, waren darauf gerichtet, das überkommene und libertäre »Imperium mixtum« vollkommen zu verändern und jedem klarzumachen, daß Ferdinand eine »absoluta potestas« im doppelten Sinne des Wortes besaß[15]. Die »Verneuerte Landes-Ordnung des Erb-Königreichs Böhaimb« von 1627, der eine leicht gemilderte Ordnung für Mähren 1628 folgte, hat die eingetretenen Veränderungen festgeschrieben. Sie sollten im Prinzip bis

1848 gelten und jede politische Selbstbestimmung der Böhmen verhindern.

Unmißverständlich erklärt Ferdinand in dieser ersten Manifestation des europäischen Absolutismus, daß die Landesordnung in Übereinstimmung mit der Goldenen Bulle von 1348 die Qualität eines »Fundamentalgesetzes« habe, das in seinem »wahren und unverfälschten Verstand ganz klärlich erscheinet«, und daß den »Ständen und Inwohnern des Königreichs die *Wahl* eines Königs ehe und zuvor nicht gebühret, als wann kein *Erb* aus dem Königlichen Geschlecht . . . zu gewarten«[16].

Die Auffassung, daß ein Fundamentalgesetz ein Vertrag ist, an dem die Stände und Räte beteiligt werden müssen, galt jetzt nicht mehr. Das Patrimonial-Prinzip hatte gesiegt. Das zeigte sich auch darin, daß der »natürliche Erbherr« bei der Gesetzgebung, dem Jus Legis Ferendae, wie es in der Landesordnung genannt wurde, nicht mehr gewillt war, die Stände zu bemühen. Ein Konsens-Recht bei Krieg und Frieden, Steuern oder Verlehnungen, Ämterbesetzung oder Regelungen der Nachfolge wurde nicht mehr gewährt.

Die Reaktivierung des »geistlichen Standes«, wie er noch zur Zeit Karls IV. bestanden hat und seine Erhöhung zum »ersten und fürnehmsten unter andern Ständen«[17], täuschen nicht darüber hinweg, daß mit dieser absolutistischen Ordnung das libertäre und politische Ständewesen Böhmens und Mährens tödlich getroffen war. Gewiß, Ferdinand sagte zu, die »Catholische Religion« zu bewahren, was mit der Unterdrückung der Protestanten einherging und diese zur Auswanderung trieb, darunter der Gelehrte *Comenius*, dem selbst Axel Oxenstierna den Wunsch nach politischer Freiheit für Böhmen nicht erfüllen konnte[18]. Er wollte auch »die Justiz männiglich administrieren und die Stände bei . . . confirmierten und wohlhergebrachten Privilegien« halten[19], aber diese Zugeständnisse betrafen nur soziale Vorrechte, nicht jedoch die politischen.

In den Ländern der Wenzelskrone war nach diesem Konflikt auch das eingetreten, was die Habsburger »unterm Vorwand der Religion« in den Erblanden während der Gegenreformation versucht hatten, nämlich die uneingeschränkte Handhabe des »absolutum et merum dominium« vor allem über die Kammergüter. Das Streben nach dem Status eines »Princeps absolutus« war im Falle Böhmen erreicht, auch wenn es noch einige Rechtsvorbehalte durch das Heilige Reich hinsichtlich der Kurstimme gab. Und damit erfüllte sich auch das Fürstenideal der Jesuiten. Seinen Bedingungen gemäß wurden die Stände zu »Landeskindern«, und die Fürsten hatten sich einer »väterlichen Fürsorge« (Caritas paterna) zu befleißigen, wie sie nicht nur Bellarmin in seiner

Schrift »De officio« gefordert hat. Das bedeutete aber zunächst nur eine Bereicherung des Erzhauses selbst und besonders im ökonomischen und kulturellen Bereich eine Verarmung des Landes, die erst nach Generationen aufgefangen werden konnte.
Trotz der »Mäßigung der Macht«, der »moderación del poder«, wie sie 1531 angestrebt wurde, als Karl V. seinen Bruder Ferdinand nach dessen Wahl und Krönung zum »König der Römer« als Stellvertreter im Heiligen Reich berief[20], hatte sich das Erzhaus nun in eine Position der Erb-Souveränität und Absolutesse gebracht, die eine libertäre Mäßigung nicht mehr dulden wollte. Zu diesem Aufstieg in Böhmen paßt auch die kometenhafte Karriere *Wallensteins* (1583–1634).
Die Niederschlagung der »abscheulichen Rebellion« gegen Habsburg brachte eine erhebliche Verschiebung der Eigentumsverhältnisse mit sich. Von ihr profitierte auch Wallenstein. Er durfte u. a. 1621 die Herrschaft Friedlands als eine Art Pfand übernehmen. Von dieser Basis aus brachte er es binnen kurzer Zeit zum »Gubernator von Böhmen«, zum Capo oder Befehlshaber der Habsburg-Heere, schließlich zum »Herzog von Friedland«, zum »Herzog von Mecklenburg« und auch zum »General des Baltischen Meeres«.
Diese Machtfülle, erkauft durch geschicktes Taktieren und ökonomisches Agieren, war nur möglich, weil in das politisch-possessive Vakuum in Böhmen neue Energien einströmen konnten und Habsburg selbst in dauernden Geldnöten stand, damit in Abhängigkeiten geriet, welche die juridische Absolutesse nach Maßgabe des Kriegsrechts und der Landes-Ordnung in ihrem materiellen Wert nicht wenig einschränkten. Des Kaisers Heer bestand zum größten Teil aus Wallensteins Mannschaften, konnte demnach nicht als ein dauernder Ordnungsfaktor und Stabilisator des Absolutismus eingesetzt werden. Ja, es bestand für Habsburg sogar die Gefahr, daß Wallenstein nach seinen Kämpfen gegen das Schweden-Heer Gustav Adolfs, seinen Demütigungen (man nannte ihn in den Habsburgischen Hauskreisen schon früh einen »Hundsbuben«[21]) und Degradierungen die eigene Armee einsetzte, um sich mit schwedischer Hilfe zum König von Böhmen zu machen. Seine Ermordung im Jahre 1634 enthob Habsburg dieser Befürchtung[22], führte aber Ferdinand drastisch vor Augen, daß seine Absolutesse in Böhmen gefährdet werden konnte, wenn er kein militärisches Instrument zur permanenten Verfügung hatte. Der Ausgleich mit den protestantischen Fürsten im Frieden von Prag 1635 und die gleichzeitige Heeresreform in Gestalt einer *Reichskriegsverfassung* führte aber nicht dazu, daß er im Heiligen Reich selbst in die Position eines »absoluten Herrn« gekommen

wäre. Es ist auch fraglich, ob zu diesem Zeitpunkt Habsburg noch daran glaubte, über das Reich wirklich ein »DOMINIUM ABSOLUTUM« erringen zu können[23], zumal sich von nun an neben Schweden auch Frankreich am Deutschen Krieg beteiligte, der 1648 mit der Garantie der Reichsverfassung auf Vertragsbasis endete und Habsburg das böhmische Erbe sicherte. Dessen absolutistische Struktur aber konnte nur schwer auf die anderen Herrschaften des Erzhauses übertragen werden[24].

b) *Hof und Stände. »Absolutezza« des Kaisers? Der Palatin in Ungarn. Der »kleine Krieg«. Die »patrimoniale Entartung«. Theorien zur Ökonomie.*

Die Teilung der Dynastie von 1556 in eine spanische und österreichische Linie, die Erbteilung von 1564, der Erbstreit von 1597 und die Regelung von 1619 zugunsten der sog. Steirischen Linie haben in die eigene Haus-Politik immer wieder ein hohes Maß von Spannung gebracht und den Ständen der jeweiligen Erbländer manch eine Chance geboten, eine absolute Dominialmacht Habsburgs zu verhindern. Dessen führende Vertreter richteten sich zwar gerne nach dem damals üblichen Wort, daß »man auch die eigenen Güter fleißiger, als die da gemein sein, zu gubernieren pfleget«[1], aber es gelang ihnen nicht trotz einiger administrativer Veränderungen, das politische Ständewesen in den eigenen Erbländern, den Grenzländern zum Osmanischen Reich hin oder in Ungarn gänzlich zu beseitigen.

Die Belastungen nach außen – im Nordischen Krieg mit Polen, Schweden, Brandenburg und in der Ukrainischen Frage bis hin zum Frieden von Oliva 1660 –, die Schwierigkeiten bei der Wahl Leopolds I. zum römisch-deutschen Kaiser im Jahre 1658, die wachsenden Bedrängnisse im Krieg mit dem Sultan, der erst 1664 im Frieden von Vaszar beendet wurde, der Tod des Erzherzogs Max 1665, sowie der Magnatenaufstand in Ungarn 1666 haben es dem Erzhaus nicht leichtgemacht, patrimoniale Besitz- und damit absolutistische Machttitel zu erwerben. Denn schließlich kosteten diese und andere Unternehmungen enorme Summen Geld, die oft nur durch Bewilligungen der Stände aufgebracht werden konnten. Und diese waren sehr darauf bedacht, daß selbst in den Notzeiten der Türkenkriege die Hof-Bedienten des Erzhauses die Stände-Beamten nicht ersetzten und damit die Finanz-Autonomie eines Landes zugunsten des Hofes umpolten.

Von der »Gravaminakonferenz« 1665 unter *Starhemberg* über die

Abb. 8: *Doppeladler des Heiligen Reiches mit dem Bildnis Kaiser Leopolds I. und den Wappen der sieben Kurfürsten*

besondere Exekutionsordnung von 1671 bis hin zum bedeutenden »Tractatus de juribus incorporalibus« von 1679 zeigte sich, wie sehr man der Beratung und Mitwirkung der Stände bedurfte. In der letzteren Kodifikation wurden alle Rechte und Pflichten der Grundobrigkeiten aller Art, der Vogteien und der geistlichen Herrschaften aufgezeichnet, vor allem aber die zu erbringenden Robotleistungen der Bauern, die sich hundert Jahre später beim gezielten Abbau der kirchlichen Feiertage empfindlich erhöhen sollten. Die Initiativen zur Förderung des Handels in den Erblanden um 1697 oder zur Verbesserung und Bewahrung des Kredits der Stände um 1704 sowie die Mitsprache bei verschiedenen Münzveränderungen und bei der wohl gehüteten Steuerbewilligung vermitteln bei allen nezessitären Maßnahmen und gelegentlichen Übergriffen ein recht reges Verfassungs- und Vertragsleben zwischen den Ständen und dem Wiener Hof, zwischen »Court und Country«[2].

Es gab zwar Stimmen, die diesen libertären Verfassungsbestand von der possessiven Seite her angriffen und meinten, »daß die Länder nicht denen Ländern, sondern E. K. M:t zugehörig und allein deroselben zu verwalten von Gott anvertraut seynd«[3], aber

in der Realität war ein konsequentes absolutistisches Vorgehen zugunsten des Erzhauses kaum ins Auge gefaßt worden. Man ließ sich sogar sagen, daß »die Republiquen insgemein besser florieren als die Länder, welche durch *absolute Herren* regiert werden«.
Es war J. J. *Becher*, einer der großen ökonomischen Schriftsteller des 17. Jahrhunderts, der von 1648 bis 1653 wahrscheinlich in Schweden weilte, den Theorien eines Pieter de la Court oder Gabriel Naudé zugänglich war, und zu diesem Urteil fand. Auf der anderen Seite zog er, wohl mit Blick auf die Verhältnisse des Erzhauses, das Erbprinzip dem Wahlprinzip vor und verstand die »absoluten Herren« als »gesetzlos (legibus soluti)«, weil sie »nirgends vor Recht (Gericht) gezogen werden können, sondern in ihrem Lande selbsten Papst und Kayser« sind[4].
Becher bestimmt mit dieser Formel nur die Souveränität der Potentaten nach außen, verteidigt aber nach innen gegen die »Statisten und Machiavellisten«, die es für »eine Kunst halten, einander zu belügen und zu betrügen«, den fundamentalen Wert der »reciproca obligatio et fides«, eines Vertragswesens auf Gegenseitigkeit. Aus diesem Geist heraus formuliert er auch seinen Reichspatriotismus gegen Ludwig XIV. und seine Hochachtung vor der »gemischten Regierung« des Heiligen Reiches. Allerdings möchte er, daß der Kaiser nicht »durch allzu stricte Capitulationen zu sehr gebunden werde«[5].
Von einer durchgehenden Stellungnahme einzig und allein für den Absolutismus kann also bei ihm nicht die Rede sein. Auch die Position *Rincks*, eines in England geschulten Historiographen, der sich biographisch mit Ludwig XIV., dem Prinzen Eugen und vor allem Leopold I. beschäftigt hatte, den er, für einen Protestanten überraschend, den »Großen« nannte, kann nicht für einen patrimonialen Absolutismus in Anspruch genommen werden. Er bezeichnete den Kaiser zwar als »ein souveränes und ungebundenes Oberhaupt, welches ebensoviel Gewalt hat, als der allersouveränste König der Welt«. Doch diese Qualität ist im Rahmen einer legalen und gerechten »Monarchia limitata« so angelegt, daß er das Naturrecht des Gemeinwohls zu beachten habe. Außerdem vermittelt die Aberkennung der Kurwürde, die Max Emanuel von Bayern während des Spanischen Erbfolgekrieges zu erdulden hatte, die Position des Kaisers als Inhaber eines »DOMINIUM DIRECTUM«, der dem vertragsbrüchigen Vasallen das »DOMINIUM UTILE« verweigern kann – allerdings nur in Zusammenarbeit mit dem Reichstag, so daß auch diese »Absolutezza« im Rahmen des Rechts liegt[6].
Ähnliche Ansichten wie Becher und Rinck vertrat auch der General *Montecuccoli*. Er war in der Umgebung Leopolds I. bis zu

seinem Tode 1680 eine der stärksten Persönlichkeiten und ein bedeutender Wegbereiter des Prinzen Eugen. Als Militär durchgehend an der »Kriegskunst« interessiert, von der er erwartete, daß sie dem Kaiser dabei half, »den Staat im Kriege zu vergrößern, im Frieden zu kräftigen, die Religion wieder zu säubern und die Nachfolge zu sichern«[7], zog auch er das Erbprinzip im politischen Bereich vor. Denn »die wahre Freiheit blüht unter einer gesetzlichen Fürstenherrschaft«, und das ist für ihn in erster Linie eine »erbliche und achtunggebietende Regierung«. In einer solchen will er mediatorische Verfassungsorgane nicht dulden. Deshalb ist er auch dafür, daß das Amt des *Palatin* in der libertären Verfassung Ungarns, das seiner Meinung nach »dem Kaiser Leopold erblich zukomme«[8], 1671 abgeschafft wurde, weil der Palatin als »Vermittler zwischen König und Reich« fungierte und damit nach *Montecuccoli* eine Art »Schiedsrichter über beide Teile« wurde, was nach dem Magnatenaufstand nicht mehr geduldet werden dürfe[9].

Mit dieser Entscheidung, die erst 1687 revidiert werden sollte, probte Leopold I. den Versuch, das libertäre System mit dem mediatorischen Palatin, der an das »Judicium Palatinum« im Heiligen Reich ebenso erinnert wie an den Connestabel in Frankreich, den »Judex medius« in Aragonien oder an das Drostenamt in Schweden, unter nezessitären Bedingungen zu stornieren, um sich in Ungarn ein patrimoniales Erbrecht und ein arbiträres Regiment zu sichern. Ein Vorgang, der von Böhmen, Dänemark, Preußen und Schweden her bekannt ist und ein europaweites Echo fand, nachdem sich Emerich *Tököly* 1678 an die Spitze der Aufstandsbewegung gesetzt hatte und Unterstützung bei Ludwig XIV. ebenso suchte, wie er sie beim Sultan gefunden hatte. Es wäre einer genauen Untersuchung wert, die Intervention Kara Mustafas einmal unter dem Gesichtspunkt zu analysieren, daß sie u. a. auch das Ziel hatte, die libertäre Verfassung Ungarns zu erhalten und nicht nur, um das christliche Abendland zu unterdrücken, wie es der Hofprediger *Abraham a Santa Clara* im »Türkenjahr« 1683 anmahnte – »auf, auf ihr Christen, jetzt gehet es Gottes Ehr, jetzt gehet es das Erbgut der Braut Christi an«[10]. Denn es ist erstaunlich, daß sich Leopold I. 1687 auf dem Preßburger Reichstag bereit fand, den ungarischen Ständen wieder die tradierte Verfassung zu gewähren, obgleich die Siege über die Türken den Schritt nahelegten, die nezessitäre Situation auszunützen und wie in Böhmen 1627 vorzugehen, d. h. einen patrimonialen Haus-Absolutismus einzurichten.

Eine wesentliche Veränderung mußten die Stände aber zugestehen. Das »Aufstandsrecht« (Ius insurrectionis) aus der Goldenen

Bulle von 1222, das gegen einen »ungerechten König« wahrgenommen werden durfte, wurde aufgehoben. Dafür erlaubte Habsburg den Ständen der sog. *Magnatentafel* (Hochadel und Prälaten), wieder einen Palatin zu wählen, während den Repräsentanten der *Ständetafel* (Komitatsadel, niederer Klerus, Städte) die Wahl des sog. *Personal* zugestanden wurde. Als Gegenleistung für diese Restauration der alten Verfassung wurde von den Ständen das Erbrecht des Erzhauses Habsburg in Ungarn anerkannt, und zwar nach Maßgabe der Primogenitur und der agnatischen Folge. Ein reines Patrimonialverhältnis kann diese Erbregelung also nicht gewesen sein, denn sonst wären die vertraglichen Verfassungsorgane und die Beibehaltung anderer Reichsämter überflüssig gewesen. Alles deutet deshalb auf ein Erblehen hin. Wie stark das zugehörige Vertragswesen noch Generationen später wirkte, ist in einem Gutachten des Staatsrates *Blümegen* zu erkennen, der in einem Kommentar zum Codex Theresianus schreibt, daß die Einführung dieses Gesetzeswerkes in Ungarn Probleme schaffe, weil dort »die Landesverfassung ganz unterschieden ist, und ad legislationem (bei der Gesetzgebung) die Stände concurrieren (mitwirken), welche von ihrem tripartito (Gesetzbuch aus dem 16. Jhd.) nie abgehen werden«[11].

Das Haus Habsburg erreichte in Ungarn also nicht das Stadium eines DOMINIUM ABSOLUTUM, auch wenn man es oft als »Patrimonial-Königreich« bezeichnete. Nach den Worten *Rákóczys* aber, der von 1703 an einen Aufstand anführte, soll das Erzhaus die Absicht und Politik verfolgt haben, »ein freies Volk unter ein knechtisches Joch« schicken und »das absolutum dominium einer eitlen Erbschaft aufnötigen« zu wollen. Diese Warnung schrieb er in einen Aufruf an die Kroaten in der freilich vergeblichen Hoffnung, daß diese sich seiner »Revolution« anschließen würden[12]. Die Kroaten blieben aber gegenüber dem Erzhaus loyal, das aus diesem Gebiet besonders für den sog. *Kleinen Krieg* Soldaten ziehen konnte, die sich nicht nur tapfer schlugen, sondern auch selten desertierten. Die Verteidigung des Vaterlandes bedeutete für sie als des »Kaisers Grenzer« (Preradovich) die militärische Sicherung von Erbe und Eigen, die unmittelbar an einen Freiheitsbegriff gebunden war, wie er auch bis 1654 bei den Kosaken und in gewisser Weise bei den Schweden politisch gelebt wurde.

Montecuccoli, der das Heerwesen Schwedens genau studiert hatte, zeitweilig sogar Begleiter von Königin Christine war, bewunderte denn auch »das Reich Schweden«, das »sein Heerwesen fast auf dieselbe Weise eingerichtet hat, wie es die Römer hatten . . . Alle Männer jenes Reiches, die mehr als 17 und weniger als 50 Jahre zählen, sind verpflichtet, sich einrollieren zu lassen«, um im Kriegsfall nach einem bestimmten Versorgungssystem zur Verfügung zu stehen[13].

Eine derartige Heeresorganisation sicherte das Vaterland als das Land besitzender Haus-Väter nicht nur militärisch, sondern auch in seinem politischen Bestand. Diese Beziehung muß man auch bei der Bewertung des Kleinen Krieges berücksichtigen. Seine Träger hatten neben dem regulären Heereskörper Aufklärungs- und begrenzte Kampfoperationen durchzuführen. Dabei trieb sie aber nicht der »Restbestand des irrational Chaotischen« (Kunisch), auch nicht der »blinde Gehorsam«, wie er sonst im Heerwesen gefordert wurde[14], sondern ein Besitz- und Freiheitsbewußtsein, das einen ständischen Soldaten dem ständigen Soldaten (Miles perpetuus) im absolutistischen Sinne überlegen machen mußte, weil er für sein Erbe und Eigen kämpfte.

Nicht umsonst lobte Montecuccoli die libertäre und ständisch kontrollierte »Regierungsform« des »Römischen Reiches«, die es ermögliche, dem Kaiser mit Geld und Geschützen beizuspringen. Dasselbe taten auch die Stände der Erbländer und selbst Ungarns, deren autonome Finanzverwaltung ihm als Hofkriegsratspräsident mehr zusagte als die offensichtliche Korruption der Habsburgischen Hofkammer[15]. Mehr noch, ein Jahr nach seinem Tode wurde der Aufbau einer *Reichsarmatur* Wirklichkeit, an deren Gestellung die Reichsstände nach »Gleichheit und Proportion« beteiligt wurden, bis 1697 das Projekt gediehen war, vor allem in den sechs südlichen Kreisen des Heiligen Reiches eine »beständige Armatur« einzurichten, demnach »für die Zeit des Friedens gegen irgendwelche Aufrührer . . . einen Miles perpetuus zu Garantierung des künftigen Friedens in dem Reich und besonders diesen sechs Kreisen« zu halten[16].

Von einer unmittelbaren Bindung des ständigen Soldaten an den Absolutismus kann hier also keine Rede sein. Es ist den Habsburgern bis 1749 eigentlich nicht gelungen, auch dem Prinzen Eugen nicht, ein stehendes Heer einzurichten, dessen Hauptfunktion darin bestehen sollte, den Haus-Absolutismus nach innen zu sichern. Denn ein solcher durfte sich mit Ausnahme von Böhmen in keiner Herrschaft des Erzhauses voll ausbilden. Dort aber sollte der Patrimonial-Absolutismus zum Teil verheerende Wirkungen zeitigen.

Ein besonderes Beispiel für das destruktive Moment des Patrimonial-Absolutismus ist der Kampf der Bauern auf der Trübau-Türnauer Herrschaft in Mähren zwischen 1706 und 1713, und zwar »auf streng rechtlicher Grundlage ohne blutigen Aufruhr

und ohne Gewaltanwendung« unter der kundigen Führung von Erbrichtern[17].
Nach der Schlacht am Weißen Berg von 1620 kam dieses Gebiet an das Haus Liechtenstein, das sofort die Gegenreformation durchführte und gleichzeitig die rechtliche Stellung der Bauern schwächte. Diese hatten 1583 mit der alten Herrschaft des Geschlechtes Boskowitz einen Vertrag über die *Roboten* (Tagwerke) geschlossen und fühlten sich auch nach der »Rebellion« daran gebunden. Aber die Landes-Ordnung von 1628 hob alle vorher geschlossenen Verträge auf, und die Liechtensteiner waren nicht bereit, ihre patrimoniale Hausmacht durch Bauern schmälern zu lassen.
Als Erbherren lösten sie ihr sog. Dominikalland von den bestehenden Pachtverträgen und übernahmen es in eigene Hausregie. Mit der Einrichtung von Meierhöfen wurden gleichzeitig die Dienstleistungen erhöht und denjenigen von Böhmen angenähert, wo seit dem Bauernaufstand von 1680 ein entsprechendes Patent bestand. Die von den Liechtensteinern eingesetzten Verwalter verfügten über eine schier absolute Gewalt, die sie auch in Form drakonischer Bestrafungen und fast totaler Bevormundungen der Bevölkerung handhabten. Das wichtige Bier- und Branntwein-Monopol zog diese Erbherrschaft ebenso an sich, wie sie den Mühlenzwang verordnete und das Alleinverkaufsrecht von Getreide unter Ausschaltung des Marktmechanismus beanspruchte. Geld- und Naturalzinsen, der Zehnte für die Kirche und die allgemeine Landessteuer drückten im gleichem Maße, wie es fast unmöglich war, bei Rechtssachen vor dem Patrimonialgericht, das die Liechtensteiner auch kontrollierten, sein Recht zu bekommen.
Das Haus Habsburg hatte dem Haus Liechtenstein dieses Gebiet zwar de jure als eine Art Erblehen überlassen, aber de facto bedeutete die zugehörige Verfügungsmacht die Anwendung eines DOMINIUM ABSOLUTUM nach unten. Sie führte allmählich zu »einer Tyrannei, die oft noch durch das egoistische und gewalttätige Vorgehen der liechtensteinischen Wirtschaftsoffiziere für die Untertanen ins Unerträgliche gesteigert wurde«. In einem Beschwerdebrief von 1662 heißt es denn auch an die Adresse des Erbfürsten gerichtet: »Wir armen Untertanen dürfen uns schon das Leben auf der Welt nicht mehr wünschen, denn die Zeit wird zu schwer und bös, der Plagen seind den Menschen auf der Welt zu viel. Es ist nichts zu erwerben und zu verdienen, kein Bissen Brot, alles ist Mühe und Arbeit, Not und Kummer.«[18]
Eine Generation später war die Lage eher noch schlechter, weil sich der Patrimonialisierungsprozeß verschärft hatte: »Aus dem ehe-

mals Grundholden war der Erbuntertan, aus dem Grundherrn der Erbherr geworden. Damit war dem Erbherrn die Arbeitskraft seiner Dorfansassen für alle Zukunft gesichert, und zwar gesetzlich, denn ohne diese harten Zwangsdienste waren die obrigkeitlichen Großbetriebe undenkbar«[19], deren Erträge dabei halfen, den Liechtensteinern die heute so bewunderten Kunstsammlungen zu erwerben.

Unter diesen Bedingungen hatte das rechtliche Vorgehen der Trübau-Türnauer kaum eine Aussicht auf Erfolg. Im Gegenteil, ihr Prozeß führte sogar dazu, daß die Robotleistungen von drei auf sechs Tagesleistungen in der Woche heraufgesetzt wurden[20]. Hinzu kam die Verschärfung der Schollenbindung der Bauern, der Zwang, die Heiratserlaubnis bei der Erbherrschaft einzuholen (auch ein Instrument zur Steuerung der Besitzverhältnisse), das Verbot der freien Berufswahl in den Städten und die Restriktionen hinsichtlich des *Jus emigrandi*, das nicht wenige Protestanten zu umgehen wußten. Die Gründung von Böhmisch-Rixdorf, dem späteren Neu-Cölln in der Nähe Berlins, ist dafür nur ein Beispiel unter anderen. Es besteht kein Zweifel, daß der Absolutismus hier äußerst destruktiv gewirkt hat, d. h. die Handhabung eines Besitzbegriffs, der nach unten keine vertraglichen Bindungen und Behinderungen mehr anerkennen wollte[21].

Diese »patrimoniale Entartung« (O. Hintze) ließ die neuen Erbherren mitunter einen Getreide- und Preiswucher betreiben, der selbst der Wiener Hofkammer zu viel wurde, so daß es unter Karl VI. zu einer Reihe von Schutzmaßnahmen kam. Dabei wurde geplant, die Rückführung oder Reduktion verlehnter, verpfändeter oder verpachteter Kammergüter in die direkte Verfügung des Erzhauses zu unternehmen u. a. mit dem Ziel, daß die »getreuen Erbuntertanen . . . nicht wider alle Billigkeit geträngt oder ausgezogen werden mögen«[22]. Zu einer grundlegenden Reduktion wie in Schweden ist es aber nicht gekommen, und ihr Ausbleiben sollte Maria Theresia bald beklagen, weil sich die materielle Besitzbasis des Erzhauses seit den Türkenkriegen erheblich verringert hatte.

Der verzweifelte Ruf Montecuccolis – »Geld, Geld und noch einmal Geld«[23] – hallte durch alle Herrschaften des Hauses Österreich, das sich einen Großteil seiner Macht mit politischen Zugeständnissen erkaufen mußte und in seiner monetär bedrängten Lage manch einen veranlaßte, wohlgesonnene Ratschläge dafür zu geben, wie der Geldnot begegnet werden könne.

Abraham a Santa Clara, der einflußreiche Hofprediger in Wien, zitiert in seiner bitteren Kritik am Hof den König Alphonsus von

Aragonien. Dabei greift er aber nicht auf dessen Wahlspruch »Pro rege, lege et grege« zurück, sondern auf dessen vermeintlichen Ausspruch, daß »das Geld über allen Monarchen ist«. Dieses hat die »liebe deutsche Treu und Redlichkeit« verdorben. Mit äußerster Schärfe geißelt er das zerrüttete Vertragswesen und fühlt sich gar als Bewohner eines »Narrennestes«, in dem es merkwürdige Gebräuche gibt: »Was schickt man nicht wegen der Mode nach Frankreich! Dadurch kommt das deutsche Geld und Silber aus dem Land, und unsere Feinde bekriegen uns mit unserem eigenen Geld.« Mit dem Erfolg, daß »man bei Hof sehen werde, daß allda wenig (Edel-)Metall, aber viel Erz, viel Erzdiebe, Erzschelme, Erzbetrüger« herumlaufen, die den gemeinen Mann ausbeuten und dabei vergessen, wie »ein Land erhalten wird«, nämlich »durch die Gerechtigkeit«[24].

Es sind merkantilistische Überlegungen, die uns hier begegnen, die Vorstellung nämlich von einer gewissen ökonomischen Autarkie, die Geldabflüsse nach außen weitgehend verhindern will und in der Gold- und Silberschatzung das Hauptmittel erkennt, die eigenen monetären und ökonomischen Probleme zu lösen.

Einer der wichtigsten Vertreter dieser dem *Cameralismus* zuneigenden Theorie war *Hörnigk*, der Schwager Bechers. Mit seiner berühmten Schrift »*Österreich über alles, wenn es nur will*« schlug er sich um 1684 auf die Seite jener, die ihre jeweiligen Länder »von den anderen independent zu machen« versuchten, demnach eine ökonomische Selbstversorgung anstrebten.

Dabei geht Hörnigk davon aus, daß das »teutsche österreichische Erzhaus« eine besondere Mission zu erfüllen habe. Denn »Teutschland in Erhebung inländischer Manufakturen und Commercien will einen Vorgänger haben«, und dieser soll seiner Meinung nach das besagte Haus sein, das sich mit seinen »kaiserlichen Erblanden in kurzen über alle anderen Staaten von Europa« erheben kann, »Vollkommenheit und Independenz« erreicht, wenn es nur konsequent daran arbeitet, einheimische Gewerbe und Manufakturen zu fördern.

Darin erblickt er das Wesen der »wahren Landes-Oeconomie«, deren Pflege er von den »vornehmsten Reichsständen« erwartet, und zwar daß »jeder in seinem eigenen Haus« entsprechende Maßnahmen ergreift. Das Ankurbeln des Manufakturwesens könne mit der Zeit den »Mangel an Geld, die Quelle unseres so großen Unglücks« beheben.

Wie viele Cameralisten sieht er die wichtigste Ursache für den chronischen Geldmangel weniger in der Aufrüstung und in den dauernden Kriegen als vielmehr darin, daß die »auswärtigen unnötigen unnützen Waren . . . unser gutes Gold und Silber«

abziehen und »Millionenweise unseren Erz- und Erbfeinden zurinnen« lassen. Sein Nationalismus, ein österreichisch eingefärbter Reichspatriotismus, läßt sich in Schimpfkanonaden an den »zerreißlichen französischen Lumpen« aus, »die noch dazu alle halbe Jahr durch Änderung der Mode unnütz gemacht werden« und konzentriert sich auf die Aktivierung dessen, was einst »das eigene Haus bescherte«. Darunter zählte er »Gold, Silber, Edelgestein oder Zobel«.

Es genüge aber nicht, nur Rohstoffe zu produzieren. Vielmehr müsse deren Verarbeitung im eigenen Land erfolgen, sowie der Außenhandel aktiviert werden. Die »Hansestädte« sind ihm dafür das historische Beispiel des Erfolges, das Holland, England und Frankreich nur nachgeahmt hätten. Dabei wehrt er sich aber gegen die Tendenz zum Monopolismus in fremder Hand und verweist auf das negative Beispiel der Leinwandverarbeitung in Oberösterreich und Schlesien. In der Annahme, daß das Erzhaus selbst alles besser machen könne als Ausländer, empfiehlt er ihm jedoch monopolistische Initiativen in Gestalt von Dirigismus und Interventionismus. Mit ihnen will er das tradierte Handwerks-, Zünfte- und Innungenwesen ebenso aufbrechen, wie durch gezielte Verbote gegen die Einfuhr auswärtiger Waren die einheimische Produktion fördern.

Er hält wenig vom Marktmechanismus und dem zugehörigen Vertragssystem. »Jahrmarktsprivilegia« seien tatsächlich »keine Pacta, sondern bloße in der hohen Obrigkeit Willkür stehende Permissiones und das Hereinbringen der Waren hat sich billig nach der Landes-Policey zu richten«.

Es ist ein patrimoniales und absolutistisches Denken, das sich hier im Vertrauen auf die Leistungsfähigkeit des einzelnen unabhängigen Hauses äußert. Der Machtbereich des Hauses Österreich sollte »beinahe wie eine kleine Welt in sich selbst . . . bestehen« als ein Haus-Staat, der ständische Autonomie, eine marktbezogene Wirtschaft und Vertragsherrschaft weitgehend eindämmt, um auf diese Weise autark zu werden[25]. In der realen Politik jedoch waren die Habsburger nicht selten genötigt, ihr Handeln nach dem alten Motto auszurichten – »Landtage sind Geldtage«[26].

Die Bemühung eines Landtages aber bedeutete die Aktivierung und Respektierung einer ökonomischen und monetären Autonomie der Stände, sowie das Einhalten von Verträgen und die Anerkennung einer verfassungsmäßigen Beschränkung von Machtbefugnissen. Mit diesem libertären Bestand wurden die Habsburger immer wieder konfrontiert nicht weniger als die Theoretiker, die ihnen wohlgesonnen waren und mit Ratschlägen nicht sparten. Dazu zählte auch der Freiherr von *Schröder*.

In seinen Schriften »*Fürstliche Schatz- und Rentkammer*« und »*Disquisitio politica vom absoluten Fürsten-Recht*« um 1686 konzentriert er sich neben dem »Unterricht vom Goldmachen« auf den Kern und das Ziel aller Fürsten-Politik. Zum einen habe sie sich um eine »stehende Armee« zu kümmern, aber nicht »zur Einführung einer Tyranney, sondern zur Beförderung der Justiz und Erhaltung des Friedens«, samt der persönlichen Sicherheit des Fürsten, seines Hauses und Besitzes.

»Mit vielem Geld im Kasten« könne dieses Ziel zum anderen erreicht werden, wenn endlich gründliche Bestandsaufnahmen durchgeführt würden, d. h. durch Erstellen eines Manufaktur-Inventariums, Sichtung der Urbarien, der Steuer-Register oder des Lotteriewesens. Damit könnten alle Einnahmen »sicher« gemacht werden. Dabei lehnt er »alle machiavellistischen Maximen« ab, welche »die Untertanen unterdrücken«, aber eine »Mitwissenschaft und Einwilligung in alle vorhandenen Geschäfte« durch die Stände darf trotzdem nicht erfolgen, weil ein derartiges Zugeständnis gegen »die Natur und Proprietät einer Monarchischen Regierung« liefe.

Der Fürst hat ein »Haus-Vater« zu sein, und die Untertanen müssen wie »seine Kinder regiert werden«. Der Prophet David ist ihm dafür der Hauptzeuge. Denn Gott hat Christus die Welt »zum Erbe ... und zum Eigentum gegeben, woher zu sehen, daß das Vorrecht der Könige ein Erbrecht (jus haereditarum) ist, das ist ein völlig(es) und eigentümlich(es) Recht und nicht, wie es die Cromwellisten in England genennet, ein königliches Amt (officium regium) ... Es stehet nicht, er hat den Heiden einen König gegeben, sondern er hat dir beide zum Eigentum gegeben, wodurch das *absolute Gouvernement* der Fürsten bestätigt zu sein erhellet«.

An irgendeiner »continuierlichen Communication« mit den Untertanen oder Ständen darf ein »souveräner Fürst« nicht interessiert sein. Das sähe nämlich nach einer »Mitregierung« aus, die abzulehnen ist. Damit der Fürst aber »von seinen Untertanen *independent* und für sich selbst *absolut* sein möge, so achte er darauf ..., daß er das Heft in den Händen und Geld im Kasten habe«.

Die Kopplung von Erb-Souveränität und Absolutesse an den patrimonialen Eigentumsbegriff ist auch hier deutlich zu erkennen. Dennoch macht Schröder einige bemerkenswerte Zugeständnisse. So kritisiert er heftig »die Kameralisten« an den Höfen Europas, die nichts anderes im Kopf hätten, als nur nach Dingen Ausschau zu halten, »worauf ein impost (Steuer) gesetzt werden könne« oder wo ein »neues Monopol einen merklichen Profit«

einzubringen verspräche, ohne genügend zu bedenken, daß man mit dieser ökonomischen Politik dem »gemeinen Mann seine Nahrung« entzieht. Die Kameralisten sind deshalb auch »bei dem Lande so verhaßt und so suspekt, daß auch dieselbigen ... von den Versammlungen der Landes-Stände an etlichen Orten ausgeschlossen werden«.
Schröder glaubt in seiner »Utopia«, wie er seine Vorschläge selbst nennt, man könne die Patrimonialpolitik eines souveränen Hauses mit Hilfe eines neuen »obersten und absoluten Kollegiums« betreiben, ohne »denen Freiheiten des Landes, welche auf gewisse Verträge zwischen dem Fürsten und den Untertanen (compactatis inter principem und subditos) gegründet sein, einen Eingriff zu tun«. An anderer Stelle seines »absoluten Fürstenrechts« bemerkt er dagegen, daß es »unter den Gelehrten ein gemeiner Wahn« sei, einfach anzunehmen, »das monarchische Regiment ... sei auf gewisse Vergleiche gegründet, welche zwischen denen Häuptern oder Regenten und denen Untertanen getroffen worden, welchen ein Regent schnurstracks nachleben müsse«. Das bedeute auch, »unterschiedliche Regierungsarten gewisse Contractus nennen« zu müssen, »nach welchen sich eine Nation unter sich selbst ... mit gewissen Konditionen ... verglichen« hat.
In der Ablehnung dieser Vertragslehre findet sich auch der übliche Hinweis auf das Saul-Königtum, das »immediate von Gott ... deklariert worden« sei, sowie das Insistieren auf dem Kriegsrecht (jus belli), nach dem die meisten fürstlichen Regierungen eingerichtet worden seien. »Kapitulationen und Rezesse« hätten demnach nicht die Qualität, als »Fundament der monarchischen Regierung« zu gelten, sondern seien lediglich »Begrenzungen (limitationes)«, die aus »notdringenden Ursachen und Bedrohungen« der Fürsten emanierten, ohne das absolute Fürstenrecht substantiell zu verändern. Denn dieses komme »von Gott nicht aber vom Volke«, was allein schon der »Titel *von Gottes Gnaden*« ausdrücke[27].
Das vertragliche und libertäre Gottesgnadentum wird im Hinblick auf nezessitäre Umstände in ein Jure-divino-Königtum patrimonialer Natur und arbiträrer Wirkung umgedeutet. Es wird also auch hier »das Erbelement, das ›Heil‹ des Königshauses übersteigert«, indem das »im älteren Gottesgnadentum enthaltene Wahlelement« geleugnet wird[28]. Dieses Bekenntnis zur Immediatslehre und zum Patrimonial-Absolutismus kontrastiert bei Schröder mit seiner Forderung nach einer marktorientierten Geldwirtschaft und dem zugehörigen Vertragswesen: »Geld im Kasten ist dem Land ein Schade.« Wenn es nur ruht, dann entspricht dieser Zustand

einem »Krieg im Lande«. Dagegen ist ein »freies Commercium das beste Mittel, ein Land reich zu machen«. England und Holland sind ihm dafür die Vorbilder. Hat aber nicht gerade dort das Marktprinzip in der privaten Ökonomie das Vertragsprinzip im öffentlichen Bereich gefordert und gefördert? Steht nicht auch das freiheitliche System dieser Länder ähnlich demjenigen Venedigs und der Hanse im Zeichen einer rationalen Vermarktung der Macht, während die absolutistischen Regimes eine Vermachtung der Märkte anstrebten im Glauben, daß eine patrimoniale Verfügung über Land und Leute die anstehenden Geldnöte beheben könnte?

Der Plan Schröders, eine »landesfürstliche Wechselbank« einzurichten, spricht diese absolutistische Hoffnung aus. Das »politische Geheimnis« einer derartigen Bank liege nämlich darin, daß »der Landesfürst dadurch alle negotia in seine eigene Hand bekommt« und damit »absoluter Herr von allen Capitalien im Lande« wird[29]. Doch was nutzt diese Macht- und Kapitalfülle, wenn der Landesfürst damit nicht umgehen kann und zahlreiche Verordnungen, Interventionen und dirigistische Maßnahmen die Bewegungen des Kapitals behindern? Das Projekt einer Giro-Bank in Wien 1703, das sogar als »Fundamentalgesetz« deklariert worden ist, hat Schröders Vorschlag teilweise zu realisieren versucht[30], ohne allerdings einen wirklich durchschlagenden Erfolg zu haben.

Die Vorstellung von der Konzentration aller Macht in einer Hand und der Glaube, daß der größte Gutsbesitzer eines Landes in der Eigenschaft als unumschränkter Geldbesitzer die anstehenden Probleme lösen könne, faszinierte die Theoretiker wie die Praktiker immer wieder. Dahinter verbirgt sich der Wunsch nach einer absoluten Vervollkommnung des Menschen in und durch eine uneingeschränkte Macht des Besitzes. Im Besitze dieser Macht dann zeigt sich aber, daß die Arbeitsteilung, die vorhandene Aufsplitterung des Privatbesitzes mit den zugehörigen Sicherheiten und die Einsicht in die Notwendigkeiten einer Organisation des Mangels auch absoluter Verfügungsmacht Grenzen setzen. Wird ein derartiges System noch durch das patrimoniale Erbprinzip begründet und gesichert, dann erscheint es im gleichen Augenblick doppelt gefährdet, wenn der Erbe ausbleibt und sofort Ansprüche anderer Linien und auswärtiger Mächte angemeldet werden.

Das »Haus Österreich« hat gerade diese Gefährdungen in den eigenen Reihen durch die »Bruderzwiste« und die Gefahr des Aussterbens der Manneslinien immer wieder durchstehen müssen und dabei viele Energien verbraucht sowie Abhängigkeiten erlebt, die es nicht erlaubten, das politische Ständewesen in allen Herrschaften völlig zu stornieren und an seiner Stelle den Patrimonial-Absolutismus einzuführen.

c) *Erbfolgekriege. Die »Pragmatische Sanktion«. Die Stände als Gegenpartner. Kaiser-Wahl.*

Es gehört zu den Eigentümlichkeiten des Feudal-Systems, daß es sich durch fortschreitende Patrimonialisierungen immer mehr von seinen politischen Aufträgen entfernte und durch steigende Erbansprüche zu Verwicklungen führte, die in besonderen Fällen sofort fast ganz Europa auf den Plan riefen. Die Heirats-Koalitionen auf der Ebene der souveränen Häuser ließen die Respublica Christiana zuweilen als eine überdimensionale Familien-Sozietät erscheinen, deren Politik vornehmlich darauf gerichtet war, durch Erbfälle den eigenen Besitz zu mehren und den bisherigen Status oder Rang zu erhöhen.
Von der Sozialverfassung der »niederen Stände« vollkommen gelöst, vollzogen sich Erb- und Staatsaktionen bis hin zu einem europaweiten Krieg auf einer Entscheidungsebene, die nur noch selten von den Ständen und ihren Land- oder Reichstagen nachhaltig beeinflußt werden konnte.
Wie kompliziert und verzweigt eine derartige Erbsache ausfallen konnte, zeigte der Tod des Kurfürsten Karl aus dem kalvinistischen *Hause Simmern* im Jahre 1685. Mit ihm war nämlich die Manneslinie erloschen, so daß die entsprechenden Status-Rechte mit zugehörigen Landen und Leuten von dem katholischen *Neuburger* Philipp Wilhelm beansprucht wurden, der über Jülich und Berg gebot und damit Interessen des kalvinistischen *Hauses Brandenburg* tangierte. Ludwig XIV. aus dem *Hause Bourbon* forderte nun für seine Schwägerin Liselotte von der Pfalz die Allodialländer ihres verstorbenen Bruders, d. h. Gebiete, über die ein DOMINIUM DIRECTUM beansprucht werden konnte, vor allem Simmern selbst, Lautern, Germersheim und andere. Als weiterer Interessent trat dem »allerchristlichsten König« der Kaiser Leopold I. aus dem *Hause Österreich* entgegen, der mit einer Tochter Philipp Wilhelms verheiratet war. Und selbst das *Pfälzische Haus Zweibrücken*, das in Gestalt Karls XI. den Thron Schwedens innehatte, konnte in den anstehenden Erbkonflikt hineingezogen werden, zumal Ludwig XIV. im Zuge seiner Reunionspolitik nach 1681 die Zweibrückischen Länder mit seiner »unleidlichen Souveränität« belästigte und sich damit Schweden zum Feind gemacht hatte[1].

Die Folge dieses Erbstreites war der Pfälzische Erbfolgekrieg von 1688 bis 1697, dessen Rechts- und Interventionslage sich noch durch die rechtswidrige Besetzung des Kurstuhles zu Köln mit Joseph Clemens aus dem *Hause Wittelsbach* verschärft wurde. Die Kriegshandlungen führten u.a. dazu, daß die Pfalz nach den Verheerungen im Dreißigjährigen Krieg durch spanische, französische und schwedische Truppen wiederum furchtbare Zerstörungen ertragen mußte, unter denen das Niederbrennen des Heidelberger Schlosses und die Schändung der Kaisergräber im Dom zu Speyer durch die Soldaten Louvois' die Stimmungen anheizten. Neben dem Türken, der mühsam genug von Kaiser und Reich niedergerungen worden war, galt nun auch der Franzose als ein »Erbfeind« des Reiches[2], das im *Frieden von Rijswijk* auf Straßburg und das Elsaß verzichten mußte. Dafür wurde u. a. Karl, dem Sohne Kaiser Leopolds, das Herzogtum Lothringen eingeräumt, die rechtsrheinischen Brückenköpfe aufgegeben und der Rückzug aus den besetzten Saar-Gebieten zugebilligt. Die Rijswijker Klausel aber, nämlich die durch Ludwig XIV. in den reunierten Gebieten erzwungenen Sonderrechte der Katholiken auf Kosten der Protestanten, erzeugte im Heiligen Reich zwischen den Konfessions-Corpora neue Spannungen, weil mit dieser vom Kaiser anerkannten Regelung der Westfälische Friede gebrochen war[3].

Das Haus Österreich aber konnte sich mit seinem Vorgehen im Westen leidlich zufriedengeben, und als es im *Frieden von Carlowitz* 1699 gelungen war, die Erb-Herrschaft über Ungarn, Siebenbürgen, Teile Slavoniens und Kroatiens gegen das Osmanische Reich, den Verbündeten Frankreichs, auf internationaler Ebene anerkannt zu bekommen[4], zeichnete sich zum ersten Male die Möglichkeit einer habsburgischen Eigenmacht ab, die sich nicht mehr über das Heilige Reich zu vermitteln brauchte. Man wollte aber deshalb auf die Kaiserwürde so wenig verzichten wie auf das spanische Erbe, das mit dem Tode des letzten Habsburgers dieser Linie, Karls II., zu einem neuen Erbfolgekrieg Anlaß gab.

In die Zeit dieses neuen Krieges, an dem auch England und Holland maßgeblich zugunsten Habsburgs beteiligt waren, fiel nicht nur der weitere Aufstieg des *Prinzen Eugen* als Feldherr und Diplomat[5], sondern auch der Tod Kaiser Leopolds 1705, dem es zwei Jahre zuvor noch gelungen war, mit dem Projekt einer *Pragmatischen Sanktion* innerhalb des eigenen Hauses Erb- und Besitzansprüche seiner Nachkommen zu regeln.

Er verhielt sich bei dieser schwierigen Haus- und Staatsaktion, deren Anerkennung durch die Stände und bei den europäischen Mächten enorme Energien in der Zukunft absorbieren sollte, im Prinzip wie Ferdinand II., der mit seinen Testamenten von 1621

und 1635 seine Verfügungsgewalt im Rahmen eines »Fideikommiß oder Majorats« handhabte. Das bedeutete nichts anderes, als daß die Länder des Erzhauses »insgesamt auf den *ältesten Deszendenten* nach Art und Anweisung des iuris primogeniturae oder majoratus fallen und verstammet werden« und er »allein inne haben, regieren, herrschen, geniessen« darf[6].
Die Ragio di dominio billigte dem Nachfolger trotz aller gebotenen Machtfülle über diese Länder aber nur einen Status zu, der dem »depot« im Salischen Erbfolgegesetz entsprach, d. h. die Haus-Gebiete wurden dem regierenden Nachfolger »zu treuen Händen« für die Familie überlassen. Auf Hausebene vollzieht sich demnach ein Erblehens-Prozeß, der sich auch dort noch auf der Reichsebene offenbart, wo z. B. die Kurfürsten nach dem Todesfall ihres Vorgängers die Bestätigung des »jus territorii et superioritatis« in Wien beim Kaiser einholen mußten. Diese Belehnung wurde »in Person eines Gesandten« vorgenommen und hatte noch im 18. Jhd. ihre hochpolitische Bedeutung nicht verloren[7]. Die Einrichtung der Kurwürde für das Welfen-Haus Hannover 1692, die Investitur der Kur-Pfalz in der vakanten Kur Bayern 1708, die Investitur Kur-Braunschweigs oder die Einsetzung Kur-Brandenburgs in Stettin 1732 geben den juridischen Erblehen-Charakter ebenso zu erkennen wie die Achtserklärung für Kur-Bayern 1706 oder gegen Friedrich II. von Kur-Brandenburg samt seinen Anhängern im Heiligen Reich am Anfang des Siebenjährigen Krieges.
Gewiß, diese rechtspolitischen Maßnahmen Wiens scheiterten nicht selten an den machtpolitischen Gegebenheiten, weil die materielle Exekution der Acht nicht immer mit Waffengewalt durchgesetzt werden konnte. Doch der Rechtsvorbehalt des Reiches war noch stark genug, die Fürsten davon abzuhalten, das Erblehen mit seinem nominellen DOMINIUM UTILE in ein patrimoniales DOMINIUM ABSOLUTUM zu verwandeln, obgleich sie in der Realität eine ähnliche Dominialgewalt handhaben konnten. Erst die Abdankung des Kaisers 1806 brachte ihnen dann die Möglichkeit, einen souveränen Patrimonial-Staat einzurichten – und teilweise einem ungezügelten »Sultanismus« zu huldigen.
Das Modell des Erblehens, nach dem z. B. auch die Besitz- und Benutzungsverhältnisse der aufkommenden Reichs-Post geregelt waren[8], hat auch in seiner quasi-patrimonialen Ausformung zum Fidei-Commiß das europäische Verfassungssystem der Neuzeit stärker geprägt als jedes andere Organisationsprinzip. Daß es in der Forschung selten erwähnt wird und bisher noch nicht zum Ausgangspunkt einer Herrschafts-Systematik gemacht wurde, hängt vor allem mit der Ausklammerung des Eigentumsbegriffes

in der älteren Forschung zusammen. Sie hielt das akzidentielle Behördenwesen der Haus-Staaten für wichtiger als die substantielle Besitzbasis der herrschenden Familien. Ihre Sicherung und Erweiterung war aber der Hauptinhalt der Politik schlechthin, und nicht die Sorge um die Wohlfahrt der Untertanen. Diese konnte bewußt aufs Spiel gesetzt werden, wenn die Haus-Interessen als vorrangig angesehen wurden. Und dies war der Regelfall in einem Gemeinwesen, dessen Stände politisch zurückgedrängt worden waren. Dort aber, wo sie sich halten konnten, mußten sie bemüht werden, wenn die Nachfolge Vertragscharakter hatte, was bei einem Erblehen immer der Fall war.
Kaiser Leopold I. war dieser fundamentale Mechanismus aus dem Lehns-Nexus bekannt, als er in recht geheimen Formen auf der Ebene des Erzhauses das zugehörige Erbe zwischen den Söhnen Joseph, seinem Nachfolger, und Karl aufteilte. Die Erstellung eines Hausgesetzes in Form des »*Pactum mutuae successionis*« von 1703 hatte zwar einen privatrechtlichen Charakter, aber seine Vertragsnatur vermittelte die Bindungen an ein Öffentliches Recht. Die Hinzuziehung von Staatsräten, unter denen z. B. der Graf Traun als »Marschall der Stände von Niederösterreich« teilnahm, zeigt, daß es sich bei dieser Verfügung nicht um eine rein patrimoniale Angelegenheit in der Wahrnehmung eines DOMINIUM ABSOLUTUM handelte, sondern um einen Vertragsfall[9].
Die vorherrschende »Macht des Männlichen« ließ eine Übernahme des Haus- und Landregiments durch eine Frau nur dann zu, wenn keine Manneserben mehr vorhanden waren. Ziel dieser Erblehensaktion von 1703 war demnach die »ewige und unzertrennliche Vereinigung und Beysammenhaltung deren von Uns dermalen in- und außer Teutschland besitzenden, oder auch künftig zukommenden Erbkönigreiche, Fürstentümer und Länder«. Dafür hatte die angenommene »Sanctio pragmatica, lex perpetuo valitura und unzerbrechliche Norma« zu sorgen, nach welcher »in unserem Erzhaus sowohl unter dem männlichen als – in dessen Abgang – weiblichen Geschlecht in Form einer Primogenitur . . . nach festgesetzter Erbsukzession« künftig beim Thronwechsel zu verfahren war[10].
Man konnte 1703 nicht ahnen, daß das Gesamterbe des Erzhauses in Gestalt eines »Universal-Fideikommisses« nur wenige Jahre später in Gefahr geraten sollte, von den Ständen der einzelnen Länder und den Staaten Europas wegen der weiblichen Nachfolge nicht anerkannt zu werden. Denn Josef I. starb bereits 1711 und hinterließ nur zwei erbberechtigte Töchter. Sein Nachfolger Karl VI. war bei Regierungsantritt noch kinderlos und sah sich nach dem Tode seines Sohnes Leopold gezwungen, der Pragmatischen

Abb. 9:
Joseph I., Karl VI., Maria Theresia

Sanktion nach der Geburt der Töchter Maria Theresia (1717) und Maria Anna (1718) durch die Stände und ihre Land- oder Reichstage eine neue rechtliche Absicherung zu verschaffen – was nicht nötig gewesen wäre, hätte Habsburg patrimonial und arbiträr über diese Fundamentalfrage entscheiden dürfen[11].

In besonderen »Erklärungen«, die allerdings nicht die absolutistischen Qualitäten der Stände-Erklärungen wie in Schweden hatten, stimmten die Stände im Laufe des Jahres 1720 in den Erbländern »unter der Enns«, »ob der Enns«, Steiermark, Kärnten und Krain der Neufassung von 1713 unter Bezugnahme auf alle an «eren Abmachungen zu, wie sie seit 1621 vorgenommen worden waren. Dabei hofften z. B. die Krainer, daß von der Pragmatischen Sanktion Karls VI. das »Heil« aller »Untertanen und Vasallen, auch allgemeine Tranquillität von Europa« ausgehen möge zur Vorbeugung »innerer Spaltungen ..., fremder und ausländischer Invasionen«. Die Grafschaften Görz und Gradisca sowie Triest schlossen sich diesem Wunsche an und hofften darauf, daß »das österreichische Haus im ganzen Erdkreis das höchste sein werde« (Domus Austriaca erit in orbe ultima)[12].

Auffallend ist, daß die Stände – trotz der Sanktionierung der Erbansprüche Habsburgs auf die Kammergüter und Regierungsrechte ihrer Länder – eine Art Junktim zwischen Erbfolge und Freiheitsgarantie sehen. Man beruft sich dabei sogar auf eine Landeshandfeste aus dem Jahre 1338 und zitiert den Rechtsgrundsatz: »Wir setzen auch, daß die Töchter ihrer Väter Erbgut besitzen, wenn sie der Söhne nicht einen haben.« Das bedeutete aber auch, eine ähnliche Regelung in den Häusern des Adels zuzulassen, der immer noch darauf bedacht war, daß Habsburg bei allen Zugeständnissen die eigenen Freiheitsrechte ohne Not nicht wegnehmen durfte[13].

Von besonderem Interesse bei diesem Anerkennungsverfahren durch die Stände ist die Reaktion in Böhmen und Mähren, wo trotz der Landes-Ordnung von 1627/28 die Primogenitur »landesgesetzlich« nicht voll anerkannt war, in der sogar das Recht verbrieft wurde, nach dem gänzlichen Aussterben des Erzhauses wieder eine Königswahl vornehmen zu dürfen.

Mit der Annahme der Pragmatischen Sanktion im Jahre 1720 auf dem Landtag »als fundamentales Gesetz und Sanktion« gab man auch die Versicherung ab, dieses Haus-Gesetz »mit Gut und Blut . . . zu allen Zeiten« zu verteidigen. Der ausgesprochene Verzicht auf eine *Mitwahl* bekräftigte zwar die Veränderungen von 1627, aber die gleichzeitige Berufung auf die »Fundamentalgesetze« des Königreiches – Goldene Bulle von 1348, Majestätsbriefe von 1510 und 1545 sowie die Landes-Ordnung von 1627 – deuteten an, daß sich trotz des Absolutismus im Bereich der Administration noch das Bewußtsein einer kumulativen Konstitution erhalten hatte, aus dem sich in Zukunft mancher Anspruch herleiten ließ[14] – ein libertäres Licht in der »Finsternis« (Temno).

Probleme eigener Art ergaben sich für Siebenbürgen. Dort hatte Leopold I. 1691 zwar garantiert, jährlich den Landtag einzuberufen. Aber durch die langfristige Fixierung der anstehenden Militärabgaben konnte dieses Ständerecht unterlaufen werden. Außerdem hatten die Stände im Frieden von Carlowitz 1699 das Recht verloren, ihren Fürsten durch eine Wahl bestimmen zu dürfen.

Das Gebiet hatte sich von nun an als »DOMINIUM AUSTRIACUM« zu betrachten und als »Principatum sibi haereditarium«, so daß die Einberufung des Landtages 1721 weniger einer libertären Gesinnung Karls VI. entsprach als vielmehr einem Schachzug gegenüber dem zögernden Ungarn, das durch die Entscheidung der Siebenbürger Stände zur eigenen Zustimmung gebracht werden sollte. Tatsächlich wurde die Pragmatische Sanktion als eine »Lex fundamentalis Transsylvaniae« anerkannt. Doch eine Reihe von Bedingungen aus dem *Leopoldinischen Diplom* von 1691 warf die Frage auf, ob Siebenbürgen an das Haus Österreich vertragsmäßig *vererbt* wurde nach Maßgabe eines Erblehens, oder ob es patrimonial durch den »Princeps haereditarius« ohne Bedingungen *ererbt* worden war.

Die Antwort blieb in der Schwebe, konstitutionale Unklarheiten wurden nicht bereinigt, aber 1741 akzeptierte der Landtag Siebenbürgens Maria Theresia als Erbfürstin, ohne das Recht der Fürstenwahl zugestanden zu bekommen. 1744 wurden sogar ältere »Gesetze und Konstitutionen« Siebenbürgens, die von einer Fürstenwahl handeln, außer Kraft gesetzt, um nicht die Erbsukzession des Erzhauses zu präjudizieren[15].

Schwierigkeiten mit Kroatien, Dalmatien und Slavonien gab es nicht[16], aber die Vorsicht im Umgang mit den entsprechenden Landesfreiheiten ist unverkennbar, denn sie tangierten auch die Fundamentalgesetze Ungarns, vor allem aber das Zugeständnis von 1687, nach dem Aussterben des Habsburgischen Mannesstammes wieder eine Königswahl vornehmen zu dürfen.

Nach all den Aufständen seit Wesselény, Tököly und Rákóczy war nach der Versöhnung von 1711 weiterhin Vorsicht geboten, um nicht durch einen neuen Aufstand zugunsten des Wahlrechts und gegen die weibliche Erbfolge einen großen Konflikt vom Zaune zu brechen, der die habsburgische Haus-Macht in die Enge treiben konnte. Denn man wußte, wie sehr Frankreich und die Osmanische Pforte am Dissens zwischen dem Erzhaus und den Ungarn-Ständen interessiert waren.

Mit Hilfe einer »engeren Magnatenkonferenz«, an der auch der mediatorische Palatin teilnahm, hoffte man auf seiten Habsburgs, die Ungarn für die Erbfolgeordnung zu gewinnen, ohne ihnen jedoch alle Geheimabsprachen von 1703 zu eröffnen, die auch mit der Neufassung von 1713 nicht aufgehoben worden waren.

Ein »an Patrimonial-Königreich und -Land mächtiges Oberhaupt« sei der beste Schutz gegen den Sultan. Diese Argumentation des Erzhauses verfing bei den Ständevertretern Ungarns aber nicht. Sie wollten auf die Wahl eines eigenen Königs und auf die Garantie, »nicht nach der Norm der anderen Länder« des Erzhauses regiert zu werden, keinesfalls verzichten. Sie wußten genau, was eine Patrimoniallösung der Nachfolge für die eigene Verfassung und Freiheit zu bedeuten hatte – uneingeschränkte Verfügung des Potentaten über das Krongut, Abkehr von vertraglichen Garantien der Wahl-Freiheiten und behördliche Bevormundung.

Die 1722 angesetzte »Ministerialkonferenz« unter der Leitung des Prinzen Eugen fand zwar eine Lösung, aber nicht im Sinne des angestrebten Patrimonial-Modelles, sondern nach Maßgabe eines Erblehens und in Form eines »Fundamentalvertrages«. Dafür spricht nicht nur die Beteiligung des Palatins *Pálffy*, sondern auch die Durchsetzung der Krönungspflicht, des Ablegens eines Verfassungseides durch die mögliche Königin und die zugehörige Verpflichtung, Ungarn nach seinen eigenen Gesetzen zu regieren, an deren Zustandekommen die Stände mittels Palatin und Reichstag beteiligt werden mußten.

Wie stark der Rechts- und Verfassungswiderstand gegen eine Patrimoniallösung war, verdeutlicht schließlich noch der Ausschluß des Gemahls von Maria Theresia von der Verfügung über die ständische Armee Ungarns! Dabei war man bereit, eine »reguläre Miliz, sowohl aus Einheimischen, als auch aus Fremden, für alle Fälle *ständig* (zu) unterhalten«, doch »über die nötigen Subsidien und Kontributionen muß mit den Ständen reichstagsmäßig verhandelt werden«. Denn man war mittlerweile davon überzeugt, daß »Ungarn durch die Landesinsurrektion allein nicht hinreichend verteidigt werden kann«[17].

Es ist dem Erzhaus also nicht gelungen, Ungarn zu einem wirklichen Patrimonial-Reich zu machen und den Absolutismus einzuführen. Dieses Land blieb in seiner libertären Substanz erhalten und faßte sich als ein *Regnum independens* (unabhängiges Königreich) auf, auch unter den Erniedrigungen, die Joseph II. dem Land zufügte, bis es 1848 und bei den Ausgleichsgesetzen von 1867 unter Deák endlich eine gewisse Anerkennung seiner konstitutionalen, libertären und nationalen Eigenart finden konnte[18].

Die Verbindung von stehendem Heer und libertärer Verfassung, wie sie im Falle Schwedens vor 1680 und nun am Beispiel Ungarns bestätigt wurde, verhinderte das nezessitäre und das arbiträre Stadium eines Haus-Absolutismus, den Habsburg entgegen aller Besorgnisse und Unterstellungen gerade im Heiligen Römischen Reich Deutscher Nation nicht durchzusetzen vermochte.

Maria Theresia, die 1740 nach dem Tode Karls VI. die Nachfolge als »Universalerbin« antreten konnte, sich mit dem Überfall Friedrichs II. auf Schlesien konfrontiert sah, die Wahl des Wittelsbachers Karl VII. zum römisch-deutschen Kaiser zu überstehen hatte und dann nach dessen überraschendem Tod um ihre Anerkennung im Heiligen Reich kämpfen mußte, erfuhr dabei, wie kräftig gerade hier noch das politische und libertäre Ständewesen war.

Die Herausforderungen durch den Pfälzischen und Spanischen Erbfolgekrieg hatten das ständische Bewußtsein im Rahmen eines gewissen Reichspatriotismus gestärkt, sich der »französischen Übermacht und unerträglichen Dominat« zu erwehren, um »die bisher generose erhaltene Teutsche Freyheit ferner (zu) konservieren«[19].

Die Reichsstände, die 1671 vom Immerwährenden Reichstag in Regensburg aus die Landstände des Reiches zur »Landes-Defensions-Verfassung« heranzogen und ihnen gar das Appellationsrecht »bei den Kaiserlichen Reichs-Hof-Rat noch Kammergericht« nicht mehr länger trotz vorhandener Privilegien gestatten wollten[20], um auf diese Weise ihre Staatsqualität als territoriale Eigenmacht zu erhöhen, waren aber nicht gesonnen, einen absoluten und patrimonialen Dominat Habsburgs zu dulden. Ausdrücklich mußte Franz I. aus dem Hause Lothringen, Maria Theresias Gemahl, 1745 bei der Wahl zum römisch-deutschen Kaiser den Ständen des Heiligen Reiches geloben, »Uns keiner Succession oder Erbschaft desselben anmaßen, unterwinden, noch unterfangen, noch darnach trachten, dasselbe auf Uns, Unsere Erben und Nachkommen oder auf jemanden anders zu wenden«[21].

Geht man von der dominierenden »Macht des Männlichen« in dieser Zeit aus und legt genaue juristische Maßstäbe an, dann darf man im Heiligen Reich nicht mehr von einer Herrschaft des Hauses Habsburg sprechen, sondern von derjenigen des Hauses Lothringen, auch wenn Maria Theresia die Regierungsgeschäfte führte. De jure war sie nie Kaiserin des Heiligen Reiches, erlangte auch zu keiner Zeit ein DOMINIUM ABSOLUTUM über die deutsche Machtmasse in der Mitte Europas und hatte große Mühe, das überkommene Universalerbe in eine leidliche Ordnung zu bringen.

d) *Die »Staatsreformen« unter Maria Theresia. Abdrängen des politischen Ständewesens. Die Kaunitz-Reform. Joseph II. als »Mitregent«. »Judicium Palatinum« und Erb-Souveränität.*

Der schleichende Verfall der Haus-Behörden und des Heerwesens, zu deren Reorganisation Prinz Eugen nach seinen Türkensiegen mit der Einnahme Belgrads 1717 und Gebietserweiterungen im Frieden von Passarowitz (Banat, Teile Serbiens) so wenig in der Lage war wie Karl VI. selbst, der Kampf um die Anerkennung der Pragmatischen Sanktion, die den Kaiser sogar zwang, die Ostende-Kompagnie im Wiener Vertrag von 1731 aufzugeben, um von England die weibliche Erbfolge garantiert zu bekommen, und die dauernde Geldnot ließen Maria Theresia nach dem Frieden von 1735, der die Toskana sicherte, und nach dem Tode des Prinzen Eugen 1736 auf schwere Zeiten blicken[1].

In ihrem »Politischen Testament« von 1750 beschrieb sie denn auch die vorgefundene Lage nach dem Tode ihres Vaters in düsteren Farben: »Ich fand mich ohne Geld, ohne Credit, ohne Armee, ohne eigene Experienz und Wissenschaft, und endlich auch ohne allen Rat.«

Diese Angaben sind zwar dramatisiert und treffen nicht in allen Stücken zu. Aber der schlechte Zustand der Multi-Monarchie auf allen Ebenen der zivilen und militärischen Administration mußte Anlaß zu einer ernsten Sorge sein, zumal »die preußische andringende ungerechte Gewalt« in Schlesien Maßnahmen erforderte, um diese »mit gerechter Gegengewalt abzutreiben«. Dies sei nur gelungen, weil sie Ratgeber wie Bartenstein gefunden habe. »Ihm alleine« verdanke sie »die Erhaltung der Monarchie« und »die Einigkeit und Befestigung dieses Hauses«, dessen Errettung sie als ein »augenscheinliches Wunderwerk« ausgab[2].
Ursache der anstehenden Nöte seien einige »Mißbräuche unter meinen Vorfahren«, die beinahe »den Umsturz der Monarchie« zur Folge gehabt hätten. Darunter zählt sie vor allem den Umstand, daß ihre Vorgänger, die namentlich nicht genannt werden, »die meisten Cameralgüter« verschenkt oder verpfändet hätten. Diese Handhabung der materiellen Basis des Erzhauses bedeutet demnach nicht nur eine fortlaufende Schwächung der direkten Einnahmen, sondern gleichzeitig auch eine Stärkung verschiedener Minister. Sie müssen sich von ihr den Vorwurf des Mißbrauchs von Amtsmacht, persönliche Bereicherung und Güterakkumulation vorwerfen lassen. Mehr noch, sie hätten »in dem . . . zugeteilten Departement werktätig den Souverän abgegeben« und ihr »angeborener Eigennutz und Dominierungsbegierde« habe vermittels der damit verbundenen Güterinteressen auch dazu geführt, den »Ständen ihre Freiheiten« zu erhalten – zum Schaden des Erzhauses und des ganzen Hofes[3].
Im politischen Ständewesen also mit seiner possessiven, monetären und auch militärischen Autonomie suchte sie die Gründe für die Schwäche des Erzhauses, dessen politisches Erbe von ihr verlangte, daß sie sich vor allem in Ungarn und Böhmen krönen ließ. Beide Rechts- und Staatsakte waren keine Eigenkrönungen, demnach keine Emanationen eines patrimonialen DOMINIUM ABSOLUTUM. Juridische Vorbehalte der Stände behinderten die angestrebte Reform, die nach dem Verlust Schlesiens unumgänglich schien.
Schon bald nach dem Dresdener Frieden habe sie »auf einmal ihre Denkungsart geändert«, um entscheidende Verbesserungen in ihrem Haus- und Staatswesen zu betreiben[4]. Dabei konnte sie auf den sächsischen Grafen *Haugwitz* hoffen. Er hatte gute Kenntnisse der Verwaltung des Hohenzollern-Staates und war auch mit den Verhältnissen im verbliebenen Rest-Schlesien vertraut. In diesem Land, dem »Paradies der Stände«[5], das Friedrich II. in Gestalt Nieder-Schlesiens »nicht sowohl jure haereditario oder durch Zuthun derer Stände, sondern jure belli bekommen« haben

will[6], erprobte Haugwitz das besondere Modell einer Zerschlagung des bestehenden und ständisch getragenen Steuerwesens. Zu dessen Umwandlung hatte es bereits zu Karls VI. Zeit einige Vorarbeiten gegeben, die aber nicht mehr zum Abschluß gebracht wurden[7].

Kernstück der Haugwitz-Reform von 1749 war der Versuch, die Steuer-Autonomie der Stände zu brechen und die dabei freigesetzten Zuständigkeiten in die Verfügung des Erzhauses selbst zu bringen. Setzt man die Bedürfnisse eines »souveränen Hauses« mit denjenigen des »modernen Machtstaates« gleich, was oft getan wird, ohne den Haus-Egoismus der jeweils regierenden Dynastie genügend zu berücksichtigen[8], dann kann man diesen Prozeß der Umpolung als »Verstaatlichung« bezeichnen[9]. Doch sollte man dabei nicht übersehen, daß es sich um ein Vorgehen handelte, das sich gegen die ständische Staatlichkeit mit ihrer korporativen Eigenbestimmung richtete.

Es sei nicht bestritten, daß die Untersuchungen von Haugwitz bei der Finanzverwaltung der Stände in Krain und Kärnten manch eine Unregelmäßigkeit und Mißbrauch der Eigenrechte ans Licht brachten. Aber damit sind z. B. die Korruption und Schludrigkeit der Hofkammer sowie die hohen Eigenbedürfnisse des Erzhauses selbst nicht entschuldigt. Zudem zeigte etwa das Verhalten der Stände in der Steiermark zur Genüge, daß man sich durchaus für das einsetzen konnte, was Gemeinwohl genannt wurde.

Gegen die Revisionen der Haugwitz-Burmeister-Kommission konnten die steirischen Stände anführen, daß sie in den letzten Jahren »vier Millionen Gulden« aufgebracht, Soldaten gestellt und andere Forderungen des Hofes erfüllt hätten. Man solle sich in Wien ja daran erinnern, daß mit dem Verschreibungsbrief von 1186, mit dem dieses Land an das Haus Österreich gekommen sei, die »steyrischen Jura und Privilegia in Contractum verwandelt worden waren«[10]. Der Hinweis auf die alte Landesverfassung wollte aber nicht verfangen, obgleich sich Maria Theresia gerade über die steirischen Stände nicht beklagen konnte. Sie hatten sogar beim Bankhaus Salomon Sinzheim in Frankfurt am Main Darlehen aufgenommen, um ihr zu helfen[11].

Die Funktion der Stände als mögliche Kreditnehmer, wenn das Erzhaus selbst nicht mehr kreditwürdig war, schien die Umgebung Maria Theresias zu veranlassen, das politische Ständewesen nicht ganz aufzulösen. Dafür aber sollte es für den Unterhalt eines »stehenden Heeres« in Höhe von 108 000 Mann eine Dauersteuer auf die unbeweglichen Güter erbringen, und zwar auf der Basis eines Zehnjahresvertrages, der etwa 16 Millionen Gulden einbringen sollte, wobei die Leistungen der Einzelländer von Böhmen mit

5 270 000 bis zu Tirol mit nur 100 000 Gulden sehr unterschiedlich ausfallen konnten[12].
In Böhmen und Mähren setzte sich Haugwitz mit seinem sog. *Dezennalrezeß* ohne größere Probleme durch, in Krain aber wurde dieser Rezeß nur auf drei Jahre gewährt, und in Kärnten kam es gar zu einem Eklat. Denn die Stände lehnten das Steueransinnen nach anfänglicher Zustimmung ab, so daß Maria Theresia »die Abgaben *jure regio* erheben« ließ, d. h. sie beanspruchte unmittelbar ein DOMINIUM ABSOLUTUM über die Güter der Stände, das durch das DOMINIUM EMINENS aus dem Notstandsrecht und Kriegsrecht gedeckt schien[13].
In der Steiermark gab es heftigen Widerstand gegen die Dauerabgabe, die das Bewilligungsrecht von Jahr zu Jahr unterlaufen sollte und gleichzeitig die Befreiung der Stände von direkten Steuern beendete. Dieses reiche Erbland sollte jährlich 1 560 726 Gulden beisteuern. Man vermochte es, diese Forderung um über 300 000 Gulden zu drücken. Dafür aber sah man sich trotz Gegenwehr genötigt, die Hofschulden des Erzhauses in Höhe von 810 324 Gulden alleine zu übernehmen[14].
Vom Gemeinwohl allein konnte also bei den Haugwitz-Maßnahmen zum sog. »Hauptsystem« der Finanzierung des »stehenden Heeres« nicht die Rede sein. Ergänzt wurde dieses Unternehmen durch das Rektifikationswerk, eine gründliche Vermessung des Landes und seiner Liegenschaften, wobei die Dominikal-Güter von den Rustikal-Gütern getrennt wurden, die Liegenschaften der Stände also von denjenigen der Bauern und anderen Untertanen, die als »Volk« nicht die politische Qualität von Landtags-Ständen besaßen. Ein entsprechendes *Gültbuch* und ein neues Kataster hielten die Einzelqualitäten der Eigentumsordnung fest und bildeten von 1756 bis 1819 die Basis zur Erhebung einer Grundsteuer[15].
Neben diesen Maßnahmen wurde auch eine Reihe von ständischen Landes-Ämtern verdrängt und von Haus-Behörden weitgehend ersetzt. So hatte von nun an ein »Landeshauptmann« den einzelnen Erbländern vorzustehen und nicht mehr der bisherige »Landesverwalter« zusammen mit dem »Landesverweser«.
Mit »Deputationen« und »Kreishauptleuten« löste man allmählich die ständischen Zuständigkeiten im kameralen und militärischen Bereich ab. Dieses System ähnelte dem der Intendanten in Frankreich und den speziellen Kommissaren in Brandenburg-Preußen. Das Streben nach einer Haus-Autarkie mit Eigenbehörden höhlte die überkommene Stände-Autonomie aus. Die »Abänderung der Grundverfassung« zielte mit diesem Haugwitz-System auf eine Zentralisierung der Kompetenzen, die vor allem

durch das berühmte *Directorium in publicis et cameralibus* in Erscheinung trat, dem Haugwitz selbst als der »Paladin des absoluten Landesfürstentums« (Walter) vorstehen durfte und in Teilstücken dem General-Direktorium des Soldatenkönigs Friedrich Wilhelms I. nachgebildet worden war[16].

Mit dieser obersten Zentralbehörde entfiel auch die bisherige Abgrenzung der österreichischen und böhmischen Hofkanzlei, in deren Existenz man noch einen nicht unbedeutenden Rest des libertären Verfassungsstaates sehen muß, einen Ausdruck für das Vertragsverhältnis zwischen Court und Country, zwischen König und Krone, Hof und Land. Trotz dieser wirklich einschneidenden Veränderungen im Bereich der Administration, die man 1749 gar als »Fundamentalgesetz« deklarieren ließ, ohne die hart getroffenen Stände um ihr »Vorwissen und Zustimmung« gefragt zu haben, verblieb ihnen noch die korporative Eigenstruktur sowie Kompetenzen im Justizbereich[17].

Dieser Versuch, die Verwaltung der Herrschaften des Hauses Österreich zu zentralisieren, wobei man in Ungarn und in den assoziierten Regionen wesentlich behutsamer vorging als in Böhmen und in den eigenen Erbländern, hat sich auf die Dauer nicht bewährt, schon gar nicht während des Siebenjährigen Krieges. Was diesem System nämlich fehlte, waren zum einen »kapable Leute« und dann auch ein bestimmter Geist, ohne den keine Institution wirklich existieren kann.

Die häufig gerügte »Schläfrigkeit und Schlaffheit« in den Wiener Zentralbehörden scheint ein durchgehendes Kennzeichen von Machtapparaten zu sein, deren Träger sich weniger daran orientieren, *was* befohlen wird, sondern *wer* den Befehl erteilt. Das ist die Ursituation einer sich selber genügenden Bürokratie, die auf eine Fürstenfamilie ausgerichtet ist und in der Beachtung eines imaginären Gemeinnutzes eine Haupttriebfeder menschlichen Verhaltens auch in der Politik nur noch auf sich bezogen zu aktivieren versteht – den »Eigennutz«.

Im Dienst an Haus und Hof der souveränen Dynastie mußte der »Eigennutz« bei den knappen Gehältern zur Bestechlichkeit führen[18], im Dienst an Land und Krone aber konnte diese Triebkraft ein Gemeinwesen in seinem Gemeinnutz befördern, wenn dem Verlangen nach Eigenverantwortung und gesteigerter Selbsterhaltung genügend Raum blieb.

Aus diesem Grunde waren auch die libertären Gemeinwesen potentiell leistungsfähiger als die absolutistischen Hauswesen, in denen es nach Haugwitz »einem Landesfürsten jederzeit freistehen« mußte, »zur Beförderung seines allerhöchsten Interesses . . . beliebige Dispositiones vorzukehren«. Ging dieses auf Kosten der

Stände, durfte man sich nicht wundern, daß sich diese kaum noch bereit fanden, mehr zu tun, als vorgeschrieben war. Die Einschränkung dieser absoluten Verfügungsmacht mit der Bemerkung, »ohne daß dem iure quaesito eines Dritten in dem mindesten zu nahe getreten werde«, d. h. wohl den Ständen[19], verhinderte dabei nicht die fortschreitende Lähmung des politischen Lebens.

Die kurzfristige Steigerung der finanziellen Mittel durch das Haugwitz-System war teuer erkauft worden. Denn die Eigeninitiative der Stände, die sich doch zuvor in vielen Krisen- und Kriegszeiten bewährt hatte, konnte durch die Haus-Behörden nicht voll und ganz ersetzt werden. Es genügte nicht, vom »Centro anfangen und abwärts eine Einrichtung vornehmen«, vielmehr sollten die »Ländereinrichtungen« aktiviert, reformiert und verbessert werden: »Alle Teile müssen so zu einem Zweck arbeiten und durch einen (Machthaber) dazu geleitet werden, daß noch Vorliebe, noch Eigenliebe ein Vorwiegen mache, sondern alle Länder, alle Departements, alle Personen, alle Stände ohne Ausnahme zu dem *allgemeinen Besten* mitwirken und angehalten werden«[20].

Was sich Joseph II., der 1764 *Mitregent* geworden war, zur Reform des vorhandenen Behördenwesens ausgedacht hat, leitete auch in gewisser Weise den Fürsten *Kaunitz*.
Ihm war 1756 das epochale »Renversement des alliances« gelungen, ein Bündnis nämlich des Hauses Österreich mit dem vormaligen Gegner Frankreich, zu dessen Wirkungen auch die Heirat Ludwigs XVI. mit Marie Antoinette, der Tochter Maria Theresias, gehörte. Das neue Bündnis war gegen das Haus Hohenzollern und Brandenburg-Preußen sowie gegen Hannover gerichtet, so daß England ebenso auf den Plan gerufen wurde wie Rußland. Damit hatte sich die Grundkonstellation des Siebenjährigen Krieges in Gestalt einer Süd- gegen eine Nord-Koalition ausgebildet, die sich im Frieden von Paris 1763 vergleichen sollten[21].
Ein Jahr davor hatte Kaunitz erreicht, das zentralistische Haugwitz-System in einigen Teilen zu reformieren. Dazu gehörte die Auflösung des schwerfälligen Directoriums von 1749 und die Restitution der ehemaligen Hofkanzlei mit neuen Kompetenzen und Kontrollorganen. Die Einrichtung eines »festen und ständigen Konsultativ-Rates«, des sog. *Staatsrates*, sollte von der Spitze her mehr Effektivität bringen und Maria Theresia besser helfen können, ihre Entscheidungen zu treffen. Dieses neue Organ aber zwischen der Monarchin und den einzelnen Ministerien, dem Kaunitz als *Staatskanzler* vorstand, hatte nicht die mediatorische

Funktion des Palatins in der libertären Verfassung Ungarns. Denn trotz der personellen und kompetenzmäßigen Veränderungen in den Zentralbehörden blieb die Stellung Maria Theresias unangetastet, ihre Freiheit nämlich »ihrem Gefallen gemäß zu entscheiden«[22].

Die vagen Hoffnungen auf böhmischer Seite, die alte Autonomie gegenüber den österreichischen Erblanden zu erhalten, erfüllten sich auch bei dieser zweiten Staatsreform nicht. Im Grunde betraf sie nur die obere Verwaltung und zielte wie bei Haugwitz auch im Staat mehr auf den Gesamtetat, den monetär-materiellen Haushalt mit den zugehörigen Behörden, demnach auf die Administration und nicht auf die eigentliche Konstitution.

Die einzelnen Fundamentalgesetze der Herrschaften des Erzhauses wurden von dieser Reform der Reform nur im Finanzbereich tangiert, der durch das weitgehende Stornieren der Landtage ohnedies schon in der Verfügung des Hauses und Hofes lag. Mit der Zulassung einer neuen Hofkanzlei für Böhmen, eines alten Landesamtes also, wollte Kaunitz kein Konkurrenzorgan zur Hofkammer aufkommen lassen. Denn er kannte die Verachtung Maria Theresias für die »sogenannten Ständischen Prärogativa«. Diese hätten »größtentheils zu ihrem Haupt-Endzweck einen arbitrarischen Umgang einiger Mit-Stände, so sich einer unermeßlichen Praepotenz über andere anmaßen«, was »selbst dem Corpore Statuum (Stände-Körper) zum Schaden gereiche.« Und doch »seien die Stände hierauf versessen«, obgleich doch die Dominanz des Grafenstandes ins Auge falle[23].

Gewiß, die oberen Stände konnten schon in ihrem Status-Dünkel die anderen Stände hart bedrängen, waren doch auch sie von der Wachstums-Ideologie ihrer Adels-Häuser erfaßt und auf eine Politik der Besitzstandswahrung bedacht. Aber der »arbitrarische Umgang« und die Ansprüche einer »unermeßlichen Praepotenz« gehörten doch mehr zum Erzhaus selber, dessen Ausgaben nicht nur dem Allgemeinen Besten dienten, sondern nicht selten dem Privatwohl des Hauses selbst, dessen Förderung auch den Aufstieg des Hauses Kaunitz begünstigte[24].

Es besteht kein Zweifel, daß Egoismus und die Politik der sich ausweitenden Selbsterhaltung Triebfedern vieler Einzel-Häuser waren, die oft eine Stände-Solidarität verhinderten oder diese zerbrechen ließen, wenn die korporativen Rechtsansprüche auf die Machtsprüche des Erzhauses trafen. Doch mit der Verdrängung der ständischen Selbstverwaltung in Stadt und Land hat sich der Haus-Staat Habsburg-Lothringens mit seinen Behörden in vielen Bereichen selbst gelähmt, zumal überall »vertraute und geschickte Männer« fehlten. Dieser Mangel ließ auch die Kaunitz-Reform

nicht sonderlich erfolgreich werden, weil die Umschichtung von Verwaltungsfunktionen innerhalb der gleichen personalen Trägerschaft vorgenommen wurde, die nicht immer als »kapabel« angesehen wurde.
Wie »fähig« Joseph II. selbst war, um in diesem komplizierten Behördensystem als Mitregent fungieren zu können, durfte er selten in der Praxis erproben. Maria Theresia beschränkte das *Condominat* mit ihrem Erstgeborenen weitgehend auf die Erblande des Erzhauses, obgleich er nach seiner Wahl und Krönung zum römisch-deutschen Kaiser nominell über ihr stand.
An einer umfassenden Ausbildung gerade für das Kaiser-Amt, an dem Joseph II. aber recht wenig lag, hat es nicht gemangelt. Professor Beck – er lehrte an der Ritterakademie in Wien Staats- und Lehnsrecht – unterrichtete ihn in den Prinzipien, Normen und Formen des Natur- und Völkerrechts, des »Teutschen Staatsrechts« mit seinen verschiedenen Fundamentalgesetzen seit der Goldenen Bulle von 1356, des »Teutschen Lehnrechts«, des »Kirchenrechts« und im Bestand der »Bürgerlichen Rechte . . . insonderheit der Teutschen«[25].
Der angehende Kaiser und Mitregent lernte dabei, ebenso wie sein Nachfolger Leopold II. auch, das Kunstwerk einer kumulativen Konstitution kennen, das viele Ähnlichkeiten mit dem libertären Verfassungssystem in Ungarn und Böhmen vor 1627 hatte.
»In dem Deutschen Reich«, erfährt er, »ist der Beherrscher nicht Souverän.« Damit meinte Beck in erster Linie, daß er kein patrimonialer Erb-Monokrat war. Deshalb wurde auch »das Staatsrecht und dessen Kenntnis so sehr erhoben, weil sowohl dem Kaiser als den Ständen ungemein viel daran liegt, daß die Grundverfassung Deutschlands beibehalten, das Band zwischen Haupt und Gliedern nicht zerrissen und sowohl die Regierung des ganzen Reichs als dessen einzelner Provinzen *nach den Gesetzen* und *Verträgen* geführt werden«[26].
Für die zugehörigen Reichsgrundgesetze könne zwar eine Abänderung betrieben werden, dies dürfe aber nur mit dem Konsens der Kurfürsten und des Kurien-Reichstages erfolgen. Man erkennt hier sehr deutlich die Dreiteilung oder Trichotomie einer Vertragsverfassung, deren Geltungsbereich für die Erblande des Hauses Österreich seit Rudolf IV. abgemildert worden ist. Denn die Habsburger brauchten nicht jedes Reichsgesetz für ihre Erblande zu übernehmen, obgleich sie in der Regel die Kaiser stellten.
Ähnlich wie im Falle Preußen, durch dessen Sonderstatus das Haus Hohenzollern außerhalb des Heiligen Reiches stand, konnte das Haus Habsburg seine besondere Stellung in der Herrschaft

Österreich benutzen, um sich Rechts- und Verfassungsauflagen des Heiligen Reiches zu entziehen. Mit einem Bein steht man gerade hier im Reich und mit einem draußen. Dieser Umstand macht es mitunter so schwierig, genau festzustellen, was in der Habsburg-Politik die Priorität hatte – Haus-Eigennutz oder Land- und Reichs-Gemeinnutz. Feststeht, daß das Kaiser-Amt oft benutzt wurde, um die eigenen Haus-Interessen zu wahren, deren Sicherung auf eine Patrimonialisierung des Besitzstandes ausgerichtet wurde, und damit verflüchtigte sich auch das Bewußtsein, was man dem Wahl- und Vertragsprinzip schuldig war.

In diesem Zusammenhang bereitete dem Professor Beck die Erläuterung des *Judicium Palatinum* besondere Schwierigkeiten. Denn dieses Gericht unter dem Vorsitz des Kurfürsten von der Pfalz (daher auch der Name), wie es die Goldene Bulle von 1356 vorsah, konnte in bestimmten Fällen des Verfassungs- und Kapitulationsbruchs über den Kaiser zu Gericht sitzen und ihn sogar absetzen. In dieser Bestimmung äußert sich die Theorie von der *Duplex Majestas* und vom libertären, vertragsgebundenen Gottesgnadentum mit dem geforderten *Rex justus*. Dabei geht man davon aus, daß das Reich in seiner transpersonalen Qualität als Krone über dem Kaiser als Person steht. Wird er demnach vertragsbrüchig und entwickelt sich gar zu einem *Rex injustus,* zu einem unleidlichen Tyrannen, dann kann er nach einem Verfahren vor diesem Verfassungsgericht als Kaiser abgesetzt werden. Das bedeutete, daß er de jure einen Höheren über sich anerkennen mußte, d. h. eine Jurisdiktion über sich ergehen zu lassen hatte. Mit anderen Worten, der Kaiser war nach innen nicht »souverän«, wohl aber nach außen.

Beck suchte nun diesen Sachverhalt herunterzuspielen, indem er dieses Gericht, das im Prinzip dem *Impeachment* der Verfassung der Vereinigten Staaten von Amerika ähnelt, in die Nähe »einer Fabel« rückt. Es sei »weder der älteren noch der neueren Staatsverfassung des deutschen Reiches gemäß«, weil »der Kaiser ebenso wie ein anderer Souverän von seinen Privathandlungen niemandem als Gott allein Rechenschaft zu geben hat«[27].

Die Umdeutung der Souveränitätsfrage in eine »Privathandlung« war unstatthaft, weil deren Bestimmung das Öffentliche Recht betraf und immerhin noch während des Dreißigjährigen Krieges so wichtig genommen wurde, daß die evangelischen Stände unter der Führung Schwedens nach dem Restitutionsedikt von 1629 ihren militärischen und politischen Widerstand mit Verfassungsbrüchen des Kaisers legitimierten.

Die hochpolitische Schrift des *Hippolithus a Lapide* »DE RATIONE STATUS IN IMPERIO ROMANO-GERMANICO« von 1640, hinter der sich als Urheber Axel Oxenstierna verbirgt, hat gerade von der Duplex-Majestas-Position aus Habsburg scharf kritisiert. Man erkannte, daß ihr ständischer Anspruch, nämlich als Träger des Dominium directum in Rechtsfragen über dem Kaiser zu stehen, in Zusammenhang mit dem Judicium Palatinum zu ernsten Konsequenzen führen konnte. Die Vorstellung, daß Friedrich V. als Kurfürst von der Pfalz und König Böhmens über Ferdinand II. als Kaiser zu Gericht sitzen dürfte, erschien beklemmend und absurd. Die Tatsache der Aburteilung und Hinrichtung Karls I. von England im Jahre 1649 signalisierte aber, welche Möglichkeiten sich ergeben konnten, wenn einem Palatin als Vertreter des Rechts und des Stände-Volkes erlaubt wurde, einen Potentaten zu richten.

Die gesamte Problematik der Souveränität in der Neuzeit liegt in der Qualität der obersten Jurisdiktion und in der Trägerschaft eines patrimonialen Erbrechts. In beiden Fällen entscheidet die Inhaberschaft des DOMINIUM DIRECTUM im Rahmen des Natur-, Völker- und Fundamentalrechts über den Status des jeweiligen Souveräns. Im Falle des Reiches mußte sich deshalb Joseph II. bewußt sein, daß er als Wahl-Kaiser de jure das Reich in Gestalt dieses Gerichtes anerkennen mußte, auch wenn dessen Einberufung unrealistisch war. Es verhinderte aber das, was Leibniz in seinen Überlegungen zur Reichsreform 1670 vorgeschlagen hat: einen »absoluten Diktator«[28].

Die Befugnisse eines solchen forderte aber Joseph II. 1772, um die Krise zu meistern, die in den »Hungerjahren« um 1770 vor allem in Böhmen die Lage im vorhandenen »Staaten-Körper« verschlechtert hatte. Außerdem erhoffte er eine Reform der Kaunitz-Reform, die den von ihm gehaßten »Schlendrian« in den Behörden so wenig abgestellt hatte wie zuvor die Haugwitz-Reform.

»Von wahrer Vaterlandsliebe entflammt«, legte er Maria Theresia ein Macht-Programm vor, das vom absolutistischen Standpunkt aus wenig zu wünschen übrigließ. Dabei war er sich der Gefährlichkeit des alten Sprichworts, daß »die Extreme die Extreme kurieren«, durchaus bewußt und forderte fast in der Art Gustavs III. von Schweden, der gleichzeitig seinen absolutistischen Staatsstreich vorbereitete, »eine behendere und schleunigere Methode«. Damit wollte er die Mißstände wieder in Ordnung bringen, die man ja zu diesem Zeitpunkt nicht mehr nur dem Egoismus der Stände anlasten konnte, schon gar nicht in Böhmen, wo das Erzhaus seit fast 150 Jahren schalten und walten konnte, wie es ihm gefiel.

»So wenig als ich jemals sonsten eingeraten hätte«, begründet er seinen Plan zur sofortigen Rettung von Haus, Staat und Ländern, »einem Mann allein ein blindes Vertrauen zu schenken und selben auf eine schier despotische Art handeln zu lassen, so sehe ich doch in diesem Augenblick dieses Übel als das einzige Rettungsmittel an, den mit so vielen Kunstgriffen, Eigennutz und Wortgepräng verfitzten Knoten unserer jetzigen Verfassung nach und nach und durch Dikasterialbehandlungen aufzulösen und den wahren Leitfaden aus selben herauszuwählen«[29].

In seiner ausgeprägten »Erwerbungssucht, seinem Hang, ungebunden zu herrschen« (Schmidt), die Maria Theresia manchen Kummer bereitet hatte, erstrebte Joseph II. letztlich ein Government by Will mit der zugehörigen »Absolutie«. Dabei erlag er einem verbreiteten Willenskult, der Vorstellung nämlich, Politik auf das Einlösen subjektiven Willens zu reduzieren, der sich um objektive Normen nicht mehr kümmern sollte.

»Je n'ai fait que vouloir.« Das war einer seiner Leitsprüche, die ihn auf die Handhabe einer Notstands-Diktatur brachten im Glauben daran, daß der Voluntarismus im Dienste des Utilitarismus schon die Probleme lösen könnte.

»Einem Mann muß das Vertrauen gänzlich geschenket werden.« Er allein könne dann »nach Einsehung des Ganzen« zur »Erhaltung des Untertans« der Monarchin die entsprechenden Vorschläge unterbreiten, wie dem Notstand abgeholfen werden solle, nachdem er dafür auch »die Einkünfte des Staats mit seinen Ausgaben in Betrachtung« gezogen habe. Es versteht sich für ihn fast von selbst, daß ein solcher Macht-Mensch »sich weder an Länderverfassungen noch an eingeführten Gebrauch halten« darf, »sondern alle nur möglichen Mittel anspannen« muß, »welche durch Liebe, Furcht, Überzeugung und Gewalt die Not steuern könnten« mit dem Ziel, »die Monarchie wieder emporzubringen und ihr das wahre Ansehen zu verschaffen«.

Besonders in den »böhmischen Landen«, wo die ökonomische Krise zum Teil bedrohliche Formen angenommen hatte und auch nicht mit all den merkantilistischen und physiokratischen Experimenten der letzten Jahrzehnte behoben werden konnte, sollte dieser Despot seine Willens-Diktatur erproben. »Es versteht sich«, fügt der Mitregent hinzu, »daß ihm die Jubilierung (Befehlserteilung), Veränderung, Neuanstellung aller Personen freigelassen werden müßte, und daß er militaria, commercialia, cameralia, bancalia, politica, iustitialia lediglich *ohne Anfrag* noch bei Gubernio noch bei Hofstelle noch beim Staatsrat noch bei Eurer Majestät selbst nach denen gefaßten principiis einrichten und anordnen könnte. Ihm müßte eine solche *uneingeschränkte Gewalt* und ein so vollkommenes Vertrauen Eurer Majestät geschenkt werden,

daß alle notwendig zu entstehenden Mißgünstigen außer aller Hoffnung stünden . . .«[30].
Nur ein Machtmensch mit einer ausgeprägten Selbstliebe, der häufig kritisierten, aber auch erwünschten »Amour propre«, konnte auf diesen Vorschlag verfallen. Er wurde zwar von Maria Theresia abgewiesen, aber nach 1780 kam er in anderer Form zum Tragen, als Joseph II. den Versuch unternahm, »die Monarchie . . . als eine Sozietät von 13 Millionen Menschen« zur »Glückseligkeit« zu führen[31].

e) *Haus-Politik und Kirchen-Gut. Der »arbiträre Despotismus« Josephs II. Ein Verfassungsprojekt für die Toskana.*

Auf seinen zahlreichen Reisen, Ausdruck von Besitzerneugier und Mißtrauen zugleich, wurde Joseph II. mit manch einem Mißstand konfrontiert, über den er sich gelegentlich ernsthafte Gedanken machte. So warnte er seine Zeitgenossen angesichts der in Frankreich beobachteten Dekomposition, in einem Land also, dessen König seine Schwester geheiratet hatte: »So kann es auf die Länge nicht weiter gehen und die Revolution wird grausam sein, wenn Ihr derselben nicht vorbaut«[1].
Das schrieb er im Jahre 1777, wohl im Vertrauen darauf, daß ihm das nicht widerfahren konnte, was er für den Schwager vorhersah, der trotz guten Willens zu Reformen die seit Generationen zerrütteten Staatsfinanzen nicht zu sanieren vermochte.
Im gleichen Jahr aber schrieb auch ein Prälat über die Stimmungen am Wiener Hof, daß dort »alle Geister auf eine Revolution vorbereitet sind«. Darunter verstand er das gesteigerte Bemühen von Maria Theresia und Joseph II., die »Regierungs-Form . . . in der Kirche zu zerstören«[2]. Dazu gehörte nicht nur das Bestreben, die Bischöfe aus den Bindungen an Rom zu lösen, um im Geist des Gallikanismus eine Art Eigenkirchentum zu begründen oder gar im Sinne des Konziliarismus eine Prädominanz der Konzile über den Papst zu erreichen (ähnlich dem sonst abgelehnten Dominieren der Reichsstände über den Kaiser), sondern auch die Absicht, die Geistlichen dem Einfluß der Bischöfe zu entziehen, um sie gleichzeitig zu »nützlichen« Bedienten des Haus-Staates in allen Herrschaften zu machen. Ein Vorgehen, das in den skandinavischen Ländern schon zur Zeit der Reformation mit einigem Erfolg praktiziert worden ist.
Der Kampf vor allem gegen die *Abendmahlsbulle* mit ihren Folgebestimmungen, deren Eingriffsmöglichkeiten in den welt-

lichen Staat Joseph II. abzuwehren entschlossen war[3], die fortlaufenden Streichungen von kirchlichen Feiertagen, welche die Robotleistungen der Landbevölkerung erhöhten, die Übertragung der innerkirchlichen Jurisdiktion auf staatliche Organe oder die Angriffe auf die Gültigkeit der kirchlichen Ehe werfen Schlaglichter auf die epochale Auseinandersetzung zwischen Kirche und Staat. Dabei gebrauchte man sehr häufig das Argument der Aufklärung, den Aberglauben der Kirche aus dem öffentlichen Leben zu verbannen. Die zahlreichen Verbote in dieser Richtung trafen einmal die von der Kirche getragene ländliche Kultur mit ihren Prozessionen, feierlichen Kindtaufen, Kirchweihfesten, Hochzeiten und Begräbnissen und zum anderen den Besitz der wohlhabenden Kirche. Man war sich in der kirchlichen Opposition darüber völlig im klaren, daß die Politik der Monarchin und des Mitregenten auf das »Verletzen des Eigentumsrechts, welches vom Naturrecht geschützt« wird, hinauslaufen mußte und aufgrund »eines augenblicklichen Willens« nur in einen Zustand münden konnte: in den »Despotismus«[4].

Ideologisch wurde diese innere Destruktionspolitik, die man später »Josephinismus« genannt hat[5], vom sog. *Febronianismus* begleitet. Nach der Lehre des Trierer Weihbischofs *Hontheim* alias *Febronius* standen entgegen den Beschlüssen des Tridentinums, mit dem auch die Gegenreformation eingeläutet wurde, die Konzile in fundamentalen Dingen über dem Papst. Unfehlbarkeit und innerkirchliche Souveränität des Oberhauptes der römischen Kirche wurden mit dieser Position in ihrer absolutistischen Substanz getroffen[6].

Joseph II. nahm diese Position begierig auf und stellte sich in seinen Auseinandersetzungen mit dem geistlichen Kurfürsten Clemens von Trier in einer merkwürdigen Doppelrolle dar. Einerseits bekämpft er das, was von Gegnern Roms das unleidliche »DOMINIUM PAPALE«, die »römische Despotie« und die »scholastische Alleinherrschaft« genannt wurde, erwies sich also in der Verteidigung der »Urrechte« des Staates geradezu als Libertäts-Anhänger. Doch nach innen hatte er nur das Bestreben, das sog. »Placitum regium«, das »Königliche Gefallen« in absolutistischer Weise gegen das bestehende Korporationswesen der Kirche durchzusetzen[7].

Der Hinweis darauf, daß sich seine Mutter auf den Spuren der Elisabeth I. von England befinde[8], verdeutlicht nur, daß sich das Erzhaus unter dem Deckmantel der Aufklärung und des Konziliarismus nur das sichern wollte, was die Reformation in protestantischen Ländern bereits erreicht hatte – die Aneignung von Hoheitsfunktionen der Kirche und ihrer Güter.

Es ist in diesem Zusammenhang recht aufschlußreich, daß sich in diesem umfassenden Ablösungsprozeß kirchlicher Kompetenzen, den Joseph II. von 1780 an forcierte, eine qualitative Steigerung des Königtums ankündigte. Bedeutende Theoretiker von *Duguet* über *Muratori* bis *Martini* billigten der Kirche zu dieser Zeit zwar »gewisse Rechte über den gläubigen Fürsten« zu, doch »hat sie deren keine über die königliche Autorität«. Denn sie könne einem Potentaten das nicht nehmen, was er »von Gott bekommen hat«[9].

Auch hier trifft man wieder auf die Samuel-Ideologie mit ihrer Immediatslehre des Jure-divino-Königtums, das Joseph II. in der Art Friedrichs II. beanspruchte, mit dem er zweimal zusammengetroffen war und den er besonders verehrte. Er ließ sich nicht mehr krönen und verfügte gar, daß man die Königskrone Ungarns oder den Herzoghut der Steiermark nach Wien brachte – eine machtpolitische Demonstration gegen das libertäre Ständewesen mit gravierenden Folgen am Ende des Jahrzehnts.

Man wird nicht bestreiten können, daß die Aufhebung der Leibeigenschaft und das Toleranzpatent von 1781[10], der Beginn der Aufhebung ›kontemplativer Klöster‹ von 1782 an[11], die Erklärung der Ehe als »bürgerlicher Vertrag« oder die Übernahme des Ausbildungswesens durch den Staat seit 1783[12] Leistungen im Sinne einer Aufklärung waren, die sich der dogmatischen Bevormundung durch die Kirche zu entziehen suchte. Aber gleichzeitig erlebte die politische Aufklärung empfindliche Rückschläge. Denn mit jeder »aufgeklärten« Maßnahme steigerte sich die Besitz- und Machtfülle des Erzhauses als Träger eines Staates, dessen oberster Repräsentant für das Freiheitsdenken der Stände so wenig Verständnis hatte wie für die korporative Eigenmacht der Kirche oder der Selbstverwaltung der Städte: Die aufgeklärten Mittel wurden nur zur Festigung einer absoluten Macht eingesetzt.

Unter diesen Bedingungen erscheint es auch im Falle des Hauses Österreich irreführend, vom »aufgeklärten Absolutismus« zu sprechen. Die von Leopold, Josephs II. Bruder, gebrauchte Formel vom »arbiträren Despotismus« trifft die reale Machtlage und das Machtverhalten des »Eklektikers« (Mitrofanov) wesentlich genauer. Ihm war vor 1780 durchaus bewußt, wohin der Abbau des alten Vertragswesens führen konnte.

So brachte er nach einer Reise in den Banat eine harte Kritik gegen das vor, was man *Beamten-Merkantilismus* nennen kann, d. h. die ökonomische Tätigkeit von Haus- und Staatsbehörden. »Ein Hauptgebrechen« der Banater Handelskompagnie sei seiner Meinung nach, »daß in selber Räte von Eurer Majestät nicht allein interessiert (beteiligt)« sind, »sondern gar die Direktion führen«.

Mehr noch, wie »unschicksam es ist, daß ein Diener mit seinem eigenen Herrn, und in dem nämlichen Land, wo er angestellet ist, in *Contract* stehet und also pars et judex (Teilhaber und Richter) zugleich ist«, vermöge wohl ein jeder zu erkennen[13]. Dennoch hat er nach seinem Regierungsantritt dieses Erzübel im Prinzip nicht abstellen können.

Dafür trat nach 1780 im Gefolge der zahlreichen Reformen, die oft nur Stückwerk blieben, »an Stelle der letzten Reste des Ständestaates die unumschränkte landesfürstliche Gewalt. Die ständischen Ämter der Kanzlei, des Expedits, der Registratur und der Buchhaltung wurden mit den gleichnamigen Steuerämtern verschmolzen«. Der von den Ständen gestellte Landeshauptmann wurde durch einen Gouverneur ersetzt, das Wahlrecht der Stände ebenso zu ihrem Nachteil reguliert, wie das Korporationswesen negiert. Kurz, diese Reformpolitik reihte Verfassungsbruch an Verfassungsbruch und hatte vor allem das »bewegliche und unbewegliche Vermögen des Landes« im Auge, das bisher in der Verfügung der Stände lag[14].

Das Erzhaus wollte im Interesse des Staates über das DOMINIUM DIRECTUM verfügen. Das erfuhr der aufgelöste Jesuiten-Orden ebenso wie die Landgemeinden bei der Regulierung der vorhandenen Weidegründe[15]. Und bei der Aufhebung der alten Unterschiede zwischen Dominikal-, Rustikal-, Kameral- und Klerikal-Gütern, die alle zur Steigerung der Grundsteuern beitragen sollten, fand man keine bessere Lösung, als den Bauern aus dem Status des Pächters und Nutznießers (Dominium utile) in denjenigen des Eigentümers (Dominium directum) zu versetzen, oder auch die gängigen Robotleistungen mit Geldabgaben zu ersetzen[16]. Man betrieb demnach von oben her eine Patrimonialisierung der überkommenen Eigentumsordnung des Feudal-Systems und glaubte, damit von unten her die Steuerleistungen erhöhen zu können. Damit aber blockierte sich das ganze System auf die Dauer selbst, von der wachsenden Unruhe aufgrund der Bevormundungen und Dekretflut aus Wien gar nicht zu reden.

Sicher hat Joseph II. angenommen, er würde mit seinen Maßnahmen die beherrschten Völker in eine glücklichere, geradezu physiokratische Zukunft führen. Aber nicht wenige Machtobjekte ließen immer mehr Zweifel an der Rechtmäßigkeit und Effektivität des damit verbundenen Machtgebarens aufkommen, dem im Zweifelsfall das Interesse des Erzhauses selbst vor das Gemeinwohl ging.

Zu welchen Rechtsbrüchen, Verfahrenstricks und Bestechungen der Wiener Hof fähig sein konnte, beweist allein die »Wahl« des Erzherzogs *Maximilian Franz* im August 1780 zum Koadjutor in

Köln und Münster. Nach den Berechnungen von Kaunitz hat dieses Verfahren allein an Bestechungsgeldern 948 315 Gulden gekostet. Mit Zusatzkosten mußten mehr als eine (1) Million Gulden aufgewandt werden, um dieses Familienmitglied des Erzhauses zu versorgen. Zum Vergleich: Der Sold eines gemeinen Soldaten betrug in der Regel im Monat ein (1) Gulden. Sicher, mit dieser »Wahl« konnte man gegen das Haus Hohenzollern mit seinen Gebieten von Cleve-Mark ein Gegengewicht etablieren[17]. Doch die Tatsache des bewußten Verfassungs- und Verfahrensbruchs kann damit nicht wegdiskutiert werden.

Waren aber zur Sicherung des »Gleichgewichts des deutschen Reiches« derartige Manipulationen notwendig – Bismarck sollte in der Bestechung des Bayern-Königs Ludwig II. ähnlich verfahren –, dann wurde seine libertäre Verfassung systematisch ausgehöhlt und nicht nur vom Geiste her unglaubwürdig.

Sonnenfels, einer der Kritiker und Bewunderer des Wiener Hofes in dieser Zeit der Aufklärung, sah diese Gefahr für das Heilige Reich nicht, dafür aber die Belastungen, wenn ein Reichsstand »mit bewaffneter Hand einem anderen Reichsstand seine gerechten Forderungen vernichten will« und dabei »feindlich in seines Mitstandes Gebiet einfällt«. Die Anspielung auf den kriegerischen Erwerb Schlesiens durch das Haus Hohenzollern gilt ihm nun zur Zeit des Bayerischen Erbfolgekrieges – in Österreich »Zwetschkenrummel« und in Preußen »Kartoffelkrieg« genannt, weil es nicht zu größeren Schlachten gekommen ist –, der dem Erzhaus im Frieden von Teschen 1779 das Innviertel einbrachte[18], als Beweis dafür, daß andere Gebietserwerbungen berechtigt seien. »Die Besitznehmung einer ganz unbezweifelten *Erbschaft*, eine durch die Gesetze der Natur und der deutschen Nation gerechtfertigte Vergrößerung kann so wenig das Gleichgewicht stören, als die innere Verbesserung, der innere Zuwachs eines Staates«[19].

Daran war das Erzhaus vornehmlich interessiert, an einem inneren Zuwachs seiner Macht, der sich zuerst an den Ständen und dann an der Kirche mit einigem Erfolg erprobte, aber auch durch Erwerbungen nach außen ergänzt wurde. Die Beteiligung an der ersten Gebietsamputation der Adelsrepublik Polen 1772 unterstreicht nur die Wachstumspolitik nach Maßgabe des Heiratens, Ererbens und auch kriegerischen Erwerbens, das ohne Zustimmung der Stände als Ausdruck einer possessiven Staatsräson und eines »arbiträren Despotismus« betrieben wurde. Dessen negative Wirkungen sah Leopold von Toskana auf sich zukommen[20], weil sich ein Volk auf die Dauer nicht durch eine absolutistisch

gehandhabte Macht entwürdigen lassen darf, ohne seine Selbstachtung zu verlieren.
Von dieser Überlegung aus erschien ihm das Dasein als Fürst wie »ein bankrottes Geschäft«[21]. Die entlarvenden Umstände der Koadjutorwahl oder auch das diktatorische Machtgebaren Josephs II. haben ihm neben anderen Vorkommnissen diese Einschätzung bestätigt. Er wollte daraus für die Toskana Konsequenzen ziehen, die in eine dem Despotismus seines Bruders entgegengesetzte Richtung gehen sollten. Nicht der Ausschluß der Stände von aller Politik erschien ihm für die Zukunft richtig, sondern ihre Beteiligung in Gestalt der meisten Haus- und Grundbesitzer, der *Possessori*.
In einer Reihe von Reformen bemühte er sich, vermittels der Gemeindeverfassung und des Gerichtswesens ab etwa 1774 die Besitz-Bürger von Florenz und der Toskana allmählich wieder an die Politik heranzuführen. Das war nicht einfach in einem Gebiet, in dem seit Cosimo I. die republikanischen Strukturen beseitigt worden waren und das Haus Medici das *Dominio vechio fiorentino* als Patrimonium betrachtete, d. h. darüber absolut und arbiträr die zugehörige Macht ausübte[22]. Leopold dachte bei seiner Verfassungsarbeit an ein »legge fondamentale«, an eine »dauernde Konstitution« mit einer »gemäßigten monarchischen Regierung«, die als Kontraktspartner die Repräsentanten des Besitzer-Volkes in Gestalt der Zensus-Stände zu beachten hatte[23].
Wahrscheinlich fand er sein Modell einer *Monarchia temperata* bei Erasmus von Rotterdam. Aber auch die Verfassung des Heiligen Reiches, dessen Kaiser er werden sollte, die libertäre Verfassung der habsburgischen Niederlande und ihre »Joyeuse Entrée« von 1356, die Komitatsverfassung Ungarns, die ihm Ürményi empfohlen haben soll, oder das Verfassungssystem Englands und Virginias haben wohl Anregungen vermittelt, die Alternative zur »absoluten Macht« mit ihrem Geburts- und Erbprinzip im Vertragswesen und politischen Ständetum zu suchen[24].
Was er zusammen mit seinem Mitarbeiter *Gianni* erreichen wollte, war eine »Rechenschaft vor den Abgeordneten der Stände«, deren vertragskonforme »Zustimmung und Bewilligung« die Voraussetzung dafür schaffen sollte, daß »Wohlstand und *Eigentum* des ganzen Publikums« gesichert werden und damit »Zufriedenheit und Ruhe aller Teile« eintritt.
Unruhe und Unlust, Angst und Verweigerung kennzeichnen die Systeme der »absoluten Macht« und des arbiträren Despotismus, der jedem Menschen vorschreiben will, wie er glücklich und vernünftig im Sinne des Machthabers werden soll, d. h. dem

Individuum die Selbstbestimmung verweigern muß, um die Selbstherrschaft des herrschenden Hauses legitimieren zu können.
Als Ausdruck einer besonderen Tücke und Bosheit der Potentaten samt ihrer devoten Minister geißelt er deren Verhalten, libertäre Verfassungen zum Scheine zu bemühen. Ein Verfahren, das auf die Politik Maria Theresias und Josephs II. deutet und auf einem grundlegenden Irrtum beruht. Denn diese Politiker glaubten, es sei »unendlich sicherer«, ein bestehendes Fundamentalgesetz »zu diskreditieren«, als wenn man es »ganz unterdrückt, denn um es ganz zu unterdrücken, benötigte man Gewaltmaßnahmen, und wenn es dann gar nichts mehr gibt, so wäre immer wieder im Publikum der Gedanke erwacht, es einmal wiederzuhaben und es mit einer neuen Methode in seinen wahren Befugnissen wiederzuerrichten, während, indem man es unwirksam und lächerlich machte und es bestehen ließe, konnte man die Leute mit dieser Existenz der Stände einschläfern und diese zugleich entweder mit Drohungen lächerlich machen, oder mit Bestechungen korrumpieren und sie den eigenen Zwecken dienstbar machen«[25].
Auch wenn sich Leopold in Florenz, der Heimat Machiavellis, zum »Polizeityrannen« entwickelte[26] und seine Verfassungspläne nicht verwirklichte, so erscheint doch diese Innenaufnahme aus dem quasi-absolutistischen Machtverhalten als die härteste Kritik eines Fürsten am Gewalt-, Bestechungs- und Terrorsystem der Monokraten dieses Zeitalters, die sich in der Erfüllung des patrimonialen Erbprinzips als Vollstrecker eines unabdingbaren Naturgesetzes verstanden.
Selbst Leopold entging nicht diesen Zwängen. Als nämlich Joseph II. darauf drängte, die 1763 in der Toskana eingerichtete Sekundogenitur aufzuheben und dieses Land in eine »unzertrennliche Verbindung mit der Monarchie« zu bringen, nachdem er selbst ohne Manneserben geblieben war und sich um seine Nachfolge zu sorgen begann, willigte er ein. Am 5. Juli 1784 unterzeichnete er zusammen mit Joseph II. und dem Staatskanzler Kaunitz eine Erklärung zur »Abilition der toskanischen Sekundogenitur«. Das Dokument war darauf abgestellt, die Position des Erzhauses nicht durch isolierende Verzweigungen einzelner Linien zu schwächen, vielmehr sollten diese zur »wechselweisen Wohlfahrt« und im »beiderseitigen Interesse« in der »Österreichischen Stammfolge« bleiben[27].
Die Stände wurden an dieser Haus- und Staatsaktion nicht beteiligt, so wenig wie z. B. am Entschluß, Krieg gegen das Osmanische Reich zu führen. Es ist, als verkörperten Leopold und Joseph II. zwei grundlegende Staatsprinzipien, die sich schon in

den Positionen des Richters Siebenbürger und des Erzherzogs Ferdinand 1522 ausdrückten und von denen Machiavelli im »Fürsten« sagt, daß es zum einen »rühmlich für einen Fürsten ist, die Treue zu halten« und damit auch eingegangene Verträge, d. h. wenn er die »*Waffe des Rechts*« einsetzt. Zum anderen aber lehre die Erfahrung, daß »gerade in unseren Tagen die Fürsten Großes ausgerichtet haben, die es mit der Treue nicht genau nahmen und es verstanden, durch List die Menschen zu umgarnen«, demnach die »*Waffe der Gewalt*« gebrauchten[28].
Joseph II. wollte wie sein Vorbild Friedrich II. oder Gustav III. etwas Großes schaffen, einen Zentral-Staat aus einem Guß, der auf nationale und regionale Besonderheiten keine Rücksicht nehmen wollte. Was er hinterließ, war aber Stückwerk, ein Staats-Torso, der über das nezessitäre und arbiträre Stadium des Absolutismus nicht hinausgekommen war.

Auf seinem Sterbebett erlebte Joseph II., wie die Herrschaften des Hauses Österreich von Ungarn über die Steiermark bis in die Niederlande sich in einem revolutionären Aufbruch wieder an die alte Freiheit erinnerten. Mit Mühe gelang es seinem Nachfolger Leopold II., den quasi-absolutistischen »Stato della famiglia« über die Zeiten und Herausforderungen der Revolution zu retten. Er machte Zugeständnisse an die ständische Libertät und besann sich darauf, daß in jeder »Steuerausmäßigung . . . ein höchst gefährliches, das Eigenthumsrecht immer angreifendes und selbst die beste Staatsverfassung erschütterndes Unternehmen« gesehen werden konnte[29], das den Status des eigenen Hauses gefährden mußte, wenn es die Friedenskunst nach innen vernachlässigte und nach außen auf Kosten der Stände und Untertanen die Kriegskunst mit ihrem zweifelhaften Ruhme betrieb.

ZUSAMMENFASSUNG:

Die Geschichte des Hauses Österreich in Gestalt der Dynastie Habsburg-Lothringen unterscheidet sich im Prinzip nicht von der anderer »souveräner Häuser« der Respublica Christiana. Denn die Ausrichtung aller Politik auf das Erwerben von Land und Leuten durch Heirat, Krieg und Erben hat auch die Bourbonen, die Hohenzollern oder die Oldenburger geprägt. Dabei ist es dem österreichischen Erzhaus nicht gelungen, ein »DOMINIUM ABSOLUTUM« über das Heilige Reich zu erringen. Das Wahl-Kaisertum und die libertäre Reichsverfassung, die durch fast ganz Europa garantiert war, ließ diesen Griff nach dem Absolutismus nicht zu. Auch in Ungarn gelangte es nicht zum »eigentlichen Dominium«, sondern es mußte sich de jure mit einem Erblehen begnügen, das vor allem in den Erblanden bis zu Joseph II. manch eine konstitutionale Behinderung der Machtansprüche bedeutete. Selbst in Böhmen führte das nezessitär gehandhabte Kriegsrecht nicht dazu, ein vollkommenes Patrimonialwesen zu etablieren, das auch in den eigenen Niederlanden, dem späteren Belgien, verweigert worden war.

Man wird bei der Analyse und Bewertung dieser Haus-Geschichte besonders das »Nichtabsolutistische im Absolutismus« (Oestreich) berücksichtigen müssen, das Hineinragen libertärer Verfassungsbestände in eine Politik, die erst unter Maria Theresia konzentrierte Anstrengungen unternahm, das libertäre Moment durch nezessitäre Maßnahmen abzulösen. Joseph II. hat diesen Prozeß erheblich verstärkt, aber erst durch Franz II. fand er einen patrimonialen Abschluß, als dieser 1804 nach dem Vorbild des »Russisch-kaiserlichen Hofes« den Titel eines »Erbkaisers« annahm, um auch auf diese Weise dem »vereinigten österreichischen Staaten-Körper« den Status einer Macht ersten Ranges zu sichern, zumal sich mit Napoleon ein weiterer »Erbkaiser« nach der Vernichtung der Vertragsverfassungen von 1789 an etabliert hatte[1].

In diesem historischen Prozeß von der libertären Beratung über den nezessitären Befehl hin zur patrimonialen Behandlung von Land und Leuten hat es durchaus ernsthafte Bemühungen gegeben, »die Einrichtung des ganzen Finanz-Wesens, der Militär-Öconomie, aller Hof- und Länderstellen und überhaupt das inländische universale Staats-Systema auf . . . Grund-Wahrheiten« zu bauen. Dabei sollte die »wahre Regierungskunst« vornehmlich darauf beruhen, in den anliegenden Haus-, Hof- und Staatssachen »*nach Proportion*« zu verfahren[2]. Aber zu einem »aristotelischen Kultur-Staat« hat es Habsburg-Lothringen nicht gebracht. Auch wenn man sich in Kremsmünster, dem Zentrum der Aufklärung in Österreich, mühte, das »reine Vernunftlicht« (Fixlmillner) immer heller strahlen zu lassen, Rationalität predigte und Experimentalphysik zuließ[3], in Mozart einen Höhepunkt der Musikkultur Europas förderte und dem Adel an den Ritterakademien Möglichkeiten der Ausbildung bot – für die Emanzipation des Individuums im Sinne politischer Mündigkeit und geistiger Autarkie hatte man in der Hofburg stets nur wenig Sinn.

Wie für Ferdinand II. zur Zeit der »abscheulichen Rebellion« der Böhmen und nach ihrer militärischen Zerschlagung, so war auch für Franz II. nach den revolutionären Wirren »das Volk nur willenloses Eigentum, mit dem man machen konnte, was man wollte«. Die Haus-Monarchie war im Grunde eine Monokratie, die rechtlich als Familien-Fideikommiß betrachtet wurde, »über das er als Majoratsherr unbeschränkt verfügen konnte«. Alle vorhandenen Instrumente der Macht in Gestalt von Kammern, Gouverneuren oder Gerichten hatten letztlich nur eine einzige Aufgabe, nämlich »die ungeschmälerte Aufrechterhaltung der Souveränitätsrechte« zu betreiben und gleichzeitig die »Verneinung eines jeden Anspruchs der Völker auf Teilnahme an jenen Rechten« zu forcieren. Darin lag der wahre, der »väterliche Charakter der Regierung«, wie Graf Hartig anmerkte. In den Worten eines von Schönholz ausgedrückt: »Der Staat, das war der Hof.«[4]

Unter diesen patrimonialen Ansprüchen wollte und konnte man die Forderungen eines Wahl-Kaisers nicht mehr erfüllen und verzichtete im Jahre 1806 auf diesen uralten Rechtstitel, nachdem man die Reichsverfassung im Kampf um das »Ansehen in Deutschland« mit anderen Häusern ruiniert hatte.

6. England–Irland–Schottland–Amerika

Die Entwicklung Englands zum *United Kingdom* (mit Irland seit 1534 und Schottland seit 1707), zum *Empire* im Rahmen der ersten Seemacht Europas und schließlich zum *Commonwealth* als Ausdruck einer Weltmacht versteht man oft als Ergebnis eines insularen Sonderweges und damit als die historische Leistung eines »parlamentarischen Absolutismus«[1]. Dabei konnte sich bis heute die englische Historiographie nicht einmal zu einer gesicherten »Übereinkunft zum genauen Verständnis von *Absolutismus* und *absoluter Monarchie*« durchringen[2]. Versteifungen auf die angeblichen Sondertraditionen des Common Law, auf die Legende von der ungeschriebenen Verfassung Englands und darauf, das seit Marx in Mode gekommene Klassenkampf-Modell an der eigenen Geschichte im Geiste linearen Fortschritts zu erproben oder auch die Leistungen der wissenschaftlichen und industriellen Revolution zu überschätzen, haben nicht nur vom kontinentalen Europa und seinen Einflüssen auf England abgelenkt. Sie haben auch jenen Bereich oft vernachlässigt, von dem Maitland zu Recht sagte: »Wir kommen in der Parlamentsgeschichte nicht vorwärts, ohne vom Besitzrecht zu reden«[3].

Mit beachtlichen Resultaten hat Beard diesen Hinweis aufgegriffen und am Beispiel der Verfassung der Vereinigten Staaten von Amerika aufgedeckt, wie dominant das Besitzdenken einerseits und seine juridische Garantie andererseits in einer Verfassungsbewegung war[4], die sich gegen einen »*absoluten Despotismus*« von England aus verwahrte und den Inbegriff der politischen Aufklärung bis heute trotz aller Veränderungen in der Formel bewahrte – »liberty and property«.

a) *Die nationale Emanzipation von Rom. Jakob I. und das Gottesgnadentum. Coke, Hale und das »Common Law«. »The king can do no wrong« – das Verhältnis von Kirchen und Staat. Strafford-Prozeß und Revolution von 1640 an.*

Die Gestaltung des »inneren Staatsrechts« Englands und die daraus folgende Politik ist eng mit der Geschichte der römischen Kirche verbunden. Auch wenn die Annahme der MAGNA CHARTA von 1215 unter dem König *Johann ohne Land,* die in der GOLDENEN BULLE Andreas III. von 1222 in Ungarn eine gleichwertige Entsprechung gefunden hat[1], eher zufällig mit dem Beschluß des IV. Laterankonzils zur *Transsubstantiation* zusammenfällt, so kennzeichnet gerade dieser Begriff ein wesentliches Kernstück der Geschichte Englands bis 1871. Denn die Frage nach der Realpräsenz des Leibes und Blutes Christi beim Abendmahl, und zwar in den Gestalten Brot und Wein, hat in der Reformation eine fundamentale Rolle gespielt und entscheidend zur Kirchenspaltung beigetragen[2].

Diese vollzog *Heinrich VIII.* (1491–1547) für England von 1532 an. Er folgte damit seinen nordischen Nachbarn Dänemark und Schweden und begründete mit einer Reihe von Maßnahmen ein Staatskirchentum, das dem König die Stellung eines »Summus episcopus« sicherte und ihn in geistlichen und vor allem possessiven Angelegenheiten zum absoluten Oberherrn der Kirche machte. Dabei hatte gerade dieser König ein hartes Vorgehen des Kaisers gegen Luther gefordert. Für seine Schrift zum Wesen der Sieben Sakramente verlieh ihm Papst Leo X. sogar den Titel »Defensor fidei« (Verteidiger des Glaubens).

Gegen den Widerstand des Lordkanzlers Thomas *Morus* (1478–1535) und des Kardinals John *Fisher* (1459–1535), gleichzeitig Kanzler der Universität Cambridge, wollte der König aber die Anerkennung für die Auflösung der Ehe mit Katharina von Aragonien, die ihm keinen männlichen Erben gebären konnte. Anne *Boleyn,* die er dann heiratete, sicherte mit der Geburt der späteren *Elisabeth I.* ein Erbrecht, dessen Natur und Durchsetzung einen hohen Blutzoll forderte. Heinrich VIII. ließ nämlich Morus, Fisher und schließlich auch *Anne Boleyn* hinrichten. Denn beide Anhänger Roms verweigerten die Leistung des *Sukzessions-* und des *Suprematseides,* der dem König u. a. die höchste kirchliche Autorität zugestand und bis 1793 von jedem Beamten gefordert wurde.

Mit seinen letzten Worten – »des Königs guter Diener, aber Gottes zuerst« – sprach Morus, der Verfasser der »Utopia«, einer idealistisch angelegten Staatsschrift im Geiste Platos, programmatisch

einen Dauerkonflikt aus, der die Politik und Geschichte Englands über Jahrhunderte hin in immer neuen Varianten beschäftigen und erschüttern sollte – der Gegensatz von nationalem Staat und universaler Kirche, von nationaler Kirche und regionaler Autonomie.
Der Absolutismus Heinrichs VIII. in der Kirche führte zwar zur nationalen Emanzipation von Rom, aber trotz des Erbfolgegesetzes nicht zu einem patrimonialen Absolutismus im Staat selbst[3]. Das gelang auch seiner bedeutenden Erbin Elisabeth I. nicht. Sie verstand es aber geschickt, mit der Verteilung von Kirchengütern die Loyalität des Adels und damit auch der Parlamente zu sichern[4]. Die große Differenzierung aber der vom Staat garantierten *Established Church* (Episkopalkirche) und des Kalvinismus mit seinen sektenartigen Eigenkirchen vermochte sie nicht zu verhindern.
Vor allem seit den Tagen des John *Knox* (1505–1572), der unbarmherzig die katholische Königin Maria *Stuart* (1542–1587) von Schottland bekämpfte, stieg der Einfluß der *Presbyterianer* innerhalb des *Puritanismus*, der Reinheitsbewegungen des englischen Protestantismus, und wirkte im Bewußtsein eines korporativ-demokratischen Gemeindesystems in der »Kirche von Schottland« absolutistischen Experimenten entgegen[5].
Aber auch die Lehren Fausto *Sozzinis* (1539–1604), der in Polen die Sekte der Sozinianer gegründet hatte und über zahlreiche Emigranten nach den Niederlanden und vor allem England mit seinem *Unitarismus* (Ablehnung der Trinität, der Gottheit Christi) Verbreitung fand, vermehrten das Potential an Widerstand gegen jedweden Absolutismus, dem auch *Baptisten* und *Independenten* abhold waren[6]. Zieht man zudem die Einflüsse der Ostmitteleuropäer Hartlib, Dury oder Comenius auf das geistige und politische Leben Englands in Betracht, dann erscheint dieses Land mit seiner oft bewunderten Entwicklung hin zu einem libertären Verfassungsstaat als ein europäisches Experimentierfeld ersten Ranges[7].
In dieser Auf- und Umbruchzeit übernahm *Jakob I.* (1566–1625), der anglikanische Sohn Maria Stuarts, 1603 die Regierung Englands und begründete eine Personalunion mit Schottland, die erst 1707 zu einer Realunion werden sollte. In seinem Eifer für den Anglikanismus warf er den Puritanern das Streben nach einer »neuen Religion« und nach einem »neuen Jerusalem« vor und zieh sie des Vergehens »gegen ihre Suprematseide«. Ihre Vergehen seien ein Mißbrauch »ihrer Freiheit«, wie sie im Rahmen des Parlamentes in Gestalt des *House of Commons* (Unterhaus) gewährt werde[8].
Seine Offensive fiel mit Aktivitäten des politischen Papismus

zusammen, der sich gegen fortlaufende Unterdrückungen dadurch zur Wehr setzte, daß er in der sog. »Pulververschwörung« vom 5. November 1605 den König samt Parlament in die Luft sprengen wollte[9].

Verständlich, daß sich dieser König immer wieder genötigt sah, sein eigenes Königtum zu rechtfertigen. Besonders seine Rede vom 21. März 1610 gilt als exemplarische Begründung eines »Jure-Divino-Königtums«, das man angeblich »einfach mit dem älteren Gottesgnadentum zusammengeworfen hat«[10]. Tatsächlich aber bewegt sich Jakob I. bei der Berufung auf die Göttlichkeit der Könige auf der Basis der Bedingungen und Bindungen des libertären Gottesgnadentums. Denn ein gerechter König (Rex justus) »bindet sich selbst durch einen doppelten Eid an die Beachtung der Fundamentalgesetze des Königreiches« und damit an einen Herrschaftsvertrag, dessen Substanz er ausdrücklich beschreibt[11] und auf den sich nicht ohne besonderen Grund John Locke berufen sollte![12].

Eine Regierung »nach Gesetz« erscheint Jakob I. unabdingbar, hat er doch »die von Gott verliehene Macht ad aedificationem, non ad destructionem« (zum Aufbau, nicht zur Zerstörung) zu benutzen[13]. Die libertäre Verfassung Englands zu zerstören, um über eine nezessitäre Lage einen patrimonialen und damit arbiträren Absolutismus einzurichten, lag ihm nicht. Er wollte nicht »zu einem Tyrannen degenerieren«, sondern bat um die Beachtung der Gesetze[14]. Mit deren Auslegung und Anwendung war aber die papistische wie puritanische Opposition selten einverstanden. Denn nicht zuletzt stieß ihre Interpretation und Anwendung auf hand- und landfeste Interessen, welche die »*Lords*«, die »*Knights*« und »*Burgesses*« – »die drei Stände = estates des Parlamentes« – zu wahren suchten, indem sie von Fall zu Fall den König an die »Gesetze des Landes wie an die Rechte und Besitztümer = properties der Untertanen an ihren Ländereien und Gütern« erinnerten. Und vor allem bestanden sie auf dem Bewilligungsrecht aus der MAGNA CHARTA, dem wesentlichen *fundamental law*[15].

Kaum ein englischer König mußte sich so viele Rechtsbelehrungen gefallen lassen wie Jakob I. Die permanenten Herausforderungen in dieser Hinsicht schienen ihn allmählich zu zermürben, zumal er auch in der äußeren Politik wenig erfolgreich war. Die geglückte Mediation zwischen dem Moskauer Zartum und Schweden von 1617 bildet eine Ausnahme.

Die mangelhafte Unterstützung für seinen Schwiegersohn Friedrich, den böhmischen »Winterkönig«, trug 1620 viel zur Katastrophe am Weißen Berg bei. Und die *Haager Koalition* von 1625, der neben England, den Niederlanden auch Dänemark angehörte, um die Verfassung des Heiligen Reiches zu sichern, zerfiel bald, ohne einen entscheidenden Einfluß gewonnen zu haben[16]. Der Unsicherheit in der Politik nach außen entsprach bei Jakob I. die Verunsicherung nach innen: Verursacht durch ein Parlament, dessen Unterhaus immer wieder und seit 1610 verstärkt auf der Sicherung seiner Rechte bestand und dem Papismus den gnadenlosen Kampf ansagte.

Einer der großen und dramatischen Fälle, in denen Jakob I. entgegen seiner feierlichen Versicherungen Macht vor Recht ergehen ließ, war die Absetzung Edward *Cokes* (1552–1634) im Jahre 1616, eines der bedeutenden Richter und Parlamentarier Englands. Ihm war das Wesen der ANCIENT CONSTITUTION und des COMMON LAW mit seinen Bindungen der königlichen Prärogativen so wichtig, daß er den Konflikt mit dem König und dessen engem Vertrauten, dem Philosophen und Staatsmann Francis *Bacon* (1561–1626) nicht scheute. Und er stand ihn mit einer Würde durch, wie sie nur derjenige aufzubringen vermag, der vom Recht des Individuums gegen alle Machtansprüche überzeugt ist[17].

Coke, der Gegner des Duke of *Buckingham* (1592–1628), dessen erfolglose Außen- und Heiratspolitik im Namen Jakobs I. und Karls I. mit einer inneren Politik erzwungener Anleihen gekoppelt war und damit den Widerstand vor allem des Unterhauses hervorrufen mußte[18], hatte mit seinen Schriften »*Law Reports*« und »*Institutes*« nicht nur fundamentale Bereiche des Rechtes in England neu gesichtet und gesichert, sondern auch geholfen, die berühmte PETITION OF RIGHTS von 1628 zu verfassen.

In diesem Dokument wird Karl I. unter der direkten Berufung auf »die Große Charta der Freiheiten Englands« mit Nachdruck daran erinnert, »daß kein freier Mann verhaftet oder eingekerkert oder von seinen . . . Freiheiten oder seinen freien Gewohnheiten entbunden . . . oder exiliert oder in welcher Art auch immer vernichtet werden darf, es sei denn aufgrund gesetzlichen Urteils seiner Peers oder nach Maßgabe des Gesetzes des Landes«. Außerdem wird darum gebeten, gesetzliche Maßnahmen zur Belastung der Eigentümer mit Abgaben für die öffentliche Hand nicht »ohne gemeinen Konsens in Gestalt eines Parlaments-Aktes« zu verfügen.

Diese Bittschrift, die in ihrem juridischen Wesen den *Gravamina* in den übrigen europäischen Gemeinwesen entspricht, wurde ergänzt durch eine Protestaktion des Unterhauses gegen die befürchtete Einführung von »Papismus und Arminianismus«. Das

Unterhaus wollte jeden, der sich als »Instrument« für diese Neuerungen in der »wahren und rechtgläubigen Kirche« verwenden ließ, als »Feind ersten Ranges dieses Königtums und Gemeinwesens« gebrandmarkt sehen[19].
Diese Stellungnahme von 1629 war auch eine Reaktion auf die Berufung William *Lauds* (1573–1645) zum Bischof von London, einem Befürworter der Einheit von Kirche und Staat, Förderer der prunksüchtigen Bischofs-Kirche, Gegner der Puritaner und Verherrlicher eines Königtums, das der Jure-Divino-Vorstellung sehr nahekam[20] und demnach eine Herausforderung an all das bedeutete, was als Inbegriff der Politik in England noch aus der Zeit vor 1215 galt – die Garantie und Beachtung des COMMON LAW.

War Coke, aus der elisabethanischen Tradition kommend, geneigt, die Historizität des Rechts auch unter gelegentlichen Verfälschungen tagespolitisch auszunutzen, so bemühte sich Matthew *Hale* (1609–1676), eine Systematik des Rechtes in England zu erarbeiten, die auch revolutionäre Regimewechsel überdauern konnte. Die Grundlage seiner Systematik bildete die Distinktion von JUS und LEX. Doch anders als Hobbes, den er bekämpfte, weil ihn dessen vermeintliche DE-FACTO-Ideologie irritierte, d. h. die Anerkennung faktischer Machtsysteme als Rechtsordnungen, bestand er auf der Trennung der LEGES SCRIPTAE als »Statuten-Gesetze oder Parlaments-Akte« und den LEGES NON SCRIPTAE, die den Bereich des COMMON LAW bilden. Dabei bedeutete ihm die Formel von den »nichtgeschriebenen Gesetzen« nicht, daß diese Gesetze nur »oral« aus historischer Zeit tradiert worden wären, vielmehr besteht »die Substanz dieser Gesetze im Geschriebenen, aber die formale und verpflichtende Kraft und Gewalt, die sie haben, erwächst aus langer Gewohnheit und Gebrauch«. Dieser Rechtsbereich betrifft vornehmlich das Gerichts- und Vertragswesen sowie wesentliche Rechtsformen beim Erwerb oder Veräußern »von Besitztümern = properties«[21], was für diese aufs Eigentum fixierte Sozietät eine wesentliche Rolle spielte[22].
Mit dieser Distinktion vollzieht Hale, wie Coke mit seinen Kommentaren zum Recht noch heute die Juristenausbildung im angelsächsischen Bereich beeinflußt, die Abgrenzung des JUS PRIVATUM vom JUS PUBLICUM, dessen »geschriebene Gesetze« in ihrem Wesen auf »einen DREITEILIGEN VERTRAG (tripartite indenture) zwischen dem KÖNIG, den LORDS und den GEMEINEN« zurückgehen, wobei der »konkurrierende Konsens aller drei Teile der Legislativen« erforderlich ist, wenn ein gültiges Gesetz entstehen soll[23].
Hale steht damit in der gemeineuropäischen Tradition der TROIS

PREROGATIVES, wie sie im Heiligen Reich, Schweden, Polen, Ungarn oder Frankreich und in anderen Gemeinwesen vor und nach absolutistischen Regimes ausgemacht werden können. Gewiß, er grenzt das Rechtswesen in England, das auch nach Irland übertragen wurde und dort die politische Kultur samt die einheimische Sprache zerstörte, von Gesetzeskodifikationen ab, die »Päpste und Kaiser« gemacht haben, »erkennt doch der König von England keine auswärtige Autorität in diesem Königreich als höher oder ihm gleich an«[24]. Aber das kann nicht bedeuten, daß hier ein völlig originäres Recht entstanden ist. Die Reduktion seiner Substanz auf einen *Vertrag* verdeutlicht seine Zugehörigkeit zum europäischen Rechtsdenken und läßt die immer wieder aufgestellte Behauptung, England habe keine *geschriebene Verfassung*, als Legende erscheinen. Denn die zahlreichen »Statute oder Parlamentsakte« bilden in Gestalt der beschworenen FUNDAMENTAL LAWS auch hier das, was schon an anderer Stelle eine *kumulative Konstitution* genannt worden ist. Gerade ihren Bedingungen und Bindungen suchte sich Karl I. ab 1629 dadurch zu entziehen, daß er das Parlament überging und während der sog. »elf tyrannischen Jahre«[25] bis 1640 einen Quasi-Absolutismus ausübte, an dessen Ende eine Revolution das wieder erzwang, was den Königen stets als ungebührliche Beschränkung ihrer Souveränität nach innen vorkam – die institutionelle Sicherung von Rechten und Freiheiten.

Die ökonomischen Auswirkungen des Deutschen Krieges waren auch in England zu spüren, und während der Kaiser 1629 das *Restitutionsedikt* erließ, das den Protestanten die possessive Grundlage ihrer Religion entziehen sollte, setzte Karl I. in England die von Elisabeth I. begonnene und von Jakob I. intensivierte Politik einer ›legalen Depossedierung‹ von Landbesitzern fort, deren Besitztitel nicht eindeutig waren.
Die Suche nach neuen Einnahmequellen für die steigenden Ausgaben der Hofhaltung und für den Ausbau der Flotte, mit deren Einsatz Karl I. eine fast papisten-freundliche Außenpolitik absicherte, führten 1631 zu zahlreichen Konflikten mit der Londoner City. Auch die Hampden-Affäre von 1636, die in der Verweigerung des geforderten »ship-money« gipfelte, sorgte in diesem Zusammenhang für Unruhe und Spannung[26].
War das libertäre England bei allen temporären Übergriffen der Könige auf ein Höchstmaß an juridischer Öffentlichkeit im Rahmen der vorhandenen Institutionen eingestellt, so entwickelte sich seit dem Regierungsantritt Karls I. eine eigentümliche Arkan-Politik (»Arcana dei et arcana imperii«), die vom König nach 1629

durch das *Privy Council* betrieben wurde und von einer Absolutesse ausging[27], deren Wirkungen die Frage nach der SUPREMA POTESTAS stellte sowie nach dem Wesen des Fundamentalsatzes: »*The king can do no wrong.*«

Trotz der Ausschaltung der beiden Häuser des Parlamentes, die der Nicht-Berufung der Generalstände in Frankreich ähnelt, stand für manchen Engländer fest, daß das »Volk des Königreichs Untertanen sind, keine Sklaven, freie Männer«. Sie sollten demnach in die Ausübung der »monarchischen Gewalt« ein »absolutes Vertrauen« haben, weil die Regierung des Königs »secundum leges regni« erfolgte, und zwar in der Beachtung dessen, daß »sie an ihren Gütern ein Besitzrecht, ein besonderes Interesse, ein MEUM ET TUUM haben. Sie haben ein Geburtsrecht an den Gesetzen des Königreiches«. Und diese sollen nicht »ohne gemeinsamen Konsens im Parlament« rechtskräftig werden[28].
Doch ist hier R. *Berkeley* auch klar, daß »unser gnädiger Souverän ein Monarch ist«, dem »die Rechte einer freien Monarchie gehören«, d. h. auch die Anerkennung der Formel »REX EST LEX« und nicht umgekehrt. Das ist die Position Jakobs I. Er mißt dem Gesetz in erster Linie *instrumentellen* Charakter zu, nicht anders als dem Parlament selbst, das nach Maßgabe des »Fundamental-Gesetzes von England ... COMMUNE CONCILIUM REGIS ET REGNI ist« und letztlich die Qualität des »ehrenwertesten und höchsten Gerichtshofes im Königreich« hat. Jedoch sollte dieser Qualität des Parlaments wiederum nur ein akzidentieller und nicht unbedingt *substantieller* Charakter zukommen, gehört doch dem König allein das Recht, das Parlament zu berufen, von dem angenommen wird, daß es als »Parlament nicht irren kann«, wohl aber seine Mitglieder »de facto«. Das aber bedeutet wiederum, daß es der König »de jure« nicht kann.
Nur in diesem Sinne, der sich mit der Erklärung zur *Unfehlbarkeit* des Reichstages in Schweden 1751 oder des Papstes »ex cathedra« 1871 deckt, erklärt sich der Fundamentalsatz des englischen Verfassungsrechtes, daß »der König kein Unrecht tun kann«.
Und zum zweiten Fundamentalsatz, »daß der König eine Person ist, dem Staat des Gemeinwesens angetraut«, also vertraglich wie in einer Ehe gebunden, wird angemerkt, »daß die zwei Häuser ohne den König keine Gesetze machen können«, und er selbst »ist nicht gebunden, es zu berufen, außer wenn es ihm gefällt«. Darüber hinaus muß er es auch nicht in seinen Beratungen fortfahren lassen, wenn er nicht will. Es stehe fest, daß es »einen König *vor* dem Parlament gab«. Und wenn auch »seine Gewalt durch das positive Gesetz (positive law) begrenzt war«, so »hatte

der König dennoch diese Souveränität des ganzen Königreiches zu Wasser und zu Land«, dieses in *nezessitären* Zeiten (necessary defence) zu belasten und zur Verteidigung in Anspruch zu nehmen[29].

Diese durchaus repräsentative Position einer vornehmlich nezessitär angelegten Legitimation des Königtums, in die der Legalismus der Royalisten vom immediatisierten JUS DIVINUM einging, ohne den Patrimonialismus zu bemühen, wurde von zahlreichen Stellungnahmen William Lauds ergänzt, der 1633 Erzbischof von Canterbury geworden war.

In der Verteidigung der ECCLESIA ANGLICANA als der einzig authentischen Erbin der Apostel verstand er es nicht nur, die Engländer als AUSERWÄHLTES VOLK darzustellen, was den Puritanern als Verfechtern der AUSERWÄHLTEN KIRCHE im aufkommenden Nationalismus zu schaffen machte[30], sondern er konnte in der Begründung der Bischofskirche »jure divino« auch das Königtum »aus göttlichem Recht« ableiten. Bereits 1625 gebrauchte er dabei einen Vergleich, wie er später in der FRONDE in Frankreich benutzt werden sollte. Für alle Amtsleute »ist der König die *Sonne*«; und wie in der Natur durch ihr Einwirken auch *Wolken* auftreten, so müßten »besonders Richter und Magistrate aller Art Wolken sein«. Diese erhielten aber ihre Aufträge und Amtsgewalt vom König, die sie am Volk ausübten.

Laud meint mit dieser Metaphorik die Existenz mediatorischer Gremien und ihre unmittelbare Abhängigkeit vom König. Fast prophetisch fügte er hinzu, »die Wolken, hoffe ich, befinden sich nicht, ich bin sicher, zwischen König und seinem Volk«[31]. Sie dürfen demnach nicht als Mediator fungieren oder gar als Ephoren eine »unabhängige Zwangsgewalt = independent coactive power« handhaben[32].

Trotz dieser weitgehenden Befugnisse des Königtums findet sich Laud nicht einmal vor der berühmt-berüchtigten *Star-Chamber*, einem besonderen Gerichtshof, über den die Könige seit Elisabeth I. in die Besitzverhältnisse vornehmlich der Grundbesitzer zentralistisch eingreifen konnten, bereit, eine wirklich patrimoniale Begründung der Stuart-Absolutesse zu liefern[33]. Auch in den *Canons* von 1640, am Vorabend der Revolution beruft sich die Staats-Kirche auf »das Gesetz Gottes, der Natur und der Nationen«, um die Protektionspflicht der Könige zu begründen.

Dabei wird zwar auf die nezessitär von den Untertanen zu fordernden Leistungen verwiesen. Aber es wird gleichzeitig im Sinne Senecas und Bodins zugestanden, daß »die Untertanen nichtsdestoweniger nicht nur Besitz = possession, sondern auch ein wahres und gerechtes Recht, Titel und Eigentum = property in all ihren Gütern und Beständen = estates haben«. Daraus erwachsen zwar Pflichten, wie sie gerade das Lehnswesen kennt, jedoch auch für den König das Gebot, sie »in Eigentum und Freiheit ihres Standes« zu halten[34].

Die Belege für den fundamentalen Zusammenhang von politischem System und possessiver Ordnung ließen sich beliebig vermehren. Dasselbe gilt für die Beispiele von Konflikten und Krisen, die aus der Natur dieser Markt-Sozietät mit ihren korporativen Organisationen erwuchsen und sich in der Durchdringung mit religiösen Forderungen stetig verschärften, bis die politischen Energien sich 1640 entluden und England bis 1660 eine Reihe denkwürdiger Experimente bescherten.

Der Versuch Karls I., von der Staats-Kirche in England aus die kämpferische Kirche von Schottland mit einem sog. »Prayer Book« auf den anglikanischen Weg zu bringen, scheiterte am massiven Widerstand der schottischen Stände. Diese vereinigten sich 1638 im *Covenant* nach Art einer Konföderation, um jeden Angriff auf die »wahre Religion« abzuwehren. Die Bekenntnisse zu »des Königs Majestät« und des »Königreiches Libertät« erschienen aber dem Earl of *Strafford* (1593–1641), der seit 1639 (nach seiner Tätigkeit als Statthalter Irlands) ein enger Berater des Königs geworden war, nicht überzeugend genug. Er verlangte die Unterwerfung der presbyterianischen Schotten und setzte sich dabei gegen das *Kurze Parlament* durch, das Karl I. berufen mußte, als sich seine finanzielle Lage zusehends verschlechtert hatte[35]. Mit der Niederlage der königlichen Armee am 28. Juli 1640 bei Newborne gegen die Schotten war für das Unterhaus die Gelegenheit gekommen, den Widerstand auszuweiten.
Unter der Führung Pyms beschuldigte es den Grafen vor dem Oberhaus, dessen Funktion als Gerichtshof gerade auch in diesem Fall deutlich wird, des Hochverrats und des Versuchs, »die *Grundgesetze* und die *Regierungsform* der Königreiche England und Irland umzustürzen und an ihrer Stelle gegen jedes Gesetz ein willkürliches und tyrannisches Regiment einzuführen«[36].
Obgleich die Anklagepunkte nicht zu einem Todesurteil ausreichten, wurde Straffords Tod durch die sog. *Bill of attainder* von 1641 erzwungen. Indem sie es ermöglichte, eine Tat rückwirkend zum Rechtsbruch zu erklären, verstieß sie gegen ein Fundamentalrecht aus der Magna Charta. In seiner berühmten Verteidigungsrede warnte Strafford die Lords denn auch davor, dem Druck der Commons und des Londoner Mobs nachzugeben. Denn »daß jemand bestraft werden sollte auf Grund eines Gesetzes, das der

Tat folgt, ist äußerst hart: Welcher Mann kann seines Lebens noch sicher sein, wenn das zugelassen wird?«[37].
Er nahm damit auch den Grundsatz »Nulla poena sine lege«, der als Errungenschaft des Rechtsstaates gilt[38], vorweg. Wird dabei allerdings die Unterscheidung von JUS und LEX unberücksichtigt gelassen, dann kann diese Fundamentalformel zu Verwirrungen führen. Hobbes deutet es an, wenn er feststellt: »Ein nachträglich geschaffenes Gesetz kann eine Tat niemals zum Verbrechen stempeln. Verstieß die Tat gegen das Naturgesetz, so gab es ein Gesetz vor der Tat«[39]. Auf Strafford traf der zweite Satz ganz sicher nicht zu, zumal er nur »seinen Rat an den König« gegeben haben soll, »die irische Armee zur Unterwerfung Englands einzusetzen«[40] und der Grundsatz galt: »Wer einen anderen um Rat angeht, kann ihn nicht für den Rat bestrafen, denn er trägt selbst die Verantwortung dafür«[41].
Karl I. aber mußte Strafford unter dem Druck beider Häuser bestrafen und ließ ihn hinrichten. Ein erzwungener Machtspruch erwies sich damit als Rechtsbruch, der sich bald gegen den König selbst richtete. Er beschleunigte den Prozeß der Durchsetzung der *Parlaments-Souveränität* gegen ihn und ermöglichte letztlich, daß die Parlamentarier sich zum Richter über ihn aufschwangen. 1642 war es noch nicht so weit, aber der grotesk anmutende Mißerfolg Karls I. bei der beabsichtigten Verhaftung von fünf angeblichen Hochverrätern des Unterhauses, darunter auch Pym, war dem politisch-rechtlichen Wert seiner Majestät nur abträglich, hatte er doch mit seinem Erscheinen im Unterhaus dessen Privileg der Integrität gebrochen[42].
Die Reaktion auf sein Vorgehen präsentierte das *Lange Parlament* in seinen Neunzehn Propositionen. Darin machte es Front gegen die »privaten unbekannten und unvereidigten Ratgeber« im Privy Council und wollte in Zukunft die Berater des Königs an einen parlamentarischen Rat und Eid binden sowie die Prinzen-Erziehung, die »Reform der Kirchenverfassung« oder die »Regelung der Militärverfassung« dem Rat und der Zustimmung »beider Häuser des Parlamentes« unterwerfen[43].
Die Parlamentarier holen mit diesen Forderungen das nach, was in Schweden, Dänemark oder Polen schon lange vorher Verfassungsrecht geworden war. Im Grunde variieren sie nur die schon im Mittelalter erprobte Fundamentalformel »Quod omnes tangit, ab omnibus debet approbari«. Karl I. versuchte, sich dieser Bedingung zu entziehen mit dem Ergebnis, daß ihm bei seinen Soldatenwerbungen anfänglich kaum noch jemand und dann erst zögernd folgen wollte. Diese waren nach dem endgültigen Bruch mit dem Parlament nötig geworden, verfügten die Könige Englands doch

immer noch nicht über eine *stehende Armee*. Deshalb waren sie im Kriegsfall darauf verwiesen, in erster Linie das alte Lehns-Aufgebot zu bemühen. Und dieses funktionierte nicht mehr in der erwarteten Weise.

Die Veränderungen seit Heinrich VIII. und Elizabeth I. hatten ihre Spuren hinterlassen. Das militärische Gewicht hatte sich auf diejenigen Gruppen in dieser sich entwickelnden Markt-Sozietät verlagert, welche Soldaten gut bezahlen konnten, und das waren mehr und mehr die Kaufleute, die Londoner City. Sie aber stand auf seiten des protestierenden Parlaments![44]

Karl I. konnte in der »great necessity« auf Freiwillige, auswärtige Söldner oder auf das jeweilige Land-Aufgebot (county band) zurückgreifen, mußte aber im Sommer 1642 erkennen, daß sein »persönliches Regiment« versagte und der Versuch, die Peers und große Teile der Gentry durch einen persönlichen Eid zu binden, weitgehend gescheitert war. Die Gerüchte, daß vor allem Katholiken in seiner kleinen Armee kämpften, verstummten nicht. Tatsächlich leisteten eine Reihe von katholischen Offizieren den Suprematseid. Ob es dafür eine Dispens vom Rom hatten, ist jetzt immer ebenso ungeklärt wie die Frage nach dem Anteil der *Bauern* in der Armee des Königs, der mitunter als bauernfreundlich dargestellt wird.

Allein die Tatsache, daß die sog. *Commissions of Array*, mit denen Karl I. gemäß einem Statut von 1324 u. a. die finanzielle Seite seines Heerzuges gegenüber dem Parlament sichern wollte, in Latein abgefaßt waren, und daß sein Kampfmotto »Give Caesar his due« in dieser religiös-fanatischen Umbruchszeit wenig Begeisterung auslöste, läßt Karl I. als einen Potentaten erscheinen, der bei all seinem Kunstsinn die politisch-possessiven Zeichen seiner Zeit nicht recht erkennen wollte[45].

Das alte Lehnssystem hatte sich patrimonial verfestigt. Und die Verlehnungen aus den seit 1536 verweltlichten Klostergütern hatten es gerade im Bereich der Gentry verstärkt[46], besonders was die Besitzrechte anging und damit ihre parlamentarische Sicherung. Die militärischen Verpflichtungen aus den Lehnsverträgen wurden dabei in dem Maße schwächer, wie in größerer Zahl Söldner in Dienst genommen wurden. Schon unter Heinrich VIII. wurden deutsche oder burgundische Soldaten und Reiter geworben, und auch auf Iren und Schotten griff man zurück. Genau diese Möglichkeit nutzte auch Karl I. und setzte sich damit dem Verdacht des Krypto-Papismus aus. Gegen die Leidenschaften eines religiös motivierten englischen Nationalismus und eines possessiv fixierten Parlamentarismus konnte er da nur wenig ausrichten, schon gar nicht gegen Leute wie Pym, Milton oder Cromwell[47].

b) *Cromwell, die »Neue Armee« und das »Instrument of Government«. »Mare liberum« oder »Mare clausum«? Hobbes – »Vater des Absolutismus«? Locke und die Aufklärung als Selbstbestimmung durch Eigentum. Filmers Adam-Absolutismus.*

Nach dem Ableben John Pyms, für den das Revolutionäre bei der Unterstützung des Parlamentes und dessen Armee vornehmlich darin bestanden hatte, eine Verfassung nach Maßgabe des guten Rechtes herzustellen, konzentrierte sich das revolutionäre Interesse Oliver *Cromwells* (1599–1658) darauf, den Zustand der Armee zu verbessern.

Als Organisator besonders der Reiterei versetzte er das Machtinstrument des Parlamentes mit seinen berühmten »*Eisenseiten*« in die Lage, sich erfolgreich mit den »*Kavalieren*« des königlichen Heeres zu messen. Bei Marston Moor schlug er zusammen mit dem Puritaner Fairfax aus York und den Truppen der schottischen Gebrüder Leslie, die Jahre zuvor deutsche Truppen nach Rußland geführt hatten, am 2. Juli 1644 die Armee des Königs unter dem Befehl des Prinzen Ruprecht von der Pfalz.

Damit hatte sich das »eigentliche« England, der Süden der Hauptinsel gegen den Norden und damit Schottland vorübergehend durchgesetzt. Mit der Niederlage Essex' bei Lostwithiel in Cornwall im September des gleichen Jahres wurde die Stellung Cromwells gestärkt. Der Weg zu einer Führungsposition war damit bereitet, in der er zu einer dominierenden Persönlichkeit der Revolution und des Republikanismus wurde. Der Sieg bei Naseby im Juni 1645, den Fairfax und Cromwell gemeinsam gegen die königliche Armee errangen, beendete nicht nur die erste Phase des Bürgerkrieges und sicherte den weiteren Aufstieg Cromwells, sondern verschärfte auch die Gegensätze zwischen den »Independenten«, den erklärten Gegnern einer presbyterianischen Kirche und Hauptträgern der Armee, und der Mehrheit des Parlamentes, die eben aus Presbyterianern bestand[1].

Der nun entbrennende Kampf Cromwells gegen die Presbyterianer war mit einer Fülle von Konflikten verknüpft. Dazu gehörten einmal die Auseinandersetzungen um die vom Parlament verfügte Entlassung der »independistischen« Offiziere der Neuen Armee, um die Verfolgung von Anglikanern und der Sekten, die sich selbst »gathered churches« nannten – und natürlich um die Eingriffe in die Eigentumsordnung, die zu Expropriationen vor allem des königstreuen Adels führten[2].

Die Macht des Parlamentes, durch das Neue Heer erkämpft, wurde in einer Verblendung, wie sie nur die Intoleranz auch seitens der

Londoner City möglich machte, beinahe verspielt. Nur mit großer Mühe gelang es Cromwell, die Spannungen zwischen Heer und Parlament zu bewältigen. Allerdings erst, nachdem er sich endgültig gegen die Presbyterianer entschieden hatte und sie in der großen »Reinigung« von 1648 ausschaltete.

Jetzt konnte sich das »Rumpfparlament« der Rundköpfe etablieren, für ein Regiment, das auch aus der öffentlichen Hinrichtung des unbeugsamen Königs am 30. Januar 1649 eine Legitimation zog, welche das *Land* mit seinen Gesetzen über den *König* stellte.

Dessen Verhalten wurde nicht nur von John *Milton* (1608–1674) als tyrannisch empfunden[3]. Wer diesen Unterdrücker der Freiheiten Englands beseitigte, durfte sich als Rächer eines Vertragsbruches auffassen und brauchte sich im Bewußtsein der eigenen moralischen und militärischen Stärke zunächst nicht darum zu kümmern, daß selbst der Moskauer Zar sich über diese »ungeheuerliche Missetat« empörte und englischen Kaufleuten 1649 bedeutete, daß es ihnen »um dieser bösen Tat willen nicht vergönnt sein« dürfe, »sich im Moskauer Reich aufzuhalten«[4].

Daß Cromwell die außenpolitischen Wirkungen der Hinrichtung Karls I. bald bewältigen konnte, verdankte er im wesentlichen den Erfolgen der Flotte, die Robert *Blake* (1599–1657) reorganisiert und gegen die royalistischen Geschwader eingesetzt hatte, sowie dem raschen Niederschlagen der Aufstände in Irland und Schottland[5].

Die Entsendung *Whitelockes* 1653 nach Stockholm, in die Hauptstadt der ersten Militärmacht Nordosteuropas, verbesserte trotz der Reserviertheit des Kanzlers Oxenstierna gegen die neuen Machthaber in Whitehall die Position Englands. Nach 1654 wurden die Engländer von Karl X. Gustav sogar mehrfach um Flottenunterstützung im Krieg gegen Dänemark gebeten. Dabei wurde ihnen als Lockmittel Bremen angeboten. Aber erst 1719 sollte sich England entschließen, mit dieser Hansestadt einen kontinentalen Brückenkopf zu erwerben, der auch das Kurfürstentum des Welfen-Hauses Hannover und damit der eigenen Dynastie sichern half.

Die Mission Whitelockes, den Oxenstierna bald »my son« genannt haben soll, hat ihre besondere Bedeutung dadurch erhalten, daß er sich intensiv mit der schwedischen Verfassung beschäftigte und in langen Gesprächen mit den Staatsmännern und der Königin dieses Landes auch Aufschlüsse über das neue englische System vermittelte[6], das sich nach innen auch dadurch zu festigen suchte, daß man Cromwell zum *Lordprotektor* auf Lebenszeit berief. Fast gleichzeitig wurde mit dem »*Instrument of Government*« 1653

eine Verfassung angenommen. Sie ähnelt in manchen Stücken der schwedischen »Regierungsform« von 1634, die Johan Skytte bei seiner diplomatischen Mission im gleichen Jahr in den englischen Regierungskreisen bekannt gemacht hat.
Die Schwerpunkte in dieser Regierungs-Verfassung, die nur indirekt die vorgegebenen FUNDAMENTAL LAWS berührte, liegen vor allem in dem Bemühen, die oft nezessitär begründete Militärdiktatur vornehmlich der Jahre zwischen 1649 und 1653 in eine legale Form zu bringen. Sie sollte dem *Lordprotektor*, dem *Staatsrat* und dem *Parlament* gerecht werden.
Den Einzelbestimmungen zu den Funktionen dieser Trichotomie wurde die Dualität eines Vertrages vorgeschaltet, dessen Substanz darin zu liegen hatte, daß die »höchste legislative Autorität des Gemeinwesens (commonwealth) von England . . . in einer Person sein und sitzen soll, und das Volk im Parlament versammelt«. Man ging also von der auch bei Hobbes beschriebenen »Soveraignty by institution« aus und erstrebte ein »Government by constitution«, dessen exekutive Gewalt nach Artikel II als »Administration der Regierung über die genannten Länder und Dominien und die zugehörigen Leute im Lordprotektor sein soll«, dem »ein Rat (council) assistiert«.
Cromwell und seine Räte werden als »Wächter (keepers) der Freiheiten Englands gemäß der Autorität des Parlamentes« in ein Beratungssystem eingebunden, das alle Regierungsakte an der Rechtssicherheit ausrichtet. Der Lordprotektor ist demnach gehalten, die drei Nationen (England, Irland, Schottland) »in allen Bereichen *mit dem Rat des Rates* und den Gesetzen gemäß . . . zu regieren«. Darüber hinaus haben er und seine Ratgeber in militärischen Dingen, »zu Wasser und zu Land«, sowie bei Angelegenheiten des Friedens und in anderen Bereichen, welche die drei Nationen substantiell angehen, »*mit dem Konsens des Parlamentes*« zu verfahren[7].
Mit diesem Modell der Vor- und Nachberatung befindet sich das Regierungssystem des republikanischen England im Einklang mit den vertraglichen und libertären Traditionen Alteuropas. Dem tut auch der Artikel XXX keinen Abbruch, der dem Lordprotektor erlaubte, »zur Verhinderung von Unordnung und Gefahren« besondere Maßnahmen zu ergreifen, »wo es nötig sein sollte«. Denn die Bewältigung eines derartigen übergesetzlichen Notstandes mußte »mit dem Konsens der Majorität des Rates« betrieben werden[8].
In der Praxis allerdings konnten Geist und Buchstabe dieser Regierungsverfassung nicht immer in diesem republikanisch-libertären Sinn erfüllt werden. Die Veränderungen von 1655, die

den Charakter eines Staatsstreiches haben, vermitteln etwas von der zunehmenden Einengung des Lordprotektors, der sich anscheinend wenig daraus machte, mit der Formel von den »drei Nationen« vornehmlich die Anhänger des »Papismus« auszuschließen[9]. Doch damit demütigte er vor allem die Iren und sorgte mit dieser Maßnahme des politischen Ausschlusses für eine Entfremdung, die bis auf den heutigen Tag blutige Nachwirkungen zeitigte.

Wie eng bei dem überzeugten protestantischen Christen Cromwell, der sich von der Gnade Gottes auserwählt wähnte, das politisch-rechtliche Verhalten an ein extrem possessives Denken gekoppelt war, bewies er besonders in Irland. Dort blieb nur westlich des Shannon der Grundbesitz den Einheimischen vorbehalten, während andernorts Protestanten sich zu Eigentümern von Grund und Boden, Haus und Hof machen konnten. Gewiß, die Soldaten sollten mit Gütern entschädigt werden, aber die politische Entmündigung der Katholiken (sie durften auf keinen Fall ins Parlament gewählt werden, Art. XV)[10] und ihre possessive Versklavung haben viel dazu beigetragen, das militärisch geeinte Inselreich in einem inneren Zustand der possessiven Ungerechtigkeit zu halten.

Was »checks and balances« in den Regierungsverfassungen und in der äußeren Sicherheitspolitik in Gestalt der »balance of power« bewirkten, galt nicht für die innere Symmetrie des Besitzes. Schon die Auseinandersetzungen mit den *Levellers* um das Wahlrecht zeigten Cromwell in der Verbindung mit *Ireton* als Befürworter eines Wahlrechtes, »das auf Eigentümer von freiem Grund und Boden und auf freie Mitglieder von Zünften beschränkt war«. Die Levellers hingegen forderten auch das Wahlrecht für die Erbpächter, für Handwerker, Händler und Kaufleute, die eben kein freies Grundeigentum besaßen. Außerdem bestanden sie auf einer Reaktivierung des Geburtsrechts, »da es ein altes Recht dieser Nation gewesen ist, daß alle Freigeborenen ihre Vertreter im Parlament, ihre Sheriffs, Friedensrichter etc. frei wählten«. Dieses Recht hatte Heinrich VIII. unterbunden, und Cromwell hatte es in der alten Form nicht wiederhergestellt[11].

Die Ausrichtung aller Politik auf das freie Eigentum hat trotz der Veränderungen von 1660 und 1688 dazu geführt, daß noch um die Mitte des 18. Jahrhunderts von 7,5 Millionen Engländern nur etwa 245 000 das Wahlrecht ausüben durften[12]. Der heutige Nord-Irland-Konflikt zwischen Protestanten und Katholiken hat seine Ursachen in einem Eigentums-Wahlrecht, das sich »freie Menschen« nur als patrimoniale Grundbesitzer und Zunftmitglieder vorstellen wollte, weil diese »nicht dem Willen anderer unterliegen«. Was in der theoretischen Diskussion bei Hobbes und Locke wiederkehrt, ist in der politischen Praxis erprobt worden. Dabei konnte es zu recht schwierigen Fragen kommen. War das Eigentum eine Emanation des Göttlichen und des Natürlichen Rechtes oder nur »der menschlichen Verfassung«? Galt demnach der Satz »die Verfassung begründet das Eigentum«, wie Ireton meinte[13] oder der Umkehrschluß, daß die Natur des Eigentums die Verfassung bestimmte, wie man aus *Overton*s Position – »ein jeder hat, so wie er ist, ein Eigentum an sich selbst«[14] – schlußfolgern könnte? Cromwell war sich jedenfalls der fundamentalen Bedeutung der Eigentumsfrage bewußt und erstrebte auch aus diesem Bewußtsein heraus die *Erblichkeit* des Protektoramtes, d. h. die Nachfolge seines Sohnes Richard *Cromwell*.

Die »Humble Petition and Advice« vom Mai 1657 verschaffte Cromwell die »gerechte und legale Grundlage« zur Bestimmung seines Nachfolgers und bekräftigte mit diesem konstitutionalen Dokument« mittels der Berufung »der zwei Häuser« (*House of Lords* und *House of Commons*) die Bedeutung vornehmlich des Grundbesitzes in der Politik, die auch unter ihm ohne die Land-Taxe als einer besonderen Grundsteuer nicht auskommen wollte[15].

Als Cromwell 1658 starb, sicherte die Armee die Nachfolge seines Sohnes. Aber sofort brachen alte und neue Gegensätze auf, wurden Hoffnungen auf Toleranz besonders bei den Katholiken geweckt und Verschwörungen angezettelt, die den Staatsrat (Council of state) zu energischen Maßnahmen zwangen, nachdem sich Richard Cromwell nicht halten konnte und Reformwünsche aller Art die erregte politische Szene beherrschten. Dabei war der Ruf nach Festigung der FUNDAMENTAL LAWS so deutlich vernehmbar wie die Bestrebungen, Karl II. und das »Haus Stuart« wieder auf den Thron zu bringen[16].

Der Aufstieg Englands zur ersten See- und Handelsmacht in Europa bereitete sich fast gleichzeitig mit dem Niedergang der deutschen Hanse im Norden und der spanischen Macht im Süden des Kontinents vor. In die Jahre zwischen der Schließung des *Peterhofes* in Novgorod 1494 und des *Stalhofs* in London 1598 fiel die Gründung der *Moscovy Company* 1555 durch englische Kaufleute, die sich anschickten, das Erbe der Hanse anzutreten, und zwar nicht nur im einträglichen Rußland-Handel.

Ihre Privilegierungen in Hamburg (1567) und in Elbing (1579) zeigten an, daß man in der Konkurrenz mit den niederländischen Kaufleuten gewillt war, im Einzugsbereich des Baltischen Meeres unterm Schutz der eigenen Krone präsent zu sein[17]. Die politische

Dimension dieser Handelsexpansion wurde deutlich, als der englische Kaufmann J. *Merrick* zusammen mit niederländischen Mediatoren den »ewigen Frieden« von Stolbovo zwischen dem Moskauer Zartum und Schweden 1617 aushandeln half. In dieser Zeit gab es sogar den Plan, um den Eismeer-Hafen Archangelsk herum ein englisches Protektorat zu errichten und den Handelsweg so zu sichern und auszubauen, daß die Ostsee mit ihren schwedischen Zöllen umgangen werden konnte, was auch nach 1617 unter anderen Bedingungen gelingen sollte.
Allein schon durch diese Beziehungen deutete sich an, daß den beiden nördlichen Randstaaten Europas in ihrer Zusammenarbeit und ihren Gegensätzen für die Gleichgewichts- und Bündnispolitik im Rahmen des sich ausbildenden Staatensystems eine besondere Bedeutung zufallen mußte, oft gestört und gefördert durch die Lage im Heiligen Reich und durch den sich verschärfenden Gegensatz zwischen Spanien und den Niederlanden[18].
In diesem säkularen Konflikt, der mindestens so bedeutsam war wie der Kampf Frankreichs gegen Spanien, spielten nicht nur Kriegshandlungen eine wesentliche Rolle, sondern auch Rechtspositionen, befand man sich doch noch auf dem Boden der Bedingungen, die ein BELLUM JUSTUM erforderte. Vor allem die Frage nach dem Wesen des Eigentumsrechtes an den Meeren, des Seerechtes also, das heute weiter verstärkt die Gemüter beschäftigt, fand durch den Niederländer Hugo *Grotius* (1583–1645) und den Engländer John *Selden* (1584–1654) Antworten, die bis zu den modernen Seerechtskonferenzen Gültigkeit beanspruchts, und zwar wieder im Hinblick auf den jeweiligen Eigentumsbegriff.
Grotius berief sich in seiner Schrift MARE LIBERUM von 1609 auf die »erste und gewisseste Regel des Völkerrechts«, daß nämlich »jedes Volk ein anderes aufsuchen und mit ihm Geschäfte machen kann«.
Dabei wirkt unwillkürlich das Recht in den Handel ein, die zugehörigen Länder und Gebiete außerhalb Europas und damit der RESPUBLICA CHRISTIANA so zu besitzen, daß kein anderer dort Handel treiben dürfe.
Zur Klärung dieser Ansprüche, die von den Portugiesen wie von den Spaniern auch aufgrund des päpstlichen Ediktes »*Inter caetera*« von 1493 erhoben wurden, nach dem überseeische Gebiete »zu Lehen«, jedoch »mit voller Souveränität« überlassen wurden[19], unterschied Grotius zwischen dem »Besitzrecht = dominium proprium« und dem »Gemeingut = communio«.
Dabei geht er auch unter Berufung auf spanische Juristen davon aus, daß »sich alles Eigentum aus der Besitznahme ableitet«. Diese Bedingung läßt sich aber nicht auf den Ozean übertragen, »der

eher uns besitzt, als daß wir ihn besitzen«. Im übrigen gehörte das Meer als »Gemeinbesitz aller Menschen . . . zu den res extra commercium, den Dingen, die nicht Eigenbesitz werden können«, weshalb alle Handlungen von spanisch-portugiesischer Seite, welche diese Bedingungen mit Billigung des Papstes leugnen, als ungerecht und gegen die gesamte Menschheit gerichtet angesehen werden müssen[20].

Dieses Postulat der *Freiheit der Meere* betraf aber nicht nur die Besitzansprüche an Gebieten in Übersee, die im Laufe des 17. und 18. Jahrhunderts zu Kolonien oder »Dominions« gemacht wurden, sondern auch das Piratenwesen, das Aufbringen von Schiffen, Herkunft von Waren oder das Fischen in Hoheitsgewässern, die Jakob I. und Karl I. besonders gegenüber den Niederländern als einen Rechtsbereich einforderten, den sie befriedet sehen wollten. 1633 wurde in diesem Sinne erstmals eine Kontrolle über die »narrow seas« angemeldet, und zwar »aus Gründen der Gerechtigkeit« und mit dem Bescheid, daß »Seine Majestät von Rechts wegen *Souveränität* und *Eigentum* über alle Ihre Meere noch weit über die demnächst bekanntzugebenden Grenzlinien hinaus beansprucht«[21].

In diesem Sinne schrieb dann auch Selden 1636 für Karl I. sein Buch über das MARE CLAUSUM. Den Spaniern wurde darin das Recht auf Alleinherrschaft über die Meere von England abgesprochen, und die Niederländer erfuhren, daß ihrer Seefahrt durch Abgrenzung eines MARE BRITANNICUM Schranken gesetzt werden sollten.

Selden bezieht das »Eigentumsrecht am Meer = dominium maris« im Umkreis der britischen Inseln als »geheiligtes Erbe« auf die Unveräußerlichkeit von Gütern, »die man zum geheiligten Erbgut der Fürsten zu rechnen pflegt«. Mit einer Fülle von historischen Argumenten, zu denen auch die Seneca-Sentenz »Schon ergibt sich das Meer und gehorcht jedwedem Gesetz« herangezogen wurde, konzentriert er seine Rechtsargumentation auf die Überlegung, daß »der Herr einer Sache ja das Recht hat, von der Nutzung dessen, was ihm gehört, alle anderen auszuschließen, soweit nicht vertragliche Verpflichtungen oder ein besonderes Recht im Einzelfall dem entgegenstehen«.

So gesehen erweist sich die Nutzung des Meeres als Emanation des Lehnswesens, das ein König als Obereigentümer steuern kann. Und »ein MARE CLAUSUM ist demnach ein Meer, das sich im Besitz eines einzelnen befindet (privatim possessum) oder rechtlich und durch tatsächliche Okkupation derart abgesondert ist, daß es aufgehört hat, allgemein zugänglich zu sein, mithin einer vollkommenen rechtlichen Verfügungsgewalt unterliegt«[22].

Das zwischen 1629 und 1640 geförderte patrimonialisierte Denken kommt in dieser Argumentation zum Tragen. Sie findet sich in wesentlichen Teilen in der berühmten *Navigationsakte* vom 9. Okt. 1651 wieder. In diesem Dokument, das erst 1849 im Zeichen des neu aktivierten Freihandels aufgehoben wurde, gewährt Cromwell den englischen Kaufleuten und Schiffseignern einen nationalen Schutz vor der auswärtigen Konkurrenz, vornehmlich den Niederländern.

Der Lord-Protektor pflegte einen Protektionismus »zur Vergrößerung des Schiffsbestandes und zur Förderung der Schiffahrt Englands«, der erstmalig weltumspannend angelegt wurde und »Erzeugnisse jeder Art aus Asien, Afrika oder Amerika nach England« ebenso betraf wie etwa die Einfuhr von Waren aus dem übrigen Europa[23].

Die aus diesen Rechtsansprüchen erwachsenden kriegerischen Auseinandersetzungen zwischen England und den Niederlanden wurden nach Erfolgen und Mißerfolgen auf beiden Seiten bis zum zweiten Frieden von Westminster 1674 beigelegt. In den Bereichen ›Grenzen des MARE BRITANNICUM‹, ›Flaggengruß‹ und ›überseeische Kolonialinteressen‹ kam es zu einem Ausgleich auf der Basis des Besitzstandes von Breda[24], wie er 1667 sanktioniert worden war – am gleichen Ort also, von dem aus Karl II. 1660 das Experiment des Cromwell-Commonwealth beenden durfte.

In den Pluralismus aus sozialem Status, ökonomischer Potenz und religiösen Ansprüchen wirkte, wie in den übrigen Gemeinwesen Europas auch, die Frage nach dem Wesen des Rechts massiv in das politische Leben hinein. Das Problem der Unvordenklichkeit des Rechts im Sinne von »time out of mind« fügte sich in die oft heftige Diskussion über die Legitimation von Herrschaft als Machtausübung, die über die Magna Charta von 1215 hinaus auf das Germanische Recht, die Bibel und vor allem auf das Naturrecht gelenkt werden konnte, das als übernational galt.

In der Feststellung St. Germains, daß »die erste Grundlage des Gesetzes von England das Gesetz der Vernunft ist«[25], drückt sich die *Ratio* als eine Kategorie aus, die sich nicht nationalistisch verengen läßt. Denn in ihr realisiert sich vermittels der Bedeutung, wie sie im synonymen Begriff der *Proportio* vorkommt, eine Gesetzmäßigkeit, in der man das Wirken Gottes erkannte.

Selbst im COMMON LAW, das später künstlich gegen das Römische Recht abgegrenzt wurde, zeigt sich diese Vernunft als Verhältnis allein schon in der Komplexität der verschiedenen »Erbübergaben« (hereditary transmissions), wie sie Hale unter anderem beschrieben hat[26], und wie sie andere im Rahmen der aufblühenden Genealogielehre mit mathematischer Genauigkeit weiterführten.

Der Rekurs auf die Ursprünge – eine fundamentale Kraft des revolutionären Denkens nicht nur in England – erzwingt geradezu die Frage nach dem Verhältnis von Ursache und Wirkung, von Substanz und Akzidenz und führt damit auch zum »Ursprung der Könige«, von dem Milton hinsichtlich der Relation Vater–König sagte: »Der Vater hat uns erzeugt, aber der König nicht, sondern wir brachten den König hervor.«

Weder das Sonnen- noch das Bienengleichnis (»tridentinische Raubbiene«) können ihn dabei von der Selbstsetzung der Könige überzeugen, zumal sogar »Aristoteles . . . bezeugt, daß die Art der asiatischen Monarchie, welche er auch die barbarische nennt, *kata nomon*, das heißt dem Gesetz gemäß, gewesen sei«. Und dieses gibt in seiner Rationalität z.B. in Gestalt einer »arithmetischen Progression« zu erkennen, wie sich ein König gerecht bei Abgaben zu verhalten habe, der dem Volk (Besitzstände) nichts verdanken muß, wenn er »das Königtum erblich hat«: Aber derartige »Völker müssen notwendigerweise *Sklaven* sein«[27].

Das Festhalten an rationalen Bedingungen des Rechts mußte fast zwangsläufig mit nationalen Bindungen politischer Macht kollidieren und zu der weiteren Frage Anlaß geben, die Thomas *White* 1655 stellte: »Ist das Land für die Gesetze gemacht, oder die Gesetze für das Land?«

An diesem Problem haben die adligen und unadligen Eliten Englands lange laboriert[28], bis hin zu den drei Möglichkeiten der Souveränität, ob sie nämlich nur dem *König*, dem *König im Parlament* oder gar dem *Gesetz* gehört. Von Hawke bis Harrington suchte man nach Lösungen[29], die bei Hobbes und Locke eine besondere Ausbildung erfahren haben.

Der »Vater des Atheismus«, wie Thomas *Hobbes* (1588–1679) wegen seines Hauptwerkes *Leviathan* vom kämpferischen Klerus nach der Restauration gescholten wurde, gilt neben Bodin als *der* Theoretiker des Absolutismus und als »der erste konsequente Denker der bürgerlichen Gesellschaft«[30]. Wie aber auch bei Bodin wurden und werden in seine Systematik, die als »politische Philosophie« verstanden wird, und zwar in der Bewältigung des »konfessionellen Bürgerkrieges« und der »exakten Wissenschaft«[31], ideologische Positionen und Wünsche projiziert, die mehr über ihre Urheber als über Hobbes selbst aussagen.

Von der »Freiheit des Menschen« nach dem Naturrecht überzeugt, daß dieser »seine Kräfte nach seinem eigenen Ermessen zu gebrauchen« hat, »um für seine Selbsterhaltung, d.h. für die Sicherung seines Lebens zu sorgen«, ermahnt Hobbes alle diejenigen, die sich mit dem Menschen als politischem Wesen beschäftigen, wie es in der Überwindung des Naturzustandes im Rahmen eines organisierten Gemeinwesens agiert, eine fundamentale Distinktion zu beachten: »Die Begriffe *Recht* und *Gesetz* – JUS und LEX – müssen . . . voneinander geschieden werden.«

Denn »ein RECHT nämlich ist die Freiheit, etwas zu tun oder zu unterlassen. Ein GESETZ dagegen bestimmt oder verpflichtet uns, eines von beiden zu tun. Gesetz und Recht also unterscheiden sich eben in diesem Maße wie Verpflichtung und Freiheit.« Aus dieser dichotomisch angelegten Bestimmung, die der Substanz-Akzidenz-Relation entspricht, begründet sich auch die oft angefeindete Formel, daß »sich der Mensch in dem Zustand des Krieges aller gegen alle befindet«[32].

Damit beschreibt Hobbes weniger die Erfahrungen aus dem selbst erlebten Bürgerkrieg in England und Frankreich als vielmehr die Erkenntnis von der Eigenbestimmung des Menschen durch den Erwerb und die Sicherung von Eigentum, aus der sich das politische Gemeinwesen in Gestalt des Staates unter Einbeziehung der Kirche als Eigentumsordnung besonderer Qualität ergibt[33]. Darüber hinaus bringt er mit dieser Haltung das Heraklitsche Denken ein, »daß der Krieg das Gemeinsame ist, und Recht ist Streit, und alles Leben entsteht durch Streit, wie das sein muß«[34].

Hobbes vertraut im *Leviathan*, dessen Bild vom »großen Menschen« und vom »sterblichen Gott« dem Alten Testament entnommen wurde, während das Maschinenhafte an diesem Staat, der mit absoluter und unumschränkter Gewalt Frieden mit dem Schwert zu stiften hat[35], aus seiner Aristoteles- und Descartes-Kritik erwächst[36], auf die ursprüngliche Gabe des Menschen, *Denken* und *Selbsterkenntnis* zu üben. Stets kommt er dabei auf den Satz zurück, den auch Voltaire gebrauchte und der für ihn alle Naturgesetze zusammenfaßt: »Was du nicht willst, daß man dir tu', das füg auch keinem andern zu«[37].

Dieser Programmpunkt der Bergpredigt, der in der »Vermessung des Leviathan« wenig beachtet wird[38], konzentriert die natürliche *Eigenliebe* des Menschen und seine *Leidenschaften*, letztlich auch die von Hobbes sondierte Zuordnung von ACTIO und PASSIO, in einer inneren Balance, die auch eine Wirkung auf die Struktur des Staates hat: nämlich seine Gestaltung nach »Treu und Glauben«, wie es sich aus dem Vertragswesen und der damit verbundenen Gerechtigkeit ergibt.

Ist »das Ziel jeder Staatsgründung Friede und Schutz«[39], dann gebührt dem Souverän als dem Träger absoluter Macht, die ihm durch einen Vertrag aller mit allen übertragen worden ist, nicht nur das höchste Amt des *Richters* und des militärischen wie polizeilichen *Oberbefehls*, dem absoluter Gehorsam zu leisten ist, sondern auch das des unbedingten *Gesetzgebers*, der aber neben dem Naturrecht, das dem Göttlichen Recht substantiell entspricht, eine absolute Beschränkung zu beachten hat: »Ein jeder muß wissen, was ihm *gehört* und was er tun darf, ohne von seinem Nächsten belästigt zu werden. Dann nämlich kann man von *Eigentum* sprechen. Weil vor der Begründung der souveränen Macht ein jeder ein Recht auf alles hatte und der Krieg die notwendige Folge war, ist die Schaffung von Eigentum für den Frieden notwendig.«

Es geht also um die Sicherung von »MEUM und TUUM«, die Regelung von »GUT und BÖS« und die Handhabe von »RECHT und UNRECHT«. In der vertraglichen Zuordnung dieser drei Basisbereiche erkennt Hobbes die »bürgerlichen Gesetze« und beruft sich dabei auf das Rechts- und Verfassungssystem »im alten Rom. Da Rom aber den größten Teil der damaligen Welt beherrschte, galten jene Gesetze auch bei uns«[40].

Nicht nur die Marxisten unter den Hobbes-Forschern haben den Versuch unternommen, das Attribut »bürgerlich« klassenspezifisch auszudeuten, um einen Begriff für die Veränderungen im Feudalsystem zu erhalten. Dabei dient es auch als Beleg für einen Geschichtsdeterminismus, der überall in der Neuzeit den Durchbruch des Bürgertums sucht, um auch den Kapitalismus historisch und von den Revolutionen aus begrifflich fassen zu können[41]. Doch geht es bei Hobbes und nicht nur bei ihm darum, wie sich die Rechtsnatur und Verfügungsqualität im Feudalsystem selbst änderte: Es ist demnach die Verschiebung vom alten DOMINIUM UTILE mit seinen öffentlichen Pflichten in Gestalt des Heeresdienstes zu einem neuen DOMINIUM DIRECTUM, d. h. zur Patrimonialisierung des feudalen Grund und Bodens.

In der Behandlung des *Erbadels*, dem er auch politisch am meisten zutraute[42], wird diese Krise der Neuzeit sichtbar. Sie verschärfte sich dadurch, daß der König in seinem Glauben, auch über das sozial differenzierte Bürgertum ›feudal‹, d. h. als Obereigentümer verfügen zu dürfen, dessen militanten Widerstand herausforderte. Im *Behemoth*, seiner engagierten Geschichte des Langen Parlamentes, die 1688 verfaßt, aber erst 1889 ediert wurde, gibt Hobbes dieser patrimonialen Auffassung des »Volkes« in Gestalt der Vermögenden beredten Ausdruck. Der Abfall vom König sei auch deshalb gekommen, weil ein jeder »so sehr Herr seines ganzen Besitzes sei, daß er ihm unter keinem Vorwand der allgemeinen Sicherheit weggenommen werden könne, wenn er nicht selbst zustimme«[43].

Aus dieser Beobachtung spricht eigene politische Erfahrung und die Erkenntnis, daß die Allodisierung von Gut und Geld nicht nur die Peers und die Gentry als politisch-possessive Waffe gegen die Zugriffe der Könige benutzen konnten, sondern auch diejenigen des Unadels, die in der Bestimmung über Grund und Boden, Haus und Hof ein substantielles Stück politischer Selbstbestimmung fanden[44]. Bürger ist demnach für Hobbes ein Mann (die Frau fällt als politischer Bezug außer in der Erbfolge weg), der mit seinem Eigentum, beweglich oder unbeweglich, Bürge stehen kann, damit vertragsfähig wird und in der Lage ist, den Eigenwert seines eigenen Leib und Lebens zu erkennen. Erst diese Qualität schafft ja auch den »institutionellen Staat... durch Vertrag eines jeden mit allen«, mit dem unabdingbaren Vorbehalt eines jeden Vertragschließenden, daß er die »ursprüngliche Freiheit« behält und selbst gegen den Souverän mit dessen absoluter Gewalt Widerstand leisten darf, ja muß, wenn sich »unsere Gehorsamsverweigerung nicht gegen das Ziel der Staatsgründung richtet«[45].

Darüber hinaus sind »die Untertanen dem Herrscher nur so lange verpflichtet, wie der Herrscher die Macht hat, sie zu beschützen. Das natürliche Recht der Menschen, sich selbst zu verteidigen, wenn niemand anders sie zu verteidigen vermag, kann durch keinen Vertrag aufgehoben werden. Die *absolute Macht* ist die Seele des Staates; wenn sie sich vom Körper trennt, erhalten die einzelnen Glieder keine Impulse mehr von ihr. Das Ziel allen Gehorsams ist der Schutz«[46].

Bedenkt man, daß Hobbes diese absolute Macht nicht nur einem Monarchen, sondern auch einer »Versammlung«, also einem Parlament als possessiv angelegter Repräsentation zueignen konnte, dann ist die oft heftige Diskussion über seinen Absolutismus nicht ganz verständlich. Begreift man ihn allerdings nur aus dem Diktum des Ausnahmezustandes, wie es seit Carl Schmitt üblich geworden ist[47], dann geht der Zugang zu dem recht konventionellen Verfassungs- und Vertragsmodell in Hobbes' Systematik weitgehend verloren. Schmitt hat bewußt in der Behandlung des Gesetzesbegriffes die Distinktion in JUS und LEX vernachlässigt, ja geradezu unterschlagen. Aber gerade daraus leitete Hobbes seinen Hauptsatz ab, daß »Gesetz *im gemeinen* Befehlen und nicht Beraten ist«, aber in seiner Vorbereitung ohne Beraten nicht auskommen kann. Da Schmitt den Zusatz »im gemeinen« wegläßt, mißachtet er auch die nachdrücklichen Ausführungen Hobbes' über den *Rat* und die Natur der *Ratgeber*: »Ein Ratgeber muß ... große Kenntnis von der Natur des Menschen, von den *Rechten* des Staates und vom Wesen der Billigkeit, der *Gesetze*, der Gerechtigkeit und der Ehre besitzen«[48].

Die Doktrin des absoluten Dezisionismus, wie er unter deutschen

Rechtspositivisten nicht nur während der Hitler-Diktatur vorherrschte, hat das Wesen des Parlamentarismus auch deshalb gründlich mißverstanden, weil die Formel ›Keine Dezision ohne Deliberation‹ unbeachtet geblieben ist. Ohne diesen deliberativen Bezug wird der Satz »*Autoritas, non veritas facit legem*« (Autorität, nicht Wahrheit macht ein Gesetz) erheblich verzerrt, und der weitere Kernsatz des Hobbes, daß »der Kontrolleur der Gesetze nicht das Parlamentum ist, sondern Rex in parlamento«[49] verdrängt.

Nur unter der vertraglichen Berücksichtigung der Beziehungen zwischen REX und REGNUM ist diese Zuordnung denkbar, die bewußt auf den Beratungsprozeß bei der Gesetzgebung und anderen politischen Fundamentalbereichen zielt. D. h. die Souveränität wird nicht vom nezessitären Ausnahmefall her konstruiert, sondern durchaus von einem libertären Normalfall, soweit die innere Machtlage gemeint ist, die durch Gesetze geregelt wird.

Gewiß, Hobbes sieht die Freiheit für den einzelnen nur dort, »wo das Gesetz schweigt« und stattet den Souverän mit absoluten Vollmachten in der Weise aus, daß die Souveränitätsrechte in ihrer Fülle (absolut = vollständig) dem Souverän und nicht einem anderen gehören[50], aber doch auch mit absoluten Grenzen im natürlichen Recht und in den christlichen Geboten versehen sind. Nicht umsonst verweist er deshalb auch auf das Mißverständnis im Gebrauch der Freiheit, die bei den Griechen und Römern »nicht die Freiheit der einzelnen, sondern die Freiheit des gesamten Staates« gewesen sei, und zwar dergestalt, daß dieser im Bewußtsein der »absoluten Freiheit . . . nicht von einem anderen abhängig ist«, also nicht einer auswärtigen Jurisdiktion unterliegt[51].

Aus dieser Verrechtlichung des Politischen muß man Hobbes und seine Systematik verstehen, die in dem Bestreben gipfelt, ein Gemeinwesen in der Eigenschaft eines soziativen Staates als Individuum und Person zu begreifen.

In der Analogie der Anatomie des Menschen-Körpers zur politischen Eigentums- und Machtordnung bestimmt er dabei die Autonomie dieses Staates aus der Besitz- und Vertragsfähigkeit seiner erwachsenen und vernünftigen Bürger. Sie betätigen sich unter Gesetzen und bestätigen sich gleichzeitig über die Maßnahmen des Souveräns, sei dieser nun ein Monarch oder auch ein Parlament.

In seinen Gedanken zum Verhältnis von GEBEN und NEHMEN, GLÄUBIGER und SCHULDNER[52] wird die Reziprozität ebenso deutlich wie in der Beziehung von HERR und KNECHT, VATER und KIND, KÖNIG und UNTERTAN. So, wie »vor der Gründung des Staates nämlich der Vater oder der Herr in seiner Familie die *absolute*

Macht hatte, und sie ihm nicht etwa genommen ist, sondern nur durch die Gesetze des Staates beschränkt« wird[53], verfügt der Souverän über die gleiche Macht – er ist nur absolut im Rahmen des Rechts.

Dem steht die »Lehre unmittelbar von Gott« nicht unbedingt entgegen, gilt sie doch sowohl für einen Monarchen als auch für eine »souveräne Versammlung«. Und überdies ist der Souverän an Vermittlungen verwiesen, wenn z. B. »Tatfragen oder Rechtsfragen strittig sein können«[54]. Ein Problem, das auf den Jansenismus verweist, mit dem Hobbes bei seinen zahlreichen Aufenthalten in Paris in Berührung gekommen ist.

Wie besitzorientiert sein System ist, verdeutlichen besonders die zahlreichen Aussagen zum Wesen eines »gewählten Königs«, der »nicht souverän ist, sondern immer nur Diener der eigentlichen Machthaber«[55]. Dahinter steht wieder das Majestas-duplex-Modell mit der Betonung des DOMINIUM ABSOLUTUM, das nur Voll-Eigentümern gehören kann und bei der Erbfolge sichtbar wird, d. h. auch im Augenblick des Todes bei einem Einzel-Souverän, einem Monarchen. Entsprechend benutzt Hobbes die Formel »*Dominion or Soveraignty*«[56], um diesen Bezug deutlich zu machen.

Es ist die Angst vor dem Lebens- und Eigentumsverlust, die den Pastorensohn, politischen Publizisten und Prinzenerzieher (er war Tutor Karls II.) so leidenschaftlich für einen starken Staat Partei ergreifen läßt, ohne sich dabei für eine ›bürgerliche Klasse‹ zu entscheiden – sieht man einmal davon ab, daß er über seine Beziehungen zu den Grafen Devonshire stark am Adel und an dessen Tugendidealen interessiert war. Teilweise von der zeitbedingten Teutomanie angeleitet, vom griechisch-römischen Erbe bestimmt und auf die »geometrische Methode« ausgerichtet, wirkt seine politisch-rechtliche Rationalität auch im Bereich der beiden Gerechtigkeitsformen als Modifizierung der aristotelischen Systematik. Spekulationen zum Naturzustand erweitern diese Position, die sich an Bibelbezügen überprüft und damit Hobbes bei aller Radikalität immer wieder als Christen ausweist, trotz der Angriffe seitens der etablierten Kirche[57]. Wie sehr er auch die Autorität eines starken Staates wünschte, ein Verfechter des Patrimonial-Absolutismus, der Christenmenschen und Freibürger (freeholders) zu Erbsklaven erniedrigte, war er nicht.

Schätzt man Hobbes aber als »Vater des Absolutismus« ein[58] und seine Formel, daß »der Mensch dem Menschen ein Wolf« sei[59], als Ausdruck eines totalitären Pessimismus, obgleich vieles in seinem Werk dagegenspricht, so erscheint John *Locke* (1632–1704) freilich als Wegbereiter des liberalen Verfassungs- und Rechtsstaates. Das beliebte Ausspielen von angeblichen Absolutismusvertretern gegen Vertragsverfechter, auch bei Bodin gegen Althusius geübt, gestaltet sich bei Locke deshalb recht schwierig. Denn vor allem in seinem Hauptwerk »*Two Treatises of Government*«, das noch kurz vor der Glorious Revolution entstanden sein soll[60], entwickelt er eine Auffassung der Inhalte und Ziele aller Politik in einer Weise, die sich mit der von Hobbes und Jakob I. in vieler Hinsicht deckt.

Als Sohn eines Gerichtsbeamten, der im Heer des Parlamentes gedient hat, erhält Locke eine sehr gute Schulbildung, die durch Studien in Oxford am Christ-Church-College ergänzt wurde. Anfänglich recht royalistisch gesinnt und sogar gegen die Toleranztendenz der Zeit eingestellt, wird er Hausarzt beim Earl of Shaftesbury (A. Ashley Cooper) und wandelt sich allmählich, nicht zuletzt in der Beschäftigung mit Descartes' *Meditationes*, sowie in der Verbindung mit der Whig-Politik des Earl zu einem Anhänger der Toleranz. Ein Resultat dieses Gesinnungswandels ist der »*Essay concerning Toleration*«, der auch religiöse Toleranz forderte, und der Entwurf einer Verfassung für Carolina, an dem er mitarbeiten durfte[61]. Schriften zu Geld- und Handelsfragen begleiten seine öffentliche Tätigkeit als Staatssekretär für Kirchen- und Handelssachen. Die Beziehungen zu Shaftesbury, dem Lordkanzler und Präsidenten des Kronrates, zwingen ihn zweimal ins Exil, erst nach Frankreich (1675), dann nach Rotterdam (1683), als sein Gönner sich in der Frage der Erbfolge Karl II. energisch widersetzt und gar eine Verschwörung gegen den König betreibt[62].

Der Sieg Wilhelms von Oranien ermöglicht Locke 1689 die Rückkehr in ein England, das im Rahmen einer »unblutigen Revolution« und im Schutz einer militärischen Invasion um die »Erhaltung der Protestantischen Religion und für die Wiederherstellung der Gesetze und Freiheiten« kämpfte[63], die durch den »Tyrannen« Jakob II. bedroht worden waren.

Die absolutistischen Absichten des Hofes hatten in der engagierten Publizistik eines Robert *Filmer*, dessen Hauptwerk »*Patriarcha or the natural powers of kings*« 1680 erschien, eine wichtige Stütze[64]. Gegen dessen These von der Gottunmittelbarkeit königlicher Macht wandte sich nun Locke im »*First Treatise of Government*«. Im zweiten Traktat über ein vernünftiges Regierungssystem entwickelte er dann ein Programm der ›mäßigenden Mitte‹, das sich über weite Strecken hin wie ein Kommentar zu den Forderungen des Dekalogs und der Bergpredigt liest, gesichert durch Rückgriffe auf R. *Hookers* Vertragslehre in der Schrift »*The Lawes of Ecclesiasticall Politic*«, die von der christlich begründeten

dem König und Souverän »die *Sicherheit* seines Reiches« als Hauptgesetz vorschreibt und dabei diesem erlaubt, daß er »aus *Nezessität* über den Gesetzen stehen muß«[79].
Mit dieser Begründung war er nicht allzu weit von Hobbes und Locke entfernt. Dabei plädiert er aber für die Sekurität vor der Libertät, während Hobbes eher Sekurität mittels Libertät in einer Gewaltenverbindung erreichen möchte und Locke dasselbe Ziel mit Hilfe einer Gewaltenteilung anstrebte, wobei die Kumulation von Staats-Kompetenzen auch über die Prärogative Gewalt in bestimmten Fällen so gesteigert werden konnte, daß sie eine nezessitäre Qualität erhielt, um auch gegen einfache Gesetze dem Recht zur Macht zu verhelfen oder Gnade vor Recht ergehen zu lassen.
Die Geschichte der Restauration seit 1660 und nach der Revolution 1688 sollte auf vielfältige Weise zeigen, daß alle Politik als Emanation von Eigentumsdenken aufgefaßt werden konnte, ja mußte.

c) *Karl II. und die Restauration seit 1660. Das Szenarium um Wilhelm von Oranien. Tories und Whigs. Drohender Papismus – beginnender Absolutismus. Die »Glorreiche Revolution« von 1688. »Bill of rights.«*

Genau zwanzig Jahre lang hatte England eine Zeit politischer Experimente erlebt, die nicht ganz zu Recht als *Interregnum* bezeichnet wird. Denn Karl I. wurde erst 1649 hingerichtet, und sein Sohn Karl II. war thronberechtigt, ohne jedoch dieses Recht in Anspruch nehmen zu können. Das war aber nach dem Tod Richard Cromwells möglich, als das Konventionsparlament unter dem militärischen Schutz des Generals Monk die Erbfolge Karls II. anerkannte und diesen aus dem Exil in den Niederlanden auf den Thron und zur Königswürde rief – nach Booths Aufstand, dem Staatsstreich der Armee und der »zweiten Auflösung des Rumpfes« schien dies im beginnenden Chaos die einzige Lösung zu sein[1].
Der von Eduard Hyde, dem Earl of *Clarendon* (1609–1674), beratene Thronanwärter nahm die »vocatio regis« durch dieses Parlament an, nachdem seine *Declaration of Breda* den Boden für eine bedingte Versöhnung zwischen den verfeindeten Kirchen, Parteien und Besitzständen bereitet hatte. Darin bestand er auf der Sicherung des »friedlichen Besitzes« der königlichen Rechte und stellte eine Verfassungsordnung in Aussicht, die auf »der Restau-

ration der gerechten, ehemaligen und fundamentalen Rechte des *Königs*, der *Peers* und des *Volkes*« beruhte.
In der erneuerten Herstellung dieser Trichotomie war die Möglichkeit gegeben, den Pluralismus der politischen Interessen auf vertraglicher Ebene zu einem inneren Ausgleich und Gleichgewicht zu bringen, zumal Karl II. eine Generalamnestie für Straftaten aller Art in Aussicht stellte und damit auch die Garantie des vorhandenen Besitzstandes selbst der schlimmsten Gegner von einst[2].
Gerade dieses Zugeständnis aber versetzte die eigenen Anhänger unter den *Kavalieren* nicht nur im Parlament in Aufregung und Verbitterung, erhielt doch nicht ein jeder diejenigen Güter zurück, die er aus Loyalität zu beiden Stuart-Königen unter den »großen Revolutionen« seit 1640 aufgeben mußte. Kein Wunder, daß nach Karls II. Thronbesteigung »der Schrei nach Land heftiger und länger ertönte, denn Grundbesitz war noch immer das Ziel des Ehrgeizes, die wichtigste Quelle des Reichtums, politischer Macht und gesellschaftlichen Einflusses«[3].
Dieses Problem wurde nur zum Teil gelöst, ebenso die wichtige Finanzfrage für das Hof-, Regierungs- und Militärwesen. Zwar gestattete das Parlament dem König und seinen Erben »perpetuelle« Einkünfte in Gestalt der »Hereditary Excise«, die aus den Erlösen für Alkoholika, Kaffee, Tee und andere Waren flossen, und zwar als Ausgleich für verlorene Abgaben aus dem ehemaligen Feudalbesitz. Aber sie reichten nicht hin trotz zusätzlicher Mittel aus dem »Additional Excise« und sonstiger Zuwendungen[4].
Die Finanzkrise wurde im Krieg gegen die Niederlande zwischen 1665 und 1667 offenkundig und führte sogar nach dem spektakulären Sturz Clarendons, der 1667 nach Frankreich fliehen mußte[5], zu einer Annäherung Karls II. an Ludwig XIV. – nachdem die *Triple Alliance* zwischen England, den Niederlanden und Schweden gegen Frankreich gescheitert war. So wie Schweden, das vom englisch-niederländischen Interessengegensatz in der Ostsee und im Rußland-Handel profitieren wollte und dem plötzlich durch den Beitritt zum *Garantietraktat* (Haag) von 1669 spanische Subsidien in Aussicht standen, so griff auch Karl II. nach französischen Geldern. Erfolg dieser Geld-Politik des Sonnenkönigs? Er teilte mit Karl II. in einem Geheimabkommen die Niederlande in ähnlicher Weise auf, wie es zuvor Karl X. Gustav von Schweden zusammen mit den Niederlanden dem Erbfeind Dänemark antun wollte. Nur das geradezu exzessive Besitzdenken der Zeit erklärt derartige Pläne, wie sie seit 1772 in Polen bis zur Zerstörung seiner libertären Staatlichkeit auch wirklich durchgeführt wur-

den[6]. Ja, es gelang Ludwig XIV. sogar, den Verbündeten der Generalstaaten, den Kurfürsten von Brandenburg, mit Geld wegzukaufen, was zur Folge hatte, daß Spanien den Niederlanden Hilfe anbot. Diese schien um so erwünschter, als auch Schweden dem Sog des Geldes aus Frankreich erlegen war. Der Krieg, den Karl II. nun 1672 gegen die Generalstaaten wegen eines Flaggenzwischenfalles eröffnete, wurde aber von den Generalstaaten selbst zu Wasser (Siege de Ruyters über die englische Flotte) und zu Land, wo Wilhelm III. nach anfänglichen Schwierigkeiten den Feldherren Turenne und Condé manche Niederlage bereitete, auf die Dauer ausgestanden[7].

Diesem erstaunlichen Widerstand der von allen Seiten eingekreisten niederländischen Republik ging ein dramatischer Regimewechsel voraus, der auch für die Geschichte Englands eine fundamentale Bedeutung erlangen sollte. Das Regiment der republikanischen *Loevesteiner*, geführt von den Brüdern de Witt, denen der Philosoph und Linsenschleifer Baruch *Spinoza* politisch sehr nahestand[8], fand durch eine barbarische Aktion des Haager Pöbels ein dramatisches Ende.

Ihnen, die so viel für den Erhalt, die koloniale Ausdehnung und die Reputation ihrer Republik in Europa getan haben[9], wurde im Haag das Herz aus dem Leibe gerissen. Leibniz, der sich gerade in dieser Zeit nicht nur bei der *Royal Society* in London aufhielt, wo er eine Art mechanischen Computer vorführte, sondern sich auch Gedanken zur »Securitas publica« in Europa machte, berichtet über diese Mordtat nach einem Besuch bei Spinoza, daß dieser gegen die Mörder ein Plakat aufhängen wollte, aber durch triviale Umstände daran gehindert wurde. Auf dem Plakat sollten die Worte stehen: »Ultimi barbarorum (Schlimmste der Barbaren)!«[10].

Spinoza (1632–1677), wegen »schrecklicher Irrlehren« aus der jüdischen Gemeinde ausgeschlossen, ein Verfechter religiöser Toleranz und eines vertraglichen Republikanismus, erkannte in dieser Bluttat, daß die von ihm gedachte Freiheit im Rahmen der Vernunft immer wieder neu erkämpft werden mußte, und zwar in der Forderung, daß jeder Mensch nach Recht und Gesetz, jedoch nicht nach Religion und Erbdünkel die Garantie seiner selbst zu erfahren habe.

Dieses Programm der republikanischen Freiheit als »Zweck des Staates«[11] war nun aufs höchste gefährdet, als Wilhelm von Oranien, mit diktatorischen Vollmachten ausgestattet, *Erbstatthalter* der Niederlande wurde. Das Verbot des *Theologischpolitischen Traktats* Spinozas, einer Hauptschrift der politischen Aufklärung, kündigte den Sieg der reformierten Orthodoxie an, und daß fast gleichzeitig die niederländische Übersetzung des

»Leviathan« von Hobbes verboten wurde, verdeutlicht einmal mehr, daß dieses Werk durchaus nicht der Ideologie eines Erb-Absolutismus entsprach, wie er sich unter Wilhelm III. anbahnte, ohne allerdings vollendet zu werden[12].

»Entzweiungen entstehen weniger aus feurigem Religionseifer als aus der Verschiedenheit menschlicher Affekte«[13]. Diese Einsicht Spinozas, erhärtet durch die eigene Erfahrung im Umgang mit dem orthodoxen Judentum und den Kalvinisten, trifft in vielen Stücken auch auf die Situation in England zu.

Dort hatte Karl II. unter Anleitung Clarendons den Versuch unternommen, einen Ausgleich zwischen den einzelnen Kirchen und Sekten zu erreichen. Dabei ging es ihm um »den öffentlichen Frieden in Kirche und Staat=State«. Das bedeutete gleichzeitig Erneuerung der korporativen Substanz der Institutionen, deren personale Träger auf allen Ebenen einen zweifachen Eid ablegen mußten. Einmal zur Abwehr von Waffengewalt »gegen den König« und dann zur Aufgabe von religiösen Bindungen, die »gegen die bekannten Gesetze und Freiheiten dieses Königreichs« in der Vergangenheit gerichtet waren. Damit waren vor allem Convenant-Leute gemeint, jedoch auch letztlich Katholiken, denen Karl II. trotz seiner Bemühungen nicht auf Dauer helfen konnte[14].

Mit verschiedenen *Acts* und auch über den sog. *Clarendon-Code*, eine Gesetzesreihe gegen alle Dissenters (religiöse Abweichler von der Anglikanischen Kirche), welche das von Kavalieren beherrschte Parlament durchsetzte, glaubte man die religiöse Frage lösen zu können. Aber das Klima der Intoleranz gegen alle *Nonkonformisten* verschärfte sich auch aufgrund der Güter- und Bodenfrage, nachdem man das alte Prayer-Book wieder eingeführt hatte und selbst die Bischöfe im House of Lords ihre Plätze einnehmen durften[15].

Das Ringen zwischen dem König, der mit Hilfe der »suspending power« Parlamentsbeschlüsse gerade in den religiösen Belangen oft zugunsten der Puritaner und der Katholiken zu mildern suchte und damit einen Dauerkonflikt am Leben hielt[16], und den Repräsentanten des Unterhauses, zeigt, daß dieses Reich zwischen seinen »drei Nationen« und mindestens ›vier Religionen‹ nicht annähernd zu jenem Stand an Toleranz gelangt war, der wie erwähnt schon hundert Jahre zuvor in Siebenbürgen erreicht worden war!

Und was den Parlamentarismus betrifft, so war das libertäre System in Schweden effektiver – vom Ausschußwesen bis hin zur Repräsentation der Bauern, die, von Aufständen abgesehen, im politischen Leben Englands keine Rolle spielten. Dennoch gilt das

Herrschaftssystem dieses Landes, das besonders Irland weitgehend in politischer Unmündigkeit und ökonomischer Abhängigkeit hielt,[17] oft als Vorbild, wohl vor allem auch wegen der *Habeas-Corpus-Akte* von 1679.
In diesem Fundamental-Akt, der im Prinzip auch 1784 in die Verfassung der Vereinigten Staaten von Amerika einging, wird den »Untertanen des Königs« ein Rechtsschutz in der Weise gewährt, daß ungesetzliche Übergriffe öffentlicher Amtsträger der Justiz gemildert werden, d. h. »innerhalb von drei Tagen« muß jede Verhaftung von einem entsprechenden Gericht auf ihre Rechtmäßigkeit hin geprüft werden. Der wiederholte Hinweis auf den Fall der *Felonie* in diesem Dokument, das als Manifestation von Recht-Staatlichkeit gilt und noch 1948 in der amerikanischen Besatzungszone Deutschlands verkündet wurde, deutet an, wie stark das moderne Verfassungsdenken vom Lehnswesen und seiner Besitzsicherung geprägt ist.
Gleichzeitig verweist die Akte auch auf das gesteigerte Bewußtsein am Besitzwert des eigenen Körpers, der durch staatliche Gesetze gegen Willkür gesichert werden mußte. Über den Geist jedoch und noch mehr über die Phantasie konnten Kirche und Staat nur bedingt durch Verbote verfügen, die immer wieder durchbrochen wurden, als müßte der Satz aus Shakespeares *Hamlet* »Behandelt jeden Menschen nach seinem Verdienst, und wer ist vor Schlägen sicher?« – stets aufs neue erprobt werden[18]. Milton, der Politiker und Dichter, hat sich wie viele andere daran gerieben, daß der Anspruch auf Tugend und charakterliche Vollendung des Menschen sich an einer Wirklichkeit bricht, die von Defekten, Affekten und Effekten beherrscht wird. Daher die Aufforderung zum Kampf in seinem *Paradise Lost*, den Adam und Eva durchzustehen haben, nicht anders als Christus gegen den Satan in *Paradise Regained*[19].
In der Spannung von Verloren und Gewonnen vollzog sich Englands Politik in einem Pluralismus der Meinungen und Interessen, der von Fall zu Fall zur Bildung zweier fester Blöcke führen konnte. Dabei beförderte die Bildung zweier Parteien zur Zeit Karls II. einen Grundzug der Politik und Geschichte Englands, wie er auch anderswo in Europa zu beobachten ist. In den Worten John Balls ausgedrückt: »Als Adam pflügte und Eva spann, wer war da ein Edelmann = gentleman?« Übertragen auf das Selbstverständnis von *John Bull*, wie Engländer seit 1712 in satirischer Form genannt werden, ergibt sich über das Verhältnis von Lords und Commons auch die Frage nach *Tories* und *Whigs* bis hin zu der Formel von den »two nations«, die England ausmachen sollen – die Reichen und die Armen, die Besitzenden und die Besitzlosen.

Wie die Trichotomie und das Gleichgewicht einer Verfassung
Alteuropas zum direkten Einflußbereich der Außen- und Sicherheitspolitik werden konnten, vermittelt nicht nur das Heilige
Reich mit seiner »katholischen« und »evangelischen Nation«,
sondern auch Schweden mit den Parteien der »Hüte« und »Mützen«. Nicht wesentlich anders verhielt es sich in England, wo
Ludwig XIV. mittels seines Gesandten *Barillon* und seiner Mätresse, der *Madame Carwell*, sowohl den König und dessen Anhänger
als auch das Parlament mit hohen Summen gefügig zu machen
suchte[20].
Ab 1674 allerdings, nachdem Karl II. das sog. *Cabalministerium*[21]
entlassen hatte und der Earl of Danby, Thomas *Osborne*, Lordkanzler geworden war, unterstützte man die Niederlande, wo dem
Oranier 1672 der »Umsturz des Gesetzes« geglückt war und er
zum »Abgott von Holland« avancierte[22].
Obgleich Osborne selbst als Führer und einflußreicher Bestecher
des ihm ergebenen Unterhauses an einem GOVERNMENT BY
CONSTITUTION interessiert war, störte ihn als Anhänger des
Hauses Stuart die Staatsveränderung beim einstigen Gegner
jenseits des Kanals nicht. Im Gegenteil, die neue Stellung Wilhelms erhöhte seine Reputation, und Osborne verstand es, ihn mit
Maria, der Tochter Jakobs zu verheiraten, der 1685 seinem Vater
als Jakob II. auf den Thron folgte. Bedingung für diese Verbindung
war allerdings die Sicherung der anglikanischen Kirche, der
restaurierten Monarchie und des Parlamentssystems.
Dieses aber wurde von 1681 an einer schweren Belastung ausgesetzt. Denn Karl II. suchte es zu übergehen. Darüber hinaus
zerstörte man die Selbstverwaltung der Städte und wollte für die
Zukunft die Teilnahme der städtischen Gilden an den Wahlen zum
Unterhaus unterbinden. Verfolgungen der Dissenters heizten das
Klima an, bis es zum vereitelten Anschlag am Rye-House 1683
kam, bei dem Karl II. und sein Bruder Jakob von einer Verschwö-
rergruppe ermordet werden sollten. Kopf dieser Organisation war
Shaftesbury, der nach den Niederlanden fliehen konnte und auch
John Locke in seiner Begleitung hatte[23].
In Osborne nun sieht man den eigentlichen Begründer der *Tories*
und in Shaftesbury denjenigen der *Whigs*. Diese Gruppierungen,
die bis zu den Parteikrisen um 1756 die englische Politik wesentlich bestimmen sollten, hatten sich schon vor 1660 herausgebildet.
Dabei rekrutierten sich die Tories (Spitzname für irische katholische Straßenräuber) in erster Linie aus den Grundbesitzern und
dem anglikanischen Klerus. In ihrer Königstreue, die bis zum
»absoluten Gehorsam« gehen konnte, begriffen sie sich gleichzeitig als Verfassungspartei, während die Whigs oder »violent Con-

venters« (Schimpfname für die schottischen Anhänger des Convenant) vornehmlich aus den Reihen der Dissenters und Kaufleute ihre Anhänger rekrutierten und das Verfassungssystem programmatisch auf das Gemeinwohl zuordneten. Diese Polarität, später durch das Mehrheits-Wahlrecht noch verschärft, schloß aber nicht aus, daß sich vornehmlich Aristokraten in beiden Lagern zu Führern dieser Parteien machten, die seit 1679 die erwähnten Namen trugen und den zeitüblichen Gegensatz zwischen *Royalisten* und *Patrioten* verkörperten[24].

Das zeigte sich besonders in der Frage der Thronfolge, die unmittelbar auf die Religionsrechte bezogen wurde. Das sog. »Papistenkomplott« des *Titus Oates* von 1678 und das Bekanntwerden der Pläne »um die Bekehrung dreier Königreiche« zum Papismus, wie sie unter der Hilfestellung Frankreichs im Umkreis des Herzogs von York geschmiedet wurden[25], gab den Whigs im Unterhaus erheblich Auftrieb.

In einer *Exclusion Bill* von 1680 versuchten sie, den »von der protestantischen zur papistischen Religion« übergetretenen »Jakob, Herzog von York . . . kraft der Autorität dieses gegenwärtigen Parlamentes als ausgeschlossen und für immer unfähig gemacht, die herrschaftliche = imperial Krone dieses Reiches = realm und des Königreiches von Irland . . . zu erben, zu besitzen oder zu genießen«, zu erklären. Er sollte keine Möglichkeit bekommen, »irgendein *Dominium*, Gewalt, Jurisdiktion oder Autorität in den selbigen Königreichen« ausüben zu dürfen. Die Angst vor einem »totalen Wechsel der Religion«[26] trieb die Whigs unter Shaftesbury zum Attentatsversuch, wobei die Furcht vor einem arbiträren Regime, wie es der »absolute Gehorsam« nach sich ziehen konnte, die Gemüter zusätzlich zu Verzweiflungen trieb.

Die Tories, deren Führer Osborne die Whigs im Gefängnis hielten, erkannten zwar auch die Gefahren aus der Politik des Thronfolgers, wollten aber durch verfassungsmäßige Einschränkungen ein Abgleiten in den Papismus und Absolutismus verhindern. Beide Ansprüche ließen sich bekanntlich nicht durchsetzen. Die diesbezüglichen Bestrebungen führten aber 1685 zu einer bedrohlichen Krise, die vom Hofe selbst mitinszeniert wurde. Dabei verschärfte der Aufstand Jakobs, »Herzog von Monmouth«, im Sommer 1685 zusätzlich die Lage. Er kämpfte nach eigenem Bekunden gegen die »Usurpation und Tyrannei von Jakob, Herzog von York« und nahm in einer Proklamation die »souveräne und königliche Autorität eines Königs« an[27], was den Widerstand Jakobs II. herausforderte.

In einem grausamen Kriegszug von General *Kirke* und seinen

Soldaten, »die im Kampf gegen die Berber von Tanger besonders verroht waren« und von dem »krankhaft grausamen Richter Jeffrey« unterstützt, wurde blutige Rache an den Rebellen genommen und Jakob II. der Grund dafür geliefert, eine *stehende Armee* einzurichten[28].

Die bisherige »Militia«, erklärte er im November 1685 den Tories im Unterhaus, »reicht für solche Gelegenheiten nicht aus«, nämlich Rebellionen niederzuschlagen. Deshalb gäbe es nichts Besseres als »eine gute Militärmacht wohldisziplinierter Truppen in *dauerndem* Sold, welche uns dagegen verteidigen kann«. Und bei einer Reihe von Offizieren stelle er einen Mangel an Loyalität fest. Sie waren ihm aus religiösen Gründen nicht verläßlich, weshalb er auch katholische Offiziere förderte und dafür gar die Zustimmung des Unterhauses erhoffte. Aber hier zeigte sich, daß die Tories bei aller Königstreue nicht ihre Bindungen an die konstitutionalen Bedingungen von »Kirche und Staat« aufgeben wollten und den Konsens versagten, sahen sie doch als Konsequenz dieser Entwicklung die »Ausrottung unserer durch das Gesetz eingerichteten Religion« auf sich zukommen und damit auch das Ende der sonstigen Freiheiten und Rechte Englands[29].

Die weitere Politik Jakobs II. mit der Verdrängung von Tory-Politikern und Amtsträgern aus den höchsten Ämtern, die nun durch Katholiken ersetzt wurden, mit Übergriffen auf die Besitztümer der Anglikanischen Kirche und der Wiedereinführung der *Hohen Kommission* als Unterdrückungsinstrument der Kirche, samt ungesetzlichen Eingriffen etwa in das Magdalenen-College zu Oxford, schürte die revolutionäre Stimmung. Die Auswirkungen der Hugenotten-Verfolgungen in Frankreich im Zuge der Aufhebung des Ediktes von Nantes 1685 taten in England ein übriges, um den Widerstand gegen die Rekatholisierung zu erhöhen, welche jedoch von Papst Innozenz XI. nicht in dieser Weise unterstützt wurde. Die Lockmittel Jakobs II. an Verbesserungen der Lage für Katholiken und die Lage der Nonkonformisten durch Indulgenzerlasse[30] blieben recht erfolglos, während gleichzeitig die verschiedenen Gruppen der nationalen Opposition, Tories und Whigs, Kontakte zu Wilhelm von Oranien aufnahmen, die das einleiteten, was man die »*Glorreiche Revolution*« nennt.

Die Veränderungen im Verfassungssystem, die seit der Geburt eines Thronfolgers 1688 in Richtung Patrimonial-Absolutismus zielten, hatten sich noch auf einer anderen Ebene angedeutet. 1683 verdammte die Universität Oxford den Fundamentalsatz, daß »die Souveränität von England in den drei Ständen liegt – König, Herren und Gemeinde«, deren Voraussetzung in einem »gegenseitigen Vertrag . . . zwischen einem Fürsten und seinem Untertan« bestehe[31]. Deutlich ist die Stoßrichtung zu erkennen, die fast gleichzeitig auch in Schweden verfolgt wurde: Die Ausschaltung einer Trichotomie, deren Bestand substantiell auch die Habeas-Corpus-Akte sicherte – was Jakob II. gar nicht recht war. Er sollte 1689 auch erfahren, daß die zeitweilige Suspendierung dieser Akte durch das Parlament als Schutz und Bestätigung der Verfassungsmacht eingesetzt wurde, um seine Rückkehr zu verhindern[32]. Hatte man doch aus Verzweiflung über die Machtsprüche dieses katholischen Königs *Wilhelm von Oranien* zu aktiver Hilfe gerufen.

In dem berühmten »*Letter of Invitation*« wurden dem Erbstatthalter die Gründe für das Hilfeersuchen erläutert und gleichzeitig eine Art nationale Erlaubnis zur militärischen Invasion begründet. Man sei nicht mehr in der Lage, »sich selber zu verteidigen« und »das Volk ist mit der gegenwärtigen Führung der Regierung in bezug auf seine Religion, Freiheiten und Besitztümer so allgemein unzufrieden«, daß »neunzehn Teile von zwanzig des Volkes . . . einen Wechsel wünschen« und sich nach Protektion und Sicherheit sehnen[33].

Zum Zeitpunkt dieses Schreibens, das Osborne mit dem abgesetzten Bischof von London, Compton, Whig-Vertretern und anderen abgefaßt hatte, befand sich die stehende Armee Jakobs II. in einem Zustand äußerster Spannung. Und als die Landung der Oranier-Armee am 5. November 1688 in der Tor-Bai erfolgte, verließ u. a. John Churchill, der spätere Earl of Marlborough und Mitstreiter des Prinzen Eugen, das Heer des Monokraten, der im entscheidenden Augenblick die Hilfe Ludwigs XIV. abschlug, während hinter Wilhelm III. ein Großteil des protestantischen Europa stand[34].

Aus verständlichen Gründen ist die englische Historiographie geneigt, die Erhebung gegen Jakob II. als eine inner-englische Angelegenheit erscheinen zu lassen[35]. Aber die Intervention Oraniens wäre kaum möglich gewesen ohne die Rückendeckung aus dem Norden.

So war es dem Erb-Statthalter gelungen, am 22. Oktober 1688 das sog. *Magdeburger Konzert* abzuschließen. Darin verpflichteten sich die deutschen Reichsstände Brandenburg, Sachsen, Hannover und Hessen-Kassel, die Invasion auch mit Hilfe Dänemarks zu sichern und Frankreichs Truppen an der Rheinlinie zu binden. Selbst der Kaiser und die *Augsburger Allianz* waren an der Westgrenze des Heiligen Reiches ein so gewichtiger Faktor, daß Ludwig XIV. einen Einfall in die von Truppen entblößten Niederlande nicht wagen konnte[36].

Abb. 10: *Landung und Empfang Wilhelms III., 1688 (Ausschnitt)*

War es nur Zufall, daß man Magdeburg für dieses Mächte-Konzert zum Schutz der Religion und Freiheiten Englands als Beschlußort wählte, das Symbol für papistische Willkür, und am Jahrestag der »Pulververschwörung«, einen Tag vor dem Jahresgedächtnis von Lützen die Invasion vornahm? Tatsache ist, daß diese Intervention in England eine ähnliche historische Qualität besitzt wie diejenige Gustav Adolfs in den Deutschen Krieg. In beiden Fällen sollte ein drohendes DOMINIUM ABSOLUTUM unter papistischen Vorzeichen verhindert werden. Das ist auch gelungen, doch mit welch unterschiedlichem Ergebnis!

Steigerte sich der Deutsche Krieg von 1630 an in zahlreiche Schlachten, so wurde 1688 eine Entscheidungsschlacht verhindert. Jakob II. entzog sich durch die Flucht nach Frankreich einer blutigen Auseinandersetzung. Seine Erbrechte gab er jedoch nicht auf. Damit sorgte er bis weit ins 18. Jhd. hinein (auch vermittels seiner Anhänger, der *Jakobiten*) für dauernde Unruhe. Aber der konstitutionale Schub, der auf diese unblutige Revolution folgte, brachte England über alle Parteigrenzen hinweg eine innere Entwicklung, die dem Heiligen Reich in dieser Form versagt blieb. Denn hier war die Verselbständigung der Reichsstände schon in einer Weise fortgeschritten, wie sie in keinem anderen Land Europas außer in Italien zu beobachten war.

Auch diese Revolution bedeutet in erster Linie einen Rückgriff auf die »alten Rechte und Freiheiten« des Volkes von England-Irland und den »zugehörigen Dominions«, soweit das Wort »Volk« diejenigen Besitzstände meinte, die politisch in beiden Häusern des Parlaments repräsentiert waren. Stärker als je zuvor bemühten sich nun die Spitzen der Tories und Whigs, alle königliche Politik im Verbund mit dem Parlament als Verfassungsvollzug zu handhaben[37].

In der berühmten *Bill of Rights* von 1689, die in ihrer vertraglichen Substanz über 1832 hinaus wirkte und als ein Fundamental Law der Kumulativ-Konstitution Englands angesehen werden muß, entwickelte man aus dem Sündenregister Jakobs II. einen Katalog von konstitutionalen Forderungen, welche Wilhelm III. und seine Frau Marie »gemeinsam«, sowie ihre Nachfolger, beschwören mußten.

Dieses Dokument ist aber in der europäischen Geschichte kein Einzel- oder Sonderfall. Es entspricht voll und ganz den Kapitulationen der Kaiser im Heiligen Reich, den Versicherungen der Könige Schwedens oder Polens und selbst den Eiden der Könige Frankreichs oder den Handfesten der Könige von Dänemark vor 1660. Dessen Monokraten Christian V. war es gelungen, den Prinzen Georg mit *Anna Stuart* (1665–1714) 1683 zu vermählen. Sie erhielt auch mit »ihren Leibeserben« das Erb- und Thronfolgerecht in dieser Bill zugesprochen, wenn Wilhelm und Marie ohne Leibeserben sterben sollten, obgleich sie die Tochter Jakobs II. war. Was aber in dieser Situation galt, war ihre bewiesene Überzeugung für den Protestantismus, dessen Sicherung man wieder einmal betreiben mußte.

Befreit von der »papistischen und arbiträren Gewalt« Jakobs II., der laut Bill-Text »abgedankt« hatte, schafften die Revolutionäre nicht das »*Erbrecht von Gottes Gnaden*« ab, wie es oft heißt[38], sondern sie festigten ein emphyteutisches Erbrecht des Hauses Oranien zur Krone vermittels der Zustimmung beider Häuser des Parlaments. Das bedeutete tatsächlich die Aktivierung des libertären Gottesgnadentums nach Maßgabe des MEDIANTE HOMINE und die Abwehr eines Jure-Divino-Königtums, das sich mit Hilfe des patrimonialen Erbdenkens und des IMMEDIATE DEO aller institutionellen Behinderungen und Balancen entledigen wollte. Die Widerstandsformel in dieser Bill, daß im Falle eines kommenden papistischen Thronanwärters »das Volk dieser Reiche ... von seiner Treuepflicht gelöst = absolved ist«, belegt die oft übersehene Vertragsformel »populus ... omni obligatione solutus«, die gemeineuropäisches Erbe ist.

In diesem Sinne wurde den künftigen Königen auferlegt, die Suspendierung von Gesetzen oder ihre Exekution nicht »ohne Konsens des Parlamentes« zu betreiben. Dies galt auch für eine ganze Reihe anderer Fundamentalrechte und für den Fall einer »*stehenden Armee* . . . *in Friedenszeiten*«, die man nicht mehr dulden wollte. Man hatte unter Cromwell und nun unter Jakob II. erlebt, daß ein Miles perpetuus dazu benutzt werden konnte, die libertäre Verfassung, die Sicherheit des Eigentums und die Garantie des eigenen Lebens und Denkens zu unterdrücken[39]. Friedenszeit faßte man als Verfassungszeit auf. Dies betraf auch die Entwicklung von Handel und Wandel, der nun nach dieser nationalen Beruhigung immer stärker wuchs, gefördert auch durch ein zweites fundamentales Verfassungsdokument, den *Toleration Act* von 1689.

Dieser konstitutionale Akt nahm Personen, die mit »der Kirche von England nicht konform« waren, von strafrechtlichen Verfolgungen aus, hielt aber gemäß der *Test-Akte* weiterhin die Katholiken sowie die Anti-Trinitarier vom öffentlichen Dienst fern. Unter gewissen Verbesserungen zu Beginn des 19. Jahrhunderts hielt sich diese Ausgrenzung im Prinzip bis 1871. Sie zeigt gerade in ihren Eidforderungen, wie eng das politische Leben Englands auf die eigene Kirche bezogen wurde und sich damit gegen Rom richtete: »Ich erkläre, daß kein auswärtiger Fürst, Person, Prälat, Staat oder Potentat irgendeine Gewalt, Jurisdiktion, Superiorität, Vor-Recht oder Autorität, kirchlich oder geistlich, in diesem Reich hat oder haben soll«[40].

In dieser Eidform sicherte man Englands Unabhängigkeit nach außen und den Frieden nach innen. Er mußte aber immer wieder erneuert werden, so auch im *Act of Settlement* von 1701, als die »Sukzession der Krone in der Protestantischen Linie« festgelegt wurde und auf die Kurfürstin Sophia von Hannover kam, »Tochter der . . . Prinzessin Elisabeth, letzter Königin von Böhmen, Tochter unseres letzten souveränen Lords König Jakob I.« Sie sollte nach dem Ableben Annas, die 1702 Wilhelm folgte, den Thron der »Königreiche England, Frankreich und Irland« unter Vertragsbedingungen erben, und zwar mit allen verfassungsmäßigen Limitationen[41].

Diese Pläne erfüllten sich auch 1714, als Anna ohne Erben starb. England, das 1707 mit Schottland eine Real-Union eingegangen war mit dem Resultat, daß das schottische Parlament aufhörte zu existieren und in das englische integriert wurde, sowie seine Flagge in der Verbindung mit dem Andreas-Kreuz der Schotten[42] zum *Union Jack* änderte, erhielt somit eine deutsche Dynastie, die über Generationen hin das Doppelreich regieren sollte.

d) *Die Politik einer »Balance of Power«. Defoe, Newton und Hume. Der Vorwurf des »absoluten Despotismus« an Georg III. Die »Unabhängigkeits-Erklärung« der Kolonien in Nordamerika von 1776.*

Mit der Anerkennung des Welfen-Hauses und König Georg I., welcher allerdings der mißglückte Staatsstreich *Bolingbrokes* (1678–1751) voraufging, und zwar zugunsten von Jakob III., um das Tory-Regiment nach Annas Tod zu sichern[1], rückte das *United Kingdom* den deutschen Dingen ziemlich nahe. Auch mußte es sich auf der europäischen Ebene engagieren, um vor allem Frankreichs Einfluß einzudämmen. Das ist Bolingbroke in Zusammenarbeit mit Marlborough, dessen Frau einen dominierenden Einfluß auf Königin Anna ausgeübt hat, im Frieden zu Utrecht 1713 gelungen, wenn auch um den Preis der Entfremdung vom Kaiser. England bezog mit seiner Politik, die immer stärker durch den wirtschaftlichen Aufstieg nach 1688 abgesichert werden konnte, eine Mittlerposition, von der aus man den Hegemoniebestrebungen einzelner europäischer Mächte entgegenzuwirken suchte[2].
Lange vor *Walpoles* berühmter Formel von der »*Balance of Power*«, die er 1741 im Parlament benutzte, um die sicherheitspolitische Lage und Konzeption seiner Politik gegenüber dem Kontinent zu kennzeichnen, hat sein Anhänger und späterer Gegner Bolingbroke unter anderen Bedingungen mit dem Utrechter Frieden den Geist von 1648 belebt, als er im Artikel VI die Formulierung durchsetzte: »Die Sicherheit und Freiheiten von Europa können unter keinen Umständen die Union der Königreiche von Frankreich und Spanien tragen«, wenn diese »unter einem und demselben König« verwirklicht wird[3].
Es waren aber gerade Spanien und Frankreich diejenigen Mächte, die England bei seinem kolonialen Wachstum in Nordamerika behinderten, in jenem Gebiet, das Hobbes und Locke als Beispiel für den Naturzustand betrachteten[4], die in England verfolgten Sekten aber als letzten Zufluchtsort und die Kaufleute als einen Markt mit noch ungeahnten Möglichkeiten[5]. Doch im gleichen Maße, wie sich England auf dem amerikanischen Kontinent eine neue Interessensphäre aufbaute, wurde immer deutlicher, daß die Entscheidung über seine Sicherheit mit der Politik der Mächte in Europa verbunden war. Das bedeutete für die Staatsmänner Englands, daß sie beständig der Gefahr von möglichen Einkreisungen auf drei Ebenen mittels unterschiedlicher Koalitionen zu begegnen hatten.
Die Invasion des Prätendenten Jakob III. in Schottland 1715 zeigte den Politikern in London, wie gefährdet das eigentliche England in

der eigenen Inselwelt sein konnte, zumal Jakobs Landung und der folgende Aufstand von keinem Geringeren als Peter I. von Rußland unterstützt wurde. Es bestand dabei die Gefahr einer Koalition zwischen Rußland, Schweden, Preußen und Spanien gegen das aufstrebende England[6].
So effektiv man die Jakobiten bekämpfte, so erfolgreich war man auf der europäischen Einkreisungsebene. Denn es gelang dem neuen König Georg I. in seiner Eigenschaft als Kurfürst von Hannover, eine Defensiv-Allianz zwischen ihm, dem Kaiser und August dem Starken von Sachsen-Polen zustande zu bringen. Diese Mächteverbindung half auch dabei, für das Welfen-Haus Bremen-Verden 1719 zu erwerben und dazu 1731 das Land Hadeln[7].
Damit besaß Englands Flotte, die William *Pitt* der Ältere (1708–1778) einmal als eine Art stehendes Heer auffaßte,[8] auf dem Kontinent einen wichtigen Brückenkopf und ein Einfallstor zur Sicherung des Kurfürstentums Hannover. Die eigene Sicherheitspolitik bekam dadurch eine neue Dimension, wurden doch fast zwangsläufig die Besitzinteressen des Königshauses in die nationale Sicherheitspolitik einbezogen. Und dieser Zustand führte nicht allein zu einer Intensivierung der Europa-Politik, sondern verlagerte auch die Gewichte im Inneren.
Denn die Polarisierung zwischen den Parteien der Tories und Whigs veränderte sich allmählich unter den Ansprüchen des neuen Hofes in eine Konstellation, die man als Gegensatz zwischen *Court* (Hof) und *Country* (Land) beschreiben kann. D. h. bei allen Unterschieden entwickelte sich eine gewisse Solidarität zwischen den beiden Parteien als Vertretern der Krone gegen den *König*.
Diese Entwicklung seit 1714 sollte nach zweihundert Jahren dahin führen, daß das Königtum mehr und mehr seiner realen Macht entkleidet wurde, aber eine Art moralische Instanz blieb. Der Versuch z. B. von 1718, den Königen das Recht zur Erhebung in den Peers-Stand zu beschränken, deutete an, was die Regierung mit Teilen des Parlamentes gegen die Könige unternehmen wollte. Der Widerstand Walpoles aber, der von 1715 bis 1717 Schatzkanzler war, verhinderte diese Beschränkung und brachte ihn aus der Opposition im Parlament heraus wieder in das Amt des Schatzkanzlers. In dieser Funktion gelang es ihm auch, den Fall *South-Sea-Bubble* so zu bewältigen, daß das Vertrauen der aufblühenden Ökonomie in den Staat und das deutsche Königshaus nicht ganz erschüttert wurde[9].
Freilich, Walpoles innere Politik war nur durch fortgesetzte Bestechungen des Parlamentes möglich – was nicht zuletzt die

Bewunderung Voltaires für dieses Verfassungssystem dämpfte. Auch den großen Politikern in England selbst erschien es nicht immer geheuer und effektiv genug angesichts der wachsenden Aufgaben einer Weltmacht, die ihren Kolonialbesitz in Übersee auch dadurch sichern mußte, daß sie in Europas Innenpolitik präsent war und – wie die Generation von 1648 – darauf zu achten hatte, daß das Gleichgewicht zwischen den Mächten gerade hinsichtlich des deutschen Bereichs auch im Frieden von Aachen 1748 leidlich erhalten blieb. Man nahm dabei den Aufstieg Preußens gern in Kauf, zumal mit Schweden als nordischer Macht kaum noch zu rechnen war und bestärkte den »deutschen Dualismus« zwischen Habsburg und Hohenzollern, je intensiver die Auseinandersetzungen mit Spanien und Frankreich vor allem in Amerika wurden[10].
Diese Politik, von Walpole eher mit Bedacht und einer gewissen Distanz eingeleitet, intensivierte der ältere Pitt. Seit 1735 Mitglied des Unterhauses, wandte er sich zunächst gegen eine Verbindung der Hauspolitik Georgs II. mit den nationalen Interessen Englands, erkannte aber bald auch die Chancen dieser Koppelung.
Nach der Zerschlagung des erneuten Jakobiten-Aufstandes im Jahre 1745 durch Pitt, der auch das Ende eines Feudalsystems bedeutete, das Clans und ihre Oberhäupter immer wieder zum Nachteil der unadligen Pächter und Bauern auszunutzen versuchten[11], wuchs England allmählich in eine Machtposition hinein, die als die dritte Ebene seiner Balance-of-Power-Ideologie gelten kann.
In Indien und Nordamerika verlangt die französische Herausforderung eine weltweite Reaktion, die im Mächtesystem Europas vorbereitet wird, und zwar vor allem durch das Zusammengehen Englands mit Preußen zu Beginn des Siebenjährigen Krieges. Das libertär-parlamentarische System, in dem es allerdings auch Sehnsucht nach der straffen Politik »eines einzigen Mannes« gab, um endlich das herkömmliche Parteidenken »der Whigs, Tories, Jakobiten« abzustellen[12], kämpfte an der Seite des absolutistischen Preußen, in dem Nepotismus, Günstlingswirtschaft und Kastengeist herrschten[13], für seine Stellung als Weltmacht.
In William Pitt hatte man dafür einen Staatsmann gefunden, der diese Krise meistern konnte, ohne das parlamentarische System zu gefährden. Er eroberte in einem gewissen Sinne Nordamerika an der Seite Preußens auf deutschem Boden, wurden doch die Kräfte Frankreichs, Habsburgs und Rußlands durch Preußen gebunden und schließlich wieder in ein Gleichgewicht gebracht, während England in Übersee das Übergewicht gesichert wurde[14].
Bedenkt man zudem, daß hessische und hannoversche Truppen in

England zum Küstenschutz eingesetzt wurden, das kulturelle Leben durch Georg Friedrich *Händel* (1685-1759) wesentlich bereichert werden konnte und der Transfer an Technologie im Bergbau, Hüttenwesen und Metallurgie aus dem deutschen Bereich nach England nicht ohne Bedeutung war[15], dann wird man erkennen können, was England seinem deutschen Nachbarn für die eigene Entwicklung zu verdanken hat. Als Weltmacht erscheint es unter Georg III. nach dem Frieden von Paris und legte doch mit seinem Sieg über Frankreich den Grund des eigenen Zerfalls in jenem Bereich, dessen allmählicher Aufstieg zu einer großen Macht gern als Erfolg der Aufklärung gefeiert wird – in den dreizehn Kolonien auf dem Boden Nordamerikas.

Die Aufklärung als Bewegung der Reinigung hat in England vermittels des Puritanismus eine Reihe religiös-politischer Konvulsionen erlebt, die in einen Pluralismus der Meinungen mündeten und auch das auslösten, was Daniel *Defoe* »Projektemacherei« genannt hat. Darin drückt sich auch ein neuer Individualismus aus, wie er ihn in seinem Roman »*Robinson Crusoe*« in zweierlei Hinsicht darstellte. Einmal als Repräsentant der »glücklichen Besitzenden« und dann auch in der Begegnung einer scheinbar überlegenen weißen Rasse aus Europa mit einem »Wilden« der »Neuen Welt«, der durch gezielte Erziehung erst zu einem richtigen Menschen wurde[16].

Wie oft aber wurde in diesem parlamentarischen England, das sich possessiv nach außen abgeschlossen hat, ein ›aufgeklärter Mensch‹ zum reißenden Wolf? Immer dann, wenn ein Gläubiger seinen Schuldner oft über Jahre hin in den Schuldturm werfen lassen durfte. Defoe, der selbst einige Male Bankrotteur war, hat gegen dieses Erzübel und Hindernis des ökonomischen und monetären Lebens in England ebenso angekämpft, wie er sich für das einsetzte, was man später die *soziale Frage* genannt hat.

In der Hinwendung zu den Armen und vom politischen Wirken gänzlich Ausgeschlossenen entdeckte er die Leiden der »Irren«, bei denen man sich stritt, ob sie eine Seele »besitzen« oder nicht. War dies nicht der Fall, konnten sie wie Tiere behandelt werden. Solche Wesen wurden »in England mit der größten Verachtung behandelt«, weil sie »dem Staate nutzlos« waren. Aber, so meint Defoe, »unserem weisen Zeitalter geziemte es wohl, für solche zu sorgen; vielleicht sind sie eine Art *erblicher Last* für die große Menschenfamilie, die der Schöpfer uns als einen jüngeren Bruder hinterließ, dem er kein Vermögen vermachte, in der Erwartung, daß der *Erbe* für ihn sorgen werde«[17].

Diese zaghafte Anregung einer Sozialbindung des Eigentums den ›unglücklichen Irren‹ gegenüber fand ihre Entsprechung in De-

foes Engagement für die Behandlung der Seeleute in England, die oft »gewaltsam« auf die Schiffe des Königs gebracht und mitunter wie Vieh behandelt wurden[18]. Noch brutaler konnte man sich gegen die Bewohner Afrikas vergehen, die als Sklaven und billigste Arbeitskraft vor allem nach Nordamerika geschafft wurden[19].
Von der Würde des Menschen als Geschöpf Gottes war dabei so wenig die Rede wie beim Verkauf von Erbsklaven deutscher Klein-Despoten nach England, das sie besonders nach 1763 im Kampf in Nordamerika einsetzte, wo die dreizehn Kolonien zur Unabhängigkeit drängten[20]: In einem Kontinent, der von zahlreichen Indianer-Nationen bevölkert war, aber nun von Weißen aus allen Ländern Europas besiedelt werden sollte – in einem Land- und Besitzrausch ohnegleichen, der mit menschlicher Versklavung und kultureller Vernichtung verbunden war[21].

Wie stark das Besitzdenken auf das Sklavenwesen bezogen werden konnte, bezeugte auch derjenige Denker, von dem gesagt wurde, daß er der »große Lichtbringer«, die »Leitfigur der anhebenden Modernen« gewesen sei und dessen »absolute Herrschaft im Reich der Physik« gottähnliche Bedeutung gehabt haben soll[22].
Isaac *Newton* (1643–1727), der Astronom und Mathematiker, dem die arithmetische Fassung der Keplerschen Gesetze gelang, zusammen mit Leibniz, seinem Kritiker, als Begründer der Differentialrechnung gilt und in seiner Lichttheorie von dem Niederländer *Huygens* und dem Schweden *Klingenstierna* entscheidend korrigiert wurde, schwor als Mitglied des Convention-Parlamentes 1689 auf Wilhelm III. seinen Treue-Eid als Untertan. Darin beruft er sich auf ein Statut aus dem 14. Jhd. und bindet seinen »Gehorsam« an »das Gesetz des Landes. Denn wären Treue und Glauben mehr als das, was das Gesetz erfordert, würden wir selbst in Gestalt von *Sklaven* schwören und der König (wäre) *absolut*«. Dies aber sei mit dem Eid von »freien Männern« nach Maßgabe des Gesetzes unvereinbar[23].
Newton, der Freund Lockes, ist sich hier der Reziprozität des Eides als Vertrag bewußt und erkennt auch die daraus emanierende Drittwirkung an. Überzeugen ihn die *drei Gewalten aus einer Macht*, so lehnt er für sich und im geheimen die Lehre von den *drei Gestalten in einem Gott* ab. Er, der Lehrer am Trinity-College zu Cambridge, bekennt sich trotz seines Suprematseides mit der zugehörigen Anerkennung der göttlichen Trinität zum Unitarismus[24].
Die Spannungen zwischen der Bindung im staatlichen und im kirchlichen Bereich haben den Monotheisten Newton nicht selten in kritische Situationen gebracht, zumal neben Leibniz auch der

Bischof *Berkeley* und andere argwöhnten, daß sein neues »physikalisches Weltsystem« letztlich zum Atheismus führe. Und ein derartiger Verdacht konnte selbst im England der Toleranz schlimme Konsequenzen haben, wenn er sich nicht widerlegen ließ. Newton wurde geradezu gezwungen, in eine Art ›innere Emigration‹ zu gehen; er machte sich nach außen hin zum Sklaven einer Theologie, die er in fundamentalen Bereichen ablehnte. Ja, er neigte im Rahmen seiner Alchimie in ähnlicher Weise zu einem Mystizismus, wie Defoe im Alter einem Dämonismus erlag[25].

Ein Phänomen, das sich im Zeitalter des Rationalismus und der Aufklärung auch in anderer Gestalt findet, nämlich dort, wo die führenden Geister dieser Zeit sich in den neuen Baugilden der Freimaurer organisierten. Sie pflegten dabei eine ständeübergreifende, egalitäre Kosmologie, wie sie sich nur in Eliten ausbilden kann, die ihren rationalen Absolutismus als unbedingte Gewißheit auch in der Metaphysik bewahrheitet sehen wollen.

Desaguliers, der Theologe, Pastor, Professor der Experimentalphilosophie, Doktor des Öffentlichen Rechts und unermüdliche »Populisator Newtons« versteht es denn auch, »das Newtonsche Weltsystem als bestes Regierungsmodell« auszugeben, weil er vom Gleichgewicht des Kosmos überzeugt ist und dieses in der Verfassung Englands wiedererkennt als Ausdruck einer Relation von Geben und Nehmen oder Actio und Reactio[26]. Die »Constitutions of Free Masons« in England, zu denen Lessing in »*Ernst und Falk*« hinsichtlich ihres »deutschen« Ursprungs und zur Eigentumsordnung der »besten Staatsverfassung« einen wichtigen Kommentar geschrieben hat[27], drücken diese Art »politischer Kosmologie« aus – sie beruht auf der Abkehr von der Trinität, welche durch ein allgemeines Sittengesetz ersetzt wird[28].

Noch hat sich der Staat nicht ganz von der Kirche emanzipiert; obwohl er sie dominiert, wirkt sie durch theologische Begrenzungen in das öffentliche Leben hinein. Seine Eliten widmeten sich geradezu missionarisch auch jenem Prinzip, das David *Hume* (1711–1776) in seinem »*A treatise of Human Nature*« von 1740, einem der Hauptwerke der Aufklärung in England, das u. a. Kant den Weg bereitet hat, als »Recht des Zuwachses« kommentiert. Die Vorstellung nämlich, vom Eigentum an kleinen Gegenständen ein Anrecht auf größere abzuleiten, erscheine zwar leicht, aber in Wirklichkeit verhalte es sich umgekehrt: »Die Herrschaft über Großbritannien scheint die Herrschaft über die Orkney-Inseln und die Hebriden . . . nach sich zu ziehen. Dagegen schließt die Macht über diese kleineren Inseln naturgemäß kein Anrecht auf Großbritannien in sich«[29].

Mit einer derartigen Argumentation konnte man nicht nur Ansprüche der Jakobiten abwehren, sondern gleichzeitig auch den eigenen Herrschaftsbereich über alle Kontinente hinweg ausdehnen, und zwar überall dort, wo es einer »Rechtsordnung« im possessiven Sinne ermangelte.
In der Verbindung »von EIGENTUM, RECHT und VERPFLICHTUNG« ergibt sich nach Hume, der gegen Hobbes und Locke den Naturzustand für »eine leere Erdichtung« hält und das Gerede vom »goldenen Zeitalter« dazu[30], eine »Ordnung, welche die Sicherheit des Besitzes gewährleistet«, und zwar nicht in einem »natürlichen«, sondern mehr in einem »künstlichen« Sinne. Die Rechtsordnung ist demnach »aus den künstlichen Veranstaltungen der Menschen nachzuweisen«. Ihr »Ursprung... erklärt den des ›Eigentums‹« und richtet sich demnach »nur in der Selbstsucht und der beschränkten Großmut der Menschen« aus, d. h. »im Verein mit der knappen Fürsorge, welche die Natur für ihre Bedürfnisse getragen hat«[31].
Was aber die Selbstsucht oder der Egoismus der Menschen erreichen mag, genügt letztlich nicht, es in irgendeiner »Kunst zur Vollkommenheit zu bringen«, auch nicht in der Staatskunst. Deshalb seien »*Vereinigung der Kräfte*«, »*Teilung der Arbeit*« und »*gegenseitiger Beistand*« vonnöten, um den größtmöglichen Nutzen zu erzielen und damit eben jenes »Recht des Zuwachses« einzulösen, das so verblüffend an die Formel vom »pursuit of happiness« erinnert und damit auf die »drei Arten von Gütern« verweist, »die wir besitzen: die innere Befriedigung unserer Seele, die äußerlichen Vorzüge unseres Körpers und der Genuß des Besitzes, den wir durch Fleiß und gut Glück gewonnen haben«[32].
Aus diesem dreifachen Antrieb heraus lebt zu einem großen Teil das libertäre, parlamentarische und imperiale Groß-Britannien. Es war stets darauf bedacht, die politischen Rechte der »happy few« aus den possessiven Garantien abzuleiten, zu denen vor allem anderen »das Recht der Erbfolge« als ein »natürliches Recht« gehört[33], und die Bewahrung eines »Mitteldings zwischen der starren Beständigkeit und einer steten wandelbaren und unsicheren Anpassung (an die Bedürfnisse)« ein absolutes Postulat zu sein hat.
Nach Hume gibt es »aber . . . kein besseres Mittelding als . . ., daß *Besitz* und *Eigentum* beständig bleiben«[34]. Der Mensch lebt also aus dem Besitz an sich selbst und von ererbten oder erworbenen äußeren Gütern. Wer außerhalb dieser Bezüge existieren mußte, konnte daher nicht als politisches Wesen aufgefaßt werden und mußte sich im Zuge der Auswanderung diese Qualität durch Eigentumserwerb erst erkämpfen. Als Hume 1776 starb, erlebten

die dreizehn Kolonien in Nordamerika auch aus seinem Geist die »Geburt einer Nation« durch Revolution als Besitzstandswahrung.

Mit der »*Declaration of Independence*« vom 4. Juli 1776, die von Vertretern der »dreizehn Staaten von Amerika« unterzeichnet war, darunter B. *Franklin* und Th. *Jefferson* – aber nicht G. *Washington*, der bald den neuen Staat als Präsident repräsentieren und regieren sollte –, trennten sich die ehemaligen Kolonien vom Mutterland Großbritannien und schufen einen republikanischen Verfassungsstaat.
Darin finden sich aber nicht nur alle Errungenschaften der politischen Aufklärung in Europa hinsichtlich der Rechtsgarantien für das Individuum und seine Besitztümer, sondern auch Elemente der *Irokesenföderation*, wie sie sich seit mehr als zweihundert Jahren zwischen der Mohawk-, Cayuga-, Ononda-, Seneca-, Oneida- und nach 1700 der Tuscarora-Nation bewährt hatte.
Franklin hatte dazu 1751 an J. Parker geschrieben: »Es ginge schon mit seltsamen Dingen zu, wenn sechs Nationen unwissender Wilder fähig sein sollten, das richtige System für eine solche Union zu finden und sie zudem in einer solchen Weise zu praktizieren, daß sie Jahrhunderte überdauert und absolut unzerstörbar erscheint – und eine solche Union nicht auch für zehn oder zwölf englische Kolonien anwendbar wäre, für die es außerdem weit notwendiger ist«[35].
Der Einfluß dieser indianischen Nationen-Union zeigt sich im amerikanischen Verfassungssystem wohl in der großen Selbständigkeit der Einzelstaaten mit ihren unterschiedlichen Sonderrechten, wie sie die Indianer-Nationen auch nach dem sog. »*Great Law of Peace*«, der Irokesenverfassung, behalten durften.
Dabei legte diese vom Aufklärungsdenken Europas unabhängige Konstitution besonderes Gewicht auf die Personen und ihre Idoneität. Ein Phänomen, das auch aus dem europäischen Verfassungsdenken bekannt ist. So heißt es z. B. im Artikel 21 dieses Dokumentes, daß »bestimmte körperliche Mängel eines Staatsmannes des Bundes ihn untauglich machen, am Rat des Bundes teilzunehmen. Solche Fehler sind: Infantilität, Idiotie, Blindheit, Taubheit, Stummheit und Schwäche«. Ein Stellvertreter durfte in derartigen Fällen die politischen Funktionen wahrnehmen, jedoch mit dem ausdrücklichen Vermerk: »In Fällen außergewöhnlicher Notwendigkeit kann der behinderte Staatsmann seine Rechte ausüben.« Außerdem wurde von den Häuptlingen als den wichtigsten Repräsentanten gefordert, »in allen Dingen ehrlich zu sein«[36].

Ein Postulat, das auch den Gründungsvätern der amerikanischen ›weißen‹ Verfassung zu eigen war und als Anspruch selbst zur Rechtsnorm wurde. Doch die Wirklichkeit sah anders aus. Denn die Besiedlung dieses weiten Landes durch europäische landhungrige Kolonisatoren schuf besondere Probleme. Franklin deutete sie mit der Formel »unwissende Wilde« an. Der Überlegenheitsdünkel der weißen Völker gegenüber den roten Nationen erwuchs dabei aus einem Christentum, das zwar die Feindesliebe als oberstes Gebot predigte, aber gleichzeitig auch den Auftrag verkündete: »Macht euch die Erde untertan!«

Es ist dieser fundamentale possessive Grundzug, der die Geschichte der Vereinigten Staaten kennzeichnet und die ›weiße Verfassung‹ von der ›roten‹ der Irokesen trennt, die als »Wilde« mit der Individual-Form von Eigentum und seinem zugehörigen Sicherheitsapparat in Gestalt des Staates wenig anfangen konnten. Sie nämlich begriffen ihr Dasein völlig anders als die Eindringlinge aus England und Europa: *Sie gehörten der Erde und nicht die Erde ihnen.*

Mit diesem kollektiv angelegten Besitzdenken wußten die Einwanderer und Verfasser des *Mayflower-Compact* von 1620 so wenig umzugehen[37] wie die Verfasser der Charta von Massachusetts 1629 oder William *Penn* 1681 in seiner Charta von Pennsylvanien. Letzterer betrachtete sich und seine »Erben und Nachkommen, den wahren und *absoluten Besitzern* aller genannten Ländereien und Dominions«, als Gesetzgeber und forderte für sich eine »freie, volle und absolute Gewalt«, die noch B. Franklin 1764 Schwierigkeiten bereiten sollte[38], gleicht sie doch einem Absolutismus, den auch Jakob von York beansprucht hatte.

Denn ehe z.B. sein New York mit dem Umland die Charta seiner Freiheiten und Privilegien im Jahre 1683 erhielt, in der die Trichotomie aus »Gouverneur, Rat und Repräsentanten in der Generalversammlung« eine Art Modell für Kolonialverfassungen abgab, verfügte der Herzog über Land und Leute wie über eine Privat-Provinz. Erst von 1691 an konnte sie ihr konstitutionales Leben entfalten, als der Absolutismus auch im Mutterland selbst überwunden war[39].

Daß diese Handhabe der Macht aber in den Kolonien Nordamerikas trotz aller Freiheitsgarantien der Könige von England noch wirksam sein konnte, davon spricht die Unabhängigkeitserklärung in bewegten Worten. Sie bereitete sich im Denken und Handeln besonders nach 1763 vor, als England versuchte, die durch den Siebenjährigen Krieg angestrengten Staatsfinanzen vor allem auch durch neue Steuern aus den amerikanischen Kolonien wieder in eine Balance zu bringen. Damit trafen aber Georg III. und das

Abb. 11: Landung von Schiffen und Truppen Groß-Britanniens im Hafen von Boston/New England im Jahre 1768

Parlament auf die wachsenden Eigeninteressen der Kolonien und deren Rechte. Besonders die Pläne zur Finanzierung einer *stehenden Armee in Friedenszeiten* stießen in Massachusetts und in Boston, den Zentren des Widerstandes gegen die Londoner Politik, auf heftige Gegenwehr. Man erteilte den unmißverständlichen Bescheid, daß es das »erste Prinzip einer zivilen Sozietät ist, gegründet auf Natur und Vernunft, daß kein Gesetz der Sozietät irgendein Individuum ohne seinen Konsens, durch ihn selbst als Person, oder durch seinen Repräsentanten der eigenen freien Wahl, binden kann«.
Dieses Prinzip gilt für alle Bereiche, in denen die öffentliche Hand von den privaten Besitzern Mittel haben will, um das staatliche System zu unterhalten. Denn dieses hat um der Einzelbürger willen zu existieren, die sich gerecht regiert sehen wollen und deshalb »proportionierte und vernünftige ... Steuern« bezahlen wollen, jedoch keine Abgaben für Einrichtungen, die »gegen das Gesetz« sind[40].
London beantwortete den Widerstand aus Boston mit der Erklärung, daß sich in Amerika »illegale, unkonstitutionale« Dinge tun mit dem Ziel, »eine neue und unkonstitutionale Autorität unabhängig von der Krone von Groß-Britannien einzusetzen«, was nur heißen könne, daß »freche Usurpationen der Regierungsgewalten« vorgenommen würden, die nicht geduldet werden dürften[41].
Mit der Landung von Truppen im Herbst 1768 in Boston begannen sich die Spannungen bis zum »Massaker von Boston« 1770 und dem Verbrennen des britischen Schiffes *Gaspee* vor Rhode Island 1772 erstmals zu entladen, obgleich die wichtigsten Politiker von John Adams bis B. Franklin und die neuen Landlords der Ostküste wenig an einem Krieg mit dem Mutterland interessiert waren.
Der sog. *Tee-Akt* von 1773 aber verstärkte den Willen zum Widerstand. Denn in diese Besitzer-Sozietät, bestehend aus Farmern (unbewegliches Eigentum) und Kaufleuten (bewegliches Eigentum), in der sich der Marktmechanismus leidlich bewährt hatte, griff nun die *East India Company* ein.
Von König und Parlament gedeckt, erhielt sie fast ein Monopol für den Teeimport und Vertrieb in den Kolonien Amerikas, das aber nicht durchgesetzt werden konnte. Die revolutionäre Kraft, gefördert von den zahlreichen Zeitungen und dem militärischen Druck Londons ausgesetzt, kulminierte letztlich in der »Boston Tea Party«, dem Sturm auf Teeschiffe im Hafen von Boston, deren Ladung am 16. Dezember 1774 ins Meer geworfen wurde. Diese Tat, von Leuten ausgeführt, die sich als Indianer verkleidet hatten, wirkte wie ein Fanal. London reagierte mit einer Serie von

Gesetzen, Erlassen und Verboten, während sich in den Kolonien das konstitutionale Leben aktivierte und erste Kriegsvorbereitungen getroffen wurden.

Während in der Schlacht bei Lexington und Concord 1775 zum ersten Male britische und amerikanische Truppen aufeinandertrafen, machte man sich in London selbst nicht wenige Gedanken darüber, wie vor allem die Besteuerung in diesen Kolonien in »ihrer *Proportion* zur gemeinen Verteidigung« so gerecht angelegt werden könne, daß der Bruch noch zu vermeiden war[42]. Aber alle Anstrengungen, Drohungen und Verhandlungen fruchteten nicht mehr. Man war auf seiten der Kolonien mehr und mehr zu der Überzeugung gekommen, daß die Geldforderungen von König und Parlament weniger »den substantiellen Zwecken von Regierung und Justizwesen« zugute kommen sollten als vielmehr einer Politik, die das »ad libitum« (nach Willkür) zum Prinzip hatte und die Besitz-Bewohner der Kolonien in allen Formen ihres Eigentums ungebührlich beschränkte[43].

Man wehrte sich unter der Anrufung Gottes und der Vernunft gegen die Politik, einen »Teil des Menschengeschlechts in einem *absoluten Besitz* halten« zu wollen und »eine *ungebundene Gewalt*« zu beanspruchen[44].

Gegen diese Anmaßung richtete sich die Erklärung der dreizehn Kolonien zur Unabhängigkeit, die in erster Linie ein Dokument der Rechtfertigung dafür ist, freie Eigenbesitzer in welcher Form auch immer einem patrimonial motivierten Despotismus zu entziehen.

In der Berufung auf Gott und die Natur, die dem Menschen mittels der Geburt »gewisse unveräußerliche Rechte« gewährt habe, werden diese in der Redaktion *Jeffersons* auf »*Leben, Freiheit* und das Trachten nach *Glück*« konzentriert[45].

Glück aber bedeutete hier nichts anderes als eine Umschreibung für den Erwerb von Eigentum und die freie Verfügung darüber[46], die durch eine lange Kette des Mißbrauchs königlicher Gewalt mit Hilfe von Usurpationen dazu geführt habe, diese Staaten von Amerika und ihre Besitzer »unter *absoluten Despotismus* zu versetzen«.

Dieses arbiträre Regiment müsse nun in dieser nezessitären Lage (and such is now the necessity) zu »seinen früheren Regierungssystemen gezwungen« werden[47]: Zur Rückkehr der Garantie von Freiheit und Recht, wie sie auch die *Magna Charta* im Prinzip gewährte. Auf dieses Dokument, das noch 1945 bei der Abfassung der UN-Charta bemüht wurde, berief sich u. a. John Adams, um das aktive Widerstandsrecht gegen einen ungerechten König zu begründen[48]. Es wird vom Unabhängigkeitsakt im alteuropäischen

Sinne aufgegriffen, um die Abwehr eines »Tyrannen« zu rechtfertigen, der mit »fremden Söldnern« und gar mit Hilfe der »grausamen Indianer-Wilden« eine »zivilisierte Nation« ins Verderben stürzen wolle. Deshalb verstehen sich »diese Vereinigten Kolonien« als »freie und unabhängige Staaten«, die »von aller Treue zur Britischen Krone befreit=absolved sind und . . . jegliche politische Verbindung zwischen ihnen und dem Staat von Groß-Britannien . . . total aufgelöst« haben, um fortan unter dem »Schutz der göttlichen Vorsehung«, im Geiste der Gegenseitigkeit und vertraglicher Abmachung das eigene Leben, Glück und die Ehre selbst zu sichern[49].

Diese vollkommene Trennung vom britischen Mutterland stellt trotz ihrer utopischen Dimension, wie sie in die von 1787 an im Kongreß beratene neue Verfassung Eingang fand, nur insofern einen neuen Typus von Revolution dar, als sich das Staatsvolk der Besitzbürger das Staatsland von nichteuropäischen Ureinwohnern erkämpfte oder erkaufte. Dieser Besitzstand wurde nun durch einen bewaffneten Aufstand gegen ein libertäres Groß-Britannien geschützt, das sich in diesen Kolonien quasi-absolutistisch aufführen konnte.

Die juridische und politische Argumentation gegen die »tyrannischen« Übergriffe bleibt im Umkreis europäischen Denkens und versteht im Rückgriff auf antikes Gedankengut bis hin zur eigenen Architektur mit Kapitol und Freiheitsgöttin die Revolution als Reaktivierung verlorener Rechte und als Abwehr von Absolutismus im Sinne eines Despotismus, der den Einzelmenschen nicht zu sich selbst kommen lassen will, d. h. auch Verweigerung »politischer Freiheit«[50] betreibt.

Man sollte dabei aber nicht übersehen, daß die Verwirklichung der Forderungen europäischer Aufklärung auf amerikanischem Boden die *Indianer* und die *Neger* ausschloß, soweit diese nicht als Menschen im Sinne von Besitzbürgern und Christen anerkannt wurden.

Dieser neue Staat, der in gewisser Hinsicht das Erbe der britischen Weltmacht antreten sollte und als Hoffnung für die religiös und politisch Verfolgten Europas galt, war in beinahe aristotelischer Manier von der Haltung von Sklaven abhängig und wurde personell überwiegend von Juristen getragen[51], die sich über die Bulle des Papstes Pius III. von 1537 wenig Gedanken machten. In diesem Dokument wurden die farbigen und heidnischen Völker als »Menschen« anerkannt. Ob die endgültige Lösung Englands von der Universalkirche im gleichen Jahr diesen hohen Stand des Bewußtseins vom Wert anderer Rassen außerhalb Europas verhindert hat? Feststeht, daß die Sklavenhaltermentalität sich im angelsächsischen und amerikanischen Bereich länger als anderswo gehalten hat und im Namen von Freiheit, Recht und Eigentum unsägliches Leid, Grausamkeit und Entwürdigung über Menschen brachte, für die das Jahr 1976 kein Anlaß zum Jubeln, sondern zur Trauer wurde.

ZUSAMMENFASSUNG:

In einer großen Rede berief sich der Tory *Disraeli* 1879 auf eine Tacitus-Stelle, um das Wesen seiner Politik zu erläutern und in einer historisierten Perspektive abzusichern. Er führte aus: »Als einer der größten Römer gefragt wurde, worin seine Politik bestehe, da antwortete er: IMPERIUM et LIBERTAS. Das wäre kein schlechtes Programm für ein britisches Ministerium.«[1]
Disraeli, dem ersten Prime-Minister Englands jüdischer Abstammung, drängte sich diese klassische Formel u. a. auch dadurch auf, daß sie im Grunde nichts anderes ausdrückte als die universale Form eines nationalen Inhalts – der Anspruch von LIBERTY und PROPERTY.
Nicht erst seit 1648 vollzog sich unter diesem Zeichen auch die systemimmanente Distinktion von Royalisten und Patrioten in Gestalt von Tories und Whigs bis hin zur Dichotomie von Regierungspartei und parlamentarischer Opposition als Ausdruck zweier Eliten, die im Rahmen der bestehenden Verfassungs- und Rechtsordnung abwechselnd im Namen des Königs regieren durften, während das Gesetz herrschte (law rules)[2].
Basis dieser Zweiteilung, die in REX und REGNUM oder COURT und COUNTRY Entsprechungen besaß, war das tradierte System repräsentationsfähigen Besitzes. Bis 1830 konservierte es zum Teil anachronistische Zustände. Die »rotten boroughs« etwa, heruntergekommene Kommunen mit nur noch wenigen Einwohnern, durften Wahl- und Repräsentationsrechte wahrnehmen, während die neuen Industriestädte wie Birmingham, Manchester oder Sheffield leer ausgingen. Ein Zeichen mehr dafür, daß der aufgekommene Industrialismus in das bestehende Rechtssystem integriert wurde, und zwar über das Eigentum und die Garantie seiner Rechtsqualitäten.
Darauf bezog sich auch Hume 1737, als er erläuterte, warum es »in diesem Lande noch keine Gefahr eines solch *absoluten* Regierungssystems gibt, wie es in der Türkei vorhanden ist«. Dort sei nämlich »der Groß-Sultan Besitzer (proprietor) allen Landes«, was man von Englands König nicht sagen könne. Allerdings beschwor

die Vielzahl der Steuern und Abgaben an den König die Gefahr
»einer *absoluten Monarchie*« herauf, wie sie in Frankreich vorhanden sei[3]. Zwar wünscht er ein derartiges System nicht, aber vor
die Wahl gestellt, eine »Volksregierung« mit ihrem Parteienwesen
oder einen »absoluten Monarchen« zu akzeptieren, wolle er lieber
einen solchen ertragen, weil »die absolute Monarchie der leichteste Tod ... ist, die Euthanasie der britischen Verfassung«[4].
Hume erkennt also im Despotismus einer »absoluten Monarchie«
nach innen die allmähliche Zerstörung eines libertären Verfassungssystems, das sich äußerst korporativ verhielt und Absolutismus nur in der Kirche zuließ, soweit er die nationale Unabhängigkeit von Rom sicherte[5]. Ansonsten konzentriert sich diese wohlüberschaubare »political society« auf die Pflege einer individualistischen Besitz-Motivation, auf deren Grundlage ein Weltreich
aufgebaut werden konnte. Der General *Dodge* gab ihr 1882 in
Amerika im Rahmen seiner Kritik an der Indianer-Politik der
Weißen beredten Ausdruck: »Indem wir uns weigern, ihm (dem
Indianer) *Land* und dem einzelnen ein *Haus* zu geben, verhindern
wir sorgsam die Entwicklung jeglichen ehrgeizigen Strebens nach
persönlichem Reichtum und Unabhängigkeit, und indem wir ihn
nicht in den Arbeitsprozeß miteinbeziehen, verhindern wir auch
die Bildung von Industrie.«[6]
Diese absolute Besitz-Ideologie, die sich durch den Kalvinismus
und seine Prädestinationslehre metaphysisch abgesichert wähnte,
hat bei all ihrem freiheitlichen Gehalt[7] vor Unterdrückung und
Versklavung nicht haltgemacht. Ja, manchmal scheint es, als ob
sich in diesem System das Besitzdenken der »absoluten Herren«
nur unter vertraglichen Formen gefächert habe. Vom berühmten
Schlagwort »My home is my castle« mit seinem Besitzindividualismus bis hin zur Abwehr der Selbstbestimmung etwa bei den
Iren, von der man glaubte, sie brächte wieder die Herrschaft Roms
(»Home-rule is Rome-rule«), spielte diese stark regulierte Markt-Sozietät jenes Machtdenken durch, das *Gladstone*, der Whig und
liberale Gegenspieler Disraelis, in einer Antwort auf das Tacitus-Zitat geißelte. »Die Idee Roms«, sagte er, bestand darin, »die Welt
zu unterjochen« und »die gleichen Rechte anderer Völker zu
leugnen und ihre Unabhängigkeit zu beseitigen«[8].
Damit meinte er auch ein England, das seinen Imperialismus als
Inbegriff von *Freiheit* besonders im Kampf gegen das Rußland der
Despotie verkaufen konnte. Dieses hatte mit seinem großen
orientpolitischen Erfolg im Jahre 1774 (Frieden von Küçük Kaynarca) bewiesen, zu welcher Dynamik und Expansion es bereits
fähig war.
Edmund *Burke* (1729–1797), der klassische Kritiker der Revolu-

tion in Frankreich, hat in seinem »Annual Register« früh diese Kräfteverschiebung zugunsten der neuen Macht im Osten erkannt[9], zu einem Zeitpunkt, als viele Europäer des Kontinents noch Frankreich eine Führungsrolle zutrauten oder auf die Fortdauer des »teutschen Systems« von 1648 hofften. Auch William Pitt, der sich vergeblich für ein Nachgeben in Nordamerika einsetzte, erkannte in der Endphase des Siebenjährigen Krieges die Verlagerung des Gleichgewichts in Europa von einer Nord-Süd-Relation in eine Ost-West-Konstellation. Einmal sieht er in *Preußen* das unerwartete »Phänomen einer zweiten Großmacht in Deutschland«, sozusagen »den natürlichen Schutzherrn der deutschen Libertät gegen das Haus Österreich«. Zum anderen aber registrierte er auf der europäischen Ebene auch den Aufstieg einer »anderen Macht . . ., nämlich *Rußland,* das seiner eigenen Bahn folgt, außerhalb aller anderen Systeme, aber nach dem Maße der von ihnen ausgehenden Anziehungskraft zu jedem von ihnen gravitierend«[10].

7. Exkurs zur »orientalischen Despotie« und zur »russischen Selbstherrschaft«

Der Sturz des Schah-in-Schah (König der Könige) Reza Pahlevi, der sich als »Sonne der Arier« verstand, hat im Laufe der sog. »islamischen Revolution« Europa nicht nur seine Abhängigkeit vom lebenswichtigen Rohstoff Erdöl drastisch vor Augen geführt, sondern auch in bestimmten Formen ein Stück seiner eigenen Vergangenheit in Erinnerung gebracht. Denn der Schah, 1953 durch einen Staatsstreich wieder zur Macht gekommen, etablierte im Rahmen der Schein-Konstitution von 1906 ein Machtsystem, das in vielen Bereichen dem »Sultanismus« deutscher Despoten vor und nach 1806 ähnelt.

Der Monokrat war mit seiner Dynastie der größte Grundbesitzer im Iran und machte dadurch »das orientalische Eigentum *politisch* machtlos, ... und dies selbst dann, wenn der Inhaber dem Staatsapparat angehörte«[1], dem im Grunde nur instrumentelle Funktionen zukommen durften. Dazu gehörte eine vom schiitischen Islam säkularisierte Bürokratie, eine vom ›westlichen‹ Ausland hochgerüstete Armee als Ordnungsfaktor vor allem nach innen und die schier allmächtige Geheimpolizei SAVAK. Alle diese Instrumente dienten dazu, eine Monokratie zu sichern, die sich in einer pompösen *Eigenkrönung* nach dem Vorbild Napoléons in ähnlicher Weise selbst zelebrierte, wie es der mittlerweile gestürzte Kaiser Bokassa I. in Zentralafrika aller Welt vorgeführt hat.

Es scheint so, als führe die Konzentration von eigentumsgebundener Verfügungsgewalt auch über den industriellen Komplex in eine zeremoniale Ideologie, die sich bei allem Materialismus in einen hypertrophen Personenkult steigern läßt, um sich gegenüber dem Beherrschten und politisch Entmündigten legitimieren zu können. Dabei stößt dieses Machtverhalten in der Regel auf eine kirchlich-religiöse Kraft, deren Aufgabe es ist, einen Gotteskult zu zelebrieren, und welche die Tendenz hat, entweder den Potentaten religiös zu beherrschen, oder neben ihm autonom zu werden, ja sogar gegen ihn eine Art Theokratie zu errichten, wenn er sie materiell enteignet und ideell zu entwürdigen versucht.

Gerade der politische Aufstieg des *Ayatollahs* im Iran hat gezeigt, wie wertlos Machtinstrumente sein können, wenn die Menschen,

die sie tragen sollen, nicht mehr von ihnen überzeugt sind und ein Angstapparat sie nicht länger disziplinieren kann. Die Rolle des Klerus, in der Absolutismus-Forschung wegen der klassenspezifischen Verengungen in der Bewertung von Machtsystemen oft übersehen, tritt auch in diesem erregenden Prozeß der Ablösungen und Übersteigerungen deutlich zutage.
Es mag sein, daß es nirgendwo im Umkreis der »orientalischen Despotie« der »herrschenden Religion« gelungen ist, »eine nationale oder internationale autonome Kirche zu schaffen, die sich der Autorität des Staates entziehen konnte«[2]. Aber wenn dies ein unabdingbares Kennzeichen dieses Machtsystems ist, dann ergeben sich daraus auch Überlegungen zur Situation des »europäischen Absolutismus«. Dort, wo er sich wirklich bis ins Fidei-Kommiß- oder Patrimonial-Stadium hinein ausgebildet hatte, zerschlugen die jeweiligen Monokraten die bestehende Kirchen-Autonomie, und der Klerus selbst lieferte Machtlegitimationen im Zeichen des »immediate Deo«, die teilweise über das hinausgingen, was man von islamischer Seite den Sultanen und Kalifen oder Schahs zugestehen wollte und konnte.

Der Hang zur Konzentration von Eigentum und absoluter Verfügungsgewalt sowie das Bedürfnis nach einer Metaphysik der Macht beherrschte aber nicht nur die »orientalische Despotie« und den »europäischen Absolutismus«, sondern auch jenes Phänomen, das man die »russische Selbstherrschaft« nennen kann, wenn man das nationale Zuordnungsattribut nur als Hilfsmittel benutzt.
Denn die »Selbstherrschaft« (Samoderžavie) leitete sich in ihrem Selbstverständnis nicht von einer geographisch-ethnischen Gegebenheit her, sondern in erster Linie aus einem patrimonialen Erbrecht nach Maßgabe der Primogenitur – auf einen Mann bezogen.
»Wehe dem Haus, über das ein Weib herrscht«, schreibt *Ivan IV.* (1530–1584) an den widersetzlichen Fürsten Kurbskij und fügt an anderer Stelle hinzu: »Stets wirst du finden, daß ein Reich zerstört wird, wenn es von Popen beherrscht wird.« Bewußt knüpft Ivan IV. an das Samuel-Königtum im Alten Testament an und besteht gegenüber allen Einreden hinsichtlich seiner absoluten Macht und ihrer Anwendung im Sinne des ›strafenden Gottes‹ darauf, daß er »die uns von Gott verliehene Herrschaft« im Sinne der Selbstherrschaft oder *Autokratie* benutzt, auch wenn »das zarische Regiment . . . Furcht und Verbot und Bändigung und äußerstes Verbot gemäß dem Unverstand der überaus bösen, falschen Menschen« verlangt[3].
Andere Monarchen, wie den Wahlkönig von Polen oder den

Erbwahl-König von Schweden, macht er lächerlich, weil diese von
Ratgebern und Ständen abhängen, demnach nicht patrimoniale
Erb-Monokraten sind. »Schweinehirten« nennt er sie gelegentlich
und lästert über ihren »unaufgeklärten Verstand«, der nicht den
Auftrag Gottes erkennen will, Herrscher über das eigene Vatererbe (votčina) zu sein. Sigismund II. August von Polen mußte sich
von Ivan IV. sagen lassen, daß »unseren großen Herrschern
niemand etwas zu befehlen hat; aber dir befehlen deine Herren,
wie sie wollen«. Der »Rat eurer Herren« beschränkt den absoluten
Herrscher, und deshalb »bist du im Tun nicht frei, weil du ein
eingesetzter Herrscher bist und kein *Erbherrscher*=votčinyj go-
sudar«[4].

Das ist das Grundthema der politischen und possessiven Geschichte der Frühen Neuzeit in der libertären Respublica Christiana, die
»den Türken und den Russen« wegen ihrer Patrimonial-Systeme
nicht anerkennen wollte, ob ein »Rex constitutus«, der nach außen
ein »Rex absolutus« sein mußte, diese Position auch nach innen
einnehmen durfte. Obgleich es in der Umgebung des Großfürsten
von Moskau und Zaren des »ganzen russischen Landes« einen
Bojaren-Rat gegeben hat und auch gelegentlich eine Art *Reichstag*
(Zemskij Sobor) einberufen wurde, auf dem die Fürsten, Bojaren
(Adel), Vertreter der Prikaz-Bürokratie, der orthodoxe Klerus und
selbst Kaufleute vertreten sein konnten, hat sich ein dreiteiliges
Verfassungssystem wie im libertären Europa auf Vertragsbasis
und im Rahmen des Feudalsystems nicht ausgebildet.

Ein politisches Ständewesen durfte dem Selbstherrscher (Samo-
deržec) nicht als Vertragspartner entgegentreten[5]. An dieser Konstellation hat sich im Prinzip seit Ivan IV. bis 1917 nichts geändert.
Auch die Zarenwahl von 1613 durch einen großen Sobor, der nach
der schrecklichen *Zeit der Wirren* (Smuta)[6] das Haus Romanov
würdig befand, die Herrschaft des ausgestorbenen Rurikiden-
Hauses fortzusetzen, hat dem Wesen der Autokratie so wenig
genommen, wie der Versuch von 1730 geglückt ist, der neuen
Zarin Anna Ivanovna eine libertäre Konstitution wahrscheinlich
nach schwedischem Vorbild abzunötigen[7].

Die Reformpläne Katharinas II., die 1762 durch einen Staatsstreich
zur Selbstherrschaft gekommen war, fanden zwar bei ›westlichen‹
Aufklärern einige Bewunderung. Aber die Substanz der »Monarchia Dominica et Despotica« (Olearius) haben sie nicht berührt,
ebenfalls nicht die Reformpläne Speranskijs[8] unter Alexander I.
nach 1809, als man von Schweden das Großfürstentum Finnland
erworben hatte.

Auch die Verfassungspläne der Dekabristen um 1820, die an die
Freiheitstraditionen z. B. des mittelalterlichen Stadtstaates Novgo-

rod anknüpften⁹, haben sich nicht durchgesetzt, wohl aber eine Rechtsordnung, die vom »Sudebnik« Ivans IV. von 1555 über das »Uloženie« von 1649 bis zum Projekt eines »Neuen Gesetzbuches« unter Katharina II. 1767 stets dafür sorgte, daß die Selbstherrschaft in der festgeschriebenen Eigentumsordnung nicht angetastet wurde, d. h. »der Zar oder Großfürst, so durch *Erbschaft* zur Krone gelangt, beherrscht das ganze Land und alle seine Untertanen sind Cholopen (Unfreie) und Sklaven«, die er »als ein Hausvater wie Knechte regiert«[10].

Innere Verschiebungen, so das Einziehen von Kloster- und Kirchengütern oder die Bevorzugung des Dienstadels, dem man die Erblichkeit seiner Güter von Fall zu Fall gewähren konnte, die Ansiedlung auswärtiger Handwerker und die Übernahme ›westlicher‹ Technologie im Heerwesen wie in der Industrie haben diesen Zustand nur graduell modifiziert. Man gewinnt bei dieser erstaunlichen Kontinuität der Selbstherrschaft den Eindruck, daß das Moskauer Zartum seit Ivan III. schon dort steht, wo die Verfechter des Absolutismus in der Respublica Christiana erst hingelangen – in der patrimonialen Erbverfügung über Land und Leute.

Die Ausschaltung der Udel- oder Teilfürsten, die Ablösung regionaler Autonomie wie in Novgorod oder später in der Ukraine, das Agieren einer inquisitorischen Geheim- und Haus-Polizei (Opričnina unter Ivan IV.), die Verweigerung vertraglicher Individualrechte und der Kampf gegen eine Kirche, die zwar 1589 die Autokephalie (Selbst-Behauptung mit eigenem Patriarchen und Unabhängigkeit von Byzanz) erhielt, aber dem eigenen Zartum untertan zu sein hatte, kennzeichnen ein Machtsystem, das in Wesen und Wirken dem »europäischen Absolutismus« in fundamentalen Bereichen ähnlich ist und diesem als besondere Form zugerechnet werden müßte. Unterlegt man allerdings der Geschichte die Ideologie des *linearen Fortschritts*, wie es die marxistische und vornehmlich sowjetische Forschung ausnahmslos tut, dann gehen bei diesem »tückischen Thema« (Avrech) Absolutismus die strukturellen Gemeinsamkeiten mit den ›westlichen‹ Absolutismus-Formen in der Bearbeitung weitgehend verloren, und Bereiche von nicht geringer Bedeutung werden erst gar nicht erfaßt[11].

Einige Hinweise mögen das illustrieren. Es hat sich seit Platonov und Solov'ev eingebürgert, vom »*Weg nach Westen*«, dem »dviženie na zapad« zu sprechen, was Mediger später in die Formel von »Moskaus Weg nach Europa« eingebracht hat. Diese Bewertung geht im wesentlichen von der angeblich kulturellen und tatsächlichen technologischen Unterlegenheit des Zartums gegenüber dem Westen aus. Für das Bemühen um einen steigenden Transfer materieller Errungenschaften des übrigen Europa nach Moskau und Rußland lassen sich vor allem im militärischen Bereich sehr viele Beispiele anführen, die diese Sicht stützen. Und die Versuche Moskaus, den Zaren- und Selbstherrschertitel in den sonst verachteten Gemeinwesen der Republica Christiana anerkannt zu bekommen[12], lassen diese Position durchaus als gerechtfertigt erscheinen, zumal die neuere Forschung gezeigt hat, daß der massive Prozeß der ›Verwestlichung‹ unter Peter I. ohne die Vorarbeit der anderen Zaren noch schwieriger geworden wäre, als er es ohnehin schon war[13].

Auf der anderen Seite sollte aber auch bedacht werden, daß der Westen eine ›*Öffnung nach Osten*‹ betrieben hat, deren Einflüsse nicht unterschätzt werden dürfen. Das Handelsinteresse der Kaufleute Englands und Hollands, die nach dem Niedergang der deutschen Hanse[14] im Umkreis der Ostsee verstärkt tätig wurden, hat das Moskauer Zartum in seinem patrimonialen Eigenwert ebenso bestätigt, wie seine Getreide- und sonstigen Materiallieferungen an Schweden anzeigten, welche Bedeutung es bereits für diesen westlichen Nachbarn in Kriegszeiten gewonnen hatte. Man hat in der Erörterung dieser Zusammenarbeit auf der Basis des Friedens von Stolbovo (1617) sogar von einem aktiven »Eingreifen« (vstuplenie) des Zartums in den Dreißigjährigen Krieg gesprochen[15]. Diese Überschätzung von sowjetischer Seite läßt sich freilich nicht halten, selbst wenn man berücksichtigt, daß Gustav II. Adolf damit begonnen hat, eine russische Armee auf deutschem Boden anzuwerben, die gegen Vasa-Polen eingesetzt werden sollte[16], und der »Großfürst von Moskau« (Magnus Dux Moscoviae) 1648 als Bündnispartner Schwedens im Instrument des Westfälischen Friedens genannt wird, mit dem es sogar 1649 in Stockholm zum ersten Male in seiner Geschichte in einer auswärtigen Hauptstadt einen völkerrechtlichen Vertrag abgeschlossen hat[17].

Man bewegte sich also lange vor Peter I. aufeinander zu, jedoch aus unterschiedlichen Gründen. Moskau war vor allem daran auch gelegen, seinen Universalanspruch durchzusetzen, der aus der Idee lebte, nach dem Fall Konstantinopels im Jahre 1453 an die Osmanen das »Dritte Rom« verkörpern zu wollen[18]. Unter dem Zeichen von »Rom die ganze Welt« (Rim vse mir) gewann vornehmlich der Zarentitel eine universelle Geltung, die auch die entsprechende Politik beeinflußte und eine große Ähnlichkeit mit dem Wesen des scholastischen »bewegt Unbewegten« bekam. Das bedeutete aber, daß Moskau der Hort der Rechtgläubigkeit sein wollte und sich darin nicht von der Stelle rühren durfte. Berücksichtigt man hier das Verhältnis von Substanz und Akzidenz, dann wird klar, daß sich Moskau in Gestalt von Zartum und Orthodoxie nur in bestimmten Bereichen ändern konnte, wenn seine Ansprüche vor sich selbst und der Welt auf Dauer legitim erscheinen sollten.

Wie stark die Spannungen im Inneren zwischen weltlicher und kirchlicher Macht aufeinanderprallen konnten, vermittelt mit großer Deutlichkeit Patriarch *Nikon* im Jahre 1662. An den Zaren gewandt gebrauchte er Worte, die genau die Krise benennen, in die auch die absolutistisch gesinnten Monokraten des Westens ihre Kirchen getrieben haben: »Nicht von den Zaren wird die Herrschaft des Priestertums empfangen, sondern vom Priestertum wird das Zartum gesalbt. Vielfach ist es bekundet worden, daß das Priestertum höher als das Zartum ist. Mit welchen Vorrechten hat uns der Zar beschenkt? Mit dem Vorrecht zu binden und zu lösen (Ev. Matth. 16, 19)? Wir erkennen für uns keinen anderen Gesetzgeber außer Christus an. Er (der Zar) hat uns nicht Rechte gegeben, sondern unsere Rechte geraubt.« Seine »gesetzlosen Handlungen« bezeugen es: »Was für Handlungen! Über die Kirche herrscht er, an Kirchengut bereichert und ernährt er sich . . .«[19]

Es war ein großer Augenblick für die russische Kirche, als diese Worte fielen, forderte doch der Patriarch vom Zartum nichts anderes als die Anerkennung göttlicher Substanz. Patriarchat und Zartum fließen aus »einem Geist« (en pneuma), erscheinen aber als ›zwei Gaben‹ (charismata)[20], als eine *Diarchie*, eine Doppelherrschaft nach dem Gesetz Gottes[21]. Die Kirche will nicht Akzidenz des Zartums sein, nur ein williges Instrument, mit dem die Zaren »nach Gutdünken« umspringen dürfen, während sie gehalten sind, »nach Gesetz« zu verfahren, sondern Ausdruck göttlicher Substanz.

Gerade in diesem Konflikt wird deutlich, welchen Bruch Peter I. im Jahre 1716 vollzog, als er im sog. »Militärstatut« (Voinskij ustav) die Substanz seines Monokratentums entwickelte, das im Wortlaut fast genau der »Souveränitäts-Erklärung« für Karl XI. von Schweden im Jahre 1693 entsprach. Es heißt darin: »Seine Majestät ist ein selbstherrschender Monarch, der niemandem auf der Welt über seine Handlungen Rechenschaft abzulegen hat, sondern die Macht und Gewalt besitzt, seine Staaten und Länder als christlicher Herrscher nach seinem eigenen Wollen und Gutdünken zu regieren.«[22] Mit diesem Akt verwandelte Peter I. die überkommene »Selbstherrschaft« (Samoderžavie) in eine Art ›Eigenmacht‹ (Samovlast), die sich von der Kirche weitgehend emanzipiert fühlte. Er hatte damit im Inneren beinahe einen

Zustand erreicht, wie ihn Karl XII., sein erbitterter Gegner, in
Schweden, Friedrich IV. in Dänemark oder auch Friedrich I. in
Preußen beherrschten – die Autokratie war zum Absolutismus
geworden.
Mit der Verordnung des »Geistlichen Reglements« im Jahre 1721
wurde diese Machtsteigerung zusätzlich gesichert[23], die über den
Fidei-Commiß-Charakter der Haus-Constitutionen einiger »souveräner Häuser« in Europa hinausging und durch Kleriker verkünden ließ, daß es ein »Recht der Monarchen« sei, die »willkürliche Bestellung der Thronfolge« vorzunehmen. Die gleichzeitige
Annahme des Kaiser-Titels bestätigt die Übernahme des universalen Anspruchs der Kirche und den Selbstwert eines Zaren, der als
Selbsteigner ohne große kirchliche Hindernisse verfahren wollte.
Die Aburteilung seines Sohnes und Nachfolgers unterstreicht die
Machtverschiebung seit 1716 nachdrücklich[24]. Sein Vorgehen
erinnert an Friedrich Wilhelm I. Dieser wollte nicht nur seine
Bediensteten »hangen und braten lassen«, so »wie der Zar« es
tut[25], sondern auch seinen Nachfolger liquidieren lassen[26]. Nur die
Tatsache, daß der Wahl-Kaiser und das Heilige Reich dem Kronprinzen als Reichsfürsten Rechtsschutz gewährten, ließ den Soldatenkönig einlenken. Eine Beschränkung, die Peter I. nicht zu
fürchten hatte.
Auf der anderen Seite brachte es Peter I. trotz aller Emanzipation
von der Kirche nicht ganz dazu, Verhältnisse zu schaffen, die eine
Eigenkrönung nach ›westlichem‹ Muster zuließen. Wie stark die
Kirche trotz aller Demütigungen noch war, zeigte sich beim
Staatsstreich Katharinas II. im Jahre 1762. Sie bemühte das
Moskauer Patriarchentum, um ihrer Macht-Usurpation den
Schein einer Rechts-Legitimation zu sichern. Die als besonders
»aufgeklärt« geltende Zarin aus dem deutschen Hause Anhalt-Zerbst hatte mit der Entzauberung der Macht, wie sie die Aufklärung gerne betrieb, wenig im Sinn. Vielmehr bestand sie darauf,
»den Allrussischen Kaiserthron durch Vorsehung und Lenkung
Gottes bestiegen« zu haben, und daran ließ sie ihr Leben lang nicht
rütteln[27].
Es ist schon ein erstaunlicher Vorgang, daß gerade die an der
Säkularisierung (sprich: Enteignung der Kirche) interessierten
Monokraten in ihrem akzidentiellen Reformeifer oft so darauf
erpicht waren, die substantielle Metaphysik ihrer Haus-Macht
pflegen zu lassen, von der man sich gelegentlich Wunderdinge
versprach. So bemühte sich noch am Vorabend des »Reichsdeputationshauptschlusses« von 1803, bei dem mehr als 100 000 km²
geistliches Gebiet an weltliche Reichsfürsten gingen, der Freisinger Fürstbischof *Josef Konrad* in seinem »reichspatriotischen

Tateneifer« um den besonderen Schutz Rußlands, »das den geistlichen Fürsten geneigt scheine«[28]. Man wollte also mit Hilfe des Zaren die drohende Enteignung verhindern und verkannte völlig, daß sich der Machthaber in Sankt Petersburg in der Eigentumsfrage kaum von den ›westlichen‹ Monokraten unterschied. Alexander I. hatte sich in dieser Frage schon mit Napoleon verständigt, der 1804 zum *Erbkaiser* avancierte und im Beisein des Papstes eine pompöse Eigenkrönung abhielt. Die Depossedierung der katholischen Kirche im Heiligen Reich war beschlossene Sache, dessen libertäre Verfassung Rußland mit Frankreich seit 1779 zu garantieren hatte, und das bedeutete auch, das Recht der diplomatischen, politischen und auch militärischen Intervention wahrzunehmen.

Diese Ordnungsfunktion, an deren Handhabe das Gleichgewicht und die Sicherheit Europas hängen konnten, macht gerade am russischen Beispiel eine Besonderheit der Frühen Neuzeit kenntlich, nämlich die Tatsache, daß Staaten mit einem absolutistischen Machtsystem Garanten von Gemeinwesen mit einer libertären Verfassung sein konnten.

Die Bewahrung von Verfassungen in Kroatien, Siebenbürgen oder in Ungarn gelang nur unter der politischen Ausnutzung der Spannung zwischen dem Sultan und Habsburg. Nicht anders verhält es sich in Polen, wo die »Goldene Freiheit« ab 1715 von Rußland ebenso garantiert wurde wie ab 1721 die libertäre »Regierungsform« in Schweden.

Natürlich besaß man mit den erworbenen Garantierechten die Möglichkeit, über die entsprechenden Parteiungen unter den Ständen mit der eigenen Politik präsent zu sein. Man konnte also eine Politik der ›beschränkten Souveränität‹ betreiben, besaß man doch ein legalisiertes Mittel der politischen und gar militärischen Intervention, dessen exzessiver Gebrauch 1772 dazu führte, daß man in Zusammenarbeit mit dem absolutistischen Preußen und dem quasi-absolutistischen Österreich mit der territorialen Amputation Polens beginnen konnte, bis man 1795 das gesamte Staatsgebiet der Adelsrepublik unter sich aufgeteilt hatte[29].

Auf der anderen Seite garantierten aber auch libertäre Gemeinwesen absolutistische Regimes. Schweden spielte dabei wiederum eine wichtige Rolle. Es konnte 1648 nicht verhindern, daß Böhmens innerer Zustand im Status eines absolutistischen Fidei-Commiß blieb, und 1660 gestand es im Frieden von Oliva zusammen mit dem libertären Polen dem Brandenburger Kurfürsten die »illimitierte Regierung« und das »Dominium absolutum« über Preußen zu. Außerdem sanktionierte es allmählich die »Enevaelde« in Dänemark, das sich für Rußland als wichtiger, aber nicht immer bequemer Partner dafür anbot, das »Dominium maris baltici« gegen Schweden zu erringen, von dem man in Heerwesen, Verwaltung und in der Industrie (Bergbau) so viel gelernt, auf dessen Kosten man sich aber auch erheblich nach Westen hin vergrößert hatte[30].

Kein Wunder, daß diesem einstigen Randstaat im Osten ein aggressiver Wachstumstrieb unterstellt wurde, eine Annexionspolitik, der vor allem England nicht tatenlos zusehen wollte: »Der Landerwerb durch Rußland von Schweden war umfassender als das, was diesem Königreich blieb. Der Raub von Polen entspricht fast dem ganzen österreichischen Kaiserreich; und die Erwerbungen von der Türkei in Europa haben eine größere Ausdehnung als die Preußischen Länder, die Rheinischen Provinzen ausgenommen; seine Erwerbungen von der Türkei in Asien entsprechen fast dem Gesamtgebiet der kleineren Staaten von Deutschland: Der Raub von Persien hat die Ausdehnung von England – während sein Erwerb in der Tatarei eine Fläche hat, die nicht geringer ist als das Gebiet der Türkei in Europa, von Griechenland, Italien und Spanien.«[31]

Auch wenn die eine oder andere Position in der Ausdehnung übertrieben ist, so macht diese Aufzählung von 1840 dennoch deutlich, daß sich Rußland nicht nur nach Osten über Sibirien bis auf den amerikanischen Kontinent (Alaska) erweitert hat, sondern auch in Europa, dessen »Gendarm« es nach 1814 werden sollte.

Hat es mit dieser Expansionspolitik aber etwas anderes getan als die übrigen Mächte in der »Pentarchie«, die sich auf Kosten des Heiligen Römischen Reiches Deutscher Nation andauernd vergrößerten und in der Dritten und Neuen Welt Kolonialreiche errichteten? Und wenn immer wieder in Anlehnung an Lenins Vorstellung von der »Aziatščina«, dem »asiatischen« oder auch »halbasiatischen Weg« Rußlands die Rede ist, um das Phänomen der Selbstherrschaft und des Absolutismus aus dem ehemaligen Mongolen- und Tatarenjoch zu erklären[32], dann mögen die Hinweise auf Böhmen, Dänemark, Preußen und Schweden gezeigt haben, daß die Patrimonialmacht an sich in ihrem Wesen und Wirken auch ohne diese Unterdrückung von außen möglich war. Damit kann auch die Frage Herberstains aus dem Jahre 1549 – »muß ein solches Volk eine so despotische Herrschaft haben, oder macht eine so grausame Herrschaft so untaugliches Volk?«[33] – beantwortet werden.

In den Worten der Madame de Staël ausgedrückt – von M. A. Fonvizin im Vertrauen auf die Wiederherstellung des »guten alten Rechtes« zitiert – »C'est le despotisme qui est nouveau et la liberté qui est ancienne«[34].

Schlußbemerkung

In seinen Reflexionen zum »Nutzen und Nachteil der Historie« bezog sich Nietzsche bei der Analyse des »modernen Deutschen« im neugegründeten Reich »Bismarckischer Nation« (F. Engels) auf einige Positionen Platos. Er soll es für notwendig gehalten haben, »daß die erste Generation seiner neuen Gesellschaft (im vollkommenen Staat) mit der Hilfe einer kräftigen *Notlüge* erzogen werde; die Kinder sollten glauben lernen, daß sie alle schon eine Zeitlang träumend unter der Erde gewohnt hätten, woselbst sie von dem Werkmeister der Natur zurechtgeknetet und geformt wären. Unmöglich, sich gegen diese Vergangenheit aufzulehnen! Unmöglich, dem Werke der Götter entgegenzuwirken! . . . «[1].
Diese an Pascal erinnernde Kritik hat einen gewissen Bezug zur Absolutismus-Forschung vornehmlich im deutschen Bereich. Aufgefordert, zunächst historische Legitimationen für den Staat der Hohenzollern und dann für das Bismarck-Reich zu liefern, hat sich die borussische Historiographie darauf verständigt, die Entstehung des »modernen Staates« mit der »Notlüge« zu bewältigen, daß die Stände in ihrem Egoismus nicht die Kraft zur eigentlichen Staatsfähigkeit besessen hätten und deshalb von der Dynastie mit ihrem »souveränen Haus« politisch überwunden werden mußten.
Aus diesem Grunde wurde bewußter Terror bei der Etablierung der »absoluten Macht« nicht mehr Terror genannt. Die neue Energie mit ihren Vertragsbrüchen, Lügen und Rechtsverdrehungen erhielt den Wert einer besonderen Staatskraft, die im Namen des Fortschritts in all ihren Machtsprüchen und Willkürakten trotz aller Kritik im Einzelfall auf Verständnis traf, während das Verfassungsdenken der Stände in der Regel als rückständig verworfen wurde. In diesem Sinne begründete man die Ausbildung eines militarisierten Machtstaates auch damit, daß die geographische Mittellage vornehmlich Preußens die vorhandene Art der »Kriegsverfassung« geradezu erzwungen habe, die dem Druck auf die Grenzen einen Gegendruck bieten mußte, um die Unabhängigkeit zu wahren.
Diese Argumentation aber ist Ideologie, ist eine »Notlüge«, denn

die Geschichte Europas zeigt, daß es kein Gemeinwesen gegeben hat, dessen Staatsmänner nicht eine Einkreisung befürchtet hätten und deshalb die Sicherheits- und Außenpolitik darauf abzustellen suchten, diese zu durchbrechen. Und dies gelang sehr oft unter der Beibehaltung der vorhandenen libertären Verfassung, selbst in Zeiten höchster nationaler Not!
Fichte trifft denn auch den Kern dieser »Notlüge«, die sich im deutschen Bereich so zäh gehalten hat: Es sei nämlich eine »durch die ganze Geschichte bestätigte Wahrheit«, führt er aus, daß es die »Tendenz aller Monarchien« sei, »nach innen uneingeschränkte Alleinherrschaft und nach außen Universalmonarchie» anzustreben[2]. Daraus leitete er im Blick auf Monokraten, die vor allem in Juristen oft die eifrigsten Fürsprecher hatten[3], einen massiven Vorwurf ab, der in der Absolutismus-Forschung meist unerörtert blieb: »Die Unterjochung durch eine fremde Macht fürchtet ihr für uns, und um uns vor diesem Unglück zu sichern, unterjocht ihr uns lieber selbst«[4].
Tatsächlich hat der »absolute Staat« als Familienunternehmen für die politische Emanzipation und Selbstverwirklichung des Individuums, das Maß und Ziel des modernen Verfassungsstaates ist, nichts geleistet. Die Bauernbefreiungen bestätigen in den meisten Fällen nur die politische Ohnmacht und die Verweigerung der individuellen Selbstbestimmung, die ein Monokrat für sich selbst realisieren konnte, aber den Untertanen verweigerte.
Die »aufgeklärten« Taten kaschieren in den meisten Fällen den Umstand, daß »bei allem Dienst am Volk auch der aufgeklärteste Monarch absoluter Herrscher blieb«[5]. D. h. die ›Reformen‹ und materiellen Errungenschaften im Zeichen der Aufklärung hatten nur einen instrumentellen Charakter. Sie zielten nicht zuletzt darauf, die eigene »Erb-Souveränität und Absolutesse« zu rechtfertigen. Bedenkt man nur, daß die Abschaffung zahlreicher kirchlicher Feiertage, die ja auch Ruhetage für die Bauern waren(!), praktisch eine enorme Erhöhung der Robotleistungen oder Tagewerke bedeutete, dann weist sich diese ›Errungenschaft‹ doch nicht als Fortschritt aus, so wenig wie die Übernahme kirchlicher Zuständigkeiten durch den neuen Familien-Staat, der mit Zensur und entmündigenden Vorschriften nicht weniger autoritär sein konnte als die Kirche selbst.
Mit »aufgeklärten« Mitteln sucht man zwar die »absolute Macht« zu halten, aber Aufklärung und Absolutismus schließen sich dort aus, wo jene Bewegung Freiheit nach Verträgen fordert, dieses Machtsystem aber eine derartige Forderung verweigern muß, um sich nicht selbst aufzugeben. Dabei sollte man auch bedenken, daß das »Freiheitsideal der Aufklärer« nicht »ein zutiefst bürgerliches

Ideal war«[6], sondern im wesentlichen ein aristokratischer Anspruch, den adlige und unadlige Intellektuelle nicht nur für den »dritten Stand«, sondern für die ganze Menschheit verwirklicht sehen wollten.

In einem anregenden Syntheseversuch zur Erfassung dieses so komplexen Zeitalters ist die Ansicht vertreten worden, daß die »politische Struktur des absolutistischen Staates, zunächst eine Antwort auf den religiösen Bürgerkrieg, von der nachfolgenden Aufklärung als eine solche nicht mehr verstanden« wurde[7]. Wie sollten aber ihre Vertreter diese Thesen auch verstehen, wenn sich die Geschichte in der Regel anders darbot?
Weder in Preußen noch in Dänemark oder Schweden ging dem »absolutistischen Staat« ein »religiöser Bürgerkrieg« voraus. Tatsächlich reagierten Schweden und Dänemark nach ihren religiös motivierten Bürgerkriegen im 16. Jahrhundert mit der Festigung des libertären Verfassungssystems nicht anders als die Niederlande, Siebenbürgen oder das Heilige Reich am Ende des »Deutschen Bürgerkrieges« (A. Oxenstierna) zwischen 1618 und 1648. Die Ausnahme bildete Böhmen. Selbst Frankreich und England lassen sich nicht ohne erhebliche Einschränkungen in dieses Schema einfügen, das sich zu sehr an einem besonderen Hobbes-Bild orientiert und zu wenig an den wirklichen Verhältnissen.
Die beliebte Unterscheidung in den »insularen« (England) und in den »kontinentalen« (Frankreich) Verfassungstyp erbringt noch weniger Erkenntnis. Und dasselbe gilt für die Zuordnungen von protestantisch = germanisch = konstitutionell und katholisch = römisch = absolutistisch, die aus dem polaren Dualismus- und Ellipsendenken der deutschen Romantik emanieren[8] und dabei vom Werden, Wesen und Wirken des Absolutismus in seiner patrimonialen Eigentumsbezogenheit und diktatorischen Energie ablenken.
Man kann gegen diesen Schematismus mit guten Gründen einwenden, daß der »Kern der politischen Theorie des Absolutismus ... in nichts anderem liegt als im Einebnen der alten Unterscheidung von politischer und häuslicher Herrschaft«[9]. Denn die Praxis bestätigt diesen Befund, verwandelten doch einige Potentaten mit Hilfe militärischen Drucks, ökonomischer Erpressung und individuellen Terrors aus der gezielten »Separation der Stände« heraus die vorhandenen *libertären* Gemeinwesen (Societas civilis sive respublica) vermittels eines *nezessitär* begründeten Agierens (Casus necessitatis) in *arbiträre* Hauswesen (Societas domestica).
Noch Haller stellt daher auch fest, daß »ein Fürstentum« nicht als

»gemeines Wesen« aufgefaßt werden dürfe, sondern »seinem wesentlichen Charakter nach eine Privatexistenz, ein herrschaftlicher und Dienstverband, ein Hauswesen (magna familia)« ist[10]. Hatte sich nicht das oberste Kriegsgericht in der Kronprinzen-Katte-Affäre für unzuständig erklärt, weil dies eine »Staats- und Familiensache« sei?[11]. Ohne die Berücksichtigung dieses Hausbezugs wird die Forschung weiterhin auf der Stelle treten und es als »geschichtsnotwendig« empfinden, daß der Absolutismus das »ehemalige Zusammenwirken von Freien und Gleichen« überwunden habe, um es »durch einen Pakt zwischen Herrscher und Untertanen« zu ersetzen[12].
Entgegen dieser »Notlüge« hat sich nirgendwo der Absolutismus auf einer freiwilligen, ungezwungenen Vertragsbasis etablieren können. Der recht plumpe »Schein des Rechts« verdeckt nur notdürftig, wieviel Terror aufgeboten werden mußte, wieviel Haß die Entscheidungen lenkte und wieviel Haus-Egoismus nötig war, um eine Vertragsverfassung zu stornieren oder zu zerstören.

Kosers Auftrag, das Phänomen Absolutismus »auf dem eigentlichen Gebiete des Verfassungslebens« zu studieren[13], hat sich bei der Herausforderung, die dieses Thema stellt, unserer Meinung nach bewährt. Denn erst dieser fundamentale Bezug macht auch dafür empfänglich, was Campe aus dem Paris der Revolution von 1789 geschrieben hat. Es müsse nämlich »eine allgemeine Aufklärung verbreitet« werden, um »den Despotismus zu stürzen und die Menschheit in die ihr *geraubten Rechte* um so viel schneller und gewisser einzusetzen«[14].
Das konnte aber nur gelingen, wenn die durch den Absolutismus resp. Despotismus erzwungene »Zerstörung und Aufhebung ... der bisherigen Verfassung«[15] rückgängig gemacht wurde. Mit anderen Worten: Die *Revolution* mußte im wesentlichen ein *Rückgriff* auf das »gute alte Recht« sein! Und dieses lehnte in seinem überwiegenden Wahl- und Vertragsdenken die absolute Patrimonialisierung der vorhandenen Eigentums- und Verfassungsordnung ab. Nicht umsonst pocht denn auch Fichte bei seiner »Zurückforderung der Denkfreiheit« mit aller Leidenschaft auf die Einlösung eines universalen Rechtes der Selbstbestimmung des Menschen, die durch das hermetische Erbdenken blockiert wurde: »Der Mensch kann weder ererbt noch verkauft, noch verschenkt werden; er kann niemandes Eigentum sein, weil er sein eigenes Eigentum ist, und bleiben muß«[16].
Das ist das große Leit- und Leid-Thema dieses Zeitalters, in dem einige Potentaten nach 1648 verstärkt eine Politik verfolgten, die aus dem »getreuen Knecht« des libertären Feudal-Systems den

»Erbsklaven« ihres arbiträren Haus-Staates zu machen suchte. Welch bittere Reaktionen dadurch hervorgerufen werden konnten, hat Goethe in den »Leiden des jungen Werthers« von 1774 gezeigt. In diesem größten deutschen Roman der Aufklärung unterzieht der Jurist und Dichter, der als Bürgerlicher wie Schiller auch geadelt werden sollte, das herrschende Erbschafts- und absolute Besitzdenken einer Kritik, die ganz Europa aufhorchen ließ und ihm schilderte, welche Erniedrigungen es duldete. Die Tat des Freitodes und die Degradierung der Frau zu einem reinen Besitzwesen des Mannes vermittelt etwas von der Not und dem Mut der Verzweiflung, der notwendig schien, um den »absoluten Herren« und Tyrannen zu zeigen, daß nur der eigene Tod das bringt, was das Leben unter ihnen verweigerte – das Recht am eigenen Leib und Leben[17].

Mit unverhohlenem Sarkasmus lästert denn auch Kant in der Kritik an den »drei oberen Fakultäten« der »hohen Schulen«, an denen die Eliten für Verwaltung und Heer ausgebildet wurden, über das kanonisierte Lehrangebot: Es bestand aus der Lehre von der »*Erbkrankheit* (Medizin) oder *Erbschuld* (Jurisprudenz) oder *Erbsünde* (Theologie)«[18].

Und der Dichter Uhland ruft 1849 den Abgeordneten im Frankfurter Parlament nicht ohne Grund zu: »Durch Wahl, nicht durch Erbgang.« Eindringlich warnt er vor einem »deutschen Erbkaisertum«[19], das in patrimonialer Gestalt das nicht gewähren kann, was man bereits vor dem Erb-Absolutismus besessen hatte – das System der »Gewaltenteilung« in der Einheit der Macht, die Unterscheidung von Jus und Lex, von »Mein und Dein«.

Macht man sich diesen strukturellen Befund bewußt, dann erschließen sich nicht wenige Fundamentalbereiche des liberalen Parlamentarismus mit seinem konstitutionellen System aus den libertären Errungenschaften der vorabsolutistischen Zeit. Die Verbindung zwischen den »Trois Prérogatives« und den »Trois Pouvoirs«, zwischen »Prinzipalat« und »imperativem Mandat«, zwischen »Indemnität« und »Immunität« deuten auf den Reichtum einer politischen Kultur, die der Absolutismus zu zerstören suchte, und dessen Macht- und Sprachgebaren trotz Revolutionen dort noch wirkt, wo im deutschen Parlamentarismus vom »Vater Staat«, vom »Haushalt« oder auch von der »Hausmacht« die Rede ist[20].

Es ist die große Leistung der politischen Aufklärung, die nicht immer mit der philosophischen identisch war, im Rückgriff auf aristokratische Grundwerte dem Individuum an sich zu einer Autonomie verholfen zu haben, die in der letzten Konsequenz vom materiellen Eigentum abstrahieren konnte und das Wahlrecht allmählich nur noch an volljährige und vertragsfähige Bürger band. Dieser Zustand wurde aber erst in diesem Jahrhundert gemäß dem Prinzip der *Volks-Souveränität* erreicht, die nach langem Kampf auch die Frauen außer in der Schweiz politisch den Männern gleichstellte.

Bei der Bewertung dieses Emanzipationsvorganges hin zum modernen Vertrags- und Verfassungsstaat dürfen darüber hinaus zwei wesentliche Dinge nicht übersehen werden. Zum einen hat sich das Parteienwesen in seinen korporativen Formen teilweise in eine Position gebracht, die es erlaubt, in Analogie zu der Formel ›Die Stände sind das Land‹ zu sagen: »Die Parteien sind das Volk« (G. Leibholz). Zwischen das eigentliche Wahlvolk und die Verfassungsorgane schiebt sich demnach ein Zwischenkörper von Parteien, die das Wahlvolk politisch mediatisieren. Es kommt hinzu, daß die zahlreichen Berufsstände, Fachverbände und sonstigen »Pressure groups« das Parteienwesen unterbauen oder überlagern und damit das politische Individuum nicht unerheblich einengen.

Ähnlichkeiten mit dem libertären und ständischen Kumulativsystem sind also unverkennbar. Zum anderen wirken Kodifikationen des Privatrechts zum Teil aus vorindustrieller Zeit noch heute in die hochdifferenzierten Industriegesellschaften hinein und verhindern in vielen Bereichen die Gleichheit zwischen Mann und Frau – z. B. dort, wo der Mann immer noch alleine als »Haushaltsvorstand« gilt. Eine paternalistische Tradition also, die in der »Macht des Männlichen« (Masculi potestas) den Inbegriff von Politik erlebte und sich stets schwertat, wenn die Forderung laut wurde, endlich mit der Errichtung des »aristotelischen . . . Kulturstaates« zu beginnen[21], der jedem Individuum die Autarkia sichern sollte.

Diese hatten die Diktaturen des 20. Jahrhunderts nie im Sinn, so wenig wie der Absolutismus, mit dem sie die Tendenz gemeinsam haben, alle Macht in einer Hand zu konzentrieren, ein zentralistisches Behördenwesen zu schaffen, den »blinden Gehorsam« zu fordern und das Politische in extremer Weise zu personalisieren bis hin zu einem hypertrophen Personenkult. Die Formel »Der Führer schützt das Recht« (C. Schmitt) unterscheidet sich daher in ihrer strukturellen Substanz nicht von der »rechtswidrigen Willkür des Fürsten« und von der »Rechtssetzung einseitig vom Fürsten aus«[22]. Dieser Machtanspruch führte u. a. auch dazu, daß dieser Machthaber wie ein souveräner Fürst keine Steuern mehr zahlte[23], mit Terror im Inneren hantierte, um dann nach außen das Völkerrecht zu brechen.

Zeittafel

1648 Westfälischer Friede, von Schweden und Frankreich garantiert. Friedrich III. von Dänemark beschwört die Handfeste. Johann Kasimir von Polen leistet Eid auf die Pacta conventa. Vorboten der Fronde.
1649 Karl I. von England wird hingerichtet. Annahme des neuen Gesetzbuches »Uloženie« im Moskauer Zartum.
1650 Descartes stirbt in Stockholm.
1651 Neuordnung des Geheimen Rates in Brandenburg.
1652 Das erste »Liberum veto« auf dem polnischen Reichstag.
1653 Johan de Witt wird »Ratspensionär«. Erster Seekrieg.
1654 Abdikation Königin Christines von Schweden. Tod Axel Oxenstiernas. Gründung des »Tajnyj prikaz« und Angliederung der Ukraine an das Moskauer Zartum.
1656 Spinoza im Bann. Seckendorffs »Teutscher Fürstenstaat«.
1657 Abkommen von Wehlau und Bromberg zwischen B'burg und Polen.
1658 Friede von Roskilde. »Souveränitäts-Diplom« von Holstein-Gottorp. Erster Rheinbund. Tod Cromwells.
1659 Pyrenäen-Frieden.
1660 Friede von Oliva: Beginn des »absoluten Dominats« in Preußen. Frieden von Kopenhagen: Etablierung der »Enevaelde«. Versuch eines »absoluten Dominats« in Schweden scheitert: Tod Karls X. Gustav. Tod Mazarins: Die »Alleinregierung« Ludwigs XIV. beginnt. Karl II. betreibt in England die Restauration.
1661 Der »Eingewaltserbregierungsakt« von Kopenhagen. Friede von Kardis zwischen Schweden und dem Moskauer Zartum.
1663 Der »Immerwährende Reichstag« nimmt in Regensburg seine Sitzungen auf. Beginn des Türkenkrieges. »Erbhuldigung« in Preußen.
1664 Beginn des Zweiten Krieges zwischen Holland und England. Schonen wird in das Reich Schweden inkorporiert.
1667 Frieden von Andrussovo. Pufendorf: De statu imperii germanici. Ende des Seekrieges: Holland verliert die Kolonien in Nordamerika. Beginn des »Devolutions«-Krieges.

1668	Gründung der Universität Lund. »Bank der Reichsstände« in Schweden. Bildung der Tripelallianz.
1670	Gewalt-Besetzung Lothringens durch Ludwig XIV. Leibniz verfaßt die pol. Denkschrift »Securitas publica«. Christian V., der erste vollgültige »Enevaelde«-Herrscher. In Ungarn wird das Amt des »Palatin« abgeschafft.
1672	Karl XI. beschwört die »Fundamentalgesetze« Schwedens. Beginn des Krieges Ludwigs XIV. gegen Holland. Johan de Witt ermordet. Wilhelm III. von Oranien wird Statthalter. Leibniz vor der Royal Society in London.
1674	Der »Theologisch-politische Traktat« Spinozas wird verboten. Rålambs »Observationes juris practici«. Tod Miltons.
1675	Karl XI. wird gekrönt. Schlacht bei Fehrbellin: Sieg Brandenburger Truppen über ein schwedisches Kontingent. Spinoza vollendet die »Ethik«.
1676	Leibniz verfaßt den »Tractatus de jure suprematus ac legationis« für Friedrich Wilhelm. Friedenskongreß in Nimwegen. Sturz Griffenfelds.
1677	Tod des Spinoza.
1679	»Habeas-Corpus«-Akte in England. Tod von Hobbes. Ludwig XIV. veranlaßt die Errichtung von Reunionskammern.
1680	»Stände-Erklärung« für Karl XI.: Abschaffung des Reichsrates als »Mediator«.
1681	Besetzung Straßburgs. Annahme einer »Reichskriegsverfassung« für das Heilige Reich.
1682	Geburt Karls XII. von Schweden. »Stände-Erklärung« zur Absolutesse seines Vaters in der einfachen Gesetzgebung und Bewilligung eines »ständigen Soldaten«. Peter I. von Rußland tritt die Mitregierung an.
1683	Belagerung Wiens durch das Heer Kara Mustafas. Gründung einer Kolonie Brandenburgs an der Küste Westafrikas. Das »Danske Lov« wird kodifiziert.
1684	Die Heilige Liga wird gegen die Türken gegründet. Hörnigks Schrift »Oesterreich über alles . . .«
1685	Aufhebung des Ediktes von Nantes. Das Edikt von Potsdam. Jakob II. von England probt den Absolutismus.
1686	Karl XI. von Schweden in der Staatskirche »Summus episcopus«.
1687	Erbfolge-Ordnung des Hauses Habsburg in Ungarn. Traktat von Altona. Krieg zwischen Rußland und der Türkei.
1688	Tod des »Großen Kurfürsten«. Beginn des Pfälzischen Erbfolgekrieges. »Glorious Revolution« in England.

1689	Die »Kassationsakten« in Schweden. Sturz der Regentin Sofija in Moskau. Zerstörung der Pfalz. Traktat von Altona. »Toleranzakte« in England.
1692	Das Haus Braunschweig-Lüneburg erhält die Kurwürde für Hannover.
1693	»Souveränitäts-Erklärung« für Karl XI. von Schweden.
1694	Geburt Voltaires. Gründung der Universität Halle. Huygens Abhandlung über das Licht.
1696	Bayle beginnt das Historisch-kritische Wörterbuch.
1697	Tod Karls XI. und Regierungsantritt des »Envälde«-Herrschers Karl XII. Der Prinz Eugen erhält den Oberbefehl über das habsburgisch-kaiserliche Heer. Errichtung der »Bank von England«. Friede von Rijswijk.
1699	Friedrich IV. »Enevaelde«-Herrscher von Dänemark. Friede von Carlowitz.
1700	Beginn des Großen Nordischen Krieges. Gründung der Akademie der Wissenschaften zu Berlin. Einführung des gregorianischen Kalenders in den protestantischen Ländern des Heiligen Reiches.
1701	Eigenkrönung Friedrichs III. zum »König in Preußen«. Beginn des Spanischen Erbfolgekrieges. Große Haager Allianz gegen Ludwig XIV.
1702	Sieg Karls XII. bei Narwa über die Truppen Peters I. von Rußland.
1703	Versuch der Errichtung einer Giro-Bank in Wien. Das mikrometische Mikroskop von Hautefeuille. Rákóczy-Aufstand.
1704	Sieg Prinz Eugens und Marlboroughs bei Hochstädt. Tod Lockes.
1705	Tod Leopolds I. Sein Nachfolger: Josef I. Thomasius, Fundamenta iuris naturae et gentium.
1706	Friede von Altranstädt. Reichsacht und Aberkennung der Kurfürstenwürde Max Emanuels von Bayern.
1707	Newtons Allgemeine Arithmetik. Union zwischen England und Schottland.
1709	Schlacht bei Poltawa. Mazepas lateinisches Manifest an das Volk der Ukraine. Schlacht bei Malplaquet. Berkeley, Neue Theorie der Gesichtswahrnehmung. Errichtung der »Ständigen Konferenz« in Wien. Erfindung des Hartporzellans durch Böttger.
1710	Leibniz' Abhandlung zur Theodizee. Karl XII. in Bender/Türkei. Gründung der Charité in Berlin. Herzog Friedrich Wilhelm von Kurland heiratet die Nichte des Zaren A. Ivanovna.

1711	Tod Josefs I. Sein Nachfolger: Karl VI. Shaftesbury, Characteristics of men . . . Der Dresdener Zwinger wird begonnen (M. D. Pöppelmann). Russisch-türkischer Friede am Prut. Errichtung eines »Senats« durch Peter I.
1712	Chr. Wolff, Vernünftige Gedanken von den Kräften des menschlichen Verstandes.
1713	Friede von Utrecht (Ende des Spanischen Erbfolgekrieges). Friede von Adrianopel (Rückzug russischer Truppen aus Polen). »Pragmatische Sanktion«. Friedrich Wilhelm I. beginnt sein Regiment: »Domänenedikt«.
1714	Friede von Rastatt und Baden. Kurfürst Georg aus dem Welfenhaus Hannover wird König von England. Leibniz: Die Monadologie. Fahrenheit erfindet ein Thermometer.
1715	Tod Ludwigs XIV. Beginn der Régence des Herzogs von Orléans. Die Konföderation von Tarnogród in Polen richtet sich gegen Absolutismus-Versuche Augusts II. aus dem Wettiner Haus Sachsen.
1716	Militär-Statut Peters I. als »Souveränitäts«-Erklärung.
1717	Eroberung Belgrads durch Prinz Eugen. Beginn der Finanzkrise in Frankreich. Schulpflicht in Brandenburg-Preußen. Warschauer Pazifikationstraktat: Garantie der »Goldenen Freiheit« der Szlachta Polens.
1718	Tod Karls XII. und ›libertäre Revolution‹ in Schweden. Friede von Passarowitz.
1719	Erste »Regierungsform« in Schweden und Abschaffung der »schädlichen Souveränität«. Frieden von Stockholm.
1720	Zweite »Regierungsform« in Schweden: Annahme des Hauses Hessen als Dynastie. Frieden von Stockholm.
1721	Frieden von Nystad: Schweden verliert baltische Provinzen an Rußland. Montesquieu: Persische Briefe. J. S. Bach: Brandenburgische Konzerte. Peter I. nimmt Kaiser-Titel an.
1722	Gründung der Herrnhuter Brüdergemeine. Couperin: Die ersten Concerts royaux. Die »Rangtabelle« Peters I.
1723	Ludwig XV. wird volljährig. J. S. Bach: Die Johannespassion. Chr. Wolff aus Halle verwiesen. Errichtung des »Generaldirektoriums« für Brandenburg-Preußen.
1724	Thorner Blutgericht. Th. Prokopovičs Schrift »Über das Recht der Monarchen zur willkürlichen Bestellung der Thronfolge«.
1725	Wiener Vertrag. J. B. Vico, Scienza nuova. Tod Peters I.
1726	J. Swift, Gullivers Reisen. Baubeginn der Frauenkirche in Dresden (G. Bähr).

1727   Georg II. wird König von England. Pariser Vertrag zwischen Frankreich und Spanien. Errichtung von Lehrstühlen für Kameralistik an den Universitäten Halle und Frankfurt an der Oder. Tod Newtons. Voltaire in England.
1728   Chr. Wolff: Die Philosophischen Werke erscheinen.
1729   J. S. Bach: Die Matthäus-Passion.
1730   Das »Konstitutions«-Projekt für Anna Ivanovna, die neue Zarin, scheitert. Allianzvertrag zwischen Preußen und Rußland. Réaumur entwickelt ein Thermometer.
1731   Reichshandwerksordnung. Vertreibung der Salzburger Protestanten nach Preußen.
1732   Löwenwolde-Vertrag zwischen Österreich und Rußland gegen die Wahl eines »Piasten« auf den Thron Polens gerichtet. Großes vollständiges Universallexikon (J. H. Zedler). Zeitschrift »Then swänske Argus« (O. Dalin).
1733   Beginn des Thronfolgekrieges in Polen. Dufays Entdeckung der positiven und negativen Elektrizität.
1734   »Sveriges Rikes Lag«: Bedeutende Rechtskodifikation. Bernoulli, Versuch einer neuen Himmelsmechanik. Voltaire: Philosophische Briefe. Montesquieu: Betrachtungen über die Ursache der Größe der Römer und ihren Verfall. Stanisław Poniatowski: Wahlkönig Polens.
1735   Friede von Wien: Leszczyńskis Thronverzicht. Friede von Belgrad.
1736   Tod des Prinzen Eugen. Maria Theresia heiratet den Herzog Franz von Lothringen, dem die Toskana zufällt.
1737   Maupertuis, Clairaut und Celsius reisen nach Lappland und vermessen einen Meridian. Gründung der Universität Göttingen. J. J. Moser beginnt sein Teutsches Staatsrecht. Erste Freimaurer-Loge im deutschen Bereich (Hamburg).
1738   Die Parteien der »Hüte« und »Mützen« konstituieren sich in Schweden. Linné erarbeitet die erste biologische Klassifikation. Wyatt erfindet eine Webmaschine. Voltaire: Über den Menschen. Friede von Wien: Ende des Thronfolgekrieges in Polen.
1739   Hume: Abhandlung über die menschliche Natur. Defensivallianz zwischen Schweden und der Türkei.
1740   Maria Theresia wird Erzherzogin von Österreich, Königin von Ungarn und Böhmen, Friedrich II. tritt die Regierung an.
Völkerrechtswidriger Überfall Friedrichs II. auf Schlesien.
1741   Kriegserklärung Schwedens an Rußland. Elisabeth I. von Rußland wird Zarin.

1742 Wahl Kaiser Karl VII. aus dem Hause Wittelsbach. Friede von Breslau: Schlesien an das Haus Hohenzollern. Händel: Der Messias. J. G. Lengnich: Jus publicum Regni Poloniae.
1743 Der »Große Daltanz« in Schweden (Bauern-Aufstand). Adolf Friedrich wird vom Reichstag zum Thronfolger gewählt. Frieden von Åbo. D'Alembert: Traité de dynamique.
1744 Adolf Friedrich heiratet Luise Ulrike, die Schwester Friedrichs II. von Preußen. Problem des »Prinzipalats« wird aktuell. Zweiter Schlesischer Krieg.
1745 Beginn des Österreichischen Erbfolgekrieges. Friede von Dresden.
Friede von Füssen. Jakobitenaufstand in England.
Franz I. Joseph aus dem Hause Lothringen wird zum Kaiser gewählt. La Mettrie: Histoire naturelle de l'Ame.
1746 Ferdinand VI., König von Spanien. Condillac: Essai sur l'origine des connaissances humaines. Friedrich II.: Histoire de mon temps.
1747 La Mettrie: Der Mensch, eine Maschine. Burlamaqui: Prinzipien des Naturrechts.
1748 Friede von Aachen: Abschluß des Österr. Erbfolgekrieges. Montesquieu: Der Geist der Gesetze. Hume: Versuch über den menschlichen Verstand. Klopstock: Der Messias.
1749 D'Alembert kündigt die Herausgabe der »Enzyklopädie« an. Beginn des sog. »Normannen«-Streites über die Einflüsse Skandinaviens auf Rußland. »Staatsreformen« in Österreich.
1751 Adolf Friedrich, König von Schweden. Maupertuis: Système de la nature. Rousseau: Discours über die Wissenschaften und Künste. Tod Bolingbrokes.
1752 B. Franklin entwickelt den Blitzableiter. Schweden nimmt den Gregorianischen Kalender an.
1753 Kaunitz wird Leiter der Habsburgischen Außenpolitik.
1754 Rousseau: Diskurs über die Ungleichheit. Tod Holbergs.
1755 Verfassung von Korsika. Erdbeben von Lissabon.
1756 Beginn des Siebenjährigen Krieges. Voltaire: Versuch über die Sitten. See-Union zwischen Dänemark und Schweden. J. H. G. Justi: Grundsätze der Policeywissenschaft.
1757 Sieg der Habsburg-Armee bei Kolin, der Hohenzollern-Armee bei Roßbach und Leuthen. Der »Pommersche Krieg«.
1758 Sturz Bestuževs. Besetzung Ostpreußens durch die russische Armee. Helvetius: Über den Geist.

1759	Niederlage Friedrichs II. bei Kunersdorf. Gründung der Bayerischen Akademie der Wissenschaften. Voltaire: Candide. Sterne: Tristram Shandy. Karl III., König von Spanien. Tod Händels.
1760	Georg III., König von England.
1762	Katharina II., Zarin von Rußland. Rousseau: Gesellschaftsvertrag, Emile. Friede von Hamburg.
1763	Friede von Paris: Frankreich verliert Kanada an England. Friede von Hubertusburg. Voltaire: Abhandlung über die Toleranz. Linné: Klassifikation der Biologie und Zoologie.
1764	Voltaire: Philosophisches Wörterbuch. Beccaria: Von den Verbrechen und Strafen. Winckelmann: Geschichte der Kunst des Altertums.
1765	Joseph II. Kaiser und »Mitregent«. Machtübernahme durch die »jüngeren Mützen« in Schweden.
1766	Lessing: Laokoon. Kronprinz Gustav (III.) von Schweden heiratet Sofia Magdalena von Dänemark. »Druckfreiheits«-Verordnung in Schweden.
1767	Lessing: Hamburgische Dramaturgie. Das »Neue Gesetzbuch« unter Katharina II.
1768	Krieg zwischen Rußland und dem Osmanischen Reich. Sterne: Eine sentimentale Reise. Quesnay: La Physiocratie.
1770	Kepplerus' Memorial zu den »Menschenrechten«. Lavoisier: Analyse der Luft. Holbach: System der Natur. Massaker von Boston.
1771	Gustav III. beschwört Schwedens Verfassung und wird König. »Parlement de Paris« suspendiert.
1772	Gustavs III. Staatsstreich und die »Regierungsform« als Schein-Konstitution. Erste Teilung Polens. Herder: Über den Ursprung der Sprache. Rousseau: Betrachtungen über die Verfassung Polens. Sturz Struensees.
1773	Pugaščev-Aufstand in Rußland. Goethe: Götz von Berlichingen. Holbach: Le Système social.
1774	Suhms »Regierungsregeln« in Dänemark. Ludwig XVI. wird König von Frankreich. Rückruf des »Parlement de Paris«. Frieden von Küçük Kaynarca: Toleranz für Christen in der Türkei, durch Rußland erzwungen.
1775	Watt nutzt den Wasserdampf für die Industrie.
1776	Unabhängigkeitserklärung der Kolonien in Nordamerika von England. Tod Humes.
1777	Klinger: Sturm und Drang.

1778 Tod Voltaires, Rousseaus, Linnés und Walpoles. Buffon: Epochen der Natur. Beaumarchais: Die Hochzeit des Figaro. Beginn des amerikanischen Unabhängigkeitskrieges.
1779 Friede von Teschen: Rußland ersetzt Schweden als Garantiemacht des Westfälischen Friedens. Tod Sulzers in der Schweiz. Neue Zürcher Zeitung erscheint. Schiller: Die Räuber. Leopold von Toskana arbeitet an libertären Verfassungsplänen.
1780 Tod Maria Theresias. Joseph II. beginnt den »arbiträren Despotismus«. Lessing: Erziehung des Menschengeschlechts.

Anmerkungen

Die Überfülle der Sekundärliteratur zu dem hier behandelten Doppelthema hat es geraten erscheinen lassen, die einzelnen Anmerkungen nicht über Gebühr zu befrachten. Dasselbe gilt für die Bibliographie, die in ihrer Auswahl dem Benutzer dieses Bandes Hinweise zum weiteren Erschließen empfehlen möchte und die in den Anmerkungen angeführten Titel auch aus Platzgründen aussparen mußte.

EINLEITUNG

1 K. v. Raumer, *Absoluter Staat, korporative Libertät, persönliche Freiheit*, in: Neue Wissenschaftliche Bibliothek (NBW), 17, 1967 (1958), S. 180.
2 W. Roscher, *Geschichte der Nationalökonomik in Deutschland*, 1874, S. 380/381; zur Problematik der im Grunde schwammigen Formel vom »modernen Staat« siehe Th. Mayer, *Die Entstehung des »modernen Staates« im Mittelalter und die freien Bauern*, in: ZRG, GA, 57, 1935, S. 244ff; vgl. O. Stolz, *Die Staatsverträge der österreichischen Landesfürsten im 13. und 14. Jhd.*, in: MIÖG, 58, 1950, S. 577: »Für die Geschichte des Staatsrechtes im Mittelalter ist der juridische Begriff des Vertrages noch kaum erörtert...« worden. Das gilt auch weitgehend für die Frühe Neuzeit, vgl. W. Näf, *Frühformen des »modernen Staates« im Spätmittelalter*, in: NWB, 17 (1951), S. 101–114; vgl. O. Hintze, *Staat und Verfassung. Gesammelte Abhandlungen zur allgemeinen Verfassungsgeschichte*, 3. erw. Auflage, 1970.
3 W. Mommsen, *Zur Beurteilung des Absolutismus*, in: HZ, 158, 1938, S. 35ff; vgl. F. Hartung, *Der aufgeklärte Absolutismus*, in: NWB, 17 (1949), S. 161ff; vgl. G. Oestreich, *Die Idee des religiösen Bundes und die Lehre vom Staatsvertrag*, in: NWB, 17, S. 137–151; ders., *Fritz Hartung als Verfassungshistoriker 1883–1967*, in: Der Staat, 1968.
4 Zit. n. K. A. Wittfogel, *Die Orientalische Despotie. Eine vergleichende Untersuchung totaler Macht*, dt. 1977 (1963), S. 482, Anm. 117.
5 J. P. Eckermann, *Gespräche mit Goethe*, 1976 (1948), S. 696. Diese Textstelle von 1828 war bisher als erster eindeutiger Beleg für den Begriff »Absolutismus« im deutschen Bereich und in politischer Hinsicht feststellbar, wurde doch davor und auch noch danach meistens von »Despotismus« gesprochen. Wie irreführend der Begriff »Absolutismus« sein kann, zeigt sich schon daran, daß er in Skandinavien das »Abstinenzlertum« meint, während für die Bezeichnung der »absoluten Macht« als politisches System die Begriffe »Envälde« in Schweden und »Enevaelde« in Dänemark benutzt werden. Wie wenig die Wortgeschichte ein Problem der Forschung ist bei R. Vierhaus, *Absolutismus*, in: Sowjetsystem und Demokratische Gesellschaft, Bd. 1, 1966, Sp. 17–37; vgl. F. Hartung und R. Mousnier, *Quelques problèmes concernant la monarchie absolue*, in: CISS, X, Relazioni IV, 1955, S. 1–55.

6 E. Hildebrand (Hrsg.), *Sveriges Regeringsformer 1634–1809 samt Konungsförsäkringar 1611–1800*, 1891, S. 2; vgl. das frz. geschriebene trichotomische Verfassungsmodell für die Adelsrepublik Polen, abgedruckt von S. Tunberg, *En relation om Polen år 1703*, in: Karolinska Förbundets Årsbok (KFÅ), 1915; vgl. demnächst G. Barudio, *Die »libertäre« Verfassung Alteuropas*.

7 Vgl. G. Bien, *Revolution, Bürgerbegriff und Freiheit. Über die neuzeitliche Transformation der alteuropäischen Verfassungstheorie in politischer Geschichtsphilosophie*, in: PhJb, 1972, S. 10ff; vgl. H. Zwingmann, *Kants Staatstheorie*, in: HZ, 112, 1914, S. 525–547: Er nennt zwar den Bezug zum »Kontrakt«, entwickelt aber nicht die zugehörige Trichotomie.

8 Wittfogel, a.a.O., S. 24, beklagt mit J. B. Bury, daß »wenig geschah, um die Besonderheiten des Absolutismus mittels einer ins einzelne gehenden vergleichenden Analyse aufzudecken«; vgl. F. Hartung, *Die Epochen der absoluten Monarchie in der neueren Geschichte*, in: HZ, 145, 1932, S. 46–52; vgl. die Aufsatzsammlungen H. H. Hofmann (Hrsg.), *Die Entstehung des modernen souveränen Staates*, NWB, 17, 1967; K.-O. v. Aretin (Hrsg.), *Der Aufgeklärte Absolutismus*, NWB, 67, 1974 mit übersetzten ausländischen Beiträgen; vgl. W. Hubatsch (Hrsg.), *Absolutismus*, 1973, mit übers. ausl. Beiträgen, darunter der bedeutende Aufsatz von H. P. Liebel, *Enlightened Despotism and the Crisis of Society in Germany*, in: Enlightenment Essays, 1, 1970; dies., *Enlightened Bureaucracy versus Enlightened Absolutism in Baden, 1750–1792*, in: Transactions of the American Phil. Society, N. S., vol. 55, 1965; vgl. von marx. Seite G. Heitz, *Der Zusammenhang zwischen den Bauernbewegungen und der Entwicklung des Absolutismus in Mitteleuropa*, in: ZfG, Sonderheft, XIII. Jg., 1965; J. Mittenzwei, *Theorie und Praxis des aufgeklärten Absolutismus in Brandenburg-Preußen*, in: JbfGesch., 6, 1972. Man konzentriert sich fast durchgehend auf den »Territorialabsolutismus«, ohne die Rechtsbezüge zum Heiligen Reich oder zum Lehnswesen eingehend zu berücksichtigen und nimmt sich vor allem auch die Phase des sog. »aufgeklärten Absolutismus« vor, weil man in ihm ein Fortschrittsstadium sieht; siehe auch H. Lehmann, *Zum Wandel des Absolutismusbegriffs in der Historiographie der BRD*, in: ZfG, 22, 1974, H. 1–6, S. 5–27; vgl. die Monographie G. Barudio, *Absolutismus – Zerstörung der ›libertären Verfassung‹. Studien zur ›Karolinischen Eingewalt‹ in Schweden zwischen 1680 und 1693*, 1976. (Die angeführten Titel verfügen z. T. über ausführliche Bibliographien zum Thema).

9 O. Hintze, *Das monarchische Prinzip und die konst. Verfassung*, in: Staat u. Verfassung, S. 372, 377; ders., *Die schwedische Verfassung und das Problem der konstitutionellen Regierung*, in: Zeitschrift für Politik (ZfP), 1913, S. 486ff: Eine Kritik an P. E. Fahlbeck, *Die Regierungsform Schwedens*, 1911, die dieser Preußen-Deutschland zur Nachahmung empfohlen hatte.

10 O. Hintze hat sich zwar bemüht, gegen seinen Schüler F. Hartung die Rolle der Stände bei der ›Staatswerdung‹ anzuerkennen, aber aufgrund des Ausblendens von Rechtsverhältnissen werden seine Darstellungen oft sehr ungenau und allgemein, O. Hintze, *Staat und Verfassung*, passim; vgl. G. Oestreich (Schüler von F. Hartung), *Ständetum und Staatsbildung in Deutschland*, in: Der Staat, 1967, S. 61–73; vgl. D. Gerhard, *Regionalismus und Ständisches Wesen als ein Grundthema europäischer Geschichte*, in: HZ, 174, 1952, S. 307–337; vgl. F. L. Carsten, *Princes and Parliaments in Germany from the Fifteenth to the Eighteenth century*, 2. Aufl. 1963; vgl. hierzu die Kritik, die Carstens Neuansatz wegen der Ideologie vom »Dualismus« mißversteht bei P. Herde, *Deutsche Landstände und englisches Parlament. Bemerkungen zu F. L. Carsten . . .*, in: HJb, 80, 1961, S. 286–297; vgl. H. Christern, *Deutscher Ständestaat und englischer Parlamentarismus am Ende des 18. Jhds.*, 1939; vgl. H. Spangenberg, *Vom Lehnsstaat zum Ständestaat*, 1912; K. Kaser, *Der deutsche Ständestaat*, 1923.

11 O. Hintze, *Das monarchische Prinzip und die konstitutionelle Verfassung*, in: Staat und Verfassung, S. 359ff; vgl. E. Kaufmann, *Studien zur Staatslehre des monarchischen Prinzips*, 1906; H. O. Meisner, *Die Lehre vom monarchischen*

Prinzip im Zeitalter der Restauration und des Deutschen Bundes, 1913; vgl. Th. Ellwein, *Das Erbe der Monarchie in der deutschen Staatskrise. Zur Geschichte des Verfassungsstaates in Deutschland*, 1954; vgl. O. Brunner, *Vom Gottesgnadentum zum monarchischen Prinzip. Der Weg der europäischen Monarchie seit dem hohen Mittelalter*, in: NWB, 17 (1954/56), S. 115–136.

12 O. Hintze leitet aus der »Verkümmerung des genossenschaftlichen Prinzips«, das im Gegensatz zum »herrschaftlichen Prinzip« die Stände in den Staat einbezogen haben soll, als eine der »bösesten Folgen . . . die abnorme Entwicklung der Sozialdemokratie« ab, »die gerade deswegen bei uns stärker und *staatsfeindlicher* ist als in irgendeinem andern Lande«, in: ZfP, 1913, S. 495ff. Zum Staatsbegriff siehe auch in diesem Band das Preußen-Kapitel.

13 Die Attribute »libertär« und auch »konstitutional« wurden als Gegensatzpaar zu »liberal« und »konstitutionell« deshalb gewählt, weil sie die sozial recht hermetische »Societas civilis sive respublica«, den ›sozietätsbedingten Staat‹, genauer bezeichnen als die ideologisch belasteten Formeln von der »ständischen« oder »dualistischen« Verfassung, die nicht von Vertragslagen her entwickelt werden. Darüber hinaus wird die strukturelle Verbindung zwischen dem Verfassungsdenken vor und nach der Zeit des Absolutismus in diesen neuen Termini genauer erfaßt. »Libertär« wurde von der »Libertät« abgeleitet, hat also nichts mit dem »libertären Sozialismus« zu tun, der allerdings in syndikalistischen Formen den alten Korporations- und Assoziationsgedanken in sich aufzunehmen versucht, vgl. hierzu R. Biegler, *Der libertäre Sozialismus in der Westschweiz*, 1963.

14 Eine umfassende Monographie für die Wirkungen des ›Teutonismus‹ mit seinen Übersteigerungen des angeblich ›germanischen‹ Rechts- und Staatsdenkens gegenüber dem ›römischen‹ müßte für die dt. Historiographie und Jurisprudenz noch erarbeitet werden, vgl. Ch. A. Beard, *Eine ökonomische Interpretation der amerikanischen Verfassung*, dt. 1974 (1913), S. 57/58; vgl. K. v. See, *Deutsche Germanenideologie vom Humanismus bis zur Gegenwart*, 1970.

15 Die Vorstellungen vom ›Wurzeln‹, ›Wachsen‹ und ›Werden‹, ›Keimen‹, ›Blühen‹ und ›Reifen‹ sind bei Positivisten und Marxisten sehr weit verbreitet, vgl. K. v. Raumer, NWB, 17, S. 180; F. Oppenheimer, *Allgemeine Soziologie, II. Der soziale Prozeß*, 1923, S. 456ff. Einen wesentlichen Einfluß in Richtung ›Vitalismus‹ und ›Organizismus‹ hat der Romantiker und Zeitgenosse Savignys Adam Müller ausgeübt, R. Kohler/P. E. Przywara (Hrsg.), *Adam Müller. Schriften zur Staatsphilosophie*, 1923, passim.

16 Der ›Dezisionismus‹ als Entscheidungslehre emaniert aus der Ablehnung von Vertragslagen im Öffentlichen Recht und letztlich auch aus dem Rechtspositivismus: C. Schmitt, *Verfassungsrechtliche Aufsätze aus den Jahren 1924–1954. Materialien zu einer Verfassungslehre*, 2. Aufl., 1973.

17 P. Hoffmann, *Entwicklungsetappen und Besonderheiten des Absolutismus in Rußland*, in: NWB, 67, S. 341. Er polemisiert mit hier gegen Davydovič und Pokrovskij, die auch diese Dreiheit vertreten, aber auch »die damit unmittelbar verbundene Zersetzung der Feudalordnung« als »bestimmenden Faktor« einbeziehen. Hoffmann, immer wieder auf »Keimformen« (S. 347) und »volle Reife« (346) fixiert, argumentiert vollkommen quellenfern, ein Kennzeichen der ideologischen Auflandung des Doppelthemas Absolutismus-Aufklärung, das man auch in zahlreichen nicht-marxistischen Aufsätzen beobachten kann.

18 Zu dieser Poršnev-These siehe G. Heitz, a.a.O., S. 71 ff; vgl. unten den Exkurs über Rußland.

19 Welche Probleme ideologischer Art sich bei diesem Erklärmodell einstellen, wenn es dem objektiven Geschichtsgang widerspricht, vermittelt P. Wick, *Versuche zur Errichtung des Absolutismus in Mecklenburg in der ersten Hälfte des 18. Jahrhunderts. Ein Beitrag zur Geschichte des Territorialabsolutismus*, in: Akademie der Wissenschaften. Schriften des Instituts f. Gesch., Reihe 2:8, 1964, S. 1off.

20 R. Wittram, *Formen und Wandlungen des europäischen Absolutismus*, in: Festschrift f. F. Gogarten, 1948; vgl. W. Hubatsch, *Das Zeitalter des Absolutismus in heutiger Sicht (1945–1953). Ein Forschungsbericht*, in: AfK, 35, 1953, S. 342ff; vgl. G. Ritter, *Die Dämonie der Macht. Betrachtungen über Geschichte*

und Wesen des Machtproblems im politischen Denken der Neuzeit, 1947: Es geht ihm darin nicht so sehr um das Verhältnis von Recht und Macht nach Vertrags- und Besitzlagen, sondern um die in der gesamten dt. Historiographie hypostasierte Polarität von »insularem« (englischem) und »kontinentalem« (meist französischem) Staatstyp, S. 195ff. Diese Unterscheidungen erweisen sich bei jedem Quellenstudium als völlig unhaltbar; vgl. S. Skalweit, *Das Zeitalter des Absolutismus als Forschungsproblem*, in: DVjssfLuGgesch., 35, 1961, S. 307ff; vgl. G. Oestreich, *Strukturprobleme des europäischen Absolutismus*, in: ders., *Geist und Gestalt des frühmodernen Staates*. Ausgewählte Aufsätze, 1969, S. 179–234.

21 Zit. n. J. Schoeps, *Preußen. Geschichte eines Staates*, 1975 (1966), Quellenanhang, S. 361: Aus der Rede Friedrich Wilhelm IV. bei der Eröffnung des Vereinigten Landtages 1847 in Berlin.

22 Siehe die begründete Kritik an der borussischen Verfassungsposition F. Hartungs bei W. F. Bofinger, *Die Rolle des Luthertums in der Geschichte des deutschen Ständeparlamentarismus*, in: Festgabe f. H. Rückert, 1966; vgl. die Gegenkritik von G. Oestreich, *Fritz Hartung als Verfassungshistoriker*, in: Der Staat, 1968, S. 447–469.

23 R. Vierhaus, *Deutschland im Zeitalter des Absolutismus (1648–1763)*, 1978, S. 107ff; vgl. die wichtige Anregung von R. Vierhaus (Hrsg.), *Eigentum und Verfassung. Zur Eigentumsdiskussion im ausgehenden 18. Jahrhundert*, 1972; siehe auch zur Aufklärung die Kompilationen und Syntheseversuche von F. Valjavec, *Geschichte der abendländischen Aufklärung*, 1961; E. Winter, *Frühaufklärung. Der Kampf gegen den Konfessionalismus . . .*, 1966.

24 P. Hoffmann, NWB, 67, S. 340.

25 Kant, *Beantwortung der Frage: Was ist Aufklärung?* in: Schriften zur Anthropologie, Geschichtsphilosophie, Politik . . ., Bd. VI, 1966, S. 53.

26 G. Barudio, *Das Wohlproportionierte Regiment*, II, 1973, passim; vgl. E. Reichmann, *Die Herrschaft der Zahl. Quantitatives Denken in der deutschen Aufklärung*, 1968; vgl. R. Guénon, *Le règne de la quantité et les signes des temps*, 1945; wie wenig auch der Jurisprudenz die Mathematisierung des Rechts nach Maßgabe der »Nikomachischen Ethik« bewußt ist, zeigt M. Kriele, *Kriterien der Gerechtigkeit. Zum Problem des rechtsphilosophischen und politischen Relativismus*, 1963; vgl. auch G. Radbruch, *Rechtsphilosophie*, 1954; zum konkreten Problem siehe die Einzelkapitel unten.

27 Eines der jüngsten Beispiele für dieses bewußte Abdrängen der skandinavischen Länder bei R. Mandrou, *Staatsräson und Vernunft 1649–1775*, dt. 1978 (1977). Hier wurden Skandinavien nur wenige Seiten gewidmet.

28 F. Dickmann, *Der Westfälische Frieden*, 4. Aufl. 1910, S. 489; vgl. auch F. Hartung, *Die Wahlkapitulationen der dt. Kaiser und Könige*, in: HZ, 107, 1911, S. 306–44; vgl. G. Kleinheyer, *Die kaiserlichen Wahlkapitulationen. Geschichte, Wesen und Funktion*, 1968; vgl. T. Kürschner, *Die Landeshoheit der deutschen Länder seit dem Westfälischen Frieden unter dem Gesichtspunkt der Souveränität*, 1938.

29 Zit. n. L. Just, *Stufen und Formen des Absolutismus. Ein Überblick*, in: HJb, 80, 1961, S. 147; vgl. E. Volkmann, *Um Einheit und Freiheit*, 1936.

30 K. Repgen, *Der päpstliche Protest gegen den Westfälischen Frieden und die Friedenspolitik Urbans VIII.*, in: HJb, 75, 1956, S. 94–122; vgl. auch F. Dickmann, *Das Problem der Gleichberechtigung der Konfessionen im Reich im 16. und 17. Jhd.*, in: HZ, 201, 1965, S. 265–305.

31 K. H. Bender, *Revolutionen. Die Entstehung des politischen Revolutionsbegriffes in Frankreich zwischen Mittelalter und Aufklärung*, 1977.

32 Vgl. G. Oestreich, *Reichsverfassung und europäisches Staatensystem 1648–1789*, in: Geist, S. 235–252.

33 Als Beispiel F. Wagner, *Europa im Zeitalter des Absolutismus 1648–1789*, 1948; vgl. R. W. Harris, *Absolutism and enlightenment 1660–1789*, 1964; vgl. M. Beloff, *The Age of Absolutism 1660–1815*, 1954 (Die Konzentration auf 1660 ist von den Veränderungen in Frankreich und England, Dänemark und Preußen her gesehen berechtigt); vgl. M. Ashley, *Das Zeitalter des Absolutismus. Von 1648*

bis *1775*, dt. 1978 (1974): Die Grenze von 1775 wird im Hinblick auf die Revolution in Amerika 1776 durchaus vertretbar.
34 C. H. E. de Wit, *De Nederlandse Revolutie van de Achttiende Eeuw, 1780–1787. Oligarchie en Proletariaat*, 1974.
35 Aus Platzgründen wird er, wie eine Reihe anderer Repräsentanten dieses Zeitalters, nicht eigens behandelt; siehe die neue Übersetzung und Würdigung von H. C. Recktenwald, *Adam Smith, Der Wohlstand der Nationen. Eine Untersuchung seiner Natur und seiner Ursachen*, dt. 1974 (1776–1789).
36 A. de Tocqueville, *Über die Demokratie in Amerika*, dt. 1976 (1951), S. 55.
37 Fichte, *Schriften zur Revolution*, 1973 (1967) (B. Willms), S. 59ff; vgl. die verzerrte und verkürzte Zitierung bei G. Leibholz, *Fichte und der demokratische Gedanke*, 1922, S. 66ff, bei B. Willms, S. 341.
38 K. Bosl, *Der »aristokratische Charakter« europäischer Staats- und Sozialentwicklung. Prolegomena zu einer allgemeinen Verfassungsgeschichte*, in: HJb, 74, 1954, S. 631–642.

1. SCHWEDEN–FINNLAND

1 J. G. Herder, SW (Suphan) IV, 1967, S. 404 ff (*Reise-Journal* 1769).
2 Hegel, SW (Glockner) 20, S. 496 ff.
3 J. Paul, *Gustaf Adolf. Christ und Held*, 1964, S. 19, 31.
4 Ibidem, S. 29; ein ausgeprägter Teutonismus auch bei K. Nordlund, *Den svenska reformationstidens allmänna statsrättsliga idéer*, 1900, S. 245 ff; vgl. Ch. A. Beard, *Amerikanische Verfassung*, dt. 1974, S. 57; vgl. B. Rehfeldt, *Rezeption in Schweden*, in: ZRG, GA, 1965.

Kapitel 1 a:

1 Svenska riksdagsakter, I: 1:3, 1887, S. 386 f; vgl. K. Nordlund, a.a.O., S. 170 zur Rede des J. Typotius von 1594, daß die Könige »legibus soluti sunt«. Er vernachlässigt dabei die Distinktion in Jus und Lex, die diese Formel erst erklärt, s. dazu unten.
2 Zu diesem Komplex die Schrift von E. Sparre, *Pro Lege, Rege et Grege*, in: Historiska Handlingar (HH), 27; vgl. K. Strömberg-Back, *Lagen. Rätten. Läran*, 1963, S. 17 ff: in ihrer berechtigten Kritik an F. Lagerroth, *Frihetstidens författning*, 1915, die strukturbildende Kraft der Dominia unterschätzt; vgl. N. Runeby, *Monarchia mixta*, 1962, S. 192 ff, beachtet in seinem reichen Material die Distinktion von Status = Staat und Administratio = Verwaltung nur am Rande; Barudio, *Absolutismus*, S. 195 ff; vgl. S. Clason, *Studier i 1600-talets svenska statsrätt. Johannes Loccenius och hans lära om rikets »fundamentallagar«*, in: SvT, 1901; vgl. *Rikskanslern Axel Oxenstiernas skrifter och brevväxling* (AOSB), I:1, 1888, S. 227 ff; vgl. F. H. Schubert, *Die Deutschen Reichstage in der Staatslehre der frühen Neuzeit*, 1966.
3 Carlsson-Rosén, *Sveriges historia*, I, 1962, S. 466 ff; vgl. M. Roberts, *The early Vasas*, 1968; E. Hjärne, *Från Vasatiden till Frihetstiden*, 1929: Diese Arbeit ist ganz auf den akademistischen »Dualismus« von Rechten und Pflichten, statischer und dynamischer Verfassungstyp im Sinne des dt. Rechtspositivismus eingestellt; vgl. I. Andersson, *Förebilden för Gustav Vasas arvföreniug*, in: Scandia 1931; vgl. K. G. Hildebrand, *Gustav Vasas arvförening*, in: HTs 1934.
4 Zu seiner Erbreichsdeutung C. M. Stenbock (Hrsg.), *Erik XIV. almanacksanteckningar*, 1912; A. G. Ahlqvist, *Om Sturemorden*, in: HB, 4, 1878.
5 I. Andersson, *Erik XIV och Machiavelli*, in: Scandia 1931; V. Wigert, *Erik XIV. Hans sinnessjukdom*, 1920; K. G. Lundqvist, *Om hertigdömenas statsrättsliga ställning till kronan i Sverige 1556–1622*, 1895.

6 B. Odén, *Kopparhandel och statsmonopol*, 1960; vgl. E. Heckscher, *Sveriges ekonomiska historia från Gustav Vasa*, I:1, 1935.
7 Strömberg-Back, a.a.O., passim; vgl. A. G. Ahlqvist, *Om aristokratiens förhållande till konungamakten under Johan III: s regering*, in: UUÅ 1864–66.
8 J. E. Almquist, *Karl IX och den mosaiska rätten*, in: Lychnos 1942; vgl. A. Hermansson, *Karl IX och ständerna. Tronfrågan och författningsutvecklingen i Sverige 1598–1611*, 1962; vgl. Runeby, a.a.O., S. 45 ff.
9 Sparre, *Pro Lege*, in: HH, 27, S. 40 ff.
10 Svenska riksdagsakter, I:1:3, S. 389 ff.
11 Zit. n. P. E. Back, *Herzog u. Landschaft*, 1955, S. 54; L. T. Spittler, *Von der ehemaligen Zinsbarkeit der Nordischen Reiche an den Römischen Stuhl*, 1797, S. 10 ff; vgl. W. Banck, *De tyrannide Papae in reges et principes Christianas*, 1649.
12 E. Hildebrand, *Karl IX:s testamente och tronskiftet 1611*, in: HTs, 1895; vgl. C. A. Hessler, *Gustav II Adolfs konungaförsäkran*, in: Scandia 1932; vgl. S. A. Nilsson, *Reaktionen mot systemskiftet 1611*, in: Scandia 1950; vgl. Runeby, a.a.O., S. 79 ff; Å. Hermansson, a.a.O., S. 272: Die »Versicherung« war auch eine Reaktion auf Machtsprüche Karls IX. und deutet damit auf die »Handfeste« für Friedrich III. in Dänemark 1648.
13 O. Hintze, *Die schwedische Verfassung und das Problem der konstitutionellen Regierung*, in: ZfP, 1913, S. 496 ff. Der Rekurs auf die »Staatsräson« gibt dabei gern den Kampf der Stände um ihre Freiheiten als »Eigennutz« aus, denjenigen der Dynastien aber als »Gemeinnutz«; vgl. L. Dehio, *Deutschland und die Weltpolitik im 20. Jhd.*, 1961, S. 9–96; vgl. H. U. Wehler, *Geschichtswissenschaft heute*, in: Stichworte, Bd. 2, 1979 (ES 1000), S. 713 ff.
14 Laurentius Paulinus Gothus, *Ethica Christiana, 1631*, I, S. 105 ff; vgl. Runeby, S. 147. Das Compendium des Strängnäs-Bischofs war die erste Staatslehre in schwedischer Sprache.
15 Die Formel »eingewaltiger König« (kunung enwaldugan) konnte noch 1634 einen nomistischen König bezeichnen, J. Bureus in der Übersetzung von Egidio de Colonnas *De regimine principum*, S. 9; vgl. Runeby, a.a.O., S. 222 ff; zur selten beachteten Distinktion der »archein«- und »kratein«-Typen in der Staatslehre s. Ch. Meier, *Zur Entstehung des Begriffes Demokratie*, 1970.
16 N. Ahnlund, *Axel Oxenstierna intill Gustav Adolfs död*, 1940, S. 138 ff; S. Erslev, *Kalmarkriget*, 1913.
17 H. Fleischhacker, *Rußland zwischen zwei Dynastien 1598–1613*, 1933; A. Almquist, *Sverige och Ryssland 1595–1611*, 1907; ders., *Tsarvalet år 1613*, in: Historiska studier tillägnade H. Hjärne, 1908; *Sveriges krig 1611–1632*, Bd. I: Danska och ryska krigen, 1936; V. Tham, *Den svenska utrikespolitikens historia*, I:2, 1560–1648, 1960, S. 111; vgl. K. Tarkiainen, *Faran från öst i svensk säkerhetspolitisk diskussion inför Stolbovafreden*, in: Scandia, 1974; I. P. Šaskol'skij, *Stolbovskij mir 1617 g. i torgovye otnošenija Rossii so Švedskim gosudarstvom*, 1964; A. Attman, *Freden i Stolbovo. En aspekt*, in: Scandia, 1949.
18 K. Zernack, *Von Stolbovo nach Nystad. Rußland und die Ostsee in der Politik des 17. und 18. Jhds.*, in: JbGOE, N. F. 20, 1972, S. 77–95.
19 H. Almquist, *Polskt författningslif under Sigismund III.*, in: HTs 1912; G. Schramm, *Der polnische Adel und die Reformation 1548–1607*, 1965, S. 305; Cz. Chowaniec, *Poglądy polityczne rokoszan 1606–1607 wobec doktryn monarchomachów francuskich*, in: Reformacja w Polsce, 3, 1924, S. 256 ff.
20 Zur Kupferfrage A. Olsen, *Kobberpolitik i den svenske Stormagtstid*, in: Scandia 1937; ders., *Professor Eli Heckscher og det japanske Kobber*, in: Scandia 1938; N. Ahnlund, *Gustav Adolf inför tyska kriget*, 1918.
21 Vgl. M. Grünbaum, *Über die Publizistik des Dreißigjährigen Krieges von 1626–1629*, 1880.
22 Svenska riksrådets protokoll (SRP), 1, 1878, S. 222.
23 Zur inneren Reformtätigkeit N. Edén, *Den svenska centralregeringens utveckling till kollegial organisation i början af sjuttonde århundradet 1602–1634*, 1902; A. B. Carlsson, *Den svenska centralförvaltningen 1521–1809*, 1913; S. Petrén, *Kring Svea hovrätts tillblivelse*, in: SJT 1945; H. Cnattingius, *Den centrala kyrkosty-*

relsen i Sverige 1611–1636, 1939; G. B. C. Barkman, *Gustaf II Adolfs regementsorganisation* . . ., in: MKA, I, 1931; G. Oestreich, *Der römische Stoizismus und die oranische Heeresreform*, in: HZ, 176, 1953, verkennt, daß auch ein Verfassungsstaat durchaus ›machtvoll‹ sein kann, ohne ein Machtstaat nach machiavellistischer Art zu sein.

24 Aristoteles, *Politik*, Buch V, 1968, 1310a, S. 188; wie groß der Einfluß des A. war, zeigen die Konstitutionen der Universität Uppsala von 1626, Runeby, a.a.O., S. 255: Lobrede Axel Oxenstiernas auf Aristoteles.
25 P. Brahe, *Oeconomia eller Hushållsbok för ungt adelsfolk, 1581* (1972), S. 16.
26 M. Roberts, *Gustavus Adolphus. A history of Sweden*, I–II, 1953–58; N. Ahnlund, *Gustaf Adolf*, dt. 1938 (1932).
27 S. A. Nilsson, *Axel Oxenstierna och regeringsformen*, in: Scandia 1937, S. 232 ff: Diese These ist nicht haltbar; vgl. Barudio, *Das Wohlproportionierte Regiment*, Diss. 1973 (masch. in UB-FFM zugänglich), S. 44 ff.
28 E. Hildebrand (Hrsg.), *Sveriges Regeringsformer 1634–1809*, 1891, S. 2 ff; vgl. die Trichotomie bei Jonas Magni von 1624: »Potestas in populo, authoritas in senatu, majestas in summo principe«, Runeby, a.a.O., S. 159; vgl. S. Tunberg (Hrsg.), *En relation om Polen år 1703*, in: KFÅ, 1915.
29 Ahnlund, *Gustaf Adolf inför tyska kriget*, passim.
30 Axel Oxenstiernas skrifter och brevväxling (AOSB), I: 1, S. 228.
31 C. J. Burckhardt, *Richelieu*, III, 1964, S. 88 ff.
32 SRP, 1646, S. 359.
33 S. Goetze, *Die Politik des schwedischen Reichskanzlers Axel Oxenstierna gegenüber Kaiser und Reich*, in: Beiträge z. Soz. u. Wirtschgesch, 3, 1971, operiert mit dem Nationsbegriff des 19. Jhds.; E. Opgenoorth, *Friedrich Wilhelm. Der Große Kurfürst von Brandenburg*, I, 1620–1660, 1971, S. 116, unterschätzt völlig die verfassungspolitischen Hindernisse dieses Heiratsplanes.
34 Barudio, *Das Wohlproportionierte Regiment*, S. 315, 346; vgl. N. Ahnlund, *Königin Christine von Schweden und Reichskanzler Axel Oxenstierna*, in: HJb, 74, 1955.
35 D. Norrman, *Gustav Adolfs politik mot Ryssland och Polen under tyska kriget 1630–1632*, 1943; E. Falk, *Sverige och Frankrike 1632–1634*, 1911; vgl. B. F. Poršnev, *Russkie subsidii Švecii vo vremja tridcateletnej vojny*, in: IAN-SSSR, 5, 1945, S. 319–340; zur heftig diskutierten Frage der Getreidelieferungen L. Ekholm, *Rysk spannmål och svenska krigsfinanser 1629–1633*, in: Scandia 1974; vgl. I. L. Ekholm, H. Landberg, R. Nordlund, S. A. Nilsson, *Det kontinentala krigets ekonomi*, 1971; vgl. U. Voges, *Der Kampf um das Dominium Maris Baltici 1629–1645*, 1938.
36 Zit. n. Runeby, a.a.O., S. 331; vgl. Barudio, *Absolutismus*, S. 12 ff; vgl. J. A. Almquist, *Frälsegodsen i Sverige under storhetstiden*, II: 1, in: Skrifter utg. av Svenska riksarkivet, 1, 1934.
37 G. Wittrock, *Regering och allmoge under Kristinas egen styrelse. Riksdagen 1650*, in: SHVU 1953; C. Weibull, *Christinas trosskifte och tronavsägelse*, in: Scandia 1962; vgl. S. Stolpe, *Drottning Kristina*, 1966, S. 213 ff, dt. 1967; vgl. S. Dahlgren, *Kansler och kungamakt vid tronskiftet 1654*, in: Scandia 1960.
38 Runeby, a.a.O., passim; C. Annerstedt, *Uppsala universitets historia*, 1877–1910; E. Wolf, *Grotius, Pufendorf, Thomasius*, 1927.
39 Ein direkter Vergleich beider Systeme steht noch aus, vgl. E. Schieche, *Der schwedische Ratskonstitutionalismus im 17. Jhd.*, in: Festgabe für Max Braubach, 1964.
40 S. Stolpe, *Drottning Kristina*, S. 93–193: Die Königin hat nicht »eine schwedische Kultur« geschaffen, sondern nur das Bestehende erweitert; E. Cassirer, *Drottning Christina och Descartes. Ett bidrag till 1600–talets idéhistoria*, 1940; E. Wrangel, *Om de främmande lärde vid drottning Christinas hof*, in: HTs 1897; zum Einfluß des Cartesianismus R. Lindborg, *Descartes i Uppsala. Striderna om »Nya Filosofien« 1663–1689*, 1965; C. M. Schybergson, *Per Brahe och Åbo akademi*, I–II, 1915–1940; zu Johan Skytte, R. Liljedahl, *Svensk förvaltning i Livland 1617–1634*, 1933.

41 J. Svennung, *Zur Geschichte des Goticismus*, in: SKHVU, 44:2 B, 1967.
42 N. Runeby, *Bengt Skytte, Comenius och abdikationskrisen 1651*, in: Scandia 1963; E. W. Dahlgren, *Louis de Geer 1587–1652. Hans lif och verk*, 1923; K. Kilbom, *Vallonerna*, 1958.
43 B. Lövgren, *Ståndsstridens uppkomst. Ett bidrag till Sveriges inre politiska historia under drottning Kristina*, 1915; Runeby, a.a.O., passim; vgl. S. Carlsson, *Svensk ståndscirkulation 1680–1950*, 1950.
44 Runeby, a.a.O., passim; vgl. L. Gustafsson, *Virtus politica. Politisk etik och nationellt svärmeri i den tidigare stormakttidens Litteratur*, in: Lychnos, 15, 1956.

Kapitel 1 b:

1 G. Schmidt, *Die Richterregeln des Olavus Petri*, 1966, S. 82 ff, bezieht das »schwedische ›Staatsrecht‹« ganz in der Tradition des auf »Dualismus« eingestimmten Teutonismus auf »den Charakter eines germ. Volksstaates«, auf den angeblich »fremde Ideen nur wenig Einfluß hatten«; vgl. S. Gagnér, *Studien zur Ideengeschichte der Gesetzgebung*, 1960, in der Beurteilung des Absolutismus unsicher; S. Jägerskiöld, *Studier rörande receptionen av främmande rätt i Sverige under den yngre landslagens tid*, 1963.
2 Runeby, a.a.O., S. 151, 221 ff.
3 Ibidem, S. 140 (Rudbeckius).
4 S. Dahlgren, *Karl X Gustav och reduktionen*, 1964.
5 SRAP, 1660, 7, S. 68 ff; Barudio, *Absolutismus*, S. 169 ff.
6 KB, Rålambska saml., fol. 15, S. 45; Barudio, *Absolutismus*, S. 48.
7 Runeby, a.a.O., S. 513 ff; vgl. J. Rystad, *Johan Gyllenstierna, rådet och kungamakten. Studier i Sveriges inre politik 1660–1680*, 1955; ders., *Johan Gyllenstierna*, 1957; über Rålamb fehlt noch immer eine Biographie.
8 Urkunden und Actenstücke (UuA), 23:2, S. 664 ff; vgl. G. Wittrock, *Karl X Gustaf i Polen. Krigsmålet och allianserna*, in: KFÅ 1920; ders., *Marienburg och Labiau*, in: KFÅ 1922.
9 S. Brisman, *Sveriges riksbank 1668–1918*, 1918.
10 R. Lindborg, *Descartes i Uppsala. Striderna om »Nya filosofien« 1663–1689*, 1965.
11 SRAP, 1660, 7, S. 59; Barudio, *Absolutismus*, S. 26; zur Erziehung, ibidem, S. 28, Anm. 3.
12 Loenbom, *Handlingar til konung Carl XI:s historia*, 5, 1765, S. 67.
13 F. F. Carlsson, *Sveriges historia under konungarna af Pfalziska huset*, II, (1855–1885), S. 362 ff; zum Hofprediger, F. Petersson, *Olaus Svebilius intill ärkebiskopstiden*, 1940.
14 G. Schmidt, a.a.O., S. 126.
15 SRAP, 1672, S. 70 ff; Leibniz, *Sämtliche Schriften und Briefe*, IV. R., I. Bd., 1931, S. 518.
16 Leibniz, *Werke* (Klopp), 1. R., 1. Bd., 1864, S. 198 ff; Barudio, *Absolutismus*, S. 42 ff.
17 *Strödda meddelanden och aktstycken*, in: HTs, 1913, S. 318 ff.
18 G. Landberg, *Sveriges förbund med Frankrike 1672*, in: HTs 1935; ders. *Westfaliska folkrättsprinciper och svensk jämviktspolitik*, in: Historiska studier tilläg. S. Tunberg 1942; N. Wimarson, *Sveriges krig i Tyskland 1675–1679*, I–III, 1897–1912; K. Zernack, *Studien zu den schwedisch-russischen Beziehungen in der 2. Hälfte des 17. Jhds.*, I, 1958; R. Blomdahl, *Förmyndarräfstens huvudskede. En studie i Stora Kommissionens historia*, in: AUS, 8, 1963; O. Varenius, *Högförräderimålet mot Magnus Gabriel de la Gardie år 1675*, in: Historiska studier tilläg. C. G. Malmström, 1897.
19 O. Varenius, *Ludwig XIV:s bref av den 20 mars 1676 till marquis de Feuquières*, in: Historiska studier tilläg. Prof. H. Hjärne, 1908, S. 415 ff.
20 Ibidem, S. 398 ff; zu diesem Komplex F. Kern, *Gottesgnadentum und Wider-*

standsrecht im frühen Mittelalter, in: Mittelalterliche Studien I:2, 1914; vgl. O. Brunner, *Vom Gottesgnadentum zum monarchischen Prinzip,* in: NWB 17, 1967.
21 S. Grauers, *Några bidrag till det Karolinska enväldets uppkomst,* in: GHA 1926; J. Braconier, *Suveränitätsbegreppets betydelse till det Karolinska enväldets uppkomst,* in: Festskrift till A. Nevstén, 1951.
22 Urkunden u. Actenstücke, 23:1, S. 556, 255 ff.
23 Barudio, *Absolutismus,* S. 151 ff; vgl. L. Knabe, *Wandlungen der Tendenz in Leibniz' Bearbeitungen des Entretien 1677 bis 1691?,* in: Festgabe f. F. Hartung, 1958.
24 C. Rålamb, *Deduktion,* S. 15–17.
25 Leibniz, *Sämtliche Schriften u. Briefe,* 4. R. 1. Bd., S. 188.
26 SRAP, 1680, S. 290–311; Barudio, *Absolutismus,* S. 56 ff.
27 SRAP, 1680, S. 226.
28 SRAP, 1680, S. 375 ff; vgl. L. Thanner, *1680 års statsrättsförklaring,* in: HA, 1961, S. 30, 58 ff.
29 Vgl. R. Blomdahl, *Karl XI, förmyndarräfsten och enväldet,* in: HTs 1965; vgl. auch K. Ågren, *Gods och ämbete. Sten Bielkes inkomster inför riksdagen 1680,* in: Scandia 1965; vgl. U. Sjödell, *Kungamakt och högaristokrati. En studie i Sveriges inre historia under Karl XI.,* 1966.
30 Der dän. Gesandte Mejer über die Stimmung dieses Reichstags, in: A. Fryxell, HRSH, andra delen, 1836, S. 156.
31 C. Annerstedt, UUH, Bihang II, Handlingar 1655–1694, 1910, S. 218.
32 Aristoteles, *Politik,* S. 188.
33 S. Grauers, *Riksdagen under den Karolinska tiden,* 1932; I. Wadén, *Historisk censur under det karolinska enväldet,* in: KFÅ 1959.
34 SRAP, 1682, S. 49 ff.
35 Ibidem, S. 53 ff.
36 Ibidem, S. 65 ff; Barudio, *Absolutismus,* S. 95–105; vgl. H. A. Olsson, *Ständernas förklaring år 1682 rörande lagstiftningen. Uttalandet sett i belysning av Karl XI:s statsåskådning,* in: KFÅ 1971: Er ist in seinem apologetischen Teutonismus diesem Vertragsdenken nicht zugänglich.
37 Zur Geschichte dieser Fundamentalformel aus dem röm. Recht G. Post, *A Romano-Canonical Maxim, ›Quod omnes tangit‹, in Bracton,* in: Traditio, 4, 1946, S. 197 ff; vgl. S. Gagnér, a.a.O., S. 337 ff. – SRAP, 1682, S. 20 ff; A. A. Stiernman, *Alla riksdagars och mötens besluth,* III, S. 1885 ff; vgl. S. Ågren, *Karl XI:s indelningsverk för armén. Bidrag till dess historia åren 1679–1697,* 1922; vgl. H. Landberg, *Kungamaktens emancipation. Statsreglering och militärorganisation under Karl X Gustav och Karl XI,* in: Scandia 1969, mit dt. Zusammenf.
38 SRP, 1636, S. 309.
39 Fryxell, HRSH, andra delen, S. 207; vgl. N. Herlitz, *Om lagstiftning genom samfällda beslut av konung och riksdag,* 1926, S. 102 ff: Nach dem libertären Verständnis der Gesetzgebung mußten Beschlüsse zwischen König und Reichstag ans Göttliche, Natürliche und Völkerrecht gebunden sein. Ein Beschluß an sich genügte nicht. Deshalb war auch der Reichsrat von fundamentaler Bedeutung.
40 Barudio, *Absolutismus,* S. 94; vgl. H. A. Olsson, *Karl XI och lagen,* in: KFÅ, 1969, S. 103 ff.
41 Rålamb, *Deduktion,* S. 564.
42 SRAP, 1686, S. 194 ff.
43 Rålamb, *Deduktion,* S. 298; Barudio, *Absolutismus,* S. 131 ff.
44 Der ›Fall Lichton‹ müßte dazu eingehend untersucht werden, Barudio, *Absolutismus,* S. 135; vgl. C. A. Titz, *Bidrag till historien om Riksdagen år 1686,* 1857; W. Carlgren, *Kungamakt, utskott och stånd på 1680- och 90-talens riksdagar,* in: HTs, 1921; O. Lindquist, *Jakob Gyllenborg och reduktionen. Köpe-, pante- och restitutionsgodsen i räfstepolitiken 1680–1692,* 1956, S. 126 ff: Er ist nur an den quantitativen Zuständen und Verschiebungen interessiert.
45 Zur Außenpolitik dieser Zeit A. Isberg, *Karl XI och den livländska adeln 1684–1695,* 1953; die Reaktion auf die rechtswidrige Reduktion beschrieben bei R.

Wittram, *Patkul und der Ausbruch des Nordischen Krieges*, 1952; vgl. A. Isberg, J. R. *Patkul och Livland 1699–1701*, in: KFÅ 1960; L. Stavenow, *Sveriges politik vid tiden inför Altonakongressen 1686–1689*, 1895.
46 Barudio, *Absolutismus*, S. 178 ff.
47 J. Pieper, *Mißbrauch der Sprache – Mißbrauch der Macht*, 1970, S. 41 ff.
48 Die zugehörige Kassationsakte bei Stiernman, III, S. 2056 ff; vgl. G. Hasselberg, *De karolinska kassationsakterna*, in: SIRF, 15, 1968: Der Begriff des »Kassierens« von Gesetzen stammt aus dem Corpus Juris Justinians und ist keine frz. Erfindung.
49 Barudio, *Absolutismus*, S. 191.
50 Ibidem, S. 174; den Biographien von O. Haintz, *Karl XII*, I–III, 1955–58 und R. Hatton, *Charles XII*, 1972, werden diese Bedingungen seiner Monokratie nicht zum Problem.
51 Zu Lundius, Annerstedt, a.a.O., S. 177; E. Ingers, *Erik Lindschöld*, 1, 1908, reicht nur bis 1682; »aufgeklärt« war hier, wer an das alleinseligmachende patrimoniale Erbprinzip glaubte.
52 Barudio, *Absolutismus*, S. 193; vgl. C. E. Norman, *Prästerskapet och det karolinska enväldet*, 1948, S. 248: Im Vergleich zur großen Generation des J. Rudbeckius erscheint der Klerus um Svebilius nicht nur in der Einübung des »blinden Gehorsams« (oboedientia caeca) intellektuell depraviert und politisch degeneriert.
53 Stiernman, III, S. 2097 ff; vgl. L. Thanner, *Suveränitätsförklaringen år 1693. Tillkomst och innebörd*, in: KFÅ 1954: Versteifte sich auf Bodin und die »französische Souveränität . . . oder Dominatum regium absolutum« (J. Boethius, 1704), ohne die Eigentradition genügend zu beachten.
54 Norman, *Prästerskapet*, S. 252 ff; vgl. Thanner, KFÅ 1954, S. 18; vgl. Barudio, *Absolutismus*, S. 202.
55 L. Thanner, *Carl Gustav Gyllencreutz' memorial om suveräniteten*, in: KFÅ 1957: In den wesentlichen Punkten nicht überzeugend.
56 E. Hjärne, *Från Vasatiden till frihetstiden*, 1929, S. 92; daß die »Göttlichkeit« der Könige vermittels des »Bundes mit Gott« auch libertär verstanden werden kann, zeigt Rålamb in der positiven Rezeption von Hobbes (!), *Observationes juris practici*, 1674, Vorrede; Barudio, *Absolutismus*, S. 49; vgl. O. Brunner, NWB 17, S. 125.
57 L. Febvre, *Martin Luther. Religion als Schicksal*, dt. 1976 (1928), S. 162, siehe auch seinen Haß auf den Stagiriten: »Die verabscheuenswerte aristotelessche Ethik ist in ihrer Gesamtheit der Todfeind der Gnade«, S. 22, dann auch: »Verflucht seien die, welche die *Werke des Gesetzes* erfüllen; gesegnet die, welche die *Werke der Gnade* erfüllen«, S. 23. Diese Position trifft genau die Unterscheidung in Enrådighet und Envälde!
58 H. Boldt, *Der Ausnahmezustand in historischer Perspektive*, in: Der Staat, 6, 1967, S. 412 ff; vgl. C. Schmitt, *Die Prinzipien des Parlamentarismus*, in: NWB 18, 1967 (1923), S. 47: Er läßt die Souveränität nur aus der »Ausnahme« und aus der Entscheidung über den »Ausnahmezustand« entstehen. Die Herleitung aus dem Recht erscheint so suspekt wie der Vertragscharakter der Weimarer Verfassung. Aus diesem rein dezisionistischen Denken resultiert auch die Legitimation der Hitler-Diktatur in der Umpolung von der Transpersonalität des Rechts (Sine respectu personarum) auf den Machthaber: »Der Führer schützt das Recht.«
59 W. Sjögren (Hrsg.), *Förarbetena till Sveriges Rikes Lag 1686–1736*, 1901–1908, 7, S. 6 (die Stellungnahme Gotlands in dt.).
60 Ibidem, S. 21; Barudio, *Absolutismus*, S. 211.
61 Febvre, *Luther*, S. 161: »Principes mundi sunt dei, vulgus est Satan« (Tischreden).
62 SRAP, 1697, S. 436; vgl. T. Höjer, *Carl XII:s myndigförklaring. Några synpunkter*, in: KFÅ 1942; G. Jonasson, *Karl XII och hans rådgivare. Den utrikespolitiska maktkampen i Sverige 1697–1702*; vgl. G. Rystad, *Karolinska spörsmål*, in: HTs 1963.
63 Eine Monographie zum Krönungsakt der schwedischen Könige fehlt noch immer.
64 F. Lagerroth, *Svensk konstitutionalism i komparativ belysning*, in: HTs, 1966,

S. 135 ff in der Diskussion über E. Hjärnes Behauptung, »der Konstitutionalismus zwang das Königtum, sich als Envälde zu konsolidieren«, in: Från Vasatiden, S. 89 ff, als ob nicht der König die konstitutional gesinnten Stände unter Terror genötigt habe, ihm die »absolute Regierung« und das »souveräne Erbrecht« zu erlauben; vgl. Barudio, *Absolutismus*, S. 219 ff.
65 J. Cavallie, *Från fred till krig. De finansiella problemen kring krigsutbrottet år 1700*, 1975, S. 19 ff: Führt wichtige Beispiele zu Vertragsbrüchen Karls XII. und seiner »Staatsmänner« an, S. 149, 154.
66 Ibidem, S. 47 ff; vgl. G. Hasselberg, *De karolinska kungabalksförslagen och konungens makt över beskattningen*, in: KFÅ 1943.
67 H. Almquist, *Göteborgs historia ... Enväldets och det stora nordiska krigets skede (1680–1718)*, 1935; C. F. Corin, *Självstyre och kunglig maktpolitik inom Stockholms stadsförvaltning 1668–1697*, 1958.
68 Norman, *Prästerskapet*, passim.
69 A. Stille, *Studier över Bengt Oxenstiernas utrikespolitiska system och Sveriges förbindelser med Danmark och Holstein-Gottorp 1689–1692*, 1947; vgl. J. Rosén, *Den svenska utrikespolitikens historia*, II:1, 1697–1721, 1952.
70 St. Backman, *Karl XII:s polska detronisationspolitik*, in: KFÅ 1947; vgl. G. Rystad, *Ryssland eller Polen?*, in: Scandia 1961; vgl. J. Gierowski u. J. Kalisch (Hrsg.), *Um die polnische Krone*, 1962.
71 A. Munthe, *Kansliet under det karolinska tidevarvet*, in: K. M.:ts kanslis historia, I, 1935; B. Kentrschynskij, *Mazepa*, 1962; K.-G. Hildebrand, *Karl XII och den östeuropeiska frågan*, in: SvT 1937; ders., *En relation om Mazepa våren 1707*, in: KFÅ 1935; E. Carlson, *Slaget vid Poltava*, 1897; vgl. G. Petri, *Slaget vid Poltava*, in: KFÅ 1958; S. Stenius, *Sachsen och Preußen in den nordiska krisen 1709*, in: KFÅ 1949; vgl. R. Wittram, *Peter I. Czar und Kaiser*, II, 1964, S. 12; Haintz, *Karl XII*, passim.
72 S. Grauers, *Några bidrag till oppositionens historia under Karl XII.*, in: KFÅ 1921; vgl. E. Hjärne, *Från Vasatiden*; S. Schartau, *Om Sveriges inre tillstånd under Karl XII:s tid*, 1918; W. Ahlström, *Arvid Horn och Karl XII 1710–1713*, 1959.
73 O. Jägerskiöld, *Sverige och Europa 1716–1718. Studier i Karl II:s och Görtz' utrikespolitik*, 1937; S. Jägerskiöld, *Den hessiska politiken och den svenska tronföljdsfrågan 1713–1718*, in: KFÅ 1934; R. E. Lindgren, *A projected invasion of Sweden 1716*, in: HLQ, 1944; vgl. J. J. Murray, *Sweden and the Jacobites in 1716*; S. J. Boethius, *Några anmärkningar om uppkomsten och karaktären af Frihetstidens författning*, in: HTs, 1891; G. E. Axelson, *Bidrag till kännedomen om Sveriges tillstånd på Karl XII:s tid*, 1888; J. A. Lagermark, *Armfeldts tåg mot Trondhjem 1718*, in: HTs, 1889; zur umstrittenen Frage des Todes T. Holmquist, *Dödsskottet år 1718*, in: KFÅ 1950.

Kapitel 1c:

1 L. Thanner, *Revolutionen i Sverige efter Karl XII:s död*, 1953.
2 SRAP, 1719, S. 9 ff; vgl. S. U. Palme, *Vom Absolutismus zum Parlamentarismus in Schweden*, in: Veröffentlichungen des Max-Planck-Instituts für Geschichte, Göttingen 1969.
3 E. Hjärne, *Ämbetsmannaintressen och politiska doktriner på 1719 års riksdag*, in: HTs, 1916, S. 18 ff: In den Rechtsbeziehungen von »festem« und »losem Eigentum« wurden »des Reiches Stände ein System von Besitzstimmen« (Örnfeldt); vgl. W. Enblom, *Privilegiestriderna vid frihetstidens början 1719–1723. Ett bidrag till ståndsutjämningens historia*, 1925.
4 A. Brusewitz (Hrsg.), *Frihetstidens grundlagar och konstitutionella stadgar*, 1916, S. 55 ff; SRAP, 1720 (I:2), S. 77: Dieser Artikel 10 der »Versicherung« des Erbwahlkönigs ist auch Ausdruck der »justitia distributiva«, bei der »Praemia« für »Merita« zugeteilt werden, was meist übersehen wird.

5 L. Thanner, *Frågan om ämbetstillsättningarna i belysning av Ehrencronas anteckningar 1720*, in: HTs, 1956, S. 399 ff, S. 409.
6 Zu diesem Gesamtkomplex C. G. Malmström, *Sveriges politiska historia från konung Karl XII:s död till statshvälfningen 1772*, I–VI, 1893–1901; E. Hildebrand, *Svenska statsförfattningens historiska utveckling från äldsta tid till våra dagar*, 1896; F. Lagerroth, *Frihetstidens författning*, 1915: Stark vom Teutonismus und »Dualismus« der Jellinek-Richtung in der dt. »Staatslehre« geprägt; H. Valentin, *Frihetstidens riddarhus* 1915; S. Carlsson, *Byråkrati och borgarstånd under frihetstiden*, in: SHU, 9, 1963: Der »Bürokratie«-Begriff wird bei ihm wie in der gesamten schwed. Historiographie ohne Rechtsbezug benutzt.
7 Lagerroth, *Frihetstidens författning*, S. 450; vgl. Malmström, a.a.O., III, S. 475 ff.
8 Lagerroth, *Frihetstidens förf.*, S. 366, Anm. 1.
9 SRAP, 1719, S. 11; Das Wort Gustavs II. Adolf, das »der König und die Stände, hohe und niedere, . . . in Gottes Stelle die königliche hohe Majestät vertreten«, in: KGAS (Styffe), S. 94, belegt diesen Bezug ausdrücklich; vgl. Lagerroth, in: HTs, 1966, S. 152; vgl. Barudio, *Absolutismus*, S. 47, Anm. 77; vgl. F. Kern, *Gottesgnadentum*, 1915, S. 11 ff.
10 E. Carlsson, *Freden i Nystad*, I, 1932; ders. *Sveriges utrikespolitiska läge 1720–1721*, in: HTs, 1936; ders., *Fredrik I och den hessiska successionen*, in: HTs, 1949, aus den Quellen gearb.: Zernack, *Von Stolbova nach Nystad*, passim.
11 S. Dahlgren, *Uppgörelsen med reduktionen efter enväldets fall*, in: HTs, 1967. Zum Einfluß des Auslandes siehe Carlsson/Rosén, *Svensk historia*, II, 3. Aufl. 1971 (1961), S. 13–24: *Sverige och Europa*; vgl. F. Lagerroth/J. E. Nilsson/R. Olsson, *Frihetstidens maktägande ständer 1719–1772*, 1934; St. Carlsson, *Bonden i svensk historia*, II–III, 1948–1956; H. Backhaus, *Bauernstand und Eigentumsrecht während der schwedischen Freiheitszeit*, in: Eigentum und Verfassung, Veröffentlichungen des Max-Planck-Instituts für Gesch., 37 (R. Vierhaus), 1972, S. 76 ff; vgl. Barudio, *Absolutismus*, S. 233, Anm. 55; E. Naumann, *Om sekreta utskottet under den tidigare frihetstiden 1719–1734*, 1911.
12 J. Häggman, *Studier i frihetstidens försvarspolitik*, 1922; H. Danielson, *Sverige och Frankrike 1727–1735*, 1920.
13 E. F. Heckscher, *Sveriges ekonomiska historia*, II, 1949; K. Åmark, *Sveriges statsfinanser 1719–1809*, 1961; J. Julén, *Om Sveriges statsskuld 1718 och betalningen av densamma*, in: GVVH 17:4, 1916.
14 E. F. Heckscher, *Svenskt arbete och liv*, 1952; ders., *Ekonomi och historia*, 1922; vgl. A. Montgomery, *Industrialismens genombrott i Sverige*, 1947 (1931); vgl. Carlsson/Rosén, *Svensk historia*, II, S. 45–55.
15 *Minnesskrift ägnad 1734 år lag*, I–III, 1934; F. Lagerroth, *En Frihetstida lärobok i gällande svensk statsrätt* (C. F. Scheffer), in: SvT, 1937:3, S. 185–211, E. Anners, *Straffteorierna i svensk rättshistoria*, in: SJT 1964.
16 S. Landahl, *En pamflett mod Arvid Horn vid 1726–1727 års riksdag*, in: HTs, 1936, S. 307; eine subjektiv gefärbte, aber gute Einsicht in die inneren Verhältnisse und die äußere Mächteordnung gibt *Presidenten baron E. M. v. Nolckens berättelse om rikets tillstånd från 1719 till 1742*, in: HTs, 1889, S. 75–122, S. 164–202. Über diese beiden Staatsmänner des libertären Schweden gibt es so wenig eine Biographie wie über Erik Sparre oder Claes Rålamb. Ein Zeichen mehr für die geringe Neigung der Forschung, Machtgeschichte auf das Recht zu beziehen.
17 Malmström, a.a.O., II–III, 1895–97; Lagerroth, *Frihetstidens författt.*, passim.
18 L. Dannert, *Svensk försvarspolitik 1743–1757 i dess utrikespolitiska och inrikespolitiska sammanhang*, 1943; vgl. J. R. Danielson, *Die nordische Frage in den Jahren 1746–1751. Mit einer Darstellung russisch-schwedisch-finnischer Beziehungen 1740–1743*, 1888: Man muß dabei allerdings bedenken, daß es Finnland als ›Staat im Staat‹ nicht gab; vgl. E. W. Juva, *Finnlands väg från Nystad till Fredrikshamn 1721–1809*, 1947; E. Jutikkala, *Geschichte Finnlands*, 1964, S. 155–205.
18a Annerstedt, a.a.O., passim; A. Hegardt, *Akademiens spannmål. Uppbörd, handel och priser vid Uppsala universitet 1635–1719*, in: AUU, C 32, 1975; H. Lindgren,

Spannmålshandel och priser vid Uppsala akademi 1720–1789, in: AUU C 33, 1976; T. Segerstedt, *Den akademiska friheten under frihetstiden*, in: AUU, C 22, 1971; T. Frängsmyr, *Wolffianismens genombrott i Uppsala. Frihetstida universitets filosofi till 1700-talets mitt*, in: AUU, C 26, 1972; S. Lindroth, *Uppsala universitet 1477–1977*, 1976; M. B. Swederus, *Botaniska trädgården i Upsala 1655–1807*, 1877; vgl. *Park und Garten im 18. Jahrhundert*. Colloquium der Arbeitsstelle 18. Jhd., Gesamthochschule Wuppertal, 1978; J. Sundin, *Främmande studenter vid Uppsala universitet före andra världskriget*, in: SHU, 45, 1973.
19 T. Segerstedt, *Den akademiska friheten under gustaviansk tid*, in: AUU, C 29, 1974; vgl. L. Stavenow, *Uppsala universitet samt svensk stat och kultur*, in: UUA 1927.
20 N. Tengberg, *Bidrag till historien om Sveriges krig med Ryssland åren 1741–1743*, 1857–60; O. Jägerskiöld, *Den svenska utrikespolitikens historia*, II:2, 1721–1792, 1957.
21 O. Nilsson, *Danmarks uppträdande i den svenska tronföljarefrågan åren 1739–1743*, I–IV, 1874–1905; vgl. B. Beckmann, *Dalupproret 1743 och andra samtida rörelser inom allmogen och bondeståndet*, 1930; eine wichtige Quelle zu dieser Zeit bei F. Arnheim (Hrsg.), *Luise Ulrike, die schwedische Schwester Friedrichs des Großen. Ungedruckte Briefe an Mitglieder des preußischen Königshauses, 1729 bis 1746*, 1909; vgl. G. Olsson, *Frederik den Store och Sveriges författning*, in: Scandia 1961; P. G. Andreen, *Det svenska 1700-talets syn på banksedlar och pappersmynt*, in: HTs 1956, S. 12 ff; vgl. A. Montgomery, *Riksbanken och de valutapolitiska problemen 1719–1778*, in: Sveriges Riksbank, III, 1920.
22 B. Beckmann, *De danska muträkenskaperna för år 1743*, in: HTs 1944, S. 244–273; G. Behre, *Underrättelseväsen och diplomati. De diplomatiska förbindelserna mellan Sverige och Storbritannien 1743–1745*, in: SHG, 4, 1965; siehe auch G. Olsson, *Hattar och mössor. Studier över partiväsendet i Sverige 1751–1762*, 1963; vgl. G. Behre, *Ostindiska kompaniet och hattarna. En storpolitisk episod 1742*, in: HTs 1966:1.
23 Malmström, a.a.O., IV–V, 1899–1900; F. Arnheim, *Beiträge zur Geschichte der nordischen Frage in der zweiten Hälfte des 18. Jahrhunderts*, in: DZfG 1889, 1891, 1892; L. Dannert, *Svensk försvarspolitik 1743–1757*, 1943.
24 SRAP, 1743, S. 120 (Graf H. Gyllenborg); vgl. E. G. Geijer, *Teckning af Sveriges tillstånd från Carl XII:s död till Gustaf III:s anträde af Regeringen*, 1927.
25 Malmström, a.a.O., III, S. 295, 428 ff.
26 B. Steckzén, *Adolf Fredrik under kronprinstiden*, in: HTs 1934, S. 342–355.
27 J. Wilde, *Det så kallade Oinskränkta Enwäldet som Carl . . . Anno 1680 wordit opdraget*, 1742: Eine Auftragsarbeit von Luise Ulrike; T. T. Hojer, *Frihetstiden i 1800-talets svenska historieskrivning*, in: HTs 1940.
28 O. Jägerskiöld, *C. F. Scheffer och 1750-talets författningskris*, in: HTs 1939, S. 191 ff. Das bewährte Mittel, den »Senat beim Volk verhaßt zu machen«, um auf diesem Wege die »absolute Gewalt« zu erringen als Resultat eines »Schismas zwischen dem Senat und dem König« (S. 186), ist ihm voll geläufig.
29 Ibidem, S. 193 ff.
30 Ibidem, S. 194/95; vgl. L. Trulsson, *Ulrik Scheffer som hattpolitiker*, 1947.
31 H. Stiegung, *Ludvig XV:s hemliga diplomati och Sverige 1752–1774*, 1961; O. Jägerskiöld, *Hovet och författningsfrågan 1760–1766*, 1943, S. 15–118; G. Rystad, *Till frågan om tjänster och löner inom kansliet under frihetstiden*, in: HTs 1966:2; I. Elmroth, *Nyrekryteringen till de högre ämbetena 1720–1809*, in: BHL, XI, 1962; G. Schauman, *Biografiska undersökningar om Anders Chydenius*, in: SSLF, 84, 1908; L. Linnarsson, *Riksrådens licentiering*, 1943; E. Amburger, *Russland und Schweden 1762–1772*, 1934.
32 Malmström, a.a.O., V, S. 414 ff; Lagerroth, *Frihetstidens författning*, S. 590 ff; vgl. H. Eek, *1766 års tryckfrihetsförordning, dess tillkomst och betydelse*, in: StvT 1943:3; vgl. O. Stridsberg, *Hattarnas och mössornas ställningstaganden till tryckfrihetsfrågan på riksdagarna 1760–62 och 1765–66*, in: HTs 1953, S. 158–166.

33 H. Stiegung, *Bröderna Scheffer och den danska politiken åren 1770–1772*, in: VSLÅ 1963; H. J. Bull, *Friedrich der Große und Schweden 1768–1773*, 1936; B. Sallnäs, *England i den svenska författningsdiskussionen 1771–72*, in: VSLÅ 1958–59.
34 K. O. v. Aretin, Einleitung zu NWB 67, S. 40 ff.; vgl. E. Lousse, a.a.O., S. 100; N. M. Družinin, a.a.O., S. 315.
35 F. Lagerroth, *Frihetstidens författning*, passim;
36 Zit. n. O. Holmberg, *Gustav III*, in: Tvistefrågor i svensk historia, 1964, S. 232.
37 Ibidem, S. 233.
38 B. Hennings, *Gustav III*, 1967 (1957), S. 49.
39 G. Julin, *Gustaf III och Jacob Magnus Sprengtporten*, in: HTs 1903; vgl. C. G. Malmström, *Den nittonde augusti 1772* in: SvT 1872; E. Kleberg, *Till historien om 1771–1772 års riksdag*, in: HTS 1915–16.
40 Die Rede Gustavs III., in: De la Gardiska arkivet, 18. delen, S. 1 ff; zu vielen vorbereitenden Äußerungen gegen den »absoluten Despotismus« Rußlands, der Schweden unterdrücken will, gegen die Parteien-»Anarchie« und zur »Wiederherstellung der königlichen Macht« in: *Gustav III:s efterlemnade . . . papper*, (E. G. Geijer), 1843, I.
41 E. Arosenius, *Tvenne utländska omdömen om statshvälfningen 1772*, in: HTs 1909–1910: »notre heureuse revolution« (Baer), »la grande et l'admirable revolution« (Eggers); H. Stiegung, a.a.O., 1961, passim.
42 B. Sallnäs, *Det ofrälse inslaget i 1772 års revolution*, in: HTs 1954, S. 129–145; C. T. Odhner, *Sveriges politiska historia*, I–II, 1885–96; F. Almén, *Gustav III och hans rådgivare 1772–89*, 1940.
43 E. Ingers, *Bonden i svensk historia*, II, 1948; vgl. Carlsson/Rosén, a.a.O., II, S. 164–175.
44 N. Staf, *Polisväsendet i Stockholm 1776–1850*, in: MSK, 10, 1950.
45 H. Schück, *Kgl. Vitterhets historie och antikvitets akademien*, Bd. 5, 1936.
46 B. Hennings, *Gustav III*, S. 216 ff.
47 S. J. Boethius, *Om orsakerna till Gustaf III:s krig med Ryssland*, 1884; vgl. E. Holm, *Danmarks Politik under den svensk-russiske Krig fra 1788–1790*; vgl. A. Siegel, *Gustav III. von Schweden und die preussische Politik nach dem Tode Friedrichs des Grossen*, 1933; vgl. S. Carlsson, *Sverige och Storbritannien 1787–1790*, 1944.
48 B. Hennings, *Gustav III*, S. 239 ff; zur Opposition von Finnland aus, und zwar im Kreis des Anjala-Bundes E. Jutikkala, *Geschichte Finnlands*, S. 228 ff; M. Malmanen, *Anjala-förbundet*, 1848; zum »feierlichen Protest« des Adels gegen diesen, von Gustav III. als »Fundamentalgesetz« aufgefaßten Akt SRAP, 1789, S. 387 ff.
49 G. Iverus, *Hertig Karl av Södermanland. Gustav III:s broder*, I: Till ryska kriget, 1925, S. 138 ff: Auch hier der Versuch, eine Absolutesse durchzusetzen. Zu den Beziehungen mit deutschen und russischen Freimaurern E. Thulstrup, *Svenska frimureriets historia*, II, S. 77, 89 ff.
50 M. A. Vivie, *Lettres de Gustave III à la comtesse de Boufflers et de la comtesse au roi de 1771 à 1791*, 1900, S. 39 ff. Er behauptete einmal: »Ich bin selbst Demokrat«, B. Hennings, a.a.O., S. 233. Damit war aber in erster Linie die Hereinnahme Unadliger in die Bürokratie gemeint und nicht das Anerkennen einer Vertragsverfassung mit »Volks-Souveränität«.
51 Vivie, a.a.O., S. 42, 70.
52 Ibidem, S. 65 ff.
53 Man hat in der Historiographie lange Zeit Anckarström verteufelt. Seine Rehabilitierung bei S. Jägerskiöld, *Tyrannmord och motståndsrätt 1792–1809. En studie kring J. J. Anckarström*, in: Scandia 1962, S. 113–168.
54 A. Kepplerus, *Ödmjukt memorial*, 1770, S. 1–12.
55 Ibidem, S. 13 ff.
56 S. Jägerskiöld, *Scandia* 1962, S. 125; vgl. G. Jellinek, *Die Erklärung der Menschen- und Bürgerrechte. Ein Beitrag zur modernen Verfassungsgeschichte*, 1895.

57 P. Nyström, *Thomas Thorilds lära om harmonien och dess idéhistoriska bakgrund. En linje i den gustavianska tidens politiska ideologibildningar*, in: Scandia 1939.
58 U. G. Johnsson (Hrsg.), *Gustaf III. En konstbok från Nationalmuseum*, 1972, S. 29: Gustaf III och Frankrike (G. von Proschwitz).

Zusammenfassung

1 Vgl. U. Sjödell, *Kungamakt och aristokrati i svensk 1900-talsdebatt. En studie i dualistisk historiesyn*, in: HTs 1965; vgl. den historischen Hintergrund bei N. Stjernquist (Holmberg), *Vår nya författning*, 1973.

2. FRANKREICH UNTER DEM HAUSE BOURBON

1 R. Mousnier, *Ein Königsmord in Frankreich*, 1970 (1964), S. 255.
2 P. Hoffmann, in: NWB 67, S. 340.
3 H. Höffding, *Der Totalitätsbegriff*, 1917, S. 101.

Kapitel 2 a:

1 R. Treumann, *Die Monarchomachen*, 1895.
2 J. Bodin, *Six livres*, 1977 (1583), S. 122, 134, 155–160, 225, 988, 1013 ff, zur Lit. über Bodin s. Roellenbloeck, in: *Der Staat*, 7, 1967.
3 R. Mousnier, *Comment les français du XVII:e siècle voyaient la constitution*, in: XVII:e siècle, 1955.
4 G. Jellinek, *Allgemeine Staatslehre*, 1960.
5 Bodin, a.a.O., S. 137; Archiwum Jana Zamoyskiego, tom 1553–1579, 1904, S. 25.
6 R. Mousnier, *Les institutions de la France sous la Monarchie absolue*, I, 1974, S. 503.
7 A. Lemaire, *Les lois fondamentales de la Monarchie française d'après les theoriciens de l'ancien régime*, 1907; Ch. Mercier, *Les theories politiques des Calvinistes en France au cours des guerres de religion*, in: BSHPF, 1934; J. Lecler, *L'Eglise et la souveraineté de l'Etat*, 1946.
8 Vgl. Mousnier, *Königsmord*, S. 92 ff.
9 L. Saint-Simon, *Oeuvres*, 1791, t. XIII, S. 50 ff.
10 R. Mousnier, *Institutions*, S. 505; *Mémoire des Princes du sang . . .*, 1717, o. S.
11 R. Mousnier, *Institutions*, S. 505 f.
12 R. Mousnier, *Königsmord*, S. 248 ff, in vielen Bereichen ungenau; V. Martin, *Le Gallicanisme et la Réforme catholique*, 1919; A. Latreille, *Histoire du catholicisme en France*, Bd. 2, 1960.
13 C. J. Burckhardt, *Richelieu*, Bd. II, 1966, S. 8 ff; *Richelieu, Korrespondenzen*, Bd. III, S. 179 ff.
14 G. v. Rauch, passim, J. Wollenberg, *Richelieu. Staatsräson und Kircheninteresse*, Bielefeld 1977, führt über W. Mommsen, *Richelieu als Staatsmann*, in: HZ, 1923 ebenso hinaus wie über K. v. Raumer, *Die Problematik des modernen Machtstaates*, in: HZ, 1952, überschätzt aber den Kardinal in seinen eur. Möglichkeiten.
15 Le Brêt, *De la Souveraineté du Roy*, 1632, S. 5, 15, 23, 69, 115, 606 zu den Kontrakten.
16 Burckhardt, *Richelieu*, Bd. III, 1966, S. 190.
17 Burckhardt, *Richelieu*, III, S. 192.
18 P. Séguier, *Lettres et mémoires (1633–1649)*, 1964, t. II, S. 901; vgl. P. Guth, *Mazarin*, 1973 (1972), S. 388; Ph. Erlanger, *Richelieu*, 1975 (1970), S. 249 ff, beide Biographien nicht unproblematisch.
19 P. Guth, a.a.O., S. 380 ff.

411

20 P. Guth, a.a.O., S. 400f; A. Chéruel, *Histoire de France sous le ministère de Mazarin*, 1882; Dubuisson-Aubenay, *Journal des guerres civiles (1648–1652)*, 1883.
21 J. Jacquart, *La Fronde des princes dans la région parisienne et ses conséquences materielles*, in: RHMC, 1960; M.-N. Grand-Mesnil, *Mazarin, la Fronde et la Presse (1647–1649)*, 1967; E. Kossmann, *La Fronde*, 1954; A. Lloyd Moote, *The Revolt of the judges. The Parlement of Paris and the Fronde 1643–1652*, 1971.
22 A. Béguin, *Blaise Pascal in Selbstzeugnissen und Bilddokumenten*, 1959, S. 75 ff, 135 ff.
23 P. Guth, *Mazarin*, S. 541 ff.
24 C. Badalo-Dulong, *Trente ans de diplomatie française en Allemagne, Louis XIV et l'Electeur de Mayence, 1648–78*, 1956; R. Schnur, *Der Rheinbund von 1658 in der Verfassungsgeschichte*, 1955.

Kapitel 2 b:

1 R. Descartes, *Abhandlung über die Methode...*, 1961 (1637), S. 31 ff.
2 R. Descartes, *Meditationen...*, 1978 (1641), S. 65 ff, 86 ff; vgl. E. Gilson, *Études sur le rôle de la pensée médiévale dans la formation du système cartésien*, 1930; M. Hagmann, *Descartes in der Auffassung durch die Historiker der Philosophie*, 1955.
3 W. Roscher, *Geschichte der Nationalökonomik in Deutschland*, 1874, S. 380 ff.
4 M. Göhring, *Weg und Sieg der modernen Staatsidee in Frankreich*, 1946, S. 2.
5 F. Dickmann, *Geschichte in Quellen*, Bd. III, Renaissance, Glaubenskämpfe, Absolutismus, 1966, S. 425 ff.
6 O. Brunner, *Vom Gottesgnadentum zum monarchischen Prinzip*, in: NWB 17, S. 125 ff; E. Bourgeois-L. André, *Les sources de l'Histoire de France. XVIIe siècle (1610–1715)*, 8 Bde, 1913–1935; L. Hautecoeur, *Louis XIV. Le roi soleil*, Paris 1953.
7 Voltaire, *Oeuvres historiques*, 1957 (R. Pomeau), S. 687 ff.
8 F. Dickmann, a.a.O., S. 430; P. Guth, a.a.O., S. 557 versucht wenig überzeugend, dieses Bild zu korrigieren.
9 J.-B. Colbert, *Lettres, Instructions et Mémoires*, Bd. II (P. Clément), 1863; C. Ferrère, *Jean-Baptiste Colbert*, Paris 1954.
10 P. Gaxotte, *Ludwig XIV.*, 1978 (1951), S. 79 ff.
11 Zum Heerwesen R. Holtzmann, *Französische Verfassungsgeschichte*, S. 425 ff.
12 F. Oliver-Martin, *Histoire du droit français des origines à la Revolution*, 1951; R. Mousnier, in: *Louis XIV and absolutism* (R. Hatton), 1976, S. 48 f.
13 F. Dickmann, a.a.O., 433 ff.
14 Ibidem, S. 439 ff.
15 Ibidem, S. 427 ff.
16 F. Stern, *Gold und Eisen, Bismarck und sein Bankier Bleichröder*, 1978.
17 G. W. Leibniz, *Sämtliche Schriften und Briefe*, 4. R: Pol. Schriften, Bd. 1, 1931, S. 174 ff.
18 G. Picavet, *La diplomatie française au temps de Louis XIV.*, 1930; L. Febvre, *Le problème historique du Rhin*, 1931.
19 M. Mignet, *Negotiations relatives à la Succession d'Espagne sous Louis XIV.*, Bd. 1–4, in: Collection des Documents inédits sur l'Histoire de France Sér. I, 1835 ff, Bd. 2, S. 77 ff.
20 A. Legrelle, *Louis XIV. et Strasbourg*, 4. Aufl. 1885; K. G. Schneider, *Überblick über die Herrschafts- und Rechtsformen des französischen Vordringens nach Osten in der Zeit von 1550–1812*, 1938; vgl. G. Zeller, *Louvois, Colbert de Croissy et les réunions de Metz*, in: RH 131 (1919).
21 K.-E. Rudelius, *Sveriges utrikespolitik 1681–84*, 1942.
22 A. Legrelle, *La diplomatie française et la succession d'Espagne*, 4 Bde., 1888–1892; H. Vast, *Les grands Traités du Règne de Louis XIV.*, in: Collection de textes pour servir à l'étude et à l'enseignement de l'histoire, Bd. 1–3, 1893, S. 72 ff,

141 ff, 162 ff; I. A. Montgomery, *The dutch barrier 1705–1719*, 1930; M. Braubach, *Versailles und Wien von Ludwig XIV. bis Kaunitz. Die Vorstadien der diplomatischen Revolution im 18. Jhd.*, 1952; E. Hassinger, *Preußen und Frankreich im Spanischen Erbfolgekrieg*, in: FPBG 54, 1943.
23 G. Oestreich, *Die Idee des religiösen Bundes und die Lehre vom Staatsvertrag*, in: NWB 17, S. 146 ff.
24 J.-B. Bossuet, *Politique tirée . . .*, 1709; *Geschichte in Quellen*, S. 450 ff; O. Brunner, NWB 17, S. 128; J. J. Chevallier, *Au service de l'absolutisme*, 1949, S. 71 ff, oft recht ungenau.
25 *Geschichte in Quellen*, S. 449 ff; vgl. G. Pagès, *Les origines du XVIIIe siècle au temps de Louis XIV*, o. J., S. 54 ff; R. Holtzmann, *Französische Verfassungsgeschichte*, 1965, S. 446 ff.
26 F. Fénelon, *Oeuvres complètes*, (10 Bde.), 1848–52 (Leroux et Jouby), VII, S. 509; vgl. E. Mohr, *Fénelon und der Staat*, 1971, S. 61, 123 ff; R. Schmittlein, *L'aspect politique du difference Bossuet-Fénelon*, 1954.
27 Fénelon, VI, S. 186 ff; VII, S. 90 ff, 184; F. Varillon, *Fénelon et le pur amour*, 1957; vgl. R. Mousnier, *Les idées politiques de Fénelon*, in: XVIIe siècle, 1951.
28 J. J. Chevallier, *Denker, Planer, Utopisten*, dt. 1966; G. Pire, *Fénelon et Rousseau, du Télemaque à d'Émile*, in: Les études classiques, Bd. XXIII, 1955.
29 H. Boulainvillier de, *Oeuvres philosophiques*, 2 Bde, 1973–75 (R. Simon) mit Kritik an Spinoza und Kommentar zu Jurieu samt dem Traktat »De l'homme«; W. Gembruch, *Reformforderungen in Frankreich um die Wende vom 17. zum 18. Jahrhundert*, in: HZ 1969, S. 298 ff; F. Rothkrug, *Opposition to Louis XIV.*, 1965.
30 *Mémoire des Princes du sang . . .*, 1717, o. S.
31 F. Hartung, *Der Aufgeklärte Absolutismus*, in: NWB 17, S. 161, vgl. Olivier-Martin, a.a.O., S. 314.
32 P. Gaxotte, *Ludwig XIV.*, S. 373.
33 G. Pagès, *Les institutions monarchiques sous Louis XIII et Louis XIV*, o. J.; E. Préclin-V.-L.Tapié, *Le XVIIe siècle. Monarchie centralisée 1610 à 1715*, 1913.
34 A. Greive, *Die Entstehung der frz. Revolutionsparole »Liberté, Egalité, Fraternité«*, in: DVjs 1969, S. 749.

Kapitel 2 c:

1 F. Honigsheim, *Die Staats- und Soziallehren der französischen Jansenisten im 17. Jhd.*, 1914; G. Tréca, *Les doctrines et les reformes du droit public en réaction contre l'absolutisme de Louis XIV dans l'entourage du Duc de Bourgogne*, Paris 1909; G. Hanotaux, *Sur les chemins de l'histoire*, I (Théorie du Gallicanisme), 1924.
2 *Remontrances du Parlement de Paris au XVIIIe siècle*, t. 1, 1715–1755, 1888 (J. Flammermont), S. 86 ff.
3 Ibidem, I, S. XLV.
4 E. F. Sauer, *Staatsphilosophie*, 1965, S. 250 ff.
5 *Remontrances*, I, S. 234 ff.
6 Ibidem, I, S. 283 ff.
7 Ibidem, S. XXIII; vgl. P. Gaxotte, *Die Französische Revolution*, dt. (1949), 1977, S. 95 ff; vgl. A. Jobez, *La France sous Louis XV.*, 6 Bde, Paris 1864–1873; C. Saint-André, *Louis XV*, 1921.
8 R. Kerschagl, *John Law. Die Erfindung der modernen Banknote*, 2. erw. Aufl., 1968, S. 13 ff, 24 ff, 47, 75, 103 ff; A. Courtois, *Histoire de la Banque de France et des principales institutions françaises de crédit depuis 1716*, 1875; J. Buvat, *Journal de la Régence 1715–1723*, 2 Bde, 1865 (E. Compardon); P. E. Lemontey, *Histoire de la Régence et de la Minorité de Louis XV*, 2 Bde, 1832; J. Greven, *Die dynamische Geld- und Kreditlehre des Merkantilismus*, 1936; vgl. E. Faure, *La Banqueroute de Law*, 1977.
9 M. van Hoey, *Lettres et negotiations pour servir à l'histoire de la vie du Cardinal Fleury*, 1743; P. Vaucher, *Robert Walpole et la politique de Fleury*, 1924.

10 Montesquieu, *Vom Geist der Gesetze*, dt. 1976 (1965), S. 114.
11 *Remontrances*, passim.
12 Vgl. die Arbeiten von Boulainvilliers, *Histoire de l'ancien gouvernement de la France avec XIV Lettres historiques sur les Parlements ou Etats Generaux*, 3 Bde, 1727; H. Hömig, *Absolutismus und Demokratie*, in: HZ 1978, S. 354 ff, beide Fundamentalbegriffe zu undifferenziert.
13 *Remontrances*, II, 1755–68, S. 556 ff.
14 Th. Hobbes, *Leviathan* (Der Mensch), dt. Hamburg 1965 (D. Tidow), S. 128 ff.
15 Stiegung, a.a.O., S. 121 f; vgl. E. Schmitt, *Repräsentation und Revolution. Eine Untersuchung zur Genesis der kontinentalen Theorie und Praxis parlamentarischer Repräsentation aus der Herrschaftspraxis des Ancien Régime in Frankreich (1760–1789)*, 1969; vgl. G. J. Cavanaugh, *Vauban, d'Argenson, Turgot. From Absolutism to Constitutionalism in Eighteenth-Century France*, 1967; E. Zévort, *Le marquis d'Argenson et le ministère des affaires étrangères du 18 nov. 1744 au 10 jan. 1747*, 1880.
16 N. Hermann-Mascard, *La censure des livres à Paris à la fin de l'Ancien Régime 1750–1789*, 1968; vgl. J. Habermas, *Strukturwandel der Öffentlichkeit*, 1962.
17 S. Backman, *Karl XII:s polska detronisationspolitik*, in: KFA 1947; J. Kalisch-J. Gierowski, *Um die polnische Krone. Sachsen und Polen während des Nordischen Krieges 1700–1721*, 1962; E. Rostworowski, *O polska korone. Polityka Francji w latach 1725–1723* (Um die pol. Krone. Die Politik Frankreichs in den Jahren 1725–1733), 1958; A. M. Wilson, *French foreign policy during the administration of Cardinal Fleury 1726–43*, 1936; L. Just, *Um die Westgrenze des alten Reichs*, 1941.
18 R. Waddington, *Louis XV et le renversement des alliances. Préliminaires de la guerre de sept ans (1754–56)*, 1896; K. Zernack, *Stanislaus August Poniatowski*, in: JbGOE, NF 15, 1967, S. 371–392; B. Leónodorski, *Le siècle des lumières en Pologne*, in: APH IV, 1961, S. 147–174; H. Roos, *Der Adel der Polnischen Republik im vorrevolutionären Europa*, in: Der Adel vor der Revolution, 1971, S. 41–76.
19 M. Antoine, *Le Conseil du roi sous le règne de Louis XV*, 1970; H. Stiegung, *Ludvig XV:s hemliga diplomati och Sverige 1752–1774*, 1961, S. 120 ff.
20 P. Nolhac de, *Louis XV et Madame de Pompadour*, dt. 1905; E. u. J. Goncourt de, *Madame de Pompadour*, Paris 1927; J. F. Bosher (Hrsg.), *French Government and Society 1500–1850. Essays in Memory of Alfred Cobban*, London 1973; vgl. R. Reichardt, *Bevölkerung und Gesellschaft Frankreichs im 18. Jhd.*, in: ZfHF 4, 1977; G. Duby u. A. Wallon, *Histoire de la France rurale*, Bde. 1–4, 1977.
21 H. Pouget de Saint-André, *Le général Dumouriez*, 1914; A. Monchanin, *Dumouriez*, Paris 1925; G. Rhode, *Geschichte Polens*, 1966, S. 305 ff.
22 J. Kayser, *La Fayette*, Paris o. J.; L. Gottschalk, *La Fayette between the American and the French Revolution*, 1950.
23 A. Wahl, *Studien zur Vorgeschichte der Französischen Revolution*, 1901, S. 150 ff.
24 Zum Stand der französischen Regionalforschung siehe die Übersicht von R. Reichardt, *Auf dem Wege zu einer Totalgeschichte des ländlichen Frankreich*, in: HZ 1977, S. 635–654, die Rechts- u. Verfassungsgesch. kommt allerdings zu kurz.
25 A. Wahl, a.a.O., S. 158 ff.
26 A. Tocqueville de, *Der alte Staat und die Revolution*, dt. 1969 (Th. Oelckers), S. 33 ff.
27 W. Hasbach, *Die allgemeinen philosophischen Grundlagen der von François Quesnay und Adam Smith begründeten Politischen Ökonomie*, 1890; *François Quesnay et la physiocratie*, 2 Bde., 1958 (hrsg. vom Institut national d'Études démographiques); F. Hartung, in: NWB 17, S. 156.
28 H. Holldack, *Der Physiokratismus und die absolute Monarchie*, in: NWB 67, S. 142 ff; vgl. B. Güntzberg, *Die Gesellschafts- und Staatslehre der Physiokraten*, 1907.
29 Vgl. L'Héritier, *Le rôle historique du despotisme éclairé, particulièrement au XVIIIe siècle*, in: BICHS, Nr. 5, July 1928, S. 601 ff.
30 Turgot, *Oeuvres*, I, S. 125, 131, 136 ff; vgl. Holldack, a.a.O., S. 146.

31 Turgot, *Oeuvres*, III, S. 502 ff.
32 Turgot, *Oeuvres*, IV, S. 612 ff; C. J. Gignoux, *Turgot*, 1945; Ch. Gomel, *Les causes financières de la Révolution française*. Bd. 1: Les ministères de Turgot et de Necker, 1892.
33 *Remontrances*, III, 1768–1788, S. 236 ff.
34 J. Necker, *Oeuvres complètes*, 1971 (1821), t. 15, S. 223 ff.
35 Necker, *Oeuvres*, t. 11, S. 6. Als Gegenstück versteht er die »eine und unteilbare Republik«, obgleich sich beide Staatsformen in ihrer possessiven Substanz nur graduell unterscheiden.
36 Necker, *Oeuvres*, t. 2, Compte rendu au Roi, S. 65 ff.
37 P. Ségur de, *Louis XVI et Necker*, 1913; P. Jolly, *Necker*, 1947; P. Jolly, *Calonne*, 1949.
38 *Remontrances*, III, S. 777 ff; E. Schmitt, *Die Französische Revolution. Anlässe und langfristige Ursachen*, 1973; vgl. M. Vovelle, *La Chute de la monarchie*, 1972; vgl. A. Soboul, *La Civilisation et la revolution française*, 1971.

Kapitel 2d:

1 G. Ch. Lichtenberg, *Aphorismen*, 1977, S. 184.
2 F. Châtelet (Hrsg.), *Geschichte der Philosophie*, Bd. IV Die Aufklärung (18. Jhd.), dt. 1974 (1972), S. 76 ff (R. Desné).
3 Th. R. Malthus, *Das Bevölkerungsgesetz*, dt. 1977 (Ch. M. Barth), Nachwort S. 182 ff.
4 A. Greive, a.a.O., S. 741.
5 A. Noyes, *Voltaire*, dt. 1976 (1958), S. 315 ff; vgl. Th. Besterman, *Voltaire*, dt. 1971 (1969), S. 300 ff zu Optimismus und Fortschrittsdenken.
6 Besterman, a.a.O., S. 252 ff.
7 Voltaire, *Über den König von Preußen. Memoiren*, 1967 (A. Botond), S. 61.
8 Ibidem, S. 44.
9 Voltaire, *La Russie sous Pierre le Grand, Oeuvres hist.*, S. 418 ff.
10 Besterman, a.a.O., S. 359 ff, 365 ff; *Memoiren*, S. 62 ff.
11 Montesquieu, *Lettres persanes*, 1960 (P. Vernière), S. 212 ff.
12 Montesquieu, *Vom Geist der Gesetze*, dt. 1976 (1965) (K. Weigand), S. 43 ff; die Lit. hat gerade auf den possessiven Grundzug selten Bezug genommen; vgl. E. Cassirer, *Die Philosophie der Aufklärung*, 1932; L. Althusser, *Montesquieu. La politique et l'histoire*, 1959.
13 Tocqueville, *Der alte Staat . . .*, S. 32 ff, ders., *Über die Demokratie in Amerika*, dt. 1976 (1951) (H. Zbinden), S. 54 ff.
14 Montesquieu, *Geist . . .*, S. 212 ff; vgl. M. Imboden, *Montesquieu und die Lehre der Gewaltenteilung*, 1959; V. Klemperer, *Montesquieu*, 2 Bde., 1914–15; R. Shackleton, *Montesquieu. A critical biography*, 1961.
15 Montesquieu, *Geist . . .*, S. 213.
16 Ibidem, S. 158.
17 Ibidem, S. 219.
18 K. von Raumer, *Absoluter Staat, korporative Libertät, persönliche Freiheit*, in NWB 17, S. 186; vgl. E. Forsthoff, *Einleitung und Übersetzung des Geists der Gesetze*, 2 Bde., 1951.
19 Montesquieu, *Geist . . .*, S. 258, 280 ff.
20 A. und W. Durant, *Rousseau und die Revolution*, dt. 1969 (L. Voelker), S. 239 ff, vgl. G. Holmsten, *Jean-Jacques Rousseau*, 1972, S. 136.
21 J.-J. Rousseau, *Gesellschaftsvertrag*, 1977 (H. Brockard), S. 24–26; vgl. G. Jellinek, *Die Politik des Absolutismus und die des Radikalismus* (Hobbes und Rousseau), in: Ausgewählte Schriften und Reden, 2 Bde., 1921; M. Rang, *Rousseaus Lehre vom Menschen*, Göttingen 1959; O. Vossler, *Rousseaus Freiheitslehre*, 1963; L. G. Crocker, *Rousseau et la voie du totalitarisme*, in: Rousseau et la philosophie. Annales de philosophie politique, vol. 5, 1965; I. Fetscher, *Rousseaus politische Philosophie*, 1968.

22 Rousseau, *Gesellschaftsvertrag*, S. 11 ff.
23 Rousseau, *Discours: Quelle est l'origine de l'inégalité parmi les hommes ...*, 1963 (H. Guillemin), S. 316; vgl. M. Françon, *Sur le langage mathématique de J.-J. Rousseau*, in: Isis vol. 40, 1949; F. Landmann, *Der Souveräntitätsbegriff bei den französischen Theoretikern von Bodin bis auf Rousseau*, 1896; A. Cobban, *Rousseau and the modern state*, 1961.
24 K. von Raumer, NWB 17, S. 186 ff, ders., *Ewiger Friede. Friedensrufe und Friedenspläne seit der Renaissance*, 1953, S. 344.
25 Rousseau, *Oeuvres compl.*, t. III, *Projet de Constitution pour la Corse*, S. 944 ff; vgl. D. Carrington, *The Corsican constitution of Pasquale Paoli (1755–1769)*, in: EHR, vol. 348, 1973, S. 481 ff.
26 Rousseau, *Gesellschaftsvertrag*, S. 9 ff.
27 Rousseau, *Oeuvres compl.*, t. III, 1964 (Gagnebin et Raymond), S. 954 ff.
28 Rousseau, *Gesellschaftsvertrag*, S. 28 ff.
29 Ibidem, S. 21.
30 A. Baruzzi, *Aufklärung und Materialismus im Frankreich des 18. Jahrhunderts*, 1968 (Sammelarbeit), S. 99 ff (T. Schabert, *Diderot*); E. Weis, *Geschichtsschreibung und Staatsauffassung in der Französischen Enzyklopädie*, 1956.

Zusammenfassung:

1 Bismarck, *Gedanken und Erinnerungen*, 1905, S. 178.
2 Hegel, *Grundlinien der Philosophie des Rechts*, 1972 (H. Reichelt), S. 255 ff: Hegel nennt hier auch »das Wahlreich ... die schlechteste der Institutionen«.
3 A. de Tocqueville, *Über die Demokratie in Amerika*, dt. 1976 (1951), S. 55/56.

3. DÄNEMARK-NORWEGEN

1 H. Conring, *Ohnmassgebliches Bedencken Von stetswaehrender Erhaltung der neuen Erb-Monarchie des hoechstloeblichsten Koenigreiches Dennemarck*, Braunschweig 1730 (1669); G. W. Leibniz, SSB, 4. R. 1. Bd., S. 188 ff.
2 Voltaire, *Oeuvres*, 13, 1878, S. 122; Raumer, NWB 17, S. 183 zit. ungenau.
3 J. A. Fridericia, *Frederik III og Enevaeldens Indførelse*, in: HTd, 1886–87, S. 810.
4 R. Molesworth, *An account of Denmark as it was in the Year 1692*, London 1976 (1694), S. 56; sein Buch wurde in mehrere Sprachen übersetzt. Die dt. Fassung, Köln 1695, ist oft in der Terminologie ungenau; vgl. die gelungene Studie von P. Ries, *Robert Molesworths Analyse des dänischen Absolutismus*, in: Arte et Marte. Studien zur Adelskultur des Barockzeitalters in Schweden, Dänemark und Schleswig-Holstein, hrsg. von D. Lohmeier, Neumünster 1978, S. 43–66; K. Fabricius, *Kongeloven. Dens tillblivelse og plads i samtidens natur- og arveretlige udvikling*, 1920 sicherte das Thema mehr in philologischer Hinsicht und nicht auch die Wirkungsgeschichte; vgl. C. O. Bøggild-Andersen, *Statsomvaeltningen i 1660. Kritiske Studier over Kilder og Tradition*, 1936; zur Rechtslage Ch. Brunn, *Et bidrag til den rette Forstaaelse af Enevaeldens Indførelse i Danmark 1660*, in: HTd 1880–81, S. 682 ff; kontrovers dazu J. A. Fridericia, in: HTd, 1886–87; ders., *Adelsvaeldens sidste Dage. Danmarks Historie fra Christian IV's Død til Enevaeldens Indførelse (1648–1660)*, 1969 (1894); sehr apologetisch J. O. Evjen, *Die Staatsumwälzung in Dänemark im Jahre 1660*, 1903; eine kurze Übersicht bei D. Gerhard, *Probleme des dänischen Frühabsolutismus*, in: Festgabe f. K. v. Raumer, 1966, S. 269–292; vgl. K. Zernack, *Die skandinavischen Reiche von 1654 bis 1772*, in: HEG, Bd. 4, 1968, S. 534–548; vgl. A. Imhof, *Grundzüge der nordischen Geschichte*, 1970, S. 116–144; E. Kleberg, *De danske ständermötena intill Kristian IV:s död*, in: GKVVH, 4: XIX: 1, 1917.

Kapitel 3 a:

1 S. Ellehøj, *Christian IV.'s Tidsalder*, in: Danmarks historie, Bd. 7, 1964; Imhof, *Grundzüge*, S. 106; vgl. T. Christiansen, *Die Stellung König Chr. IV. v. Dänemark zu den Ereignissen im dt. Reich und zu den Plänen einer ev. Allianz 1618/25*, 1937; J. A. Fridericia, *Danmarks ydre politiske Historie i Tiden fra Freden i Lybek till Freden i Prag*, I, 1876; vgl. Y. Lorents, *Efter Brömsebrofreden. Svenska och danska förbindelser med Frankrike och Holland 1645–1645*, 1916; vgl. H. Ellersieck, *The Swedish-Russian Frontier in the Seventeenth Century. A Commentary*, in: JBS, V, 1974, S. 188–197.
2 L. Holberg, *Dannemarks Riges Historie*, T. III, 1856, S. 20–29; vgl. H. Matzen, *Danske Kongers Handfaestninger. Inledende Undersøgelser*, 1977 (1889); E. L. Petersen, *Fra domaenestat til skattestat. Syntese og fortolkning*, 1974; H. H. Fussing, *Herremand og Faestebonde. Studier i dansk Landbrugshistorie omkring 1600*, 1973 (1942); vgl. A. Friis, *Rigsraadet og statsfinanserne*, in: HTd, 10 R., VI. Bd., 1942–44; vgl. S. Heiberg, *De ti tønder guld. Rigsråd, Kongemagt og statsfinanser i 1630'erne*, in: HTd, 13. R., III. Bd., 1976; vgl. J. Engberg, *Dansk finanshistorie i 1640'erne*, 1971; P. J. Jørgensen, *Dansk retshistorie*, 1940 (veraltet); J. Steenstrup, *Den danske bonden och friheden*, 1888.
3 H. Roos, *Der Adel der Polnischen Republik im vorrevolutionären Europa*, in: Der Adel vor der Revolution, 1971, S. 46 ff; vgl. J. Bardach, *Sejm szlachecki doby oligarchii*, in: KH, 74, 1967, S. 365–372; W. Czapliński, *Polish Seym in the Light of Recent Research*, in: APH, XXII, 1970, S. 180–192; A. Konopczyński, *Le liberum veto*, Paris 1930; H. Almquist, *Polskt författningslif under Sigismund III.*, in: HTs 1912.
4 K. Erslev, *Aktstykker og Oplysninger til Rigsraadets og Staendermødernes Historie i Christian IV.s Tid*, I–III, 1883–90; L. Holberg, a.a.O., t. III, S. 26ff; J. Brøndum-Nielsen u. S. Aakjaer, *Danmarks Gamle Landskabslove med Kirkolovene*, 1933; zum Schonen-Recht: A. Holmbäck/E. Wessén, *Svenska Landskapslagarna*, 1943.
5 L. Holberg, a.a.O., t. III, S. 28/29, vgl. J. Boisen Schmidt, *Fra danehof til folketing*, 1963.
6 D. Schäfer, *Geschichte von Dänemark*, V, 1902; vgl. J. W. Wilcke, *Møntvaesendet under Christian IV. og Frederik III. i Tidsrummet 1625–1670*, 1924;
7 Zu Arnisaeus N. Runeby, *Monarchia mixta*, S. 24, S. 26ff.
8 Th. Reinking, *Tractatus de regimine* ..., 4. Aufl. 1651, S. 267, 817 ff; O. Brunner, *Dietrich Reinking. Ein Beitrag zum Reichsgedanken des 17. Jahrhunderts*, in: JbAWL (Mainz), 1963.
9 Reinking, *Tractatus*, S. 69; vgl. F. H. Schubert, *Die deutschen Reichstage in der Staatslehre der frühen Neuzeit*, 1966, S. 540 ff.
10 F. Hallager u. F. Brandt, *Kong Christian den Fjerdes norske Lovbog af 1604*, 1855, S. 22 ff; vgl. A. Raestad, *Danmark, Norge og folkeretten*, 1933, S. 34; S. Steen u. P. Bagge, *Den dansk-norske forbindelse 1536–1814. Omstridte Spørgsmaal i Nordens Historie*, I, 1940; E. L. Petersen, *Norgesparagrafen i Christian III's handfaestning 1536*, in: HTd, 12. R., Bd. 6, 1973, S. 393ff.
11 Y. Nielsen, *Frederik IIIs hyldning i Kristiania 1648*, in: HTn, 1, 1871, S. 26 ff. Die Trennung wurde erst 1814 vollzogen, als Schweden 1809 Finnland an Rußland verloren hatte und dafür als eine Art Ausgleich in Personalunion Norwegen erwarb.
12 Nielsen, a.a.O., S. 49 ff.
13 K. Fabricius, *Skaanes overgang fra Danmark til Sverige*, 1–4, 1906–1958, S. 131ff u. a. zur »Snaphane«-Bewegung, einer Sonderform des »kleinen Krieges«; vgl. J. Rosén, *Hur Skåne blev svenskt*, in: Det levande förflutna, 3, 1943; J. E. Almquist, *Svensk rättsinförande i de under 1600-talet med Sverige inkorporerade danska och norska provinserna*, in: SJT, 1937.
14 SRP, 1958, S. 150ff; vgl. T. Gihl, *Sverige och västmakterna under Karl X Gustafs andra krig med Danmark*, 1913.
15 Vgl. Ch. Brunn, in: HTd, 1880–81, S. 683; Barudio, *Absolutismus*, S. 31.

16 Zit. n. L. Holberg, a.a.O., t. III, S. 229 ff; schon vor dieser regionalen Patrimonialisierung kannte sich Friedrich III. unter der Mithilfe Reinkings in Erbsachen aus, s. sein Testament von 1652 bei K. Fabricius, *Kongeloven*, Bilag I, S. 365 ff, wo Gott allein als Verlehner der Reiche angesehen wird; C. G. Weibull, *Freden i Roskilde*. *Aktstycken och framställning*, in: HTS, 1908–09; B. Odén, *Karl X Gustav och det andra danska kriget*, in: Scandia 1961.
17 L. Holberg, a.a.O., t. III, S. 293 ff; vgl. G. Olsen/F. Askgaard, *Danmarks Historie*, Bd. 8: *Den unge Enevaelde 1660–1721*, 1964, S. 19 ff.
18 L. Holberg, a.a.O., t. III, S. 314 ff; C.-J. Bryld, *Hans Svane og gejstligheden pa staendermødet 1660*, 1974; C. O. Bøggild-Andersen, *Hannibal Sehestedt. En dansk Statsmand*, I–II, 1946–1970; J. Jørgensen, *Rentemester Henrik Müller. En studie over enevaeldens etablering i Danmark*, 1966.
19 L. Holberg, a.a.O., t. III, S. 315 ff.
20 Ibidem, S. 317.
21 Zit. n. Ch. Brunn, a.a.O., S. 684. Damit endete auch die Existenz des Reichsrates, der von nun an »des Königs Rat« genannt wurde, Olsen/Askgaard, *Den unge Enevaelde*, S. 42/43.
22 Brunn, a.a.O., S. 682.
23 Olsen/Askgaard, a.a.O., S. 44 ff; P. F. Suhms (Hrsg.), *Nye samlinger til den Danske Historie*, I, 1792, S. 232, vgl. hierzu Langebeks kritische Anmerkungen zum Gebrauch des Begriffes »Souveränität« im patrimonialen Erbsinne S. 237.
24 Abgedruckt bei Suhms, *Nye samlinger*, S. 232 ff; Fridericias Einwände treffen nicht den Kern dieses Berichtes: *Das Täuschungsmanöver*, Fridericia, in: HTd, 1886–87, S. 718; vgl. Barudio, *Absolutismus*, S. 32/33.
25 J. Jørgensen, *Rentemester Henrik Müller*, S. 229 ff.
26 L. Holberg, a.a.O., t. III, S. 321 ff.
27 Ibidem, S. 332. In dieser »Provisional-Ordonnance«, die noch von den »Reichs«-Ämtern sprach, wurde das Kollegialprinzip nur vorgegeben. Friedrich III. konnte es jederzeit aufheben.
28 L. Holberg, a.a.O., S. 348; vgl. O. Hovstad, *Det kobenhavnske patriciat*, in: HTd, 52, 1973, S. 158 ff kritisch gegen Jørgensen; C. S. Christiansen, *Bidrag til dansk Statshusholdings Historie under de første Enevoldskonger*, I, 1908.
29 O. Vaupell, *Rigskansler Grev Griffenfeld. Et Bidrag til Nordens Historie i det 17de Hundredaar*, I–II, 1880, S. 7 mit Quellenanhang.
30 Bøggild-Andersen, *Sehestedt*, passim; K. Fabricius, *Kollegiestyrets gennembrud og sejr. Den danske Centraladministration*, 1921. Von ihrem patrimonialen Wesen her ließ die Enevaelde das Kollegialprinzip wie in Schweden nicht zu. Die Verfahrensweisen beim Sturz Griffenfelds und Struensees belegen das diktatorische Element der neuen Bürokratie.
31 K. Krüger, *Absolutismus in Dänemark – ein Modell für Begriffsbildung und Typologie*, in: ZGSHG, 104, 1979, Beilage 2, S. 196; vgl. Th. Olshausen, *Das dänische Königsgesetz . . .*, 1838; E. Wolgast, *Lex Regia. Das dänische und deutsche Staatsführungsgesetz 1665 (und) 1934*, in: Würzburger Universitätsreden, H. 3, 1934: Sein Versuch, das »Ermächtigungsgesetz« historisch zu vermitteln, trifft durchaus die Substanz des »Eingewaltserbregierungsaktes« und damit der Lex Regia, nämlich die Sicherung eines religiös verbrämten ›Führerprinzips‹, das Vertragslagen im Öffentlichen Recht nicht mehr gelten läßt und deshalb auch ›Gleichschaltungen‹ betreiben muß; vgl. Krüger, a.a.O., S. 193; Der dänische und lateinische Grundtext der Lex Regia in: *Kongeloven og dens Forhistorie. Aktstykker*, 1973 (1886).
32 Krüger, a.a.O., S. 195, 200, 204 ff.
33 Ibidem, S. 200/201.
34 E. Ekman, *The Danish Royal Law of 1665*, in: JMH, 29, 1957, S. 102 ff.
35 S. C. Bech, *Danmarks Historie*, Band 9: *Oplysning og Tolerance 1721–1784*, 1965, S. 13 ff.
36 K. Krüger, a.a.O., S. 192.
37 Selbst die Salbung konnte er laut Lex Regia, Art. 18 dann »halten lassen, wann es ihm gefällt«; C. Brunn, in: HTd, 1880–81, S. 679; Barudio, *Absolutismus*, S. 36;

vgl. auch die Anweisung für den neuen Amtmann von Flensburg, er solle »ABSOLUTUM DOMINIUM, Souveränität und Erbgerechtigkeit« in den Herzogtümern bewahren. Daß sein Eid diese Formel nicht enthielt, verweist einmal auf die reichsrechtlichen Lehns-Begrenzungen und auf das diktatorische Potential, das auf Betrug abgestellt ist; vgl. Krüger, a.a.O., S. 183; vgl. E. Opitz, *Detlev von Ahlefeldt als Amtmann von Flensburg. Eine Studie zur schleswig-holsteinischen Lokalverwaltung in der Inkubationszeit des dänischen Absolutismus*, in: ZSHG, 101, 1976, S. 171–258.
38 S. Loenbom, *Handlingar til konung Carl XI:s Historia, femte saml.*, 1765, S. 67 ff; Barudio, *Absolutismus*, S. 29/30.
39 E. Holm, *Danmark-Norges indre historie under enevaelden 1660–1720*, 1885–86; P. Munch, *Købstadsstyrelsen i Danmark fra Kristian IV's tid til enevaeldens ophør*, I, 1619–1745, 1900; Y. Nielsen, *General-Major Peter Anker, Guvernör i Trankebar*, in: HTn, 1, 1871, S. 271–384: Die Wiederaufrichtung der 1616 gegründeten Dansk-ostindiske Kompagni, die 1654 umorganisiert wurde, im Jahre 1670 zeigt erneut, wie das Eigentumsdenken auch in diesem Bereich wirkte. Christian V. verfuhr dabei per Octroy!, S. 293.
40 Olsen/Askgaard, a.a.O., S. 144, 154.
41 Ibidem, S. 172; vgl. Schumachers (Griffenfelds) eigene Einschätzung in einem Schreiben an Rosenkrantz: »Ich will niemals auf Umwegen gehen, sondern der Tugend breiten Weg folgen, und meine einzige List und Schlauheit soll darin bestehen, niemals irgendeinen Hintergedanken zu haben«, Vaupell, a.a.O., S. 9.
42 N. P. Jensen, *Skånske Krig 1675–79*, 1900; H. Bohrn, *Sverige, Danmark och Frankrike 1672–1674*, 1933; K. Fabricius, *Griffenfeld og Fuenmayor. En Studie over dansk Udenrigspolitik*, in: HTd, 1909–10; vgl. G. Landberg, *Johan Gyllenstiernas nordiska förbundspolitik*, in: UUA 1935, 10, S. 75–107; Vaupell, *Griffenfeld*, II. Teil, S. 99 ff.
43 Olsen/Askgaard, a.a.O., S. 274/75; V. A. Secher/Chr. Støchel, *Forarbejderne til kong Kristian V.s Danske Lov*, I–II, 1891–94; V. A. Secher, *Christian 5. s Danske Lov*, 1949 (1878). Die Absichten, das Rechtswesen nach dem Grundsatz ›Die Guten belohnen, die Bösen strafen‹ einzurichten und das Gerichtswesen nach den Bedingungen des »Sine respectu personarum« (uden nogen anseelse) auszurichten, machen noch keinen Rechtsstaat aus, wenn die Spitze, »die Quelle allen Rechts«, nur der Eingewalts-Potentat sein darf.
44 Molesworth, *Dännemarks gegenwärtiger Staat . . .*, dt. 1695, S. 16 ff, 19 ff. Zu Molesworth Ch. H. Brasch, *Om Robert Molesworth's skrift »An account of Danmark . . .«*, 1879; P. Ries, *Robert Molesworth's Account of Denmark. A study in the Art of political publishing and bookselling*, in: Scandinavica, 7, 1968, S. 108–125.
45 Molesworth, *Dännemarks*, S. 20; auch die Schollenbindung der Bauern ist Ausdruck eines Systems, das sich nach unten immer hermetischer abzuschließen sucht.
46 Molesworth, *Dännemark*, S. 21 ff.
47 Ibidem, S. 28.
48 Hobbes, *Leviathan*, S. 113–129; vgl. K. Krüger, a.a.O., S. 182: im übrigen hat Fabricius, *Kongeloven*, passim den Einfluß von Hobbes auf die Fassung der Lex Regia bestritten.
49 Olsen/Askgaard, a.a.O., S. 276 ff. Das Anheben der »Gleichheit vor dem Gesetz« hat nicht das soziale Ständewesen aufgehoben und die Beteiligung von Unadligen im Gerichtswesen nicht den vertraglichen Rechtsstaat gesichert, sondern den Haus-Staat und die Enevaelde mit dem Monokraten als »Summus judex«, dessen Interessen durch das »Højesteret« von 1661 gesichert wurden.
50 E. Olmer, *Konflikten mellan Danmark och Holstein-Gottorp 1695–1700*, I–II, 1898–1902; A. Stille, *Studier över Bengt Oxenstiernas utrikespolitiska system och Sveriges förbindelser med Danmark och Holstein-Gottorp 1689–1692*, 1947; K. C. Rockstroh, *Udviklingen af den nationale Haer i Danmark i det 17. og 18. Aarhundred*, II, 1916; zur inneren Verwaltungsstraffung P. Dollerup, *Geheime Konseillet og Danske Kancelli 1690–95*, in: HTd. 1963–66, S. 1–61; vgl. Olsen/Askgaard, S. 384 ff.

51 Olsen/Askgaard, a.a.O., S. 355. Die Haltung des dänischen Klerus hatte sich für den Stand selbst nicht besonders gelohnt. Das Eintreten für das absolute JUS REGIUM gab den Monokraten die Möglichkeit, über das Kirchengut voll und ganz zu verfügen und jede Kirchenstelle nach Behagen zu besetzen. Zwar wurde Hans Svane für seinen Einsatz Erzbischof und mit Gut und Geld abgefunden, aber nach seinem Tod 1668 gab es keinen Erzbischof mehr, und der Klerus selbst bekam 1661 seine Privilegien nicht bewilligt; H. Koch/B. Kornerup, *Den Danske Kirkes Historie*, IV, 1959, S. 342ff. Diese Monokratie wurde in Anlehnung an die Ideologie vom »Israel des Nordens« und an Samuel 8 als »Theokratie« empfunden, war es aber nicht, weil der »Bund mit Gott« nicht als Vertrag geschlossen war. Barudio, *Absolutismus*, S. 204ff; A. E. Imhof, *Grundzüge*, S. 112.
52 Olsen/Askgaard, a.a.O., S. 390ff: Die Aufhebung der Schollenbindung (Vornedskab); vgl. F. Hansen. *Stavnsbaandsløsningen og Landboreformerne*, I, 1888. vgl. O. F. C. Rasmussen, *Landmilitsen og Stavnsbaandet*, in: HTd, 1886–87, S. 159–179; G. Olsen, *Traehesten, hundehullet og den spanske kappe*, 1962; F. Skrubbeltrang, *Af tugtelserettens historie*, in: HTd, 11. R., 6. Bd., S. 632–640.
53 S. C. Bech, a.a.O., S. 189ff; vgl. A. Olsen. *Nogle synpunkter for dansk merkantilistisk Erhvervspolitik*, in: Scandia, 1930–31, S. 223–273.
54 P. Bagge, *Bidrag til den sociale menneskevurderings historie i Danmark under enevaelden*, in: HTd, 1950–52, S. 649–692; vgl. B. Jensen, *Holbergs Menneskeopfattelse*, in: Holberg Aarbog 1925, S. 31–59; vgl. H. Jensen, *Dansk Jordpolitik 1757–1919*, I: Udviklingen af Statsregulering og Bondebeskyttelse indtil 1810, 1975 (1936).

Kapitel 3 b:

1 *Bidrag til den Store Nordiske Krigs historie*, hrsg. vom dänischen Generalstab, I–X, 1899–1934.
2 E. Holm, *Studier til den store Nordiska Krigs Historie*, in: HTd, R. 5, Bd. 3, S. 35ff; R. Wittram, *Peter I. Czar und Kaiser*, 1964, S. 283ff; O. Vitense, *Geschichte von Mecklenburg*, 1920, S. 252ff.
3 C. Matthias, *Die Mecklenburger Frage in der ersten Hälfte des 18. Jhds*, 1885; vgl. P. Wick, *Versuche zur Errichtung des Absolutismus in Mecklenburg in der ersten Hälfte des 18. Jhds*, 1964.
4 W. Mediger, *Rußland und England-Hannover 1706–1721. Ein Beitrag zur Geschichte des Nordischen Krieges*, 1967.
5 S. Jägerskiöld, *Sverige och Europa 1716–1718. Studier i Karl XII:s och Görtz' utrikespolitik*, 1937; zum »Äquivalentprinzip«, der Politik des Ausgleichs für verlorenes Territorium, das 1814 im Wechsel von Norwegen an Schweden und Finnland an Rußland zum Tragen kam Haintz, *Karl XII.*, III, 1958; Olsen/Askgaard, a.a.O., S. 498 ff.
6 S. C. Bech, a.a.O., S. 18; H. Kellenbenz, *Die Herzogtümer vom Kopenhagener Frieden bis zur Wiedervereinigung Schleswigs, 1660–1721*, in: Geschichte Schleswig-Holsteins, Bd. 5, 1960; vgl. C. O. Bøggild-Andersen, *Hertugdømmerne og Danmark i Nytiden*, in: HTd, 1 I. R., 1931; O. Klose, *Die Jahrzehnte der Wiedervereinigung, 1721–1773*, in: Geschichte Schleswig-Holsteins, Bd. 6, 1960; O. Brandt, *Geschichte Schleswig-Holsteins. Ein Grundriß*, 1976 (1925), trotz Überarbeitung durch W. Klüver und Erweiterung durch H. Jankuhn nicht unproblematisch.
7 S. C. Bech, a.a.O., S. 38ff, S. 43ff der Prozeß gegen Poul Juel.
8 Ibidem, S. 35ff.
9 Ibidem, S. 46ff, die Tätigkeit der »Geheimen Kommission« ist Ausdruck einer Arkanpolitik, die im Bekämpfen von Mißständen alles verantwortlich machte, nur nicht die Enevaelde selbst.
10 Es verweist auf Fenelons »Telemach« und auf die Utopie vom möglichen »aufgeklärten« Staat, vgl. Horkheimer/Adorno, *Dialektik der Aufklärung*, S. 46ff.

11 L. Holberg, *Samlede Skrifter*, Bd. 17, 19, S. 262.
12 Ibidem, S. 265 ff; vgl. G. Gran, *Holbergs ›Inledning til Naturretten‹*, in: Historiske Afh. tilegn. J. E. Sars, 1905, S. 66–91; vgl. F. Bull, *Ludvig Holbergs naturrett på idéhistorisk bakgrunn*, in: Edda, 35, 1935, S. 368–378.
13 H. Laeuen, *Polnische Tragödie*, 1955, S. 159.
14 Holberg, SS, 17, S. 267/268.
15 Ibidem, S. 269 ff. Die Kritik an Spinoza und Hobbes verweist wiederum darauf, daß Hobbes nicht unbedingt als Theoretiker des »Despotismus« gilt. Holberg selbst bemühte sich, diesem Ideal nachzukommen, indem er die Bauern auf seinen Gütern relativ gut behandelt, aber sich nicht in seine Eigenmacht reden läßt, Th. A. Müller, *Aerefuld Karakteristik af Holberg fra hans Faestebønder paa Brorup*, in: Festskrift til Niels Møller, 1939, S. 29–43; vgl. B. Jensen, *Holbergs Menneskeopfattelse*, in: Holberg Aarbog 1925, S. 31–59; Th. A. Müller, *Et par smaa Holbergproblemer*, in: HTd, 11. R., 1. Bd., 1944–46, S. 663 ff zum »Moskovitischen Edelmann«.
16 S. C. Bech, a.a.O., S. 108 ff; vgl. A. Aarflot, *Norsk kirkehistorie*, II, 1967, S. 118, S. 134 »Staatspietismus«, S. 210 Kirchenleitung und Aufklärung; vgl. F. Gad, *The history of Greenland*, II, 1700 to 1782, engl. 1969, S. 120 ff; K. Berlin, *Dänemarks Recht auf Grönland*, dt. 1932 (K. Larsen).
17 Zit. n. Horkheimer/Adorno, *Dialektik der Aufklärung*, S. 81: De Sade, *Histoire de Juliette*, Hollande 1797, V.
18 J. A. Fridericia (Hrsg.), *Aktstykker til Oplysning om Stavnsbaandets Historie*, 1973 (1888); A. Nielsen, *Dänische Wirtschaftsgeschichte*, 1933; S. C. Bech, a.a.O., S. 258: Die Ansicht, daß der dänische Bauer im Gegensatz zu den norwegischen Odels-Bauern, die aus Kron- und Kirchengut nach 1660 ihre Selbsteigner-Position possessiv erweitern konnten, »Sklave der Welt« war, ist mehrfach belegt, von den Menschen unterhalb des Bauernstandes nicht zu reden; vgl. K. Krüger, *Absolutismus*, S. 187, Anm. 56; vgl. O. A. Johnsen, *Norwegische Wirtschaftsgeschichte*, 1939. Die Wirkungen der Meritokratisierung seit 1660 mit der zunehmenden Konzentration auf den »persönlichen Adel« mußten fast zwangsläufig den Sozial- und Eigentums-Status der dänischen Bauern drücken; vgl. N. G. Bartholdy, *Adelsbegrebet under den aeldre enevaelde. Sammanhaengen med privilegier og rang i tiden 1660–1730*, in: HTd, 12. R, VI. Bd., 1973, S. 577–650.
19 S. C. Bech, a.a.O., S. 316 ff.
20 J. Jensen, *Dansk Jordpolitik 1757–1919*, passim; vgl. E. Holm, *Om det Syn paa Kongemagt, Folk og borgerlig Frihed, der udviklede sig i den dansk-norske Stat i Midten af 18he Aarhundrede, 1746–1770, 1975* (1883); Bartholdy, a.a.O., S. 624 ff.
21 J. Møller, *P. F. Suhms regeringsregler 1774. Staten grundstøtter – menneskeretserklaringer – sprog og indfødsret*, in: HTd, 12. R., 6. Bd., 1973, S. 125.
22 E. Holm, *Danmarks-Norges historie fra den Store Nordiske Krigs slutning til rigernes adskillelse, 1720–1814*, 1894–97; S. C. Bech, a.a.O., S. 355: Merkantilismus.
23 S. C. Bech, a.a.O., S. 304 ff.
24 A. Glahn, *Sorø Akademi og Holberg*, 1925. Es ist bezeichnend für die Ignoranz und den Dünkel der großen Gesamtdarstellungen zu diesem Zeitalter, daß ›kleinere‹ Länder völlig übergangen werden können, vgl. E. Friedell, *Kulturgeschichte der Neuzeit*, 1958, sie wurde auch ins Dänische übersetzt (1977). Darin wird Holberg zweimal namentlich genannt.
25 S. C. Bech, a.a.O., S. 356.
26 Ibidem, S. 337 (Suhm), die Ansicht von N. Schelde, »wir mögen beklagen, daß unser Staatskörper, der ein so schmuckes und gutgeformtes Haupt hat, im Hinblick auf seine Glieder so mißgestaltet sein soll«, trifft genau Molesworth' Kritik eine Generation davor; zur Tätigkeit der Hannoveraner Bernstorff in Dänemark M. Gerhardt/W. Hubatsch, *Deutschland und Skandinavien im Wandel der Jahrhunderte*, 1977, S. 236 ff.; Aa. Friis, *Die Bernstorffs und Dänemark*, I–II, 1970; P. Vedel, *Den aeldre grev Bernstorffs ministerium*, 1882.
27 K. v. See, *Holbergs Komödien und der dänische Absolutismus*, in: Euphorion, 72, 1978, S. 1–19.

28 S. C. Bech, a.a.O., S. 418 ff; E. Holm, *Danmark-Norges Historie under Christian VII, 1902–1909;* V. Christiansen, *Christian VII's Sindssygdom,* 1906.
29 E. Reverdil, *Struensee og det danske Hof 1760–1772,* dän. Übers. 1916; C. Blangstrup, *Christian VII. og Caroline Mathilde,* 1890.
30 S. C. Bech, a.a.O., S. 441 ff; H. Hansen, *Kabinetsstyret i Danmark 1768–72*, I–III, 1916.
31 S. Juul, *Kommissionsdommen over Struensee og Brandt,* in: HTd, 13. R., 1. Bd., 1974, S. 153 ff; I. H. Deutzner, *Henrik Stampe,* 1891.
32 S. C. Bech, a.a.O., S. 402 ff; J. Danstrup, *Kampen om den danske Haer 1740–66,* passim.
33 Wie stark das deutsche Element war, belegt auch die Sprachdominanz des Deutschen im Heer als Kommandosprache, während die Flotte Dänisch befehligte. Die Ansiedlung der »Kartoffeldeutschen«, Bauern z. T. aus der Pfalz, in Jütland verstärkten dieses Element, ließen aber bald auch Ressentiments und einen Sprachen-Patriotismus aufkommen bis hin zur berühmten »Deutschenfehde«. Sie wirkte noch im Streit um die »deutschen Herzogtümer« 1848 nach, Gerhardt/Hubatsch, a.a.O., S. 242, nicht unproblematisch; vgl. J. Møller, Suhm, S. 149 ff.
34 J. Møller, Suhm, S. 123 ff; Chr. Brunn, *Peter Frederik Suhm,* 1898; R. Nyerup, *Udsigt over P. F. Suhms levnet og skrifter,* 1798.
35 J. Møller, Suhm, S. 124.
36 L. N. Helweg, *Den danske kirkes historie efter reformationen,* I, S. 476 ff.
37 J. Møller, Suhm, S. 126 ff.

Zusammenfassung:

1 J. O. Evjen, *Staatsumwälzung,* 1903, S. 5 ff.
2 E. Holm, *Kampen om Landboreformerne i Danmark i slutningen af 18. Aarhundrede,* 1773–1791, 1974 (1888); zur Situation in den »deutschen Herzogtümern«, wo seit 1712 der Landtag nicht mehr einberufen wurde. W. Prange, *Die Anfänge der großen Agrarreformen in Schleswig-Holstein bis um 1771,* 1971; Chr. Degn, *Die Herzogtümer im Gesamtstaat 1773–1830,* in: Geschichte Schleswig-Holsteins, Bd. 6, 1960, S. 216–265; ders., *Die Schimmelmanns im atlantischen Dreieckshandel. Gewinn und Gewissen,* 1974, S. 281 ff; vgl. K. Krüger, *Absolutismus,* S. 191 ff: Der Souveränitätsbegriff Bodins hat für die Enevaelde keine Rolle gespielt. Tatsächlich muß die Etablierung des Absolutismus im wesentlichen »auf die Befreiung von überkommenen politischen Mitbestimmungsrechten der Stände« reduziert werden, um seine Natur als Diktatur zu erkennen und die Forderungen der Revolution von 1848 zu verstehen; B. J. Hoode, *The Scandinavian Countries 1720–1865. The Rise of the Middle Classes,* 2 Bde, 1943; H. Koht, *Norsk bondereisning. Fyrebuing til bondepolitiken,* 1926.
3 J. Møller, *Suhm,* S. 137: Seine Klage richtet sich dabei auch gegen die Zensur, die recht selten eingreifen mußte; vgl. E. Holm, *Danmark-Norges historie,* V, S. 160 ff; vgl. H. Jørgensen, *Trykkefrihedsspørgsmålet i Danmark 1799–1848,* 1944, S. 21.
4 Über die Verwicklungen besonders mit Rußland, das mit Dänemark 1765 einen Allianzvertrag abschloß, gibt das Wirken eines deutschen Adligen und »russischen Diplomaten im dänischen Sold« Auskunft: O. Brandt, *Caspar von Saldern und die nordeuropäische Politik im Zeitalter Katharinas II.,* 1932; die Probleme mit Schweden bei O. Jägerskiöld, *Den svenska utrikespolitikens historia,* II:2, 1721–1792, 1957.
5 O. Nilsson, *Danmarks uppträdande i den svenska tronföljarefrågan 1739–1743,* 4 Bde. 1874–1905; vgl. J. R. Danielsson, *Die nordische Frage in den Jahren 1746 bis 1751,* 1888; O. Hauser, *Staatskunst und sittliche Vernunft. Das Wirken der Bernstorffs in Dänemark,* in: GWU, 2, 1951, S. 274–281.
6 O. Brandt, *Saldern,* S. 154 ff, S. 223 ff; vgl. ders., *Das Problem der »Ruhe des*

Nordens« im *18. Jahrhundert,* in: HZ, 140, 1929, S. 550–564; vgl. E. Amburger, *Rußland und Schweden 1762–1772,* 1934.
7 T. A. Aschehoug, *Statsforfatningen i Norge og Danmark indtil 1814,* 1866; M. Birkeland (Hrsg.), *V. C. W. Sibberns Dagbog paa Eidsvold,* in: HTn, 1, 1871, S. 208–272; T. C. Jaeger, *Riksforsamlingens Forhandlinger,* III: Grundlovutkast, 1916.

4. BRANDENBURG–PREUSSEN UND DAS HAUS HOHENZOLLERN

1 K. Bittel (Hrsg.), *Alliierter Kontrollrat und Außenministerkonferenz. Kleine Dokumentensammlung,* 1959, S. 90.
2 J. Schoeps, *Preußen. Geschichte eines Staates,* 1975 (1966), S. 299.
3 W. Hubatsch, *Kreuzritterstaat und Hohenzollernmonarchie. Zur Frage der Fortdauer des Deutschen Ordens in Preußen,* in: Festschr. f. H. Rothfels, 1951; vgl. H. Jablonowski, *Der Preußische Absolutismus in sowjetrussischer Sicht,* in: Festg. f. M. Braubach, 1964; vgl. C. Hinrichs, *Preußen als historisches Problem. Gesammelte Abhandlungen* (Hrsg. v. G. Oestreich), 1964.
4 H.-U. Wehler, *Geschichtswissenschaft heute,* in: ES 1000, 1979, S. 716ff; vgl. K.-F. Werner, *Das NS-Geschichtsbild und die deutsche Geschichtswissenschaft,* 1967, S. 41ff.
5 L. Just (Hrsg.), *Handbuch der deutschen Geschichte,* II, 1936, S. 304.
6 Wehler, a.a.O., S. 718ff; vgl. G. Ritter, *Staatskunst und Kriegshandwerk. Das Problem des »Militarismus« in Deutschland,* I–II (1740–1890), 1954–1960.
7 W. Mommsen, *Zur Beurteilung des Absolutismus,* in: HZ 1938, S. 52ff; vgl. L. Dehio, *Um den deutschen Militarismus,* in: HZ 1955, S. 43–64; vgl. F. L. Carsten, *The Origins of Prussia,* 1954; ders., *Princes and Parliaments in Germany. From the Fifteenth to the Eighteenth Century,* 1959; zur Kritik von DDR-Seite, die jeden Rekurs auf das Ständewesen und seine positivere Einschätzung als »reaktionär« abtut, H. Lehmann, *Zum Wandel des Absolutismusbegriffs in der Historiographie der BRD,* in: ZfG, 1974, S. 8–27; vgl. G. Oestreich, *Strukturprobleme des europäischen Absolutismus,* in: ders., *Geist und Gestalt des frühmodernen Staates. Ausgewählte Aufsätze,* 1969.

Kapitel 4a:

1 O. Hintze, *Der österreichische und der preußische Beamtenstaat im 17. und 18. Jhd. Eine vergleichende Betrachtung,* in: HZ, 86, 1900, S. 417; zur Problematik des »modernen Staates« aus seiner Sicht siehe O. Hintze, *Staat und Verfassung. Gesammelte Abhandlungen z. allgem. Verfassungsgesch.,* 3. Aufl. 1970.
2 F. Arndt, *Die Oberräte in Preußen 1525–1640,* 1910; L. Tümpel, *Die Entstehung des brandenburgisch-preußischen Einheitsstaates im Zeitalter des Absolutismus (1609–1806),* 1965 (1915); vgl. G. Oestreich, *Der brandenburgisch-preußische Geheime Rat vom Regierungsantritt des Großen Kurfürsten bis zur Neuordnung im Jahre 1651. Eine behördengsch. Studie,* 1937; vgl. D. Gerhard, *Amtsträger zwischen Krongewalt und Ständen – ein europäisches Problem,* in: Festschrift f. O. Brunner, 1963; vgl. O. Meinardus (Hrsg.), *Protokolle und Relationen des Brandenburgischen Geheimen Rathes aus der Zeit des Kurfürsten Friedrich Wilhelm,* II, 1893; vgl. auch O. Hintze, *Der Ursprung des preußischen Landratsamtes in der Mark Brandenburg,* in: FBPG, 28, 1915, S. 357–422.
3 *Urkunden u. Actenstücke,* V, 1869, S. 310.
4 Ibidem, S. 536ff.
5 Ibidem, S. 568ff.
6 G. Oestreich, *Friedrich Wilhelm. Der Große Kurfürst,* 1971, S. 40ff; vgl. Opgenoort, a.a.O., S. 210: Die Ausführungen zum »Gottesgnadentum« lassen

den Vertragsbezug völlig außer acht, und die Achtung der »Rechtsstellung der Stände« ist widersprüchlich.
7 UuA, V, S. 470.
8 Ibidem, S. 471; vgl. Oestreich, F. Wilhelm, S. 41.
9 UuA, V, S. 1013 ff., 1015
10 Ibidem, S. 962 ff.
11 Ibidem, S. 972.
12 Oestreich, F. Wilhelm, S. 45; F. L. Carsten, The resistance of Cleves and Mark to the despotic policy of the Great Elector, in: EHR 1951. Zu diesem Landtag, UuA, X, S. 181 ff; Opgenoort, a.a.O., S. 257, erkennt nicht die Schwere der Wirkungen des »ex absoluta potestate«, vor welcher die Stände warnen.
13 L. v. Seckendorff, Teutscher Fürsten-Staat, 1687, S. 123–125, 332 ff.
14 K. Rieker, Die rechtliche Stellung der ev. Kirche Deutschlands, 1893, S. 255 ff; vgl. K. Schlaich, Der rationale Territorialismus. Die Kirche unter dem staatsrechtlichen Absolutismus um die Wende vom 17. zum 18. Jhd., in: ZRG, KA, 85, 1968, S. 287, 304; vgl. M. Heckel, Staat und Kirche nach den Lehren der ev. Juristen Deutschlands in der ersten Hälfte des 17. Jhds, in: ZRG, 73, KA (42), 1956, S. 122, zu Reinking, S. 142 ff. Wo die absolutistische Doktrin im Streit zwischen den Anhängern des Territorial-, Episkopal- und Kollegialprinzips endete, nämlich über den extremen Personalismus im »Führerprinzip«, zeigt die Dokumentation von G. Brakelmann (Hrsg.), Kirche im Krieg. Der deutsche Protestantismus am Beginn des II. Weltkriegs, 1979.
15 M. Heckel, ZRG, 73, KA (42), 1956, S. 228 ff; S. 123 ff.
16 Opgenoort, a.a.O., S. 145 ff; vgl. B. Beuys, Der Große Kurfürst. Biographie, 1979.
17 Th. v. Moemer, Kurbrandenburgs Staatsverträge von 1601 bis 1700, 1867, S. 206 f.
18 UuA, 23: 1, 1929, S. 260 ff; R. Koser, Der Große Kurfürst und Karl X. von Schweden, in: Hohenzollern-Jahrbuch, 1914; vgl. E. Fries, Erik Oxenstierna. Biografisk studie, 1889, S. 276 ff, 318.
19 A. v. Schlippenbach, Zur Geschichte der Hohenzollerischen Souveränität in Preußen. Diplomatischer Briefwechsel . . . 1654–1657, 1906.
20 UuA, III:1, 1894, S. 388 ff.
21 Ibidem, S. 392 ff.
22 A. F. Pribam, Franz Paul Freiherr v. Lisola (1613–74) und die Politik seiner Zeit, 1894; v. Moemer, Staatsverträge, S. 220 ff.
23 UuA, 23:1, S. 227/228.
24 v. Moemer, Staatsverträge, S. 239–251; UuA, 23:2, 1930, S. 609 ff.
25 UuA, 15, S. 487 ff: Man verstand sofort, daß der »Casus devolutionis«, also der Erbmechanismus nur ein Vorwand war, die angestrebte Veränderung der Verfassung zu erreichen.
26 R. Koser (Hrsg.), Politische Korrespondenz, Bd. 12, S. 125.
27 UuA, 15, S. 552.
28 UuA, 15, S. 556.
29 Ibidem, S. 570, 591, 595, 615 ff.
30 Ibidem, S. 617.
31 Ibidem, S. 618.
32 Ibidem, S. 619.
33 O. Nugel, Der Schöppenmeister Hieronymus Roth, in: FBPG, 14, 1901, S. 393 f; Vgl. E. Opgenoort, Fried. W. II, 1660–1688, 1978, S. 30 ff; vgl. U. Scheuner, Der Staatsgedanke Preußens, in: Studien zum Deutschtum im Osten, 2, 1965: Sieht man nur in der »Staatsräson« die »eigentliche Substanz jenes Staates« Preußen, ohne sie als Erb- und Besitzräson zu bezeichnen, dann kann sich das libertäre Alt-Preußen nicht als Alternative anbieten.
34 UuA, 15, S. 670–672.
35 Vgl. J. G. Droysen, Geschichte der Preußischen Politik, III:2:5, 1865; vgl. ADB, 15, 1882, S. 16–17.
36 UuA, 16:1, S. 23, 39.
37 Ibidem, S. 111.

38 Ibidem, S. 1056.
39 Ibidem, S. 1057. Es ist der gleiche Vorwurf, der in Dänemark und Schweden den Reichsräten gemacht wurde.
40 UuA, 16:1, S. 159 ff; vgl. die instruktive Bestandsaufnahme zum Dominial-Denken und zur Verbindung von Eigentum und Freiheit bei D. Willoweit, *Dominium und Proprietas*. Zur Entwicklung des Eigentumsbegriffs in der mittelalterlichen und neuzeitlichen Rechtswissenschaft, in: Hb, 94, 1974, S. 154 ff; vgl. Vierhaus, *Eigentum und Verfassung*, passim.
41 UuA, 23:2, S. 664, 672, 686; über E. Pufendorf, Inbegriff des ›wandernden Deutschen‹ in diesem Zeitalter, fehlt noch immer eine Biographie.
42 UuA, 15, S. 770 ff; ibidem, S. 691: »Das Vertrauen der Stände gegen mich hat sich diese Tage sehr gemindert und sollen sie sagen, ich hätte ihnen die Souveränität mit so großen Versicherungen abgeschwätzt« (Schwerin, 8. 12. 1661).
43 UuA, 15, S. 732–739: In der Geschichte des Absolutismus nimmt dieses Dokument einen besonderen Rang ein, weil es einen genauen Plan entwickelt, wie der Hohenzoller nach innen und außen die Dominial-Diktatur in Zukunft sichern sollte.
44 UuA, 15, S. 575, 633 ff. In der Ausgrenzung der Rechtsgeschichte, die F. Hartung als besondere Leistung Hintzes feierte, hat die borussische Verfassungshistoriographie nur eine intensive *Behördenkunde* getrieben; siehe auch hierzu F. Hartungs Einleitung zu O. Hintze, *Staat und Verfassung*; ders., *Zur Entwicklung der Verfassungsgeschichtsschreibung in Deutschland*, 1956, S. 19; vgl. G. Oestreich, *Fritz Hartung als Verfassungshistoriker (1883–1967)*, in: Der Staat, 1968, S. 453 ff; vgl. W. F. Bofinger, *Die Rolle des Luthertums in der Geschichte des deutschen Ständeparlamentarismus*, in: Festg. Hanns Rückert, 1966, S. 407. Diese verdienstvolle Arbeit wurde von Oestreich, in: Der Staat, 1968, S. 454, Anm. 18 hart kritisiert wegen des »Staatsbegriffes«; vgl. auch W. Näf, *Frühformen des »modernen Staates« im Spätmittelalter*, in: NWB 17, S. 103, wo er den Staatsbegriff auf Organizismus (ähnlich Hartung) und Dualismus zwischen Fürst und Ständen als »Zusammenwirken« ausrichtet; vgl. auch M. Riedel, *Der Staatsbegriff der deutschen Geschichtsschreibung des 19. Jhds in seinem Verhältnis zur klassisch-politischen Philosophie*, 1970; vgl. K.-E. Bärsch, *Der Staatsbegriff in der neueren deutschen Staatslehre und seine theoretischen Implikationen*, 1972; zur Wortgeschichte A. O. Meyer, *Zur Geschichte des Wortes Staat*, in: Welt als Geschichte, 10, 1950; vgl. auch C. Bornhak, *Preußische Staats- und Rechtsgeschichte*, 1903; F. Giese, *Preußische Rechtsgeschichte. Ein Lehrbuch für Studierende*, 1920.
45 M. Hein, *Otto von Schwerin. Der Oberpräsident des Großen Kurfürsten*, 1929; vgl. H. Rosenberg, *Bureaucrazy*, passim.
46 L. Knabe, *Wandlungen der Tendenz in Leibniz' Bearbeitungen des Entretien 1677–1691?*, in: Festg. f. F. Hartung, 1958; M. Werners, *Die Reichspolitik des Gr. Kurf. im Rahmen seiner eur. Politik 1679–84*, 1937; zur Flugschrift »Chur-Brandenburgischer An die Königliche Mayestät von Schweden . . .« E. Blochmann, in: AUF, 8, 1923; A. P. Trout, *The proclamation of the treaty of Nijmwegen*, in: FHS, 1969; vgl. A. Waddington, *Le grand Electeur. Sa politique extérieure*, 2 Bde., 1905–1908.
47 UuA, 15, S. 688 ff. Die Positionen der Stände Preußens stimmen substantiell und in den Einzelforderungen völlig mit den »Menschenrechten« und ihrer Erklärung von 1789 überein; vgl. F. L. Carsten, *Die deutschen Landstände und der Aufstieg der Fürsten*, in: Welt als Geschichte, 20, 1960, S. 16 ff; vgl. G. Birtsch, *Die Landständische Verfassung als Gegenstand der Forschung*, in: VMPI fG, 1969, S. 33 ff.
48 Leibniz, *Werke* (Klopp), 1. R., 4. Bd., S. 367; vgl. UuA, 23:1, S. 556; Barudio, *Absolutismus*, S. 151 ff.
49 Vgl. G. Oestreich, *Zur Heeresverfassung der dt. Territorien von 1500 bis 1800*, in: Festschr. f. F. Hartung, 1958; vgl. W. Schultze, *Landesdefension u. Staatsbildung*, 1973.
50 H. H. Holz, *Herr und Knecht bei Leibniz und Hegel. Zur Interpretation der*

Klassengesellschaft, 1968, S. 22 (mit zahlreichen ideol. Verzerrungen und Falschübersetzungen z. B. »communio quaedam« als »ein gewisser Kommunismus«, S. 67).
51 Leibniz, *Werke*, 1. R., 4. Bd., S. 331–332.
52 Das Drei-Phasen-Programm des Umschlags vom libertären »Dauer-Reichstag« (Comitia perpetua) in die nezessitäre Lage (»mit Hilfe der Waffen«) zum arbiträren »absoluten Monarchen« findet sich im Pkt 16 der »Bedencken von der Securität 1670«, in: Leibniz, *Werke*, 1. R., 1. Bd., S. 198ff.
53 UuA, 15, S. 541, S. 542: »Es haben . . . S. Ch. D. gewisse Verträge mit E. E. Landschaft zu Saalfeld aufgerichtet, sich obligiret, daß sie den extraordinarium militem aus dero Domänen unterhalten wollen«. Was darüber von der Landschaft gestellt wird, muß von ihr »bewilligt« werden und dürfe »allein zur Stillung der Landesnoth« dienen, »nicht aber zu Verpflegung der geworbenen Völker (Soldaten) oder auch zu Liberierung der beschwerten Kurfürstlichen Domänen« und damit zu einem »Präjudiz . . . der wohlhergebrachten Landesverfassungen und Freiheiten«; vgl. H. Helfritz, *Geschichte der preußischen Heeresverwaltung*, 1938; vgl. G. A. Craig, *The politics of the Prussian Army 1640–1945*, 1955.
54 H. Hallmann, *Die letztwillige Verfügung im Hause Brandenburg 1415–1740*, in: FBPG, 37, 1925, belegt den Übergang von der libertären zur »patrimonialen Staatsauffassung« mit ihrem Fidei-Kommiß-Denken, ohne über die damit verbundene Entpolitisierung des Ständetums zu reflektieren.
55 P. Hoffmann, *Entwicklungsetappen und Besonderheiten des Absolutismus in Rußland*, in: NWB 67, 1974 (1970), S. 341ff.
56 Der Patrimonialismus führte dabei zur »Zersetzung der Feudalordnung«, wie Davydovič und Pokrovskij mit Recht feststellten, ohne jedoch den Vertragscharakter des Feudal-Systems zu erkennen, vgl. P. Hofmann, a.a.O., S. 364 auch zum »preußischen Weg«.
57 G. Oestreich, *Fundamente preuß. Geistesgeschichte*, 1969; vgl. H. Erbe, *Die Hugenotten in Deutschland*, 1937; vgl. O. Hintze, *Kalvinismus und Staatsräson in Brandenburg zu Beginn des 17. Jahrhunderts*, in: HZ 144, S. 237ff zum »patrimonialen Sinn«, S. 260 zum »brandenburgischen Hausinteresse«.
58 UuA, 16:1, S. 942.
59 UuA, 16, 1899, S. 392ff.

Kapitel 4b:

1 A. v. Hase, *Vom Kurhut zur Krone, Friedrich I. (III.)*, in: Preußens Könige, 1971, S. 33.
2 Leibniz, *Werke*, 4. R., 2. Bd., 1963, S. 332.
3 v. Hase, a.a.O., S. 33.
4 Friedrich d. Gr., *Denkwürdigkeiten zur Geschichte des Hauses Brandenburg*, 1975, S. 88.
5 J. v. Besser, *Preußische Krönungsgeschichte*, 1702, S. 3ff; vgl. Chr. Osten, *De Corona Borussiae Friderico regi et electori a deo data*, 1704, S. 5ff.
6 Brief F. I. an die Kurfürstin Sophie von Hannover am 22. 4. 1704; vgl. A. Berney, König Friedrich I. und das Haus Habsburg 1701–1707, 1927, S. 106ff.
7 Zit. n. J. Vota, *Der Untergang des Ordensstaates Preußen und die Entstehung der preußischen Königswürde*, 1911, S. 581.
8 P. J. Marperger, *Das mit Cron und Szepter prangende Preußen*, o. J., passim: Er ist durchgehend bestrebt, den »geringsten Schein der Usurpation« zu zerstreuen.
9 M. Lehmann, *Preussen und die katholische Kirche seit 1640*, I. 1640–1740, 1878, S. 551ff: Gutachten von Ilgen.
10 Zu den beiden Fundamentalformen Barudio, *Das Wohlproportionierte Regiment*, S. 53ff; vgl. Osten, a.a.O., S. 53: »Sed istuc erat sapere, Coronam *domestica auctoritate* adoptandam . . .«; vgl. Willoweit, a.a.O., S. 147ff; das »jus in re« und der Wahlspruch »suum cuique« werden bei F. I. unmittelbar aufeinander

bezogen; vgl. Ch. Thomasius, *Symboli Seren. ac pot. principis Electoris Brandenburgici – Suum Cuique*, 1694, S. 3 ff: Hier auf die beiden Gerechtigkeitsformen angewendet; vgl. Ch. Thomasius, *Dissertatio De Dominio* . . ., 1721, S. 14 zum »Dominium absolutum et independens«.

11 v. Besser, a.a.O., S. 53ff; vgl. E. Hjärne, *Från Vasatiden*, S. 92.
12 C. Hensel, *Eine jüdische Huldigung an den ersten König in Preußen*, in: JbSPK, IV, 1966.
13 v. Hase, a.a.O., S. 38; Th. Schieder, *Die preußische Königskrönung von 1701 und die politische Ideengeschichte*, in: Altpreußische Forschungen, XII, 1935; vgl. W. Goez, *Translatio imperii. Ein Beitrag zur Geschichte des Geschichtsdenkens und der pol. Theorien im MA u. in der frühen Neuzeit*, 1958.
14 Acta Borussica (AB), I, 1701–1714, 1894, S. 31ff.
15 Zit. n. P. Gaxotte, *Friedrich d. Gr.*, dt. 1977 (1972), S. 26.
16 W. Koch, *Hof- und Regierungsverfassung unter Friedrich I. von Preußen*, 1926, passim; vgl. C. Breysig, in FBPG, 4. Bd., 1891, S. 177–212.
17 Friedrich II., *Denkwürdigkeiten zur Geschichte des Hauses Brandenburg*, 1975, S. 104ff; E. Hassinger, *Brandenburg-Preußen, Rußland und Schweden 1700 bis 1713*, 1953, S. 224–255.
18 Zit. n. E. Bloch, *Christian Thomasius. Ein deutscher Gelehrter ohne Misere*, 1968, S. 28; vgl. E. Wolf, *Grotius, Pufendorf, Thomasius*, 1927.
19 A. Moeller van den Bruck, *Der preußische Stil*, 5. Aufl. 1934; vgl. L. Grodecki, *Die Kunst des 17. Jhds.*, 1970; zu Putendorf: ADB, 26, S. 701–08.
20 Bloch, a.a.O., S. 34ff.
21 Holz, a.a.O., S. 89ff.
22 Bloch, a.a.O., S. 8.
23 Ibidem, S. 45; vgl. F. C. Schneider, *Thomasius und die deutsche Bildung*, 1928; L. Neißer, *Thomasius und der Pietismus*, 1928; R. Lieberwirth, *Thomasius-Bibliographie*, 1955; E. Winter, *Frühaufklärung*, 1966, S. 79 ff; A. Koyré, *Mystiques, spirituels, alchimistes du XVIe siècle allemand*, 1971.
24 G. Mühlpfordt, *Die deutsche Aufklärung und ihr Zentrum Halle-Leipzig*, in: WA, 2, 1953; vgl. E. Winter, *Frühaufklärung. Der Kampf gegen den Konfessionalismus in Mittel- und Osteuropa* . . ., 1966, S. 63 f; E. Cassirer, *Philosophie der Aufklärung*, 1932; M. Schmidt, *Pietismus*, 1978 (1972); F. Châtelet (Hrsg.), *Die Aufklärung (18. Jhd.)*, in: Geschichte der Philosophie, IV, dt. 1974, S. 114ff; Valjavec, *Geschichte der abendländischen Aufklärung*, 1961, S. 296: Eine »absolutistische Staatsidee in . . . norddeutsch-protestantischer Form« (295) verdunkelt das juridische Kernproblem.
25 Acta Borussica (AB), I, 1701–1714, 1894, S. 94ff.
26 Ibidem, S. 151 ff.
27 F. R. Paulig, *Friedrich I., König von Preußen*, 2. Aufl. 1887, S. 158ff; W. Koch, a.a.O., passim; vgl. C. Hinrichs, *Friedrich Wilhelm I., König in Preußen. Eine Biographie*, 1941, S. 437ff.
28 Die Relation Lubens bei R. Stadelmann, *Friedrich Wilhelm I. in seiner Tätigkeit für die Landescultur Preußens*, in: PKPS, 2. Bd., 1878, S. 211–228; vgl. H. Rachel, *Der Merkantilismus in Brandenburg-Preußen*, in: FBPG, 40, 1927, S. 221–266; vgl. AB, I, S. 105, 112: Der »Credit« werde in Preußen erhöht, »wenn die DOMINIA RERUM eine mehrere Gewißheit erlangten«. Ein Vorschlag, der fast zur gleichen Zeit auch in Schweden gemacht wurde.
29 AB, I, S. 173 ff; vgl. S. Isaacsohn, *Geschichte des preußischen Beamtentums*, Bd. 2, 1962 (1878), S. 357 und Bd. 3, 1962 (1884), S. 43 ff.
30 AB, I, S. 188.
31 Ibidem, S. 201.
32 Ibidem, S. 249.
33 Ibidem, S. 266 ff; AB, III, 1892: O. Hintze, *Die preußische Seidenindustrie im 18. Jhd. und ihre Begründung durch Friedrich d. Gr.*, S. 81 ff; AB, Bd. 1, 1896, *Die Getreidehandelspolitik der europäischen Staaten vom 13. bis zum 18. Jhd.* (W. Naudé); AB, Bd. 2, 1901, *Die Getreidehandelspolitik und Kriegsmagazinverwaltung Brandenburg-Preußens bis 1740* (G. Schmoller/W. Naudé); AB, Bd. 2:1, *Die*

Handels-, Zoll- und Akzisepolitik Preußens 1713–1740, 1922 (H. Rachel): P. E. Schramm, *Deutschland in Übersee*, 1950.
34 AB, I, S. 282 ff.
35 Friedrich d. Gr., *Denkwürdigkeiten zur Gesch. des Hauses Brandenburg*, 1975, S. 105.
36 Zit. n. P. Gaxotte, *Friedrich der Große*, dt. 1977 (1972), S. 9.
37 AB, I, S. 441 ff.
38 H. Schulze (Hrsg.), *Die Hausgesetze der reg. dt. Fürstenhäuser*, 3, 1883, S. 590 ff, 737–739.
39 AB, II, 1714–17, S. 490 bei der »Lehnsveränderung« mit der Geldablösung für ein Lehnspferd: »Ich vergebe mir nichts als Wind und kriege 40 Taler...«; vgl. AB, I, S. 598
40 AB, II, S. 470 ff, S. 467: »Das DOMINIUM UTILE der Vasallen ist so eingeschränkt, daß niemand ein Lehnstück alieniren ... oder zu Gunsten ... der Allodialerben disponieren darf«. Der Monokrat hoffte auf das Interesse von »Capitalisten« an diesen qualitativ gesteigerten Gütern.
41 AB, II, S. 472–474.
42 AB, II, S. 144 ff, 539, 557, 100 ff.
43 Ibidem, S. 188 ff, 580 ff.
44 AB, I, S. 521/522; vgl. O. Hintze, in: HZ 144, 1931, S. 285.
45 AB: O. Krauske (Hrsg.), *Die Briefe König Friedrich Wilhelms I. an den Fürsten Leopold zu Anhalt-Dessau*, 1704–1740, S. 159/160.
46 Zit. n. P. Gaxotte, a.a.O., S. 86.
47 AB, Briefe, S. 214, Anm. 6; vgl. E. Schmidt, *Die Rechtsentwicklung in Preußen*, 1961 (1929), S. 15 ff; vgl. O. Hintze, *Die Entstehung der modernen Staatsministerien*, in: Staat u. Verfassung, S. 298 ff. G. Schmoller, *Preußische Verfassungs- und Finanzgeschichte*, 1921, S. 133 ff.
48 Vgl. F. Terveen, *Gesamtstaat und Retablissement ... 1714–1740*, 1954.
49 AB, Briefe, S. 215–219, 250.
50 AB, Briefe, S. 174 ff, 200, 206; vgl. G. Schmoller, *Die Verwaltung Ostpreußens unter Friedrich Wilhelm I.*, in: HZ, 30, 1873, S. 40–71.
51 AB, Briefe, S. 365; vgl. G. Schmoller, *Die innere Verwaltung des pr. Staates unter Friedrich Wilhelm I.*, in: PJb, 25, 1869, S. 585 ff.
52 AB, Briefe, S. 180/181; vgl. AB, S. 440 ff.
53 AB, III, S. 296; vgl. seine Haltung 1721, als er sich beim Streit um die Neumark nur auf die »Grundgesetze und Verfassung des Kurfürstl. Hauses Brandenburg« bezieht, nicht aber auf diejenige des »Landes«, AB, III, S. 285; vgl. H. v. Caemmerer, *Der Begriff Kurmark im 17. und 18. Jhd.*, in: FBPG, 29, 1916, S. 5.
54 U. Loewe, *Die Allodifikation der Lehen unter Friedrich Wilhelm I.*, in: FBPG, 11, 1898, S. 341–374; A. Stölzel, *Brandenb.-Preußens Rechtsverfassung und Rechtsverwaltung* . . ., II, 1888; R. Koser, *Die Gründung des Auswärtigen Amtes durch König Friedrich Wilhelm I. im Jahre 1728*, in: FBPG, 2, 1889, S. 161–197: Nicht ein Staat an sich wird nach außen vertreten, sondern »die Affaires des Hauses ..., nit von die jetzigen Zeiten, aber von die alten Zeiten, von alle die alte Pacta und secrete Maximen, die das Haus allemal hat« (S. 171). Gemeint war hier der vertragliche Rechtsbezug zum Heiligen Reich; vgl. L. Waldecker, *Von Brandenburg über Preußen zum Reich. Eine Geschichte der Verfassung und Verwaltung in Brandenburg-Preußen*, 1935 (von Bornhak heftig kritisiert); vgl. O. Hintze, *Preußens Entwicklung zum Rechtsstaat*, in: FBPG, 32, 1920, S. 385–451: »Die Justiz war das Stiefkind des monarchischen Absolutismus gewesen« (S. 398), weil Heer und Verwaltung vorgezogen wurden; ders., in: Staat und Verfassung, passim; vgl. F. Hartung, *König Friedrich Wilhelm I., der Begründer des Preußischen Staates*, 1942.
55 E. Schmidt, *Rechtsentwicklung in Preußen*, 1961 (2. Aufl. 1929), S. 13 ff; vgl. E. Hubrich, *Zur Entstehung der preußischen Staatseinheit*, in: FBPG, 20, 1907, S. 347–427; vgl. G. Oestreich, *Der Soldatenkönig Friedrich Wilhelm I.*, in: Preußens Könige, S. 46–70.
56 AB, Briefe, S. 338; Ch. Wolff, GW, II: 26, 1969 (M. Thomann) (1750), S. 109, 116.

57 AB, Briefe, S. 55; vgl. F. Wagner, *Friedrich Wilhelm I., Tradition und Persönlichkeit*, in: HZ, 181, 1956, 79–95.
58 AB, I, S. 449f; vgl. W. Mark, *Der Gedanke des Gemeinen Besten in der deutschen Staats- und Rechtsentwicklung*, in: Festschr. f. Alfred Schultze, 1934.
59 AB, Briefe, S. 293/294.
60 C. C. Mylius, *C. C. March*. III:1, Nr. 91, S. 297; vgl. AB, Briefe, S. 40f; C. Jany, *Die Kantonverfassung Friedrich Wilhelms I.*, in: FBPG, 38, 1926, S. 227.
61 Jany, a.a.O., S. 233; vgl. H. Bleckwenn, *Unter dem Preußenadler. Das brandenburgisch-preußische Heer*, 1978.
62 v. Berenhorst, *Betrachtungen über die Kriegskunst*, I, 1798, S. 122.
63 Jany, a.a.O., S. 246ff; Büsch, a.a.O., S. 14; vgl. G. Ritter, *Staatskunst*; M. Jähns, *Geschichte der Kriegswissenschaften . . .*, 1966 (1890), II, S. 1563 zu den Werbungs-Exzessen der Hohenzollern-Bedienten in Sachsen.
64 AB, Briefe, S. 184, 185–193.
65 AB, Briefe, S. 171; W. Sombart, *Luxus und Kapitalismus*, 1922, S. 5, 63 ff, S. 111f, 113.
66 AB, Briefe, S. 659ff; vgl. K. Linnebach, *Friedrich Wilhelm I. und Fürst Leopold zu Anhalt-Dessau*, 1907.
67 Friedrich II., *Politische Korrespondenz*, Bd. 10, S. 496; vgl. Holmstén, a.a.O., S. 83ff.
68 J. Möser, Sämtliche Schriften, III, 1842, S. 185: Zum Verhältnis von »Freiheit und Eigentum«, Eigentum und »Landtagsfähigkeit«, »Dominium und proprietas« oder zum »wahren Eigentum« als »Erbrecht«, V, 1843.
69 H. v. Caemmerer, *Die Testamente der Kurfürsten von Brandenburg und der beiden ersten Könige von Preußen*, 1915, S. 366–390.
70 R. Koser, *Geschichte Friedrichs d. Gr.*, Bd. 2, S. 423; vgl. Holmstén, *Friedrich II.*, 1969, S. 111ff.
71 E. Wyluda, *Lehnrecht und Beamtentum. Studien zur Entstehung des preußischen Beamtentums*, in: SVG, 9, 1969, S. 142 ff (oft ungenau), vgl. Isaacsohn, a.a.O., II, S. 317ff.
72 E. Schmidt, *Rechtsentwicklung in Preußen*, 1961 (1929), S. 13 ff: Sieht auch die »Idee des Gesamtstaates« am Werk und nicht das Interesse des »souveränen Hauses«.
73 Friedrich II., *Oeuvres*, I, S. 144.
74 J. Klepper, *Der Vater. Roman eines Königs*, 1978 (1937); vgl. M. Stade, *Der König und sein Narr*, 1977 (hist. Roman zu den Erniedigungen Gundlings durch Friedrich Wilhelm I.); vgl. G. Oestreich, in: Preußens Könige, S. 70ff.

Kapitel 4 c:

1 AB, III, S. 453, 448.
2 Zit. n. E. Hubrich, *Staatseinheit*, in: FBPG, 20, 1907, S. 381ff.
3 Friedrich II., *Oeuvres*, VIII, S. 68ff. Zu diesem Bereich G. Holmstén, *Friedrich II.*, 1969, S. 32ff; R. Augstein, *Preußens Friedrich und die Deutschen*, 1971 (1968), S. 114ff; P. Gaxotte, *Friedrich der Große*, dt. 1977 (1972), S. 183ff; G. P. Gooch, *Friedrich der Große*, 1976, 2. Aufl., S. 190ff; vgl. R. Koser, *Friedrich der Große als Kronprinz*, 1886; vgl. W. Norbert, *Friedrich des Großen Rheinsberger Jahre*, 1911.
4 R. Koser (Hrsg.), *Politische Korrespondenz*, Bd. 4, S. 134; vgl. M. Schwann, *Der Tod Kaiser Karls VII. und seine Folgen*, in: FBPG, 13, 1900; vgl. Augstein, a.a.O., S. 117.
5 E. Ch. Broicher, *Der Aufstieg der preußischen Macht 1713–56*, 1955; vgl. St. Skalweit, *Das Problem von Recht und Macht und das historiografische Bild Friedrichs des Großen*, in: GWU, 2, 1951, S. 91–106; vgl. G. Masur, *Deutsches Reich und deutsche Nation im 18. Jhd.*, in: PJb, 1932, S. 229.
6 Th. Besterman, *Voltaire*. S. 259ff; Gooch, a.a.O., S. 179ff; Gaxotte, a.a.O., S. 300ff; R. Koser (Hrsg.), *Briefwechsel mit Grumbkow und Maupertuis*, 1898.

7 Voltaire, *Über den König von Preußen. Memoiren*, dt. 1967, S. 44.
8 Zit. n. E. Werner, *Despotie, Absolutismus oder feudale Zersplitterung? Strukturwandlungen im Osmanenreich zwischen 1566 und 1699*, in: JbfWG, 1972: III, S. 107, Anm. 4.
9 K. Röhrborn, *Untersuchungen zur osmanischen Verwaltungsgeschichte*, 1973.
10 Voltaire, *Memoiren*, S. 31.
11 R. Koser, *Geschichte Friedrichs des Großen*, 4 Bde., 1963 (1912), Bd. 2, S. 62 f.
12 Zit. n. F. Hartung, *Der aufgeklärte Absolutismus*, in: NWB, 17, S. 162; vgl. O. Büsch, *Militärsystems und Sozialleben im alten Preußen 1713–1807. Die Anfänge der sozialen Militarisierung der preußisch-deutschen Gesellschaft*, 1962, S. 44; J. D. E. Preuß, *Friedrich der Große. Eine Lebensgeschichte*, 1–4, *1832*, mit Urkundenband, *IV*, S. 331.
13 G. Mühlpfordt, *Christian Wolff. Ein Bahnbrecher der Aufklärung*, in: 450 Jahre Universität Halle-Wittenberg, Bd. 2, 1952; E. Winter, *Frühaufklärung*, S. 134 ff; vgl. J. Wallmann, *Philipp Jakob Spener und die Anfänge des Pietismus*, 1970; E. Beyreuther, *August Hermann Francke*, 1957; M. Schmidt, *Pietismus*, S. 42, 63 ff.
14 Voltaire, *Memoiren*, S. 29.
15 A. Noyes, *Voltaire*, S. 262.
16 Ibidem, S. 270 ff; H. Haupt, *Voltaire in Frankfurt 1753*, in: ZfFSL, XXVII, XXX, XXXIV, 1904: Trotz bemühter Ausgewogenheit apologetisch zugunsten »Friedrichs des Großen«, der später das rechtsbrecherische Vorgehen seiner Agenten als »exakte Borniertheit« bezeichnete. Eine Formel, die genau sein Behördensystem im Wesen trifft.
17 J. W. Goethe, *Der West-Östliche Divan*, 1961, S. 191.
18 A. Noyes, *Voltaire*, S. 315, 293.
19 Fr. Wilhelm I., *Testamente*, Küntzel/Maass, S. 76–78.
20 H. Jessen, *Gott und der König. Friedrichs des Großen Religion und Religionspolitik*, 1936.
21 Gaxotte, *Friedrich der Große*, S. 342.
22 L. Febvre, *Martin Luther*, 1976 (1928), S. 162.
23 J. R. Wolf, *Steuerpolitik im schlesischen Ständestaat*, 1978, S. 265 ff; F. L. Carsten, *The resistance of Cleves and Mark . . .*, passim.
24 A. Noyes, *Voltaire*, S. 261.
25 G. Mendelssohn-Bartholdy (Hrsg.), *Der König. Friedrich der Große in seinen Briefen und Erlassen . . .*, 1912, S. 103; vgl. F. Etzin, *Die Freiheit der öffentlichen Meinung unter der Regierung Friedrichs des Großen*, in: FBPG, 31, 1921, passim: Nach E. galt dem Monokraten »die geistige Freiheit . . . als das unveräußerliche Recht jedes Menschen«, aber »wesentliche Faktoren der öffentlichen Meinung des 19. u. 20. Jhds, das Parlament, die Parteienversammlungen, die Volksdemonstrationen, kommen zur Zeit Friedrichs in Wegfall . . .«; vgl. J. Habermas, *Strukturwandel der Öffentlichkeit*, in: NWB, 10, 1966 (1962), S. 203: Der »sog. legale Despotismus« der Physiokraten »versprach sich gerade vom aufgeklärten Monarchen eine Herrschaft der öffentlichen Meinung«: Dieser aber blieb »pure Fiktion«.
26 Vgl. E. Consentius, *Friedrich der Große und die Zeitungszensur*, in: PJb, 1904, S. 226; vgl. Holmstén, *Friedrich II.*, S. 42–45.
27 Etzin, a.a.O., passim.
28 Vgl. W. Drews, *Lessing*, 1962, S. 41 ff.
29 Ibidem, S. 79; vgl. W. R. Gaede, *Wie dachte Lessing über Friedrich II.?*, in: JEGPh, 35, 1936, S. 546–565.
30 W. Duncker, *Aus der Zeit Friedrich des Großen und Friedrich Wilhelm III.*, 1876, S. 324.
31 D. Peters, *Politische und gesetzliche Vorstellungen in der Aufstandsbewegung unter Pugašcev (1773–1775)*, 1973, S. 195 f.
32 Vgl. W. Görrisch, *Friedrich der Große in den Zeitungen*, 1907; vgl. K. d'Ester, *Die deutschen Zeitungen in den preußischen Provinzen am Niederrhein*, in: FBPG, 25, 1913.

33 M. Fröhlich, *J. J. Möser in seinem Verhältnis zum Rationalismus und Pietismus*, 1925; E. Schömbs, *Das Staatsrecht J. J. Mösers*, 1968.
34 Zit. n. Gaxotte, a.a.O., S. 346ff; vgl. Holmstén, *Friedrich II.*, S. 156ff.
35 E. u. J. de Goncourt, *Madame Pompadour. Ein Lebensbild nach Briefen und Dokumenten*, o. J., S. 139 (Brief vom 18. 9. 1756).
36 A. Koyré, *Mystiques*, S. 97, Anm. 1.
37 Gaxotte, a.a.O., S. 32ff.
38 Friedrich der Große, *Das Politische Testament von 1752*, dt. 1974, S. 3.
39 Vgl. P. Baumgart (Hrsg.), *Erscheinungsformen des Preuß. Absolutismus*, 1966.
40 J. M. Jost (Hrsg.), *Friedrich der Große, Gesammelte Werke*, 1837, S. 427.
41 Friedrich, *Pol. Test.*, S. 81.
42 Mendelssohn-Bartholdy, *Der König*, S. 126.
43 O. Krauske (Hrsg.), *Preußische Staatsschriften*, 1892, S. 468ff.
44 R. Koser (Hrsg.), *Preußische Staatsschriften*, 1877, S. 134ff.
45 Krauske, *Staatsschriften*, S. 543ff; vgl. Friedrich, *Pol. Test.* 1752, S. 90 zum stets angestrebten »Despotismus im Reich« durch das »Haus Österreich«; vgl. O. Heilborn, *Die geschichtliche Entwicklung des Begriffs Landfriedensbruch*, in: ZfSW, 18, 1898, S. 29.
46 Krauske, a.a.O., S. 528ff; vgl. J. R. Wolf, *Steuerpolitik im schlesischen Ständestaat*, 1978, S. 265ff; vgl. W. Hubatsch, *Friedrich der Große und die preußische Verwaltung*, in: SGP, 18, 1973, S. 75ff; vgl. O. Stobbe, *Geschichte der deutschen Rechtsquellen (1860–64)*, 2 Bde., 1965; W. Sellert, *Prozeßgrundsätze und Stilus Curiae am Reichshofrat*, in: UdtSRG, N. F. 18, 1973; vgl. W. Baumgart, *Der Ausbruch des Siebenjährigen Krieges. Zum gegenwärtigen Forschungsstand*, in: MM, 11, 1972, S. 157–165.
47 Vgl. J. Kunisch, *Der Ausgang des Siebenjährigen Krieges*, in: ZfHF, 2, 1975, S. 173–222; ders., *Der kleine Krieg. Studien zum Heerwesen des Absolutismus*, in: FHA, 4, 1973; Generalstab, *Der Siebenjährige Krieg 1756–1763*, 1901.
48 Friedrich, *Pol. Test. 1752*, S. 42ff.
49 R. Koser, *Die preußischen Finanzen im Siebenjährigen Krieg*, in: FBPG, 13, 1900, S. 153–217, 329–375; vgl. A. Zottmann, *Die Wirtschaftspolitik Friedrich des Großen*, in: GAbh., 8, 1937; R. Stadelmann, *Preußens Könige in ihrer Tätigkeit für die Landeskultur*, 3 (Friedrich d. Gr.), 1885.
50 Friedrich, *Pol. Test. 1752.* S. 43.
51 F. Engels, *Der Ursprung der Familie, des Privateigentums und des Staates*, 1953 (1884), S. 171ff; vgl. H. Heller, *Staatslehre*, 1934, S. 206.
52 F. Holtze, *Zur Entwicklung des Enteignungsrechts in der Mark*, in: FBPG, 31, 1919, S. 140–153. Grundlage seiner Eigenmächtigkeiten war dabei vor allem der Satz »Not kennt kein Gebot«, Friedrich, *Pol. Test. 1752*, S. 133, Inbegriff des Ausnahmezustandes und der Souveränität; H. Moegelin, *Das Retablissement des adligen Grundbesitzes in der Neumark durch Friedrich den Großen*, in: FBPG, 46, 1934, S. 28–69, 233–274.
53 Friedrich, *Pol. Test. 1752*, S. 4/5: Hier lobt er Cocceji für die nach »meinem Willen« durchgeführte Justizreform; vgl. E. Löning, *Gerichte und Verwaltungsbehörden in Brandenburg-Preußen*, 1914.
54 R. Augstein, *Preußens Friedrich*, S. 155–158; vgl. F. Mehring, *Hist. Aufsätze zur preußisch-deutschen Geschichte*, 1946, S. 96; vgl. J. Preuss, *Friedrich der Große. Eine Lebensgeschichte*, 4 Bde., 1832–1834 (3), S. 522ff; vgl. E. v. Moeller, *Friedrich der Große. Darstellung der Rechtsgeschichte*, in: FBPG, 21, 1908, S. 534: »Er hat in der Wiss. der Rechtsgesch. wie in seinem Staate als Despot geschaltet, ja wie ein Pascha gehaust.«
55 Friedrich, *Pol. Test. 1752*, S. 52: Die Begründung wird aus dem »Vorteil« abgeleitet, wobei die Formel, daß der Monokrat »seine Pläne selber entwerfen und in bedenklichen und schwierigen Zeitläuften seine Entschlüsse fassen« soll, eindeutig auf das DOMINIUM EMINENS verweist.
56 Friedrich, *Pol. Test. 1752*, S. 116: Der Erwerb des Schwarzen Adlerordens und des Orden »Pour le mérite« als »Besitz . . . im Staatsdienst« war nur dem Adel vorbehalten.

57 Ibidem, S. 8/9; vgl. L. Beutin, *Die Wirkungen des Siebenjährigen Krieges auf die Volkswirtschaft in Preußen*, in: VjfSWG, 26, 1937, S. 209–243; vgl. W. Schultze, *Geschichte der Preußischen Regieverwaltung von 1766 bis 1786*, I, in: SuSF (Schmoller), 1888, VII; F. Mehring, a.a.O., S. 71ff.
58 W. Schultze, a.a.O., S. 183.
59 R. Augstein, a.a.O., S. 178/179; Holmstén, *Friedrich II.*, S. 138.
60 F. Mehring, a.a.O., S. 75.
61 *Pol. Test. 1752*, S. 18.
62 Friedrich, *Denkwürdigkeiten...*, S. 105.
63 Ibidem, S. 83.
64 J. J. Möser, *Von der Teutschen Reichs-Ständen Landen*, 1769, S. 1147ff; vgl. D. Willoweit, *Rechtsgrundlagen der Territorialgewalt. Landesobrigkeit, Herrschaftsrechte und Territorium in der Rechtswissenschaft der Neuzeit*, 1975, S. 169/70.
65 G. Oestreich, *Das persönliche Regiment der deutschen Fürsten am Beginn der Neuzeit*, in: Geist und Gestalt, S. 201–234.
66 Friedrich, *Pol. Test. 1752*, S. 104.
67 Novum Corpus Constitutionum Prussico-Brandenburgensium praecipue Marchiarum, V, 1773, S. 2471ff.
68 F. Hartung, *Der Aufgeklärte Absolutismus*, in: NWB, 17, S. 163; vgl. S. 160 die Annahme, Friedrich habe die »Ableitung des Staates aus dem Staats- und Herrschaftsvertrag« anerkannt. Sie galt nur für die Familie selbst, ohne die Stände oder das »Volk« zu berücksichtigen.
69 Zit. n. Schoeps, *Preußen*, Quellenteil, S. 360.
70 Friedrich, *Pol. Test. 1752*, S. 44/45.
71 Freiherr vom Stein, *Briefe und amtliche Schriften*, IX, 1972, S. 711.
72 Ibidem, S. 773ff; vgl. L. v. Ranke. *Die deutschen Mächte und der Fürstenbund. Deutsche Geschichte von 1780 bis 1790*, in: SW, 31, 1871; vgl. O. Schultze, *Die Beziehungen zwischen Kursachsen und Friedrich dem Großen nach dem Siebenjährigen Krieg bis zum Bayerischen Erbfolgekrieg*, 1933.
73 Friedrich, *Pol. Test. 1752*, S. 82.
74 *Kants Schriften*, Werke VI, S. 315.
75 Friedrich, *Pol. Test. 1752*, S. 44.
76 Hegel, *Phänomenologie des Geistes*, 6. Aufl. 1952, S. 392.
77 Friedrich, *Pol. Test. 1752*, S. 101.
78 Ibidem, S. 106.

Zusammenfassung:

1 Vgl. E. Hubrich, *Staatseinheit*, in: FBPG, 20, 1907, S. 395. Daß die Bürger nach Svarez in der Regel nicht wie »Sklaven eines orientalischen Despoten« behandelt wurden, ibidem, S. 391, trifft vom Anspruch her sicher zu, aber entscheidend ist das Verhalten in der Ausnahme, vgl. hierzu H. Rosenberg, in: NWB, 67, S. 183, S. 185ff zur Behandlung und Beleidigung der eigenen »Bedienten«.
2 Hegel, *Grundlinien der Philosophie des Rechts* (H. Reichelt), 1972, S. 69ff; vgl. Hegels Analyse zum »Erbrecht« als »Grund der Legitimität« und zum »Wahlreich« mit seinem »Vertragsverhältnisse«, das er als »Prinzip der Familie« wie des »Staates« ablehnt. Er will »Kontrakt« und »Staatsverband« ganz im Gegensatz zu Kant hier nicht aufeinander beziehen, S. 256ff.
3 Friedrich, *Pol. Test. 1752*, S. 90ff.

5. DIE HERRSCHAFTEN DES »HAUSES ÖSTERREICH«

1 SRAP, 7, 1660, S. 149 ff; vgl. F. Arnheim, *Eine schwed. Denkschrift aus dem Jahre 1661 über die Wiederanknüpfung der dipl. Beziehungen zw. Schweden u. B'burg*, in: FBPG, 7, 1894, S. 193-207.
2 Friedrich II., *Pol. Test. 1752*, S. 56.
3 H. Koller, *Zur Bedeutung des Begriffs »Haus Österreich«*, in: MIÖG, 78, 1970, S. 338.
4 H. I. Bidermann, *Gesch. d. österr. Gesamt-Staats-Idee 1526-1804*, II, 1889, S. 92. Zur Bedeutung des Ständewesens; A. F. Pribram, *Die niederösterr. Stände und die Krone in der Zeit Kaiser Leopold I.*, in: MIÖG, XIV, S. 589 ff; H. Hassinger, *Die Landstände der österr. Länder. Zusammensetzung, Organisation und Leistung im 16. bis zum 18. Jhd.*, in: JbbfLNÖ. N. F. 36, 1964; O. Brunner, *Land und Herrschaft*, 4. Aufl., 1959.

Kapitel 5a:

1 H. Fichtenau, *Von der Mark zum Herzogtum. Grundlagen und Sinn des »privilegium minus« für Österr.*, 2. Aufl., 1958; vgl. K. J. Heilig, *Ostrom und das deutsche Reich um die Mitte des 12. Jahrhunderts*; H. R. v. Zeissberg, *Der österr. Erbfolgestreit nach dem Tode des Königs Ladislaus Postumus (1457-1458) im Lichte der habsburgischen Hausverträge*, in: AÖG, 58, 1879, S. 1-170.
2 E. K. Winter, *Rudolf IV. von Österreich*, 2 Bde., 1934-36; G. Koller, *Princeps in ecclesia. Untersuchungen zur Kirchenpolitik Herzog Albrechts V. von Österreich*, in: AÖG, 124, 1964, S. 38-53; vgl. O. Brunner, *Land und Herrschaft*, S. 118 ff; vgl. O. Stolz, *Das Wesen des Staates im dt. Mittelalter*, in: ZRG, GA, 61, 1941, S. 234-249.
3 A. Lhotsky, *Privilegium maius. Die Geschichte einer Urkunde*, in: Österreich-Archiv, 1957; A. Luschin v. Ebengreuth, *Österr. Reichsgesch. (Gesch. der Staatsbildung, der Rechtsquellen u. d. öff. Rechts)*, I, 1896.
4 C. Weibull, *Christian Gyllenstierna och Stockholms blodbad*, in: Scandia, 35, 1969; vgl. von dän. Seite N. Skym-Nielsen, *Blodbadet. Proces og kilder*, in: Scandia, 35, 1969.
5 A. Novotny, *Ein Ringen um ständische Autonomie zur Zeit des erstarkenden Absolutismus (1519-1522)*, in: MIÖG, 71, 1973, S. 369; H. Wiesflecker, *Kaiser Maximilian I. Das Reich, Österreich und Europa an der Wende zur Neuzeit*, II: Reichsreform und Kaiserpolitik 1493-1500, 1975 (dem pol. Ständewesen nicht wohlgesonnen).
6 Novotny, a.a.O., S. 365; vgl. M. Vancsa, *Gesch. Nieder- u. Oberösterr.*, II, 1283-1522, 1927; vgl. W. Bauer, *Die Anfänge Ferdinands I.*, 1907.
7 Hier nicht im Sinne der Jus-Lex-Relation nach Bodin, sondern patrimonial gemeint.
8 Zum Gesamtkomplex noch immer informativ F. Schuler v. Libloy, *Siebenbürgische Rechtsgeschichte, compendiarisch dargestellt*, I, Äußere Rechtsgesch. und öff. Recht, 1855, S. 290 ff; zur weit. Orientierung R. A. Kann, H. Zimmermann, O. Mittelstraß (Hrsg.), *Zur Rechts- und Siedlungsgeschichte der Siebenbürger Sachsen*, 1971.
9 A. Gindely, *Erteilung des böhm. Majestätsbriefs von 1609*, 1858; vgl. A. K. Röss, *Die Erpressung d. Majestätsbriefes von K. Rudolf II. durch die böhmischen Stände*, in: ZfkTh, 31/32, 1907/08; vgl. G. Loesche, *Gesch. des Protestantismus im vormaligen und neuen Österr.*, 3. Aufl. 1930; vgl. G. Reingrabner, *Adel und Reformation. Beiträge zur Geschichte des prot. Adels im Lande unter der Enns während des 16. und 17. Jahrhunderts*, in: FLNÖ, 21, 1976.
10 F. M. Pelzel, *Geschichte der Böhmen*, II, 1782, 3. Aufl., S. 681 ff.
11 H. Hantsch, *Die Geschichte Österreichs*, I, 4. Aufl. 1959, S. 229/230: Er sieht in diesem Erbvertrag die »patrimoniale Auffassung des Gesamthauses«; zum

Erbdenken im Erzhaus Hammer-Purgstall, *Khlesl's ... Leben*, III, 1850, S. 449–454 (Urkundenteil).
12 Haus-Hof-Staatsarchiv Wien, Kasten XIX/57–543c, 1–4, Flugschriften; vgl. Hantsch, *Die Gesch. Österreichs*, I, S. 332 ff; vgl. H. Sturmberger, *Kaiser Ferdinand II. u. d. Problem des Absolutismus*, S. 19 ff; vgl. J. Kalousek, *Einige Grundlagen des böhmischen Staatsrechtes*, 1870.
13 Haus-Hof-Staatsarchiv Wien: Flugschriften – Jus haereditarium et legitima successio in Regno Bohemiae, Ferdinandi II. Austriaci . . ., 1620, o. S.; R. Stanka, *Die böhmische Konföderationsakte von 1619*, 1932; J. Polišensky (Hrsg.), *Documenta Bohemica Bellum Tricennale Illustrantia*, I, *Der Krieg und die Gesellschaft in Europa 1618–1648*, 1971.
14 H. Sturmberger, *G. Erasmus Tschernembl. Religion, Libertät, Widerstand. Ein Beitrag zur Gesch. der Gegenreformation und des Landes ob der Enns*, 1953; A. Gindely, *Gesch. d. dreißigjäh. Krieges*, 1–3, 1882–84; zum Kriegshintergrund weiterhin A. A. van Schelven, *Der Generalstab des polit. Calvinismus in Zentraleuropa zu Beginn des 30jährigen Krieges*, in: ARG, 36, 1939; A. Tecke, *Die kurpfälz. Politik und der Ausbruch des 30jährigen Krieges*, 1931; J. G. Weiss, *Die Vorgesch. d. böhm. Abenteuers Friedrichs v. d. Pfalz*, in: ZfGORh, 93, N. F. 53, 1940; F. H. Schubert, *Zur Charakteristik des Ludwig Camerarius*, in: PHT, 1951; H. Weigel, *Franken, Kurpfalz und der böhm. Aufstand*, 1932; V. L. Tapié, *La politique étrangère de la France et le début de la guerre de trente ans 1616/21*, 1934.
15 H. Sturmberger, *Ferdinand II.*, 1957, S. 18 ff, 26 ff; vgl. A. Gindely, *Die Gegenreformation . . . in Oberösterreich*, 1889, S. 16 ff.
16 Codex Juris Bohemici, tom. V, pars II, 1888, S. 10/11.
17 Ibidem, S. 5, 17.
18 M. Blekastad, *Comenius, Versuch eines Umrisses vom Leben, Werk und Schicksal des Jan Amos Komenský*, 1969; S. Göransson, *Comenius och Sverige 1642–48*, in: Lychnos 1957–58, 1958; vgl. K. Schaller, *Die Pädagogik des Johann Amos Comenius und die Anfänge des pädagogischen Realismus im 17. Jhd.*, in: PF, 21, 1962.
19 Codex J. B., V:II, S. 35 ff: Mit der Bindung jeder Güterveräußerung auch der Kirche an die Zustimmung des Erb-Monokraten war jeder Widerstandspolitik die possessive Basis entzogen, S. 37 ff; vgl. das Vorgehen beim Restitutionsedikt von 1629, M. Ritter, *Der Ursprung des Restitutionsediktes*, in: HZ, 76, 1895, S. 62–102.
20 Chr. Thomas, »Moderación del poder«. *Zur Entstehung der Geheimen Vollmacht für Ferdinand I. 1531*, in: MIÖG, 27, S. 101–140.
21 G. Wagner, *Wallenstein und der Landesherr von Tirol. Der Briefwechsel des Herzogs von Friedland mit Erzherzog Leopold V. (1626–1632) und die Ereignisse der Zeit*, in: MIÖG, 87, 1975, S. 75–113; H. Hallwich, *Geschichte Wallensteins*, 3 Bde., 1910; vgl. die »halbwissenschaftliche« Erzählung von G. Mann, *Wallenstein*, 4. Aufl., 1971.
22 H. v. Srbik, *Wallensteins Ende*, 2. Aufl., 1952; vgl. P. Suvanto, *Wallenstein und seine Anhänger am Wiener Hof zur Zeit des zweiten Generalats 1631–1634*, 1963; zum weiteren Hintergrund der böhm. Frage O. Peterka, *Rechtsgeschichte der böhmischen Länder*, II, 1928 und K. Bosl (Hrsg.), *Handbuch der Gesch. der böhmischen Länder*, II, 1974, S. 294 ff.
23 Noch 1629 meinte Axel Oxenstierna: »Des Kaisers, Wallensteins und der Cath. Liga Dessein ist dieser, alle deutschen Fürsten und Städte unter des Kaisers *absolutum dominium* zu drücken«, in: AOSB, I:4, S. 277, mit Wallensteins Fall hatte sich Ferdinand II. zwar eines Gegners, aber auch eines Instrumentes entledigt, vgl. P. Suvanto, *Die deutsche Politik Oxenstiernas und Wallenstein*, 1979, S. 182 ff.
24 W. V. Wallace, *The Czech Exiles and the Thirty Year's War*, 1953; vgl. R. van Dülmen, *Johann Amos Comenius und Johann Valentin Andreae*, in: BohJb, 9, 1968, S. 73–87; R. Howell, *Georg Ritschel, Lehrer und Geistlicher. Ein böhmischer Vertriebener im England Cromwells*, in: BohJb, 7, 1966, S. 199–210; vgl.

J. Polišenský, *Česka otázka; habsburská politika a anglická revoluce 17. století,* in: SbH, 5, 1957, S. 175–202; vgl. D. H. Pennington, *Seventeenth-Century Europe,* 1970; A. von Doerr, *Der Adel der böhmischen Kronländer,* 1900; vgl. V. Urfus, *Rodinný fideikommis v Čechach,* in: SbH, 9, 1962, S. 193–238; vgl. J. Chr. Allmayer-Beck, *Die Träger der staatlichen Macht. Adel, Armee und Bürokratie,* in: Spectrum Austriae, 1957, S. 252–286.

Kapitel 5b:

1 Zitiert n. Bidermann, *Gesamtstaats-Idee,* I, 1867, S. 83 ff; vgl. O. Hintze, *Der österr. u. preuß. Beamtenstaat,* in: HZ, 50, 1900, S. 421 ff.
2 Bidermann, a.a.O., S. 145 ff sieht in den Aktivitäten der Stände auf den Landtagen nur eine »Formsache«; vgl. Luschin, *Österr. Reichsgeschichte,* II:4, S. 440 ff, 445; vgl. A. Mell, *Grundriß der Verfassungs- und Verwaltungsgesch. Steiermarks,* 1929, S. 561 ff: Er steht teilweise unter dem Einfluß der Dualismus-Ideologie der boruss. Staats- und Behördenlehre.
3 Zit. n. Pribram, *Die niederösterr. Stände,* S. 597 ff (Jörger).
4 H. Hassinger, *Johann Joachim Becher 1635—1682. Ein Beitrag z. Gesch. des Merkantilismus,* 1951, S. 77 ff.
5 Ibidem, S. 78 ff.
6 N. Eisenberg, *Studien zur Historiographie über Kaiser Leopold I.,* in: MIÖG, 51, 1937, S. 397 ff; vgl. H. E. Feine, *Einwirkungen des absoluten Staatsgedankens auf das deutsche Kaisertum im 17. und 18. Jhd. . . . ,* in: ZRG, GA, 42, 1921, S. 474–481: Behandelt nicht die Unterscheidung von Jus und Lex.
7 A. Veltze (Hrsg.), *Ausgewählte Schriften des Fürsten R. Montecuccoli,* II:2, 1899, S. 30 ff; zur Person F. Stöller, *Feldmarschall Raimund Graf Montecuccoli,* in: Gestalter der Geschicke Österreichs (H. Hantsch), 1962, S. 171–184.
8 Veltze, a.a.O., III, 423 ff.
9 Ibidem, III: Über Ungarn im Jahre 1677; vgl. Bidermann, a.a.O., I, S. 127, Anm. 49, Anm. 50,
10 K. Bertsche (Hrsg.), *Abraham a Santa Clara,* 1910, S. 9 ff; vgl. H. Schulz, *Studien zu Abraham a Santa Clara,* 1910.
11 Ph. H. v. Harrasowsky, *Der Codex Theresianus und seine Umarbeitungen,* I–V, 1883–1886 (I, S. 10); G. Steinbach, *Die ungarischen Verfassungsgesetze,* 4. Aufl., 1906; ·vgl. H. Marczali, *Ungarische Verfassungsgeschichte,* 1911; vgl. H. E. Strakosch, *State Absolutism and the Rule of Law. The struggle for the Codification of Civil Law in Austria 1753–1811,* 1967, S. 50 ff; vgl. E. Pamlényi (Hrsg.), *Die Geschichte Ungarns,* 1971.
12 Zit. n. Bidermann, a.a.O., I, S. 152, Anm. 107.
13 Veltze, a.a.O., I, 1899, S. 94 ff.
14 J. Kunisch, *Der kleine Krieg. Studien zum Heerwesen des Absolutismus,* 1973, S. IX, S. 35 ff: Im Grunde waren die »absoluten Herren« als Eklektiker in der Kriegskunst nicht innovativ, dafür aber das Ständewesen. Vom Fußvolk der Eidgenossenschaft über die Oranische Heeresreform bis zur Reiterei Polens oder zum Heer Gustav Adolfs waren libertäre Systeme wesentlich leistungsfähiger; vgl. N. v. Preradovich, *Des Kaisers Grenzer. 300 Jahre Türkenabwehr,* 1970; M. Bertling, *Die Kroaten und Panduren in der Mitte des XVIII. Jhds. und ihre Verwendung in den Friderizianischen Kriegen,* 1912; H. Alexich, *Die freiwilligen Aufgebote aus den Ländern der ung. Krone im ersten schlesischen Krieg,* in: MKuKKA, N. F. 4, 1889, S. 113–193, N. F. 5, 1891, S. 109–207.
15 Veltze, a.a.O., III, 1900, S. 383 ff.
16 H. H. Hofmann (Hrsg.), *Quellen zum Verfassungsorganismus des Heil. Röm. Reiches Deutscher Nation 1495–1815,* 1976, S. 253; vgl. P. Chr. Storm, *Der Schwäbische Kreis als Feldherr. Unters. zur Wehrverfassung des Schwäbischen Reichskreises in der Zeit von 1648 bis 1732,* 1974; vgl. K. O. v. Aretin (Hrsg.), *Der Kurfürst von Mainz und die Kreisassoziationen 1648–1746. Zur verfassungsrechtlichen Stellung der Reichskreise nach dem Westf. Frieden,* 1975.

17 G. Korkisch, *Der Bauernaufstand auf der Mährisch Trübau-Türnauer Herrschaft 1706–1713*, in: Bohemia, 11, 1970, S. 167 ff; zu den Bauernaufständen K. Bosl, *Handbuch d. Gesch. d. Böhm. Länder*, S. 261–412; vgl. H. Bachmann, *Die nationalen Verhältnisse Böhmens während des Temnos im Rahmen der sozialen Struktur*, in: Bohemia, 11, 1970, S. 151–163.
18 G. Korkisch, a.a.O., S. 198.
19 Ibidem, S. 207; vgl. F. Lubik, *Unser Fürstenhaus Liechtenstein*, in: Schönhengster Jb, 1961, S. 36–48.
20 G. Korkisch, a.a.O., S. 212 ff; vgl. dazu den gewonnenen Prozeß der Gemeinde Aubingen gegen den Fürsten Friedrich Wilhelm von Hohenzollern-Hechingen, der seine Bauern oft »*auf moskowitisch*« verprügelte (um 1700), bei F. Hertz, *Die Rechtsprechung der höchsten Reichsgerichte im römisch-deutschen Reich und ihre polit. Bedeutung*, in: MIÖG, 69, 1961, S. 331–358.
21 G. Korkisch, a.a.O., S. 209 ff; vgl. E. Winter, *Die tschechische und slowakische Emigration in Dtl. im 17. und 18. Jhd.*, in: BGHT, 1955; vgl. V. Fleischer, *Fürst Karl Eusebius von Liechtenstein als Bauherr und Kunstsammler (1611–1684)*, 1910.
22 Fellner-Kretschmayer, *Die österr. Zentralverwaltung*, 3, S. 282; vgl. E. Patzelt, *Bauernschutz in Österreich vor 1848*, in: MIÖG, 58, S. 652 ff.
23 H. Rittmann, *Deutsche Geldgeschichte 1484–1914*, 1975, S. 259.
24 Bertsche, a.a.O., S. 11, 13, 90 ff.
25 Hörnigk, *Oesterreich über alles, wenn es nur will. Das ist wohlmeinender Fürschlag...*, 1684, passim.
26 Bidermann, a.a.O., I, S. 40 ff, S. 120 ff: Besonders die Probleme während des Türken- und Pfälzischen Erbfolgekrieges; vgl. Fellner/Kretschmayer (Hrsg.), *Die österr. Zentralverwaltung*, I:3, Aktenstücke 1683–1749, 1907, S. 63–121 Instruktionen z. Hauptcameralcommission; vgl. O. Pickl, *Nachschub für den großen Türkenkrieg... 1683 bis 1686*, in: ZHVf Steiermark, LXVIII, 1977; vgl. R. Lorenz, *Türkenjahr 1683. Das Reich im Kampf um den Ostraum*, 1933; F. Stöller, *Neue Quellen zur Gesch. des Türkenkrieges 1683*, in: MIÖG, Erg.-Bd. 3, 1933.
27 W. v. Schröder, *Fürstliche Schatz- und Rentkammer nebst einem notwendigen Unterricht vom Goldmachen*, 1704 (1686), passim; siehe auch ders., *Disquisitio Politica vom absoluten Fürsten-Recht*, passim; vgl. zum ökonom. Bereich I. Bog, *Der Reichsmerkantilismus. Studien zur Wirtschaftspolitik des Heil. Röm. Reiches im 17. u. 18. Jhd.*, 1959: Gerade hierin wird gezeigt, daß *der* Merkantilismus nicht *die* Wirtschaftsform des Absolutismus zu sein brauchte.
28 O. Brunner, *Vom Gottesgnadentum zum monarchischen Prinzip*, in: NWB, 17, S. 130 ff.
29 Schröder, *Schatz- und Rentkammer*, passim.
30 Fellner/Kretschmayer, I:3, S. 121–186: Die Stiftung dieser Bank galt als »Fundamentalgesetz in vim sanctionis pragmaticae« und damit als »pactum reciprocum« (122), ohne »unter was prätext es sein mag, den geringsten eingriff thun« zu wollen (123). Es war demnach keine Intervention im Sinne eines nezessitären Machtspruches oder patrimonialer Absolutesse beabsichtigt, d. h. man setzte auf das Vertragswesen. Das schien auch geboten, zumal der Kaiser mit einigen Millionen Schulden vor allem bei der Aristokratie in der Kreide stand, vgl. Bosl, *Handbuch der Gesch. d. Böhm. Länder*, S. 361 ff.

Kapitel 5c:

1 W. Platzhoff, *Ludwig XIV., das Kaisertum und die europ. Krise von 1683*, in: HZ, 121, 1920, S. 377–412; K. v. Raumer, *Die Zerstörung der Pfalz von 1689 im Zusammenhang der frz. Rheinpolitik*, 1930; C. v. Noorden, *Europ. Gesch. im 18. Jhd.*, *Der Spanische Erbfolgekrieg*, 3 Bde. 1870/82; vgl. G. Granier, *Der dt. Reichstag während des Span. Erbfolgekrieges*, 1954; vgl. A. Berney, *König Friedrich I. und das Haus Habsburg, 1701–1707*, 1929; E. Hassinger, *Preußen und Frankreich im Span. Erbfolgekrieg*, in: FBPG, 54, 1943, S. 43–68; vgl. W. Reese,

Das Ringen um Frieden und Sicherheit in den Entscheidungsjahren des Span. Erbfolgekrieges 1708/09, 1933; M. Braubach, *Prinz Eugen und das 18. Jhd.*, in: HZ 179, 1955; S. Åkerhjelm, *Relation om Sweriges Rikes tillstånd i anseende til det utrikes werket . . . 1697*, in: Loenbom, *Handlingar til konung Carl XI:tes historia*, 7, 1766, S. 46 ff.
2 F. Kleyser, *Der Flugschriftenkampf gegen Ludwig XIV. zur Zeit des Pfälzischen Krieges*, 1935.
3 H. von Srbik, *Wien und Versailles 1692–1697. Zur Gesch. von Straßburg, Elsaß und Lothringen*, 1944; vgl. P. Wentzcke, *Straßburg und das Elsaß als dt. Friedensziel um die Wende des 17./18. Jahrhunderts*, in: Schicksalswege am Oberrhein, 1952.
4 Zu den Eigentumsproblemen im Zeichen des »uti possidetis« auf diesem Kongreß H. Uebersberger, *Russlands Orientpolitik in den letzten zwei Jahrhunderten*, I, Bis zum Frieden von Jassy, 1913, S. 66 ff.
5 M. Braubach, *Prinz Eugen von Savoyen. Eine Biographie*, 5 Bde., 1963–65.
6 Zit. n. G. Turba, *Die pragmatische Sanktion mit besonderer Rücksicht auf die Länder der Stephanskrone*, 1906, S. 2/3, Anm. 1.
7 H.-E. Feine, *Zur Verfassungsentwicklung des Heil. Röm. Reiches . . .*, in: ZRG, GA, III, S. 75 ff; vgl. K. Kormann, *Die Landeshoheit in ihrem Verhältnis zur Reichsgewalt im alten Deutschen Reich seit dem Westf. Frieden*, in: ZfP, 1914, S. 160 ff; vgl. Friedrichs II. Einschätzung der hist. Entwicklung des Feudal-Systems in Europa: »In Deutschland sind die Vasallen unabhängig geworden; in Frk., England und Spanien sind sie unterdrückt worden«, in: *Über die Regierungsformen (1777)*, GW, 1837 (J. M. Jost), S. 456.
8 P. Mechtler, *Der Kampf zwischen Reichspost und Hofpost*, in: MIÖG, 53, 1939, S. 411–422; vgl. J. J. Moser, *Von der Landeshoheit derer Teutschen Reichsstände überhaupt*, 1773, S. 13 ff; F. v. Esebeck, *Die Begründung der hannoverschen Kurwürde*, 1935.
9 Turba, *Pragmatische Sanktion*, S. 12; vgl. M. Braubach, *Prinz Eugen im Kampf um die Macht 1701–1705*, in: HJb, 74, 1954, S. 294–318.
10 Turba, a.a.O., S. 33 ff; vgl. W. Michael, *Zur Entstehung der Pragmatischen Sanktion Karls VI.*, 1939; vgl. G. Turba, *Ist das Original der Prag. Sanktion eine Unterschiebung?*, in: AZs, 40, 1931; vgl. H. Lentze, *Die Pragmatische Sanktion und das Werden des österreichischen Staates*, 1964, S. 3–12.
11 Turba, *Prag. Sanktion*, S. 32, Anm. 6: Die Formel »Antiquum inclytae Domus Nostrae patrimonium« (Unseres berühmten Hauses altes Vatererbe) wird hinsichtlich ›Belgien‹ zwar benutzt, aber die dortige »Joyeuse Entrée« bedeutete das absolute Hindernis einer Anerkennung des absoluten Patrimoniums, s. W. Näf, in: NWB, 17, S. 108. In Kroatien liegt der Rechtsfall ähnlich, s. Kukuljević, *Jura Croatiae*, II, S. 109, vgl. Turba, *Prag. Sanktion*, S. 4 ff
12 Zit. n. Turba, *Prag. Sanktion*, S. 35 ff; vgl. Bidermann, a.a.O., II, S. 260, Anm. 84.
13 Turba, *Prag. Sanktion*, S. 39 ff; zum partiellen Widerstand in Tirol, das sich weniger als Erbland denn als Reichsstand auffaßte, ibidem, S. 38; vgl. Bidermann, II, S. 261: Vor allem der Klerus Tirols erkannte eine Unvereinbarkeit mit Prag. Sanktion u. »päpstlichen Constitutionen« u. meinte, das Haus Österreich könnte sich mit dieser Erb-Ordnung seiner »contrahirten Staatsschulden« entziehen.
14 Turba, *Prag. Sanktion*, S. 44 ff, 48–51.
15 Ibidem, S. 53–71.
16 Ibidem, S. 72 ff; vgl. A. Wolf, *Die Gesch. der pragmatischen Sanktion bis 1740*, 1850, S. 38.
17 Turba, *Prag. Sanktion*, S. 79–91; s. auch E. Schönbauer, *Sanctiones pragmaticae in älterer und neuerer Zeit*, in: Anzeiger der phil.-hist. Kl. d. österr. Akademie der Wissenschaften, 1953, S. 246–274.
18 Turba, *Prag. Sanktion*, S. 130: Daß das »Haus Österreich . . . noch ganz in der patrimonialen Auffassung des Staates befangen war«, bedeutet allerdings nicht, daß es den Patrimonial-Absolutismus ganz etablieren konnte; vgl. H. Größing, *Die ungarische Verfassung und der Konstitutionalismus des Jahres 1848*, in: MIÖG, 81, 1973, S. 304–336.

19 H. H. Hofmann, *Quellen*, S. 285 ff.
20 Ibidem, S. 229 ff.
21 Ibidem, S. 309, Art. II, § 2. Gleichzeitig jedoch hatte er »die weltlichen Chur-Häuser bei ihrem Primogenitur-Rechte, ohne dasselbe restringiren zu lassen«, zu bewahren und auf der Basis des Westf. Friedens die »verbindlichen Pacta ... denen Reichs-Constitutionibus gemäß« ebenso einzuhalten, wie die »unter Churfürsten, Fürsten und Ständen aufgerichteten Erbverbrüderungen ... in beständiger Form (zu) confirmiren«. Nach oben wird ähnlich wie in Frankreich der Feudal- und Wahlvertrag festgeschrieben, nach unten aber ein gewisses Erbdenken abverlangt.

Kapitel 5 d:

1 M. Braubach, *Friedensvermittlung in Europa 1735*, in: HJb 70, 1951, S. 190–237; ders., *Versailles und Wien von Ludwig XIV. bis Kaunitz*, 1952; vgl. F. M. Mayer, *Zur Gesch. der österr. Handelspolitik unter Karl VI.*, 1897; M. v. Herzfeld, *Zur Orienthandelspolitik Österreichs unter Maria Theresia in der Zeit von 1740–1771*, in: AÖG, 108, 1919/20, S. 217–343; vgl. A. Beer, *Die Zollpolitik und die Schaffung eines einheitlichen Zollgebietes unter Maria Theresia*, in: MIÖG, XIV, 1893, S. 237–321; vgl. M. Sautal, *Les débuts de la guerre de la succession d'Autriche*, I, 1910.
2 J. Kallbrunner (Hrsg.), *Kaiserin Maria Theresias politisches Testament*, 1952, S. 29, 31 ff.
3 F. Walter (Hrsg.), *Maria Theresia. Briefe und Aktenstücke in Auswahl*, in: Ausgewählte Quellen, Bd. XII, 1968, S. 73–75; vgl. J. Schwerdfeger, *Der bairisch-frz. Einfall in Ober- und Niederösterreich 1741 und die Stände der Erzherzogtümer*, in: AÖG, 87, 1899 und 91, 1902.
4 A. Arneth, *Zwei Denkschriften der Kaiserin Maria Theresia*, in: AÖG, 47, 1872, S. 306 ff.
5 G. Croon, *Zur Gesch. der österr. Grundsteuerreform in Schlesien 1721–1740*, in: ZVGS, 45, 1911, S. 344.
6 Zit. n. J. R. Wolf, *Steuerpolitik im schlesischen Ständestaat*, 1978, S. 261; vgl. H. W. Büchsel, *Oberschlesien im Brennpunkt der großen Politik 1740–1742*, in: FBPG, 51, 1939, S. 83–102; vgl. G. B. Volz, *Friedrich Wilhelm I. und die preußischen Erbansprüche auf Schlesien*, in: FBPG, 30, 1918, S. 55–67.
7 J. R. Wolf, a.a.O., S. 245 ff.
8 H. O. Meisner, *Das Regierungs- und Behördensystem Maria Theresias und der preußische Staat*, in: NWB, 17, S. 215; vgl. F. Walter, *Preußen und die österr. Erneuerung von 1749*, in: MIÖG, 51, 1937.
9 F. Walter, *Die Gesch. der österr. Zentralverwaltung in der Zeit Maria Theresias 1740–1780*, 1938, S. 98 ff.
10 F. Ilwof, *Der Ständische Landtag des Herzogtums Steiermark unter Maria Theresia und ihren Söhnen*, in: AÖG, 104, 1914/15, S. 138 ff.
11 F. Walter, *Gesch. d. öst. Zentralverw.*, 1938, S. 124 ff.
12 Ibidem, S. 126; vgl. Ilwof, a.a.O., S. 141 ff.
13 Ilwof, a.a.O., S. 143.
14 Ibidem, S. 144.
15 Ibidem, S. 151 f; Luschin, *Österr. Reichsgesch.*, II: 5, S. 533 ff.
16 F. Walter, *Gesch. d. öst. Zentralverwaltung*, S. 174 ff; vgl. O. Hintze, *Der österr. u. pr. Beamtenstaat*, in: HZ, 50, S. 427 ff.
17 H. O. Meisner, in: NWB, 17, S. 215, 218 ff; vgl. F. Walter, *Gesch. d. öst. Zentralverwaltung*, S. 206 ff.
18 Zum Phänomen der Korruption: J. v. Klaveren, *Die historische Erscheinung der Korruption, in ihrem Zusammenhang mit der Staats- und Gesellschaftsstruktur betrachtet*, in: VSWG, 1957, S. 289–324; vgl. B. Kassem, *Décadence et absolutisme dans l'oeuvre de Montesquieu*, in: EHEPS, XXXIV, 1960.

19 F. Walter, in: MIÖG, 51, 1937, S. 420; vgl. F. Tezner, *Technik und Geist des ständisch-monarchischen Staatsrechts*, in: Schmollers SSF, 19, 1901; ders., *Die landesfürstl. Verwaltungsrechtspflege in Öst. vom Ausgang des 15. bis zum Ausgang des 18. Jhds*, I–II, 1898–1902.
20 F. Walter, *Gesch. d. öst. Zentralverw.*, S. 437 ff.
21 F. Walter, *Kaunitz' Eintritt in die innere Politik*, in: MIÖG, 46, 1932, S. 37–79; vgl. E. Ch. Broicher, *Der Aufstieg der preußischen Macht 1713–1756*, 1955; vgl. H. Butterfield, *The reconstruction of a historical episode: The history of the enquiry into the origines of the Seven Year's War*, 1951.
22 F. Walter, in: MIÖG, 51, 1937, S. 424ff; ders., *Gesch. d. öst. Zentralverw.*, S. 167ff: Haugwitz z. B. lehnte eine »Connexion« der Stände mit dem Erzhaus in der Verwaltung ab, denn sie hätten niemals »gegen die Ausmessungen ihres Souverain ein ius contradicendi (Recht der Gegenrede) erworben«. Außerdem könne »der summus princeps nach eigenem Gefallen« seine Befehle geben. Daran hat sich auch unter Kaunitz im Prinzip nichts geändert.
23 F. Walter, *Gesch. d. öst. Zentralverw.*, S. 150ff, 317ff.
24 G. Klingenstein, *Der Aufstieg des Hauses Kaunitz. Studien zur Herkunft u. Bildung d. Staatskanzlers Wenzel Anton*, 1975.
25 H. Conrad, *Recht u. Verfassung des Reichs in der Zeit Maria Theresias. Aus den Erziehungsvorträgen für den Erzherzog Joseph*, in: NWB, 17, S. 231; vgl. F. Reinöhl, *Die Übertragung der Mitregentschaft durch Maria Theresia an Großherzog Franz Stephan und Kaiser Joseph II.*, in: MIÖG, Erg.Bd. 11, 1929, S. 650–661.
26 H. Conrad, in: NWB, 17, S. 233.
27 Ibidem, S. 235.
28 Vgl. W. Schmetterling, *Zur Königswahl Erzherzog Josefs, 1748–1764*, 1923.
29 K. Schünemann, *Die Wirtschaftspolitik Josephs II. in der Zeit seiner Regentschaft*, in: MIÖG, 47, 1933, S. 41ff.
30 Schünemann, a.a.O., S. 42ff.
31 Ibidem, S. 45–47; vgl. F. Engel-Janosi, G. Klingenstein, H. Lutz (Hrsg.), *Fürst, Bürger, Mensch. Unters. zu pol. und soziokulturellen Wandlungsprozessen im vorrevolutionären Europa*, 1975.

Kapitel 5 e:

1 Zit. n. H. Conrad, in: NWB, 17, S. 229; vgl. H. Wagner, *Die Reise Josephs II. nach Frankreich 1777 und die Reformen in Österreich*, in: Festg. f. H. Hantsch, 1965.
2 L. Just, *Der Widerruf des Febronius in der Korrespondenz des Abbé Franz Heinrich Beck mit dem Wiener Nuntius Giuseppe Garampi*, 1960, S. 18 ff.
3 A. v. Arneth (Hrsg.), *Joseph II. und Leopold von Toscana. Ihr Briefwechsel von 1781 bis 1790*, I, 1781–1785: z. B. am 24. 3. 1782.
4 L. Just, *Der Widerruf*, S. 69 ff.
5 K. Ritter, *Kaiser Joseph II. und seine kirchlichen Reformen*, 1867; vgl. E. Winter, *Der Josephinismus und seine Geschichte*, 1943; vgl. F. Maaß, *Der Josephinismus*, I–V, 1951–1961; vgl. E. Hellbling, *Österr. Verfassungs- und Verwaltungsgesch.*, 1956; vgl. F. Dörrer, *Römische Stimmen zum Frühjosephinismus*, in: MIÖG, 62, 1954, S. 460–483.
6 L. Just, *Widerruf*, S. 60 ff.
7 Brief Josephs II. aus dem Kriegslager zu Hauptstein vom 15. 9. 1781 an den Kurfürsten von Trier.
8 L. Just, *Widerruf*, S. 18.
9 E. P. d'Entreves, *Die Politik der Jansenisten in Italien gegen Ende des 18. Jhds.*, in NWB, 67, S. 259, Anm. 31; vgl. G. Holzknecht, *Ursprung u. Herrschaft der Reformideen Kaiser Josef II. auf kirchlichem Gebiet*, in: FzIGÖ (A. Dopsch), 11, 1914, S. 17ff; vgl. K. O. v. Aretin, *Einleitung zu NWB 67*, S. 16.
10 A. Luegmayer, *Toleranzpatent Josef's II.*, masch 1946: Der Monokrat erließ das

Patent aus dem »jus reformandi illimitatum . . . ad beneplacitum« nach Maßgabe des Westfälischen Friedens; vgl. G. Holzknecht, a.a.O., S. 67 Josefs Definition der Toleranz.

11 R. Hittmair, *Der josephinische Klostersturm im Lande ob der Enns*, 1907; vgl. A. P. Lindner, *Die Aufhebung der Klöster in Deutschtirol 1782–87*, in: Zfd Ferdinandeums, 28, 1884, S. 157–234; ders., a.a.O., 29, 1885, S. 145–291; ders., a.a.O., 30, 1886, S. 9–272.
12 E. Wangermann, *Aufklärung und staatsbürgerliche Erziehung. Gottfried van Swieten als Reformator des österr. Unterrichtswesens 1781–1791*, 1978.
13 K. Schünemann, in: MIÖG, 47, S. 26/27.
14 Ilwof, a.a.O., S. 173 ff.
15 Als Beispiele: K. K. Theresianisches Gesetzbuch, 1740–1780, S. 269, 631.
16 H. Strakosch, *Privatrechtskodifikation und Staatsbildung in Österreich 1753–1811*, 1976, S. 48 ff; vgl. Huber-Dopsch, Österr. Reichsgesch., 2. Aufl. 1901, S. 258 ff; vgl. K. Grünberg, *Die Bauernbefreiung in Böhmen, Mähren und Schlesien*, 2 Bde., 1893.
17 M. Braubach, *Maria Theresias jüngster Sohn Max Franz . . .*, 1961, S. 64.
18 A. Unzer, *Der Friede von Teschen*, 1903; vgl. A. Beer, *Zur Geschichte des bairischen Erbfolgekrieges*, in: HZ 35, 1876, S. 88–152; vgl. A. Hermann, *Zur Gesch. des Kartoffelkrieges*, in: MVGDB, 17, 1878, S. 58–61.
19 J. Sonnenfels, *Betrachtungen über die gegenwärtigen Angelegenheiten von Europa*, 1778, S. 36 ff; vgl. K.-O. Osterloh, *Joseph von Sonnenfels und die öst. Reformbewegung im Zeitalter des aufgeklärten Absolutismus*, 1970; vgl. P. v. Mitrofanov, *Joseph II. Seine politische und kulturelle Tätigkeit*, 2 Bde., dt. 1910; vgl. S. K. Padover, *The revolutionary Emperor, Joseph the Second*, 1934; vgl. H. Mittelberger, *Johann Christian Freiherr v. Hofenfels 1744–87*, 1934; vgl. M.-A. Calice, *Deutscher Nationalstaat und österreichische Reichsidee. Die Grundlagen ihrer Entwicklung in der Regierungszeit Josephs II.*, 1936, S. 25 ff; vgl. A. Schmidt, *Geschichte der preußisch-deutschen Unionsbestrebungen seit der Zeit Friedrichs d. Gr.*, 1851.
20 A. Wandruszka, *Joseph II. und das Verfassungsprojekt Leopolds II.*, in: HZ, 190, 1960, S. 21; vgl. A. Huber, *Die Politik Kaiser Josephs II. beurteilt von seinem Bruder Leopold von Toscana*, 1877.
21 H. Holldack, *Die Reformpolitik Leopolds von Toscana*, in: HZ, 165, 1942, S. 44.
22 R. v. Albertini, *Das florentinische Staatsbewußtsein im Übergang von der Republik zum Prinzipat*, 1955.
23 Holldack, a.a.O., S. 36 ff.
24 A. Wandruszka, *Das toskanische Verfassungsprojekt*, in: NWB, 67, S. 268; vgl. E. W. Cochrane, *Tradition and Enlightenment in the Tuscan Academies 1690–1800*, 1961, S. 223 ff.
25 Wandruszka, NWB 67, S. 272 ff.
26 Holldack, a.a.O., S. 42.
27 Wandruszka, in: HZ, 190, S. 29 ff.
28 N. Machiavelli, *Der Fürst*, dt. 1961, S. 103 ff.
29 Ilwof, a.a.O., S. 182 ff: Aus der Denkschrift des Grafen Attems vom 1. April 1790.

Zusammenfassung:

1 H. H. Hofmann, *Verfassungsorganismus*, 1976, S. 366 ff.
2 Zit. n. F. Walter, *Kaunitz*, in: MIÖG, 46, 1932, S. 77 ff.
3 G. Klingenstein, *Vorstufen der theresianischen Studienreformen in der Regierungszeit Karls VI.*, in: MIÖG, 76, 1968, S. 327–377; vgl. L. Hammermayer, *Europ. Akademiebewegung und ital. Aufklärung*, in: HJb, 81, 1962, S. 247–263; vgl. H. Sturmberger, *Studien zur Geschichte der Aufklärung des 18. Jhds in Kremsmünster*, in: MIÖG, 53, 1939, S. 423–480.
4 F. Walter, *Österr. Verfass.- u. Verwaltungsgesch. von 1500–1955*, 1972, S. 120/121.

6. ENGLAND – IRLAND – SCHOTTLAND – AMERIKA

1 F. Wagner, *Europa*, S. 108 ff.
2 J. Daly, *The idea of absolute monarchy in seventeenth-century England*, in: The HJ 21:2, 1978, S. 228.
3 F. W. Maitland, *The Constitutional History of England*, 1931 (1908), S. 538; wie wenig gerade dieser Hinweis von einem Marxisten aus dem Hobsbawm-Kreis beachtet wurde, zeigt P. Anderson, *Lineages of the Absolutist State*, 1976. Die Arbeit gilt als »marxistisches Meisterstück« (Tariq Ali), ist aber fast nur aus Sekundärliteratur oft älteren Datums zusammengestellt worden; vgl. E. J. Hobsbawm, *The Crisis of the Seventeenth Century*, in: Crisis in Europe 1560–1660, S. 13, wo er ein »weiteres Erforschen« der Zusammenhänge von Ökonomie und Absolutismus fordert, aber nicht auf den Eigentumsbegriff Bezug nimmt; vgl. Ch. Hill, *Change and Continuity in Seventeenth Century England*, 1975.
4 Ch. A. Beard, *Eine ökonomische Interpretation der amerikanischen Verfassung*, dt. 1974 (1913), S. 63.

Kapitel 6a:

1 E. Hantos, *The Magna Charta of the English and of the Hungarian Constitution. A comparative view of the Law and Institutions of the early middle ages*, 1904.
2 Siehe nur den zweiten Test-Akt von 1678, der u. a. die Katholiken vom Staatsdienst und den beiden Häusern des Parlamentes fernhalten sollte, was in der Regel bis 1829 galt, A. Browning (Hrsg.), *English Historical Documents 1660–1714*, VIII, 1966, S. 392 ff, S. 392 ff, weiterhin zitiert als Documents VIII; die T. auch als Problem von Substanz und Akzidenz B. Neunheuser, *Eucharistie in Mittelalter und Neuzeit*, 1963.
3 P. Berglar-Schroer, *Die Stunde des Thomas Morus. Einer gegen die Macht*, 1978, S. 351; H. Miller, *London and parliament in the reign of Henry VIII*, in: Bulletin of the Institute of Historical Research XXXV, 1962; vgl. G. R. Elton, *Parliament in the sixteenth century: Functions and Fortunes*, in: The HJ 22:2, 1979, S. 255–278. E. Doernberg, *Henry VIII. and Luther*, 1961; G. R. Elton, *The Tudor' Revolution in Government*, 1959; E. E. Reynolds, *St. John Fisher*, 1955; G. Mattingly, *Katherina von Aragón*, 1961.
4 N. L. Jones, *Profiting from Religious Reform: The Land Rush of 1559*, in: The HJ 22:2, 1979, S. 279–294.
5 C. G. Bolam, Th. Rogers u. and., *The English Presbyterians*, 1968; Ch. Hill, *Society and Puritanism in Pre-Revolutionary England*, 1964.
6 H. J. McLachlan, *Socinianism in Seventeenth-Century England*, 1951; vgl. G. Schramm, *Der polnische Adel und die Reformation 1548–1607*, 1965; Th. Crosby, *A History of the English Baptists*, 4 Bde., 1738–40; A. Carter, *The English Reformed Church in Amsterdam in the Seventeenth Century*, 1964; W. Haller, *Liberty and Reformation in the Puritan Revolution*, 1955.
7 G. H. Turnbull, *Hartlib, Dury and Comenius*, 1947; vgl. G. Westin, *Negotiations about Church Unity 1628–1634*, in: UUA 1932; M. Blekastad, *Comenius. Versuch eines Umrisses von Leben, Werk und Schicksal des Jan Amos Komenský*, 1969.
8 J. P. Kenyon, *The Stuart Constitution 1603–1688. Documents and Commentary*, 1966, S. 41 (Constitution).
9 S. R. Gardiner, *What the Gunpowder Plot was*, 1897; vgl. Ross Williamson, *Gunpowder Plot*, 1951.
10 O. Brunner, NWB 17, S. 125.
11 Kenyon, *Constitution*, S. 14.
12 J. Locke, *Über die Regierung*, 1966, S. 158.

13 Kenyon, *Constitution*, S. 13.
14 Ibidem, S. 42; vgl. J. W. Gough, *Fundamental Law in English Constitutional History*, 2. Aufl. 1961; eine vergleichende Monographie zu diesem Fundamentalbegriff der Geschichte Alteuropas fehlt noch immer, vgl. H. Quaritsch, *Staat und Souveränität*, S. 364ff.
15 Vgl. G. Post, a.a.O., S. 215ff.
16 T. Christiansen, *Die Stellung König Christians IV. von Dänemark zu den Ereignissen im deutschen Reich und zu den Plänen einer ev. Allianz 1618/25*, 1935; vgl. R. E. Ruigh, *The Parliament of 1624. Politics and Foreign Policy*, 1971, S. 257ff; vgl. H. Richmond, *The Navy as an Instrument of Policy 1558–1727*, 1953, bekanntlich hat Jakob I. gerade den Ausbau der Flotte vernachlässigt. J. Polišensky, *Anglie a Bílá Hora. The Bohemian War and British Policy 1618–1620*, 1949.
17 Zu Coke W. A. Holdsworth, *A History of English Law*, Bd. 5, 1925; C. D. Bowen, *The Lion and the Throne*, 1957; zu Bacon J. Spedding, *The Letters and Life of Lord Bacon*, 7 Bde., 1861–72; J. J. Epstein, *Francis Bacon: a political biography*, 1977; J. G. Growther, *Francis Bacon, the first statesman of science*, 1960.
18 H. R. Williamson, *George Villiers. First Duke of Buckingham*, 1940; F. C. Dietz, *English Public Finance 1558–1641*, 1932, S. 371ff.
19 Kenyon, *Constitution*, S. 82ff; vgl. F. H. Relf, *The Petition of Right*, 1917.
20 H. R. Trevor-Roper, *Archbishop Laud*, London 1940; G. A. Ritter, *Divine Right und Prärogative der englischen Könige 1603–1640*, in: HZ 196, 1963; vgl. J. N. Figgis, *The Divine Right of Kings*, 1965.
21 M. Hale, *The history of the Common Law of England*, 1971, S. 17f.
22 C. B. MacPherson, *Die politische Theorie des Besitzindividualismus*, dt. 1967 (1962).
23 Hale, a.a.O., S. 3.
24 Hale, a.a.O., S. 19. Damit definierte Hale auch die nationale Souveränität als Abwehr auswärtiger Jurisdiktion und Legislation, vgl. O. Brunner, NWB 17, S. 118 und C. J. Friedrich, *Der Verfassungsstaat der Neuzeit*, 1953, S. 17.
25 H. F. Kearney, *The Eleven Year's Tyranny of Charles I.*, in: Historical Association 1962; vgl. T. G. Barnes, *Somerset, 1625–1640: A County's Government during the »Personal Rules«*, 1961.
26 E. Schulin, *Englands Außenhandel im 17./18. Jahrhundert*, in: VSWG 48, 1961; vgl. R. Ashton, *The Crown and the Money Market, 1603–1640*, 1960; M. D. Gordon, *The Collection of Ship Money in the Reign of Charles I.*, in: Transactions of the Royal Historical Society, 3rd series, IV, 1910, S. 142ff; Kenyon, *Constitution*, S. 109ff.
27 Vgl. E. R. Turner, *The Privy Council of England in the Seventeenth and Eighteenth Centuries, 1603–1784*, 2 Bde., 1928.
28 Kenyon, *Constitution*, S. 111ff.
29 Ibidem, S. 113ff.
30 W. Haller, *Foxe's Book of Martyrs and the Elect Nation*, 1963.
31 Kenyon, *Constitution*, S. 152ff.
32 Ibidem, S. 168.
33 Ibidem, S. 165ff; R. G. Usher, *The Rise and Fall of High Commission*, 1913; vgl. S. B. Babbage, *Puritanism and Richard Bancroft*, 1962, Kap. 9.
34 Kenyon, *Constitution*, S. 167ff.
35 Ibidem, S. 211ff; Dickmann, *Quellen*, S. 370ff; Earl of Birkenhead, *Thomas Wentworth Strafford*, 1938; vgl. J. R. MacCormack, *Revolutionary Politics in the Long Parliament*, 1973.
36 Dickmann, *Quellen*, S. 370.
37 Ibidem, S. 371.
38 Vgl. G. Schmidt, *Die Richterregeln des Olavus Petri*, 1966, S. 77, besonders Anm. 53.
39 Hobbes, *Leviathan*, S. 228.
40 Dickmann, *Quellen*, S. 372.
41 Hobbes, *Leviathan*, S. 198ff.

42 Dickmann, *Quellen*, S. 373; M. Freund, *Die Große Revolution in England. Beginn eines heroischen Zeitalters*, 1979 (1951), S. 101 ff; V. Pearl, *London and the Outbreak of the Puritan Revolution*, 1961; S. R. Brett, *John Pym*, 1940; J. H. Hexter, *The Reign of King Pym*, 1941; J. Bowle, *Charles the First*, 1975; vgl. J. F. H. New, *Anglican and Puritan: the Basis of Their Opposition*, 1558–1640, 1964.

43 Kenyon, *Constitution*, S. 244 ff; M. F. Keeler, *The Long Parliament, 1640–1641*, 1954; vgl. M. A. Judson, *The Crisis of the Constitution: an Essay in Constitutional and Political Thought in England 1603–1645*, 1949.

44 MacPherson, *Besitzindividualismus*, S. 195 ff; vgl. L. Stone, *The Crisis of the Aristocracy, 1558–1641*, 1965; vgl. R. W. K. Hinton, *The mercantile system in the time of Thomas Mun*, in: EHR 7, 1955, S. 277 ff; vgl. B. Suviranta, *The Theory of the Balance of Trade in England: a Study in Mercantilism*, 1923.

45 J. L. Malcolm, *A king in search of soldiers: Charles I in 1642*, in: HJ, 21, 1978, S. 251 ff; M. James, *Social problems and policy during the Puritan Revolution, 1640–1660*, in: Studies in economic and social history, 1930; J. Morrill, *The revolt of the provinces*, 1976, S. 40 ff.

46 Zu der umfassenden Diskussion über Wesen und Werden der Gentry R. H. Tawney, *The Rise of the Gentry, 1558–1640*, in: EHR XI, 1941; G. Davies, *The Early Stuarts*, 1937; P. Zagorin, *The English Revolution 1640–1660*, in: Cahiers d'Histoire Mondiale 1955 II, 3–4; C. Hill, *The English Revolution 1640*, 1943; L. Stone, *The Anatomy of the Elizabethan Aristocracy*, in: EHR XVIII, 1948; H. R. Trevor-Roper, *The Elizabethan Aristocracy. An Anatomy Anatomized*, in: EHR 1950–1951; J. P. Cooper, *The Counting of Manors*, in: EHR 1955–56; vgl. auch M. W. Barley, *Farmhouse and cottages, 1550–1725*, in: EHR VII, 1955, S. 291 ff.

47 S. R. Gardiner, *History of England from the Accession of James I to the Outbreak of Civil War, 1603–1642*, 10 Bde., 1883–84; D. Mathew, *Catholicism in England: The Portrait of a Minority*, 1955; J. P. Kenyon, *The Stuarts. A study in English Kingship*, 1977 (1958).

Kapitel 6 b:

1 S. R. Gardiner, *History of the Great Civil War*, 4 Bde., 1893; C. V. Wedgwood, *The king's war, 1641–1647*, 1973.

2 G. Yule, *The Independents in the English Cicil War*, 1958; s. a. J. Rushworth, *Historical collections of private passages of state, weighty matters of law, remarkable proceedings in five parliaments: 1618–1649*, 7 Bde., 1682–1701; vgl. M. Tolmie, *The Triumph of the Saints*, S. 85 ff; B. S. Capp, *The Fifth Monarchy Men*, 1972; M. James, *Social Problems and Policy during the Puritan Revolution*, 1930.

3 L. F. Solt, *Saints in Arms: Puritanism and Democracy in Cromwell's Army*, 1959; B. Worden, *The Rump Parliament*, 1974; H. Chapman, *The Tragedy of Charles II*, 1964; A. Bryant, *King Charles II*, 2. Aufl. 1955; D. Ogg, *England in the Reign of Charles II*, 2 Bde, 2. Aufl. 1955; W. Bernhardi (Hrsg. u. Übers.), *John Milton's politische Hauptschriften*, Bd. 1, 1874, S. 163 ff; M. Fixler, *Milton and the Kingdoms of God*, 1964.

4 G. v. Rauch, *Zur Geschichte des russischen Handels und der kolonialen Expansion im 17. Jhd.*, in: VSWG 40, 1953, S. 123.

5 Gardiner, *Commonwealth and protectorate*, 1903, I; D. F. Cregan, *Daniel O'Neill, a royalist agent in Ireland, 1644–50*, in: JHS, 2, 1940–41, S. 398–414; J. W. W. Bund, *The Civil War in Worcestershire, 1642–1646, and the Scotch invasion of 1651*, 1905; I. Roy, *The royalist army in the first Civil War*, Oxford 1963; K. S. Bottigheimer, *English Money and Irish Land*, 1971.

6 B. Whitelocke, *A journal of the Swedish ambassy in the years MDCLIII and MDCLIV*, 2 Bde, 1772; vgl. N. Runeby, *Monarchia mixta*, S. 373 ff.

7 Kenyon, *Constitution*, S. 342 ff.

8 Ibidem, S. 346.

9 Ibidem, S. 347, Art. XXXVII.

10 Ibidem, S. 344.
11 Mac Pherson, a.a.O., S. 144 ff; vgl. H. N. Brailsford, *The Levellers and the English Revolution*, 1961.
12 W. Möhnke, in: *Thomas Paine. Die Rechte des Menschen*, Berlin 1962; zu den Wahlrechts-Vorstellungen der Levellers s. MacPherson, a.a.O., S. 147 ff und der Independenten S. 135.
13 MacPherson, a.a.O., S. 160.
14 Ibidem, S. 163.
15 Kenyon, *Constitution*, S. 350 ff; M. P. Ashley, *Financial and Commercial Policy under the Cromwellian Protectorate*, 1934.
16 M. Weinzierl, *Das Commonwalth vom Aufstand der Presbyterianer bis zum 2. Staatsstreich der Armee 1659*, in: MÖS, 30, 1977, S. 1–33; A. H. Woolrych, *The Good Old Cause and the Fall of the Protectorate*, in: CHJ 13, 1957, S. 133–161; vgl. G. Davies, *The Restoration of Charles II*, 1955, S. 123 ff.
17 Ph. Dollinger, *Die Hanse*, dt. 1966 (1964), S. 436 ff; F. Schulz, *Die Hanse und England*, 1911; P. Simson, *Die Handelsniederlassung der englischen Kaufleute in Elbing*, in: HGbll 1916; P. Johansen, *Novgorod und die Hanse*, in: Gedächtnisschrift F. Rörig, 1953.
18 J. Ljubimenko, *A project for the acquisition of Russia by James I*, in: EHR 29, 1914; dies., *Les relations commerciales et politiques de l'Angleterre avec la Russie avant Pierre le Grand*, 1933; K. Zernack, *Von Stolbovo nach Nystad*, in: JbGOE, N. F. 20, 1972; H. Kellenbenz, *Spanien, die nördlichen Niederlande und der skandinavisch-baltische Raum in der Weltwirtschaft und Politik*, in: VSWG 41, 1954.
19 Dickmann, *Quellen*, S. 59 ff. Man erkennt gerade hier auch die Patrimonialisierung des Lehnssystems, die den Obereigentümer (Papst) nur noch nominell anerkennt.
20 Dickmann, *Quellen*, S. 393 ff; E. Reibstein, *Volkssouveränität und Freiheitsrechte*, Bd. 1, S. 207 ff.
21 Dickmann, *Quellen*, S. 411 ff; vgl. H. Taylor, *Trade, Neutrality and the »English Road«, 1630–1648*, in: EHR 25, 1972, S. 236 f.
22 Dickmann, *Quellen*, S. 413 ff.
23 Dickmann, *Quellen*, S. 418; R. S. Paul, *The Lord Protector: Religion and Politics in the Life of Oliver Cromwell*, 1955.
24 Dickmann, *Quellen*, S. 418 ff; vgl. A. C. Carter, *Neutrality or Commitment: The Evolution of Dutch Foreign Polity 1667–1795*, 1975.
25 P. Wende, *Vernunft und Tradition in der englischen Staatslehre der Frühen Neuzeit*, in: HZ 226, 1978, S. 322.
26 M. Hale, a.a.O., S. 133 ff; zur Diskussion über die Rezeption römischen Rechts in England F. W. Maitland, *English Law and the Renaissance*, 1901; zum Einfluß des »Teutonismus« auf die am. Verfassungsdiskussion Ch. Beard, a.a.O., S. 58 ff.
27 W. Bernhardi, *John Milton's . . .*, S. 173, 189, 273 ff.
28 P. Wende, a.a.O., S. 328; vgl. W. Teubner, *Kodifikation und Rechtsform in England. Ein Beitrag zur Untersuchung des Einflusses von Naturrecht und Utilitarismus auf die Idee einer Kodifikation des englischen Rechts*, 1974, S. 118 ff; vgl. J. G. A. Pocock, *The Ancient Constitution and the Feudal Law*, 1957, S. 33 ff.
29 F. W. Maitland, *Constitutional History*, S. 298 ff; Wende, a.a.O., S. 330 ff; vgl. MacPherson, a.a.O., S. 184 ff.
30 F. Tönnies, *Hobbes. Leben und Lehre*, hrsg. von G. Mehlis, 3. Aufl. 1925; Th. Hobbes, *Leviathan*, hrsg. von P. C. Mayer-Tasch, 1965 (D. Tidow); B. Willms, *Die Antwort des Leviathan – Thomas Hobbes' politische Theorie*, 1970, S. 46.
31 R. Koselleck, *Kritik und Krise. Eine Studie zur Pathogenese der bürgerlichen Welt*, 1973 (1959), S. 17 ff; vgl. M. M. Goldsmith, *Hobbes' Science of Politics*, 1966; L. Strauss, *What is Political Philosophy? And other Studies*, 1959; ders., *Hobbes' politische Wissenschaft*, Neuwied 1965; ders., *Naturrecht und Geschichte*, 1966.
32 Hobbes, *Leviathan*, S. 102 ff.

33 Ibid., S. 114 ff, vgl. K. Schilling, *Naturrecht, Staat und Christentum bei Hobbes*, in: ZfphF, Bd. 2, 1947–48, S. 275 ff; vgl. C. Schmitt, *Der Leviathan in der Staatslehre des Thomas Hobbes*, 1938; vgl. H. Schelsky, *Thomas Hobbes*, 1941; vgl. H. Schmidt, *Seinserkenntnis und Staatsdenken. Hobbes, Locke, Rousseau*, 1965.
34 G. Misch, *Der Weg in die Philosophie*, 2. Aufl., 1950, S. 383.
35 Leviathan, S. 133 ff; vgl. M. Gandillac de, *Du Léviathan à l'Etat totalitaire*, in: La vie intellectuelle 44, 1936, S. 73 ff; R. Capitant, *Hobbes et l'Etat totalitaire*, in: APhDSJ, 1938, S. 46 ff.
36 J. W. N. Watkins, *Hobbes' system of ideas*, 1965, S. 47 ff; J. Freund, *Le Dieu mortel*, in: Hobbes-Forschungen (Koselleck u. R. Schnur), 1969; F. C. Hood, *The divine politics of Thomas Hobbes*, 1964.
37 Leviathan, S. 125 ff.
38 B. Willms, *Von der Vermessung des Leviathan. Aspekte neuerer Hobbes-Literatur*, in: Der Staat, Bd. VI, 1967, S. 75 ff.
39 Leviathan, S. 105 ff, 137, 141; vgl. M. Kriele, *Notes on the Controversy between Hobbes and English Jurists*, in: Hobbes-Forschungen 1969.
40 Leviathan, S. 141 ff; vgl. J. Bowle, *Hobbes and his critics. A study in seventeenth century constitutionalism*, 1951.
41 F. Borkenau, *Der Übergang vom feudalen zum bürgerlichen Weltbild*, 1934; R. Koselleck, *Kritik und Krise*, S. 25 ff; Ch. Hill, *Protestantism and the rise of capitalism*, in: Essays in the economic and social history of Tudor and Stuart England, 1961; vgl. E. J. Hobsbawm, *The crisis of the seventeenth century*, in: Crisis in Europe, S. 5 ff.
42 Leviathan, S. 73 ff; vgl. B. Manning, *The nobles, the people and the constitution*, in: Crisis in Europe, S. 261 ff; vgl. J. Lips, *Die Stellung des Thomas Hobbes zu den politischen Parteien der großen englischen Revolution*, Leipzig 1927.
43 MacPherson, a.a.O., S. 80 ff.
44 P. Wende, in: HZ 226, 1978, S. 332 ff.
45 Leviathan, S. 171; vgl. P. C. Mayer-Tasch, *Thomas Hobbes und das Widerstandsrecht*, 1965.
46 Leviathan, S. 173 ff.
47 Vgl. H. Mandt, *Tyrannislehre und Widerstandsrecht*, 1974, S. 76 f.
48 Leviathan, S. 197 ff; G. Barudio, *Absolutismus*, S. 121 ff.
49 C. Schmitt, *Die Prinzipien des Parlamentarismus*, in: NWB 18, S. 48 ff; vgl. J. Habermas, *Strukturwandel*, S. 104; Leviathan, S. 208 ff.
50 Leviathan, S. 172, 259 ff.
51 Ibidem, S. 168, 132 ff.
52 Ibidem, S. 107 ff.
53 Ibidem, S. 183.
54 Ibidem, S. 188.
55 Ibidem, S. 151.
56 G. Barudio, *Absolutismus*, S. 155; vgl. C. Schmitt, *Die vollendete Reformation. Bemerkungen und Hinweise zu neuen Leviathan-Interpretationen*, in: Der Staat, Bd. IV, 1965, S. 51 ff.
57 B. Willms, *Die Antwort des Leviathan*, S. 39 ff.
58 J. Locke, *Über die Regierung* (The second treatise of government), dt. 1966 (D. Tidow), S. 196; P. C. Mayer-Tasch im Essay *John Locke – Der Weg zur Freiheit*.
59 F. Tricaud, »*Homo homini Deus*«, »*Homo homini lupus*«, in: Hobbes-Forschungen, 1969.
60 P. Laslett, *The English Revolution and Locke's Two Treatises of Government*, in: CHJ, vol. XII, Nr. 1, 1956, S. 40; vgl. C. J. Friedrich, *Die Philosophie des Rechts in historischer Perspektive*, 1955, S. 58 ff.
61 P. Laslett, *Locke and the first Earl of Shaftesbury*, in: Mind, vol. LXI, 1952; G. Bonno, *Les relations intellectuelles de Locke avec la France*, 1955; W. Euchner, *Naturrecht und Politik bei John Locke*, 1969, S. 213 ff; F. Bourne, *The Life of John Locke*, 2 Bde., 1876.
62 J. Lough, *Locke's reading during his stay in France (1675–1679)*, in: The Library,

1953, S. 229ff; M. Lückeroth, *Die geld- und kredittheoretischen Ansichten John Lockes und David Humes*, 1954; J. P. Kenyon, *The Stuarts. A study in english kingship*, 1977 (1958), S. 133ff.
63 L. G. Schwoerer, *Propaganda in the Revolution of 1688–89*, in: EHR, 93, 1978, S. 851ff.
64 P. Laslett, *John Locke: Two Treaties of Government. A critical edition with an introduction . . .*, 1963 (1960); vgl. G. A. Ritter, *Divine right und Prärogative der englischen Könige 1603–1640*, in: HZ, 196, 1963, S. 584ff; vgl. O. Brunner, in: NWB 17, S. 128.
65 J. Locke, *Über die Regierung*, S. 8; vgl. W. Euchner, *Locke zwischen Hobbes und Hooker*, in: AES, VII, 1966, S. 127ff.
66 J. Locke, a.a.O., S. 15, 48ff.
67 Ibidem, S. 67ff.
68 Ibidem, S. 27ff; H. Schmidt, *Zur Natur der Eigentumsbildung in der Arbeit. John Locke in der Analyse R. Polins*, in: Der Staat, IV, 1965, S. 70ff; vgl. C. B. MacPherson, a.a.O., S. 225ff.
69 J. Locke, *Über die Regierung*, S. 113.
70 Ibidem, S. 100ff.
71 Ibidem, S. 72ff; vgl. W. Kendall, *John Locke and the doctrine of majority-rule*, 1959 (1941); Th. Waldmann, *A note on John Locke's concept of consent*, in: Ethics, vol. LXVIII 1958, S. 45.
72 L. Strauss, *Naturrecht und Geschichte*, S. 210ff; vgl. H. Cox, *Locke on war and peace*, 1960.
73 J. Locke, *Über die Regierung*, S. 108, 116.
74 Ibidem, S. 117.
75 Ibidem, S. 129ff; vgl. O. Vossler, *»Federative Power« and »Consent« in der Staatslehre John Lockes*, in: O. Vossler, *Geist und Geschichte. Von der Reformation bis zur Gegenwart. Gesammelte Aufsätze*, 1964, S. 43ff.
76 J. Locke, *Über die Regierung*, S. 131.
77 Ibidem, S. 158.
78 W. Freytag, *Die Substanzlehre Lockes*, 1899; vgl. A. Klemmt, *John Locke. Theoretische Philosophie*, 1952.
79 Documents, VIII, S. 72.

Kapitel 6c:

1 M. Weinzierl, *Das Commenwealth . . . 1659*, in: MÖS 30, 1977, S. 15ff; G. Davies, *The Restoration of Charles II*, S. 123ff; D. Underdown, *Royalist Conspiracy in England 1649–1660*, 1960; C. Russell, *Crisis of Parliaments. English History 1558–1660*, 1971, S. 165ff.
2 Kenyon, *Constitution*, S. 357ff; vgl. H. E. Chesney, *The Transference of Land in England, 1640–60*, in: TRHS, 4th ser., XV, 1933, S. 181ff.
3 G. M. Trevelyan, *Geschichte Englands*, 2. Bd., Von 1603 bis 1918, 4. Aufl. 1949, S. 508; vgl. J. Thirsk, *The Sale of Royalist Land during the Interregnum*, in: EHR V, 1952, S. 188; dies., *The Restoration Land Settlement*, in: JMH XXV, 1945, S. 315ff.
4 Kenyon, *Constitution*, S. 388; vgl. W. Kennedy, *English Taxation, 1640–1799*, 1913.
5 H. Craik, *The Life of Edward, Earl of Clarendon*, 2 Bde, 1911.
6 E. R. Turner, *Parliament and Foreign Affairs, 1603–1760*, in: EHR XXXIV, 1919; B. Fahlborg, *Sveriges yttre politik 1668–1672*, 1961; N. Japiske, *Wilhelm III., der Gegenspieler Ludwigs XIV.*, in: RhVjbll. 9, 1939; V. Čihák, *Les provinces-unies et la cour imperiale 1667–1672. Quelques aspectes de leurs relations diplomatiques*, 1974; J. R. Jones, *Britain and Europe in the seventeenth century*, 1966.
7 C. L. Grose, *Louis XIV's Financial Relations with Charles II and the English Parliament*, in: JMH 1, 1929, S. 177–204.

8 Th. de Vries, *Baruch de Spinoza in Selbstzeugnissen und Bilddokumenten*, 1970, S. 81 ff.
9 N. Japiske, *Johan de Witt, Hüter des freien Meeres*, 1917; E. Basch, *Holländische Wirtschaftsgeschichte*, 1927; K. O. Meinsma, *Spinoza und sein Kreis*, 1909.
10 Vries, a.a.O., S. 127; vgl. J. Freudenthal, *Die Lebensgeschichte Spinoza's in Quellenschriften, Urkunden usw.*, 1899, S. 201 ff; vgl. J. Huizinga, *Holländische Kultur im siebzehnten Jahrhundert*, 1977 (1941).
11 *Theologisch-politischer Traktat* (C. Gebhardt), 4. Aufl. 1922, S. 353; H. M. Wolff, *Spinozas Ethik. Eine kritische Einführung*, München 1958.
12 Vries, a.a.O., S. 135 ff; zum Unterschied in der Staatslehre zwischen Spinoza und Hobbes s. Brief an einen Unbekannten, in: Baruch de Spinoza, *Sämtliche Werke*, 3. Bd., 1914, S. 209 ff.
13 Vries, aaO., S. 135.
14 Kenyon, *Constitution* (Corporation Act 1661), S. 376 ff; I. M. Green, *The Re-Establishment of the Church of England 1660–1663*, 1978, S. 143 ff.
15 D. T. Witcombe, *Charles II and the Cavalier House of Commons 1663–1674*, 1966; vgl. D. R. Lacey, *Dissent and Parliamentary Politics in England, 1661–1689*, 1969; I. M. Green, a.a.O., S. 203 ff.
16 Kenyon, *Constitution*, S. 401; vgl. G. R. Abernethy, *Clarendon and the Declaration of Indulgence*, in: JEH XI, 1960, S. 60 ff.
17 T. W. Moody, F. X. Martin, F. J. Byrne (Hrsg.), *A New History of Ireland*, Bd. III, Early Modern Ireland 1534 to 1691, 1978.
18 Kenyon, *Constitution*, S. 430 ff; W. C. Abbott, *The Long Parliament of Charles II*, in: EHR, XXI, 1906, S. 21–56, 254–85; vgl. Maitland, *The constitutional history*, S. 315 ff.
19 A. H. Woolrych, *Introduction in Complete Prose Works of John Milton* (R. W. Ayers Hrsg.), 1974; vgl. P. Laslett, *The World we Have lost*, 1965; G. M. Trevelyan, *English Social History*, 1944.
20 F. Braudel/E. Labrousse, *Histoire économique et sociale de la France*, II: Des premiers temps de l'âge seigneurial . . ., 1660–1789, 1970.
21 Cabal – nach den Anfangsbuchstaben seiner Mitglieder Clifford, Arlington, Buckingham, Ashley, Lauderdale, s. Trevelyan, *Geschichte Englands*, S. 516.
22 Vries, a.a.O., S. 136. Der Umsturz galt vornehmlich der Aufhebung der »Seclusionsakte« von 1654 mit dem Ausschluß des Hauses Oranien von allen Regierungsämtern, den Cromwell nach dem Ersten Seekrieg mittels de Witt erwirkt hatte.
23 D. Ogg, *England in the Reigns of James II & William III*, 1955; T. B. Macauly, *History of England from the Accession of James III*, 3 Bde, 1906; S. B. Baxter, *The Development of the Treasury, 1660–1714*, 1957; W. D. Christie, *A life of . . . the First Earl of Shaftesbury*, 2 Bde, 1871; P. Laslett, *Locke and the First Earl of Shaftesbury*, in: Mind 241, 1952; S. und B. Webb, *English Local Government from the Revolution to the Municipal Reform Act*, 3 Bde, 1924.
24 K. Feiling, *The History of the Tory Party 1640–1714*, 1924; J. R. Western, *Monarchy and Revolution*, 1972; vgl. B. W. Hill, *The Growth of Parliamentary Parties 1689–1742*, 1976.
25 J. P. Kenyon, *The Popish Plot*, 1972; vgl. Trevelyan, *Geschichte*, S. 523 ff.
26 Kenyon, *Constitution*, S. 470 ff; J. R. Jones, *The First Whigs: the Politics of the Exclusion Crisis, 1678–1683*, 1961; W. A. Speck, *Tory and Whig*, 1970; J. H. Plumb, *The Growth of Political Stability 1675–1725*, 1967.
27 Documents (A. Browning) VIII, 1660–1714, 1966, S. 119 ff; vgl. O. W. Furley, *Pamphlet Literature in the Exclusion Campaign*, in: CHJ XIII, 1957, S. 31 ff.
28 Trevelyan, *Geschichte*, S. 529 ff.
29 Documents VIII, S. 81 ff.
30 J. R. Bloxam (Hrsg.), *Magdalen College and King James II*, 1686–88, 1886; W. H. Hutton, *History of the English Church, 1625–1714*, 1903; J. H. Pollen, *Sources for the History of Roman Catholics in England, Ireland and Scotland, 1533–1795*, 1921; Documents VIII, S. 395–399.

31 Kenyon, *Constitution*, S. 472. Die offizielle Verdammung war gegen Buchanan, Bellarmin, Hunton und selbst gegen gewisse Hobbespassagen gerichtet.
32 C. C. Crawford, *The Suspension of the Habeas Corpus Act and the Revolution of 1689*, in: EHR XXX, 1915, S. 613–630.
33 Documents VIII, S. 120ff; J. R. Tanner, *English Constitutional Conflicts of the Seventeenth Century, 1603–1689*, 1928; J. A. R. Mariott, *The Crisis of the English Liberty*, 1930.
34 R. Hatton/J. S. Bromley (Hrsg.), *William III and Louis XIV. Essays 1680–1720 by and for Mark A. Thomson*, 1968.
35 D. F. Hosford, *Nottingham, Nobles and the North: Aspects of the Revolution of 1688*, 1976; vgl. G. V. Bennett, *The Tory Crisis in Church and State, 1688–1730: The Career of Francis Atterbury, Bishop of Rochester*, 1975.
36 R. Wiebe, *Die Hilfeleistung der dt. Staaten für Wilhelm III. von Oranien im Jahre 1688*, 1939; vgl. N. A. Robb, *William of Orange. A personal portrait*, vol. II, 1674–1702, 1966, S. 243 ff.
37 W. Holdsworth, *A History of English Law*, Bd. 6, 1929; F. W. Maitland, a.a.O., S. 388 ff.
38 Trevelyan, *Geschichte*, S. 536.
39 Documents VIII, S. 122–128; vgl. Oestreich, NWB 17, S. 146.
40 Documents VIII, S. 400–403; F. Makower, *The Constitutional History and Constitution of the Church of England*, London 1895; vgl. Th. Lathbury, *A History of the Nonjurors, their Controversies and Writings*, 1845; L. M. Hawkins, *Allegiance in Church and State, the Problem of the Nonjurors in the English Revolution*, 1928.
41 Documents VIII, S. 129ff; G. Holmes, *British Politics in the Age of Anne*, 1967.
42 Documents VIII, S. 680 (Act of Union); D. Defoe, *The History of the Union of Great Britain*, 1709; P. Hume Brown, *History of Scotland*, Bd. 2 und 3, 1902 und 1909; W. L. Mathieson, *Scotland and the Union, 1695–1747*, 1905; E. E. B. Thomson, *The Parliament of Scotland, 1690–1702*, 1929.

Kapitel 6d:

1 W. Sichel, *Bolingbroke and his times*, 2 Bde, 1901/1902.
2 H. W. Paul, *Queen Anne*, 2. Aufl. 1912; F. Taylor, *The Wars of Marlborough, 1702–1709*, 2 Bde, 1921; W. Churchill, *Marlborough, his Life and Times*, 4 Bde, 1933–1938; A. Parnell, *The War of the Succession in Spain during the Reign of Queen Anne, 1702–1711*, 1888; J. Ashton, *Social Life in the Reign of Queen Anne*, 1883; A. E. Murray, *The History of the Commercial and Financial Relations between England and Ireland from the Period of the Restoration*, 1903; W. R. Scott, *The Constitution and Finance of English, Scottish and Irish Joint-Stock Companies to 1720*, 3 Bde, 1910–1912; C. Nettels, *England and the Spanish American Trade, 1680–1715*, in: JMH III, 1931, S. 1–32; D. Chandler, *The art of warfare in the age of Marlborough*, 1976.
3 Documents VIII, S. 886; vgl. Dickmann, *Quellen*, S. 542; G. N. Clark, *Neutral Commerce in the War of the Spanish Succession and the Treaty of Utrecht*, in: 1928, S. 69–83; M. Lane, *Relations between England and the Northern Powers, 1689–1697*, Part I, Denmark, in: TRHS 3:V, 1911, S. 157–191.
4 Hobbes, *Leviathan*, S. 100f; Locke, *Über die Regierung*, S. 42/43.
5 M. L. Hansen, *The Atlantic Migration, 1607–1860*, 1940; H. J. Ford, *The Scotch-Irish in America*, 1915; A. K. Johnson, *The Swedish Settlements on the Delaware . . . 1638–1664*, 2 Bde, 1911; J. F. Sachse, *The German Sectarians of Pennsylvania, 1708–1800*, 2 Bde 1899–1900; A. L. Fries (Hrsg.), *Records of Moravians in North Carolina*, 7 Bde 1922–1947; Ch. W. Baird, *History of the Huguenot Emigration to America*, 2 Bde, 1885; J. R. Marcus, *Early American Jewry: The Jews of New York, New England, and Canada, 1649–1794*, 1951; E. H. Lord, *Industrial Experiments in the British Colonies of North America*, 1898;

J. H. Franklin, *From Slavery to Freedom: A History of the American Negroes*, 1947; V. S. Clark, *History of Manufactures in the United States*, 3 Bde, 1929.
6 M. Bruce, *Jacobite relations with Peter the Great*, in: SEER XIV, 1935/36, S. 343–362.
7 Zu der komplizierten Haus-, Erb- und Mächtegeschichte O. Brandt-W. Klüver, *Geschichte Schleswig-Holsteins*, 7. Aufl. 1976, S. 191 ff; H. Grönroos, *England, Sverige och Ryssland*, in: FHT 1931.
8 B. Williams, *The Life of William Pitt, Earl of Chatham*, 2 Bde, 1913; K. A. v. Müller, *Der ältere Pitt*, 1937; vgl. H. C. B. Rogers, *The British Army of the eighteenth century*, 1977.
9 Vgl. H. T. Dickinson, *Walpole and the Whig Supremacy*, 1973.
10 B. Kemp, *Sir Robert Walpole*, 1976.
11 Vgl. z. B. T. W. Moody, *The Londonderry plantation*, 1939.
12 Einen interessanten Einblick hinsichtlich des Parteiwesens in der ›irischen Frage‹ gibt J. C. D. Clark, *Whig Tactics and Parliamentary Precedent: The English Management of Irish Politics, 1754–1756*, in: HJ 21:2, 1978, S. 275–301.
13 H. Rosenberg, *Bureaucracy, Aristocracy and Autocracy. The Prussian Experience 1660–1815*, 1958, S. 175–201; s. a. NWB 67, S. 182–204.
14 Dickmann, *Quellen*, S. 708; vgl. F. Luckwaldt, *Die Westminsterkonvention*, in: PJb 80, 1895, S. 230–267; vgl. W. Oncken, *Friedrichs des Großen Annäherung an England im Jahre 1755 und die Sendung des Herzogs von Nivernais nach Berlin*, 1897.
15 H. J. Braun, *Technologische Beziehungen zwischen Deutschland und England von der Mitte des 17. bis zum Ausgang des 18. Jahrhunderts*, 1974.
16 D. Defoe, *Über Projektemacherei*, dt. 1975 (1890); vgl. J. R. Moore, *Daniel Defoe. Citizen of the Modern World*, 1958; E. G. Jacob, *Daniel Defoe: Essay on Projects (1697). Eine wirtschafts- und sozialgeschichtliche Studie*, 1929; vgl. W. Sombart, *Der Bourgeois. Zur Geistesgeschichte des modernen Wirtschaftsmenschen*, 1913, S. 53 ff; vgl. U. Bitterli, *Die ›Wilden‹ und die ›Zivilisation‹. Grundzüge einer Geistes- und Kulturgeschichte der europäisch-überseeischen Begegnung*, 1976.
17 Defoe, a.a.O., S. 85 ff.
18 J. R. Moore, a.a.O., S. 301 ff; Defoe, a.a.O., *Über die Seeleute*, S. 143.
19 R. Anstey, *The slave trade of the continental powers, 1760–1810*, in: EHR 30, 1977, S. 259–268.
20 L. K. Matthews, *Benjamin Franklin's Plans for a Colonial Union, 1750–1775*, in: APSR VIII, 1914; L. H. Gipson, *The British Empire Before the American Revolution*, 8 Bde, 1936–54.
21 A. W. Lauber, *Indian Slavery in Colonial Times within the Present Limits of the United States*, 1913; J. David, *The American Indian – The First Victim*, 1972; V. Deloria jr., *Behind The Trail of Broken Treaties*, 1974.
22 F. Wagner, *Isaac Newton im Zwielicht zwischen Mythos und Forschung. Studien zur Epoche der Aufklärung*, 1976, S. 7 ff.
23 Ibidem, S. 83.
24 Zu den Kontroversen E. Cassirer, *Die Philosophie der Aufklärung*, 1932, S. 68 ff; vgl. A. Koyré, *From the Closed World to the Infinite Univers*, 1957, S. 189 ff; vgl. R. S. Westfall, *Science and Religion in seventeenth century England*, 1958, S. 197; H. McLachlan, *The religious opinions of Milton, Locke and Newton*, 1941; K. R. Popp, *Jakob Böhme und Isaac Newton*, 1935.
25 Wagner, a.a.O., S. 77; vgl. J. W. Davis, *Berkeley, Newton, and Space*, in: The Methodological Heritage of Newton, 1970, S. 57–73; vgl. R. Stamm, *Der aufgeklärte Puritanismus Daniel Defoes*, 1936.
26 Wagner, a.a.O., S. 21 ff; vgl. C. Becker, *The heavenly City of the 18th century philosophers*, 1932.
27 Lessing, *Werke* (Tempelklassiker), S. 966 ff.
28 Wagner, a.a.O., S. 21 ff.
29 D. Hume, *Ein Traktat über die menschliche Natur*, dt. 1973 (1904), S. 256 ff; R. Metz, *David Hume – Leben und Philosophie*, 1929; I. Berlin, *Hume and the sources of German Anti-Rationalism*, 1954

30 Hume, a.a.O., S. 237 ff; J. B. Stewart, *The Moral and Political Philosophy of David Hume*, 1977 (1924), S. 172 ff; D. Forbes, *Hume's Philosophical Politics*, 1975.
31 Hume, a.a.O., S. 234 ff; J. Noxon, *Hume's philosophical development. A study of his methods*, 1973.
32 Hume, a.a.O., S. 229 ff; L. L. Bongie, *David Hume. Prophet to the Counter-Revolution*, 1965, S. 94: Hinweise auf den Einfluß von Hume bei Calonne hinsichtlich der alten Parlamente.
33 Hume, a.a.O., S. 249, 255; P. W. Livingston/J. T. King (Hrsg), *Hume. A Re-Evaluation*, 1976 (Festschrift), darin bes. Sh. S. Wohu, *Hume and Conservatism*, S. 239-256 mit Querverweisen auf E. Burke.
34 Hume, a.a.O., S. 260 ff.
35 B. Franklin, *The Papers*, hrsg. von L. W. Labaree, vol. IV, 1961, S. 118 ff.
36 C. Biegert, *Seit 200 Jahren ohne Verfassung*. 1976: *Indianer im Widerstand*, 1976, S. 12 ff.
37 G. B. de Huszar, H. W./A. W. Littlefield (Hrsg), *Basic American Documents*, o.J., S. 7 ff.
38 Documents IX (American Colonial Documents to 1776), hrsg. von M. Jensen, 1955, S. 93–101; B. Franklin, *The Papers* (1764), 11, S. 135 Anm. 5; zum möglichen Einfluß J. Newtons auf Penns Verfassungsdenken vgl. E. Fogelklou, *William Penn*, dt. 1948, S. 160 ff.
39 Documents IX, S. 228–232; vgl. J. G. Wilson, *The Memorial History of the City of New York*, 4 Bde, 1892–93; M. P. Clarke, *Parliamentary Privilege in the American Colonies*, 1943.
40 Documents IX, S. 719 ff.; D. M. Clark, *The British Treasury and the Administration of Military Affairs in America, 1754–1774*, in: PH II, 1935; M. Farrand, *The Taxation of Tea, 1767–1773*, in: AHR III, 1897–1898.
41 Documents IX, S. 721; zum Umfeld der berühmten Stamp-Act-Krise: H. M. Morgan, *The Stamp Act Crisis: Prologue to Revolution*, 1953; vgl. W. T. Laprade, *The Stamp Act in British Politics*, in: AHR XXXV, 1929–30, S. 735-757.
42 Documents IX, S. 839 ff (Lord North's motion on reconciliation with the colonies).
43 Documents IX, S. 842 ff.
44 Documents IX, S. 843 ff.
45 Documents IX, S. 877 ff.
46 W. P. Adams, *Republikanische Verfassung und bürgerliche Freiheit. Die Verfassungen und politischen Ideen der amerikanischen Revolution*, 1973, S. 195 ff; vgl. J. P. Boyd, *The Declaration of Independence: The Evolution of the Text*, 1945; vgl. V. L. Parrington, *Main Currents in American Thought*, 1954 (1927); vgl. E. Dumbauld, *The Declaration of Independence and What it means Today*, 1950.
47 Documents IX, S. 878 ff.
48 Documents IX, S. 855; vgl. P. Maier, *From Resistance to Revolution. Colonial Radicals and the Development of American Opposition to Britain, 1765–1776*, 1972; vgl. J. F. Jameson, *The American Revolution considered as a Social Movement*, 1967 (1926); C. Kenyon, *Republicanism and Radicalism in the American Revolution*, in: WMQ 19, 1962, S. 153–182.
49 Documents IX, S. 879; vgl. E. G. Burrows/M. Wallace, *The American Revolution: The Ideology and Psychology of National Liberation*, in: Perspectives in American History 6, 1972, S. 167–306.
50 Adams, *Republ. Verfassung*, S. 147 ff.
51 Ch. A. Beard, *Eine ökon. Interpretation*, S. 128 ff; vgl. M. Weber, *Gesammelte Politische Schriften*, 1921, S. 405 ff.

Zusammenfassung:

1 J. Straub, *Imperium et Libertas. Eine Tacitus-Reminiszenz im politischen Programm Disraeli's*, in: Festgabe f. M. Braubach, 1964, S. 52.

2 vgl. K. Kluxen, *Das Problem der politischen Opposition. Entwicklung und Wesen der englischen Zweiparteienpolitik im 18. Jhd.*, 1956.
3 G. P. Morice (Hrsg), *David Hume. Bicentenary papers*, 1977, S. 197 ff. Humes Annahme von der »absoluten Monarchie« in Frk. gründete sich auf ein zeitgenössisches Vorurteil; vgl. Ph. Britannicus, *A memorial of the present state of the british Nation*, 1722, S. 50, 62.
4 Dickmann, *Quellen*, S. 703 ff.
5 Vgl. Berglar, a.a.O, S. 253.
6 C. Biegert, a.a.O., S. 13.
7 Vgl. W. Mommsen, *Max Weber. Gesellschaft, Politik und Geschichte*, 1974, S. 115 ff und S. 72 zum Verhältnis Webers gegenüber den Vereinigten Staaten von Amerika.
8 Straub, passim; vgl. H. Gauger, *Die Kunst der politischen Rede in England*, 1952, S. 189.
9 D. Groh, *Russland und das Selbstverständnis Europas*, 1961, S. 60 ff; vgl. D. Gerhard, *England und der Aufstieg Rußlands*, 1933, S. 23 ff.
10 Dickmann, *Quellen*, S. 709 ff.

7. EXKURS ZUR »ORIENTALISCHEN DESPOTIE« UND ZUR »RUSSISCHEN SELBSTHERRSCHAFT«:

1 Wittfogel, *Die Orientalische Despotie*, S. 124 ff.
2 Ibidem, S. 125 ff, S. 247 ff; vgl. G. Ostrogorsky, *Geschichte des byzantinischen Staates*, in: Byzantinisches Handbuch, im Rahmen des Handbuchs der Altertumswissenschaft (W. Otte), I, 2. Bd. 1940.
3 Zit. n. V. Leontovitsch, *Die Rechtsumwälzung unter Iwan dem Schrecklichen und die Ideologie der russischen Selbstherrschaft*, 1965 (1947), S. 36–46.
4 Sendschreiben (Poslanija) Ivans d. Schrecklichen, in: Slavica Reprint 1970, (1951), S. 260 ff. Ivan IV. ist sich des »Hirtenamtes = pastyrstvo« voll bewußt, jedoch nicht im Sinne des »pro lege, rege et grege« der libertären Könige nach Maßgabe des aragonesischen Königtums, das einen Erblehnscharakter hatte, aus dem auch der Mediator in Gestalt des »Justicia mayor« emanierte ähnlich dem »Palatin« in Ungarn, vgl. P. E. Schramm, *Der König von Aragon. Seine Stellung im Staatsrecht (1276–1410)*, in: HJb, 74, 1955, S. 99–123, vgl. J. L. I. Fennel, *Ivan the Great of Moscow*, 1961, B. Nørretranders, *The Shaping of Czardom under Ivan Groznyj*, 1964; vgl. S. F. Platonov, *Ivan Groznyj*, 1923; K. Stählin/K. H. Meyer (Hrsg.), *Der Briefwechsel Iwans d. Schrecklichen mit dem Fürsten Kurbskij (1564 bis 1579)*, 1921; J. L. I. Fennell, *The Correspondence between Prince A. M. Kurbsky and Tsar Ivan IV of Russia 1564–1579*, 1955.
5 G. Stökl, *Die Begriffe Reich, Herrschaft und Staat bei den orthodoxen Slaven*, in: Saeculum, 5, 1954, S. 104–118; ders., *Gab es im Moskauer Staat »Stände«?*, in: JbGOE, N. F. 1963, S. 321–342, H.-J. Torke, *Die staatsbedingte Gesellschaft im Moskauer Reich. Zar und Zemlja in der altrussischen Herrschaftsverfassung, 1613–1689*, 1974, S. 271 ff; vgl. O, Brunner, *Die Freiheitsrechte in der altständischen Gesellschaft*, in: Festschr. Th. Mayer, I, 1954.
6 H. Fleischhacker, *Rußland zwischen zwei Dynastien (1598–1613)*, 1933; siehe auch dies., *Die staats- und völkerrechtlichen Grundlagen der moskauischen Außenpolitik*, 1959 (1938); vgl. S. F. Platonov, *Smutnoe vremja* (Wirren-Zeit), 1924; vgl. G. Stökl, *Russische Geschichte, Von den Anfängen bis zur Gegenwart*, 2. erw. Auflage, 1965, S. 256–276; eine anregende Einführung K. Zernack, *Osteuropa. Eine Einführung in seine Geschichte*, 1977; vgl. Torke, *Staatsbedingte Gesellschaft*, passim.
7 W. Recke, *Die Verfassungspläne der russischen Oligarchen im Jahre 1730 und die Thronbesteigung der Kaiserin Anna Ivanovna*, in: ZOG, 2, 1912, S. 11–64, S. 161–203 (ablehnend zum Einfluß des libertären Vertragsdenkens aus Schweden);

vgl. »*The doldrums?*«: *Russian history from 1725–1762*, in: Canadian-American Slavic Studies, 12:1, 1978; siehe vor allem J. Crawcraft, *The Succession-Crisis of 1730: A view from the inside*, S. 60–85 und A. Yanov, *The drumer of the time of troubles, 1725–30*, S. 1–59, vgl. auch H. Fleischhacker, *1730. Das Nachspiel der petrinischen Reform*, in: JbGOE, N. F., 5, 1957.

8 O. Hoetzsch, *Katharina die Zweite von Rußland*, 1940; G. Sacke, *Die Gesetzgebende Kommission Katharinas II*, 1940; M. Raeff, *Michael Speransky*, 1957; vgl. P. Scheibert, *Marginalien zu einer neuen Speranskij-Biographie*, in: JbGOE, N. F. 6, 1958.

9 H. Lemberg, *Die Nationale Gedankenwelt der Dekabristen*, 1963, S. 91ff; zur realen Geschichte: K. Zernack, *Die burgstädtischen Volksversammlungen bei den Ost- und Westslaven*, 1967, S. 190ff; G. Alef, *The Crisis of the Muscovite Aristocracy. A Factor in the Growth of Monarchical Power*, in: FOG, 15, 1970, S. 15–58; vgl. H. Rüss, *Adel und Adelsopposition im Moskauer Staat*, 1975; vgl. M. V. Nečkima, *Dviženie dekabristov (Die Bewegung der Dekabristen)*, 2 Bde, 1955; vgl. O. V. Orlik, *Dekabristy i evropejskoe osvoboditel'noe dviženie (Die Dekabristen und die europäische Befreiungsbewegung)*, 1975.

10 A. Olearius, *Ausführliche Beschreibung der kundbaren Reise nach Moscow und Persien* (K. Gitermann, I), 1952 (1663), S. 492: O. war 1634, 1636 und 1643 im Moskauer Staat. Das Sklaven-Dasein verlangte auch, »von der Zarischen Majestät gleich als von Gott reden« und es heiße, »daß alles, was sie besitzen, nicht sowohl ihnen als Gott und dem Großfürsten zugehöre«.

11 A. Avrech, *Russkij absoljutizm i ego rol' v utverždenij kapitalizma v Rossij (Der russische Absolutismus und seine Rolle in der Befestigung des Kapitalismus in Rußland)*, in: Istorija SSSR, 1968:2, S. 82ff; vgl. N. I. Pavlenko, *K voprosu o genezise absoljutizma v Rossij (Zur Frage über die Genesis des Absolutismus in Rußland)*, in: Istorija SSSR, 1970:4, S. 54: Er verweist darauf, daß eine Analyse der politischen Institutionen seit Ključevskij nicht mehr versucht worden sei. Dabei stößt man aber sofort auf das Problem der Feudal-Ordnung und auf den Umstand, daß es im Moskauer Staat eine solche auf der Basis des vertraglichen »Jus feudum« nicht gegeben hat; vgl. C. Goehrke, *Zum gegenwärtigen Stand der Feudalismusdiskussion in der Sowjetunion*, in: JbGOE, N. F. 22, 1974, S. 214–247; H.-J. Torke, *Die Entwicklung des Absolutismus-Problems in der sowjetischen Historiographie seit 1917*, in: JbGOE, N. F. 21, 1973, S. 493–508.

12 H. Neubauer, *Car und Selbstherrscher. Beiträge zur Geschichte der Autokratie in Rußland*, 1964, S. 40ff; vgl. R. Binner, *Zur Datierung des »Samoderzec« in der russischen Herrschertitulatur*, in: Saeculum 20:1, 1969, S. 57–68; vgl. W. Leitsch, *Moskau und die Politik des Kaiserhofes im XVII. Jhd. 1604–1654*, 1960.

13 R. Wittram, *Peter I. Czar und Kaiser*, 2 Bde, 1964; vgl. Torke, 1974, passim.

14 T. S. Willan, *The Early History of the Russia Company 1553–1603*, 1956; vgl. E. Schulin, *Handelsstaat England. Das politische Interesse der Nation am Außenhandel vom 16. bis ins 18. Jhd.*, 1969, S. 11ff; vgl. A. E. Christensen, *Dutch Trade to the Baltic*, 1941; vgl. W. Kirchner, *Le commencement des relations économiques entre la France et la Russie 1550–1650*, in:RH, 1949, S. 161–183; vgl. A. Öhberg, *Russia and the World Market in the Seventeenth Century*, in: SEHR, 1955; zum letzten Aufbäumen der Hanse K. R. Melander, *Die Beziehungen Lübecks zu Schweden und Verhandlungen dieser beiden Staaten wegen des russischen Handels über Reval und Narva . . . 1643–1653*, in: HA, 18/19, 1903–1905.

15 B. F. Poršnev, *Tridcatiletnjaja vojna i vstuplenie v nee Švecii i Moskovskogo gosudarstva (Der Dreißigjährige Krieg und das Eingreifen in ihn durch Schweden und den Moskauer Staat)*, 1976 (posthum), S. 9ff; vgl. L. Vajnštejn, *Rossija i tridcatiletnjaja vojna 1618–1648 (Rußland und der Dreißigjährige Krieg 1618–1648)*, 1947, S. 102 ff. Zur heftig diskutierten Frage der Getreidelieferungen in der sowj. und schwed. Forschung L. Ekholm, *Rysk spannmål och svenska krigsfinanser 1629–1633*, in: Scandia 1974, S. 57–103.

16 D. Norrman, *Gustav Adolfs politik mot Ryssland och Polen under tyska kriget 1630–1632*, 1943, S. 39, 41ff.

17 Zum Gesamtkomplex demnächst G. Barudio, *Moskau und der Dreißigjährige Krieg*, in: Handbuch der Geschichte Rußlands (Hrsg. von M. Hellmann, K. Zernack, G. Schramm); A. Arzymatov, *K voprosu o russko-šveskich otnošenijach v 1618–1648 gg. (Zur Frage der russisch-schwedischen Beziehungen zwischen 1618 und 1648)*, in: SSb, I, S. 72–100; A. C. Kan, *Stokgol'mskij dogovor 1649 goda (Der Stockholmer Vertrag aus dem Jahre 1649)* in: SSb, I, S. 101–117.
18 H. Schaeder, *Moskau, das dritte Rom. Studien zur Geschichte der politischen Theorien in der slawischen Welt*, 1963 (1929); vgl. M. Hellmann, *Moskau und Byzanz*, in: JbGOE, N. F. 17, 1969, S. 321–344; vgl. A. Lappo-Danilevskij, *L'idée de l'état et son évolution en Russie depuis les troubles de XVIIe siècle jusqu'aux réformes du XVIIIe*, in: Essays in legal history, (ed.) P. Vinogradoff, 1913, S. 356–383.
19 Polnoe Sobranie Zakonov Rossijskoj Imperii (Vollständige Sammlung der Gesetze des Russischen Kaiserreiches), V, Nr. 30006, Art. 20, zit. n. S. Solo'vev, *Geschichte Rußlands*, Bd. VI, 1961 (1880), S. 230 ff.
20 Vgl. H. Neubauer, a.a.O., S. 137 ff.
21 H.-G. Beck, *Byzanz. Der Weg zu seinem Verständnis*, in: Saeculum, 5, 1954, S. 94 ff; vgl. die anregende Studie von I. Smolitsch, *Die Stellung des russischen Kaisers zur orthodoxen Kirche in Rußland vom 18. bis 20. Jahrhundert*, in: Forschungen z. osteur. Gesch., 2, 1955, S. 141 ff.
22 Smolitsch, a.a.O., S. 42; H. Neubauer, a.a.O., S. 139 zur »hochweisen Zweiheit« (premudraja dvoica). Diese Diarchie ist kein Dualismus der Widersprüche, sondern eine Ordnung auf Gegenseitigkeit und von Gegensätzen, die sich in einem Dritten, nämlich Gott oder Christus als »Mediator« (chodataja Christa) vermitteln sollen.
23 Zur ideologischen Rechtfertigung dieser ›Reform‹ I. Čistovič, *Feofan Prokopovič i ego vremja (Feofan Prokopovič und seine Zeit)*, 1868; Smolitsch, a.a.O., S. 143 ff; vgl. oben Voltaires Einschätzung im Vergleich mit England: Die Machtsteigerung wurde bei ihm als »aufgeklärter« Akt empfunden.
24 R. Wittram, *Peter I.*, II., S. 402 ff.
25 Zit. n. A. Kamp, *Friedrich Wilhelm I. und das preußische Beamtentum*, in: FBPG, 30, 1918, S. 46: Der »Soldatenkönig« war auch sonst dem Zaren recht gefällig. Er schenkte ihm das berühmte Bernstein-Zimmer, dessen Kosten mit der oft gelobten »Sparsamkeit« wenig harmonierten, und hatte auch sehr schnell den russischen Kaiser-Titel anerkannt.
26 R. Wittram, *Peter I.*, II, S. 403 ff: Die Berufung auf das alttestamentarische Beispiel von David und seinem Sohn Absalom in beiden Fällen zeigt, wie stark die Lex Mosaica noch nachwirkte.
27 Zit. n. Smolitsch, a.a.O., S. 146, Anm. 24; s. ders., *Katharinas II. religiöse Anschauungen und die Russische Kirche*, in: JbGOE, N. F. 3, 1938, S. 568–579.
28 L. Ebert, *Der kirchenrechtliche Territorialismus in Bayern im Zeitalter der Säkularisation*, 1911, S. 7 ff.
29 Zu den Reformansätzen der Adelsrepublik M. G. Müller, *Staatskrise und politische Reform in Polen unter der Regierung Augusts III.*, 1980; vgl. G. Chr. von Unruh, *Die polnische Konstitution vom 3. Mai 1791 im Rahmen der Verfassungsentwicklung der europäischen Staaten*, in: Der Staat, 1974, S. 185.
30 H. Hjärne, *Svenska reformer i tsar Peters välde*, in: Ur det förgångna, 1912, S. 91–131; vgl. C. Peterson, *Peter the Great's administrative and judical reforms: Swedish antecedents and the process of reception*, 1979.
31 Zit. n. H.-J. Krautheim, *Öffentliche Meinung und imperiale Politik. Das britische Rußlandbild 1815–1854*, 1977, S. 238 ff.
32 Wittfogel, a.a.O., S. 469 ff; vgl. N. Rjasanoff, *Karl Marx über den Ursprung der Vorherrschaft Rußlands in Europa*, in: Ergänzungshefte zur Neuen Zeit, 5, 5. 3. 1909, S. 28 ff; vgl. R. Dutschke, *Versuch, Lenin auf die Füße zu stellen. Über den halbasiatischen und den westeuropäischen Weg zum Sozialismus*, 1974 (in vielen Punkten widersprüchlich, irreführend und ideologisiert); vgl. R. Pipes, *Russia under the Old Regime*, 1974; vgl. M. Hellmann, *Zum Problem der*

Geschichte Rußlands im Mittelalter, in: Handbuch d. Gesch. Rußlands, 1976, 1. Lieferung, S. 1–7; vgl. D. Tschižewskij, *Das Heilige Rußland*, 2 Bde., 1959/1961.
33 Zit. n. D. Groh, *Rußland und das Selbstverständnis Europas*, 1961, S. 22.
34 Zit. n. H. Lemberg, *Dekabristen*, S. 92; zu weiterer Literatur siehe die Berichte von K. Meyer, in: HZ, Sonderheft 1, 1962.

SCHLUSSBEMERKUNG

1 F. Nietzsche, *Werke in zwei Bänden* (K. Schlechta), I, 1967, S. 170.
2 Fichte, *Schriften zur Revolution*, S. 129 ff.
3 M. Weber, *Gesammelte Politische Schriften*, 1921, S. 413: Ohne den »universitätsgeschulten Juristen . . . ist das Entstehen des absoluten Staates so wenig denkbar wie die Revolution«; vgl. G. Büchner, *Werke und Briefe*, 1965, S. 135: »Die Justiz ist in Deutschland seit Jahrhunderten die Hure der deutschen Fürsten . . .«
4 Fichte, *Schriften zur Revolution*, S. 129.
5 v. Aretin, Einleitung zu NWB 67, S. 16.
6 Ibidem, S. 44.
7 R. Koselleck, *Kritik und Krise. Eine Studie zur Pathogenese der bürgerlichen Welt*, 1973 (1959), S. 12 ff.
8 Vgl. eine recht kritische Mitteilung Manteuffels an Bismarck 1852, in: O. Bismarck, *Gedanken und Erinnerungen*, I, 1905, S. 160/161; W. Näf, in: NWB, 17, S. 114 ff: Das Modell der »dualistischen Ellipse« mit den beiden Brennpunkten »Fürst« und »Ständen« entspricht der Position von Adam Müller, der die Weltgeschichte in das »männliche Prinzip« = Fürsten = aktiv = Fortschritt und in das »weibliche Prinzip« = Aristokratie (Stände) = passiv = Rückschritt zerlegte. Dualismen wie »gesetzlich«-»sittlich«, »mechanisch«-»organisch«, »genossenschaftlich«-»herrschaftlich«, »allzu roh«-»allzu gebildet«, »Glück«-»Industrie« etc. gehören zu diesem Erklärsystem, siehe A. Müller, *Schriften zur Staatsphilosophie*, 1923, passim und die Einleitung von E. Przywara: »Die Polarität zwischen Individuum und Gemeinschaft«.
9 W. Hennis, *Ende der Politik? Zur Krisis der Politik in der Neuzeit*, in: Merkur, 25:6, 1971, S. 514 ff; vgl. ders., *Zum Problem der deutschen Staatsanschauung*, in: NWB, 17, S. 72–93.
10 Zit. n. W. Näf, *Staat und Staatsgedanke. Vorträge zur neueren Geschichte*, 1935, S. 161: Diese Arbeit ist ganz auf das romantische Organizismusmodell ausgerichtet.
11 Vgl. R. Wittram, *Peter I.*, II, S. 403.
12 W. Hennis, *Ende der Politik?*, S. 514.
13 Koser, in: HZ, 61, 1889, S. 247.
14 Campes vierter Brief aus Paris, in: Braunschweigisches Journal, 2, 1789, S. 433.
15 Koser, in: HZ, 61, 1889, S. 247.
16 Fichte, *Schriften zur Revolution*, S. 60 ff.
17 Goethe, *Die Leiden des jungen Werthers*, 1978 (1948), S. 16, 21: Das »Erbschafts«-Verhalten der Männer; S. 53: Der Vergleich des »Selbstmords« mit einem »Volk, das unter dem unerträglichen Joch eines Tyrannen seufzt . . . und seine Ketten zerreißt«; S. 121: Lotte, »das Eigentum eines andern . . . Politisch! sehr politisch«.
18 Kant, *Die Religion innerhalb der Grenzen der bloßen Vernunft*, in: H.-G. Gadamer (Hrsg.), Immanuel Kant (Auswahl von Schriften), 1960, S. 194 ff.
19 Zit. n. J. Schoeps, *Preußen*, Quellenteil, S. 363.
20 Diese Zusammenhänge müßten von Begriff und Sache her eingehend erarbeitet werden.

21 K.-P. Schulz, *Proletarier, Klassenkämpfer, Staatsbürger. 100 Jahre deutsche Arbeiterbewegung*, 1963, S. 54 ff; Die Berufung auf Aristoteles bei Liebknecht in seiner Rede vor dem Dresdener Bildungsverein 1872 steht nicht isoliert; vgl. A. Lasson, *System der Rechtsphilosophie*, 1967 (1882), S. 235 ff.
22 W. Näf, in: NWB 17, S. 105.
23 A. Pausch, *Die steuerberatenden Berufe in der Hitlerzeit von 1933 bis 1945*, I. Teil, in: Die Steuerberatung, 1978: 3, S. 56: Bei der Steuerbefreiung Hitlers »stützte man sich . . . auf den römisch-rechtlichen Satz ›Princeps legibus solutus‹. . .« Die Ignoranz der fundamentalen Distinktion von Jus und Lex, die dieser Formel erst ihre innere Berechtigung gibt, mußte fast zwangsläufig in diese Perversion führen.

Verzeichnis und Nachweis der Abbildungen

1 Reichskanzler Axel Oxenstierna im Alter von 53 Jahren (1636): Foto Kungliga Biblioteket (Planschavdelning), Stockholm
2 Das Reich Schweden in seiner größten territorialen Ausdehnung, 1658: nach einer Vorlage des Autors.
3 Eigenkrönung und Salbung Karls XII. von Schweden (1697): Foto Kungliga Biblioteket (Planschavdelning), Stockholm
4 Karikatur zu den Drei Ständen Frankreichs im Ancien Régime: Foto Kungliga Biblioteket (Planschavdelning), Stockholm.
5 Voltaire mit sibirischer Mütze und Mantel: Foto Bildarchiv der Österr. Nationalbibliothek, Wien
6 Krönungsgabe der Berliner Juden an Friedrich I. (1701): Foto Bildstelle Geheimes Staatsarchiv, Berlin-Dahlem
7a/b Die Ausdehnung des Hohenzollern-Staates beim Tode des »Großen Kurfürsten« (1688) und beim Tode Friedrichs II. (1786): Angaben und Vorlage nach J. Schoeps vom Autor.
8 Doppeladler des Heiligen Reichs mit dem Bildnis Kaiser Leopolds I. und den Wappen der sieben Kurfürsten: Foto Bildarchiv der Österr. Nationalbibliothek, Wien
9 Joseph I., Karl VI. und Maria Theresia: Foto Bildarchiv der Österr. Nationalbibliothek, Wien
10 Landung und Empfang Wilhelms III. (1688): Foto Kungliga Biblioteket (Planschavdelning), Stockholm
11 Landung von Schiffen und Truppen Groß-Britanniens im Hafen von Boston/New England im Jahre 1768: Foto Kungliga Biblioteket (Planschavdelning) nach Vorlage einer Gravur von Paul Revere (Boston)

An dieser Stelle möchte der Autor all denjenigen seinen besonderen Dank abstatten, die ihm bei der Beschaffung dieser Bilder überaus behilflich waren.

Ergänzende Literatur (in Auswahl)

ALBERTINI, R. VON, England als Weltmacht und der Strukturwandel des Commonwealth, in: HZ, 208, 1969.
ALMQUIST, H., Holstein-Gottorp, Sverige och den nordiska ligan i den politiska krisen 1713–1714, 1918.
ANGERMAIER, E., Religion – Politik – Gesellschaft im 17. und 18. Jhd. Ein Versuch in vergleichender Sozialgeschichte, Einführung. I: Der englische Puritanismus (P. Toon), II: Jansenismus und Gesellschaft in Frankreich (E. Weis), III: Der Pietismus im Alten Reich (H. Lehmann), in: HZ, 214, 1972.
ARETIN, K.-O. VON, Reichsverfassung und Staatssouveränität, 2 Bde, 1967.
—, Heiliges Römisches Reich 1776–1806. Reichsverfassung und Staatssouveränität, Bd. I und II, 1967.
—, Bayerns Weg zum souveränen Staat. Landstände und konstitutionelle Monarchie 1714–1818, 1976.
ARNETH, A. VON (Hrsg.), Joseph II. und Katharina von Rußland. Ihr Briefwechsel, 1869.
ARNOLDSSON, S., Svensk-Fransk Krigs- och Fredspolitik i Tyskland 1634 till 1636, 1937.
ASHLEY, M.P., Financial and commercial Policy under Cromwellian Protectorate, 1934.
ATTMANN, A., The Russian and Polish Markets in International Trade 1500–1650, 1973.
AUSTEY, R., The Atlantic Slave Trade and British Abolition 1760–1819, 1975.
AUTRAND, F., Naissance d'un grand corps de l'Etat: Les gens du Parlement de Paris 1345–1454, 1978.
AWEBRO, K., Gustaf III:s räfst med ämbetsmännen 1772–1779, 1977.
AYLMER, G. E., The Meaning and Definition of »property« in seventeenth-century England, in: Past and Present, 1980.
BACHMANN, H.-M., Die naturrechtliche Staatslehre Christian Wolffs, 1977.
BACKHAUS, H., Reichsterritorium und schwedische Provinz. Vorpommern unter Karls XI. Vormündern 1660–1672, 1969.
BADURA, P., Die Methoden der neuen Allgemeinen Staatslehre, 1959.
BAGWELL, R., Ireland under the Stuarts and during the Interregnum, III, 1660–1690, 1916.
BAKER, K. M., Condorcet. From Natural Philosophy to social Mathematics, 1975.
BASTIER, J., La Feodalité en siècle des lumières dans la region de Toulouse, 1730–1790, 1975.
BAUMGARTNER, H. M., Kontinuität und Geschichte. Zur Kritik und Metakritik der historischen Vernunft, 1972.
BAUDRILLART, A., Philippe V et la cour de France, 2 Bde, 1890.
BAUDRILLART, H., Bodin et son temps, 1964 (1853).
BEAUTÉ, J., Un grand juriste anglais: Sir Edward Coke, 1552–1643, 1975.
BECHTEL, H., Wirtschaftsgeschichte Deutschlands vom Beginn des 16. bis Ende des 18. Jahrhunderts, 1952.
BECKER, O., Die Verfassungspolitik der frz. Regierung bei Beginn der großen Revolution, 1910.
BEER, A., Holland und der österreichische Erbfolgekrieg, in: AÖG, 46, 1871.
—, (Hrsg.), Joseph II., Leopold II. und Kaunitz. Ihr Briefwechsel, 1873.

BELSTLER, U., Die Stellung des Corpus Evangelicorum in der Reichsverfassung, 1968.
BENE, E. (Hrsg.), Les lumières en Hongrie, en Europe centrale et en Europe orientale, 1971.
BENEDIKT, H., Als Belgien österreichisch war, 1965.
BÉNICHON, P., Morales du Grand Siècle, 3. Aufl. 1948.
BERDING, H., Die Ächtung des Sklavenhandels auf dem Wiener Kongreß 1814/1815, in: HZ, 219, 1974.
BERLIN, I., The Age of enlightenment. The 18. century philosophers, 1958.
BERNARD, T. C., Cromwellian Ireland. English Government and Reform in Ireland 1649–1660, 1975.
BIDDLE, Sh., Bolingbroke and Harley, 1975.
BIEMA, E. VON, Wat Hollanders te lijden hadden van het protectionisme in het Frankrijk van de 17de eeuw, 1899.
BITTERLI, U., Die Entdeckung des schwarzen Afrikaners. Versuch einer Geistesgeschichte der europäisch-afrikanischen Beziehungen an der Guinea-Küste im 17. und 18. Jhd., 1970.
BLAKE, R., Disraeli, 1966.
BLEEK, W., Von der Kameralausbildung zum Juristenprivileg. Studium, Prüfung und Ausbildung der höheren Beamten des allgemeinen Verwaltungsdienstes in Deutschland im 18. und 19. Jhd., 1972.
BOBERG, S., Gustaf III och tryckfriheten, 1951.
BÖCKENFÖRDE, E. W., Der Westfälische Friede und das Bündnisrecht der Reichsstände, in: Der Staat 1969.
—, Staat und Gesellschaft, in: Wege der Forschung, 1976.
BÖHME, K.-R., Bremisch-Verdische Staatsfinanzen 1645-1676. Die schwedische Krone als deutsche Landesherrin, 1947.
BOG, I., Der Reichsmerkantilismus. Studien zur Wirtschaftspolitik des Heiligen Römischen Reiches im 17. und 18. Jhd., 1959.
BOISSONNADE, P./CHARLIAT, P., Colbert et la Compagnie de commerce du Nord, 1930.
BOLKHOVITINOV, N. N., Russia and the American Revolution, engl. 1976.
BONLOISEAU, M., Bourgeoisie et Révolution. Les Du Pont de Nemours (1788–1799), 1972.
BORN, M., Die englischen Ereignisse der Jahre 1685–1690 im Lichte der gleichzeitigen Flugschriftenliteratur Deutschlands, 1919.
BOSSY, J., The English Catholic Community 1570–1850, 1975.
BRANDENBURG, E., Martin Luthers Anschauung vom Staate und der Gesellschaft, 1901.
BRAUBACH, M., Der Aufstieg Brandenburg-Preußens 1640 bis 1815, in: Geschichte der führenden Völker, Bd. 15, 1933.
—, Prinz Eugen von Savoyen, 5 Bde, 1963–65.
—, Diplomatie und geistiges Leben im 17. und 18. Jhd., in: Gesammelte Abhandlungen 1969.
BRAUDEL, F./E. LABROUSSE, Histoire économique et sociale de la France. Tome II: Des derniers temps de l'âge seigneurial aux préludes de l'âge industriel, 1660–1789, 1970.
BROCKMEIER, P., (Hrsg.), Voltaire und Deutschland. Quellen und Untersuchungen zur Rezeption der französischen Aufklärung, 1979.
BRODRICK, J., The Economic Morals of the Jesuits, 1934.
BRÜCKNER, J., Staatswissenschaften, Kameralismus und Naturrecht. Ein Beitrag zur Geschichte der politischen Wissenschaften im Deutschland des späten 17. und frühen 18. Jahrhunderts, 1977.
BRUNNER, O., Der Historiker und die Geschichte von Verfassung und Recht, in: HZ, 209, 1969.
BRUNNER, S., Die Mysterien der Aufklärung in Österreich 1770–1807, 1869.
BUEL, R., JR., Securing the Revolution: Ideology in American Politics, 1789–1815, 1972.
BURMEISTER, K.-H., Das Studium der Rechte im Zeitalter des Humanismus im deutschen Rechtsbereich, 1974.
BUSCHBELL, G., Concilium Tridentinum, 1937.

Buschmann, E., Ministerium Dei – idoneitas. Um ihre Deutung aus den mittelalterlichen Fürstenspiegeln, in: HJb, 82, 1962.
Bussi, E., Das Recht des Heiligen Römischen Reiches Deutscher Nation als Forschungsvorhaben der modernen Geschichtswissenschaft, in: Der Staat 1977.
Caenegem, R. C. van, The Birth of the English Common Law, 1973. The Cambridge Economic History of Europe. V: The Economic Organization of Early Modern Europe, 1977.
Carswell, J., The Old Cause. Three biographical Studies in Whiggism. 1954.
Casper, W., Charles Davenant. Ein Beitrag zur Kenntnis des englischen Merkantilismus, 1930.
Chaussinand-Nogaret, G., Gens de finances au XVIIIe siècle, 1972.
Christoph, P. (Hrsg.), Maria Theresia und Marie Antoinette. Ihr geheimer Briefwechsel, 1952.
Church, W. F., The Impact of Absolutism in France: National Experience under Richelieu, Mazarin and Louis XIV, 1969.
Clark, G.N., The Dutch alliance and the war against French trade, 1688–1697, 1923.
Clément, P., Histoire de Colbert et de son administration, 1–2, 1892.
Cobb, R., Paris and its Provinces 1792–1802, 1975.
Cobban, A., Rousseau and the Modern State, 1934.
Cockburn, J. S., A History of English Assizes 1558–1714, 1972.
Coltman, Private men and public causes. Philosophy and Politics in the English Civil War, 1962.
Conrad, H., Staatsgedanke und Staatspraxis des aufgeklärten Absolutismus, 1971.
—, Staat und Kirche im aufgeklärten Absolutismus, in: Der Staat 1973.
Corterier, P., Der Reichstag. Seine Kompetenzen und sein Verfahren in der zweiten Hälfte des 18. Jahrhunderts, 1972.
Covett, A. W., Philip II and Mateo Vazquez de Leca: The Government of Spain (1577–1592), 1977.
Davis, W. W., Joseph II. An Imperial Reformator for the Austrian Netherlands, 1974.
Dent, J., An Aspect of the Crisis of the Seventeenth Century: The Collapse of the Financial Administration of the French Monarchy (1653–1661), in: EHR, 20, 1967.
Denzer, H., Moralphilosophie und Naturrecht bei Samuel Pufendorf, 1972.
Dethan, G., L'absolutisme en Prusse au XVIIe siècle. Le grand electeur, 1962.
Detto, A., Die Besiedlung des Oderbruchs durch Friedrich den Großen, in: FBPG, 16, 1903.
Dickinson, H. T., The poor Palatines and the parties, in: EHR, 82, 1967.
—, Walpole and the Whig Supremacy (1721–1742), 1973.
Dickson, W. K., The Jacobite attempt of 1719, 1895.
Dieckmann, H., Studien zur europäischen Aufklärung, 1974.
Dillon, K. J., King and Estates in the Bohemian Lands 1526–1564, 1976.
Dmytryshyn, B. (Hrsg.), Modernization of Russia under Peter I and Catherine II, 1974.
Dollinger, Ph., Die Hanse, 2. überarb. Aufl., 1976 (1966).
Dralle, L., Der Staat des Deutschen Ordens in Preußen nach dem II. Thorner Frieden. Untersuchungen zur ökonomischen und ständepolitischen Geschichte Altpreußens zwischen 1466 und 1497, 1975.
Dülmen, R. van, Der Geheimbund der Illuminaten, 1975.
Dukes, P. (Hrsg.), Russia under Catherine the Great, I: Select documents on government and society, 1978.
Dyrvik, S., Den lange Fredstiden 1720–1784, in: Norges Historie, Bd. 8, 1978.
Easum, Ch. V., Prinz Heinrich von Preußen, Bruder Friedrichs d. Gr., dt. 1958.
Ebert, L., Der kirchenrechtliche Territorialismus in Bayern im Zeitalter der Säkularisation, 1911.
Ebert, M., Jakob I. von England als Kirchenpolitiker und Theologe 1603–25, in: Studia Irenica, 14, 1971.
Egret, J., Louis XV et l'opposition parlementaire, 1715–1774, 1970.
Ehers, J., Das Devolutionsrecht vornehmlich nach katholischem Kirchenrecht, 1906.

EICHBERG, H., Geometrie als barocke Verhaltensform, in: ZfHF, 1, 1977.
ELTON, G. R., Studies in Tudor and Stuart politics and government, 1974.
—, The Unexplained Revolution, 1974.
ENEWALD, N., Sverige och Finnmarken, 1920.
ENGEL-JANOSI F./G. KLINGENSTEIN/H. LUTZ (Hrsg.), Formen der europäischen Aufklärung. Untersuchungen zur Situation von Christentum, Bildung und Wissenschaft im 18. Jhd., 1976.
EPSTEIN, K., The Genesis of German Conservatism, 1966.
ERDMANN, K. D., Das Verhältnis von Staat und Religion nach der Sozialphilosophie Rousseaus, 1935.
ESCHENBURG, R., Der ökonomische Ansatz zu einer Theorie der Verfassung. Die Entwicklung einer liberalen Verfassung im Spannungsfeld zwischen Produktivität und Effektivität der Kooperation, 1977.
ESCHWEILER, K., Die Philosophie der spanischen Spätscholastik auf den deutschen Universitäten des siebzehnten Jahrhunderts, in: Span. Forschungen der Görres-Gesellschaft, 1928.
EYSELL, M., Wohlfahrt und Etatismus, 1979.
FEURE, E., La disgrâce de Turgot, 12 mai 1776, 1961.
FEHLING, Frankreich und Brandenburg in den Jahren 1679–1684, 1906.
FEHRENBACH, E., Traditionale Gesellschaft und revolutionäres Recht. Die Einführung des Code Napoléon in den Rheinbundstaaten, 1974.
FEILING, K., British foreign policy 1660–1672, 1930.
FELDHOFF, J., Die Politik der egalitären Gesellschaft. Zur soziologischen Demokratie-Analyse bei Alexis de Tocqueville, 1968.
FELLNER, TH., Die österr. Zentralverwaltung, I: Von Maximilian I. bis zur Vereinigung der österr. und böhmischen Hofkanzlei 1749, 1907.
FISCHER, A. (Hrsg.), Rußland, Deutschland, Amerika. Festschrift für F. T. Epstein zum 80. Geburtstag, 1978.
FLITNER, A., Die politische Erziehung in Deutschland. Geschichte und Probleme 1750–1880, 1957.
FLOßMANN, U., Landrechte als Verfassung, 1976.
FORSTER, J., Class Struggle and the Industrial Revolution. Early Industrial Capitalism in three English Towns, 1974.
FORSTREUTER, K., Preußen und Rußland im Mittelalter, 1938.
FRANKLIN, J. H., Jean Bodin and the Rice of Absolutist Theory, 1973.
FREUND, J., Pareto. La théorie de l'équilibre, 1974.
FUHRMANN, J. T., The Origins of Capitalism in Russia. Industry and Progress in the Sixteenth and Seventeenth Centuries, 1972.
GALLATI, F., Der Königlich Schwedische in Deutschland geführte Krieg des Bogislav von Chemnitz … und seine Quellen, 1902.
GAUNT, D., Utbildning till statens tjänst. En kollektiv biografi av stormaktstidens hovrättsauskultanter, 1975.
GÉRARD, A., La Revolution française. Mythes et interpretations 1789–1970, 1970.
GERHARD, D. (Hrsg.), Ständische Vertretungen in Europa im 17. und 18. Jhd., 1969.
GERSHOY, L., From Despotism to Revolution, 1763–1789, 1944.
GEUTHNER, P. (Hrsg.), La traite des Noirs par l'Atlantique. Nouvelles approches, 1976.
GILL, D. M., The Treasury, 1660–1714, in: EHR, 1931.
GINDELY, A., Die Berichte über die Schlacht auf dem Weißen Berg bei Prag, in: AÖG, 56, 1878.
GIRAULT DE COURSAC, P., L'Education d'un roi: Louis XVI, 1972.
GOECKE, R., Brandenburgisch-dänische Beziehungen nach dem Nymwegener Frieden von 1679, in: ZfPrGuL, 16, 1879.
GÖHRING, M., Die Feudalität in Frankreich vor und in der großen Revolution, 1934.
GÖLLNER, C., Die Siebenbürgische Militärgrenze … 1762–1851, 1974.
GOETZE, S., Die Politik des schwedischen Reichskanzlers Axel Oxenstierna gegenüber Kaiser und Reich, 1971.
GOOCH, G. P., Maria Theresia and other studies, 1952.

GOODY, J./THIRSH, J./THOMPSON, E. P. (Hrsg.), Family and Inheritance. Rural Society in Western Europe, 1200–1800, 1976.
GOUHIER, H., Fénelon Philosophe, 1977.
GOULART, P., Louis XIV et vingt millions de Français, 1966.
GRANGE, H., Les idées de Necker, 1974.
GREEN, W. A., British Slave emancipation. The sugar colonies and the great Experiment 1830–1865, 1976.
GRESCHAT, M., Zur neueren Pietismusforschung (Aufsatzsammlung), 1977.
GRIESKAMMER, W., Studien zur Geschichte der Réfugiés in Brandenburg-Preußen bis 1713, 1935.
GRÖNROOS, H., England, Sverige och Ryssland 1719–1721, in: HTF, 1931.
GROSS, L., Die Geschichte der dt. Reichshofkanzlei von 1559 bis 1806, 1933.
GROSSER, D., Vom monarchischen Konstitutionalismus zur parlamentarischen Demokratie. Die Verfassungspolitik der dt. Parteien im letzten Jahrzehnt des Kaiserreichs, 1970.
GÜLDNER, G., Das Toleranz-Problem in den Niederlanden im Ausgang des 16. Jahrhunderts, in: Historische Studien, Heft 403, 1968.
HAAN, H., Kaiser Ferdinand II. und das Problem des Reichsabsolutismus. Die Prager Heeresreform von 1635, in: HZ, 207, 1968.
HACKERT, H., Der Friede von Nimwegen und das deutsche Elsaß, in: HZ, 165, 1942.
HAFFENDEN, PH. S., New England in the English Nation 1689–1713, 1974.
HALE, R. I., Die Medici und Florenz: Die Kunst der Macht, dt. 1979.
HALES, E. E. Y., Revolution and Papacy 1769–1846, 1960.
HALEY, K. H. D., The Dutch in the seventeenth century, 1972.
HAMMERSTEIN, N., Aufklärung und katholisches Reich, 1977.
—, Jus und Historie. Ein Beitrag zur Geschichte des historischen Denkens an deutschen Universitäten im späten 17. und 18. Jhd., 1972.
HANNER, K./VOSS, J., Historische Forschung im 18. Jhd. Organisation, Zielsetzung, Ergebnisse. 12. Deutsch-Französisches Historiker-Colloquium des Deutschen Historischen Instituts Paris, 1976.
HANSON, D. W., From Kingdom to Commonwealth, 1970.
HANTSCH, H., Die Entwicklung Österreich-Ungarns zur Großmacht, in: Geschichte der führenden Völker, Bd. 15, 1933.
HARRIS, M. D., A social and industrial history of England. Before the industrial revolution, 1920.
HARTMANN, F./VIERHAUS, R., Der Akademiegedanke im 17. und 18. Jhd., in: Wolfenbütteler Forschungen, 3, 1977.
HARTMANN, G., Nationalisierung und Enteignung im Völkerrecht, 1977.
HARTMANN, P. C., Geld als Instrument europäischer Machtpolitik im Zeitalter des Merkantilismus 1715–1740, 1978.
HARTWELL, R. M. (Hrsg.), The Industrial Revolution, 1970.
HARTWICH, H. H., Arbeitsmarkt, Verbände und Staat 1918–1933, 1967.
HASSELBERG, G., Rättshistoriska studier tillägnade G. Hasselberg (Festschrift), 1977.
HASSINGER, E., Religiöse Toleranz im 16. Jhd., 1966.
HATSCHEK, J., Englische Verfassungsgeschichte bis zum Regierungsantritt der Königin Viktoria, 1913.
HAUSHERR, H., Stein und Hardenberg, in: HZ, 190, 1960.
HEINRICHS, K., Die politische Ideologie des frz. Klerus bei Beginn der großen Revolution, 1934.
HENDERSON, W. V., The State and the Industrial Revolution in Prussia 1740–1870, 1958.
HENGELMÜLLER, F. VON, Franz Rákóczi und sein Kampf für Ungarns Freiheit 1703–1711, I, 1913.
HERZOG, R., Allgemeine Staatslehre, 1971.
HILDT, J. C., Early diplomatic negotiations of the United States with Russia, in: Johns Hopkins University Studies in Historical and Political Science, Series XXIV, 5–6, 1906.
HILL, Ch., Milton and the English Revolution, 1977.

HINRICHS, C., Preußentum und Pietismus. Der Pietismus in Brandenburg-Preußen als religiös-soziale Reformbewegung, 1971.
HINRICHS, E., Fürstenlehre und politisches Handeln im Frankreich Heinrichs IV., 1969.
HINSLEY, F. H., Power and the Pursuit of Peace, 1963.
HINTZE, H., Staatseinheit und Föderalismus im alten Frankreich und in der Revolution, 1928.
HJÄRNE, H., Karl XII. Omstörtningen i Östeuropa 1697–1703, 1900–1902.
HOCK, C. VON, Der österreichische Staatsrath, 1879 (voll. von H. I. Bidermann).
HOČEVAR, R. K. Hegel und das Allgemeine Landrecht für die preußischen Staaten von 1794, in: Der Staat, 1972.
HOFFMANN, H., Friedrich II. von Preußen und die Aufhebung der Gesellschaft Jesu, 1969.
HOFMANN, H. H., Adelige Herrschaft und souveräner Staat. Studien über Staat und Gesellschaft in Franken und Bayern im 18. und 19. Jhd., 1962.
HÖFFNER, J., Kolonialismus und Evangelium. Spanische Kolonialethik im Goldenen Zeitalter, 2. verb. Aufl. 1969.
HÖHN, R., Sozialismus und Heer. I. Heer und Krieg im Bild des Sozialismus, 1959.
—, Verfassungskampf und Heereseid, 1815–1850, 1938.
HÖLZLE, E., Rußland und Amerika. Aufbruch und Begegnung zweier Weltmächte, 1953.
HÖYNCK, P. O., Frankreich und seine Gegner auf dem Nymwegener Friedenskongreß, 1960.
HOHE, R., Die Emanzipation der deutschen Strafrechtswissenschaft von der Zivilistik im 17. Jhd., in: Der Staat 1976.
HONIGSHEIM, P., Die Staats- und Soziallehren der frz. Jansenisten im 17. Jhd., 1914.
HROCH, M., Handel und Politik im Ostseeraum während des Dreißigjährigen Krieges. Zur Rolle des Kaufmannskapitals in der aufkommenden allgemeinen Krise der Feudalgesellschaft in Europa, 1976.
HUBATSCH, W., Das Zeitalter des Absolutismus 1600–1789, 1961.
—, Deutschland zwischen dem Dreißigjährigen Krieg und der Französischen Revolution, 1973.
HUFTON, O. H., The poor in Eighteenth-Century France 1750 to 1789, 1974.
HUGHES, E., North Country Life in the Eighteenth Century, II: Cumberland and Westmoreland 1700–1830, 1965.
HÜTTL, L., Caspar von Schmidt. Ein kurbayerischer Staatsmann aus dem Zeitalter Ludwigs XIV., 1971.
IBBEKEN, R., Preußen 1807–1813. Staat und Volk als Idee und in der Wirklichkeit, 1970.
IM HOF, U., Aufklärung in der Schweiz, 1970.
IMMICH, M., Geschichte des europäischen Staatensystems von 1660 bis 1789, 1905.
JÄNICKE, M., Totalitäre Herrschaft. Anatomie eines politischen Begriffs, 1971.
JOHNSON, E. A. I., The foundations of American Economic Freedom. Government and Enterprise in the age of Washington, 1973.
JOLL, J., Englands Weltstellung in der Sicht englischer Historiker, in: HZ, 190, 1960.
JONES, R. E., The Emancipation of the Russian Nobility, 1762–1785, 1973.
JORGA, N., Geschichte des Osmanischen Reiches, 4, 1911.
KAISER, F. B./STASIEWSKI, B. (Hrsg.), Die erste polnische Teilung 1772, 1974.
KAMMLER, H., Der Ursprung des Staates. Eine Kritik der Überlagerungslehre, 1966.
KASPI, A., Révolution au guerre d'indépendance? La naissance des Etats-Unis, 1972.
KAUNZER, W., Über eine arithmetische Abhandlung aus dem Prager Kodex XI.C.5. Ein Beitrag zur Geschichte der Rechenkunst im ausgehenden Mittelalter, 1968.
KEITH, TH., Commercial relations of England and Scotland, 1603–1707, 1910.
KELLENBENZ, H., Probleme der Merkantilismusforschung, in: XIIe Congrès Intern. des Sciences Historiques, 1965.
—, Der Merkantilismus in Europa und die soziale Mobilität, 1965.
KHEVENHÜLLER-METSCH, R./SCHLITTER, H. (Hrsg.), Aus der Zeit Maria Theresias. Tagebuch des Fürsten Johann Josef Khevenhüller-Metsch, Kaiserlichen Obersthofmeisters 1742–1776, 1907–25.

KIMMINICH, O., Erweiterung des verfassungsrechtlichen Eigentumsbegriffs, in: Der Staat, 1975.
KISCH, G., Gestalten und Probleme aus Humanismus und Jurisprudenz. Neue Studien und Texte, 1969.
KJELLBERG, S. T., Svenska ostindiska compagnierna 1731–1813, 1974.
KJÖLLERSTRÖM, S., Gustav Vasa, klockskatten och brytningen med Lübeck, 1970.
KLEIN, E., Die englischen Wirtschaftstheoretiker des 17. Jahrhunderts, 1973.
KLIMA, A., Über die größten Manufakturen des 18. Jahrhunderts in Böhmen, in: Mitteilungen des Österreichischen Staatsarchivs, 1959.
KLJUTJEVSKIJ, V. O., Geschichte Rußlands, 3–4, 1925–26.
KLOPP, O., Der Fall des Hauses Stuart und die Succession des Hauses Hannover in Groß-Britannien ... 1660–1714, 1–9, 1875–81.
KNÜPPEL, G., Das Heerwesen des Fürstentums Schleswig-Holstein-Gottorf 1600 bis 1715, 1972.
KOFLER, R., Der Summepiskopat des katholischen Landesfürsten in Württemberg, 1972.
KOLLER, H., Das »Königreich« Österreich, 1972.
KOSELLECK, R., Preußen zwischen Reform und Revolution, 1791 bis 1848, 2. Aufl. 1975.
KRAUSE, H., Der Historiker und sein Verhältnis zur Geschichte von Verfassung und Recht, in: HZ, 209, 1969.
KRAUTHEIM, U., Die Souveränitätskonzeption in den englischen Verfassungskonflikten des 17. Jahrhunderts, 1977.
KRETZER, H., Der Royalismus im frz. Protestantismus des 17. Jahrhunderts, in: Der Staat 1976.
KROELL, A., Louis XIV, la Perse et Masate, 1977.
KRUEDENER, J. VON, Die Rolle des Hofes im Absolutismus, 1973.
KRÜGER-LÖWENSTEIN, U., Rußland, Frankreich und das Reich 1801–1803, 1972.
KUHN, H., Der Staat – Eine philosophische Darstellung, 1967.
KUNISCH, J., Das Mirakel des Hauses Brandenburg, 1978.
KÜNTZEL, G., Über die erste Anknüpfung zwischen Preußen und England im Jahre 1755, in: FBPG, 12, 1899.
KÜNTZEL, H., Essay und Aufklärung. Zum Ursprung einer originellen deutschen Prosa im 18. Jhd., 1969.
KÜNZLI, A., Aufklärung und Dialektik. Politische Philosophie von Hobbes bis Adorno, 1971.
LACKNER, M., Die Kirchenpolitik des Großen Kurfürsten, 1973.
LACOUR-GAYET, L'éducation politique de Louis XIV., 1898.
LAMMERS, H., Luthers Anschauung vom Willen, 1935.
LAUVERSIN, J. DE, La propriété. Une nouvelle règle du jeu? 1975.
LE BRÉT, J. F., Pragmatische Geschichte der so berufenen Bulle IN COENA DOMINI ..., I, 1769.
LEFEVRE-PONTALIS, A., Vingt années de republique parlamentaire au dix-septième siècle. Jean de Witt, grand pensionnaire de Hollande, 1877–82.
LEHR, K., Die Frage einer französischen Reichsstandschaft im 17. Jahrhundert, 1941.
LEVACK, B., The Civil Lawyers in England 1603–1641. A political study, 1973.
LHOTSKY, A., Das Zeitalter des Hauses Österreich. Die ersten Jahre der Regierung Ferdinands I. in Österreich (1520–27), 1971.
—, Aufsätze und Vorträge: 2. Das Haus Habsburg, 1971.
LINDGREN, J. R., The Social Philosophy of Adam Smith, 1973.
LONCHAY, H., La rivalité de la France et de l'Espagne aux Pays-Bas (1635–1700), 1896.
LOTTES, G., Politische Aufklärung und plebejisches Publikum, 1979.
LOUGEE, C. C., Le paradis des femmes, women, salons and social stratification in seventeenth-century France, 1976.
LOUIS-PHILIPPE, DUC D'ORLÉANS, Mémoires, 1773–93, 2 Bde, 1973/74.
LUCAS, J. R., The Principles of Politics, 1967.
LYON, B. D., From Fief to Indenture. The Transition from Feudal to Non-Feudal Contract in Western Europe, 1957.

MACKINNON, J., The union of England and Scotland. A study of international history, 1896.
MACLEOD, D. J., Slavery, Race and the American Revolution, 1974.
MC CUSHER, J. J., Money and Exchange in Europe and America, 1600–1775, 1978.
MAGER, W., Das Problem der landständischen Verfassung auf dem Wiener Kongreß 1814/15, in: HZ, 217, 1973.
MAIER, H., Die ältere dt. Staats- und Verwaltungslehre (Polizeiwissenschaft). Ein Beitrag zur Geschichte der pol. Wissenschaften in Deutschland, 1966.
—, Ältere deutsche Staatslehre und westliche politische Tradition, 1966.
MANN, F. K., Der Marschall Vauban und die Volkswirtschaftslehre des Absolutismus. Eine Kritik des Merkantilsystems, 1914.
MARCUSE, A., Die Repräsentativverfassung in Europa bis zum Durchbruch des Absolutismus, 1935.
MARIENFELD, W., Konferenzen über Deutschland. Die alliierte Deutschlandplanung und -politik 1941–1949, 1963.
MARTIN, B., Außenhandel und Außenpolitik Englands unter Cromwell, in: HZ, 218, 1974.
MARTIMORT, A.-G., Le Gallicanisme, 1973.
MASON, B. (Hrsg.), The American colonial crisis. The Daniel Leonard-John Adams Letters to the Press, 1972.
MAASBURG, F. VON, Geschichte der obersten Justizstelle in Wien (1749–1848). Größtentheils nach amtlichen Quellen bearbeitet, 1879.
MANDROU, R., Adelskultur und Volkskultur in Frankreich, in: HZ, 217, 1973.
MARIÉJOL, J. H., Henri IV et Louis XIII 1598–1643, 1911.
—, La Réforme et la Ligue. L'Edit de Nantes (1559–1598), 1911.
MAURER, R., Platons »Staat« und die Demokratie. Historisch-systematische Überlegungen zur politischen Ethik, 1970.
—, Hegels politischer Protestantismus, in: Der Staat, 1970.
MAURER, W., Das Verhältnis des Staates zur Kirche nach humanistischer Anschauung vornehmlich bei Erasmus, 1930.
MAUTNER, F. H., Lichtenberg. Geschichte seines Geistes (Biographie), 1968.
MAYER-TASCH, P. C., Korporativismus und Autoritarismus. Eine Studie zu Theorie und Praxis der berufsständischen Rechts- und Staatsidee, 1971.
MAYR, J. K., Geschichte der österr. Staatskanzlei im Zeitalter des Fürsten Metternich, 1935.
MCKAY, D., Prince Eugene of Savoy, 1977.
MENZEL, A., Kaiser Josef und das Naturrecht, in: ZfÖR, I, 1919–20.
METHIVIER, H., Le siècle de Louis XV., 1966.
MEUVRET, J., Le problème des subsistances à l'époque de Louis XIV. La production des céréales dans la France du XVIIe et du XVIIIe siècle, 1977.
MEYER, J. A. E., Die Entstehung und Entwicklung des privilege of freedom from arrest and molestation und das privilege of freedom of speech des englischen Parlaments bis zum Jahre 1688. Eine Untersuchung unter Benutzung von Quellen, 1971.
MINCHINTON, W. E. (Hrsg.), The Growth of English Overseas Trade in the Seventeenth and Eighteenth centuries, 1969.
MOHL, R., Die Verantwortlichkeit der Minister in Einherrschaften mit Volksvertretung, 1837.
MOMMSEN, K., Auf dem Wege zur Staatssouveränität. Staatliche Grundbegriffe in Basler juristischen Doktordisputationen des 17. und 18. Jahrhunderts, 1970.
MONCERON, C., Les Hommes de Liberté, I: Les vingt ans du roi, 1774–1778, 1972.
MORI, R., Le riforme Leopoldine nel pensiero degli economisti toscani del 1700, in: Biblioteco Storica Sansoni, Nuova Serie, vol. XVIII.
MOTLEY, J. L., The Rise of the Dutch Republic, 3 Bde, 1856.
MÜLLER, CHR., Das imperative und freie Mandat. Überlegungen von der Repräsentation des Volkes, 1966.
MULLENBROCK, H. J., Whigs kontra Tories. Studien zum Einfluß der Politik auf die englische Literatur des frühen 18. Jahrhunderts, 1974.

MÜNCH, TH., Der Hofrat unter Kurfürst Max Emanuel von Bayern (1679–1726), 1979.
MUNZ, P., The Place of Hooker in the History of Though, 1952.
MURR-LINK, E., The Emancipation of the Austrian Paesant 1740–1789, 1974.
NEKRASOV, G. A., Russko-švedskie ornošenija i politika velikich deržav v 1721–1726 gg, 1964.
—, Rol' Rossii v evropejskoj meždunarodnoj politike 1725–1739 gg., 1976.
NICHOLS, I. C. JR., The European Pentarchy and the Congress of Verona, 1971.
NOVOTNY, A., Staatskanzler Kaunitz als geistige Persönlichkeit. Ein österr. Kulturbild aus der Zeit der Aufklärung und des Josephinismus, 1947.
O'BRIEN, L., Innocent XI and the revocation of the edict of Nantes, 1930.
OESTREICH, G., Ständestaat und Ständewesen im Werk Otto Hintzes, in: Ständische Vertretungen in Europa im 17. und 18. Jhd., 1969.
OLSON, A. G., Anglo-American Politics, 1660–1775, 1973.
ONCKEN, H., Die historische Rheinpolitik der Franzosen, 1922.
OPITZ, E., Österreich und Brandenburg im Schwedisch-Polnischen Krieg 1655–1660, 1969.
OVERMANN, A., Die Abtretung des Elsaß an Frankreich im Westfälischen Frieden, 1905.
PADOVER, S. K., The Revolutionary Emperor Joseph the Second 1741–1790, 1934.
PALMSTIERNA, C. F., Utrikes förvaltningens historia 1611–1648, in: Den svenska utrikesförvaltningens historia, 1935.
PASSARIN D'ENTRÈVES, A., The notion of the State. An Introduction to Political Theory, 1967.
PETRIE, C., The Jacobite movement, 2 Bde, 1949–50.
PHILIPP, W., Das Werden der Aufklärung in theologie-geschichtlicher Sicht, 1957.
PITZER, V., Justinus Febronius. Das Ringen eines katholischen Irenikers um die Einheit der Kirche im Zeitalter der Aufklärung, 1976.
PLODECK, K., Hofstruktur und Hofzeremoniell in Brandenburg-Ansbach vom 16.–18. Jhd. Zur Rolle des Herrschaftskultes im absolutistischen Gesellschafts- und Herrschaftssystem, 1972.
PLONGERON, B., Théologie et politique au siècle des lumières (1770–1820), 1973.
POCOCK, J. G. A., The Machiavellian Moment. Florentine Political Thought and the Atlantic Republican Tradition, 1975.
PODLECH, A., Eigentum – Entscheidungsstruktur der Gesellschaft, in: Der Staat 1976.
POLIŠENSKY, J. V., War and Society in Europe 1618–1648, 1978.
PRESS, V., Calvinismus und Territorialstaat. Regierung und Zentralbehörden der Kurpfalz 1559–1619, 1970.
PREUSS, G. F., Wilhelm III. von England und das Haus Wittelsbach im Zeitalter der spanischen Erbfolgefrage, I, 1904.
PÜTZ, P., Die Deutsche Aufklärung, in: Erträge der Forschung, 1978.
PUTTKAMER, E. VON, Frankreich, Rußland und der polnische Thron 1733, 1937.
RACHFAHL, F., Wilhelm von Oranien und der niederländische Aufstand, I, 1906.
RAEFF, M., Michael Speransky. Statesman of imperial Russia 1772–1839, 1957.
—, Catherine the Great. A Profile, 1972.
RANDELZHOFER, A., Völkerrechtliche Aspekte des Heiligen Römischen Reiches nach 1648, 1967.
RANUM, O., Paris in the Age of Absolutism. An Essay, 1968.
RAUCH, G. VON, Rußland. Staatliche Einheit und nationale Vielfalt, 1953.
REDEN, A. VON, Landständische Verfassung und fürstliches Regiment in Sachsen-Lauenburg 1543–1689, 1974.
REEVE, R. M., The Industrial Revolution 1750–1850, 1871.
REICHARDT, R., Reform und Revolution bei Condorcet. Ein Beitrag zur späten Aufklärung in Frankreich, 1973.
REILL, P. H., The German Enlightenment and the Rice of Historicism, 1975.
REINALTER, H., Aufklärung – Absolutismus – Reaktion. Die Geschichte Tirols in der 2. Hälfte des 18. Jahrhunderts, 1974.

Reinhardt, R., Zur Kirchenreform in Österreich unter Maria Theresia, in: ZfKiG, 77, 1966.
Requadt, P., Lichtenberg, 1964.
Richardson, R. C., The Debate on the English Revolution, 1977.
Ritter, G. A., Parlament und Demokratie in Großbritannien. Studien zur Entwicklung und Struktur des politischen Systems, 1972.
Roche, D./Labrousse, C. (Hrsg.), Ordres et classes. Colloque d'histoire sociale Saint-Cloud 24–25 mai 1967, 1973.
Röd, W., Geometrischer Geist und Naturrecht. Methodengeschichtliche Untersuchungen zur Staatsphilosophie im 17. und 18. Jahrhundert, 1970.
Roosbroeck, R. van, Wilhelm von Oranien. Der Rebell, 1959.
Rosenberg, H., Die Überwindung der monarchischen Autokratie, NWB, 67, 1974.
Roux, L./Chanavat, G., Die Staatsauffassung bei Hobbes und Hegel, in: Der Staat 1978.
Rowen, H., John de Witt and the Triple Alliance, in: Journal of modern History, XXVI, 1954.
Rückert, H., Die Rechtfertigungslehre auf dem Tridentinischen Konzil, 1927.
Ruland, F., Indemnität und Amtshaftung für Abgeordnete, in: Der Staat, 1975.
Rumpf, H., Carl Schmitt und Thomas Hobbes, 1972.
Saage, R., Eigentum, Staat und Gesellschaft bei Kant, in: Der Staat 1973.
Salmon, J. H. M., The French Religious Wars in English Political Thought, 1959.
Salomon, F., Geschichte des letzten Ministeriums Königin Annas von England (1710–1714) und der englischen Thronfolgefrage, 1894.
Sánchez Agesta, L., Der Staat bei Bodin und in der spanischen Rechtsschule, in: Der Staat 1977.
Sandvik, G., Det gamle veldet. Norske finanser 1760–79, 1975.
Sashegyi, O., Zensur und Geistesfreiheit unter Joseph II, in: Studia Historica Academiae Scientiarum Hungaricae, 1958.
Saunders, J. L., Justus Lipsius. The Philosophy of Renaissance Stoicism, 1955.
Schaeder, H., Autokratie und Heilige Allianz, 2. Aufl. 1963.
Schaumburg, E. von, König Friedrich I. und der Niederrhein. Die Erwerbung von Moers und Geldern, in: ZfPrGuL, 16, 1879.
Schelven, A. A. von, Het Calvinisme gedurende zijn Bloeitijd. Zijn uitbreiding en culturhistorische betekenis, 1951.
Schissler, H., Preußische Agrargesellschaft im Wandel 1763–1847, 1978.
Schirren, C., Zur Geschichte des Nordischen Krieges. Rezensionen, 1913.
Schlaich, K., Corpus Evangelicorum und Corpus Catholicorum. Aspekte eines Parteienwesens im Heiligen Römischen Reich Deutscher Nation, in: Der Staat, 1972.
—, Neutralität als verfassungsrechtliches Prinzip vornehmlich im Kulturverfassungs- und Staatskirchenrecht, 1972.
Schlechte, H., Die Staatsreform in Kursachsen 1762–1763, 1958.
Schneider, G., Der Libertin. Zur Geistes- und Sozialgeschichte des Bürgertums im 16. und 17. Jahrhundert, 1970.
Schnur, R., Neue Forschungen über Jean Bodin, in: Der Staat 1974.
Schreckenbach, H. J., Bibliographie zur Geschichte der Mark Brandenburg, III, 1972.
Schroeter, O. von, Das Recht der Haushaltsführung und Haushaltskontrolle in Preußen im 18. Jhd., in: Abh. d. Instituts f. Politik, ausländ. öffentl. Recht und Völkerrecht an der Universität Leipzig, N.F. 2, 1938.
Schück, R., Brandenburg-Preußens Kolonial-Politik unter dem Großen Kurfürsten und seinen Nachfolgern (1647–1721), 2 Bde, 1889.
Schultz, L., Russische Rechtsgeschichte, 1951.
Schwann, M., Der Tod Kaiser Karls VII. und seine Folgen, in: FBPG, 13, 1900.
See, H., L'évolution commerciale et industrielle de la France sous l'ancien régime, 1925.
—, Le commerce des hollandais à Nantes pendant la minorité de Louis XIV. in: Tijdschrift voor Geschiedenis, 1926.

SEEL/SCHMIDT (Hrsg.), Das Reformministerium Stein. Akten zur Verfassungs- und Verwaltungsgeschichte aus den Jahren 1807/1808, I–II, 1966–1968.
SIMMA, B., Das Reziprozitätselement im Zustandekommen völkerrechtlicher Verträge. Gedanken zu einem Bauprinzip der internationalen Rechtsbeziehungen, 1972.
SMITH-FUSSNER, F., The Historical Revolution. English Historical Writing and Thought 1580–1640, 1962.
SKINNER, A. S., Adam Smith and the role of the State, 1974.
SMOLITSCH, I., Geschichte der russischen Kirche, I, 1700–1917, 1964.
SÖRENSSON, P., Sverige och Frankrike 1715–1718, 1–3, 1909–21.
SOLIDAY, G. L., A Community in Conflict. Frankfurt society in the 17th and early 18th Centuries 1705–1732, 1974.
SOMAN, A. (Hrsg.), The Massacre of St. Bartholomew. Reappraisals and Documents, 1974.
SONNINO, P., Louis XIV's view of the Papacy (1661 to 1667), 1966.
STEENSGARD, N., Carracks, Caravans and Companies: The structural crisis in the European Asian trade in the early 17th century, 1973.
STEPHAN, I., Seume. Ein politischer Schriftsteller der deutschen Spätaufklärung, 1973.
STERN, S., The Court Jew. A contribution to the history of the period of Absolutism in Central Europe, 1950.
—, Josel von Rosenheim. Befehlshaber der Judenschaft im Heiligen Römischen Reich Deutscher Nation, 1959.
STIRNER, M., Der Einzige und sein Eigentum, 1929.
STRUNZ, J., Die französische Politik in den ersten Jahren der Selbstregierung Ludwigs XIV. (1661–67), 1920.
SUDHOF, S., Von der Aufklärung zur Romantik, 1973.
SUHR, D., Staat – Gesellschaft – Verfassung von Hegel bis heute, in: Der Staat 1978.
SÜSSENBERGER, C., Rousseau im Urteil der deutschen Publizistik bis zum Ende der Französischen Revolution, 1974.
SVENSSON, S., Czar Peters motiv för kriget mot Sverige, in: HTs, 1931.
SYLVESTER (Hrsg.), St. Thomas Moore. Action and contemplation, 1972.
SYRETT, D., Shipping and the American War, 1775–1782. A study of British Transport Organization, 1970.
TAILLANDIER, S.-R., Le grand roi et sa cour, 1930.
TAZBIR, J., Geschichte der polnischen Toleranz, dt., 1977.
THEINER, A., Schweden und seine Stellung zum heiligen Stuhl unter Johann III., Sigismund III. und Karl IX. Nach geheimen Staatspapieren, I, 1838.
THERNEY, B., Origins of Popal Infallibility 1150–1350, 1972.
THEUERKAUF, A., Lex Speculum. Compendium Juris. Forschungen zur deutschen Rechtsgeschichte, 1968.
THIEME, H., Der Historiker und die Geschichte von Verfassung und Recht, in: HZ, 209, 1969.
THOMPSON, J. A. A., War and Government in Habsburg Spain 1560–1620, 1976.
TIJN, TH. VAN, Pieter de la Court. Zijn leven en zijn economische denkbeelden, in: Tijdschrift voor Geschiedenis, 1956.
TREVELYAN, G. M. (Hrsg.), Select documents for Queen Anne's reign down to the union with Scotland 1702–07, 1929.
TREVOR-ROPER, H. R., Religion, Reformation und sozialer Umbruch. Die Krisis des 17. Jahrhunderts, dt. 1970.
TUMLER, M., Der Deutsche Orden. Von seinem Ursprung bis zur Gegenwart, 1974.
TURBERVILLE, A. S., The House of Lords under Charles II., in: EHR, 1929, 1930.
TURNER, E. R., The cabinet council of England in the 17th and 18th centuries 1622–1784, I–II, 1930–32.
ULLMANN, W., Papst und König. Grundlagen des Papsttums und der englischen Verfassung im Mittelalter, 1966.
VENTURI, F., Italy and the Enlightenment, 1972.
VETTER, K., Kurmärkischer Adel und preußische Reformen, 1979.
VIERHAUS, R., Land, Staat und Reich in der politischen Vorstellungswelt deutscher Landstände im 18. Jhd., in: HZ, 223, 1976.

—, (Hrsg.), Herrschaftsverträge, Wahlkapitulationen, Fundamentalgesetze, 1977.
VINER, J., Power versus Plenty as objectives of Foreign Policy in the 17th and 18th Centuries, 1948.
—, Religious Thought and Economic Society: Four chapters of an unfinished work, in: History of Political Economy, 10:1, 1978.
VOGLER, G./VETTER, K., Preußen von den Anfängen bis zur Reichsgründung, 1970.
VOSSLER, O., Alexis de Tocqueville. Freiheit und Gleichheit, 1973.
WADE, O. J., The structure and form of French Enlightenment, I: Esprit philosophique, II: Esprit revolutionnaire, 1977.
WAGNER, F., Kaiser Karl VII. und die großen Mächte 1740–45, 1938.
WANDRUSZKA, A., Geheimprotestantismus, Josephinismus und Volksliturgie in Österreich, in: ZfKiG, 78, 1967.
WEBER, O., Der Friede von Rastatt 1714, in: DtZfG, 8, 1892.
—, Der Friede von Utrecht. Verhandlungen zwischen England, Frankreich, dem Kaiser und den Generalstaaten, 1891.
WEDGEWOOD, C. V., Wege der Mächtigen. Wilhelm von Oranien, Richelieu, Cromwell, 1970.
WEINACHT, P. L., »Staatsbürger«. Zur Geschichte und Kritik eines politischen Begriffs, in: Der Staat 1969.
WELLENREUTHER, H., Gesellschaft und Wirtschaft in England während des Siebenjährigen Krieges, in: HZ, 218, 1974.
WELZEL, H., Die Entstehung des modernen Rechtsbegriffs, in: Der Staat 1969.
WEULERSSE, G., Sully et Colbert jugés par les physiocrates, in: RHES, 1922.
WILSON, CH., Mercantilism: Some Vicissitudes of an Idea, in: Economic History Review, X, 1957.
—, Profit and Power. A study of England and the Dutch Wars, 1957.
—, Die Früchte der Freiheit. Holland und die europäische Kultur des 17. Jahrhunderts, 1968.
WINTER, G., Die Schlacht bei Fehrbellin, 1925.
WINTERS, P. J., Die »Politik« des Johannes Althusius und ihre zeitgenössischen Quellen, 1963.
WISCHHÖFER, W., Die ostpreußischen Stände, 1958.
WOLFF, F., Corpus Evangelicorum und Corpus Catholicorum auf dem Westfälischen Friedenskongreß. Die Einfügung der konfessionellen Ständeverbindungen in die Reichsverfassung, 1966.
WYDUCKEL, P., Princeps legibus solutus. Eine Untersuchung zur frühmodernen Rechts- und Staatslehre. In: Schriften zur Verfassungsgeschichte, Bd. 30, 1979.
WYSZAŃSKI, A. (Hrsg.), Polska w epoce odrodzenia. Państwo, społeczeństwo, kultura, 1970.
ZEEDEN, E. W., Grundlagen und Wege der Konfessionsbildung in Deutschland im Zeitalter der Glaubenskämpfe, in: HZ, 185, 1958.
ZELLER, G., Le principe d'équilibre dans la politique internationale avant 1789, in: RH, CCXV, 1956.
ZIELINSKA, T., Magnateria polska epoki saskiej (Polnische Magnaten in der sächsischen Epoche), 1977.
ZILLESSEN, H., Protestantismus und politische Form. Eine Untersuchung zum protestantischen Verfassungsverständnis, 1971.
ZYLSTRA, B., From Pluralism to Collectivism. The Development of Harald Laski's Political Thought, 1968.

Register

Die Bearbeitung des Registers erfolgte durch den Autor dieses Bandes. (F) = Abk. für Frieden.

Aachen (F) 151, 239, 250
Abdikation 36, 287
Abendland 141
Abendmahl (-s) 315
— -bulle 27, 12, 304
Aberglaube 156, 181
Abraham a S. Clara 279
absoluta potestas 91, 269
absolute (-r, -s) Autorität 46, 76, 95, 123, 133
— Diktatur 191, 247
— Erbmacht 266
— Freiheit 338
— Gewalt 76, 84, 88, 113, 122, 179, 194, 342, 344, 365
— Herren 13, 162, 173, 243, 260, 271, 274, 283, 371
— Macht 28, 63, 76 f., 80, 83, 143, 175, 183 ff, 200, 208, 219, 222, 230, 238 f., 241, 256, 309, 337 f., 383
— Monarchie 87, 94, 140, 157, 180, 314, 342, 371
— Potestät 18, 24
— Regierung 44, 159, 168, 171, 180, 370
— Sicherheit 342
— Souveränität 95, 178
— Besitz 128, 368
— Despotismus 314, 357, 368
— Diktator 207, 302
— Erbherr 168
— Gehorsam 124, 173, 336, 350
— Machtstaat 95, 101
— Meister 150
— Monarch 45
— Staat 13, 384
— Dominat 18, 24, 33, 39, 43, 159, 191, 195, 197, 203, 263, 268
— Fürstenrecht 283
— Gouvernement 282
— Kollegium 283
— Vertrauen 321
Absolutesse 20, 31, 44, 50, 53, 76, 83, 99, 125, 136, 157, 178, 183, 215, 227, 241, 260, 271, 282, 321 f., 384
Absolutezza 272, 274
Absolutie 303
Absolution 128, 136
Absolutismus 13–18, 20, 23, 32, 47, 60, 70 f., 79, 87 f., 90, 94, 101, 112, 123, 126, 137 ff, 144, 157 ff, 163, 190, 206, 213, 215, 230, 237, 249, 252 f., 257, 270 f., 274, 276, 279, 290, 292, 311, 316, 326, 334, 337, 339, 344 f., 351, 362, 365, 369, 374, 376, 379, 383, 385 ff

absolutum decretum 195
Académie Française 98
Acht 287
Adam 341, 344, 349
Adams, J. 367 f
Additament 42
Adel(s-) 15, 20, 25 f., 31, 35, 37 f., 40, 42 f., 46, 48, 50, 53, 62, 67 f., 70, 77 ff., 81, 83 f., 87, 90, 95, 98, 112 f., 115, 124, 132, 137, 145, 147, 152, 160 f., 163 f., 166–169, 175, 177 f., 181, 185 ff, 193, 195, 208, 241, 243, 250, 253 f., 256 f., 265, 290, 312, 314, 316, 326, 334, 339, 385
— diener 162
— freiheit 162, 166
— fronden 98
— güter 70, 80, 81, 83
— herrschaft 63
— könig 29
— macht 166
— privilegien 70
— republik 17, 31, 80, 135 f., 155, 162, 308, 380
Adler Salvius 38, 102
Administration 25, 32, 34, 38, 55, 61, 69, 72, 146, 163, 294, 298, 328
Administrator 25, 47, 99, 161
Admiral 39, 161
Adolf Friedrich 75 f., 78
Aerarium 45
Älvsborg 28
Ämterkäuflichkeit 98, 114
— -wesen 161, 164, 176, 215, 238, 296
Äquivalenzprinzip 66, 189
Afrika 148, 221, 333, 361
Agnaten 253
Agrarreform 182
— -Reich 140
— -staat 126
— -verfassung 151
— -wesen 182
Akademie 82, 106, 218, 226, 240, 244–249, 261
Aktien 228
Akzidenz 103, 108, 110, 130, 132, 163, 183, 239, 321, 324, 335, 344, 377, 379
Akzise 233, 256
Alaska 381
Albrecht V. 264
Albrecht v. B'burg 228
Alchimie 362
d'Alembert 183, 240, 248
Alexander I. 380
Alfons v. Aragonien 27, 201, 213
Algerien 74

Alleinherrschaft 305, 332, 384
Allein-Regierung 107, 109, 112, 114 f
Allgemeines Landrecht 219, 229, 260
Allianz 33, 70 f, 97, 119–121, 175, 358
Allmende 182
Allodwesen 35, 138, 224, 236, 285, 337
Altona (F) 177
Alt-Adel 36, 52, 54, 64, 72, 185, 188
Alteuropa 16, 23, 27, 85, 269, 328
Altes Testament 23, 36, 335, 374
Althusius 28, 163, 340
Altmark 29, 97
Altranstädt (F) 65, 176
Amerika 137, 148, 187, 333, 349, 371
Amnestieparagraph 64
Anarchie 76, 134
Ancien Régime 13, 91, 134, 141, 145 f, 151
Ancient Constitution 105, 318
Anckarström 84
Andreas-Kreuz 356
Anglikanische Kirche 150, 348, 350, 352
Anglikanismus 316, 326
Angloamerikaner 157
Anjala-Bund 84
Anna Ivanovna 375
Anna v. Österreich 92, 101, 103, 112, 118
Anna Stuart 355 f, 357
Anonymer Despotismus 108, 157
Anti-Trinitarier 356
Antwerpen 119
Appellationswesen 193, 196 ff, 220 f, 225, 229, 292
arbiträre(r-) Autorität 132
— Gewalt 159
— Macht 76
— Monarchie 112
— Monokratie 112
— Regierung 180
— Absolutismus 260
— Despotismus 264, 306, 308 f
Archangelsk 28
d'Argenson 143
Aristokratie 37, 46, 63, 68, 76, 78, 81, 86, 90, 99, 136, 351
Aristoteles 31, 36, 38, 43, 52, 60, 71, 90, 153 f, 174, 207, 216, 261, 313, 334 f, 344, 388
Arithmetik 31, 106, 148
Arkanpolitik 81, 117, 127, 157, 214, 261, 320
Arminianismus 318
Arnaud 243
Arnauld 122
Arnisaeus 163
Artois 107, 119
Ars aequi et boni 205
Articuli Henriciani 91
asiatische Monarchie 334
Asien 82, 333, 381
Atheismus 334, 362
Aufklärung 13, 16 f, 20 f, 23, 36 f, 67, 71, 79 f, 82 f, 104, 106, 146, 148, 155, 176, 180, 182, 185 f, 209, 216 ff, 241 f, 245, 248, 257, 259 f, 261, 305, 308, 314, 360, 362, 387
aufgeklärter Absolutismus 13, 78, 249, 259, 306
Aufstandsrecht 275

Augsburger Allianz 353
— Religionsfriede 34, 266
Augsburgische Konfession 26, 60, 161, 171, 181
August II. 65, 135, 176, 209, 214, 358
August III. 135
Augustinus 122, 341
Aurivillius 73
Außenpolitik 17, 19, 27, 32, 66, 71, 137, 318, 320, 327, 350, 384
Ausnahmezustand 61, 164, 207, 258, 337, 343
Auswanderung 94, 164, 362
Autarkie 114
Autokephalie 376
Autokratie 374, 379
Autonomie 114, 122, 155, 240, 242, 260, 265, 281, 294, 316, 374
Autorität 14, 32, 36 ff, 49, 64, 67, 76, 84, 96, 100, 105, 111, 115, 121, 125, 128, 143, 146, 192, 202 ff, 264, 267, 315, 328, 338 f, 351, 356, 374
Ayatollahs 373
Aziatščina 381

Baazius 49
Balance 33, 71, 77, 114, 365
Balance of power 329, 357
Ball, J. 349
Baltikum 66, 330
Banat 293, 306
Bankwesen 75, 78, 130, 284, 295
Baptisten 316
Barillon 350
Barock 235
Bartenstein 294
Basedow 183
Bathory, S. 266
Baudeau, N. 147
Beaufort 104
Beausobre 245
Beccara 71
Becher, J. J. 274, 280
Behördenwesen 14, 55, 65, 101, 126, 169, 176, 178, 190 f, 194, 228, 234, 257, 265, 293, 296, 298, 388
Belgien 312
Bellarmin 270
Bellum justum 331
Berch, A. 72
Bergbau 26, 73, 360, 381
Bergman, T. 73
Bergpredigt 148, 335, 340
Berkeley 108
Berkeley, R. 321, 362
Berlin 106, 213, 218, 222, 234, 245, 261
Bernstorff, A. P. 82, 183
Bernstorff, J. H. E. 182
Berufsstände 71, 388

beschränkte Souveränität 380
Besitzwesen 25, 69, 121, 153, 157, 236, 251, 255, 257, 260, 282, 309, 314, 332, 334, 336, 353, 367, 371
Bestechung 72, 75, 297, 307, 350
Bethlen Gabor 266
Bewilligung 116, 123, 195, 272, 296, 309, 317
Bibel 333
Bielke, H. 36
Bienengleichnis 113, 334
Bigamie 171, 261
Bignon 91
Bill of attainder 323
Bill of rights 345, 355
Bischofskirche 316, 322
Bismarck 117, 190, 308, 383
Blake, R. 327
blinder Gehorsam 83, 86, 116, 159, 208, 238, 244, 277, 342, 388
Blümegen 276
Bodin 27, 31, 88, 91, 99, 151, 322, 340
Böhmen 28, 33, 211, 251, 264, 267–271, 275, 290, 294f, 299f, 302, 381, 385
Böhmische Konfession 267
Boileau 179
Bojaren 375
Bojaren-Rat 375
Bokassa I. 373
Boleyn, A. 315
Booth 345
Bornholm 165
Boskowitz 278
Boston Tea Party 367
Bossuet 121–124, 156
Boufflers 84, 86
Boulainvillier 124, 143
Bourbonen 113, 134f, 157, 213
Bourgeoisie 147
Brabant 118
Brahe, E. 75, 77
Brahe, P. d. J. 37
Brandenburg-Preußen 18, 118f, 177, 190, 209, 221, 247f, 254, 296, 298, 347, 353, 380
Brandt, E. 184
Braunschweig-Lüneburg 209
Breda 333, 346
Bremen 34, 69, 161, 205, 327
v. Brenckenhoff 253
Breslau 246, 250
Bretagne 116, 123
Brömsebro (F) 64, 160
Broussel 103
Bruderzwist 267, 284
Bruks 70
Brüssel 248
Buchzensoren 58
Bull, J. 349
Burgund 116, 119, 123, 325
Burke, E. 372
Burmeister 295
Bürgerkrieg 26, 28, 33, 92, 100, 268, 326, 335, 385
bürgerliche Verhältnisse 15
Bürgermeister 85, 164f, 170, 265

Bürgertum 20, 37, 70, 85, 95, 98, 144, 148, 161, 169f, 198, 222, 260, 265
Bürokratie 176, 182, 297

Cabalministerium 350
Caesar 325
Cäsar 180
Calas 150
Calonne 146
Cambrai 119, 123
Cambridge 361
Cameen 56
Cameralgüter 294
Cameralismus 280
Cameralwissenschaft 226
Campe 386
Canons 322
Canterbury 322
Capitalien 235
Capo 271
Caput Evangelicorum 209
Caritas paterna 270
Carlowitz (F) 240, 286, 289
Carolina 340
Caroline Mathilde 184
Cartesianische Rationalität 16
Cartesianisches Sonnenbeispiel 110
Carwell 350
Casus necessitatis 61
Catilinarier 100
Cayuga 364
Celsius 73
Cervantes 179
Cesar de Vendômes 92
Charlottenburg 214
Charta v. Mass. 365
Charta v. New York 365
Charta v. Penns. 365
Charter 178
checks and balances 140, 329, 343
Chin. Kompagnie 221
Chmelnicki, B. 196
Choiseul 135f, 138
Cholopen 376
Christenheit 24, 263
Christian II. 265
Christian IV. 28, 160ff, 161
Christian V. 44ff, 57, 59, 63, 171f, 174, 176, 186, 226, 355
Christian VI. 178, 181
Christian VII. 183f
Christine 31, 34, 36, 39, 45, 63, 104, 196, 276
Christus 275, 282, 315f, 349, 378
Christopher 23, 84
chromatische Aberration 73
Churchill, J. 353
Chydenius, A. 77
Cicero 28, 31, 39, 88
Clans 359
Clarendon 345, 348
Clarendon-Code 348
Classen 183
Clemens v. Trier 305

471

Cleve 191 f, 195 f, 199, 204, 224, 230, 234, 238, 244, 246, 308
Codex Fridericianus 254
Codex Theresianus 276
Cogito ergo sum 147
Coke, E. 315, 318
Colbert 108, 113–117, 122, 130 f
Colbertismus 121
Columella, L. 31
Comenius 37, 217, 316
Comitialrechte 251
Commercien 199, 227, 257, 280, 284
Commissions of Array 325
Common Law 314, 319, 333
Commons 323
Commonwealth 314, 328, 333
Commune concilium 321
Compagnie d'Occident 131
Compton 353
Concini 92
Condé 103 f, 114, 347
Condominat 191 f, 203 f, 207, 300
Condominium 194, 230
Condorcet 106, 142
Connestabel 96, 107
Conring 37, 159
Conseil de conscience 127
Conseil d'Etat 110
Conseil de la raison 143
Conseils 127, 129, 134, 137, 143
Consortium regiminis 194
Constitution 85, 223, 251
Constitutions of Free Masons 362
Conti 104, 135 f
Contrat social 153, 155
Convenant 323, 348
Conventers 351
Conventions-Parlament 345, 361
Cooper, A. A. 340
Corneille 105, 109
Cornwall 326
Corpus Mysticum (Franciae) 93, 107, 123
Corpus Statuum 299
Cosimo I. 309
Country 273, 297, 358, 370
Courmenin 97
de la Court, P. 274
Court 273, 297, 358, 370
Cromwell 72, 325–328, 333, 356
Cromwell, R. 330, 345
Cromwellisten 282
Custos legum 99, 168

Dämonismus 362
Dänemark 18, 27, 34, 40, 43 ff, 59, 63 f, 66, 70, 75, 78, 92, 98, 158–168, 170 f, 173 f, 177 f, 182, 185 f, 188, 209 f, 226 f, 246, 275, 315, 318, 324, 355, 379 f, 385
Dänische Kanzlei 172, 182
Dalarna 75
Dalen 119
Dalmatien 291
Danckelman 210, 214

Dangueil 147
Danhof 162
Danske Lov 160, 172
Danzig 29
Dauerabgabe 296
David 282
Deák 292
Defension(swerk) 206, 230
Defensor fidei 313
Defensoren 267
Defoe 217, 360
Deismus 147
Dekabristen 375
Dekadenz 124
Dekalog 340
Deliberation 52, 237
Demokratie 67, 69, 84, 153
Den Haag 209, 247
Departements 124, 184
Depossedierung 40, 320, 380
Dépôt 128
Depotismus 128
Deputierte 69
Desaguliers 362
Descartes 24, 37, 98, 106, 121, 146, 259, 335, 340
Desertion 166, 227, 232 f, 247
Despot 18, 94, 124, 182, 185, 242, 373
Despotie 135, 151, 173, 180, 371
despotische Gewalt 124, 252
despotischer Zentralismus 175
Despotisme anonyme 112, 124
Despotisme éclairé 140
Despotismus 20 f, 23, 68, 74, 77, 84, 103, 127 f, 132, 134, 140 f, 143, 145 f, 152, 158, 179, 232, 246, 258 f, 261 f, 368 f, 371, 386
Dessauer 228, 234
Deszendenten 287
Deutscher Bund 189
Deutscher Dualismus 359
Deutsche Kanzlei 172, 182
Deutscher Krieg (30jähr. Krieg) 24, 28, 33, 35, 97, 191, 263, 272, 286, 320, 354, 377
Deutsche Nation 15, 292, 308, 381
Deutscher Orden 197
Deutschland 18, 33, 101, 185, 190, 227, 263, 280, 288, 313, 349, 372, 381
Devolutionskrieg 119
Devolutionsrecht 118
Devonshire 339
Dezennalrezeß 296
Dezision(ismus) 15, 45, 51, 78, 110 f, 179, 237, 255, 337
Diäten (Tagegelder) 224
Diarchie 378
Diderot 109, 138, 147, 156, 240
Dienstadel 377
Dieu et mon droit 213
Diktator 45
Diktatur 15, 26, 58, 63 f, 72, 79, 82, 105, 108, 115, 171 f, 182, 184, 187, 247, 255, 303, 309, 343, 385, 388
Diploma Leopoldinum 266, 290
Diplomatie 25, 65, 102, 160, 252
Directorium 297

Dirigismus 126, 140, 281, 284
Disraeli 370 f
Dissenters 348, 350 f
Do, ut des 126, 154
Dobersinsky 204
Dodge 371
Domänenwesen 115, 118, 146, 191, 193 ff, 218, 220, 222–225, 229 f, 253, 259
Dominat 102, 199, 203, 292
Domination 35
Dominial-Diktatur 201, 237
Dominikalgüter 296
Dominikalland 278, 307
Dominio vechio fiorentino 309
Dominion 328, 332, 339, 354
Dominium 35, 47, 88, 312, 351
— absolutum 18, 29, 55, 61, 83, 138, 162, 164 f, 167, 171, 174, 187, 211, 222, 237, 242, 270, 272, 276, 278, 287 f, 293 f, 296, 311, 339, 354, 380
— Austriacum 290
— directum 25 f, 39, 42, 50, 61, 69, 91, 114, 117 f, 138, 154, 197 ff, 203, 251, 255, 258, 263, 265, 274, 285, 301, 307, 336
— eminens 56, 60, 164, 207, 224, 254 f, 258, 296
— Dominium maris 332
— Maris Baltici 19, 177, 188, 381
— papale 305
— proprium 331
— supremum 197 ff, 203, 205
— utile 25 f, 60, 69, 85, 114, 118, 138, 154, 164, 197, 207, 211, 224, 262, 265, 274, 287, 307, 336
Dominus directus 251
Domus Austriaca 289
Doppelherrschaft 378
Dorpat 37
Drei Gestalten 361
Drei Gewalten 263, 361
Drei Nationen 266, 329
Drei-Stände-Lehre 133, 195
Dreiteiliger Vertrag 319
Dresden 183, 250
Dresden (F) 294
Dritte Rom 377
Dritte Stand 83, 87, 95, 107, 124, 385
Drittwirkung 143, 342, 361
Drost 32, 39, 41, 52, 96, 131, 275
Druckfreiheit 75, 78, 186
Dualismus 14, 32, 191, 355, 385
Dubois 130
Duc de Levis 85
Duell 96, 130
Duguet 305
Dumouriez 137
Duplex-Majestas 156, 163, 269, 301, 339
Dury 316
Dynastie 25, 227, 257, 297, 383

East India Company 367
Eberhard d. Weise 110
Ecclesia Anglicana 322
Ecclesia in republica 99
Edikt (Inalienabilität) 222

Edikt v. Nantes 92, 94, 186, 352
Edikt v. Potsdam 208
Edit du rachat 102
Edinburg 130
Eduard III. 94
Egede, H. 181
Eid 25, 34, 60, 62, 80, 91 f, 161, 170, 192, 199 ff, 211, 213, 237, 265, 316 f, 324 f, 356
Eidgenossenschaft 120
Eidsvold-Verfassung 189
Eigenkirchentum 304
— -krönung 62 f, 157, 209 ff, 213, 222, 379 f
— -liebe 123, 243, 298, 335
— -nutz 83, 100, 201, 220, 227, 249, 297
Eigentum 14 f, 19, 23, 36, 56, 61, 84 f, 88, 119, 138, 140, 142, 146, 149, 153, 155, 161, 165, 172, 188, 195, 217, 242, 271, 273, 282, 287, 296, 305, 311, 319, 326, 329, 330 ff, 335 f, 338, 341, 345, 360, 362 f, 367 f, 370, 373, 376, 386
Eingewalt 28, 80, 168, 227
Eingewaltserbregierungsakt 168, 183
Eingewalts-König 170
Einheitsstaat 230, 257
Einherrschaft 28
Einkreisung 64, 177, 357
Einteilungswerk 54
Eisenseiten 326
Elba 66
Elbing 330
Elisabeth v. Böhmen 356
Elisabeth I. 305, 315 f, 325
Elisabeth v. Rußland 75
Elsaß 102, 104, 286
Emery 104
Emphyteuse 26, 88, 93, 138, 146, 157 f, 355
Enemaerke 162, 166, 181
Enevaelde 160, 162, 169 f, 171 ff, 175, 178–183, 185 ff, 189, 226
Engels 253
England (Großbr.) 15–19, 23, 64, 66, 68 ff, 72 f, 81, 91, 94, 98, 105, 119 f, 132, 135 f, 150, 165, 170, 175 f, 179, 204, 210 f, 217, 225, 228, 241, 250, 252, 282, 298, 302, 305, 314, 316, 318, 320 f, 322, 324, 326 ff, 333 ff, 340, 346, 348 f, 351 f, 354 f, 358, 361–365, 370, 377, 381, 385
Enrädighet 28, 40, 42, 44, 46, 48 f, 59, 61
Envälde 32, 39, 42, 45, 47 f, 59 f, 62, 66, 69, 71, 76, 79, 83, 176
Enzyklopädie 20, 125, 138, 143, 156, 248
Ephorie 46, 49, 55, 57 f, 67, 322
Erasmus v. Rotterdam 31, 309
Erb-Abfindung 253
— -Absolutismus 33, 348, 387
— -Abtrennung 207
— -Adel 336
— -besitzer 226, 386
— -fall 119
— -feind 20, 102, 119, 160, 176, 286
— -folge 20, 32, 54, 91, 237, 291, 293, 337
— -folgekriege 285
— -fürst 278
— -gang 269, 385
— -gerechtigkeit 167, 170
— -gericht 199

473

Erb *(Fortsetzung)*
— -gesetz 145
— -gut 118, 250, 266, 275, 290, 332
— -händel 163
— -haus 172
— -heiligkeit 20
— -herr 62, 164, 168, 225, 227 f, 278 f
— -herrschaft 286
— -huldigung 170, 195, 204, 225
— -kaiser(tum) 157, 380
— -könig 41 f, 45, 51, 64, 94
— -königreich 269
— -königtum 29, 40, 43, 58, 138, 140
— -krankheit 387
— -lehen 25, 35, 58, 98, 157, 178, 264 f, 296 f, 299 f, 312
— -monarchie 101, 163
— -monokratie 60, 102, 187, 210, 222, 300
— -pacht 219, 329
— -pacta 195
— -prinz 36, 66 f
— -prinzip 86, 142, 169, 188, 274 f, 284, 309 f
— -recht 20, 35, 59, 67, 119, 157, 159, 167 f, 211, 276, 282, 302, 315, 354 f, 374
— -register 221
— -reich 23, 51, 61, 165, 269
— -richter 278
— -schaft(sgelder) 226, 308
— -sklave(rei) 20, 59, 148, 171, 176, 178, 180, 200, 208, 215, 339, 361, 387
— -statthalter 347, 353
— -streit 172, 272, 286
— -souveränität 20, 31, 44, 48, 53, 59, 83, 99, 157, 187, 241, 260, 271, 282, 293, 384
— -sünde 20, 122, 154, 387
— -sukzession 288, 291
— -teil(ung) 120, 272
— -untertan 167, 208, 279
— -vereinigung 24, 31, 34 f, 45, 49, 54, 60
— -verfügung 376
— -vergleich 192
— -vertrag 268
— -wahl 25, 86, 167
— -wahlkönig 69, 375
— -weisheit 16, 158
Erik XIV. 44, 79
Ermland 210
Erzhaus 263, 266, 268, 272 f, 274, 276, 280 f, 288, 294, 299 f, 302, 305, 307, 311
— -herzog 225, 264, 272
Eskimos 180
Essex 326
Etat 90
Etatismus 87, 101
l'Etat c'est moi 108
Ethik 17, 60, 96, 123
Europa 13, 17, 21, 34, 36, 43, 65 f, 73 f, 98, 100, 102, 107 f, 119 ff, 132, 135 ff, 141, 143, 145, 148, 150 f, 173, 187, 191, 210, 242, 247, 263, 280, 282, 284 f, 288 f, 312, 331, 333, 347, 349, 353, 357, 360, 364 ff, 369, 375 f, 380 f, 384, 387
Euthanasie 370
Evangelische 263

Evangelische Nation 34, 350
Exclusion Bill 351
Exekution 207
Exekutive 78, 155, 343
Exemtion 197
Expansion 380
Experimentalphysik 312

Falsche Staatskunst 187
Familien-Staat 384
Färöer 170
Fauchet 126
Febronius (Hontheim) 305
Febronianismus 305
Fehrbellin 45
Feldkanzlei 65
Felonie 224, 251, 349
Fénelon 124
Ferdinand I. 264 f, 311
Ferdinand II. 269 f, 286, 302, 312
Fernhandel 171
v. Fersen, A. 136
Feudalismus 13, 15
Feudal-System 95, 98 f, 105 ff, 111, 114, 124, 127, 132 f, 138, 141 f, 144, 154, 157 f, 237, 251, 285, 307, 343, 346, 375, 386
Feudismus 143
Fichte 130, 384
Fidei-Commiß 93, 158, 180, 236, 257, 288, 312
Fides publica 56, 220, 231
Filmer 340 f
Finanzwesen 49, 113, 131, 142, 150, 166, 191, 250, 255, 366
Finnland 23, 74, 80, 85, 375
Fiskalat 229
Fixlmillner 312
Flemming, C. 49
Fleury 71, 131
Flotte 32, 136, 320, 327, 347
Föderative Gewalt 343
Föderativ-System 155 f
Folter 241
Fonds 221, 256
Fontenelle 248
Fonvizin 381
Forma Regiminis 203
Fortschritt 13, 15 f, 141, 159, 234, 376, 383 f
Fouquet 113, 116
Francavilla 181
Franche-Comté 119
Franck 215
Francke, H. 215, 242
Frankfurt a. M. 149, 241, 295
Frankfurt a. d. O. 229
Frankfurter Parlament 387
Franklin, B. 364 f., 367
Frankreich 13, 17, 48, 70 f, 74, 76, 85 ff, 91 f, 96 ff, 99 ff, 101, 103, 107, 109–115, 117 f, 120, 122, 125 f, 129, 131, 134 ff, 144, 150, 155, 168, 196, 199, 204, 217, 226, 245, 250, 256, 269, 272, 275, 281, 291, 296, 298, 320, 331, 352, 354 f, 356, 371, 380, 385
Franz I. v. Frk. 97
Franz I. v. Österr. 293

Franz II. v. Österr. 312
Freihandel 187, 333
Freiheit 71, 77, 84 f, 123, 127, 137, 142, 150, 152, 159, 162, 166, 169, 179, 190, 201 f, 206, 246, 248, 266, 275, 283, 292, 306, 320, 332, 338, 352, 357, 368, 370 f
Freiheits-Constitution 85
Freiheitszeit 73
Freiherrenschaften 26, 172
Freimaurerei 83, 150 f
Freundschaftspakt 71
Frieden 25, 47, 91, 105, 162, 177, 270, 282, 328, 335, 366
Friedenskunst 70, 75, 160, 174, 239, 311
Friedensrichter 329
Friedland 271
Friedrich I. (III.) v. Preußen 210, 214, 216 f, 220, 237, 245
Friedrich II. v. Preußen 13, 18 f, 25, 43, 66, 75, 77 f, 106, 141, 149, 156, 190, 226 f, 236 f, 239 ff, 242, 244 f, 247 f, 251, 254 ff, 257, 260 f, 262 f, 287, 292, 294, 306, 311
Friedrich v. Hessen (Fredrik I. v. Schweden) 66 f
Friedrich III. v. Dänem. 159, 161 f, 165, 169, 171
Friedrich IV. v. Dänem. 64, 175, 177 f, 181, 209, 214
Friedrich V. v. Dänem. 75, 184
Friedrich VI. v. Dänem. 184
Friedrich V. v. d. Pfalz (Böhmen) 29, 211, 302
Friedrich Wilhelm 34, 191 f, 194 f, 197 f, 202 f, 207, 215, 231, 237
Friedrich Wilhelm I. 214, 222 f, 225–228, 230, 232 ff, 235 f, 238, 243, 379
Fron 228
Fronde 18, 100, 104, 107, 109, 322
Fuchs 203, 216
Fürst(en) 84, 88, 122, 126, 150 f, 180, 193 f, 203, 206, 266, 332, 386, 388
Fürst 244
Fürstenrecht 283
Fürstensouveränität 69
Fürstenwahl 291
Fundamentalgesetz 18, 25, 31, 34, 41, 50, 57, 68, 88, 91, 93 ff, 99, 101, 103, 107, 109, 111, 116 f, 125 f, 129, 133, 163, 170, 198, 204, 269, 284, 290, 297, 299 f, 310, 317, 321
Fundamentalgesetzverfassung 45
Fundamental law 317, 320, 328, 330, 355
Fundamentalrecht 18
Fundamentalverfassung 194, 197, 212

Gabel, Chr. 165, 168, 170
Gabel, F. 168
Gävle 82
Galiani 140
Galilei 141
Gallien 118
Gallikanismus 122, 127, 157
Garantiewesen 19, 70, 100, 169
de la Gardie, G. A. 60
de la Gardie, J. 213
de la Gardie, M. G. 37, 43 f, 47, 52, 57
Gassendi 98, 106
Gazettenwesen 245, 249

Geburtsprinzip 309, 321
de Geer, L. 38
Gefälle 256
Gegenreformation 267, 270, 305
Geheimpolizei 373
Geheimer Rat 178, 191, 214
Gehorsam 46, 128, 219, 240
Geistlicher Stand s. Klerus
Gemeindeverfassung 309
Gemeine Beste 39, 47, 56, 232, 298 f
Gemeinnutz 14, 201, 297, 301
Gemeinwille 154 f
Gemeinwohl 76, 113, 274, 296, 307, 341, 351
Genealogie 112, 333
Generalamnestie 346
General-Fin.-Direktorium 227
General-Ober-Fin.-Kriegs- u. Dom.-Direktorium 229
Generalstaaten s. Niederlande
Generalstände 95, 103, 111, 152, 321
Geniekult 156
Genf 144, 153
Gentleman 21
Gentry 325, 337
Geometrie 31, 105, 148, 182
Georg I. 355, 358
Georg II. 359
Georg III. 360, 365
Georg Friedrich v. B'burg 200
Georg Wilhelm v. B'burg 191
Gerechtigkeit 17, 44 f, 90, 110 f, 115, 129, 146, 148, 151, 174, 215, 224, 239, 280, 317, 322, 337, 341
Gerechtigkeitshand 93
Gerhardt, P. 244
Gerichtswesen 50, 102, 128 f, 155, 174, 217, 234, 254, 309, 313, 319, 322, 342
Gesamterbe 120
Gesamtstaat 230, 264
Gesellschaft s. Sozietät 216
Gesetz 21, 24, 29, 34, 51, 53, 90, 96, 98, 129, 140, 141, 143, 148, 168, 180, 219, 260, 291 f, 319, 321, 327, 333, 337, 341
Gesetzeswächter 29, 89, 192
Gesetzgebung 27, 128, 270, 328, 336
Gewaltwerbung 232
Gewaltenlehre 343
— -teilung 14, 140, 154, 345, 387
— -verbindung 152, 345
Gewerbe 219, 228
Gewohnheitsrecht 89, 98, 105
Gianni 309
Gibbon 20
Gilden 350
Giro-Wesen 130, 284
Gladstone 371
Gleichgewicht 62, 98, 131, 133, 135, 137, 142, 150, 177, 253 f, 263, 308, 331, 350, 362, 372, 380 (s. Balance)
Gleichheit 54, 79, 83, 153, 166, 169, 188, 277, 341
Gleichschaltung 227
Glorious Revolution 174, 340, 352
Görtz 66
Görz 289

475

Goethe 14, 242, 387
Göttinger Sieben 218
Göttliches Recht 88f, 173, 241, 322, 330, 336
    (s. jus divinum)
Götze 191
Goldene Bulle (1222) 275, 315
— (1235) 190
— (1348) 269, 290
— (1356) 34, 207, 264, 269, 300f
Goldene Freiheit (Polen) 135, 380
Goldmacherei 282
de Gondi 104
Gothus, L. P. 40
Goten 68
Goticismus 23, 38
Gotland 160
Gottesgnadentum 39, 46, 60, 212, 244, 283, 317
Gottorp s. Holstein
Gottunmittelbarkeit 59, 62, 90, 95, 217, 222, 339f
Gouverneur 307, 313, 365
Government by constitution 42, 328, 350
Government by will 43, 171, 303
Gracian 216
Gradisca 289
Grafschaften 37
Gravamina 60, 272, 318
Great Law of Peace 364
Gregorianischer Kalender 69
Griechen(land) 338, 381
Griffenfeld 172 (s. Schumacher)
v. d. Groeben 239
v. d. Gröben 200
Grönland 180f
Groß 247
Großbritannien s. England
Großfürst 375ff
Großkanzler 34, 100, 182
Großer Kurfürst s. Friedrich Wilhelm
Großmacht 14, 28
Großoffiziere 96, 99
Großtürke 125, 240
Großwesir 101
Grote 208
Grotius, H. 33, 57, 97, 154, 215, 251, 331
Grundgesetz 69, 203, 223, 235, 323
Grundherr 279
Grundholder 279
Grund-Lov 186
Grundsteuer 115, 307, 330
Grundverfassung 296, 300
Guichardini 250
Guldberg 186
Gültbuch 296
Gustav I. (Vasa) 25, 32, 39
Gustav II. Adolf 27, 29, 32f, 35f, 39f, 44f, 54f, 64f, 67, 74, 77, 81, 86, 179, 196, 213, 262, 271, 354, 377
Gustav III. 24, 29, 71, 74, 79–85, 183, 311
Gustav Adolf v. Holstein 167
Gutsbesitzer 175, 181, 186
Gyllenborg, C. 72
Gyllencreutz, E. 60
Gyllenstierna, J. 42, 46, 48
Gymnasien 38

Haager Koalition 318
Habeas-Corpus 129, 349, 353
Härjedalen 160
Halberstadt 208
Halb-Visirat 124
Hale 315, 319, 333
Halland 160
Halle 215, 217, 246
Hamburg 57, 79, 248, 330
Hampden-Affäre 320
Handelswesen 70, 82, 113, 120, 166, 171, 186, 257, 306, 331, 340, 356
Handfeste 92, 160ff, 166f, 355
Händel 360
Hannover 120, 177, 214, 231, 252, 353, 356, 359
Hannoversche Allianz 70
Hanse(städte) 15, 282, 327, 330, 377
Hartlib 316
Haude 246
Haugwitz 297, 302
Haus-Absolutismus 59, 275
— -Armee 232
— -Behörden 191, 194, 230, 265, 293, 298
— -Constitution 257, 379
— -Staat 175, 187ff, 222, 229, 257
— -Vertrag 223
— -wesen 167, 171, 174, 219, 228, 236, 239, 243, 248, 250, 288, 291, 300, 309f, 343, 359, 371f, 376, 386, 387
— -Anhalt-Zerbst 19, 379
— Babenberg 264
— Bourbon 93, 107, 117, 125, 157, 285 (s. Frankreich)
— Habsburg 18, 29, 33, 98, 101, 107, 117f, 119f, 136, 189, 239, 248, 251f, 262f, 276, 281, 284f, 298, 300, 311, 380
— Hannover (Welfen) 209, 287, 327, 357, 387 (s. England)
— Hessen 67, 353, 359 (s. Schweden)
— Hohenzollern 100, 120, 135, 149, 184, 189f, 193f, 197f, 200f, 209, 211, 215, 221, 225f, 230, 232, 236, 239, 252, 257, 263ff, 298, 308, 383 (s. Brandenburg-Preußen)
— Liechtenstein 269, 278
— Lothringen 293 (s. Österreich)
— Medici 309
— Oldenburg 159, 167, 169f, 171, 175, 183, 185f, 209 (s. Dänemark-Norwegen)
— Pfalz-Neuburg 119, 192, 285
— Pfalz-Simmern 119, 285
— Pfalz-Zweibrücken 36, 38, 285 (s. Schweden)
— Romanov 28, 374 (s. Rußland)
— Stuart 209 (s. England)
— Vasa 24 (s. Schweden)
— Wittelsbach 23, 286 (s. Schweden, Bayern)
Havrincours 136
Hedonismus 156
Heerwesen 31, 49, 54, 100, 126, 171, 182, 185, 205, 234, 242, 260, 271, 277, 293, 387
Hegel 14, 21, 106, 119, 261
Hegemonie 19, 31, 102, 121, 188, 357
Heiliges (Römisches) Reich (Deutscher Nation) 18f, 33, 45, 70, 75, 90, 98, 102, 104, 118, 150, 152, 154, 163, 197, 206, 209f, 221, 230, 234,

Hl. (Röm.) Reich (Dt. Nation) (*Fortsetzung*) 241, 260 f, 263, 269 ff, 301, 318, 320, 331, 353, 355, 379, 381, 385
Heiliger Stuhl (s. Rom) 19
Heinrich III. 91
Heinrich IV. 91, 94, 97, 149
Heinrich V. v. Frk. u. Engl. 91
Heinrich v. Navarra 88
Heinrich VIII v. England 316, 325
Helvetius 155
Hennegau 119
Heraklit 335
Herberstein 381
Herder 23
Herrentage (Reichstage) 161 f
Herrnhut 181
Herrschaftsvertrag 25, 39, 154, 171, 206, 212, 317, 341
Hertzberg 246
Hessische Partei 66 f
Hexenprozesse 217
Hinterpommern 196
Hippolithus a Lapide 301
Hitler 16, 190, 388
Hobbes 105, 108, 134, 148, 154, 216, 319, 328, 330, 334, 337–341, 343, 345, 348, 357, 363
Hochadel 40, 45, 49, 131, 160 f
Hof 68, 93, 98, 104, 142, 160, 169, 186 f, 194, 220, 272, 295, 313, 340, 346, 358
— -gericht 29, 65, 200
höfischer Absolutismus 13, 108
Hofkammer 218, 277, 295, 299
— -kanzlei 297 ff
— -opposition 146
— -partei 79
— -staat 193
— -stelle 303, 312
Hohe Kommission 352
Hoheit 32, 194, 202 f, 221 f
Holberg 178, 185
Holck 184
Holland (s. Niederlande)
Holstein (Gottorp) 57, 64 f, 67, 75, 175, 189, 252
Holsteinische Partei 66, 68, 70
Homagialrezeß 225
Homme honnête 21
Homo-duplex-Problem 156
Horn 193
Horn, A. 67, 70 ff
Hörnigk 280
Hotomanus 126
House of Commons (Unterhaus) 316, 319, 324, 330
House of Lords (Oberhaus) 330
Hugenotten 88, 92, 96 ff, 126
Huldigung 207
Hume 20, 362 f, 370
Hüte-Partei 67, 72, 74, 78 f
Hüter der Gesetze 168
— der Krone 93, 107
— des Rechts 127, 132
— der Verfassung 49, 80, 117
Huygens 361

Idealismus 153
Idoneität 364
illimitierte Regierung 198
immediate deo 46, 58 f, 95, 229, 283, 339, 355
Immerwährender Reichstag 248, 292
Immunität 387
impeachment 301
imperatives Mandat 69, 387
Imperialismus 371
imperium 35, 90, 92, 370
imperium mixtum 269
Inalienabilität 22
Indemnität 387
Independenten 316, 326
Independenz 280, 282
Indianer 214, 361, 364, 368
Indigenat 189, 194
Individualismus 36, 147 f, 153, 155, 159, 172, 242, 255, 318, 338, 342 f, 360, 363 f, 366, 384, 387
Indulgenzerlasse 352
Industrie 114, 126, 140
Industrielle Revolution 314
Inflation 77, 131
Ingermanland 55, 69
Innozenz XI. 352
Innviertel 308
Intendanten 100 f, 113 f, 123, 142, 146
Interregnum 345
Intervention 33, 70, 74, 135, 144, 170, 263, 284, 286, 379
Invasion 45, 176 f, 340, 353
Iran 373
Ireton 330
Irland 314, 320, 327 f, 349, 351, 354, 356
Irokesen 365
Irokesenföderation 364
Islam 374
Israel 23
Island 170
Italien(er) 17, 120, 152, 176, 217
Ivan III. 376
Ivan IV. 20, 373, 375

Jämtland 160
Jagušisnkij 176
Jakob I. 316, 318, 340, 344, 350, 356
Jakob II. 340, 351, 353, 355 f
Jakob III. 357
Jakob v. Yorck 351, 365
Jakobiten 354, 357, 359, 363
Jan Sobieski v. Polen 210
Jansenismus 93, 105, 107, 122, 127, 339
Jefferson 364, 367
Jeffrey 352
Jerusalem 316
Jesuiten(orden) 135, 270, 307
Johan III. v. Schweden 26, 28
Johan Kasimir v. Polen 162
Johann Moritz 193
Johann ohne Land 315
Johann Philipp v. Mainz 107
John Bull 349
Joseph, Peter 96

477

Joseph I. 288
Joseph II. 80, 85, 123, 141, 267, 298, 300, 302–305, 309–312
Josephinismus 305
Juden(tum) 186, 213, 241, 347 f
judex medius 275
judicia imperii 225
judicium magis absolutum 221
Judicium Palatinum 277, 300, 302
Judikative 152, 343
Juliane Marie 184
Jüliche Erbsache 267
Junker 224
jura feudalia 251
— majestatis 55
Jure-divino-Königtum 46, 62, 211, 213, 283, 317, 319, 355
›juribus solutus‹ 88
Jurieu, P. 124
Jurisdiktion 27, 115, 129, 163, 192, 195 ff, 220, 252, 258, 300, 302, 305, 338, 351, 356
jus ad rem 212
— belli (ac pacis) 97, 230, 294
— comitiorum 61
— divinum 88, 241, 322, 341 f, 344
— emigrandi 279
— feudum 185
— gentium 88, 215, 241, 341
— haereditarium 282, 294
— in re 211
— insurrectionis 275
— naturale 88, 215, 341
— primogeniturae 287
— privatum 319
— publicum 319
— publicum europaeum 154
— regium 296
— regni 51
— retractus 50 f
— Suecanum 38
— supereminentis dominii 56
— talionis 217
— territorii 287
Jus und Lex 88, 126, 140, 151, 324, 335, 337, 341, 344, 387
Justitia commutativa 90
Justitia distributiva 49, 95, 114
Justizwesen 32, 92, 115, 122, 220, 225, 254, 260, 282, 314, 349, 368
Jylland (Jütland) 29, 160

Kabinett 229
Kabinettsjustiz 254
Kabinettskrieg 229
Kärnten 289, 295 f
Kaiser(tum) 18, 29, 33, 47 f, 99, 118 f, 138, 180, 190, 193, 210 f, 221, 241, 251 f, 265, 267, 272, 274 f, 285 f, 292, 300 f, 313, 315, 353, 358, 373, 379, 387
v. Kalckstein 202, 204
Kalif 374
Kalmar-Krieg 28
Kalvinismus 98, 196, 316, 371
Kameralisten 282

Kammergericht 254
Kammergüter 194, 207, 223, 226, 257, 270, 289, 307
Kammern 314
Kanada 131
Kant 14, 16, 387
Kantonsystem 232 f
Kanzler 27 f, 32, 39, 44, 46 ff, 52, 116, 161, 172, 191, 307, 327
Kapitalismus 15, 336
Kapitulation 31, 92, 232
Kara Mustafa 275
Kardinal-Premier 92, 95, 98, 101, 104, 107, 110, 138
Kardinalrechte 136
Karl v. Simmern 285
Karl I. v. England 302, 320, 323 ff, 345
Karl II. v. England 119 f, 330, 333, 346, 349 f
Karl II. v. Spanien 119 f, 286
Kaiser Karl V. 265, 271
Kaiser Karl VI. 222, 288 f, 290, 292 ff
Kaiser Karl VII. 292
Karl IX. v. Schweden 28, 31, 36, 71
Karl X. Gustav v. Schweden 36, 40 f, 43, 45, 165, 196, 203, 215, 327, 346
Karl XI. v. Schweden 24, 41, 43 f, 47 f, 50, 52 f, 57 f, 61, 63 f, 76, 82, 119, 126, 134, 171, 203, 285, 378
Karl XII. v. Schweden 24, 39, 46, 54, 57 f, 61–67, 74, 152, 176 f, 209 ff, 214, 262, 379
Karl Filip 28
Karl Friedrich v. Holstein-Gottorp 67, 75
Karl Leopold v. Mecklenburg 177
Karl Peter Ulrich v. Holstein-Gottorp 75
Kartoffelkrieg 308
Kassation 58, 125, 167, 174
Katharina Ivanovna 177
Katharina II. 19, 23, 78, 80, 82, 84, 136, 156, 247
Katholische Nation 34
Katholizismus 209
Katholizität 94, 137, 195, 244, 270, 286, 316, 330, 348
Katte 226, 248, 386
Kaunitz 293, 299, 308, 310
Kavaliere 326, 346, 348
Kepler 141, 361
Kepplerus 67, 85, 187
Keynes 130
Khlesl 268
Kirche 24, 55, 92, 99 f, 118, 141, 147, 150, 160, 195, 229, 241, 260, 267, 305, 316 f, 324, 335, 339, 349, 352, 356, 374, 379, 384
Kirke 351
Klasse 15, 67, 133, 145, 147, 254
Klassenkampf 314
Klerus 15, 39 f, 46, 59, 64, 70 f, 81, 85, 87, 122 f, 143, 162, 164, 173, 350, 373
Kleiner Krieg 252, 272, 276 f
Kleist 235
Klimalehre 103
Klingenstierna 74, 79, 361
Klostergüter 325, 376
Knäröd (F) 28, 160
Knechtschaft 33, 111, 153, 257

Knights 317
Knox, J. 316
Koadjutor 307
Köln 286
Koenig 240
König(tum) 18, 25, 27, 32 ff, 37, 39 f, 42 f, 47 ff,
   50, 52 f, 58, 60, 68 f, 77 ff, 87–90, 92, 94 ff,
   106, 109 ff, 115, 119, 121–124, 126, 128,
   133 f, 138, 141, 143, 150, 156 f, 162, 164,
   170 f, 211, 222, 240, 257, 268, 290, 305,
   315 f, 321 f, 327, 334, 336, 338, 344, 346,
   355, 368
Königsberg 196, 198 ff, 204, 213, 218, 220, 234,
   246, 266
Körperschaft s. Korporation
Kollegien 32, 35, 45, 79, 169
Kolonialismus 180
Kolonien 113, 147, 332, 357, 363
Komitatssystem 276, 309
Kommissare 101, 114, 191, 204, 225, 230, 296
Kommunen 140
Kompagniewesen 70, 171, 181, 221, 293, 306
konfessioneller Absolutismus 13
Konfiskation 36
Konföderation 136 f, 323, 328
Kongelov 159 (s. Lex Regia)
Konsens(recht) 53, 55, 88, 193 f, 200, 318 f, 321,
   366
Konstantinopel 377
Konstitution 25, 31, 45, 48, 91, 93, 128, 146,
   155, 162, 189, 223, 259, 291, 299, 364, 375,
   385
Kontrakte s. Vertrag
Kontribution 40, 60, 70, 233, 256, 292
Konzil 60, 122
Konziliarismus 304 ff
Kopenhagen (F) 64, 165
Kopenhagen 166 f, 169, 176, 183
Koran 241
Korporationswesen 60, 98, 103, 105, 136, 143,
   161, 230, 260, 305, 307, 348, 371
Korsika 154
korsische Konstitution 154
Kosaken 65
Krag 166
Krain 289, 295 f
Kraut, J. A. 238
Kreditnehmer 295
Krieg 20, 25, 29, 39 f, 45, 47 ff, 83 f, 113, 161 f, 174,
   185, 221, 228 f, 232, 234, 236, 246 ff, 251, 256,
   341, 344
Kriegsbefehl 68
— -gefälle 223
— -gericht 386
— -kammern 229
— -kunst 79, 160, 174, 252, 275
— -recht 194, 231, 271, 312
— -verfassung 14, 194, 383
Kristiania (Oslo) 164
Kroaten 276
Kroatien 291, 380
Kron-Bauern 23, 37, 54
Krone 35, 39 f, 58, 93, 96, 99, 117, 124, 126, 161,
   197, 203, 205, 297, 301, 358

Krongüter 35 f, 49, 80, 114, 123, 169, 188,
   291
Kronprinz 75, 78, 186, 227, 236, 386
Kronrat 340
Krönung 39, 63, 107, 111, 171, 211, 291
Küçük-Kaynarca (F) 371
Kulturstaat 312, 388
kumulative Konstitution 27, 51, 91, 94, 320, 355
Kurbskij 374
Kurfürst 33, 43, 47, 118, 161, 165, 191 f, 195 ff,
   207, 209, 225, 229, 236, 264, 274, 285, 287,
   300 ff, 305, 327, 347, 356, 358
Kurfürstenrat 264
Kurien-Reichstag 33, 300
Kurzes Parlament 323

Labiau 47
La Fayette 137
Laissez-faire 139
La Mettrie 156
Län 312
Land 63, 327, 358, 365, 371
Landbuch 253
Länderstellen 312
Landes-Ämter 296
— -Commissarii 231
— -fürstentum 297
— -herr 192, 194, 203 f, 224, 232, 237, 243, 265
— -herrschaft 203
— -kirchen 211
— -kultur 218
— -ordnung 271, 278, 290
— -Stände 283, 292
— -Defension 292
— -freiheiten 291
— -insurrektion 292
— -kinder 208, 235
— -regierung 219
— -verfassung 198, 202, 232, 276, 295, 303
— -hilfe 71
— -rat 253
— -reform 188
— -sassen 192
Landslag 26, 32, 34, 39, 50, 58, 61, 67, 84
Landtag 43, 195, 204, 208, 223 f, 239, 266, 281,
   285, 290 f, 299
Landwirtschaft 73, 113, 139
Langes Parlament 324
Languedoc 123
Languet 121, 126
Lappland 240
La Rochelle 95
Laterankonzil (IV.) 315
Lauds, W. 319, 322
Läuflingsbewegung 182
de Launay 256
Lauterbach, J. 31
Law, J. 129 f, 143
Le Brêt 98 f, 126
legaler Despotismus 140
Legalismus 140
Legalität 139
leges non scriptae 319
leges scriptae 319

legge fondamentale 309
legibus solutus 88, 111
Legislative 152, 155, 343
Legitimität 20, 50, 112, 157
Lehnsaufgebot 325
— -graf 185
— -herr 211
— -herzog 211
— -hoheit 197
— -rechte 224, 300
— -Staat 224, 238
— -verträge 208
— -wesen 27, 35, 47, 50, 54, 117f, 138, 142f, 161, 170, 185, 190f, 205, 208, 224f, 258, 323f, 331, 349
Leibeigenschaft 138, 185, 195, 259, 306
Leibniz 38, 42, 45, 48, 118, 147, 205ff, 209, 215, 229, 259, 302, 361
Leipzig 215
Lenaeus 40
Lenin 381
Leo X. 315
Leopold I. 193f, 272, 274f, 285, 288
Leopold II. 264, 300, 306, 308, 310f
Leslie 326
Lessing 20, 245f
Le Tellier 113, 117
Leszczynska, M. 135
Leszczyński 135
Leszczyński, R. 179
Levassor, M. 124
Levellers 329
Lewenhaupt 75
Lex Regia 160, 163, 170ff, 177, 184, 187
Liberalismus 140
Libertät 14f, 29, 32f, 36ff, 55, 58, 64, 67, 75, 125, 192, 200, 204, 207f, 244, 267f, 305, 312, 323, 345, 372
Liberum veto 136, 162
Lichtenberg 147
Limburg 118
Lindschöld 56–59
Linné 20, 73
Liselotte v. d. Pfalz 129, 285
Litauen 27, 162, 176
Lit de justice 93, 129, 143
Livland 33
Locke, J. 130, 317, 326, 330, 334, 340, 342, 345, 357, 361, 363
Loevesteiner 347
Løvenørn 177
Loi Salique 25, 113, 125, 138, 158
London 319, 323, 330, 357
Londoner City 327
Lordkanzler 315
Lordprotektor 327, 329
Lords 317, 323, 349
Lothringen 285, 311 f
Lotteriewesen 187, 282
Louisiana 131
Louvois 113, 117, 124, 286
Luben 219
Lubomirski 34
Ludwig XIII. 89, 92, 95ff, 102

Ludwig XIV. 46, 63, 91f, 94, 102f, 107–111, 114f, 118ff, 122, 124–128, 142, 149, 209, 274f, 285f, 346, 353
Ludwig XV. 127, 129, 132f, 135ff, 157, 249
Ludwig XVI. 86, 135, 142f, 147, 298
Lützen 354
Luise Henriette 196
Luise Ulrike 75
Luther 60ff, 190, 238, 244, 315
Lutheranismus 203, 211, 244, 261
Luxemburg 107

Mably 148
Machiavelli 44, 61, 179, 239, 310f
Machiavellismus 140, 148, 274
Machtbalance 33, 151
Machtstaat 100
Mächtesystem 17f
Magdeburg 230, 246, 354
Magdeburger Konzert 353
Magna Charta 23, 315, 323, 333, 368
Magnaten 272, 275f
Magnatenkonferenz 291
Magni, J. 40
Magnus Dux Moscoviae 19, 377
Mahometismus 140
Maine 127
Mainz 107
Maison du Roi 114, 127
Maison souveraine 226
Maistre absolu 46
Majestas 60, 90
Majestas-duplex 25, 156, 163, 269, 301, 339
Majestas personalis 25
Majestas realis 25, 39
Majestät 14, 29, 32, 37f, 64, 67, 173, 204, 267, 323f, 332
Majestätsbrief 267
Majorat 287
Majorität 328, 351
Malthus 157
Manufaktur 70f, 182, 219, 221, 228, 233, 280
mare clausum 332
mare liberum 331
Margareta v. Valois 88
Maria Anna 289
Maria v. England 350, 355
Maria Teresa 118
Maria Theresia 279, 289, 291, 293, 295, 298, 300, 302–305, 310, 312
Marie Antoinette 135, 298
Mark 70, 193, 195f, 199, 221, 230, 238, 244
Marktprinzip 268, 281, 283, 323f
Marlborough 120, 230, 353, 357
Marschall 32, 39, 41, 161
Martinitz 267
Marx 314
Marxismus 15f, 249, 336
Massachusetts 367
Kaiser Matthias 267f
Maupeou 157
Maupertuis 73, 240, 242, 244
Mayflower-Compact 365
Erzherzog Max 272

Max Emanuel v. Bayern 274
Maximilian I. 265
Maximilian Franz 307
Mazarin 34, 92, 100, 102 f, 105, 107, 110 ff, 113, 117, 157
Mazarins 104
Mazepa 65
Mechelen 119
Mecklenburg 66, 177, 214
mediante homine 39, 60, 212, 355
Mediation 317
Mediatisierung 35, 388
Mediator 28, 40, 50, 134, 254, 275, 322
mediatum dominium 198
Medwisch 266
Mennoniten 261
Menschenrechte 155, 187
Menschenrechtserklärung 85
Meritokratie 172
Merkantilismus 70, 227, 257, 280, 303
Merrick, J. 331
Metaphysik 156, 379
Metternich-System 264
Meum und Tuum 321, 336, 387
Miles perpetuus (s. stehendes Heer)
Militärverfassung 324
Militarisierung 238
Militarismus 174, 182, 190, 198
Milizwesen 166
Milton 325, 334
Minden 225
Minorennität 55, 101
Mission 180
Mitbestimmungsrecht 186, 244
Mitbürger 85
Mitregent 68, 243, 300, 305
Mitstand 308
Mitwahl 290
Molesworth 159, 173, 187
monarchia limitata 274
monarchia mixta 37
monarchia temperata 301
Monarch(ie) 29, 32, 40, 82, 86 f, 89 f, 93 ff, 100, 103, 112, 121, 132 f, 140–144, 146, 151 f, 154, 168, 262, 294, 298, 303, 307, 310, 313, 344, 350, 371
Monarchomachen 25, 124, 154
Monismus 14
Monk 345
Monikrat(ie) 47, 61, 78 f, 81 f, 84 ff, 94, 102, 112, 133, 141, 159, 168 f, 171, 173 ff, 178 f, 180, 183–187, 211, 214, 216 f, 220, 222, 225, 227, 230, 233, 237, 244, 247, 249, 254, 256 f, 313, 353, 373, 378, 384
Monopol(ismus) 187, 278, 281 f, 367
Montecuccoli 274 f, 279
Montesquieu 37, 103, 125, 132, 140, 143, 147, 151 ff, 155, 179, 343
Mongolenjoch 381
Morgenland 141, 173 f
Morus, Th. 315
Moscovy Company 330
Moser, J. J. 248
Möser, J. 248

Moskau 97, 378
Moskauer Patriarchat 379
— Staat 35, 98
— Zar(tum) 96, 317, 327, 376
Mozart 312
Müllenheim 224
Müller, Arnold 254
Mun 131 f
v. Münchow 236
Mündel 88
Munizipialitäten 142
Munk, K. 161
Münzregal 131
Mützen-Partei 70, 75, 79, 134 f
Mylius 246
Mystizismus 362

Namensstempel 78
Napoleon I. 18, 131, 155, 157, 373, 380
Nation 20, 109, 133, 143, 145, 147, 154, 174, 181, 185, 230, 266 f, 283, 308
Nationalismus 23, 72, 322, 325
Nationalökonomie 73
Nationen-Union 364
Naturalzinsen 278
Naturrecht 24, 42, 49, 88 f, 95, 153, 179, 181, 251, 274, 324, 330, 334 ff, 341 f, 344
Naturzustand 335, 341–344, 357
Navigationsakte 333
Nebenregent 227
necessitas publica 56
Necker 127, 141, 144, 146 f
Neo-Absolutismus 18, 157, 261, 264
Nepotismus 68
Neu-Adel 36, 72, 185, 188
Neuenburg 230
Neutralität 82, 176, 182
Neutralitätsbund 188
Newton 357, 361 f
nezessitärer Absolutismus 121
Nezessität 57, 180, 192, 194, 198, 204, 345
Nicolai, F. 246, 248
Niederlande 15, 17, 20, 27, 31, 65, 70, 86, 104, 119 f, 142, 179, 196, 210, 217, 228, 231, 241, 281, 284, 289–309, 311 f, 316, 318, 331 ff, 345 f, 350, 377
Niedersächsischer Kreis 34
Patriarch Nikon 378
Kardinal Noailles 127
Nobilitierung 21, 36, 64, 68
Nonkonformisten 348, 352
Nordamerika 120, 135, 357, 359 f, 363
Norcopensis 57
Nordischer Krieg 65, 176 f, 218
Normandie 105
Norwegen 27 f, 64, 159, 163, 165 ff, 170 f, 175, 177, 182, 186, 189
Norwegisches Gesetz 164
Notstand (-s) 205, 328
— Diktatur 303
— -macht 264
Notzeiten 254
Novgorod 330, 376

Nutzrecht 25, 332
Nymwegen (F) 46, 48, 64, 109, 120, 205

Oates, T. 351
Oberappellationsgericht 225
Oberburggraf 204
Oberherrschaft 239
Oberintendant 113
Obermarschall 204
Oberräte 198, 202, 204, 226
obligatio reciproca 27, 39
Odals-Stände 85
Odels-Bauern 188
Odysseus-Motiv 179
öffentliche Meinung 134, 248
Ökonometrie 86
Ökonomie 72, 74, 80, 142, 186, 221, 230, 272, 280, 284, 312, 358
Ökonomisten 139 f
Olaus Petri 39, 55
Oldenburg s. Haus Oldenburg
Oldenburgischer Erbstreit 172
Olearius 375
Oligarchie 32, 68
Oliva (F) 47, 165, 198, 203, 272
Öman 57
Opposition 128, 136, 146, 146, 249, 317, 370
Opričnina 376
Oranien 33, 353
Oranische Heeresreform 31
Orden 210, 222, 307
Ordonnanzen 129
Organizismus 15, 86
Orientalismus 221
Original-Contract 174
Gaston d'Orléans 97, 104
Philipp d'Orléans 92
Ösel 160
Orthodoxie 217, 378
Osborne, Th. 350
Osmanische Pforte 65, 97 f, 136 f, 266, 310, 377
Osmanisches Kaisertum 82
Osnabrück 164, 248
Ostende-Kompagnie 293
Österreich 280 (s. Haus Habsburg)
Österreichischer Erbfolgekrieg 250
Österreich-Ungarn 252
Osteuropa 40
Ostfriesland 250
Ostgrenze 74
Ostindische Kompagnie 70
Overton 330
Oxenstierna, A. 18, 28–31, 33, 36 ff, 44, 64, 66, 97, 100, 102, 196, 270, 327, 385
Oxenstierna, B. 47 f, 53, 59, 62, 64
Oxenstierna, E. 197
Oxford 340, 352

Pachtsystem 126, 139, 142, 154
Pacta s. Verträge
pactum mutuae successionis 288
Pahlevi, R. 373
Pairs 89, 92 f, 107, 110, 129
Palatin 272, 275 f, 291 f, 302

Panin 82
Paoli, P. 154
Papismus 316, 318, 329, 351
Papisten 34
Papst 69, 89, 98, 122, 213, 260, 274, 305, 320 f, 331
Paracelsus 215, 249
Paris 92 f, 100, 104, 137, 183, 386
Paris (F) 360
Parlamentarismus 14, 18, 69, 168, 186, 237, 348, 387
Parlamente 89, 95 f, 98, 107, 111, 116, 139, 316, 318, 321, 324 f, 328, 337 f, 345, 353, 355 f, 358, 365
Parlaments-Souveränität 324
Parlement de Paris 76, 91 ff, 102, 104, 125, 128 f, 132, 134, 143
Parlements-Fronde 104
Parteienwesen 14, 74 ff, 79, 371, 388
Pascal, B. 104, 122, 147, 383
Paschas 240
Passarowitz (F) 293
Patriarchat 379
Patrimonialadmirale 99
— -fürsten 188
— -gerichtsbarkeit 138, 241, 378
— -königreich 276, 291 f
— -wesen 90, 157, 169, 182 f, 227, 270, 287, 312, 322, 381
patrimonialer Absolutismus 47, 93, 103, 126, 157, 178, 209, 218, 226, 260, 274, 283, 285, 316, 339, 342, 352
Patrioten 53, 204
Patriotismus 193, 292
Paulette 95, 102
Paurmeister 164
Pechlin, C. F. 78, 84
Peers 337, 346
Pennsylvanien 365
Pentarchie 19
perpetuelle Armee s. stehendes Heer
perpetuus dictator 45
Persien 151
Personal 276
Personalsteuer 115
— -union 316
— -werk 269
Personenkult 373, 388
persönliches Regiment 325
Peter I. 150, 180, 358, 377
Peterhof 330
Peterspfennig 27
Petty 148
Pfalz s. Haus Pfalz-Zweibrücken
Pfälzischer Erbfolgekrieg 119, 292
Philipp II. von Spanien 13
Philipp III. v. Spanien 268
Physiokratie 139 f
Pietismus 14, 215, 242 f
Piratenwesen 332
Pitt, W. d. Ä. 358, 372
Pius III. 369
Plato 170, 315, 383
pluralitas votorum 68
Podwils 250

Polen 17 f, 24, 27–30, 34, 40, 47, 63 f, 66, 80, 97 f,
    136 f, 161, 176, 196 ff, 205, 209, 272, 320, 324,
    375, 377, 380
Polizei 174, 195, 376
Polizeityrann 310
Pommern 48, 65, 117, 205, 253
Pommernkrieg 77
Pompadour 135, 137, 140
de Pontchartrain 116
populares Regiment 90
positive Gesetze 321
Positivismus 16
Possessori 309
potestas absoluta 162
Potsdam 242
Power of the purse 60
Prädestinationslehre 195
Prag 248
Prag (F) 191
Pragmatische Sanktion 285 f, 290, 293
Prärogative 224, 298, 344 f
Prayer Book 323, 348
Premier(minister) 97, 109
Presbyterianer 323, 326 f
Pressefreiheit 186
Pressewesen 241
Preußen 190, 199 f, 204, 208, 220, 229, 248, 252,
    255, 261, 265, 358 f, 372, 385 (s. Haus
    Hohenzollern)
Prikaz-Bürokratie 375
Primogenitur 89, 276, 288 f, 374
princeps absolutus 270
principatum sibi haereditarium 290
Prinz Eugen 120, 277, 286
Prinzipalat 69, 75, 387
Privatrecht 42, 388
Privilegien 21, 78, 91, 162, 172, 243, 251, 295
privilegium majus 264
privilegium minus 264
Privy Council 321
Produktplakat 70
Proportionalismus 17, 35, 49, 90, 95, 99, 108, 142,
    144, 151, 277, 333 f, 368
Protektionismus 70, 126
Protektorat 331
Protestanten 34, 65, 270, 316, 355
protestantische Mächte 99
— Staatskirche 38
Proudhon 14
Provence 113, 115
Pufendorf, E. 203
Pufendorf, S. 154, 215
Pulververschwörung 317, 354
Pupill 28
Puritanismus 316
Pym 323, 325
Pyrenäen-Frieden 109

Quesnay 131, 139 f
Quesnel 122
Quietismus 124
Quinquevirat 32
quod omnes tangit 54, 197, 268, 324

Racine 109
Räfster 45
Ragione di dominio 236, 287
— stato 236 (s. Staatsräson)
Raison de guerre 215
Rákóczy 276, 291
Ramus 38, 151
Rantzau-Ascheberg 184
Rassen 360, 369
Ratio 333
ratione dominii 264
rationaler Absolutismus 362
Rationalismus 16, 362
Ratio status 44 (s. Staatsräson)
Ratsgremien 124, 170
Ravaillac 87, 92
Rebellen 352
Rebellion 103
rebellische Bauern 228
Recht 14, 21, 31, 37, 39, 89, 118, 192, 216, 311,
    320, 331, 333 f, 336, 352
Rechtsgleichheit 111
— -hoheit 221, 258
— -kommunikation 223
— -ordnung 363, 370
— -positivismus 15, 86, 91, 106, 338
— -staat 13, 50, 60, 187, 237, 255, 324
Reduktion 35, 46, 49 f, 54, 57, 60, 62, 70, 114, 279
Reformation 13, 24, 36, 40, 138, 217
Reform-Bill 23
Reformideen 108
Reformierte 194, 260 (s. Kalvinismus)
Regalienämter 229
Regalismus 26
Regensburg 248
Regent 128 ff, 132
Regie 256
Regierung (s-) 88, 101, 109, 174, 187, 214
— mit Rat 40
— form 24, 32, 34, 42, 50 f, 58, 67, 82, 165, 171,
    277, 304, 323, 328, 380
— rechte 289
— regeln 85, 176, 178
— verfassung 70, 201 f
Regionalismus 100 f, 126, 140 ff, 266
Regionalrechte 115, 172
Regnum independens 292
Reich (s-) 24, 32, 58, 62, 77, 79, 91, 99, 104, 126,
    167, 173, 192, 221, 247, 286
— administration 61, 77
— ämter 39, 162
— appellation 225
— armatur 277
— Constitutiones 251
— fürsten 18, 138, 207, 379
— fürstenrat 264
— Gemeinnutz 301
— graf 264
— grundgesetze 300
— Hofrat 252, 293
— kammergericht 196
— kanzler 30, 37, 43, 45–48, 52, 171 (s. Kanzler)
— kriegsverfassung 271
— lehen 34, 117, 225

483

Reich(s-) (*Fortsetzung*)
— patriotismus 281, 292
— rat (Senat) 25, 29, 32, 40, 42, 48, 58, 63, 67, 69, 75, 79, 81, 83, 86, 160, 162, 164 f, 169, 171, 174, 225, 257, 324
— recht 185
— reform 302
— stände 43, 193, 251 f, 280, 304, 308
— tag 25, 31 f, 35, 37, 40, 42, 44 ff, 50–53, 55, 60, 67, 69 f, 77 ff, 81, 83, 85 f, 162, 164, 166–169, 174, 225, 257, 263 f, 275, 285, 292, 375
— tagsordnung 29, 68, 81
— tagsstände 72
— verfassung 18, 33, 107, 272, 311
Reichtumssteuer 100
Reinking 163 f, 166
Religion (s-) 203, 243, 246, 266 f, 347, 353 f
— freiheit 65, 186
— krieg 101
— vereinigung 25, 27, 31, 34, 56, 59
Renauldon 138
Renversement des alliances 251, 298
Remonstrationen 104, 116, 129, 132
Repräsentation 37, 147, 153, 348
Republik 151, 164, 347
Republikanismus 78 f, 154, 186 f, 326, 328, 347, 364
Reputation 109
Respublica Christiana 285, 331, 375, 377
Restauration 334, 345
Restitutionsedikt 29, 300, 320
Retz, P. 167
Reunionswesen 57, 108, 118, 285
Reventlow 171
Reventlow'sche Bande 178
revocatio bonorum coronae 35
Revolution 13, 19, 21, 67, 74, 78, 80 f, 86 f, 92, 94, 99, 125, 128, 136, 138 f, 141, 143, 147, 155 ff, 165, 167, 174, 185, 261, 276, 304, 311, 315, 320, 322, 334, 336, 345 f, 352, 364, 369
rex in parlamento 338
Rex und Regnum 338, 370
Reziprozität 361
Rheinbund 118
Richelieu 33, 98–101, 105, 110 f, 113, 117, 157
Richter 25, 266
Rijswijk (F) 120, 209, 286
Ritterakademie 183, 215, 300, 312
— -haus 37, 40 ff, 48, 50, 53, 67, 77
— -ordnung 49
Ritterschaft 161, 192, 198 f, 208, 222, 224
Rivière 83, 140
Roboten 273, 278, 305, 307
Rohan 97
v. Rohwedel 253
Rollin 248
Rom 98, 127, 196, 336, 356
Romantik 153
Römer 199, 262, 276, 370
Römisches Recht 59, 333
— Reich 20
Römische Republik 31, 90
Rosenkrantz, J. 166, 182, 188
Roßdienst 224

Roth, H. 208, 199, 201, 205, 266
Rousseau 20, 108, 124 f, 144, 153, 155, 243
Roussillon 107
Royal Society 347
Royalisten 48, 50, 53, 57, 59, 62, 100, 322, 327, 351, 370
Rudbeckius, J. 40
Rudbeckius, O. 38, 73
Rüdiger 246
Rudolf II. 266 f
Rügen 177
Ruhe Europas 19, 120
Ruhe des Nordens 19, 188 f
Ruhe des Reiches 119, 136, 189
Rumpfparlament 327
Rundköpfe 327
Rußland 17, 27 f, 35, 63, 66, 68 ff, 74 f, 82, 135 ff, 149 f, 173, 175 f, 180, 189, 246 f, 253, 326, 330, 346, 357, 372, 377, 380 f (*s*. Moskauer Zartum)
Rüstdienst 162
Rustikalgüter 296, 307
de Ruyters 347
Rålamb, C. 20, 48, 56 f, 66

Saargebiete 286
Sachsen 64, 176, 353, 358
de Sade 156
Säkularisierung 379
Salisches Gesetz 93, 158, 267 (*s*. Loi Salique)
Samen 180
Saint-Germain 185
Saint-Pierre 100, 124
Saint-Simon 157
Saint-Simon, L. 93
Salbung 63, 93, 211
Salomon 44
Samuel 40, 44, 59, 306
Sanctio pragmatica 288 (*s*. Pragm. Sanktion)
Saul 283
Savoyen 114
Schah-in-Schah 373 f
Schatzkanzler 358
Scheffer, C. F. 80
Schein-Konstitution 327
Schiller 20, 387
Schlesien 239, 244, 249 ff, 268, 281, 292, 294
Schlesischer Krieg 252
Schleswig 189 (*s*. Holstein)
Schlippenbach 197
Scholastik 108
Schollenbindung 176, 182, 188, 279
Schönborn 222
Schonen 43, 80
Schonisches Recht 162
Schönholz 313
Schottland 314, 323 f, 326 f, 356 f
v. Schröder 281, 284
Schulin 188
Schulwesen 46, 182, 229, 241
Schumacher, P. 170, 172, 185 (*s*. Griffenfeld)
Schwarzenberg 191 f
Schweden 23 ff, 27, 29, 31, 33 f, 37, 41, 46 ff, 50 f, 60 f, 63 f, 66–72, 74 f, 77–79, 81, 83, 85, 87,

Schweden (Fortsetzung)
94f, 100, 102, 117, 126, 134–137, 149f, 155, 160–165, 167, 170ff, 174ff, 182f, 188f, 197, 204f, 210, 215, 218, 226, 241, 262, 272, 276, 279, 289, 292, 302, 315, 317, 320f, 324, 331, 346, 348, 350, 353, 358f, 375, 377f, 380f, 385
schwedische Verfassung 23, 327
Schweiz 120, 146, 179, 264
Schweizer Kantonalverfassung 154
Graf Schwerin 199–202
Seeländisches Recht 162
Seenot 56
Seerecht 331
Seezoll 70
Séguier, P. 88, 105, 116
Sehestedt, H. 161, 165, 168, 170
Sekretäre 26, 46, 81
Sekundogenitur 310
Selbsteigner 160, 169, 183
— -herrschaft 20, 63, 80, 227, 310, 376ff, 381
— -regierung 230, 260f
— -verwaltung 64, 140, 170, 188, 229, 350
Selden, J. 331
Senat 32, 164 (s. Reichsrat)
Senatoren 25 f, 40, 45, 48, 68, 81, 163, 167
Seneca 35, 88, 153, 322, 332
Sensualismus 344
Separation 164, 188, 193, 208, 385
Shakespeare 173, 349
Sicherheit (securitas, Sekurität) 19, 33f, 69, 75, 77, 85, 137, 192, 268, 345
Sicherheitsakt 83
Siebenbürgen 286, 290, 348, 380, 385
Siebenbürger 266
Siebenjähriger Krieg 74, 134f, 249f, 254f, 287, 297f, 359, 365, 372
Sigismund II. August v. Polen 375
Sigismund III. v. Polen u. Schweden 24, 26, 28, 33f, 96
Sinzheim, S. 295
Sippenhaft 172
Skak 167
Skandinavien 17, 28, 187, 213
Skeel, Ch. 166
Sklaven 40, 141, 150, 174, 179, 182, 186, 188, 252, 259, 334, 342, 361, 369
Sklavenhandel 148
Skytte, J. 36 f, 44, 55, 328
Slavonien 286
Smuta 375
societas civilis 56, 385
societas domestica 385
Södermanland 28
Soldatenkönig 209 (s. Friedrich Wilhelm I.)
Söldner 325
Sonden 211
Sonnenfels 246, 308
Sonnengleichnis 242
Sonnenkönig 46, 109f, 112, 124f (s. Ludwig XIV.)
Sophie Amalia 165
Sophie Charlotte 209, 211, 214
Sophie Dorothea 214
South-Sea-Bubble 358

Souverän 48, 206, 252, 294, 344
souveräne (-r, -s) Dynastie 297
— Gewalt 133
— Hoheit 220
— Macht 155, 252
— Erbherr 168
— Fürst 203
— Haus 20, 191, 205f, 208f
— Recht 47, 198
— Gerichtshof 129, 132
— Staat 16
Souveränität (s-) 44–47, 67ff, 75, 83, 90f, 98, 102, 111, 117, 120, 122, 153, 155, 159, 167, 169ff, 178, 197, 199, 204, 206, 210f, 223, 265, 274, 302, 305, 320, 322, 331f, 334, 338, 344
— diplom 165
— erklärung 59, 377
— rechte 95, 118, 313
— zeit 67, 70, 72
Sozialbindung 188, 360
soziale Frage 360
Sozietät 181, 183, 304
(s. Gesellschaft)
soziativer Staat 338
Spanien 17, 29, 96f, 107, 118, 120, 131, 168, 217, 268, 330f, 357f, 359, 381
Spanischer Erbfolgekrieg 120, 176, 274
Spanisches Hofzeremoniell 111
spanischer Kragen 175
Sparre, E. 24, 26, 96
Spener 215, 246
Spionlersystem 81, 256
Sprach-Nationalismus 189
Sprengtporten 80
Staat (s-) 14, 31, 55, 61, 63, 72, 79, 84f, 87, 93, 96, 98–101, 105, 109f, 122f, 125f, 130f, 132, 145, 152, 187, 190, 216, 230, 250, 305, 307, 315f, 318, 335, 337, 349, 352, 374, 383
— administration 69
— bürgertum 234
— Conseils 134
— denken 36, 160
— finanzen 49, 63 f, 69 f, 79, 144, 304, 365
— gründung 337
— Haushalt 93
— kanzler 298, 310
— kirche 55, 175, 315, 323 (s. Kirche)
— kraft 16
— kunst 32, 187, 238 f, 249, 252, 255, 363
— räson 87, 96f, 119, 139, 191, 236, 249, 308
(s. Ratio status)
— rat 131, 142, 298, 303, 328 f
— recht 14, 23, 45, 58, 61, 74, 174
— reformen 293
— roman 186
— schatz 63
— schulden 114
— sekretäre 101, 340
— sozialismus 132
— streich 45, 75, 77, 83, 86, 136, 171, 329, 373, 375, 379
— substanz 110, 116 (s. Substanz)
— veränderung 164
— verfassung 236, 311 (s. Verfassung)

485

Staat(s-) *(Fortsetzung)*
— verschuldung 81
— land 369
— volk 369
Städte 64, 105, 162, 164 f, 182, 188, 198, 276, 350
Stadtrecht 26
Stadtverfassung 149
de Stael 381
Stair 126
Stampe, H. 184
Starhemberg 272
Stavnsbånd 176
Stände(wesen) 13 f, 18, 30, 36 f, 39 f, 47, 49, 52 ff, 58, 62, 65, 69, 72 f, 76–79, 81 ff, 86, 88 f, 92, 105, 109, 111, 113, 115, 121, 123 ff, 131, 133 f, 140, 143, 146, 158, 161, 164 f, 167 ff, 188, 190–193, 197, 202–205, 223, 230 f, 237 ff, 252, 260, 263 f, 267–270, 272, 282 f, 285 f, 288, 290, 292 ff, 296, 298 f, 302, 306, 309 f, 380, 385, 388
— -ämter 261
— -Despotismus 77
— -Konsens 237 (s. Konsens)
— -Souveränität 90
— -sozietät 40, 46, 68, 71, 77, 81
— -tafel 276
— -volk 86, 155
Ständige Staatskonferenz 210
Ständische Armee 292
Ständische Verfassung 260
Star-Chamber 322
Stato della famiglia 311
Stehendes Heer 13, 30, 44, 52, 54, 194, 206 f, 258, 277, 282, 292, 295, 325, 351, 353, 356 (s. miles perpetuus)
Steiermark 289, 295 f, 306
vom Stein 18, 260
Stenbock 65
Stettin 246
Stettin (F) 160, 226
Steuer(wesen) 35, 39, 46, 61, 69, 84, 90, 100, 108, 115, 123, 131, 139, 142, 144, 160, 166, 175, 194, 220, 233, 255, 257, 273, 295, 311, 367, 370
— -ämter 307
— -Autonomie 295
— -freiheit 46, 160, 193, 253
— -gleichheit 193 (s. Gleichheit)
— -hoheit 100, 265
— -rat 229
Stiernhök 38
Stockholm 47, 52, 65, 75, 80, 108, 327
Stockholm (F) 226
Stolbovo (F) 28, 377
Strafford 315, 323 f
Strube 252
Struensee 80, 184 f
Stuhmsdorf 29, 33
Subordination 227, 231, 235, 238, 244
Substanz 23, 90, 95, 99, 108 ff, 125, 128 ff, 160, 163, 170, 213, 239, 250, 259, 292, 319, 328, 334 f, 344, 377, 388
Subsidien 35, 70 f, 77, 97, 136, 220, 292, 346
Sudebnik 376

Suhm 85, 176, 182, 186
Sultan 65, 74, 101, 123, 151, 176, 240 f, 275, 374, 380
Sultanismus 18, 373
summus episcopus 55, 99, 157, 175, 195 f, 211, 315
Superintendent 165
Superiorität 78, 356
suprema potestas 321
Suprematseid 315 (s. Eid)
supremum dominium 199, 203
Svane, H. 165, 168
Svea Hofgericht 29
Svebilius 44, 55 f
Sveriges Rikes Lag 71

Tabakmonopol 256
Tatarenjoch 381
Tee-Akt 367
Teilfürsten 376
Tenno 268, 290
Territorial-Absolutismus 18, 198, 207
Territorialprinzip 265
Terror 16, 84, 178, 201, 208, 212, 238, 266, 310, 383, 385 f
Teschen (F) 261, 308
Tessin 62
Testament 41 f, 61, 99, 102, 120, 125, 208, 286, 293
Teutomanie 339
Teutonismus 15
teutsche Libertät 82 (s. Libertät)
Teutscher Krieg 191 (s. Deutscher Krieg)
teutsches System 189, 372
Teutschland 288 (s. Deutschland)
Theokratie 373
Thomasius 216
Thronfolge 74, 188
Tilly 160
Tirol 265
Tocqueville 20, 151
Tököly 275, 291
Toleranz 38, 94, 126, 148, 330, 340, 347
— -edikt 208
— -patent 306
— -traktat 137
Toleration act 356
Tories 345, 349 f, 352, 358, 370
Tortur 184, 217
Toskana 293, 309
Trankebar 171
Transsubstantiation 315
Traun 288
Trautmannsdorf 102
Traventhal (F) 64
Trichotomie 107, 144, 148, 151, 186, 204, 328, 346, 353, 365
Tridentinum 27, 95
Triest 289
Tripartitum 276
Triple Alliance 346
Trois pouvoirs 14, 387
Trois prérogatives 14 f, 37, 48, 67, 83, 90, 202, 204, 387

Tschernembl 269
Turcia 176
Turenne 104, 114, 347
Turgot 143 f, 146, 151
Türkei 381
Türken 152, 275
Türkenabwehr 57
Türkengefahr 119
Türkenkrieg 267, 272, 279, 293
Türkische Herrschaft 195
Tutor 28, 88, 93, 339
Tyrannis 26, 60, 84, 90 f, 100, 148, 156, 174, 179 f, 240, 244, 268, 278, 282, 323, 351, 369

Baldus de Ubaldus 27
Uhland 387
Ukraine 272
Unabhängigkeit (s-) 383
— erklärung 365
— krieg 137
Unadel 38, 42, 49 f, 78, 81, 83, 162, 166, 170, 175, 188, 250, 337, 385
Unfehlbarkeit 127, 305, 321
Ungarn 267 f, 275 f, 290, 292, 294, 297, 309, 311 f, 320
Ungleichheit 344 (s. Gleichheit)
Unigenitus 128 f
Union 267
Union Jack 356
Unitarismus 316, 361
Universalerbin 292
Universalkirche 369
Universalmonarchie 102, 384
universeller Friede 18, 87 (s. Westf. Friede)
Universität 37, 46, 72, 74, 77, 174, 215, 242, 315, 342
Unterhaus 319, 324, 348, 352, 359 (s. House of Commons)
Untertan 48 f, 155
Uomo universale 21
Uppsala 72, 74
Urbarien 221, 282
Urrechte 305
Ursinus 211
Usurpation 87, 115, 138, 143, 367 f, 379
Utilitarismus 72, 216
Utrecht (F) 230, 357

Vasallen 47, 185, 224, 238
Västmanland 54
Vaszar (F) 272
Vatererbe 375
Vauban 117, 125, 130
Venedig 31, 90
verdeckter Krieg 97
Verfassung (s-) 14 f, 21, 23, 39, 49, 52, 59, 74, 80, 91, 124, 136, 190, 198, 202, 205, 212, 218, 229, 232, 264, 272, 314, 318 f, 326, 328, 384
— staat 67, 187
— verträge 142
Vereinigte Staaten 131, 301, 314, 365
Vergeltungsprinzip 71
Vergennes 136
Verlehnung 49, 223

Vernunft 59, 108, 159, 333
Versailles 104
Versicherungen 50, 68, 79, 161, 355
Verteidigungsallianz 74
Vertragswesen 34 f, 39, 49, 54, 58, 60, 62 f, 85, 88, 95, 121 f, 124 ff, 134, 141, 143, 158 f, 163, 171, 174, 208, 223, 269, 274, 276, 278, 281, 283 f, 306, 309, 312, 320, 335, 337 f, 342, 349, 386
vir bonus 21
virtus politica 38, 52
Visirat 101, 105
Volk 76, 86, 111, 122, 126, 133 f, 173, 283, 336, 346, 354, 388
Völkerrecht 19, 24, 41, 82, 179, 190, 232, 239, 300, 302, 331, 377, 388
Volkssouveränität 69, 153, 155, 388
Volksversammlung 186
Voltaire 20, 148, 140, 153, 216, 240, 247, 251, 335, 359
Vormachtstellung 109
Vormundschaft(s-) 43, 50, 92
— regierung 43, 46, 203
Vorpommern 177, 226
Vorrechte 25 (s. Privilegien)

Wachstumsdenken 181, 308
Wahl 268, 307, 386
Wählerwille 153
Wahlgang 269
— -gesetz 264
— -kaiser 379
— -kapitulation 193, 195
— -könig 18, 24, 64, 374
— -recht 32, 329, 388
— -reich 24, 89, 269
— -prinzip 86, 167, 189, 269
— -system 69
Waldeck 191
Wallenberg 79
Wallenstedt 62
Wallenstein 32, 264, 271
Wallquist 81
Walpole 71, 357
Wandal 175
Warenproduktion 15
Warschau (F) 176
Wartenberg 214
Wartensleben 214
Washington, G. 364
Watt, J. 20
Wehlau 47
Wehrpflicht 234
Wenden 68
Westfälischer Friede 100, 104, 120, 135, 164, 195, 225, 243, 377
Whigs 72, 345, 349 f, 355, 359, 370
White, Th. 334
Whitelocke 37, 327
Wibranzensystem 232
Widerstand(s-) 101, 103, 127, 129, 133, 175, 191, 197 f, 315, 336, 351, 355
— recht 18, 86, 95, 173, 185, 206, 368
Wien(-er) 251, 265, 304, 307
— Kongreß 18

487

Wiener (*Fortsetzung*)
— Präliminarfrieden 135
— Vertrag (1731) 293
Wieland 248
Wilhelm III. v. England (Oranien) 68, 340, 347 f, 352
Wilhelmine v. Ansbach-Bayreuth 247
Willens-Diktatur 303
Witt de 347
Wittgenstein 214, 218
Wolff 217
Wrangel 62

Young, A. 139

Zar(tum) 75, 196, 211, 222, 376 (*s.* Rußland)
Zarenwahl 375
Zebrzydowski 29

Zensorenamt 78
Zensus-Stände 309
Zensur 245, 248, 384
Zentralafrika 373
Zentralismus 13, 43, 87, 114, 116, 163, 173, 190, 257, 311
Zentralmacht 105
Zinsen 100
Zinzendorf 181
zivilisierte Welt 188
Zivilismus 182
Zölle 29, 33
Zunftwesen 70, 329
Zustimmung 209 (*s.* Konsens)
Zweibrücken *s.* Haus Pfalz
Zwergabsolutismus 18
Zwischenmächte 99, 140, 181, 240 (*s.* Mediatoren)

HERMANN GLASER

Maschinenwelt und Alltagsleben
Industriekultur in Deutschland
vom Biedermeier bis zur Weimarer
Republik.
Etwa 272 Seiten
mit 270 Abbildungen. Brosch.

Industriekultur in Deutschland vom Biedermeier bis zur Weimarer Republik

An deutschen Beispielen schildert Hermann Glaser das Schicksal von Menschen im Maschinenzeitalter. Er zeigt, wie Maschinen den Menschen zum Schicksal wurden. Es geht um Manifestationen des arbeitenden und feiernden, leidenden und erfolgreichen Menschen des 19. und anfänglichen 20. Jahrhunderts.

Der Versuch der Spurensuche und Spurensicherung handelt von den Lebensformen im Zeitalter der Industrialisierung, von den Vorgängen und Ereignissen der Mechanisierung und von ihren „Örtlichkeiten".

Das bedeutet, daß der dingliche Bereich eine wesentliche Rolle spielt. Es geht um die Frage: Wie tritt Bewußtsein dinglich in Erscheinung und formen Bedingtheiten das Bewußtsein?

KRÜGER

Fischer Weltgeschichte

1 Vorgeschichte

2 Die Altorientalischen Reiche I
Vom Paläolithikum bis zur Mitte des 2. Jahrtausends

3 Die Altorientalischen Reiche II
Das Ende des 2. Jahrtausends

4 Die Altorientalischen Reiche III
Die erste Hälfte des 1. Jahrtausends

5 Griechen und Perser
Die Mittelmeerwelt im Altertum I

6 Der Hellenismus und der Aufstieg Roms
Die Mittelmeerwelt im Altertum II

7 Der Aufbau des Römischen Reiches
Die Mittelmeerwelt im Altertum III

8 Das Römische Reich und seine Nachbarn
Die Mittelmeerwelt im Altertum IV

9 Die Verwandlung der Mittelmeerwelt

10 Das frühe Mittelalter

11 Das Hochmittelalter

12 Die Grundlegung der modernen Welt
Spätmittelalter, Renaissance, Reformation

13 Byzanz

14 Der Islam I
Vom Ursprung bis zu den Anfängen des Osmanenreiches

15 Der Islam II
Die islamischen Reiche nach dem Fall von Konstantinopel

16 Zentralasien

17 Indien
Geschichte des Subkontinents von der Induskultur
bis zum Beginn der englischen Herrschaft

18 Südostasien
vor der Kolonialzeit

 Fischer Taschenbücher

Fischer Weltgeschichte

19 Das Chinesische Kaiserreich

20 Das Japanische Kaiserreich

21 Altamerikanische Kulturen

22 Süd- und Mittelamerika I
Die Indianerkulturen Altamerikas und die
spanisch-portugiesische Kolonialherrschaft

23 Süd- und Mittelamerika II
Von der Unabhängigkeit bis zur Krise der Gegenwart

24 Entstehung des frühneuzeitlichen Europa 1550-1648
in Vorbereitung

**25 Das Zeitalter der Aufklärung und des Absolutismus
1648-1770**

**26 Das Zeitalter der europäischen Revolution
1780-1848**

27 Das bürgerliche Zeitalter

28 Das Zeitalter des Imperialismus

29 Die Kolonialreiche seit dem 18. Jahrhundert

30 Die Vereinigten Staaten von Amerika

31 Rußland

32 Afrika
Von der Vorgeschichte bis zu den Staaten der Gegenwart

33 Das moderne Asien

34 Das Zwanzigste Jahrhundert I
Europa 1918-1945

35 Das Zwanzigste Jahrhundert II
Europa nach dem Zweiten Weltkrieg 1945-1980
in Vorbereitung

36 Das Zwanzigste Jahrhundert III
Weltprobleme zwischen den Machtblöcken

Die Bände 35 und 36 sind als Abschlußbände
neu hinzugekommen.

 Fischer Taschenbücher

Informationen zur Zeit

Balon, Karl Heinz/Joseph Dehler/Bernhard Schön (Hrsg.)
■ **Arbeitslose: Abgeschoben, diffamiert, verwaltet**
Arbeitsbuch für eine alternative Praxis.
Bd. 4204

Baßmann, Winfried/Karin Dehnbostel/Günter Drenkelfort (Hrsg.)
■ **Gesamtschule – Lernen ohne Angst**
Mit einer Einleitung von Oskar Negt.
Bd. 1976

Behrawan, Abdol Hossein
Iran: Die programmierte Katastrophe
Anatomie eines Konflikts. Bd. 4222

Benz, Wolfgang (Hrsg.)
■ **Rechtsradikalismus – Randerscheinung oder Renaissance?**
Bd. 4218

Borchert, Manfred/Karin Derichs-Kunstmann (Hrsg.)
■ **Schulen, die ganz anders sind**
Laborschule Bielefeld, Freie Schule Essen, Freie Schule Frankfurt, Glocksee-Schule Hannover, Twind-Schule Dänemark. Erfahrungsbericht aus der Praxis für die Praxis. Bd. 4206

Bussiek, Hendrik
■ **Bericht zur Lage der Jugend**
Bd. 2019

Drewitz, Ingeborg/Wolfhart Eilers (Hrsg.)
■ **Mut zur Meinung**
Gegen die zensierte Freiheit. Bd. 4202

Flechtheim, Ossip K./Wolfgang Rudzio/Fritz Vilmar/Manfred Wilke
■ **Der Marsch der DKP durch die Institutionen**
Sowjetmarxistische Einflußstrategien und Ideologien. Bd. 4223

Fröhlich, Pea/Peter Märtesheimer (Hrsg.)
■ **Ausländerbuch für Inländer**
Bausteine zum Begreifen der Ausländerprobleme. Bd. 4220

Furth, Peter/Mathias Greffrath
■ **Soziologische Positionen**
Interviews und Kommentare. Eine Einführung in die Soziologie und ihre Kontroversen. Bd. 1976

Gronemeyer, Reimer/Hans-Eckehard Bahr (Hrsg.)
■ **Niemand ist zu alt**
Selbsthilfe und Alten-Initiativen in der Bundesrepublik. Bd. 4210

Guha, Anton-Andreas
■ **Der Tod in der Grauzone**
Ist Europa noch zu verteidigen? Bd. 4217

■ = Originalausgabe
□ = Deutsche Erstausgabe

Informationen zur Zeit

Hauff, Volker
■ **Sprachlose Politik**
Von der Schwierigkeit, nachdenklich zu sein. Bd. 4215

Hoffmann, Gerd E.
■ **Erfaßt, registriert, entmündigt**
Schutz dem Bürger – Widerstand den Verwaltern. Bd. 4212

■ **Im Kreuzfeuer:
Der Fernsehfilm Holocaust**
Eine Nation ist betroffen. Herausgegeben von Peter Märthesheimer/Ivo Frenzel. Bd. 4213

Klee, Ernst
■ **Gefahrenzone Betrieb**
Verschleiß und Erkrankung am Arbeitsplatz. Bd. 1933

■ **Behinderten-Report**
Bd. 1418

■ **Behinderten-Report II**
»Wir lassen uns nicht abschieben«
Bd. 1747

■ **Psychiatrie-Report**
Bd. 2026

■ **Pennbrüder und Stadtstreicher**
Nichtseßhaften-Report. Bd. 4205

Kuntze, Peter
■ **China – Supermarkt 2000?**
Wie eine Weltmacht die Industrialisierung vorantreibt. Bd. 4207

Lamprecht, Rolf/Wolfgang Malanowski
■ **Richter machen Politik**
Auftrag und Anspruch des Bundesverfassungsgerichts. Bd. 4211

Leukert, Bernd (Hrsg.)
■ **Thema: Rock gegen Rechts**
Musik als politisches Instrument. Bd. 4216

Mildenberger, Michael
■ **Die religiöse Revolte**
Jugend zwischen Furcht und Aufbruch. Bd. 4208

Viet Tran
☐ **Vietnam heute**
Bericht eines Augenzeugen. Mit einem Vorwort von Karl Grobe. Bd. 4214

■ = Originalausgabe
☐ = Deutsche Erstausgabe

 Fischer Taschenbücher

Sozialgeschichte

Wanda Kampmann
Deutsche und Juden
*Die Geschichte der
Juden in Deutschland
vom Mittelalter bis zum
Beginn des Ersten
Weltkrieges*
Band 3429

Dirk Blasius
Der verwaltete Wahnsinn
*Eine Sozialgeschichte
des Irrenhauses*
Band 6726

Carola Stern/Heinrich
A. Winkler (Hrsg.)
*Wendepunkte deutscher
Geschichte 1848–1945*
Band 3421

Eric J. Hobsbawm
Die Blütezeit des
Kapitals
*Eine Kulturgeschichte
der Jahre 1848–1875*
Band 6404

Erna M. Johansen
Betrogene Kinder
*Eine Sozialgeschichte
der Kindheit*
Band 6622

Fischer Taschenbücher

Die Bevölkerung der Bundesrepublik ist über sicherheits- und militärpolitische Fragen äußerst mangelhaft informiert - lückenhaft, einseitig und falsch.

Die „Diskussion" über die sogenannte Nachrüstung und darüber hinaus über die Problematik der atomaren Mittelstreckenwaffen (auch Grauzonenwaffen genannt) hat deutlich gezeigt, daß von einer Diskussion, die diesen Namen verdient, nicht die Rede sein konnte. Vielmehr handelte es sich um eine einseitige Wiedergabe dessen, was von „Wehrexperten" jedweder Couleur als Sicherheitspolitik definiert wird.

Dieses Buch will fehlende Informationen aber auch kommentierende Schlußfolgerungen und Bewertungen nachliefern.

Originalausgabe. Band 4217

Fischer Taschenbücher

Hermann Langbein

...... nicht wie die Schafe zur Schlachtbank

Widerstand in den nationalsozialistischen Konzentrationslagern

Fischer

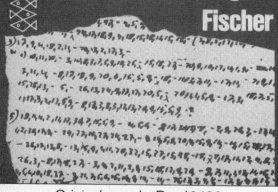

Originalausgabe Band 3486

Das Standardwerk über den Widerstand in den nationalsozialistischen Konzentrationslagern (1938-1945)

Fischer Taschenbücher